I·M·A·G·E·S

DE

L'ORGANISATION

I·M·A·G·E·S

DE

L'ORGANISATION

GARETH MORGAN
York University, Toronto

traduit de l'anglais
par Solange Chevrier-Vouvé
et Michel Audet
Université Laval, Québec

SCIENCES DE L'ADMINISTRATION

LES PRESSES DE L'UNIVERSITÉ LAVAL
ÉDITIONS ESKA
1989

Collection : Michel Audet, Richard Déry, Anne Falardeau et
            Maurice Landry
Édition : Jacques Chouinard et Carole Noël
Révision : Carole Noël et Geneviève Saladin
Correction des épreuves : Ghislain Madore, Michel Audet,
                          Solange Chevrier-Vouvé, Richard Déry
                          et Pierre Cossette
Couverture : Joanne Ouellet
Index : Michel Audet, Pierre Cossette et Carole Noël

Cet ouvrage est la traduction du livre *Images of Organization* publié en 1986 par Sage Publications, Inc., Beverly Hills, Californie.

  Dépôt légal (Québec et Ottawa), 3ᵉ trimestre 1989
  ISBN 2-7637-7184-X (PUL)
  ISBN 2-86911-026-X (ESKA)

Troisième tirage : 1991

À mes parents
Idris et Rachel Morgan

Table des matières

Note des traducteurs

Bien que, à certains égards, une métaphorisation de l'organisation soit inévitable dès que l'on cherche à comprendre un phénomène organisationnel ou, plus globalement, à concevoir l'organisation et la multiplicité de ses formes concrètes, Gareth Morgan a le grand mérite de faire appel au procédé métaphorique pour élaborer un véritable dispositif de recherche pouvant servir aussi bien au praticien qui exerce sa profession dans une organisation particulière qu'au chercheur dont l'organisation est l'objet d'étude. De plus, les propos qu'il tient au regard de chaque métaphore ont un très grand intérêt documentaire et constituent une sorte de feuilleton à épisodes multiples dont on ne peut jamais deviner exactement la suite.

Par surcroît, qu'il s'adresse au gestionnaire ou au chercheur, le présent ouvrage peut donner lieu à des apprentissages multiples. À titre d'exemple, le gestionnaire déjà actif dans une organisation aussi bien que la personne qui entreprend un premier programme d'études supérieures en gestion se plairont à lire les 11 chapitres du volume, mais jugeront peut-être superflu d'exploiter les dizaines de pages contenant les notes bibliographiques et la bibliographie. Par ailleurs, ceux et celles qui commencent des études de deuxième cycle seront enchantés de trouver ces pages qui leur éviteront de longues heures de recherche en bibliothèque tout en leur donnant la possibilité d'approfondir les thèmes ou les métaphores qui les auront le plus intéressés. Enfin, celles qui se consacrent à des études de troisième cycle ne se contenteront pas d'exploiter le volume dans sa totalité ; elles tenteront, comme l'exige d'ailleurs le dispositif de recherche proposé par Morgan, de faire une évaluation critique de l'ouvrage en s'attardant à son architecture, aux développements relatifs à chaque métaphore ainsi qu'à la stratégie de recherche préconisée par l'auteur.

Bref, Gareth Morgan a préparé un ouvrage dans lequel chacun trouve son compte et, pour ce faire, il a choisi un mode d'exposition où les références aux sources documentaires sont regroupées dans ce qu'il a appelé les « notes bibliographiques », qui constituent en quelque sorte le douzième et dernier chapitre du volume. Respectueux de ce mode d'exposition, nous avons évité de présenter des notes de bas de page dans lesquelles nous aurions donné des précisions quant à nos choix terminologiques ou d'autres particularités relevant de la traduction proprement dite. De telles notes sont d'un grand intérêt, mais appartiennent plutôt aux ouvrages qui ont un caractère plus austère que celui-ci et qui, le plus souvent, contiennent déjà des notes signées par l'auteur. Cependant, pour pallier l'absence de notes des traducteurs, nous avons regroupé les expressions et termes les plus déroutants dans un lexique français-anglais et anglais-français qui se trouve à la fin de l'ouvrage, immédiatement après la bibliographie. Ce lexique n'est toutefois pas exhaustif ; il contient uniquement les expressions ou les termes qui risquent d'être moins familiers au lecteur, ou dont l'usage que nous en avons fait pourrait lui sembler bizarre, à première vue...

Chaque fois que nous avions le choix entre un terme hautement technique et un autre mieux connu par ceux et celles dont la sphère d'activité est la gestion ou dont l'organisation est le principal objet de recherche, nous avons systématiquement opté pour le terme le mieux connu, sauf dans les cas où sa polysémie risquait de susciter la confusion chez le lecteur.

Tout au long de l'ouvrage, nous avons délibérément privilégié la terminologie française afin d'éliminer dans la mesure du possible les anglicismes, y compris ceux qui sont reconnus comme usuels et qui reçoivent la bénédiction de ceux et celles qui jugent de la vitalité d'une langue au nombre élevé de ses « emprunts ». Nous rappelant que les langues vivantes sont les seules à pouvoir mourir, nous croyons que la fréquence des emprunts n'est pas nécessairement un indicateur fiable de la vitalité et du dynamisme d'une langue. De plus, nous avons la conviction que, tout en évitant de se barricader sur le plan linguistique, les francophones ont intérêt à faire preuve de prudence vis-à-vis de l'hégémonie croissante de la langue anglaise, en particulier dans le domaine de la production de connaissances scientifiques. Nous avons traduit le présent ouvrage dans cet esprit.

Concrètement, par exemple, nous avons systématiquement traduit *marketing* par « mercatique » tout en sachant que l'usage n'a pas consacré ce mot, du moins jusqu'à présent. Nous avons éliminé les *manager*, *management* et *entrepreneurship* pour faire place au « dirigeant » et au « gestionnaire », ainsi qu'à la « gestion », la « direction » et l'« entrepreneuriat ». Nous avons réduit autant que nous le pouvions l'usage des termes *leader* et *leadership* pour les remplacer par « chef de file », « dirigeant », « direction » et « sens de la direction ». Nous avons traduit le terme *enactment* par enaction, reprenant à notre compte une suggestion de Varela visant à bien marquer la prédominance de l'action sur la représentation et à insister sur l'indissociabilité et l'étroitesse des liens qui unissent connaissance et action ou, selon certains, théorie et pratique.

Les mots étrangers sont écrits selon la transcription ou l'orthographe reconnu ou, lorsque s'offraient plusieurs possibilités, selon celle qui nous apparaissait la plus recommandable. Par exemple, les mots chinois sont écrits selon la transcription pinyin plutôt que suivant le système Wade-Giles ou celui de l'École française d'Extrême-Orient. À l'exception des noms de personne et de lieu, ces mots apparaissent en italique.

En accord avec l'auteur, nous avons ajouté des éléments aux notes bibliographiques et à la bibliographie. Dans le chapitre contenant les notes bibliographiques, à la fin de chaque section consacrée à l'un ou l'autre des huit chapitres portant chacun sur une métaphore principale, nous avons souligné l'existence de travaux publiés en français qui nous apparaissent avoir des liens intéressants avec la métaphore concernée, mais que l'auteur n'a pas utilisés puisqu'il a presque exclusivement fait usage de travaux publiés en langue anglaise. Ces ajouts aux notes bibliographiques sont, bien sûr, incomplets et résultent d'une sélection que d'autres auraient pu faire autrement. Ils représentent néanmoins un premier et bien modeste effort visant à permettre au lecteur d'établir une jonction entre des travaux qui ne semblent pas liés mais qui méritent d'être mis en rapport. Nous invitons donc toute personne qui peut nous faire bénéficier de sa connaissance d'autres travaux pertinents à nous les signaler de sorte que, dans une édition ultérieure, nous puissions les inclure.

Dans la bibliographie, nous avons inséré tous les nouveaux titres mentionnés dans les ajouts aux notes bibliographiques que nous venons d'évoquer. Nous avons aussi ajouté les références des traductions françaises ou des ouvrages originaux français correspondant à des titres qui faisaient partie de la bibliographie originale, en les insérant immédiatement après ces titres. Encore une fois, nous avons la certitude que certaines traductions françaises nous ont échappé et nous serions reconnaissants envers tous ceux et celles qui auront l'amabilité de nous les faire connaître. Toutes les références ajoutées à la bibliographie originale sont précédées d'un astérisque.

Dans notre recherche des traductions, nous avons d'abord distingué deux catégories de documents : les livres et les articles. Pour ces derniers, nous nous sommes contentés d'insérer les références des traductions françaises dont nous connaissions l'existence, sans procéder à un repérage systématique des autres titres dans les index et répertoires. Un tel travail aurait représenté plusieurs semaines de recherche qu'il nous était impossible d'entreprendre. Pour les livres, nous avons cherché leur traduction ou vérifié la référence exacte dans les fichiers des principales bibliothèques universitaires du Québec et dans les répertoires des ouvrages français ou anglais disponibles en 1988 et 1989 ; enfin, nous avons procédé à des recherches sélectives dans la banque de données REFCATSS II, qui contient entre autres les fichiers de 2000 bibliothèques universitaires nord-américaines.

Lorsque plusieurs références existaient pour un même titre, nous avons opté pour les œuvres complètes si elles étaient disponibles et reconnues comme fiables. Lorsque ces dernières n'existaient pas, nous avons retenu la maison d'édition ayant publié la version jugée la plus valable et la plus récente et qui, en même temps, a la réputation d'assurer une large diffusion à ses publications. Bref, chaque fois, nous avons tenté de choisir l'édition réputée à la fois la meilleure, la plus récente et la plus accessible. Nous n'avons sans doute pas toujours réussi.

Certains auteurs fort connus ont des recueils de leurs travaux cités dans la bibliographie originale mais aucune référence à leur traduction en français n'apparaît dans la bibliographie enrichie. Ces cas sont relativement fréquents ; il s'agit le plus souvent de recueils publiés en anglais dont l'équivalent n'existe pas en français. Pour chacun d'eux, il aurait fallu repérer dans divers ouvrages français les différentes parties du recueil paru en anglais ; or, pour des raisons identiques à celles qui justifient le non-repérage des articles, nous ne l'avons pas fait, sauf pour ceux dont nous connaissions déjà l'existence de parties équivalentes en français. En conséquence, il y a là encore possibilité d'améliorer cet aspect de l'ouvrage que nous présentons. En dépit de ces limites, nous avons répertorié 180 traductions parmi les quelque 600 volumes cités, ce qui représente une proportion deux fois plus élevée que celle que nous avions prévue.

Venons-en au plus agréable de cette note. Beaucoup de personnes ont contribué à la préparation et à la production de ce volume. Gareth Morgan a appuyé l'idée d'une traduction intégrale de son ouvrage dès la première conversation que nous avons eue avec lui à ce propos. Il a aussi accepté d'entrée de jeu l'idée d'enrichir les notes bibliographiques et la bibliographie selon les termes précisés ci-dessus. Nous le remercions vivement pour son appui et sa disponibilité tout en espérant ne pas avoir trahi le message qu'il souhaitait transmettre.

Aux Presses de l'Université Laval, Jacques Chouinard a soutenu ce projet d'un bout à l'autre, et sans la moindre hésitation. Carole Noël a révisé le manuscrit et assuré sa publication avec une minutie et une patience sans pareilles, sachant réconcilier les avis et suggestions multiples que nous lui transmettions, parfois de façon non concertée.

À l'École des hautes études commerciales de Montréal, Richard Déry fut d'une aide inestimable. D'emblée, il a appuyé l'idée même du projet. Ensuite, dans des conditions difficiles de fin de trimestre, il a consacré beaucoup de temps à préparer les ajouts aux notes bibliographiques des chapitres 2, 3, 4, 6 et 8, et à discuter avec nous de choix terminologiques touchant l'ensemble du manuscrit. Puis, pendant plusieurs jours, il a participé à la chasse aux références bibliographiques des traductions françaises. Enfin, il a accepté de faire une lecture complète des épreuves. Sa contribution au volume est immense mais, hélas, presque invisible. Que le lecteur se rappelle son nom !

D'autres collègues de la même École, Omar Aktouf, Jean-François Chanlat et Laurent Lapierre, ont participé à la rédaction des ajouts aux notes bibliographiques. Omar Aktouf a préparé les ajouts relatifs aux chapitres 6 et 9 ; de Paris, Jean-François Chanlat nous a fait parvenir une bibliographie *omnibus* contenant des titres concernant l'une ou l'autre métaphore ; Laurent Lapierre, quant à lui, a mis au point les ajouts relatifs au chapitre 7. Une fois de plus, leur collaboration s'est avérée précieuse.

À la Faculté des sciences de l'administration, Anne Falardeau a participé au projet en accomplissant d'innombrables tâches imperceptibles et ingrates. Pascal Lang, Pierre Cossette et Bernard Garnier ont fait preuve d'une grande patience en se faisant interpeller pour obtenir leur avis relativement à de nombreux choix terminologiques. Pierre Cossette a aussi collaboré étroitement à la lecture des épreuves et à la constitution des index. Chaque fois, leur aide a été plus que précieuse. Nous les en remercions chaudement. Deux autres collègues, Jean-Claude Cosset et Harold Bherer, ont su à divers moments nous éclairer sur des points importants du manuscrit. Nous leur en sommes très reconnaissants.

Vincent Lemieux et Jacques Bélanger, de la Faculté des sciences sociales, ainsi que Paul Falardeau, ont accepté sans hésiter de nous aider à déterminer la meilleure traduction de certaines expressions appartenant à un vocabulaire spécialisé qui, pour eux, n'avait pas de secret. Nous leur devons d'avoir évité des erreurs que les lecteurs auraient sans doute su repérer trop rapidement.

Renée Bédard, Rémi Boucher et Gaétan Drolet, de l'Université Laval, ont aussi collaboré à la préparation des ajouts aux notes bibliographiques et de la bibliographie. Renée Bédard a veillé à l'harmonisation des ajouts entre eux et avec le chapitre original. De plus, elle a contribué à la préparation de la bibliographie enrichie. Rémi Boucher et Gaétan Drolet, de la Bibliothèque générale, ont su déployer toute leur virtuosité pour repérer les éléments de référence que tous les autres, y compris nous, n'avaient pu trouver. Leur travail est d'autant plus précieux que l'on juge habituellement les bibliographies au nombre et à la nature des erreurs qu'elles contiennent.

Enfin, Jocelyne Talbot a soutenu ce projet de multiples façons, mais elle semble soulagée de le voir s'achever...

Solange Chevrier-Vouvé
Michel Audet
Québec, juillet 1989.

Remerciements

J'ai consacré de longs moments au présent ouvrage et je dois beaucoup à bien des gens. Je tiens à remercier tout spécialement mes collègues et mes étudiants des universités de Lancaster, de Penn State et de York. Ils ont participé à l'élaboration et à l'évolution de mes idées, et leur enthousiasme et leur contribution ont été un excellent stimulant. Je ne puis les nommer tous, mais je leur suis très reconnaissant.

Gibson Burrell, Bob Cooper, Peter Frost, Vic Murray, Linda Smircich, Wayne Tebb et Eric Trist ont contribué de façon toute particulière à l'élaboration de ces pages, et je me félicite de ce qu'ils soient à la fois mes collègues et mes amis.

Le Conseil de recherches en sciences humaines du Canada m'a apporté son soutien durant la période cruciale de mes recherches en m'accordant une bourse de travail libre. Je n'ai eu qu'à me louer des services de secrétariat de Vicki Keller et de Paula Ironi, à York. Comme toujours, mes amis de Sage se sont montrés d'excellents associés.

J'ai aussi eu la chance d'avoir l'appui de ma famille. Karen, ma femme, a contribué au présent ouvrage de bien des façons et a ainsi rendu mon travail plus riche et plus agréable.

Gareth Morgan
Toronto

1

Introduction

Les gestionnaires et autres spécialistes qui se montrent efficaces dans leur domaine doivent apprendre l'art de « décoder » les situations dans lesquelles ils interviennent, qu'il s'agisse du monde des affaires, de l'administration du secteur public, de la consultation auprès d'organisations diverses, de l'action politique ou de syndicalisme.

Ce savoir-faire se développe généralement à la manière d'un processus intuitif, reposant à la fois sur des aptitudes naturelles et sur les leçons de l'expérience. Parfois quelqu'un va mentionner la nécessité de « décoder ce qui se passe chez X » ou de « comprendre ce qui arrive à Y », mais souvent ce processus de décodage et de redécodage se produit à un niveau quasi subconscient. C'est de là que vient l'opinion fréquemment exprimée qu'on naît gestionnaire efficace et doué pour résoudre les problèmes, qu'on ne le devient pas. On prête aussi à ces gens une sorte de pouvoir magique de comprendre et de transformer les situations dans lesquelles ils se trouvent.

Si nous examinons de plus près les processus mis en jeu, cependant, nous nous apercevons que cette sorte de pouvoir mystique est souvent fondée sur l'aptitude à évaluer en profondeur les situations en cause. Ces personnes ont développé l'art de décoder les situations en gardant à l'esprit plusieurs scénarios, et de prendre les mesures qui semblent les plus appropriées.

Elles ont l'esprit ouvert et savent suspendre leur jugement immédiat chaque fois que c'est possible, tant qu'elles n'ont pas une vue d'ensemble de la question. Elles sont conscientes du fait que l'on peut avoir de nouvelles intuitions si l'on envisage la situation sous des « angles différents » et qu'une variété de lectures de cette situation peut s'accompagner d'une variété de possibilités d'action. Les gestionnaires et spécialistes moins efficaces ont tendance à n'envisager les faits que sous un angle donné et, en conséquence, à se heurter à des écueils qu'ils ne savent pas contourner ; ils se comportent alors souvent d'une façon rigide, inflexible, qui devient bientôt source de conflits. Quand surgissent des problèmes et des divergences d'opinions, ils n'ont en général d'autre recours que de s'obstiner à formuler et à résoudre les problèmes d'une seule manière, toujours la même, et de tenter de convaincre les autres personnes en cause d'« acheter » leur point de vue.

Il existe un rapport étroit entre le processus de décodage de la vie organisationnelle et celui que l'on connaît sous le nom d'« analyse de l'organisation ». L'analyse systématique et le diagnostic, tout comme le décodage, consistent toujours en l'utilisation d'une théorie au regard de la situation en cause. En effet, la théorie, comme le décodage, sont des interprétations de la réalité. Nous théorisons ou nous « décodons » les situations chaque fois que nous essayons d'élaborer des images et des explications qui nous aident à comprendre leur nature fondamentale ; une analyse efficace, tout comme un décodage efficace, consiste à faire cela tout en tenant compte de théories ou explications différentes, plutôt qu'en refusant d'abandonner un point de vue que l'on considère comme immuable.

Le présent ouvrage étudie et élabore l'art de décoder et de comprendre la vie de l'organisation. Pour commencer il cherche à montrer combien nombre de nos idées conventionnelles sur l'organisation et la gestion reposent sur un petit nombre d'images admises une fois pour toutes, empruntées en particulier aux domaines de la mécanique et de la biologie. Ensuite, en les explorant et en étudiant un certain nombre d'autres images possibles, il cherche à montrer comment créer de nouvelles façons de penser à propos de l'organisation. Puis il tente de voir comment cette méthode d'analyse très générale peut servir d'instrument pratique pour le diagnostic de problèmes d'ordre organisationnel ainsi que pour la gestion et la conception des organisations de façon plus globale. Enfin, il explore les implications que soulève ce type d'analyse.

Nos théories et nos explications de la vie de l'organisation sont fondées sur des métaphores qui nous amènent à l'envisager et à la comprendre de façons distinctes mais fragmentaires, voilà le postulat sur lequel repose le présent ouvrage. La métaphore est souvent considérée comme une simple technique destinée à embellir le discours, mais elle a une signification beaucoup plus importante. C'est que l'emploi de la métaphore suppose une *façon de penser* et une *façon de voir* qui agissent sur la façon dont nous comprenons le monde en général. C'est ainsi que, dans un grand nombre de champs, des recherches ont montré que la métaphore exerce une influence créatrice sur la science, sur notre langage et sur la façon dont nous pensons, tout autant que sur la manière dont nous nous exprimons dans la vie de tous les jours.

Nous nous servons de métaphores chaque fois que nous tentons de comprendre un élément de notre expérience à partir d'un autre élément. Ainsi, la métaphore procède selon l'expression, implicite ou non, que A *est* (ou est comme) B. Quand nous disons : « Cet homme est un lion », nous employons l'image d'un lion pour attirer l'attention sur les aspects de l'homme qui le font ressembler au lion. La métaphore modèle notre compréhension de cet homme de façon distinctive, et pourtant fragmentaire.

Un des aspects particulièrement intéressants de la métaphore réside dans le fait qu'elle produit toujours une sorte d'intuition partielle. En mettant en lumière certaines interprétations, elle tend à en reléguer d'autres à l'arrière-plan. C'est ainsi qu'en attirant l'attention sur le courage, la force ou la férocité de l'homme, comparables à ceux du lion, la métaphore élude le fait que le même individu peut aussi être un phallocrate, un démon, un saint, un ermite ou quelqu'un de très ennuyeux. Notre capacité à comprendre cette personne dans sa totalité, à la « décoder », dépend de notre aptitude à voir comment les diverses facettes peuvent coexister de façon complémentaire, ou même de façon paradoxale.

On voit aisément la pertinence de cette forme de pensée quand il s'agit de comprendre l'organisation et la gestion. En effet ce sont des phénomènes complexes et remplis de paradoxes, que l'on peut comprendre de bien des façons. Plusieurs des idées que nous tenons pour acquises à propos des organisations sont de nature métaphysique bien que nous ne nous en apercevions pas. C'est ainsi que nous parlons souvent des organisations *comme si* elles étaient des machines conçues pour atteindre des buts et objectifs prédéterminés, et qu'elles devaient fonctionner de façon efficace et sans problèmes. Souvent les partisans de cette forme de pensée en viennent à organiser et à gérer une organisation comme s'il s'agissait d'une machine, en ne donnant qu'un rôle secondaire aux qualités humaines.

En nous servant de métaphores différentes pour comprendre la complexité et les paradoxes qui caractérisent la vie organisationnelle, nous pouvons la concevoir et la gérer comme nous n'avions jamais pensé pouvoir le faire auparavant. Les chapitres qui vont suivre illustrent comment y parvenir en étudiant les implications de plusieurs métaphores concernant la nature des organisations. Alors que certaines des métaphores seront familières à tous ceux qui s'intéressent aux organisations, d'autres offrent des intuitions et des perspectives plutôt nouvelles.

Le chapitre 2, par exemple, étudie l'image d'une organisation en tant que machine et montre comment cette façon de penser sous-tend l'élaboration de l'organisation de type bureaucratique. Quand les dirigeants se représentent une organisation comme une machine, ils ont tendance à la façonner et à la gérer comme une machine faite de pièces qui s'imbriquent les unes dans les autres, et où chacune joue un rôle clairement défini dans le fonctionnement de l'ensemble. Bien qu'une telle façon de faire et de voir puisse parfois se révéler extrêmement efficace, à d'autres moments cela peut aboutir à des résultats désastreux. Un des problèmes fondamentaux de l'administration moderne vient de ce que cette vision mécaniste des choses est profondément ancrée dans notre conception courante de l'organisation : il devient alors souvent très difficile de procéder d'une autre façon. En le montrant, ce chapitre nous aidera à nous ouvrir davantage à d'autres modes de pensée.

Le chapitre 3 explore le concept de l'organisation vue comme un organisme. C'est là une métaphore populaire qui centre l'attention sur la compréhension et sur la gestion des « besoins » de l'organisation et sur les relations avec le milieu dans lequel elle se trouve. Nous en viendrons à considérer les différentes sortes d'organisation comme autant d'espèces diverses, l'administration bureaucratique en étant un exemple. Nous verrons que, selon cette conception, des espèces différentes conviennent aux exigences de milieux

différents, et qu'il nous est possible d'élaborer des théories intéressantes à propos des rapports entre une organisation et son environnement. Cette optique nous permettra de comprendre comment
les organisations naissent, croissent, se développent, déclinent et
meurent, et comment elles peuvent s'adapter à des changements
dans leur environnement. Elle nous incite également à étudier les
relations entre les espèces et les modèles d'évolution que l'on trouve
dans l'écologie des rapports entre organisations. Comme cela a été
le cas pour la métaphore de la machine, celle de l'organisme nous
amène à voir et à comprendre les organisations à partir d'un seul
point de vue qui a déjà contribué beaucoup aux théories de la gestion d'aujourd'hui.

Dans le chapitre 4, nous nous pencherons sur les implications
d'une autre métaphore. Et si les organisations étaient des cerveaux ?
Que se passerait-il si nous essayions de les concevoir comme des
cerveaux ? La métaphore met l'accent sur l'importance du traitement de l'information, sur l'apprentissage et sur l'intelligence ; de
plus, elle procure un système référentiel pour comprendre et évaluer les organisations modernes. Elle met en évidence un ensemble de principes fondamentaux destinés à renforcer ces points. Dans
les recherches sur le cerveau, on a utilisé plusieurs métaphores pour
réfléchir sur la question, et notre chapitre en retient deux. La première voit le cerveau comme une sorte d'ordinateur traitant de
l'information ; la seconde le voit comme un hologramme. Ces images, en particulier la seconde, mettent en relief d'importants principes d'auto-organisation permettant de concevoir des organisations
au sein desquelles un haut degré de flexibilité et d'innovation est
indispensable.

Le chapitre 5 se penche sur l'idée que les organisations sont des
cultures qui se composent d'idées, de valeurs, de normes, de rites
et de croyances qui, ensemble, maintiennent l'organisation en tant
que réalité socialement construite. Ce point de vue, auquel les chercheurs s'intéressant à la culture d'entreprise ont accordé beaucoup
d'attention au cours des dernières années, nous fournit encore une
nouvelle méthode pour concevoir et administrer une organisation,
en ayant recours aux valeurs, aux croyances et aux autres modèles de signification commune qui guident la vie de l'organisation.

Dans le chapitre 6, nous nous servirons d'une métaphore du politique pour insister sur les différents ensembles d'intérêts, de conflits, de jeux de pouvoir qui déterminent les activités d'une organisation. Ce chapitre envisage l'organisation comme un système

de gouvernement qui met en jeu divers principes politiques pour légitimer différents types de règles ; de plus il met en évidence les facteurs marquant la dimension politique de la vie organisationnelle.

L'attention, dans le chapitre 7, est concentrée sur une métaphore plus abstraite : l'idée que les organisations sont des « prisons du psychisme » où les individus sont pris au piège de leurs propres pensées, de leurs idées et de leurs croyances, ou de préoccupations dont la source se trouve dans leur inconscient. Se pourrait-il que nos modes d'organisation préférés traduisent un désir inconscient de contrôle ? Ou une forme de refoulement ? Ou la peur de la mort ? Ou le désir de minimiser ou d'éviter les situations qui engendrent l'angoisse ? Se pourrait-il que nos façons d'organiser visent à nous protéger de nous-mêmes ? Se pourrait-il que nous devenions souvent prisonniers de nos pensées, confinés par notre façon de penser et dominés par elle ? Se pourrait-il que nous soyons prisonniers d'idéologies nous maintenant dans des modes de vie aliénants ? L'image d'une prison du psychisme nous invite à examiner la vie de l'organisation pour voir si nous sommes pris au piège de processus conscients et inconscients créés par nous-mêmes et, le cas échéant, de quelle manière cela se produit. Ainsi la métaphore offre-t-elle des idées nombreuses et importantes sur les aspects psychodynamiques et idéologiques de l'organisation.

Au chapitre 8, nous étudierons une autre métaphore qui demande, elle aussi, un peu d'imagination. Cette fois, nous considérerons l'organisation comme flux et transformation. Le secret, pour comprendre une organisation de ce point de vue, c'est de bien saisir les logiques du changement qui déterminent en partie la vie sociale. Le chapitre étudie trois logiques différentes. L'une insiste sur la façon dont les organisations sont des systèmes autoproducteurs qui se créent à leur propre image. Une autre met en relief leur production en tant que flux circulaire de rétroaction positive et négative. La troisième suppose que les organisations sont le produit d'une logique dialectique selon laquelle tout phénomène tend à engendrer son contraire. Les idées liées à ces trois logiques peuvent nous aider à comprendre et à gérer le changement organisationnel et à comprendre les forces qui marquent la nature de l'organisation à un niveau sociétal.

Le chapitre 9 explore l'idée que les organisations sont des instruments de domination. Ici, on insiste surtout sur le caractère potentiellement exploiteur d'une organisation. Le chapitre montre comment elle peut exploiter ses employés, la collectivité où elle se trouve et l'économie mondiale pour parvenir à ses propres fins. Il montre aussi comment l'essence de l'organisation réside dans un processus de domination en vertu duquel certains individus imposent leur volonté aux autres. Il s'agit d'une extension de la métaphore du politique étudiée au chapitre 6, et cette image de domination nous aide à comprendre les aspects de l'organisation moderne qui ont contribué à la radicalisation des relations de travail dans un grand nombre de pays. C'est une métaphore particulièrement utile si l'on veut bien comprendre l'organisation selon le point de vue des groupes qui y sont exploités, et voir comment des actes qui semblent rationnels selon une certaine optique peuvent être considérés comme de l'exploitation si on les envisage autrement.

Chacun des chapitres décrits ci-dessus explore une *façon de penser* l'organisation, en partant du principe que nous pouvons utiliser les idées et concepts ainsi engendrés pour mieux comprendre les organisations dans des contextes spécifiques. Le chapitre 10 nous apprend comment y parvenir, en partant d'une étude de cas. Nous avons retenu une approche à deux volets qui utilise les idées véhiculées par les diverses métaphores pour élaborer d'abord un *diagnostic* de la situation, et ensuite produire une *évaluation critique* de la façon dont ces différentes idées sont reliées entre elles. De cette façon, l'idée générale du décodage d'une organisation devient une méthode concrète d'analyse qui nous permet d'explorer la complexité de la vie organisationnelle et de composer avec elle.

Et, finalement, le chapitre 11 porte sur la possibilité d'élaborer une approche de l'organisation à partir du potentiel de transformation contenu dans les idées et analyses exposées dans les chapitres précédents.

Chaque chapitre est accompagné de notes bibliographiques que l'on trouvera à la fin de l'ouvrage, et qui permettront au lecteur de poursuivre plus en profondeur l'étude des points qui l'intéressent.

Le présent ouvrage est donc, avant tout, un traité sur la pensée métaphorique qui contribue et à la théorie et à la pratique de l'étude des organisations. Les analyses vont souvent bien au-delà de la simple théorie de l'organisation, car les métaphores et les idées générales présentées ici proviennent de sources très diverses. C'est ainsi que, dans un chapitre, nous nous penchons sur la biologie, dans un autre nous passons à la psychanalyse, ou à l'holographie, ou à la pensée sur le politique. Dans tous les cas, nous explorons la nature de la métaphore en question, puis nous en étudions les implications concrètes pour la compréhension de la vie organisationnelle ;

enfin nous abordons les forces et les limites de la perspective qu'offre la métaphore.

Les métaphores dont nous avons traité ont été choisies afin d'illustrer une gamme étendue d'idées et de perspectives mais, bien entendu, elles n'épuisent pas toutes les possibilités. C'est pourquoi il est important de comprendre que le mode d'analyse élaboré dans ces pages est fondé sur une *façon de penser* plutôt que sur l'application machinale de quelques schèmes d'analyse bien définis. Notre recherche insiste sur un certain nombre de métaphores clés qui ont leur importance pour comprendre une gamme étendue de situations organisationnelles, mais il en est d'autres qui peuvent fournir leur propre vision des choses. Une analyse efficace de l'organisation doit toujours tenir compte de cette possibilité.

Notre univers devient de plus en plus complexe et, malheureusement, nos modes de pensée n'en font pas autant. Nous finissons souvent par nous persuader que les choses sont plus simples qu'elles ne le sont en réalité, et nous faisons comme si cette complexité n'existait pas vraiment. On en voit la preuve dans la manière dont la fantaisie et la mode dominent les approches qui ponctuent l'étude des organisations ou celle de la résolution de problème, l'intérêt manifesté pour un type de solution ou un ensemble de techniques cédant rapidement la place à d'autres préoccupations.

L'approche que nous avons développée dans le présent ouvrage va à l'encontre de cette tendance générale, car nous estimons que les organisations sont en général complexes, ambiguës et remplies de paradoxes. Le véritable défi, c'est d'apprendre à composer avec cette complexité. La méthode d'analyse proposée dans les pages qui vont suivre offre un moyen de commencer à relever ce défi en nous appuyant sur notre atout le plus précieux : notre capacité de pensée critique. J'estime qu'en nous fondant sur l'emploi de métaphores — essentielles à notre pensée en général — nous avons la possibilité de renforcer notre aptitude à la pensée créatrice, mais disciplinée, de mieux comprendre les facettes multiples de l'organisation et d'en tenir compte. Ce faisant, je pense que nous pourrons trouver de nouvelles formes d'organisation et des façons inédites d'aborder et de résoudre les problèmes de nature organisationnelle.

2

Le règne
de la mécanisation

L'organisation vue comme
une machine

Zhuang-zi, sage chinois qui vécut
au quatrième siècle avant notre ère, racontait l'histoire suivante :

> Comme Zi-gong voyageait dans les régions situées au nord de la rivière
> Han, il vit un vieil homme qui travaillait dans son potager où il avait
> creusé un canal d'irrigation. L'homme descendait dans son puits, en
> ramenait un seau d'eau et le versait dans le canal puis recommençait.
> En dépit de ces efforts épuisants, les résultats semblaient bien maigres.

> Zi-gong lui dit : « Il existe un moyen d'irriguer une centaine de canaux
> par jour, et cela sans se donner beaucoup de mal ; veux-tu savoir
> lequel ? » Le jardinier se releva, le regarda et lui demanda : « De quoi
> s'agit-il ? »

> Zi-gong répliqua : « Tu prends un levier de bois, avec un poids à un
> bout mais léger de l'autre ; de cette façon tu peux faire monter l'eau
> si vite qu'elle jaillit, tout simplement ; on appelle cela un puits à
> balancier. »

La colère envahit alors le visage du vieil homme qui répondit : « Je me souviens de mon maître : il disait que quiconque se sert de machines accomplit son travail comme une machine. Celui qui accomplit son travail comme une machine voit son cœur devenir comme une machine, et celui dans la poitrine duquel bat une machine perd sa simplicité. Celui qui a perdu sa simplicité connaît l'incertitude de l'âme.

Or l'incertitude de l'âme ne s'accorde pas avec une raison honnête. Ces choses dont vous parlez, ce n'est pas que je ne les connaisse pas ; c'est que j'aurais honte de les utiliser. »

Si le vieil homme se promenait dans notre monde moderne, il serait sans doute fort perplexe. Les machines influencent aujourd'hui à peu près tous les secteurs de notre existence. Certes, elles ont accru des millions de fois notre capacité de production, mais elles ont aussi fait beaucoup plus, déterminant en partie presque chaque aspect de nos vies. Le débat suscité par Zi-gong et le vieil homme continue. Bien des gens estiment que la mécanisation est à l'origine de nombreux bienfaits, faisant de l'être humain non plus le rival de la nature mais son maître. Pour d'autres, la vision que le vieil homme avait de l'aliénation humaine se rencontre sous des formes variées : selon eux, le prix à payer pour le progrès apporté par la mécanisation est bien élevé, qu'il s'agisse du passage de la fabrication artisanale à la production industrielle, de l'expansion du milieu urbain aux dépens de la vie rurale, de la dégradation généralisée de l'environnement, ou des coups portés par le rationalisme à l'esprit humain.

Quel que soit le point de vue adopté, il est impossible de nier la sagesse de la remarque du vieil homme à propos de l'influence envahissante des machines. Leur emploi a transformé radicalement la nature de l'activité de production et profondément marqué l'imagination, la pensée et les sentiments des êtres humains au cours des siècles. Nous devons à des scientifiques des interprétations mécanistes du monde naturel, et à des philosophes et psychologues des théories mécanistes de l'esprit et des comportements humains. De plus en plus, nous avons appris à employer la machine comme métaphore pour nous-mêmes et pour notre société, et à modeler notre monde selon des principes mécanistes.

Ce n'est nulle part plus évident que dans l'organisation moderne.

Voyons, par exemple, la précision mécanique que nous exigeons dans le fonctionnement de beaucoup de nos institutions. La vie organisationnelle devient souvent routinisée avec la précision d'un mouvement d'horlogerie. Fréquemment, on exige du personnel qu'il

Accueil du client	Oui	Non
1. L'employé sourit.		
2. L'accueil est sincère.		
3. Il regarde le client dans les yeux.		
Autres :		
Prise de commande	**Oui**	**Non**
1. L'employé connaît bien le code des aliments (n'a pas besoin de chercher).		
2. Le client n'a pas besoin de répéter sa commande.		
3. Les petites commandes (quatre choses ou moins) n'ont pas besoin d'être écrites.		
4. Suggestions d'autres produits.		
Autres :		
Préparation de la commande	**Oui**	**Non**
1. La commande est préparée dans l'ordre voulu.		
2. La commande pour le gril est traitée en premier.		
3. Les boissons sont versées dans l'ordre voulu.		
4. La quantité de glace est convenable.		
5. Les verres sont penchés et l'employé se sert de son doigt pour activer la machine.		
6. Les verres sont remplis à la hauteur voulue.		
7. Les verres sont couverts.		
8. Les tasses sont propres.		
9. Le café est versé au moment voulu.		
10. Les tasses sont remplies à la hauteur voulue.		
Autres :		
Remise de la commande :	**Oui**	**Non**
1. La commande est emballée convenablement.		
2. Le haut du sac est replié deux fois.		
3. Pour consommation à l'intérieur, on utilise des plateaux de plastique.		
4. On place des napperons de papier dans les plateaux.		
5. La nourriture est présentée de façon convenable.		
Autres :		
Paiement :	**Oui**	**Non**
1. Le montant de la commande est énoncé clairement et à haute voix.		
2. La dénomination du billet reçu est clairement énoncée.		
3. La monnaie est comptée à haute voix.		
4. La monnaie est bien comptée.		
5. Les gros billets restent sur le bord de la caisse jusqu'à ce que la monnaie soit rendue.		
Autres :		
Remerciements et souhait de revoir le client :	**Oui**	**Non**
1. L'employé remercie toujours.		
2. Le remerciement est sincère.		
3. L'employé regarde le client dans les yeux.		
4. L'employé exprime le souhait de revoir le client.		
Autres :		

Tableau 2.1. Fiche destinée à l'évaluation de la performance d'un employé travaillant au comptoir dans une entreprise de restauration rapide.

arrive à heure fixe, effectue un certain nombre d'opérations déterminées à l'avance, se repose à heure fixe, puis se remette à la tâche jusqu'à la fin de la journée de travail. Dans beaucoup d'organisations, les équipes de travailleurs se succèdent de façon méthodique, pour que le travail puisse se poursuivre sans interruption 24 heures par jour, jour après jour. Souvent le travail doit s'exécuter de façon machinale et répétitive. Toute personne qui a observé le travail qui se fait dans une usine ou encore dans un de ces « bureaux-usines » où l'on ne fait que traiter des documents comme des réclamations d'assurances ou d'impôts, ou encore des opérations bancaires, n'a pu manquer de constater que ces organisations sont réglées comme des machines. Ces lieux de travail sont conçus comme des machines, et on attend des employés, en fait, qu'ils se comportent comme des rouages de ces machines.

Les mêmes principes se retrouvent dans les entreprises de restauration rapide et dans toutes sortes de services où chaque geste est prévu de façon minutieuse, même lorsqu'il s'agit d'activités mettant en jeu des relations interpersonnelles. On forme souvent les employés de manière à ce qu'ils se comportent avec les clients suivant un code d'instructions détaillé, et tous leurs gestes sont surveillés. Le simple sourire, les mots d'accueil, les suggestions d'un vendeur sont souvent programmés selon les directives de l'employeur et on va jusqu'à effectuer des répétitions pour s'assurer du résultat. Le formulaire utilisé par une chaîne de restauration rapide (Tableau 2.1) montre bien jusqu'à quel point une tâche aussi simple que celle de servir un client peut être programmée, observée et évaluée de façon mécaniste.

Les machines, la pensée mécaniste et la montée de l'organisation bureaucratique

En général, on appelle aujourd'hui bureaucraties les organisations qui sont conçues et gérées comme s'il s'agissait de machines. Mais la plupart des organisations sont, à des degrés divers, empreintes de bureaucratie, car c'est le mode de pensée mécaniste qui a profondément modelé nos conceptions de ce que doit être une organisation. Par exemple, quand nous en parlons, nous imaginons habituellement un ensemble de rapports harmonieux entre des éléments clairement définis, selon un ordre donné. L'image que nous en avons peut ne pas être explicite, il n'en reste pas moins que nous parlons d'un ensemble de relations mécanistes. Nous parlons des organisations comme si elles étaient des machines et, par conséquent, nous nous attendons à ce qu'elles fonctionnent comme des machines : de façon routinière, efficace, que l'on puisse prédire et à laquelle on puisse se fier.

Il est des cas, dont nous parlerons à la fin du présent chapitre, où un mode d'organisation de type mécaniste peut s'avérer d'une grande efficacité. Mais, dans d'autres cas, il peut aussi engendrer des conséquences regrettables. Il est donc important de bien comprendre comment et quand nous utilisons un mode de pensée mécaniste, et comment il se fait que tant de théories populaires et d'idées reçues concernant l'organisation soient fondées sur cette façon de penser et la renforcent. En effet, l'un des défis les plus sérieux auxquels doivent faire face nombre d'organisations modernes est de parvenir à remplacer cette forme de pensée par des idées et des approches nouvelles, comme celles, par exemple, dont nous traiterons aux chapitres suivants. Pour l'instant, examinons de plus près la façon dont s'est élaborée la conception mécaniste de l'organisation.

LES ORIGINES DE LA VISION MÉCANISTE DE L'ORGANISATION

Une organisation porte rarement en elle sa propre finalité. Elle est un instrument créé pour réaliser d'autres fins, ce qui se reflète dans le mot même d'organisation, mot qui vient du grec *organon*, soit outil ou instrument. Il n'est donc pas étonnant que des idées relatives aux tâches, aux buts et aux objectifs soient devenues des concepts si fondamentaux pour l'organisation. En effet, outils et instruments sont des dispositifs mécaniques inventés et perfectionnés pour faciliter l'accomplissement d'activités orientées vers un objectif particulier.

On trouve les traces de cette instrumentalité dans les pratiques des premières organisations formelles que nous connaissons, celles qui sont à l'origine de pyramides, d'empires, d'églises et d'armées. Cependant c'est avec l'invention et la prolifération des machines, en particulier à partir de la révolution industrielle en Europe et en Amérique, que la conception de l'organisation est véritablement devenue mécaniste, car l'utilisation des machines, surtout dans l'industrie, exigeait des organisations qu'elles s'adaptent aux besoins de ces machines.

Si nous examinons les changements qui ont accompagné la révolution industrielle, nous constatons une tendance croissante à la bureaucratisation et à la routinisation de la vie en général. Un grand nombre d'individus possédant une entreprise familiale, ainsi que des artisans, ont renoncé à l'autonomie dont ils jouissaient en travaillant dans leurs foyers et dans leurs ateliers pour se livrer à des tâches d'ouvriers non spécialisés dans des usines. Au même moment, les propriétaires d'usines et leurs ingénieurs se rendaient compte que, finalement, pour atteindre une meilleure efficacité, leurs machines exigeaient des changements importants dans la conception et la surveillance du travail. La division du travail, dont Adam Smith, l'économiste écossais, avait fait l'éloge dans son ouvrage *Recherches sur la nature et les causes de la richesse des nations* paru en anglais en 1776, s'est intensifiée, entraînant une spécialisation qui a été exacerbée par la volonté des dirigeants d'augmenter l'efficience de leurs usines en réduisant la marge de manœuvre des ouvriers désormais dominés par leurs machines et surveillés par des contremaîtres. De nouvelles techniques et méthodes ont également fait leur apparition pour forcer les travailleurs à accepter la routine nouvelle et exigeante de la production en usine.

On s'est beaucoup inspiré de l'armée qui, du moins depuis Frédéric le Grand de Prusse, était devenue un des prototypes de l'organisation mécaniste. Frédéric, qui régna de 1740 à 1786, hérita d'une armée composée en grande partie de criminels, de gueux, de mercenaires et de conscrits de mauvaise volonté — une foule de rebelles. Il était bien décidé à changer tout cela et très vite entreprit des réformes. Il emprunta beaucoup d'idées aux anciennes légions romaines et aux armées européennes réformées du XVIᵉ siècle, mais apporta aussi de nombreuses innovations de son cru, dont un bon nombre s'inspiraient des inventions de l'époque dans le domaine de la mécanique.

Frédéric était particulièrement fasciné par les automates, ces hommes mécaniques, et dans son effort pour faire de l'armée un instrument sûr et efficace, il introduisit un certain nombre de réformes qui, de fait, réduisaient ses soldats au rang d'automates. On peut citer entre autres les grades, les uniformes, l'extension et la normalisation des règlements, la spécialisation plus poussée des tâches, l'emploi de matériel normalisé, la création d'une langue de commandement, et une formation systématique dont faisait partie l'exercice militaire. Le but de Frédéric était de faire de l'armée un mécanisme efficient opérant au moyen de « pièces » normalisées. Les règles de formation permettaient de fabriquer ces « pièces » à partir de n'importe quelle matière première ; on pouvait ainsi les remplacer sans difficulté quand il le fallait, ce qui est une nécessité en temps de guerre. Pour s'assurer l'obéissance de sa machine militaire, Frédéric décida que le soldat devait craindre ses officiers plus encore que l'ennemi. Et pour s'assurer qu'une telle machine soit utilisée de la meilleure façon possible, il a établi une division entre les fonctions de conseiller et celles de commandement, libérant des conseillers spécialisés de tout commandement afin qu'ils puissent prévoir et organiser les activités et les mouvements de l'armée. Plus tard, on introduisit quelques raffinements supplémentaires, comme la décentralisation de la direction de certaines opérations pour donner plus d'autonomie aux « pièces » en situation de combat.

Un grand nombre de ces idées et de ces techniques se sont avérées très pertinentes pour résoudre les problèmes soulevés par l'apparition des systèmes de production en usine et on les adopta ici et là, une à la fois, au cours du XIXᵉ siècle, époque à laquelle les dirigeants d'entreprise cherchaient à grand peine une forme d'organisation convenant à la mécanisation du travail. En même temps que la technique nouvelle se développait donc la mécanisation de la pensée et des actions humaines, mécanisation qui, en retour, renforçait le développement technique. Les entreprises où l'on se servait de machines ressembleront de plus en plus à des machines et la vision qu'avait eue Frédéric le Grand d'un bras « mécanisé » est graduellement devenue une réalité dans les bureaux aussi bien que dans les usines.

Au cours du XIXᵉ siècle ont eu lieu un certain nombre de tentatives de codification et de promotion des idées qui pourraient mener à une organisation et à une gestion efficaces du travail. C'est ainsi que, en 1801, bien après les éloges adressés par Adam Smith au concept de division du travail, Eli Whitney démontra publiquement ce que pouvait être la production de masse en montant des fusils à partir de tas de pièces interchangeables. En 1832, Charles Babbage, inventeur d'une des premières formes de calculateur mécanique, publiait un traité prônant une approche scientifique de l'organisation et de la gestion, insistant sur l'importance de la planification et d'une division du travail appropriée à chaque cas. Cependant il fallut attendre au début du XXᵉ siècle pour que se fît la synthèse de toutes ces idées et que s'élaborât une théorie générale de l'organisation et de la gestion.

Un sociologue allemand, Max Weber, apporta une contribution très importante à cette théorie en observant les parallèles que l'on pouvait faire entre la mécanisation de l'industrie et la prolifération des formes bureaucratiques d'organisation. Il fit remarquer que la bureaucratie routinise l'administration tout comme la machine routinise la production. C'est dans son œuvre que nous trouvons la première définition générale de la bureaucratie en tant qu'organisation qui met l'accent sur la précision, la rapidité, la clarté, la régularité, la fiabilité et l'efficacité auxquelles on parvient grâce à une division permanente des tâches, au contrôle hiérarchique et au recours à des règlements détaillés.

Weber, en tant que sociologue, s'intéressait aux conséquences sociales de la prolifération de la bureaucratie et, un peu comme le vieil homme de l'histoire de Zhuang-zi, se préoccupait des effets qu'elle pourrait avoir sur la dimension humaine de la société. Il se rendait compte que l'approche bureaucratique pouvait transformer en routine, rendre machinal presque n'importe quel aspect de la vie, érodant sa dimension humaine et la spontanéité qui la caractérise. De plus, il comprenait qu'elle pouvait engendrer de graves conséquences politiques en minant les possibilités de formes d'organisations plus démocratiques. Ses écrits sur la bureaucratie sont donc imprégnés d'un profond scepticisme sur lequel nous nous arrêterons davantage au chapitre 9.

L'autre contribution très importante provient d'un groupe de théoriciens et de praticiens de la gestion en Amérique du Nord et en Europe ; ces derniers ont établi les fondations de ce que l'on connaît aujourd'hui comme l'« école classique de la gestion » ou encore la « gestion scientifique ». À la différence de Weber, ils ont vigoureusement plaidé pour la bureaucratisation et consacré leurs travaux à déterminer des principes et méthodes détaillés grâce auxquels il serait possible d'aboutir à ce type d'organisation. Tandis que les théoriciens de l'école classique de gestion s'intéressaient avant tout à une conception de l'organisation dans son ensemble, les gestionnaires scientifiques se sont penchés sur la conception et l'administration des tâches individuelles. C'est par l'entremise de ces théoriciens que tant de principes mécanistes d'organisation ont progressivement occupé une place importante dans nos réflexions quotidiennes. Il vaut donc la peine d'approfondir notre connaissance de leur travail.

ÉCOLE CLASSIQUE DE LA GESTION : COMMENT CONCEVOIR UNE ORGANISATION BUREAUCRATIQUE

Les représentants les plus typiques de la théorie classique sont un Français, Henri Fayol, un Américain, F. W. Mooney et un Anglais, le colonel Lyndall Urwick. Tous trois se sont intéressés aux problèmes de gestion pratique et ont cherché à codifier leurs connaissances relatives à des organisations qui avaient réussi, afin que d'autres puissent s'en servir. L'axe principal de leur pensée est l'idée que la gestion est un processus de planification, d'organisation, de direction, de coordination et de contrôle. Ces théoriciens ont élaboré les principes essentiels de nombreuses techniques modernes de gestion, comme la gestion par objectifs, la rationalisation des choix budgétaires et d'autres méthodes qui insistent sur une planification et un contrôle rationnels. Chacun a codifié ses perceptions en faisant appel à une combinaison de notions provenant des domaines militaire et du génie. Le tableau 2.2 résume certains des grands principes généraux que l'on retrouve dans la théorie classique de la gestion.

En mettant en œuvre ces principes, nous arrivons au type d'organisation représenté par l'organigramme bien connu (figure 2.1) : un ensemble de postes de travail bien définis, hiérarchiquement organisés selon des voies de décision ou de communication. Si nous examinons attentivement ces principes, nous nous apercevons que les tenants de l'école classique ont conçu l'organisation exactement de la même façon qu'ils auraient conçu une machine.

Quand un ingénieur crée une machine, il doit définir un réseau de pièces dépendant les unes des autres, organisées en séquences spécifiques et ancrées par des points de résistance ou de rigidité définis avec une grande précision. Les théoriciens « classiques » ont essayé d'obtenir pareil résultat en concevant l'organisation comme un réseau de pièces : services fonctionnels comme la production, la mercatique, les finances, le personnel, la recherche et le développement, lesquels sont ensuite subdivisés en réseaux de postes de travail délimités de manière précise. Les responsabilités de ces postes s'imbriquent les unes dans les autres, de façon à se compléter du mieux possible, et sont reliées entre elles selon la voie hiérarchique qui se traduit par l'expression familière : « Un homme, un patron ».

La structure organisationnelle ainsi réalisée doit fonctionner aussi précisément que possible grâce à des modèles d'autorité, par

Unité de commandement : un employé ne doit recevoir d'ordres que d'un seul supérieur.

Hiérarchie : l'autorité du supérieur sur le subordonné va de haut en bas dans une organisation. Cette chaîne, qui résulte du principe précédent, doit servir à la communication et à la prise de décision.

Nombre d'employés sous le contrôle d'une même personne : il faut que le nombre d'individus qui rendent compte à une seule et même personne ne soit pas trop important, sinon cela pourrait créer des problèmes de communication et de coordination.

Gestionnaire-conseils et gestionnaires d'exploitation : les premiers peuvent rendre de précieux services, mais doivent veiller à ne jamais empiéter sur l'autorité des seconds, qui forment la hiérarchie.

Initiative : à encourager à tous les niveaux de l'organisation.

Division du travail : la direction doit chercher à atteindre un certain degré de spécialisation permettant d'atteindre les buts de l'organisation de façon efficiente.

Autorité et responsabilité : on doit tenir compte du droit de commander et d'exiger l'obéissance, et atteindre le bon équilibre entre autorité et responsabilité. Donner à quelqu'un la responsabilité d'un certain travail et ne pas lui donner l'autorité que cela exige serait dénué de sens.

Centralisation de l'autorité : elle est toujours plus ou moins présente ; elle doit varier afin de permettre l'utilisation optimale des compétences du personnel.

Discipline : obéissance, application, énergie, comportement et marques extérieures de respect doivent s'accorder avec les règlements et habitudes de l'organisation.

Subordination des intérêts particuliers à l'intérêt général : grâce à la fermeté, à l'exemple, aux ententes justes et à une constante supervision.

Équité : fondée sur la bonté et la justice, pour amener le personnel à bien accomplir ses fonctions ; rémunération juste, afin d'encourager le bon moral sans tomber dans un engrenage conduisant à une rémunération excessive.

Stabilité du personnel : pour faciliter le développement des compétences.

Union du personnel : pour faciliter l'harmonie, source de force. Ces principes, dont beaucoup ont été utilisés autrefois par Frédéric le Grand et d'autres spécialistes pour transformer les armées en « machines militaires », représentent le fondement de la théorie de la gestion dans la première moitié du XXe siècle, et leur emploi est très répandu de nos jours.

Tableau 2.2. Principes de l'école classique de la gestion.

exemple les responsabilités afférentes à chaque poste ou le droit de donner des ordres et d'exiger l'obéissance. Les modèles d'autorité servent de points de résistance et permettent de coordonner les activités en les canalisant dans une direction précise au détriment d'autres. En prêtant une attention minutieuse aux modèles d'autorité et au processus général de direction, de discipline et de subordination de l'individu au bien commun, les théoriciens cherchaient à s'assurer que, une fois émis au sommet de l'entreprise, les ordres feraient leur chemin à travers toute l'organisation d'une façon déterminée avec précision afin de créer précisément un effet déterminé.

Ces principes sont essentiels et à la bureaucratie centralisée (illustrée à la figure 2.1) et à la variante qu'on en trouve dans l'organisation en divisions, dans laquelle diverses unités peuvent fonctionner de façon semi-autonome sous le contrôle général, plutôt que détaillé, de ceux qui détiennent l'autorité suprême. Tout comme des militaires avaient mis au point la décentralisation pour faire face aux situations de combat difficiles, les théoriciens de l'école classique ont reconnu la nécessité de concilier les exigences contraires de la centralisation et de la décentralisation pour assurer la flexibilité nécessaire aux différents rouages d'une organisation de grande taille.

On a grandement amélioré ce type de décentralisation au cours du XX\ :sup: e siècle grâce à l'élaboration de méthodes de gestion comme la gestion par objectifs et la rationalisation des choix budgétaires, ainsi que la conception de systèmes d'information organisationnels hautement raffinés, souvent employés pour obtenir le type de contrôle allant « de haut en bas » que préconisaient les classiques. Par exemple, de nos jours, la gestion par objectifs est fréquemment utilisée pour imposer à l'organisation un système mécaniste de buts et objectifs. On se sert alors de ces derniers pour imposer le sens dans lequel cadres et ouvriers doivent entraîner l'entreprise, notamment par la détermination d'objectifs de performance permettant d'atteindre les buts fixés. La même chose se produit souvent avec la rationalisation des choix budgétaires et d'autres systèmes budgétaires, dont les systèmes d'information organisationnels sont conçus pour donner les renseignements détaillés nécessaires aux contrôles mensuels, hebdomadaires et même quotidiens.

C'est ainsi que les idées des théoriciens « classiques » se voient reprises et renforcées par des méthodes de gestion dites modernes. Cela arrive parce que, fréquemment, les gens qui conçoivent ces systèmes finissent par réfléchir de façon mécaniste et ne se rendent

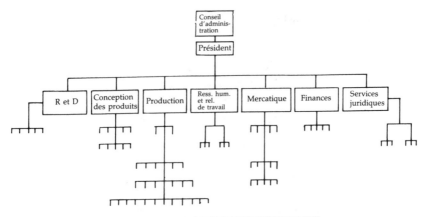

Figure A STRUCTURE ORGANISATIONNELLE D'UNE USINE

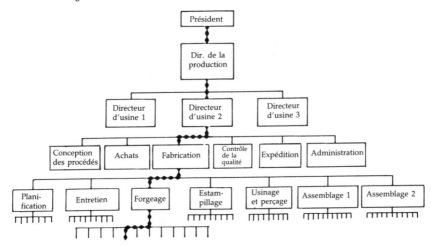

Figure B STRUCTURE DÉTAILLÉE DU SERVICE DE PRODUCTION

La figure A représente une organisation où les divisions sont fondées sur la spécialisation fonctionnelle. Chaque service fonctionnel a son propre mode d'organisation hiérarchique. La figure B représente l'organisation du service de production. On remarquera que la voie hiérarchique va de haut en bas. Quelle que soit la place choisie à l'échelon inférieur, il n'y a qu'une seule voie vers le sommet, ce qui vient du principe qu'aucun employé ne doit avoir plus d'un supérieur. Nous avons mis en relief une de ces voies : on note la différence dans le nombre d'individus sous le contrôle d'une seule personne. Le président, dans la figure A, contrôle sept services. Le contremaître du service du forgeage, dans le service de la production (figures A et B) dirige douze personnes, et le directeur de la production, trois. On notera également que les services d'état-major (R et D, ressources humaines, finances, juridiques), qui regroupent la plupart des gestionnaires-conseils, n'ont pas d'autorité directe sur les services d'exploitation comme le service de la production.

Figure 2.1. Organigrammes illustrant les principes de l'école classique de la gestion et de l'organisation bureaucratique.

pas compte qu'il existe d'autres façons de gérer — par exemple, en faisant la promotion de l'apprentissage organisationnel et de la recherche sur l'organisation dont nous parlons au chapitre 4, ou des types d'entreprises privilégiant la participation, ou encore des démocraties organisationnelles étudiées aux chapitres 5 et 6.

Ce que veulent avant tout les partisans de l'école classique de la gestion et leurs épigones contemporains, avoués ou non, c'est que l'organisation soit un système rationnel qui fonctionne de la manière la plus efficace possible. Beaucoup de gens approuvent cet idéal, mais il est plus facile d'en parler que d'y parvenir, parce que l'on a affaire à des êtres humains et non à des rouages. À ce propos, il est significatif que les théoriciens classiques n'aient accordé que peu d'attention à l'aspect humain de l'entreprise. Tout en reconnaissant souvent le besoin de direction, d'initiative, de bienveillance, de justice, de solidarité et autres facteurs qui peuvent avoir une influence sur la motivation, ils envisageaient généralement l'organisation proprement dite comme un problème d'ordre technique. Les partisans de l'école classique reconnaissaient l'importance d'arriver à un équilibre, une sorte d'harmonie, entre les aspects techniques et les aspects humains de l'organisation, surtout par l'intermédiaire de processus appropriés de sélection et de formation, mais ils cherchaient avant tout à adapter les humains aux besoins d'une organisation mécaniste. Et, comme nous allons le voir, c'est précisément pour cette raison qu'ils ont été l'objet de nombreuses critiques.

GESTION SCIENTIFIQUE

C'est ainsi que nous trouvons dans les méthodes que Frédéric le Grand appliquait au domaine militaire la source d'un bon nombre de principes plus tard élaborés par les théoriciens de l'école classique. Nous y trouverons aussi un grand nombre des principes énoncés par l'autre grand Frédéric, Frederick Taylor, le pionnier de ce que nous connaissons aujourd'hui sous les noms d'« organisation scientifique du travail » ou de « direction scientifique de l'entreprise ».

Taylor était un ingénieur américain, à la personnalité brillante mais assez perturbée. À sa mort, en 1915, il s'était acquis la réputation de grand « ennemi du travailleur » et avait été convoqué par un comité de la Chambre des représentants du gouvernement des États-Unis, en 1911, pour y défendre son système de direction. Tout en étant l'un des plus calomniés et des plus critiqués des théoriciens de l'organisation, Taylor demeure aussi l'un des plus influents. Ses principes de direction scientifique ont été la pierre angulaire de l'organisation du travail tout au long de la première moitié du XXᵉ siècle, et on les suit encore aujourd'hui dans bien des cas.

Taylor prônait cinq principes élémentaires, que l'on peut résumer comme suit :

1. *Faire passer du travailleur au dirigeant toute la responsabilité de l'organisation du travail :* les dirigeants doivent assumer toute la réflexion concernant la planification et la conception du travail, ne laissant au travailleur que l'exécution de la tâche.
2. *Avoir recours à des méthodes scientifiques* pour déterminer la méthode la plus efficace pour effectuer le travail ; préparer la tâche de l'ouvrier dans cette optique, en indiquant bien la façon *exacte* de l'accomplir.
3. *Choisir* l'individu le mieux qualifié pour accomplir la tâche ainsi conçue.
4. *Former* l'ouvrier à travailler de façon efficace.
5. *Surveiller* la performance du travailleur pour s'assurer qu'il utilise les méthodes appropriées et que les résultats souhaités s'ensuivent.

Dans l'application de ces principes, Taylor était partisan d'études de temps et mouvements pour l'analyse et la normalisation des activités. Son approche scientifique exigeait une observation minutieuse et des mesures précises des tâches, y compris les plus routinières, afin de trouver la manière de faire optimale. Avec le système de Taylor, les tâches les moins importantes, comme la manutention du fer en gueuse et le pelletage de la terre deviennent des objets d'études scientifiques. Il a fusionné le point de vue de l'ingénieur et l'obsession du contrôle.

On retrouve des modèles importants de cette conception de la direction scientifique dans de nombreuses usines, entreprises de détail et bureaux. Prenons l'exemple des chaînes de restauration rapide où l'on sert des hamburgers, des pizzas et autres aliments très normalisés : on s'aperçoit que ce genre de travail est minutieusement organisé d'après des modèles qui permettent d'analyser l'ensemble de la production, de choisir les procédés les plus efficaces et, ensuite, de les confier à des gens formés à les exécuter de façon extrêmement précise. Tout ce qui est de l'ordre de la réflexion et de la conception revient aux gestionnaires, ce qui ne laisse aux employés que l'exécution. Le formulaire d'observation présenté au tableau 2.1 illustre fort bien l'approche de Taylor, en montrant comment une tâche aussi élémentaire que prendre une commande et servir un client peut être subdivisée en un grand nombre d'éléments individuels que l'on peut observer et évaluer. Taylor aurait été très heureux de voir ce type d'évaluation de la performance.

On retrouve cette même approche de la conception du travail dans la chaîne de montage de l'usine. Ici, on a incorporé les idées de Taylor à la technique proprement dite, et l'on fait des travailleurs les serviteurs ou les auxiliaires des machines, qui dominent totalement l'entreprise et le rythme de travail.

Nous pouvons aussi nous rendre compte que les méthodes de Taylor ont influencé l'organisation du travail de bureau en examinant les recherches en « organisation et méthodes » et les « études du travail ». Ces travaux divisent des tâches globales en éléments spécialisés que l'on peut alors répartir entre divers employés. Par exemple, en traitant une réclamation d'assurance, un employé peut être chargé de vérifier la validité de la réclamation selon la police d'assurance émise, une autre peut amorcer le processus d'évaluation, un troisième faire l'évaluation proprement dite tandis que la quatrième évaluera l'évaluation et ainsi de suite. Utilisés de façon systématique, les cinq principes de Taylor mènent à la création de « bureaux-usines » où les gens exécutent des tâches parcellaires et extrêmement spécialisées d'après un système très complexe de conception et de répartition du travail et d'évaluation de la performance.

L'impact de la direction scientifique de Taylor sur le monde du travail a été énorme ; elle a augmenté considérablement le rendement tout en accélérant le remplacement d'une main-d'oeuvre spécialisée par des ouvriers non qualifiés. C'est pour cela que la méthode a eu tant de succès et, en même temps, a été tellement décriée. Car cette augmentation du rendement a souvent coûté très cher sur le plan humain, faisant de beaucoup de travailleurs de véritables automates, tout comme cela avait été le cas pour les soldats du roi de Prusse plus de 150 ans auparavant.

Dès l'apparition de ces méthodes, les problèmes humains ont été faciles à repérer, en particulier depuis le moment où on les a intégrées à la technique de la chaîne de montage. Lorsque Henry Ford, par exemple, a créé sa première chaîne pour produire le Modèle T, le taux de rotation des ouvriers a augmenté pour passer à environ 380 pour cent par an. Ce n'est qu'en doublant les salaires et en accordant ses fameux « cinq dollars par jour » qu'il arriva à stabiliser la situation et à persuader son personnel d'accepter la technique nouvelle. Dans les périodes de plein emploi, quand le travail ne manque pas, les ouvriers boudent souvent la chaîne, comme on a pu le constater au début des années 70, période durant laquelle le taux de rotation, dans certaines usines comme celle de Ford, à Wixom, était passé à près de 100 pour cent. Pour la plupart des gens, la chaîne de montage est ennuyeuse et aliénante. Les cycles de travail sont courts, et on demande parfois aux ouvriers d'accomplir une tâche comportant sept ou huit opérations différentes en 40 ou 50 secondes, 7 ou 8 heures par jour, 50 semaines par an. Quand General Motors a décidé d'exiger plus d'efficience dans son usine de Lordstown, vers la fin des années 60, on a augmenté la vitesse de la chaîne de façon à produire 100 voitures à l'heure au lieu de 60. Pour conserver ce nouveau rythme, chaque ouvrier avait 36 secondes pour effectuer au moins huit opérations différentes, entre autres, marcher, soulever, manipuler, relever un tapis, se pencher pour visser des boulons, les visser avec un pistolet à air comprimé, remettre le tapis en place et poser un autocollant sur le capot.

On considère souvent l'idée de séparer la planification et la conception du travail de son exécution comme le plus nocif et le plus lourd de conséquences de tous les éléments de l'organisation taylorienne du travail, car la séparation de la main et du cerveau « tronque » littéralement le travailleur en le privant de sa dimension intellectuelle. Comme Taylor aimait à le répéter à ses ouvriers : « Vous n'êtes pas censés penser. D'autres personnes sont payées pour cela. » Les hommes n'étaient plus que des « bras » ou une « force de travail », l'énergie ou la force nécessaire pour propulser la mécanique de l'entreprise. Les tâches qu'ils devaient exécuter avaient été simplifiées au maximum afin que les ouvriers ne coûtent pas cher et qu'il soit facile de les former, de les surveiller et de les remplacer. De la même façon que la fabrication en série exigeait que les produits soient assemblés à partir de pièces interchangeables, le taylorisme rationalisait le lieu de travail de manière à le faire fonctionner avec des ouvriers interchangeables.

Au cours des années, les méthodes de Taylor ont connu expansion et affinement. Ses contemporains, par exemple Frank et Lillian Gilbreth, ont réalisé d'importantes études sur les mouvements exécutés par les ouvriers au travail. L'essence de la mécanisation réside dans la réduction de procédés complexes en un ensemble de mouvements bien distincts, qui peuvent alors s'effectuer machinalement. Les Gilbreth se sont spécialisés dans cet aspect du travail humain, en concevant les postes de travail de manière à obtenir un maximum d'efficacité pour le moindre effort. Avec Taylor, ils ont apporté une importante contribution aux principes sur lesquels est fondée la chaîne de montage, et à la science de l'ergonomie, qui porte sur les rapports entre l'énergie et le travail et les relations entre l'humain et la machine. Il est intéressant de noter que les principes de Taylor ont franchi de nombreuses barrières idéologiques et qu'on les applique de façon extensive en URSS tout autant que dans les pays capitalistes, ce qui montre bien que le taylorisme est autant un outil de contrôle du milieu de travail qu'un moyen d'obtenir des bénéfices. Bien que l'URSS ne soit pas opposée à un usage profitable des ressources, un des grands attraits du taylorisme réside dans le pouvoir qu'il confère aux personnes détenant les leviers de commande.

On considère souvent Taylor comme le vilain de la pièce, celui qui a inventé l'organisation scientifique du travail, mais il est important de comprendre qu'il s'insère en réalité dans un courant social beaucoup plus vaste et générateur de la mécanisation de la vie en général. Par exemple, les principes qui sous-tendent le taylorisme se retrouvent aujourd'hui sur les terrains de football, sur les pistes d'athlétisme, au gymnase, ainsi que dans la façon dont nous rationalisons et routinisons nos vies privées. Taylor s'est fait l'interprète d'un aspect particulier de cette tendance générale à la mécanisation, à la spécialisation et à la bureaucratisation que Max Weber considérait comme une force sociale très importante. Le taylorisme a été imposé au monde ouvrier de façon spécifique, mais nous intégrons souvent des principes tayloristes à notre vie quotidienne quand nous développons en nous des capacités particulières de pensée et d'action et quand nous forçons notre corps à se conformer à des normes idéales préconçues. Influencés par la tendance à la mécanisation qui a rendu le taylorisme si puissant, nous nous considérons souvent comme des machines et nous agissons en conséquence.

La caractéristique principale du taylorisme n'est donc pas que Taylor ait cherché à mécaniser l'organisation du travail et des êtres humains, mais le *degré* auquel il a pu y parvenir. On exigeait en effet des ouvriers formés selon ses idées qu'ils soient aussi fiables, prévisibles et efficaces que les robots qui, aujourd'hui, les remplacent. Il est bien possible que l'Histoire considère Taylor comme un précurseur venu trop tôt, car ses principes sont excellents pour ce qui est d'organiser la production lorsque ce sont des robots, et non des êtres humains, qui constituent la principale force de travail, bref lorsque l'entreprise peut vraiment devenir une machine.

Forces et limites de
la métaphore de la machine

« Définir des buts et objectifs et se mettre à leur poursuite. »

« Organiser rationnellement, efficacement et clairement. »

« Préciser tous les détails pour que chacun sache bien ce qu'il doit faire. »

« Planifier, organiser et contrôler, contrôler, contrôler. »

Ces idées et quelques autres du même genre sont souvent profondément ancrées dans notre réflexion sur l'organisation et dans la façon dont nous décodons et évaluons les activités qui s'y déroulent. Pour beaucoup de gens, c'est presque devenu une seconde nature que d'organiser en déterminant un ensemble d'activités clairement définies et reliées entre elles par une hiérarchie et ses réseaux de communication, de coordination et de contrôle. Ainsi, quand un dirigeant conçoit une organisation, il élabore souvent une structure de tâches dans laquelle on peut insérer les gens. Ou, si le personnel est là en premier, il s'agit de trouver un rôle clairement défini pour chacun. Quand une place devient vacante, les gestionnaires parlent souvent de « trou » à combler. Les programmes de formation sont dans une large mesure conçus pour nous permettre de nous adapter à la place qui nous aura été assignée et de nous y sentir à l'aise, de sorte que l'entreprise puisse fonctionner de façon rationnelle et efficace.

L'école classique de la gestion et la direction scientifique ont toutes deux été mises en œuvre et vendues aux gestionnaires comme « la meilleure façon d'organiser ». Les premiers théoriciens pensaient avoir découvert les *seuls* bons principes d'organisation qui, s'ils étaient respectés, résoudraient plus ou moins tous les problèmes de direction, et pour de bon. Nous n'avons aujourd'hui qu'à regarder ce qui se passe dans ce domaine pour comprendre à quel point ils se sont trompés. Et même si nous y regardons de très près, nous nous rendons vite compte que ces principes de gestion sont souvent à l'origine de bien des problèmes dans l'organisation moderne.

Les images, ou les métaphores, ne fournissent qu'une vision partielle des choses : en nous encourageant à regarder une situation sous un angle donné, elles nous empêchent de la voir d'autres points de vue. C'est exactement ce qui s'est passé à mesure que s'élaboraient les conceptions mécanistes de l'organisation. Quand on envisage l'organisation du travail comme un processus rationnel et technique, les images mécanistes tendent à occulter les aspects humains et à nous faire oublier que les tâches à accomplir sont souvent beaucoup plus complexes, plus difficiles et moins clairement délimitées que celles que peuvent effectuer la plupart des machines.

Les points forts et les limites de la métaphore de la machine se reflètent dans les points forts et les points faibles de l'organisation mécaniste concrète.

Il est facile d'énoncer les points forts. En effet l'approche mécaniste ne fonctionne bien que si sont remplies les conditions faisant qu'une machine fonctionne bien : (a) quand la tâche à exécuter est simple ; (b) quand la stabilité de l'environnement atteint un niveau garantissant que les produits fabriqués seront appropriés ; (c) quand on veut fabriquer exactement le même produit pendant longtemps ; (d) quand la précision est un critère important et (e) quand les éléments humains de la « machine » sont obéissants et se comportent comme il avait été prévu.

Certaines entreprises ont obtenu des résultats remarquables en utilisant le modèle mécaniste, parce que toutes ces conditions étaient remplies. Prenons l'exemple de la chaîne McDonald's, qui est réputée pour l'excellence de sa performance dans le domaine de la restauration rapide. Cette entreprise a mécanisé l'organisation du travail de toutes ses concessions dans le monde entier, afin que chaque produit soit identique partout. La firme s'adresse à un public cible soigneusement choisi et le sert avec toute la précision que permet la « science du hamburger ». (McDonald's a sa propre « Université du Hamburger » où l'on enseigne cette science aux dirigeants des concessions, et a publié un guide détaillé à l'intention des concessionnaires pour leur permettre de mieux fonctionner quotidiennement à l'intérieur du système.) Excellent exemple de l'adoption des principes du taylorisme, la firme McDonald's recrute une main-d'œuvre non syndiquée — le plus souvent de jeunes étudiants — qui sont heureux de s'adapter à l'entreprise. Et, la plupart du temps, la « machine » fonctionne à la perfection. Bien entendu, l'entreprise fait aussi preuve de dynamisme et d'innovation, mais ces traits se retrouvent surtout chez le personnel cadre, le personnel qui pense, c'est-à-dire celui qui élabore les lignes de conduite et organise le travail à l'échelle de l'entreprise tout entière.

Un grand nombre d'entreprises qui font affaire avec des concessionnaires ont adopté l'approche de Taylor avec d'excellents résultats, en centralisant la conception et le développement des produits ou services et en décentralisant leur mise en œuvre, mais en s'assurant d'un contrôle très strict. Le recours à des méthodes scientifiques pour déterminer le travail à effectuer, les manuels qui fixent les normes et codifient l'exécution des tâches de façon extrêmement précise, des programmes de recrutement et de formation bien faits, et un système très complet d'évaluation du travail, voilà qui peut souvent constituer une excellente recette de succès, pourvu que le service ou le produit se prêtent à ce genre de définition et de contrôle.

Les services de chirurgie, les services d'entretien des avions, les services des finances, les courriers, et d'autres organisations où la précision, la sécurité et une responsabilité pleine et entière comptent par-dessus tout sont également susceptibles d'utiliser avec succès l'approche mécaniste, du moins pour une partie de leurs opérations.

Toutefois, malgré ces réussites, les conceptions mécanistes de l'organisation ont des inconvénients graves. Elles peuvent, en particulier : (a) donner naissance à un type d'organisation qui aura beaucoup de mal à s'adapter aux circonstances ; (b) engendrer une bureaucratie bornée et rigide ; (c) avoir des conséquences inattendues et indésirables, si les intérêts de ceux qui travaillent dans l'organisation ont préséance sur les objectifs que l'organisation devait permettre d'atteindre ; et (d) avoir des effets déshumanisants sur les employés, surtout ceux qui sont au bas de l'échelle.

Les organisations mécanistes ont beaucoup de mal à s'adapter à l'évolution des circonstances parce qu'elles sont conçues pour atteindre des buts prédéterminés ; elles ne sont pas faites pour l'innovation. Cela n'a rien d'étonnant, puisque les machines sont habituellement des mécanismes à but unique, conçus pour transformer des intrants particuliers en extrants spécifiques, et qui ne peuvent servir à d'autres activités que si on les modifie ou si on les reconstruit à cette fin.

L'évolution des circonstances exige différentes sortes d'actions et de réactions. La souplesse, la capacité d'entreprendre des activités créatrices deviennent ainsi beaucoup plus importantes que la stricte efficience. Il devient plus important de faire ce qui doit être fait en temps opportun et de façon « convenable » que de bien faire ce qui ne devrait pas être fait, ou de faire trop tard ce qui doit l'être. De ce point de vue, l'organisation du travail mécaniste est victime de cette « segmentation » qui, Rosabeth Moss Kanter l'a bien montré, est la plaie de tant de grandes entreprises modernes. La compartimentation qu'engendre la division mécaniste entre divers niveaux hiérarchiques, fonctions, rôles et individus tend à créer toutes sortes d'obstacles.

Quand surgissent de nouveaux problèmes, par exemple, il arrive souvent qu'on ne s'en occupe pas parce qu'il n'existe pas de réponse toute faite. Ou encore, au lieu de préconiser une approche holistique pour les résoudre, on s'en occupe de façon parcellaire en se servant des lignes de conduite, des procédures et des connaissances acquises que l'on trouve déjà dans l'organisation. Mais souvent les procédures et voies de communication normalisées ne permettent pas d'affronter de manière efficace des circonstances nouvelles ; ces dernières exigeraient d'avoir recours à de nombreux comités *ad hoc* et de tenir des réunions impromptues, mais parce qu'il faut les planifier de façon à ne pas perturber la situation existante, comités et réunions s'organisent trop lentement ou se tiennent trop tard pour composer efficacement avec les nouveaux enjeux. Dès lors, l'inaction et le manque de coordination règnent en maîtres. Le travail en retard entrave alors le bon fonctionnement de l'usine parce que la routine normale a été dérangée, et des problèmes complexes remontent jusqu'au sommet de la hiérarchie parce que, à chaque échelon et chacun à leur tour, des membres de l'organisation se déclarent incapables de les résoudre. Pendant ce processus, l'information est souvent déformée car des membres du personnel camouflent des erreurs ainsi que l'ampleur et la nature véritable des problèmes, de peur d'en être tenus responsables. Les dirigeants de l'organisation se trouvent alors forcés d'affronter des problèmes mal définis et qu'ils ne savent pas comment aborder. Ils sont souvent obligés de les confier à des groupes de travail ou à des équipes de spécialistes ou de consultants qui, parce qu'ils sont parfois très loin des problèmes concrets en cause, augmentent encore le retard et exacerbent l'inadéquation des réponses. La difficulté à trouver des solutions efficaces aux changements est souvent encore aggravée par le degré élevé de spécialisation des différents services fonctionnels au sein même de l'entreprise (par exemple, la production, la mercatique, les finances, la conception des produits). Les communications et la coordination interservices sont souvent mauvaises, et les gens portent un regard myope sur ce qui se passe au lieu d'avoir une vision globale de ce à quoi l'entreprise doit faire face. Le résultat, c'est que les mesures prônées par une des composantes de l'entreprise ont souvent des conséquences néfastes pour les autres, de telle sorte qu'une unité peut travailler contre les intérêts des autres.

Ces problèmes prennent souvent encore plus d'ampleur du fait que la définition mécaniste des responsabilités attachées à un poste de travail encourage beaucoup de membres de l'organisation à se conduire sans réfléchir ni se poser de questions, et à dire « Ce n'est pas à moi de me préoccuper de tel problème » ou encore « C'est sa responsabilité, pas la mienne » ou « Moi, je suis ici pour faire ce qu'on me dit de faire ». Bien qu'on les considère souvent comme des attitudes propres aux employés, elles sont en fait inhérentes à l'organisation mécaniste. Définir les responsabilités de façon précise a l'avantage de permettre à chacun de comprendre ce qu'on attend de lui. Mais cela lui permet aussi de savoir ce qu'on n'attend *pas* de lui. Les descriptions de tâche détaillées sont une arme à deux tranchants et suscitent de nombreux problèmes quand l'entreprise doit affronter un changement dans les circonstances qui exige souplesse et initiative.

La passivité et la dépendance ainsi institutionnalisées peuvent même amener les gens à faire des erreurs délibérées et à les justifier en invoquant leur obéissance aux ordres donnés. L'organisation hiérarchique des postes de travail se sert de l'idée que l'on doit exercer une surveillance *sur* les différentes parties de l'organisation (pour s'assurer qu'elles font bien ce qu'elles sont censées faire) plutôt que de chercher à l'*intégrer* aux parties elles-mêmes. Contremaîtres et autres surveillants ne font pas que vérifier la performance des travailleurs, ils leur enlèvent aussi toute responsabilité dans la mesure où ils n'entrent véritablement en action que lorsque surgissent les problèmes. De façon similaire, le contrôle de la qualité dans une chaîne de montage institutionnalise souvent la production de marchandise défectueuse. Les gens se rendent compte qu'ils peuvent se permettre un certain nombre d'erreurs et cela les pousse à dire : « Je ne vais pas me fatiguer à réparer cette erreur, l'inspecteur peut s'en charger. »

On voit donc qu'une bonne partie de l'apathie, de l'insouciance et du manque de fierté qu'on rencontre si souvent de nos jours sur les lieux de travail n'est pas le fait du hasard : l'approche mécaniste de l'organisation du travail qui prédomine dans les entreprises renforce cette attitude. Nous pourrions décrire la rationalité qui sous-tend la conception mécaniste comme « fonctionnelle » ou « instrumentale ». Elle provient de la façon dont individus et tâches s'ajustent selon un modèle fixe. Elle contraste avec la « rationalité de contenu » des systèmes dans lesquels les gens sont encouragés à déterminer si ce qu'ils font convient et à ajuster leur action en conséquence. Alors que l'éthique bureaucratique définit la rationalité des actions par leur place *à l'intérieur* du tout, la rationalité dite de contenu exige des actions qui s'accordent avec une prise de conscience intelligente de la situation globale. Alors que la rationalité bureaucratique est mécaniste, la rationalité de contenu est réflexive et auto-organisatrice. L'organisation mécaniste décourage l'initiative, amène les gens à obéir aux ordres qu'on leur donne, et à rester à leur place plutôt qu'à s'intéresser à ce qu'ils font et ne pas hésiter à s'interroger sur le bien-fondé de leurs actions. Les gens qui, dans une bureaucratie, remettent en question la sagesse des conventions sont considérés en général comme des fauteurs de troubles. Il s'ensuit souvent que l'apathie collective domine parce que les travailleurs apprennent à se sentir incapables d'intervenir dans des problèmes que, collectivement, ils comprennent et qu'ils seraient pourtant en mesure de résoudre.

Ces difficultés sont souvent reliées à une autre série de problèmes, soit l'émergence de buts secondaires et d'intérêts qui sapent la capacité qu'a l'organisation d'atteindre ses objectifs premiers. La spécialisation fonctionnelle a pour résultat de décomposer la mission globale de l'organisation en éléments divers, lesquels sont alors la responsabilité d'individus ou de services différents ; elle crée une structure nouvelle qui est censée être un système de coopération, mais qui bien souvent devient un système de compétition. Le but de l'organisation mécaniste et bureaucratique du travail est la contribution des parties aux buts et objectifs du tout. Mais, considérée sous un angle plus large, la structure hiérarchique n'est pas seulement un réseau de tâches et de rôles, mais aussi un système de carrière au sein duquel des individus se battent pour les quelques places disponibles au sommet de la hiérarchie. La compétition existe aussi parce que les ressources dont dispose l'organisation sont souvent limitées, de telle sorte que l'expansion d'un secteur peut nuire aux autres, voire empêcher leur développement. En conséquence, l'organisation mécaniste du travail peut engendrer un comportement qui, bien que rationnel pour les travailleurs engagés dans des activités d'un secteur donné, peut être irrationnel pour l'organisation dans son ensemble. La construction d'un empire, le carriérisme, la défense des intérêts et des projets favoris d'un département, et l'augmentation exagérée des budgets pour créer des réserves de fonds peuvent complètement perturber le travail de l'ensemble. Si le personnel de l'organisation est composé de femmes et d'hommes rationnels qui se conduisent selon l'intérêt général et les visées de l'ensemble, « s'adaptant » plutôt que se servant de l'organisation à d'autres fins, cela peut ne pas se produire. Mais les êtres humains ne sont que des humains, et les projets les mieux conçus bien souvent finissent par ne plus ressembler du tout à ce que leurs créateurs avaient imaginé. L'organisation formelle est alors orientée vers la poursuite d'objectifs non formels, dont certains peuvent être aux antipodes de ceux qui sous-tendaient la conception première du projet.

Il existe un dernier type de problèmes reliés aux conséquences humaines de l'approche mécaniste de l'organisation. Elle tend à limiter plutôt qu'à favoriser le développement des capacités humaines, à modeler les individus de sorte qu'ils s'adaptent à la machine de l'organisation au lieu de concevoir l'organisation à partir des forces et du potentiel des travailleurs. Les employés et l'organisation sont tous deux perdants : la croissance personnelle des employés devient impossible, car ils gaspillent souvent plusieurs heures par jour à effectuer un travail qu'ils n'aiment pas et auquel ils n'attachent aucune valeur, et l'entreprise perd la contribution intelligente et créatrice dont la plupart des travailleurs sont capables si on leur en donne la possibilité.

Les théories mécanistes de l'organisation du travail se sont révélées incroyablement populaires, en partie grâce à leur efficacité dans l'accomplissement de certaines tâches, mais aussi parce qu'elles pouvaient renforcer et maintenir certains modèles de pouvoir et de contrôle. La métaphore de la machine attire tout particulièrement les individus et les groupes qui souhaitent exercer un contrôle serré sur les gens et sur leurs activités ; et, comme nous le verrons aux chapitres 6, 7 et 9, il se trouve un ensemble complexe de facteurs pour appuyer sa popularité et favoriser son emploi. Cependant, il ne fait guère de doute que l'accroissement du rythme des transformations sociétales suscite de nombreux problèmes pour les organisations fondées sur cette conception. L'organisation mécaniste pourrait bien, en fin de compte, n'être qu'une forme particulière d'organisation, engendrée par les exigences de l'âge de la machine, qu'elle ne sert pourtant que bien imparfaitement. Puisque nous entrons aujourd'hui dans une ère fondée sur une technique entièrement nouvelle qui fait appel à la microélectronique, la mise au point de nouveaux principes d'organisation du travail va très probablement devenir de plus en plus importante. Les métaphores de l'organisation que l'on trouvera aux chapitres suivants donnent un aperçu de ce qui peut être, pour cette ère nouvelle, à la fois possible et approprié.

3

La nature intervient

L'organisation vue comme un organisme

Envisageons maintenant les organisations comme si elles étaient des organismes.

Nous nous prenons à les concevoir comme des systèmes vivants qui existent dans un environnement plus large dont ils dépendent pour satisfaire divers besoins. De plus, en considérant le monde des organisations, nous commençons à nous apercevoir qu'il est possible d'en repérer différentes espèces qui existent dans divers types d'environnement. Tout comme nous trouvons des ours polaires dans l'Arctique, des chameaux dans le désert et des alligators dans les marécages, nous voyons que certaines espèces d'organisation se sont mieux « adaptées » que d'autres à des conditions environnementales spécifiques. Nous voyons que c'est dans un milieu stable ou protégé d'une façon quelconque que les organisations de type bureaucratique fonctionnent avec le plus d'efficacité, et qu'on retrouve des espèces très différentes dans un environnement extrêmement compétitif et instable, comme ceux de l'industrie aérospatiale et de la micro-électronique, où les firmes utilisent des techniques de pointe.

Ce qui précède fait ressortir le point crucial d'un grand nombre des développements importants qu'a connus la théorie de l'organisation au cours des cinquante dernières années. En effet, les problèmes suscités par la vision mécaniste de l'organisation ont amené bon nombre de théoriciens à délaisser la mécanique et à s'inspirer plutôt de la biologie pour réfléchir sur l'organisation. Ce faisant, la théorie de l'organisation est devenue une sorte de biologie dans laquelle les distinctions et les relations entre *molécules, cellules, organismes complexes, espèces* et *écologie* sont mises en parallèle avec celles qui existent entre *individus, groupes, organisations, populations (espèces) d'organisations* et leur *écologie sociale*. En continuant dans cette veine, les théoriciens de l'organisation ont émis de nombreuses idées nouvelles qui permettent de comprendre le fonctionnement des organisations et les facteurs qui influencent leur bien-être.

Nous allons explorer ces idées dans le présent chapitre et montrer comment la métaphore de l'organisme a pu aider les théoriciens à déceler et à étudier divers besoins des organisations, ces dernières étant conçues comme des « systèmes ouverts » ; nous verrons le processus d'adaptation de l'organisation à l'environnement, le cycle de vie d'une organisation, les facteurs qui influent sur sa santé et son développement, les différentes espèces et les rapports entre les espèces et leur écologie.

Prises collectivement, ces idées ont eu un impact énorme sur la manière dont nous concevons aujourd'hui l'organisation. Lorsqu'elle se trouvait sous l'influence de la métaphore de la machine, la théorie de l'organisation était prisonnière d'une sorte d'ingénierie qui se souciait avant tout des rapports entre buts, structures et efficience. L'idée que les organisations sont davantage comparables à des organismes a changé tout cela, en attirant notre attention sur les questions plus générales de survivance des organisations, de leurs rapports avec l'environnement, et sur leur efficacité. Buts, structures et efficience passent maintenant après les problèmes de survivance et autres préoccupations d'ordre plus « biologique ».

À la découverte des besoins de l'organisation

La théorie de l'organisation, et cela n'est pas surprenant, a amorcé son excursion en biologie à partir de l'idée que tout employé est un être humain ayant des besoins complexes qui doivent être satisfaits pour qu'il puisse mener une vie bien remplie et saine et agir de façon efficace au travail. À bien y penser, cela n'apparaît pas vraiment comme une pensée très profonde, parce que, aujourd'hui, cela semble aller de soi. Nous savons tous que les gens travaillent mieux quand les tâches qu'ils doivent accomplir les motivent, et que le processus même de motivation repose sur la possibilité qu'ont les gens de réaliser des choses et d'obtenir des récompenses qui satisfassent leurs besoins personnels. C'était là cependant, au début du XXe siècle, une idée peu courante. Pour bien des gens, le travail était une nécessité absolue, et c'est ainsi que l'ont envisagé ceux qui ont conçu et dirigé les organisations de cette époque. C'est d'ailleurs ce qui a permis, nous l'avons vu au chapitre précédent, à des gens comme Frederick Taylor et aux théoriciens de l'école classique d'envisager la conception d'une entreprise comme un problème *technique* ; c'est pourquoi la tâche d'encourager les gens à se soumettre aux exigences de la machine qu'est l'organisation a été ramenée au simple problème de « payer le salaire convenable pour la tâche à accomplir ». Bien que la solidarité fût considérée comme un précieux auxiliaire pour la gestion, cette dernière était considérée avant tout comme un processus de contrôle et de direction du personnel au travail.

Une bonne partie de la théorisation sur l'organisation, depuis la fin des années 20, vise à se débarrasser des limitations imposées par cette perspective. Nous pouvons commencer l'histoire de ces années par les études réalisées à la Hawthorne Works. Ces recherches ont été menées pendant les années 20 et 30, sous la direction d'Elton Mayo, à l'usine de la Western Electric Company alors sise en banlieue de Chicago. Au départ, ces recherches portaient surtout sur l'étude des rapports entre les conditions de travail et l'incidence de la fatigue et de l'ennui chez les travailleurs. À mesure que les travaux progressaient, cependant, on abandonna l'étroite perspective tayloriste pour se pencher sur de nombreux autres aspects de la situation, dont les attitudes et les préoccupations des travailleurs, ainsi que des facteurs concernant l'environnement social en dehors du travail. Ces travaux sont aujourd'hui bien connus parce qu'ils ont permis de mettre en relief l'importance des besoins d'ordre social sur les lieux du travail et la façon dont les groupes de travailleurs peuvent satisfaire ces besoins en diminuant le rendement et en s'adonnant à toutes sortes d'activités non prévues par la direction. Ces travaux ont porté un rude coup aux théories de l'école classique en reconnaissant qu'une « organisation non formelle », fondée sur les relations d'amitié dans de petits groupes et sur des interactions non planifiées, peut exister parallèlement à l'organisation formelle conçue dans les « plans » élaborés par la direction. Ils ont clairement montré que le travail subit autant l'influence de la nature des êtres humains que celle d'une conception formelle, et que les théoriciens de l'organisation doivent accorder beaucoup d'attention à l'élément humain.

Les études de Hawthorne ont fait de la motivation au travail, tout comme des rapports entre individus et groupes, une question cruciale. Une théorie nouvelle de l'organisation commença à s'élaborer, fondée sur l'idée que les individus et les groupes, comme les organismes biologiques, ne fonctionnent vraiment bien que si leurs besoins sont comblés.

Les théories de la motivation, par exemple celle dont Abraham Maslow a été le pionnier, présentaient l'être humain comme une sorte d'organisme psychique luttant pour satisfaire ses besoins dans le but ultime d'atteindre un développement complet. Cette théorie, selon laquelle les humains seraient motivés par des besoins rangés de façon hiérarchique, allant du physiologique au psychique, en passant par le social, avait des implications très graves, car elle semblait indiquer que l'organisation bureaucratique, en cherchant à motiver le travailleur par l'argent, ou simplement par la sécurité d'emploi, limitait le développement humain aux niveaux inférieurs de cette hiérarchie de besoins. Un bon nombre de théoriciens de la gestion eurent vite fait de comprendre qu'il était possible de remodeler les emplois et les relations interpersonnelles pour créer les conditions qu'exige la croissance personnelle et qui, en même temps, aideraient les organisations à atteindre leurs objectifs.

L'idée d'intégrer les besoins des individus à ceux des organisations devint ainsi une force puissante. Des psychologues de l'organisation comme Chris Argyris, Frederick Herzberg et Douglas McGregor commencèrent à montrer comment modifier les structures bureaucratiques, les styles de direction, et l'organisation du travail d'une façon générale, afin de créer des tâches « enrichies », motivantes, qui encourageraient les gens à mettre en œuvre leurs capacités d'autocontrôle et de création. Sous leur influence, on a vu apparaître quelques solutions de rechange à l'organisation bureaucratique.

Les théoriciens ont accordé une attention particulière à l'idée que les employés pourraient se sentir plus utiles et plus importants si on leur donnait des tâches jugées intéressantes, autant d'autonomie et de responsabilités que possible et si l'on reconnaissait leur contribution, ce qui les amènerait à s'engager davantage dans leur travail. L'enrichissement des tâches, combiné avec un style de direction plus démocratique, centré sur le personnel et permettant la participation de ce dernier, est devenu une solution de remplacement à l'orientation par trop étroite, autoritaire et déshumanisante qui résultait de la gestion scientifique du travail et des théories de l'école classique.

Ces idées, mises au point de bien des façons, ont fourni un excellent cadre de référence pour l'établissement de ce que l'on appelle aujourd'hui la gestion des ressources humaines. On considère les employés comme des ressources de valeur qui peuvent fournir des contributions importantes et variées aux activités de l'organisation si on leur en donne la chance. La théorie de Maslow propose tout un répertoire de moyens (résumés dans le tableau 3.1) grâce auxquels on peut motiver les employés à tous les échelons de la hiérarchie des besoins. Une bonne partie de cette théorisation a paru fort intéressante à beaucoup de dirigeants, car cela permettait de motiver les employés en mettant en jeu les besoins des « échelons supérieurs », sans avoir à les payer davantage.

Pendant les années 60 et 70, les chercheurs en gestion et en organisation ont donc accordé beaucoup d'attention à une conception du travail qui fournirait le moyen d'augmenter le rendement et la satisfaction du travailleur, d'améliorer la qualité de la production, de réduire l'absentéisme et la rotation du personnel et, par surcroît, de se faire une excellente publicité. Les expériences célèbres entreprises par Volvo, en Suède, en sont un des meilleurs exemples, l'idée largement diffusée que les ouvriers de Volvo sont heureux au travail suscitant celle que les voitures qu'ils contruisent sont peut-être bien de meilleure qualité.

Cette double focalisation sur les aspects techniques et les aspects humains de l'organisation se reflète aujourd'hui dans l'idée que la meilleure façon de comprendre les organisations, c'est de les considérer comme des « systèmes sociotechniques ». Ce sont les membres du Tavistock Institute of Human Relations, en Angleterre, qui ont inventé le terme, afin de bien rendre l'interdépendance des aspects sociaux et des aspect techniques du travail. Selon eux, ces

TYPE DE BESOIN

Type de besoin	Exemples
Autoréalisation	• Encouragement de l'engagement absolu de l'employé. • L'emploi devient un des principaux moyens d'expression de l'employé.
Estime de soi	• Création d'emplois qui offrent des possibilités de réussite, d'autonomie, de responsabilités et de contrôle personnel. • Travail qui valorise l'identité personnelle. • Rétroaction et récompenses quand la performance est bonne (par exemple, avancement, trophée de l'« employé du mois »).
Appartenance sociale	• Organisation du travail qui permet l'interaction avec les collègues. • Possibilités d'activités sociales et sportives. • Soirées et sorties reliées à l'organisation.
Sécurité	• Programmes d'assurance maladie et caisse de retraite. • Sécurité d'emploi. • Mise en évidence d'un cheminement de carrière possible dans l'organisation.
Physiologique	• Traitements et salaires. • Sécurité au travail et conditions de travail agréables.

Tableau 3.1. Exemples de la façon dont l'organisation peut satisfaire les besoins aux différents niveaux de l'échelle de Maslow.

aspects du travail sont inséparables les uns des autres, parce que la nature d'un des éléments de la configuration a *toujours* des répercussions importantes sur les autres. Quand nous optons pour un système technique (qu'il s'agisse de structure organisationnelle, de style de direction, ou de techniques particulières), il y a toujours des conséquences sur le plan humain, et vice-versa. Cela a été particulièrement bien illustré dans de nombreuses études effectuées par le Tavistock Institute, comme par exemple celles d'Eric Trist et de Kenneth Bamforth portant sur les changements techniques dans les mines de charbon d'Angleterre à la fin des années 40. Les efforts visant à mécaniser le travail d'extraction du charbon en adoptant la méthode de la paroi longue qui adapte les méthodes de la chaîne de montage au havage du front de taille ont, ce faisant, suscité de graves problèmes en détruisant le réseau de relations sociales non formelles qui existait à la mine. La technique nouvelle permettait plus d'efficience mais elle était accompagnée de tous les problèmes sociaux qu'on associe aujourd'hui aux usines modernes, problèmes plusieurs fois multipliés par des conditions matérielles beaucoup plus difficiles que dans ces usines. Pour résoudre ces problèmes, il a fallu trouver le moyen de réconcilier les besoins humains et l'efficience technique.

La manière dont s'effectue le travail dans de nombreuses régions du globe a maintenant prouvé que, dans la conception de la gestion de tout système social, qu'il s'agisse d'un petit groupe, d'une organisation, ou même d'une société, il est indispensable de bien se souvenir de l'interdépendance des besoins humains et des besoins techniques. Aujourd'hui, la plupart des théories portant sur l'organisation, sur la direction et sur le fonctionnement des groupes, sont fondées d'une façon ou d'une autre sur des principes sociotechniques, et donc admettent cette nécessité.

Reconnaître l'importance de l'environnement : les organisations vues comme des systèmes ouverts

En reconnaissant que les individus, les groupes et les organisations ont des besoins à satisfaire, nous nous apercevons du même coup qu'ils dépendent d'un environnement plus vaste pour y puiser les ressources indispensables. C'est cette façon de raisonner qui sous-tend actuellement l'« approche systémique » de l'organisation, qui trouve sa principale source d'inspiration dans les travaux d'un théoricien de la biologie, Ludwig von Bertalanffy. L'approche systémique, mise au point simultanément des deux côtés de l'Atlantique au cours des années 50 et 60, est fondée sur le principe que les organisations, comme les organismes, sont « ouvertes » à l'environnement et doivent entretenir des relations satisfaisantes avec cet environnement pour survivre.

L'approche dite des systèmes ouverts, élaborée à un niveau théorique, a engendré bon nombre de concepts nouveaux concernant les organisations (voir tableau 3.2). On les présente souvent comme des principes généraux qui permettent de réfléchir sur *toutes les sortes de* systèmes, puisque von Bertalanffy a conçu les principes de sa *Théorie générale des systèmes* comme le moyen de relier entre elles différentes disciplines scientifiques. Il est cependant parvenu à cette intégration en se servant de l'organisme vivant comme modèle permettant de comprendre des systèmes ouverts complexes, ce qui l'amenait à utiliser des idées conçues d'abord pour permettre de comprendre les systèmes biologiques afin de rendre intelligible, ensuite, le monde en général. Au début, la théorie des systèmes s'est donc développée comme une cryptométaphore de la biologie.

Au niveau pragmatique, l'approche des systèmes ouverts se concentre en général sur un certain nombre de problèmes très importants.

En premier lieu, on met l'accent sur l'environnement dans lequel existent les organisations. Aussi surprenant que cela puisse paraître aujourd'hui, les théoriciens de l'école classique ont accordé relativement peu d'attention à l'environnement. Ils considéraient l'organisation comme un système mécanique « fermé » et se souciaient davantage des principes de conception interne. La notion de système ouvert a changé tout cela en montrant qu'il faut toujours organiser en tenant compte de l'environnement. C'est ainsi qu'on s'est beaucoup intéressé à la compréhension de l'« environnement immédiat de la tâche », défini par les interactions directes de l'organisation (c'est-à-dire avec les clients, les concurrents, les fournisseurs, les syndicats et les organismes gouvernementaux), aussi bien qu'à l'« environnement contextuel » ou « général ». Tout cela a des implications importantes pour l'organisation, puisqu'on insiste ainsi sur l'importance de pressentir et de percevoir des changements dans l'environnement de la tâche ou contextuel, de pouvoir à la fois franchir des limites critiques et gérer des zones d'interdépendance, et de pouvoir élaborer les réponses stratégiques appropriées. L'intérêt si répandu qu'on porte à la stratégie d'entreprise est donc le résultat du constat de la nécessité pour les organisations de se sensibiliser à ce qui se passe dans le monde.

En second lieu, l'approche des systèmes ouverts permet de concevoir l'organisation comme des sous-systèmes reliés entre eux. Les systèmes sont comme des poupées russes, en cela qu'ils contiennent toujours des ensembles à l'intérieur d'ensembles. Par exemple, les organisations contiennent des individus (qui sont des systèmes par eux-mêmes), qui appartiennent à des groupes ou à des unités qui font partie de divisions plus importantes de l'organisation, et ainsi de suite. Si nous définissons l'organisation tout entière comme un système, les autres niveaux peuvent être perçus comme des sous-systèmes, tout comme molécules, cellules et organes peuvent être perçus comme sous-systèmes d'un organisme vivant, bien qu'ils soient, individuellement, des systèmes ouverts complexes.

Les théoriciens des systèmes aiment bien réfléchir aux relations intra et interorganisationnelles dans ces termes, en se servant de configurations de sous-systèmes pour décrire les modèles et interconnections clés. Une façon courante de procéder est de se concentrer sur les ensembles de besoins les plus importants auxquels doit répondre l'organisation si elle veut survivre, et de mettre l'accent sur l'importance de gérer les rapports qui existent entre eux. C'est ainsi que la vision sociotechnique de l'organisation dont nous avons traité précédemment s'élargit souvent pour prendre en considération les rapports entre les exigences d'ordre technique, social, stratégique, environnemental et celles qui relèvent de la gestion (voir figure 3.1). Comme nous le verrons, cette façon de penser nous a permis de comprendre que tous les éléments dépendent de tous les autres, et de trouver des moyens pour gérer les rapports entre les sous-systèmes les plus importants et l'environnement.

En troisième lieu, l'utilisation pragmatique de l'approche systémique conduit aussi à tenter de mettre au jour des similitudes entre différents systèmes, à déceler des dysfonctions potentielles et, le cas échéant, à les éliminer. De la même façon qu'une approche sociotechnique de l'organisation du travail insiste sur l'importance d'harmoniser les besoins humains et les besoins techniques, la théorie des systèmes ouverts encourage, en général, une harmonisation des types de sous-systèmes comme ceux que l'on retrouve dans la figure 3.1. On peut alors mettre en jeu les principes de variété

Les principes suivants, qui proviennent avant tout de l'étude de systèmes biologiques, sont aujourd'hui fréquemment utilisés dans l'analyse des organisations vues comme des systèmes :

Le concept de « système ouvert ». Les systèmes organiques, que ce soit aux niveaux de la cellule, de l'organisme complexe ou de la population d'organismes, existent dans un cadre d'échange continuel avec leur environnement. Cet échange est crucial pour que se conservent la vie et la forme du système, puisque l'interaction avec l'environnement est le fondement de l'autoconservation. On dit donc souvent que les systèmes vivants sont des « systèmes ouverts », caractérisés par un cycle continu d'entrée, de transformation interne, de sortie et de rétroaction (un élément de l'expérience influençant le suivant). Le concept d'ouverture met en relief les relations clés entre l'environnement et le fonctionnement interne du système. L'environnement et le système sont dans un état d'interaction et de dépendance mutuelle. Le caractère ouvert des systèmes biologiques et sociaux contraste avec le caractère « fermé » d'un grand nombre de systèmes physiques et mécaniques bien que le degré d'ouverture varie, puisque certains systèmes ouverts peuvent ne réagir qu'à une gamme relativement restreinte d'intrants en provenance de l'environnement. Les tours, les ponts, les jouets mécaniques eux-mêmes sont des systèmes fermés. La machine qui règle son fonctionnement interne selon les variations qui surviennent dans l'environnement peut être considérée comme un système partiellement ouvert. Un organisme vivant, une organisation, un groupe social, sont des systèmes complètement ouverts. (Voir cependant la critique du concept d'ouverture au chapitre 8.)

Homéostasie. Le concept d'homéostasie fait référence à l'autorégulation et à la capacité de conserver un état stationnaire. Les organismes biologiques cherchent à conserver une forme régulière et à se distinguer de l'environnement tout en maintenant un échange continu avec ce même environnement. Ces caractéristiques sont obtenues par des processus homéostatiques qui règlent et contrôlent le fonctionnement du système en se fondant sur ce qu'on appelle aujourd'hui la « rétroaction négative », selon laquelle une déviation de la norme engendre des actions destinées à la corriger. Ainsi, lorsque la température du corps humain s'élève au-dessus d'une limite donnée, certaines fonctions corporelles tentent de contrecarrer cette augmentation, et nous nous mettons à transpirer et à respirer fort. Les systèmes sociaux ont eux aussi besoin de processus de régulation homéostatiques afin de conserver une forme stable.

Entropie/entropie négative. L'entropie caractérise les systèmes fermés parce qu'ils ont tendance à se dégrader et à s'épuiser. Les systèmes ouverts, par contre, essayent de se maintenir en important de l'énergie pour faire échec à la tendance à l'entropie. On dit alors qu'ils sont caractérisés par une entropie négative.

Structure, fonction, différenciation et intégration. Le rapport entre ces concepts est d'une importance cruciale si l'on veut comprendre les systèmes vivants. Il est facile d'envisager l'organisation comme une structure faite de parties, et d'expliquer le comportement du système d'après les relations entre les parties, relations de causes et d'effets, de stimuli et de réponses. La compréhension que nous avons des systèmes vivants nous met en garde contre pareille réduction, en insistant sur le fait que la structure, la fonction, le comportement et tous les autres traits du système sont reliés entre eux de façon très serrée. Bien qu'il soit possible d'étudier les organismes en s'en tenant à leur anatomie, il faut aller beaucoup plus loin si l'on veut bien comprendre ces systèmes. La vie de la cellule la plus simple dépend d'un réseau complexe de rapports entre la structure cellulaire, le métabolisme, l'échange de gaz, l'acquisition des éléments nutritifs, et bien d'autres fonctions. La cellule en tant que système est caractérisée par une interdépendance fonctionnelle que l'on ne peut réduire à une simple structure. En fait, la structure, à quelque moment que ce soit, dépend de l'existence de ces fonctions et à bien des égards en est simplement la manifestation. Il en est de même pour les organismes plus complexes, qui affichent une différenciation accrue et une spécialisation des fonctions, par exemple avec l'existence des organes spécialisés remplissant des fonctions spécifiques et qui, par conséquent, nécessitent des systèmes d'intégration plus complexes pour que le système, dans son ensemble, puisse demeurer un tout : le fonctionnement du cerveau en est un bon exemple. Des rapports similaires entre structure, fonction, différenciation et intégration se retrouvent également dans des systèmes sociaux comme les organisations.

Variété requise. La loi de la variété requise est reliée aux concepts de différenciation et d'intégration. Cette loi stipule que les mécanismes régulateurs internes d'un système doivent être aussi variés que l'environnement avec lequel il tente de composer, car ce n'est qu'en intégrant la variété requise aux contrôles internes qu'un système peut faire face à la variété et aux défis de son environnement. Un système qui s'isole de la variété du milieu dans lequel il se trouve tend à s'atrophier, perd de sa complexité et voit disparaître ses traits distinctifs. C'est ainsi que la variété requise constitue une caractéristique importante de tous les systèmes vivants.

Équifinalité. Ce principe part de l'idée que, dans un système ouvert, il peut y avoir de nombreux moyens d'atteindre un état final donné. Cela contraste avec des systèmes plus fermés dans lesquels les relations sont structurellement fixées, de manière à produire des modèles spécifiques de causalité. Les systèmes vivants ont des modèles d'organisation souples qui permettent d'atteindre des résultats spécifiques tout en ayant des points de départ différents, avec des ressources différentes, utilisées de façons différentes. La structure d'un système à un moment donné n'est rien d'autre qu'un aspect, une manifestation d'un processus fonctionnel plus complexe. Elle ne détermine pas ce processus.

Évolution du système. La possibilité qu'a un système d'évoluer dépend de sa capacité de passer à des formes de différenciation et d'intégration plus complexes et à une variété plus grande facilitant sa capacité à faire face aux défis de l'environnement et aux possibilités qu'il offre. Comme nous le verrons plus loin, cela signifie un processus cyclique de variation, de sélection et de rétention des caractéristiques choisies.

Tableau 3.2. Glossaire de quelques concepts concernant les systèmes ouverts.

requise, de différenciation et d'intégration, et d'autres, reliés à l'idée de système et esquissés à grands traits dans le tableau 3.2. Par exemple, la loi de la variété requise est tout spécialement importante pour la conception de systèmes de contrôle ou pour la gestion des limites internes ou externes, ces dernières devant englober la complexité du phénomène qu'il faut gérer de manière à le rendre efficace. Et, comme nous le verrons plus loin, les principes de différenciation et d'intégration sont utiles quand on veut mettre au point différents types de tâches au sein de la même organisation.

L'ensemble de ces idées ont conduit à des théories de l'organisation et de la gestion qui nous permettent de nous libérer de la pensée bureaucratique et de nous organiser selon des façons qui permettent de satisfaire aux exigences de l'environnement. Aujourd'hui, ces idées sont généralement réunies dans ce que l'on appelle la «théorie de la contingence» et utilisées en développement organisationnel.

Théorie de la contingence : comment adapter l'organisation à l'environnement

« Les organisations sont des systèmes ouverts qui ont besoin d'être soigneusement administrés si l'on veut répondre aux besoins internes, les équilibrer, et les adapter à l'environnement et à ses modifications. »

« Il existe plus qu'une seule «meilleure façon» d'organiser le travail. Tout dépend du type de tâche ou du type d'environnement auquel on a affaire. »

« Les dirigeants doivent s'assurer avant tout d'arriver à de bons «ajustements». Il peut être nécessaire d'avoir recours à diverses méthodes de gestion si l'on veut effectuer des tâches différentes au sein d'une seule organisation, et il faut mettre au point des types ou des «espèces» d'organisation très divers selon les différents environnements. »

Voilà en bref les idées maîtresses qui sous-tendent l'approche de la contingence de l'organisation, approche qui est devenue une perspective dominante dans les études portant sur les organisations.

Une étude très importante, qui a permis de démontrer la valeur de cette approche, est celle qu'ont effectuée pendant les années 50

Il est possible de concevoir les organisations, de la même manière que les organismes, comme des sous-systèmes. On peut définir ces sous-systèmes de bien des façons. En voici un exemple, qui met l'accent sur les relations entre les différentes variables qui influencent le fonctionnement d'une organisation, fournissant ainsi un instrument diagnostique utile.

Sous-systèmes organisationnels

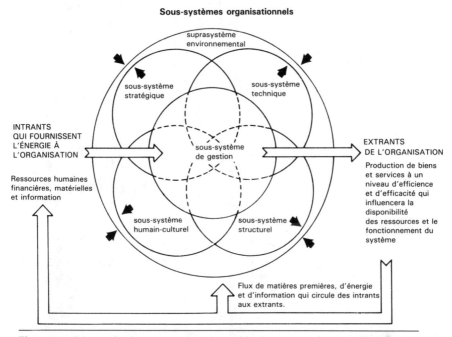

Figure 3.1. L'organisation comme un ensemble de sous-systèmes indépendants.
SOURCE : Adapté de Kast et Rosenzweig (1973). Reproduction autorisée.

deux chercheurs britanniques, Tom Burns et G.M. Stalker. La distinction qu'ils ont établie entre les approches « mécaniste » et « organique » de l'organisation et de la gestion a rendu leur travail célèbre.

Burns et Stalker se sont penchés sur un certain nombre de firmes de secteurs industriels différents, par exemple ceux des fibres synthétiques, de l'ingénierie et de l'électronique, et ils ont montré à l'aide d'exemples que lorsqu'un changement dans l'environnement se manifeste, comme c'est le cas chaque fois que des changements dans les techniques et dans les conditions du marché posent de nouveaux défis, il est nécessaire d'avoir recours à des types d'organisation et de gestion souples et ouverts. Le tableau 3.3 résume les aspects les plus caractéristiques de leur étude et illustre

	Usine de rayonne	Appareillages de commutation	Usine de radio et télévision	Usine d'électronique
Nature de l'environnement	Relativement stable; conditions de la technique et du marché connues	Taux de changement modéré; marché en expansion et possibilités de produits plus perfectionnés	Haut degré de changement: technique dynamique, et taux de nouveauté prévisible dans les conditions du marché	Hautement imprévisible: progrès techniques rapides et possibilités illimitées sur le marché
Nature de la tâche à accomplir	Production efficiente d'un produit normalisé	Production efficiente et vente d'un produit unique au départ, qui peut être modifié selon les besoins du client	Conception, production et mercatique des produits nouveaux efficientes, dans un environnement hautement concurrentiel	Exploitation de changements techniques rapides par l'innovation et l'exploration de nouveaux marchés
Organisation du travail	Tâches clairement définies et arrangées en modèle hiérarchique	Répartition rudimentaire des responsabilités selon un modèle fonctionnel et hiérarchique, modifié selon les contingences. Pas de division des fonctions	Positions dans l'organisation mouvantes; chaque service de gestion se soucie de la tâche principale: la vente concurrentielle	Efforts pour ne pas préciser outre mesure les tâches individuelles; tâches définies au fil de l'interaction avec les autres

Nature de l'autorité	Clairement définie et attribuée selon la place dans la hiérarchie ; l'ancienneté compte	Pas définie précisément, mais selon la hiérarchie, sauf dans les cas de réunions et comités spéciaux	Limites de l'autorité et de la responsabilité pas clairement définies ; l'autorité appartient aux individus capables de résoudre les problèmes qui surgissent	Modèle d'autorité non formelle et changeant sans cesse à mesure que les rôles sont redéfinis selon les circonstances ; appartient à ceux qui ont les compétences voulues
Système de communication	Selon le modèle indiqué dans les nombreux règlements ; surtout vertical	Selon les règles et conventions, avec en plus un système régulier de comités et de réunions. Le personnel «ordinaire» est libre de consulter les personnes les plus haut placées	Réunions fréquentes dans un contexte de consultation permanente de tous les services, à tous les niveaux	Complètement libre et non formel ; le processus de communication est continu et central à l'organisation
Nature de l'engagement de l'employé	Engagement vis-à-vis des responsabilités que comporte son propre emploi ; la loyauté et l'obéissance sont importantes	Engagement envers son propre travail mais reconnaissance du besoin de souplesse en face des contingences provenant de la situation globale	Engagement vis-à-vis de son propre poste fonctionnel associé à des demandes de collaboration plus large et à une interprétation souple de la fonction	Engagement total vis-à-vis des tâches centrales de l'usine dans son ensemble et capacité de composer avec une somme considérable de tension et d'incertitude

MÉCANISTE ──────────────────────────────────► ORGANIQUE

Tableau 3.3 Modèles d'organisation et de gestion dans quatre organisations qui réussissent bien et qui font face à différents taux de changement dans leur environnement.
SOURCE : Adapté de Burns et Stalker (1961).

les modèles d'organisation et de gestion de quatre entreprises prospères qui font face, à des degrés divers, à des changements dans l'environnement.

L'usine de rayonne qu'ils ont étudiée se trouvait dans un environnement relativement stable et usait de techniques de routine, bien comprises de tous ; elle était organisée de façon essentiellement mécaniste. L'entreprise avait sa « bible de l'usine » dont tous les responsables de divisions, services ou bureaux détenaient un exemplaire, indiquant les mesures à prendre dans quelque situation que ce fût. Les membres du personnel savaient ainsi précisément ce qu'on attendait d'eux et assumaient leurs responsabilités d'une manière assez étroite mais cependant efficiente, et fabriquaient un produit dont le prix permettait de faire face à la concurrence. L'entreprise réussissait relativement bien à répondre aux diverses demandes, intervenant chaque fois qu'il surgissait un problème comme s'il s'agissait d'une déviation provisoire de la norme et faisant son possible pour stabiliser son environnement interne. On pouvait, par exemple, demander au service commercial de limiter les ventes afin de maintenir un flux de production régulier et sans problème.

D'autres entreprises qui réussissent bien doivent fonctionner dans des conditions environnementales plus incertaines, plus instables ; leurs dirigeants ont souvent tendance à abandonner l'approche mécaniste, car des méthodes plus souples, inspirées de l'approche organique, s'avèrent nécessaires au bon fonctionnement de leur firme. Par exemple, dans une usine où l'on fabriquait des appareillages de commutation, secteur industriel dans lequel la mise au point du produit dépend de l'amélioration de sa conception et de la diminution de son prix de revient, et dans lequel on doit souvent adapter le produit aux spécifications du client, l'organisation de la direction, des communications et du travail devaient s'adapter aux changements de situations. On avait souvent recours à des réunions comme moyen d'échanger l'information nécessaire et de cerner les problèmes, en particulier ceux qui concernaient la coordination du travail ; ainsi existait une forme d'organisation parallèle à la hiérarchie formelle qui définissait les rapports entre les diverses tâches spécialisées.

Dans les entreprises d'électronique prospères, l'abandon des méthodes mécanistes était encore plus visible. Par exemple, dans une usine où l'on fabriquait des postes de radio et de télévision, à l'extrémité la plus stable de la gamme des produits électroniques, la nécessité de ne pas se laisser dépasser par les changements techniques et l'évolution du marché, et cela en modifiant fréquemment le produit, ainsi que la nécessité de relier entre eux les progrès de la recherche et la production ont exigé des employés une communication et une collaboration libres et ouvertes, quel que soit leur secteur et leur niveau d'ancienneté. Là encore, les réunions ont pris une grande importance, entraînant et dominant le travail quotidien. Cette façon de concevoir l'organisation a pris de plus en plus d'importance au cours des 25 années qui ont suivi la publication des travaux de Burns et de Stalker. Cela se voit surtout dans l'organisation de forme « matricielle », ou dans l'organisation « par projet » qui a recours à des équipes *ad hoc* pour s'occuper des problèmes et des projets qui ne cessent d'affluer et qui accompagnent des changements dans les politiques de l'entreprise et dans les caractéristiques de l'environnement.

Les organisations qui réussissent bien dans des domaines encore plus imprévisibles de l'électronique, où le besoin d'innover est une condition de survivance, ont adopté un modèle d'organisation encore plus ouvert. Dans ces cas-là, on a pour ainsi dire permis aux tâches de se définir elles-mêmes, car les gens ont été choisis par l'organisation pour leur compétence générale et leur savoir-faire ; on leur permet de chercher leur place dans l'organisation et de définir la contribution qu'ils peuvent lui apporter ; on les y encourage, en fait. Ce type de gestion « organique », ouverte, convient bien à la façon dont l'industrie électronique a évolué. À la fin de la Deuxième Guerre mondiale, quand les premières usines de produits électroniques ont commencé à fonctionner, il n'y avait à peu près pas de débouchés commerciaux pour leur production, car l'utilisation de ces techniques à des fins pacifiques restait à découvrir. L'électronique a dû littéralement inventer à la fois des produits et des marchés et en même temps s'adapter à l'évolution rapide des techniques qui, en l'espace de 30 ans, ont transformé les ordinateurs géants qui occupaient une pièce entière en de petites machines que l'on peut mettre dans sa poche. Comme nous le savons fort bien, on a su trouver d'innombrables utilisations aux techniques de base. Dès le début, les usines d'électronique ont fonctionné de façon souple et organique, en cherchant des possibilités dans l'environnement et en s'adaptant de façon à en bénéficier. Ainsi, dans les usines qu'ont observées Burns et Stalker, le processus permettant de déterminer en quoi consiste un emploi est continu, définissant ainsi un type d'organisation qui doit savoir lier de près recherche et action. Les usines prospères ont su éviter les hiérarchies sans fin et la compartimentation étroite, définissant et redéfinissant sans cesse l'organisation globale en fonction de sa mission et de ses tâches, tout en s'assurant de la collaboration de ceux qui la composent. Elles ont ainsi créé une forme d'organisation qui ressemble plus à l'amibe qu'à la machine.

Burns et Stalker ont proposé l'idée d'un continuum de formes d'organisation allant du mécaniste à l'organique, ajoutant que les formes plus souples sont nécessaires pour faire face aux changements dans l'environnement. Or, un certain nombre d'études entreprises par d'autres chercheurs vers la fin des années 50 et au début des années 60 viennent appuyer leurs assertions. Joan Woodward, par exemple, dans une étude portant sur des usines anglaises, a décelé un rapport entre la structure des entreprises qui réussissaient bien et les techniques auxquelles elles faisaient appel. Elle a montré que les principes de l'école classique n'étaient pas toujours ceux qu'il fallait suivre, car des techniques différentes imposent des exigences différentes aux individus et aux organisations, exigences qu'il faut satisfaire par le biais de structures *appropriées*. Les faits qu'elle a présentés montrent que l'organisation bureaucratique et mécaniste peut convenir à des firmes qui emploient des techniques de fabrication en série ; les usines avec des systèmes de production à l'unité, en petits lots ou continue, exigeaient cependant une approche différente. Les résultats de Woodward indiquent aussi que, pour une technique donnée, il est possible d'avoir recours à toute une gamme de types d'organisation. Tout en estimant que, pour prospérer, l'organisation doit harmoniser sa structure à ses techniques, elle a montré que le rapport entre les deux relève, en définitive, d'un choix stratégique. Burns et Stalker ont déclaré à peu près la même chose en insistant sur le fait qu'il n'existait absolument aucune garantie qu'une usine puisse trouver le mode d'organisation approprié à son environnement. Leur étude met bien en évidence le fait que l'adaptation réussie de l'organisation à son environnement dépend de la capacité de la haute direction à interpréter convenablement les conditions auxquelles l'usine doit faire face et à adopter les mesures qui s'imposent. Ces deux études ont ainsi montré qu'organiser exige de faire des choix, et qu'une organisation ne peut être efficace que si elle parvient à rendre compatibles la stratégie, la structure, les techniques, les engagements et les besoins de ses membres, et l'environnement.

Nous trouvons là l'essentiel de la théorie moderne de la contingence. Mais il fallut d'importants travaux, effectués par des chercheurs de Harvard sous la direction de Paul Lawrence et de Jay Lorsch, pour que cette pensée fasse véritablement son chemin. Leur recherche est construite autour de deux idées. D'abord, différents types d'organisation sont nécessaires pour composer avec différents marchés et différentes conditions techniques. Ensuite, les organisations qui fonctionnent dans un environnement incertain et instable doivent arriver à un plus haut degré de différenciation interne, par exemple entre services, que ce n'est le cas dans un environnement moins complexe et plus stable. Pour mettre ces concepts à l'épreuve, ils ont étudié des organisations très performantes et d'autres qui l'étaient moins, dans trois secteurs industriels où l'on retrouvait un taux de croissance soit élevé, soit modéré, soit faible, et des changements dans le marché et les techniques utilisées. On a choisi l'industrie du plastique comme exemple d'environnement instable, et celle de la fabrication de contenants normalisés comme exemple contraire, l'industrie alimentaire se trouvant à mi-chemin des deux. Les résultats obtenus par Lawrence et Lorsch ont appuyé leurs hypothèses, montrant que les firmes qui réussissaient bien dans chaque environnement atteignaient un niveau satisfaisant de différenciation et d'intégration, et que le degré de différenciation entre les services tendait à être plus important dans le domaine du plastique que dans l'industrie alimentaire, où il était à son tour plus grand que dans celle des contenants.

Les travaux de Lawrence et Lorsch ont donc affiné la théorie de la contingence en montrant que les types d'organisation peuvent devoir varier d'une sous-unité à l'autre pour tenir compte des caractéristiques propres à chaque sous-environnement. Les services de production font typiquement face à des environnements caractérisés par des objectifs mieux cernés et des horizons à plus court terme et peuvent adopter des modes d'interaction interpersonnels d'un type plus formel ou plus bureaucratique que les services commerciaux. Les services de recherche et de développement, et surtout ceux qui font de la recherche fondamentale, ont des objectifs encore plus ambigus, à beaucoup plus long terme, et souvent optent pour des modes d'interaction très peu formels. Les travaux ont montré que le degré de différenciation requis des types de gestion et d'organisation d'un service à l'autre varie selon la nature de l'industrie et de son environnement et qu'un degré approprié d'intégration était également nécessaire pour lier entre eux les différents services d'une même entreprise.

Ces recherches ont aussi fourni d'importantes indications sur les modes d'intégration. Par exemple, dans un environnement relativement stable, les modes conventionnels d'intégration bureaucratique comme la hiérarchie, les règles et autres semblent très bien fonctionner. Par contre, dans un environnement instable, il vaut mieux faire appel à d'autres moyens, par exemple l'emploi d'équipes multidisciplinaires vouées à des projets particuliers et le choix d'un personnel formé à l'art de la coordination et de la résolution des conflits. La réussite de ceux qui ont recours à ces moyens d'intégration dépend en partie de leur capacité d'occuper une position intermédiaire entre les éléments qu'ils coordonnent ; cela dépend aussi du pouvoir, du statut et de la compétence des personnes en cause ainsi que de l'existence d'une structure de récompenses qui facilite l'intégration.

Lawrence et Lorsch ont précisé et affiné l'idée générale que certaines organisations doivent être plus organiques que d'autres, suggérant ainsi que sur ce plan il puisse y avoir des variations d'une sous-unité de l'organisation à l'autre. À partir de leurs idées, il est possible de comprendre que dans le contexte dynamique d'une usine d'électronique, où il se peut que le principe dominant soit de rester ouvert, souple et innovateur, il y ait parfois des exceptions à la règle. Par exemple, certains aspects de la production ou de la gestion financière peuvent exiger des définitions et une direction plus claires qu'elles ne le sont dans d'autres services.

Les travaux de Lawrence et Lorsch ont ainsi poussé plus loin les idées exprimées dans les études citées plus haut, et les ont renforcées ; elles marquent ainsi un tournant décisif pour la théorie de la contingence. Ils ont contribué à populariser l'idée que, dans des environnements différents, certaines espèces d'organisation survivent mieux que d'autres, et que les rapports entre organisation et environnement, puisqu'ils résultent de choix faits par des êtres humains, peuvent devenir mal adaptés aux circonstances. En pareil cas, l'organisation va sans doute se trouver aux prises avec de nombreux problèmes ayant trait aussi bien à ses rapports avec l'environnement qu'à son fonctionnement interne. De tels concepts éveillent naturellement le désir d'en savoir plus long sur la nature des espèces d'organisation et sur ce dont on a besoin pour concevoir des organisations saines, et les maintenir dans cet état. Il n'est pas étonnant de constater que ces questions occupent une place importante dans les recherches récentes.

La variété des espèces

Les idées traitées plus haut ont largement contribué à nous montrer quelles sont les espèces d'organisation qui réussissent bien, et les conditions nécessaires à cela. Mais, au cours des années 70, des centaines de projets de recherche ont eu pour objet de mieux préciser les caractéristiques des organisations et le succès qu'elles ont connu dans la réalisation de leurs diverses tâches et leurs relations avec l'environnement. Ces études ont enrichi les connaissances relatives au continuum mécaniste-organique qu'avaient élaboré Burns et Stalker.

Voyons, par exemple, les travaux de Henry Mintzberg, de l'Université McGill, qui a déterminé cinq configurations ou espèces d'organisation : la *bureaucratie mécaniste*, la *structure décomposée en divisions*, la *bureaucratie professionnelle*, la *structure simple*, et l'espèce que l'on nomme « *adhocratie* ». Le point fort du travail de Mintzberg, continué et précisé par ses collègues Danny Miller et Peter Friesen, c'est de montrer qu'une organisation efficace dépend de l'élaboration d'un ensemble cohérent de rapports entre la conception structurelle, l'âge, la taille de l'entreprise et les techniques qui la caractérisent, et les conditions qui prévalent dans l'industrie en question.

Les travaux des chercheurs de McGill confirment que la bureaucratie mécaniste et la structure décomposée en divisions (que nous avons étudiées au chapitre précédent) tendent à manquer d'efficacité, excepté lorsque tâches et environnement sont à la fois simples et stables. Leur système de contrôle fortement centralisé tend à les rendre lentes et inefficaces quand elles sont aux prises avec des circonstances changeantes. Bien qu'elles soient appropriées pour les entreprises qui donnent la primauté au « rendement » ou à l'« efficience », elles le sont beaucoup moins quand il s'agit d'organisations qui donnent priorité au « marché » ou à l'« environnement ».

La bureaucratie professionnelle modifie les principes de la direction centralisée et donne plus d'autonomie au personnel ; elle se montre appropriée quand les conditions sont relativement stables et les tâches relativement complexes. C'est la structure qui convient aux universités, aux hôpitaux et autres établissements du genre, où les gens qui ont les compétences clés ont besoin de beaucoup d'autonomie et de liberté de choix pour effectuer convenablement leur travail. La structure de la bureaucratie professionnelle tend à être assez horizontale, les hiérarchies verticales étant remplacées par un système d'autorité décentralisée. On assure la normalisation et l'intégration grâce à la formation professionnelle et à l'acceptation des normes de fonctionnement essentielles, plutôt qu'en exerçant une autorité plus directe.

La structure simple et l'« adhocratie » se révèlent souvent les plus efficaces lorsque l'environnement est instable. La première implique généralement un directeur général, souvent le fondateur de l'organisation, ou un entrepreneur, qui peut avoir sous ses ordres un groupe de conseillers et un personnel qui fait l'essentiel du travail. L'organisation est non formelle, très souple et, bien que menée de façon extrêmement centralisée par le directeur général, est la forme idéale quand il faut procéder à des changements rapides. C'est le type d'organisation qui fonctionne le mieux quand il est crucial de prendre des décisions rapides et quand les tâches ne sont pas trop complexes. Elle est typique des entreprises jeunes et innovatrices.

L'« adhocratie », terme inventé par Warren Bennis pour désigner les organisations qui sont conçues pour être temporaires, se rapproche de la forme organique décrite par Burns et par Stalker. Elle convient parfaitement à des tâches complexes et incertaines effectuées dans un environnement instable. L'adhocratie met le plus souvent en jeu des équipes chargées de projet qui accomplissent une tâche puis disparaissent quand cette dernière est terminée, les membres des équipes se regroupant en d'autres équipes qui se consacrent à la réalisation d'autres projets. On trouve souvent l'adhocratie dans les domaines de l'aérospatial et de l'électronique, dans toutes sortes de firmes qui travaillent par projet, comme les bureaux de consultants ou les agences de publicité, et dans l'industrie cinématographique. Il peut arriver que ce type d'organisation surgisse sous la forme d'un élément à part dans une organisation plus importante : par exemple, un groupe de travail *ad hoc* ou une équipe chargés d'accomplir une tâche précise ou de contribuer à la planification stratégique ou au fonctionnement de l'organisation dans son ensemble. On y a également fréquemment recours pour des travaux de recherche et de développement.

Un bon nombre d'adhocraties utilisent ce que l'on appelle souvent l'« organisation matricielle », bien qu'il faille avant tout considérer cette dernière comme une espèce d'organisation dont les variantes sont nombreuses. Par exemple, on peut la concevoir de façon tellement formelle qu'elle fonctionne comme une sorte de bureaucratie modifiée ; on peut aussi la concevoir d'une manière qui la rapproche plus de formes organiques très ouvertes.

L'expression « organisation matricielle » veut donner une impression visuelle de ces organisations qui essaient systématiquement de combiner la sorte de structure fonctionnelle ou sectorielle que l'on retrouve dans une bureaucratie avec une structure qui a recours aux équipes chargées de projet (voir figure 3.2). Les éléments fonctionnels sont l'équivalent des colonnes d'une matrice, tandis que les équipes se retrouvent sur les lignes.

La forme matricielle pleinement développée se traduit par des équipes qui donnent priorité à une affaire, à un programme, à un produit ou à un projet, les spécialistes des diverses fonctions s'en tenant à fournir le soutien nécessaire à la réalisation du mandat de l'équipe. Et, sous cette forme, elle est semblable à l'adhocratie, puisque l'accent mis sur le produit final plutôt que sur les contributions fonctionnelles encourage l'action souple, innovatrice et prête à s'adapter aux circonstances. Dans certaines organisations matricielles, toutefois, les secteurs fonctionnels continuent de prédominer, de sorte que les équipes fonctionnent à l'intérieur d'une structure bureaucratique à laquelle il est souvent difficile d'échapper, ce qui, la plupart du temps, les empêche d'innover et de réaliser leurs projets de façon efficace.

Les organisations matricielles représentent un moyen de renverser les barrières entre spécialités fonctionnelles et de permettre à leurs membres de fusionner leurs compétences pour s'attaquer à un problème commun.

Les organisations peuvent créer des équipes chargées de projet pour s'occuper de la conception et de la production de produits particuliers, pour résoudre un problème de planification à l'échelle de l'organisation tout entière, ou pour traiter de problèmes temporaires comme le choix d'un nouvel emplacement pour une usine ou des bureaux. Certaines organisations ne forment qu'un petit nombre d'équipes, d'autres fonctionnent presque uniquement de cette façon-là. Les équipes peuvent être temporaires, et perçues comme une façon exceptionnelle de faire les choses ou, au contraire, être considérées comme la bonne façon de mener les affaires.

L'organisation matricielle, habituellement, augmente l'adaptabilité des organisations dans leurs rapports avec l'environnement ; elle améliore la coordination entre spécialistes fonctionnels, et permet une utilisation intelligente des ressources humaines. Cette approche conduit à une meilleure répartition de l'influence et de ce qui l'accompagne, en permettant aux niveaux moyens et inférieurs d'une organisation d'offrir une contribution dont ils pourraient autrement être privés. La fusion de l'expérience fonctionnelle

L'organisation matricielle, parfois décrite comme une « organisation par projet », modifie la forme fonctionnelle-bureaucratique pour répondre aux exigences de chaque situation, et cela par l'entremise de la création d'unités ou d'équipes dont les membres sont recrutés dans les divers services fonctionnels de l'organisation.

Forme générale d'une organisation matricielle

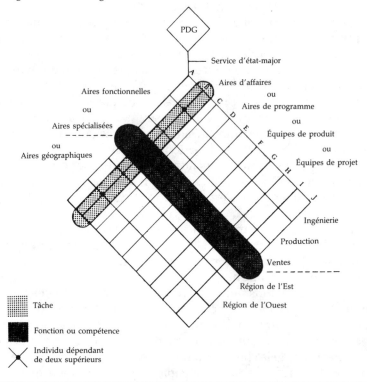

Figure 3.2. Organisation matricielle.
SOURCE : Diagramme emprunté à Kolodny (1981:20). Reproduction autorisée.

et de l'orientation vers le produit aide également à créer une concurrence saine entre les divers secteurs pour s'approprier les ressources internes, tout en conservant l'attention centrée sur le produit en rapport avec l'environnement externe.

Il peut cependant surgir des problèmes, notamment ceux qui résultent de conflits entre la loyauté et les responsabilités vis-à-vis du service ou vis-à-vis de l'équipe. On observe surtout ces conflits lorsque les équipes chargées de projet sont formées dans une orga-

nisation de style fortement bureaucratique. Les membres de l'équipe
sont souvent perçus comme des *représentants* de leur service fonctionnel et sont tenus responsables de leurs actes par le chef de service dont leur carrière peut dépendre. Ils se trouvent souvent réduits
à « assister à une réunion » et à en « faire le compte rendu » à leur
chef de service ; dans un tel contexte, il peut leur paraître difficile
de se sentir membre à part entière d'une équipe formée pour se
consacrer à un projet. Ces conflits de solidarité et de responsabilités sapent alors l'efficacité de l'équipe. Dans les organisations matricielles les plus développées, ce type de tension disparaît souvent
en mettant l'accent sur la solidarité de l'équipe et en renforçant cette
dernière par des récompenses appropriées. Il faut également signaler
que les organisations matricielles donnent souvent lieu à d'innombrables réunions, qui semblent prendre beaucoup de temps. Ces
organisations exigent que l'on accorde une grande attention aux
conflits, qui sont inévitables, et ceux qui en font partie doivent faire
preuve d'un haut degré de collégialité et de compétence interpersonnelle.

Cette exploration des diverses formes d'organisation matricielle
montre bien certains des problèmes que l'on rencontre en voulant
repérer les différents types d'organisation qui s'excluent mutuellement. Car, à la différence de ce qui se passe dans la nature, où
les espèces se distinguent par des ensembles de traits discrets, les
caractéristiques des organisations sont souvent réparties de façon
plus continue. Une forme tend souvent à se confondre avec une
autre, ce qui donne lieu à des organisations hybrides. Cependant,
comme Henry Mintzberg et les pionniers de la théorie de la contingence l'ont bien fait remarquer, si nous nous concentrons sur
des organisations qui réussissent bien, leurs traits d'espèce nous
apparaissent beaucoup plus clairement. En effet, ces organisations
semblent avoir en commun des traits distinctifs qui leur permettent d'entretenir des rapports satisfaisants avec leur environnement.

Il est intéressant de noter que cette idée trouve un appui dans
deux études très importantes qui se situent en dehors de la tradition de la contingence. Dans leur ouvrage publié en anglais en 1982
et paru en français en 1983 sous le titre *Le prix de l'excellence*, Thomas
Peters et Robert Waterman décrivent en détail les caractéristiques
d'entreprises américaines qu'ils estiment remarquables. La plupart
de ces organisations sont innovatrices, orientées vers le marché et
fonctionnent dans un milieu dynamique. Il n'est donc pas surprenant de voir que la plupart ont une conception de l'organisation
qui a beaucoup de traits communs avec le type adhocratique-

organique. (La principale exception est la société McDonald's qui, nous l'avons vu au chapitre précédent, a choisi une forme d'organisation extrêmement mécaniste. Mais, comme le font remarquer Peters et Waterman, le personnel de son *siège social*, relativement peu nombreux et très innovateur, a recours à une forme de gestion beaucoup plus ouverte et souple.) Les huit caractéristiques d'excellence que décrivent Peters et Waterman (voir tableau 3.4) permettent d'affiner les idées que l'on se faisait auparavant sur la façon dont fonctionnent réellement les organisations adhocratiques-organiques et donnent un poids tout particulier aux idées des premiers théoriciens de la contingence.

Rosabeth Moss Kanter, de Yale, dans son ouvrage *The Change Masters*, précise également les caractéristiques des sociétés les plus prospères qui œuvrent dans un environnement changeant, et apporte une contribution nouvelle et importante à notre compréhension des adhocraties et de l'approche organique de la gestion. La distinction qu'elle fait entre organisations « segmentalistes » et organisations « intégratrices » est parallèle à celle que font Burns et Stalker entre les organisations mécanistes et les organisations organiques. Ses idées sur les états pathologiques que l'on retrouve dans les organisations segmentalistes aux prises avec le changement, et sur les processus grâce auxquels les organisations intégratrices parviennent à gérer l'apprentissage et la nouveauté améliorent de façon notable notre compréhension des problèmes sur lesquels se sont penchés les théoriciens de la contingence au cours des 30 dernières années.

Les ouvrages de Peters et Waterman et de Kanter tracent le portrait de l'organisation prospère. Et ainsi, bien qu'ils n'accordent pas beaucoup d'attention à l'affirmation des théoriciens de la contingence selon laquelle la réussite d'une entreprise dépend de la manière dont elle s'harmonise avec son environnement, et qu'en pratique il peut y avoir beaucoup de variétés d'organisations qui atteignent l'« excellence », leur travail apporte une contribution importante à l'approche de la contingence.

Dans leur étude des firmes qui ont atteint l'«excellence» (domaines des techniques de pointe, biens de consommation, services, ressources, gestion de projets et catégories industrielles générales), Peters et Waterman ont repéré huit caractéristiques des entreprises bien gérées :

Tendance à l'action
- Équipes de projet souples, temporaires, composées en général de peu d'individus et focalisées sur la solution des problèmes et l'action.
- Importance accordée aux communications, engagement sérieux vis-à-vis de l'apprentissage et de l'expérimentation.
- Acceptation de déplacer les ressources là où on en a besoin, dans le cas de problèmes complexes, afin d'encourager la souplesse et l'action (morcellement).

Rapports étroits avec le client
- Principe fondamental imposé par le marché : place primordiale du service, de la fiabilité et de la qualité, fondée sur une appréciation de l'importance de la niche, et la capacité d'offrir un service ou un produit «sur mesure» au client.

Autonomie et esprit novateur
- Principe qui met de l'avant l'innovation, la décentralisation, la délégation de pouvoir et l'action au niveau où le besoin s'en fait sentir, attitude suffisamment tolérante envers l'échec.

Rendement grâce à la motivation du personnel
- Principe voulant que les employés soient des êtres humains aussi bien qu'une ressource importante, et qu'il faut leur faire confiance, les respecter, les encourager et en faire des «gagneurs».
- Les services de l'organisation doivent être de petite taille, pour préserver et développer une perspective centrée sur les individus.

Action collective inspirée par des valeurs clés
- L'organisation est guidée par un sens très clair des valeurs, de la mission et de l'identité communes, et compte sur une direction inspiratrice plutôt que sur le contrôle bureaucratique.

Souci de s'en tenir à ce qu'elles font le mieux
- Principe voulant qu'on se serve de ses points forts et de la connaissance de sa propre niche.

Structure simple, personnel nécessaire, sans plus
- Éviter la bureaucratie ; encourager l'engagement principalement envers les services de projets ou de produits, au lieu d'avoir les doubles chaînes de responsabilité que l'on trouve dans les organisations matricielles ; faire appel à des unités de petite taille.

Lignes de conduite à la fois souples et strictes
- Principe qui concilie le besoin de contrôle global et l'engagement envers l'autonomie et l'esprit d'entreprise.

Tableau 3.4. S'organiser pour l'action et l'innovation.
SOURCE : Adapté de Peters et Waterman (1982:89-327).

Santé et développement de l'organisation

Mais comment réaliser cette « harmonie », en pratique ? On peut bien parler du besoin d'adapter l'organisation à l'environnement et aux circonstances, et du besoin de s'assurer que les relations internes sont équilibrées et appropriées, mais qu'est-ce que cela veut dire, concrètement ?

Ces questions et d'autres similaires ont retenu l'attention de nombreux chercheurs consultants dans le domaine du développement organisationnel, le « D.O. ». Ils ont contribué à rendre plus concrets les concepts présentés par les théoriciens de la contingence, et plus généralement ceux de l'approche systémique, en élaborant des modèles diagnostiques et normatifs pour déterminer les problèmes de l'organisation et prescrire un traitement. Ils se comportent un peu comme des médecins de l'organisation.

Si l'on comprend clairement les idées exposées dans les pages qui précèdent, il est facile de voir comment peuvent s'élaborer ces diagnostics et ces prescriptions. En effet, il suffit de poser une série de questions sur les relations qui existent entre l'organisation et l'environnement :

1. *Quelle est la nature de l'environnement de l'organisation ?* Est-il simple et stable, ou complexe et instable ? Perçoit-on facilement les rapports entre les diverses composantes de l'environnement ? Quels changements peut-on noter sur les plans économique et technique, sur le marché, en ce qui a trait aux relations de travail, et enfin du point de vue sociopolitique ? Existe-t-il une possibilité de voir un développement quelconque transformer l'environnement tout entier — un développement qui offrirait de nouvelles possibilités à une organisation ou qui menacerait sa viabilité ?

2. *À quel type de stratégie a-t-on recours ?* L'organisation a-t-elle choisi de n'avoir recours à aucune stratégie particulière, en se contentant de réagir au changement à mesure qu'il se produit ? L'organisation cherche-t-elle à défendre une niche particulière, qu'elle a créée dans son environnement ? L'organisation se livre-t-elle à une analyse systématique de l'environnement afin d'y déceler les menaces et les possibilités ? L'organisation adopte-t-elle une attitude innovatrice, proactive ? Est-elle constamment à la recherche de nouvelles possibilités et évalue-t-elle les activités

auxquelles elle se livre déjà ? A-t-elle choisi, vis-à-vis de l'environnement, une attitude de concurrence ou de collaboration ?

3. *À quelle sorte de technique (mécanique ou non) a-t-elle recours ?* Les processus de transformation des intrants en extrants sont-ils normalisés et routinisés ? Les emplois qui accompagnent les techniques retenues font-ils beaucoup ou peu de place aux responsabilités et à l'autonomie ? Ces techniques rendent-elles rigide le fonctionnement de l'organisation ou bien contribuent-elles à la souplesse et à l'ouverture ? À quelle sorte de choix techniques l'organisation doit-elle faire face ? Peut-elle remplacer la rigidité par la souplesse ?

4. *Quel genre de personnel emploie l'organisation, et quels sont la «culture» et l'ethos qui y dominent ?* Quelles sont les orientations des gens qui travaillent dans l'organisation ? S'agit-il d'une vision étroite du genre «Moi, je suis là pour le salaire», ou bien recherchent-ils le défi et l'engagement ? Quelles sont les vraies valeurs et les croyances qui sont au cœur de la culture de l'organisation et de ses sous-cultures ?

5. *Comment l'organisation est-elle structurée, et quelle est la philosophie de gestion qui prévaut ?* L'organisation est-elle bureaucratique, ou bien la forme matricielle-organique est-elle de rigueur ? Les principes dominant la gestion sont-ils de type autoritaire, mettant l'accent sur la responsabilité et sur le contrôle strict, ou bien sont-ils plus démocratiques, encourageant l'initiative et l'esprit d'entreprise dans toute l'organisation ? Ces principes insistent-ils sur des méthodes sûres, ou bien sur l'innovation et même le risque ?

On peut se servir de cet ensemble de questions pour cerner les caractéristiques de l'organisation et déterminer la compatibilité entre ses divers éléments. En les posant, on part de l'idée que l'organisation est faite de sous-systèmes reliés entre eux, des sous-systèmes stratégique, humain-culturel, technique, structurel et de gestion (voir figure 3.1, présentée plus haut), qui doivent avoir une cohérence interne et être adaptés aux conditions de l'environnement. Les réponses à ces questions peuvent s'illustrer graphiquement de façon à révéler la congruence ou la non-congruence des relations entre les sous-systèmes d'une même organisation et entre cette dernière et son environnement, comme on peut le voir à la figure 3.3.

Profil des caractéristiques des organisations

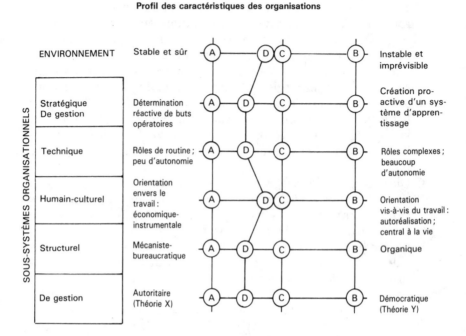

Les lignes (A), (B) et (C) illustrent des rapports de congruence et la ligne (D) des rapports de non-congruence entre sous-systèmes.

Figure 3.3. Congruence et non-congruence entre sous-systèmes organisationnels.
SOURCE : Adapté de Burrell et Morgan (1979:177).

Les configurations A, B et C de la figure 3.3 représentent trois exemples de rapports de congruence entre les caractéristiques de l'organisation et celles de l'environnement. Selon les conclusions de la théorie de la contingence, chacune peut se montrer extrêmement efficace. La configuration A représente une organisation dans un environnement stable, qui adopte une stratégie de défense afin de préserver sa niche. Cela peut être une organisation dotée d'un marché assuré grâce à un produit de bonne qualité fabriqué à coût raisonnable. L'entreprise a recours à un mode de fabrication en série, et sa structure, comme sa gestion, sont de type mécaniste. Le personnel est satisfait d'une définition étroite de sa tâche, et l'organisation fonctionne efficacement et sans problème.

La configuration C représente une entreprise qui doit faire face à un degré modéré de changement dans son environnement. Les progrès techniques surviennent de façon régulière et le marché est en évolution constante. L'organisation doit tenir compte des changements, analyser les tendances nouvelles, moderniser ses méthodes de fabrication, et modifier sans cesse ses produits, un peu comme c'était le cas de la fabrique de postes de radio et de télévision dans l'étude de Burns et Stalker. Ce type d'organisation n'est pas à la fine pointe de l'innovation. Son avantage, du point de vue de la concurrence, vient de ce qu'elle peut fabriquer un produit meilleur que d'autres, à un prix qui demeure raisonnable. L'entreprise adopte une organisation matricielle centrée sur des projets, et exige de son personnel le degré de souplesse et d'engagement que requiert cette forme d'organisation.

La configuration B, elle, représente la firme qui se trouve dans un environnement très instable où produits et techniques changent sans arrêt, et souvent ne durent que très peu de temps. Cela veut dire qu'elle doit continuellement chercher des idées et des possibilités nouvelles. L'entreprise est un peu comme un « prospecteur », toujours à la recherche d'un endroit nouveau où trouver de l'or. Elle doit être la première à y arriver, car elle sait bien que les entreprises de type C vont bientôt arriver avec un produit concurrentiel. Une telle organisation ne peut vivre que par l'innovation. Motivé et dirigé selon une approche organique, son personnel s'engage à fond dans son travail. Pareille entreprise serait sans doute sur la liste d'excellence de Peters et Waterman, et utiliserait un grand nombre des techniques de gestion que nous avons présentées au tableau 3.4. Là encore, l'organisation est cohérente sur le plan interne et par rapport à son environnement.

La configuration D présente un ensemble de rapports au sein desquels l'attitude stratégique, les choix techniques et la conception de l'organisation et de sa gestion ne s'accordent pas avec la nature de l'environnement non plus qu'avec les orientations générales du personnel de l'organisation. C'est la situation caractéristique d'une entreprise qui est bureaucratisée à outrance et qui tend à défendre sa position acquise plutôt que de se mettre à la recherche de possibilités nouvelles. Les employés éprouvent un sentiment de frustration parce qu'ils voudraient des emplois plus ouverts et qui exigeraient davantage de leur part que ne leur permettent la stratégie, la technique, l'organisation et la gestion de l'entreprise. Cette dernière devrait être conçue et gérée comme l'organisation C, et s'il était possible de trouver un moyen de permettre aux gens qui sont fortement engagés dans l'organisation d'amorcer des changements dans la bonne direction, elle pourrait arriver à un ensemble de rapports beaucoup plus efficace. En attendant, l'incohérence entrave le bon fonctionnement de l'entreprise, qui risque fort d'avoir du mal à conserver sa place dans l'industrie où elle œuvre.

Le type de diagnostic analytique présenté ci-dessus peut d'abord s'effectuer au niveau de l'organisation globale ou au niveau d'une de ses divisions principales. Mais il faudra ensuite le faire pour ses sous-secteurs afin de tenir compte de ce que Lawrence et Lorsch ont dit de la nécessité d'une différenciation et d'une intégration appropriées. À ce niveau-là, l'analyse permettra de déterminer le modèle des rapports nécessaires pour composer avec les divers sous-environnements ainsi que la différenciation et l'intégration nécessaires. Cependant, lorsqu'on se livre à une analyse au niveau des sous-secteurs, il faut s'assurer que les besoins des parties ne priment pas sur ceux du tout et ne pas perdre de vue les éléments les plus importants. Par exemple, dans une organisation où l'innovation est essentielle à la croissance et même à la survivance de l'entreprise, il est crucial de subordonner la conception et la gestion de ses sous-secteurs à l'innovation, et non le contraire.

Nous voyons ainsi comment la théorie de la contingence et la compréhension des besoins de l'organisation peuvent fournir le fondement d'une analyse détaillée de l'organisation. Cette analyse nous aide à décrire dans le détail des modèles de relations de l'organisation et montre des solutions possibles aux problèmes ainsi mis au jour. Les spécialistes du développement organisationnel, par exemple, quand ils font face à la situation du type D, pourraient tenter de l'améliorer en persuadant les dirigeants de chercher à se rapprocher de la configuration de type C. Un tel changement stratégique pourrait amener l'organisation à prendre des mesures sur divers fronts, notamment en ce qui concerne les méthodes, la technique, la structure de l'organisation et le type de gestion. Cela mènerait aussi à une tentative de changement de la culture d'entreprise, c'est-à-dire les systèmes de croyances et de pratiques qui maintiennent l'organisation dans son inefficacité.

Dans le domaine du développement organisationnel, la réussite dans les changements apportés à une organisation n'est possible que si l'on arrive à mieux harmoniser les différentes dimensions mises en jeu de sorte que l'organisation puisse faire face aux défis de l'environnement et profiter de ses possibilités. Nous nous apercevons que, dans la nature, l'évolution fait que les organismes sont finalement dotés d'un système harmonieux de relations internes et externes ; mais dans les organisations, le degré d'harmonie interne et d'adaptation à l'environnement est le produit de décisions humaines, de l'action ou de l'inaction, de telle sorte que bien souvent règnent incohérence et conflit. Voilà pourquoi les médecins de l'organisation sont le plus souvent bien occupés.

La sélection naturelle : la vision de l'écologie des populations appliquée à l'organisation

Jusqu'ici, dans l'utilisation que nous avons faite de la métaphore de l'organisme, nous avons retenu l'organisation comme unité principale d'analyse. Nous avons étudié comment on peut considérer les organisations et ceux qui en font partie comme ayant des ensembles de « besoins » différents, et comment les organisations peuvent élaborer des modèles de relations leur permettant de s'adapter à l'environnement. Survivre nous a paru être une question d'adaptation, et la théorie de la contingence semble être un moyen de déceler les modèles d'« adaptation réussie » et de montrer comment on peut y parvenir.

Si populaire que cette approche ait pu être, elle a toutefois suscité au cours des dernières années de nombreuses critiques de la part des théoriciens et des chercheurs qui acceptent une vision de l'organisation fondée sur l'idée de « sélection naturelle ». Selon eux, le concept d'adaptation des organisations à leur environnement prête trop de souplesse et de pouvoir à l'organisation et pas assez à l'environnement considéré comme force contribuant à la survivance de l'organisation ou, au contraire, à sa disparition. Ils estiment que nous devons rectifier ce déséquilibre en nous concentrant sur la façon dont l'environnement « choisit » les organisations et, pour y parvenir, procéder à des analyses au niveau des *populations* d'organisations et de leur écologie vue sous un angle plus large.

Cette optique de l' « écologie des populations » place la théorie darwinienne de l'évolution au centre même de l'analyse des organisations. L'argument mis de l'avant est essentiellement celui-ci : les organisations, comme les organismes dans la nature, ne peuvent survivre que si elles parviennent à se procurer en quantité suffisante les ressources dont elles ont besoin pour exister. Pour ce faire, elles doivent affronter la concurrence de la part d'autres organisations et, puisqu'il y a généralement rareté de ressources, seules les plus aptes survivent. La nature, le nombre et la répartition des organisations dépendent à tout moment de la disponibilité des ressources et de la concurrence à l'intérieur d'une même espèce d'organisation et entre les différentes espèces. C'est ainsi que l'environnement s'avère le facteur critique dans la détermination des organisations qui vont réussir, et de celles qui vont péricliter, la « sélection » des concurrents les plus forts s'effectuant par l'élimination des plus faibles.

Comme le montre souvent Darwin dans ses ouvrages, bien que ce soit par le mécanisme de la sélection que se fait l'évolution, elle dépend de l'existence de variations dans les caractéristiques individuelles : sans variations, en effet, il ne peut y avoir sélection. Par conséquent, la plupart du temps, ceux qui font appel à la théorie de Darwin se servent d'un modèle cyclique qui permet la *variation*, la *sélection*, la *rétention* et la *modification* de caractéristiques de l'espèce. Les variations d'une espèce sont le résultat de croisements et de variations aléatoires de ses caractéristiques. Certaines de ces variations peuvent se traduire par un avantage concurrentiel dans le processus de survivance. Les variétés plus aptes que les autres ont alors plus de chances d'être sélectionnées. Dans ce cas, elles représentent le fondement du nouveau stade de reproduction, et il y a de fortes chances que les nouvelles caractéristiques soient conservées, car elle représentent un niveau plus évolué de l'espèce. Elles seront à leur tour soumises à des modifications aléatoires, lesquelles créent la variété qui permettra au processus de se poursuivre. C'est ainsi que de nouvelles espèces proviennent de celles qui les précèdent.

Bien que ce soit par la modification individuelle des membres d'une espèce que s'opère l'évolution, il est plus important, selon les écologistes des populations, de comprendre la dynamique de l'évolution de cette dernière. C'est que, en fin de compte, quand l'environnement change ou quand une espèce nouvelle s'empare d'une partie des ressources qui revenaient traditionnellement à une autre, le changement se reflète dans la structure de la population. Comme les points forts et les points faibles des individus qui constituent une espèce sont en général les mêmes, c'est l'espèce tout entière qui va tendre à survivre ou à disparaître. Bien que certains membres de l'espèce soient plus aptes que d'autres, ils le sont souvent moins que ceux qui composent l'espèce en émergence et, finalement, tendent à partager le sort du reste des leurs.

Cette perspective, centrée sur la population, permet d'envisager de nouvelles avenues de recherche, car elle nous incite à mieux comprendre la dynamique qui influence des populations d'organisations tout entières. Comme le pensent Howard Aldrich, John

Freeman, Michael Hannan et d'autres, qui sont à l'origine de la popularité de cette approche, l'analyse ne s'attache plus à expliquer comment les organisations s'adaptent individuellement à l'environnement, mais à montrer comment les différentes espèces prennent de l'importance puis en perdent. Pourquoi y a-t-il tant de genres d'organisations différents? Quels sont les facteurs qui influencent leur nombre et leur répartition? Quels sont les facteurs qui jouent sur la capacité qu'a une population de se procurer ou de garder une niche de ressources?

L'importance de ces questions a amené les écologistes des populations à établir une sorte de démographie des organisations. De nombreux travaux tentent de déterminer les espèces ou les populations (que l'on définit en général comme des groupes d'organisations qui partagent certaines caractéristiques ou qui ont un sort commun face à l'environnement) ainsi que les taux de natalité, de mortalité et les facteurs d'ordre général qui influencent les cycles de la vie de l'organisation, de sa croissance et de son déclin. On a également accordé beaucoup d'attention à comprendre les organisations et leur environnement par la « dépendance à l'égard des ressources » et à saisir comment se forment les niches de ressources.

Cette façon d'envisager les choses a permis de recueillir des données nombreuses et intéressantes. Par exemple, en critiquant la perspective de l'« adaptation » de l'organisation, les écologistes des populations ont mis en lumière l'importance des facteurs d'inertie qui souvent empêchent les organisations de pouvoir s'adapter à leur environnement. La spécialisation des usines comme celle de la main-d'œuvre, les idées bien établies et les façons de voir de la direction, le manque d'information suffisante, la difficulté de modifier les techniques et de changer le personnel syndiqué, le poids de la tradition, les barrières à l'entrée de toutes sortes, par exemple d'ordre fiscal ou juridique, et bien d'autres facteurs encore peuvent empêcher des organisations de procéder à des changements efficients au moment voulu. Face à un nouveau genre de concurrence, à un environnement changeant, des industries entières, ou des types d'organisation, peuvent apparaître et disparaître. De grandes aciéries traditionnelles peuvent se voir éliminées par des concurrents dont la technique est supérieure et les usines plus petites. Les grands magasins peuvent faire place à des boutiques spécialisées dans des centres commerciaux. Les mines de charbon et les sociétés pétrolières peuvent céder la place à des firmes qui s'occupent d'énergie solaire. Les organisations bureaucratiques peuvent disparaître au profit d'entreprises plus souples qui fonctionnent par projets individuels. Les écologistes des populations estiment que le facteur le plus important est la capacité d'occuper une niche d'où il est possible de tirer des ressources et d'offrir une meilleure performance que le concurrent ; ils ajoutent que, à long terme, une telle supériorité relative dans la disposition des ressources caractérise des populations d'organisations tout entières. Il est bien possible qu'une aciérie, un grand magasin, particulièrement bien menés et bien équipés, puissent survivre à la concurrence nouvelle un peu plus longtemps que les autres membres de leur espèce, mais ils finiront sans doute par disparaître en raison de changements dans l'environnement auxquels ils ne peuvent faire face, surtout s'il s'y ajoute la concurrence d'espèces mieux adaptées, qui survivront plus facilement.

Deux idées importantes ont également émergé de l'approche de l'écologie des populations : ce sont, d'une part, l'importance de l'incidence des limites des ressources sur la croissance, l'épanouissement et le déclin des organisations et, de l'autre, le rôle joué par l'innovation réussie dans l'émergence et le développement de nouvelles espèces d'organisation. Une prise de conscience des changements de structure des niches de ressources les plus importantes et des modèles de dépendance à l'égard des ressources peuvent certainement nous aider à comprendre le succès et la puissance de diverses organisations. De plus, la façon dont de nouvelles populations d'organisation peuvent apparaître grâce à la diffusion d'innovations ou de pratiques nouvelles, comme cela a été le cas pour le phénomène de l'informatique dans Silicon Valley, permet d'expliquer les changements de structure industrielle.

Cependant, bien qu'on puisse louer l'approche de l'écologie des populations, beaucoup de théoriciens de l'organisation estiment que c'est là une théorie beaucoup trop déterministe pour expliquer de façon satisfaisante la manière dont les organisations évoluent vraiment. Par exemple, si nous acceptons d'entrée de jeu la théorie voulant que l'environnement choisisse l'organisation qui doit survivre, il s'ensuit que, à longue échéance, ce que font les gestionnaires et les preneurs de décision importe fort peu. Les entreprises efficaces et autonomes qui s'adaptent à leur environnement sont elles-mêmes susceptibles d'échec à cause de changements dans l'environnement qui affectent la structure de leur niche de ressources. Il n'est donc pas étonnant que cette théorie ait été critiquée pour avoir accordé trop peu d'importance aux choix stratégiques des dirigeants. Malgré la force d'inertie, il se peut qu'une organisation puisse se transformer et passer d'une forme à une autre. Bien que de petites entreprises puissent être victimes de leur environnement, les organisations de grande taille sont souvent beaucoup plus résistantes. La possibilité qu'elles ont de se procurer de vastes ressources les protège souvent de changements spectaculaires dans l'environnement, leur accordant le temps nécessaire à une réorganisation qui leur permettra de faire face aux menaces qui pourraient éliminer des concurrents moins résistants.

L'approche de l'écologie des populations s'est développée pour faire opposition à l'importance qu'accordait à l'adaptation la théorie de la contingence. Il en est résulté une vision de l'évolution de l'organisation qui tend à être assez peu équilibrée, mettant l'accent sur la raréfaction des ressources et sur la concurrence, phénomènes sur lesquels repose la sélection, et laissant de côté le fait que les ressources peuvent être abondantes et renouvelables et que les organismes savent collaborer autant qu'être en concurrence. Lorsque ces points de vue, que néglige l'approche de l'écologie des populations, retrouvent leur place, on peut commencer à avoir une vision mieux équilibrée de l'écologie des organisations.

Écologie des organisations : la création d'un avenir commun

L'écologie des populations et la théorie de la contingence considèrent toutes deux que l'organisation existe dans un état de tension ou de lutte avec son environnement. Toutes deux estiment que l'organisation et l'environnement sont deux phénomènes bien distincts l'un de l'autre. Mais, sous l'influence de nouveaux développements dans la théorie moderne des systèmes, ce genre de prémisse s'attire de plus en plus de critiques. Car les organisations, pas plus que les organismes, ne sont réellement des entités discrètes, bien qu'il soit commode de les traiter comme si elles en étaient. Elles ne vivent pas dans l'isolement et elles ne se suffisent pas à elles-mêmes. Il faut plutôt les envisager comme des éléments d'un écosystème complexe.

Un grand nombre de biologistes croient aujourd'hui que c'est l'écosystème tout entier qui évolue, et que le processus d'évolution ne peut vraiment se comprendre qu'au niveau de l'écologie globale. Cette idée a des conséquences importantes, car elle suppose que les organismes n'évoluent pas en s'adaptant aux changements environnementaux, et que leur survivance n'est pas le simple résultat de la sélection qu'effectueraient ces changements. Il semble plutôt que l'évolution est toujours celle d'un modèle de relations qui portent sur l'organisme *et* son environnement. C'est le *modèle* proprement dit, et non pas seulement les unités diverses qui le composent, qui évolue. Ou encore, comme l'a fait remarquer Kenneth Boulding, l'évolution engage « la survivance de celui qui se rend apte à survivre » et non simplement celle du plus apte.

Si nous essayons de comprendre l'écologie des organisations dans cette optique, il devient nécessaire de bien voir que l'organisation et son environnement sont engagés dans une forme de cocréation, où chacun produit l'autre. Exactement comme dans la nature, le milieu d'un organisme est fait d'autres organismes, l'environnement de l'organisation est dans une large mesure fait d'autres organisations. Une fois que nous reconnaissons cela, il devient clair que l'organisation peut en principe influencer son environnement. Elle peut jouer un rôle important dans la détermination de son avenir, surtout lorsqu'elle agit de concert avec d'autres organisations. L'environnement devient alors, dans une certaine mesure, une sorte d'environnement toujours négocié et non plus une force externe indépendante.

Si nous considérons le monde de l'organisation, nous nous apercevons que, comme dans la nature, la collaboration est souvent aussi fréquente que la concurrence. Les entreprises qui appartiennent à la même industrie s'abritent souvent derrière des ententes commerciales et des associations professionnelles et collaborent sur la base d'intérêts communs. Les exemples les plus frappants en sont l'existence de cartels, formels ou non, qui s'occupent de fixer des prix, d'ententes concernant les aires de concurrence et de partage du marché, et la commandite en commun de pressions visant à influencer le gouvernement. Le Tobacco Trust, créé par les principales sociétés productrices de tabac pour contribuer à l'orientation de la recherche sur les liens entre cancer et tabac, est un cas particulièrement clair de collaboration entre des entreprises qui, normalement, se font une forte concurrence. Il existe un autre exemple intéressant, les projets conjoints de fabrication dans l'industrie de l'automobile entre la société General Motors et la société Toyota.

Il y a de nombreux exemples de collaboration entre organisations appartenant à des industries différentes ou encore œuvrant dans divers secteurs d'une même industrie. Par exemple, souvent les mêmes personnes se retrouvent membres de plusieurs conseils d'administration, ce qui permet de partager en partie la prise de décision et la direction des organisations en cause ; ces personnes peuvent aussi entreprendre des projets conjoints afin de mettre en commun leurs connaissances et de partager les risques ; elles s'entendent avec des fournisseurs ou avec des fabricants pour arriver à une certaine « intégration verticale » de la production. Enfin elles mettent en place de nombreux réseaux non formels. Ces entreprises créent parfois, et de manière non formelle, des organisations qui regroupent celles qui s'intéressent à des problèmes ou des projets communs. Par exemple, dans le secteur des services financiers, il est fréquent de voir les banques, les sociétés de fiducie, les sociétés d'assurances et d'autres entreprises du genre, offrir conjointement les mêmes services, ce qui a pour effet de créer une nouvelle organisation au niveau de l'industrie dans son ensemble ; et il en est de même dans d'autres secteurs.

Une perspective écologique qui met en évidence diverses formes de collaboration peut contribuer de façon importante à la façon dont nous comprenons et dirigeons les organisations. Lorsqu'une théorie de l'évolution met l'accent sur la survivance du plus apte, elle contribue à faire de la concurrence le principe premier de la vie de l'organisation. Sous l'influence d'une interprétation plus écologique, qui insiste sur « la survivance de celui qui se rend apte à survivre », on porte plus d'attention à l'éthique de la collaboration.

Un certain nombre de chercheurs en sciences du social, sous la direction d'Eric Trist, ont commencé à élaborer cette conception de l'écologie des organisations et étudient la possibilité de concevoir de nouveaux modèles de rapports entre les organisations, modèles qui aideraient à construire l'avenir de façon proactive. Partant de l'observation que ces relations naissent comme une réponse naturelle à la complexité et à l'instabilité de l'environnement, Trist estime qu'il faudrait les encourager à rendre cette instabilité plus contrôlable. Avec ses collègues, dans le cadre de « projets d'action » il a créé un certain nombre d'« organisations de référence », comme les associations industrielles et les comités de relations de travail, pour régulariser les relations entre organisations qui ont des enjeux communs dans des « domaines » définis de façon large. Le but de ces organisations de référence fondées sur des domaines est d'englober les rapports entre organisation et environnement de l'ensemble des organisations constituant ces domaines, de telle sorte que ce qui était autrefois des relations externes — par exemple entre firmes concurrentes ou interdépendantes, ou entre patrons et employés — devienne un ensemble de relations internes où pourra jouer la collaboration. Trist et ses collègues insistent également sur des réseaux d'apprentissage non formels qui peuvent donner lieu à des discussions et des échanges au niveau du domaine, encourager une évaluation commune des problèmes, faciliter l'existence de valeurs et de règles communes, et ainsi peut-être trouver des solutions nouvelles à des problèmes communs.

L'objectif, dans les deux cas, est de permettre à l'écologie des relations entre organisations d'évoluer et de survivre. Tout comme les écologistes de la nature sont préoccupés par les effets désastreux de la pollution industrielle sur le monde naturel, Trist estime que notre écologie des organisations est menacée par des politiques par trop individualistes qui risquent de rendre le monde social impossible à gérer. Le concept d'écologie des organisations, envisagé comme mode de pensée et d'action nouveau et créateur, est ainsi utilisé pour tenter de résoudre ces problèmes.

Forces et limites de la métaphore de l'organisme

Le début de ce chapitre nous invitait à envisager les organisations comme des organismes. Et nous avons terminé en passant en revue certaines des idées centrales de la théorie moderne de l'organisation, parce que la plupart des théoriciens modernes de l'organisation ont eu recours à la nature pour comprendre les organisations et leur vie. Les idées ainsi cernées fournissent une excellente illustration de la façon dont une métaphore peut nous amener à une façon de penser novatrice et systématique. En étudiant le parallèle entre organismes et organisations selon leur fonctionnement organique, les relations avec l'environnement, les relations entre espèces et l'écologie globale, il devient possible d'élaborer diverses théories et explications ayant des conséquences très pragmatiques pour l'organisation et la gestion.

Étant donné la richesse et la variété des concepts ainsi engendrés, il est difficile de cerner des forces et des limites qui s'appliqueraient de la même façon à toutes les variantes de la métaphore. On peut toutefois relever un certain nombre de points communs importants.

Un des points forts de cette métaphore provient de son insistance sur la compréhension des relations entre l'organisation et son environnement. Les théories mécanistes étudiées au chapitre 2 laissaient plus ou moins de côté le rôle joué par l'environnement en traitant les organisations comme des systèmes relativement fermés que l'on pouvait concevoir comme des ensembles de parties structurés de façon claire. Au contraire, les idées exposées dans le présent chapitre mettent l'accent sur l'organisation vue comme système ouvert, que l'on comprend mieux comme un *processus* continu que comme un ensemble de parties. En utilisant l'image d'un organisme en échange constant avec son environnement, nous tendons à envisager l'organisation de façon plus souple et plus ouverte. Nous pouvons reconnaître que, aussi longtemps que les processus fondamentaux fonctionnent, tout peut aller bien.

Cela nous amène au deuxième point fort de notre métaphore : la gestion d'une organisation peut souvent être améliorée par une attention systématique accordée aux « besoins » auxquels il faut répondre si l'on veut que l'organisation survive. Cette métaphore met l'accent sur la survivance comme but premier ou tâche principale à laquelle n'importe quelle organisation doit faire face, ce qui contraste avec l'attention qu'accorde la vision classique de l'organisation à des buts opérationnels particuliers. La survivance est un processus, tandis que les buts sont souvent des cibles à atteindre. Pareille réorientation donne à la direction plus de souplesse car, si la survivance est considérée comme l'orientation première, les buts particuliers se trouvent englobés dans un processus plus fondamental et plus durable qui contribue à les empêcher de devenir des fins en eux-mêmes, phénomène qui se produit trop souvent dans les organisations. L'accent mis sur l'utilisation et l'acquisition des ressources aide également à montrer que le processus d'organisation est bien plus vaste et plus fondamental que la tâche d'atteindre des buts spécifiques.

L'insistance mise sur les « besoins » nous encourage également à considérer les organisations comme des processus en interaction, qui doivent connaître un équilibre interne autant qu'externe. Nous envisageons donc la stratégie, la structure, les techniques ainsi que la gestion et la dimension humaine des organisations comme des sous-systèmes ayant des besoins vitaux auxquels il faut répondre de façon mutuellement acceptable. Autrement, l'ouverture et la santé du système tout entier vont être perturbées. Imaginons un système sociotechnique au sein duquel les besoins humains de niveaux supérieurs dans la hiérarchie de Maslow se heurtent à des techniques de fabrication à la chaîne caractérisées par des tâches routinières, ennuyeuses, qui laissent peu de place au choix. Il en résulte l'ennui et l'aliénation, contexte dans lequel le sabotage et le jeu deviennent les seuls moyens d'arriver au respect de soi. L'interaction entre sous-systèmes va, en pareil cas, probablement susciter une bataille prolongée entre travailleurs et dirigeants, un taux élevé d'absentéisme, un fort taux de rotation du personnel quand d'autres emplois sont disponibles, des produits de mauvaise qualité et une piètre image de soi comme de l'organisation. Selon l'approche sociotechnique, en répondant aux besoins fondamentaux et en les équilibrant, une gestion stratégique peut créer un environnement beaucoup plus harmonieux et productif.

On peut voir un troisième avantage à la métaphore : en décelant des « espèces » variées d'organisation, on prend conscience du fait que ceux qui organisent disposent toujours d'une gamme d'options. Les concepts relatifs aux formes matricielle et organique de l'organisation, les recherches montrant combien l'efficacité d'une organisation dépend de son environnement, tout cela montre bien que les gestionnaires et tous ceux qui prennent part à la conception des organisations ont toujours des choix à faire, et que l'efficacité de l'organisation dépend de la qualité de ces choix. Bien que les théoriciens qui militent en faveur de l'écologie des populations se montrent plutôt pessimistes et soutiennent que ces choix n'ont pas grande importance, parce que, en fin de compte, les forces de l'environnement vont prévaloir et déterminer le sort d'une organisation, l'approche de la contingence offre une souplesse jusque-là inconnue.

Quatrième force de notre métaphore, elle insiste sur les qualités exceptionnelles de l'organisation de type organique quand il s'agit d'innover. Ce serait exagérer que de prétendre que l'organisation mécaniste n'innove pas du tout, mais il y a tout de même du vrai dans cette idée. Les concepts que nous avons étudiés dans le présent chapitre montrent tous que, s'il faut donner priorité à l'innovation, une forme organique ou matricielle d'organisation souple, dynamique, orientée vers un projet donné est préférable à l'entreprise de type mécaniste ou bureaucratique.

Une autre force évidente de la métaphore de l'organisme, c'est la contribution qu'elle fournit à la théorie et à la pratique du développement organisationnel, surtout grâce à la théorie de la contingence. Elle a eu également un très fort impact sur la théorie et la pratique de la stratégie d'entreprise dont l'objectif premier est, à l'heure actuelle, l'harmonisation des relations entre l'organisation et son environnement.

Enfin, une autre de ses contributions importantes découle de l'importance accordée à l'« écologie » et aux relations entre les organisations. Les chercheurs qui ont adopté la perspective écologique ont renforcé l'idée qu'il est nécessaire de construire une théorie de ces relations pour comprendre comment évolue réellement le monde des organisations. Et si ces théoriciens ont raison, il se peut qu'il soit également nécessaire de créer de nouvelles formes de relations entre organisations pour que ces dernières puissent composer avec leur environnement aujourd'hui si complexe.

On dit parfois qu'une façon de voir est une façon de ne pas voir. Maintenant que l'image de l'entreprise comme organisme a largement fait ses preuves, il est difficile de comprendre comment les théoriciens de l'école classique ont pu prêter si peu d'attention à l'influence de l'environnement ; et il est difficile de comprendre comment ils ont pu croire qu'il existe des principes uniformes de gestion pouvant s'appliquer de façon universelle. Mais le monde de l'entreprise était alors beaucoup plus simple qu'aujourd'hui. L'importance qu'a prise la métaphore de l'organisme est à bien des égards le résultat des changements qui ont sapé l'efficience de l'organisation bureaucratique. Les théoriciens n'ont pas découvert la métaphore de l'organisme par hasard, ils en avaient besoin pour ne pas se laisser dépasser par les changements et, comme nous avons pu le voir, ils en ont tiré profit de façons très diverses.

Cela étant, cette métaphore a des limites certaines, dont la plupart proviennent de la façon de voir fondamentale qu'elle suscite. La première de ces limites, c'est que nous sommes amenés à envisager les organisations et leur environnement de manière beaucoup trop concrète. Nous savons que les organismes vivent dans un monde naturel dont les propriétés matérielles déterminent la vie et le bien-être de ses habitants. Nous pouvons voir ce monde. Nous pouvons le toucher, le sentir. La nature se présente à nous comme objective et réelle sous tous ses aspects. Mais cette image ne peut plus subsister quand nous l'appliquons à la société et aux organisations, parce que ces dernières et l'environnement peuvent, dans une certaine mesure du moins, être considérés comme des phénomènes socialement construits. Comme nous le verrons en détail au chapitre 5, les organisations sont pour une bonne part le produit de visions, d'idées, de normes et de croyances, ce qui fait que leur structure et leur forme sont beaucoup moins résistantes et assurées que la structure matérielle d'un organisme. Il est vrai que l'organisation a beaucoup d'aspects matériels : terrain, bâtiments, équipement et argent. Mais, fondamentalement, la continuité de la vie des organisations dépend de l'action créatrice d'êtres humains. Les environnements des organisations peuvent également être considérés comme le produit de l'activité humaine, puisqu'ils résultent de l'action des individus, des groupes et des organisations qui les composent.

Tout cela permet de dire qu'il serait erroné de suggérer, comme le font les théoriciens de la contingence, que les organisations ont besoin de « s'adapter » à leur environnement ou encore, comme c'est le cas pour les écologistes des populations, que l'environnement « sélectionne » les organisations qui vont survivre. Ces deux points de vue considèrent que les organisations et leurs membres dépendraient de forces s'exerçant dans un monde qui leur serait extérieur, au lieu de reconnaître qu'il s'agit d'agents qui contribuent activement avec d'autres à construire ce monde. En particulier, l'approche de l'évolution des organisations fondée sur le principe de la sélection naturelle accorde à l'organisation individuelle peu d'importance dans la lutte pour la survivance. Cette approche néglige le pouvoir qu'ont les organisations et leurs membres de contribuer à la construction de leur propre avenir. À la différence des organismes, les organisations ont le choix de se livrer à la concurrence ou de coopérer. Nous pouvons certes admettre que l'organisation agissant seule ne peut avoir que peu d'impact sur l'environnement et que, par conséquent, l'environnement se présente à elle comme réel et extérieur dans ses effets, mais il en va tout autrement si nous envisageons la possibilité que plusieurs organisations collaborent dans la poursuite d'intérêts multiples afin de déterminer en partie l'environnement qu'elles souhaitent. Quelques écologistes des organisations ont déjà saisi l'importance de ce point, sur lequel nous reviendrons au chapitre 8.

La métaphore de l'organisme est d'autre part limitée à cause de sa prétention à l'existence d'une « unité fonctionnelle ». Si nous regardons les organismes naturels, nous nous apercevons qu'ils sont caractérisés par une interdépendance fonctionnelle qui fait que chaque élément du système, dans des circonstances normales, travaille pour tous les autres éléments. Dans le corps humain, par exemple, le sang, le cœur, les poumons, les bras et les jambes travaillent en général de concert pour préserver le fonctionnement homéostatique de l'ensemble. Il s'agit d'un système unifié qui a une vie et un avenir communs. Les circonstances dans lesquelles un élément sabote le tout, comme c'est le cas quand une crise d'appendicite ou une crise cardiaque menace la vie, sont exceptionnelles et potentiellement pathologiques.

Si nous considérons la plupart des organisations, cependant, nous nous rendons compte que le fonctionnement harmonieux décrit dans les lignes qui précèdent est l'exception plus que la règle, car la plupart des organisations ne sont pas unifiées fonctionnellement comme le sont les organismes. Les divers éléments qui composent une organisation sont en général capables de vivre des vies séparées, et c'est souvent le cas. Bien que les organisations *puissent* parfois être extrêmement unifiées et se composer de gens rattachés à des secteurs différents mais œuvrant pour l'organisation dans son ensemble, elles peuvent à d'autres moments être caractérisées par le schisme et les conflits graves.

La métaphore de l'organisme a un impact subtil et pourtant important sur notre pensée en nous encourageant à croire que l'unité et l'harmonie qui caractérisent l'organisme peuvent se retrouver dans la vie de l'organisation. Nous avons souvent tendance à faire coïncider le bien-être de l'organisation avec un état d'unité où tout le monde « travaille de concert ». Cette forme de pensée nous amène en général à considérer une activité « politique » ou égocentrique comme une anomalie ou une dysfonction que l'on ne devrait pas retrouver dans une organisation saine. Comme on le verra clairement au chapitre 6, où nous étudierons les organisations comme des systèmes politiques, l'accent mis sur l'unité plutôt que sur le conflit comme état normal de l'organisation peut constituer une des limites fondamentales de la métaphore de l'organisme. Dans les années qui viennent de s'écouler, les partisans de la métaphore ont commencé à tenir compte de cette faiblesse en accordant plus d'attention au rôle que joue le pouvoir dans les organisations, mais ils ne sont que rarement allés jusqu'à abandonner leur idéal d'unité fonctionnelle.

Cela nous amène à la dernière limite à laquelle nous nous arrêterons ici, le danger de voir la métaphore se transformer en idéologie. C'est toujours un problème dans les sciences du social appliquées, où les images et les théories en viennent à servir de lignes de conduite normatives pour modeler les pratiques. Nous avons déjà vu l'impact de la métaphore de la machine sur la théorie classique de la gestion : sur l'idée que l'organisation est une machine se fonde la notion qu'il faut la traiter comme une machine. Dans le cas de la métaphore de l'organisme, ce « il faut » prend un certain nombre de formes. Par exemple, que les organismes soient fonctionnellement intégrés peut facilement mener à l'idée que les organisations *doivent* en faire autant. Une grande partie du développement organisationnel vise à atteindre cet idéal en trouvant des moyens d'intégrer les individus et l'organisation, par exemple en concevant des tâches qui permettent aux gens de satisfaire à leurs besoins personnels *par l'entremise* de l'organisation. Alors que la gestion scientifique de Frederick Taylor offrait une idéologie fondée sur l'idée que « efficience et rendement profitent à tous », les idéologies associées au « D.O. » tendent à mettre en relief l'idée que nous pouvons vivre une vie riche et satisfaisante si nous comblons nos propres besoins par l'entremise des organisations qui dominent le monde contemporain. Pour beaucoup, ce type de pensée risque d'engendrer une « société à organisation » peuplée d'« hommes de l'organisation » et de « femmes de l'organisation ». Les gens deviennent des ressources qu'il faut développer, plutôt que des êtres humains dotés d'une valeur intrinsèque que l'on encourage à choisir leur propre avenir et à le construire. Ce problème attire l'attention sur les valeurs qui sous-tendent une bonne partie du D.O. et, par voie de conséquence, sur les valeurs que l'on associe à l'emploi de la métaphore de l'organisme comme fondement d'une théorie.

Une autre dimension idéologique importante de certaines théories dont nous venons de parler réside dans leurs liens avec la philosophie sociale du XIXe siècle. Par exemple, l'approche de l'écologie des populations ranime l'idéologie du darwinisme social, selon lequel la vie sociale est fondée sur les lois de la nature, les plus aptes étant les seuls à survivre. Cette idéologie, à ses débuts, a appuyé le capitalisme naissant au sein duquel de petites entreprises luttaient entre elles pour survivre de façon libre et ouverte. L'approche de l'écologie des populations, appliquée à l'organisation, développe une idéologie équivalente pour les temps modernes, offrant un miroir au monde des organisations et permettant de penser que ce que nous y voyons reflète une loi de la nature. Les lois de la nature servent alors à légitimer une certaine organisation de la société. Il existe de réels dangers à faire cela, parce que, si nous prenons le parallèle entre nature et société trop au sérieux, nous ne nous apercevons pas que les êtres humains ont en principe une influence et une possibilité de choix importants sur ce que peut être leur monde.

4

Vers
l'auto-organisation

L'organisation vue comme
un cerveau

Dans son livre intitulé *The Natural History of the Mind*, G.R. Taylor se livre à quelques observations sur certaines des différences qui existent entre le cerveau et la machine.

Lors d'une expérience célèbre, un psychologue américain, Karl Lashley, a enlevé des portions de plus en plus importantes du cerveau à des rats à qui l'on avait appris à courir dans un labyrinthe. Il s'aperçut que, du moment qu'il n'enlevait pas le cortex visuel, et par conséquent ne les rendait pas aveugles, il pouvait retirer jusqu'à 90 pour cent du cortex sans que leur capacité de retrouver leur chemin dans le labyrinthe n'en soit sérieusement altérée. Il n'existe aucune machine, faite de main d'homme, de laquelle on puisse en dire autant. Essayez donc d'enlever 90 pour cent des pièces de votre poste de radio, et voyez s'il fonctionne encore ! Il semblerait que chaque mémoire spécifique soit en quelque sorte répartie dans le cerveau tout entier.
On peut, de façon similaire, enlever des portions considérables du cortex moteur sans paralyser pour autant un groupe de muscles. Tout ce que

l'on constate, c'est une dégradation généralisée de la performance motrice. Les avantages d'un tel arrangement, du point de vue de l'évolution, sont évidents : si on vous court après, mieux vaut courir maladroitement que pas du tout. Mais nous ne savons pas vraiment comment se produit cette remarquable répartition des fonctions. Nous nous rendons tout de même compte que le cerveau compte sur des modèles de plus en plus affinés et non, comme c'est le cas pour les machines construites par les êtres humains, sur des enchaînements de cause à effet. Il faut bien l'admettre, le cerveau ne peut se comparer à rien.

Les réflexions de Taylor soulèvent une question qui porte à réfléchir. Est-il possible de concevoir des organisations qui puissent se montrer aussi souples, aussi résistantes et aussi inventives que le cerveau ? Comme nous l'avons vu dans les chapitres précédents, de nos jours, on conçoit en général les organisations comme un système de relations entre des unités spécialisées reliées entre elles par des réseaux de communication et de contrôle, et par une structure hiérarchique. Même lorsque nous nous efforçons d'abandonner le modèle mécaniste, comme c'est le cas avec les organisations matricielles et organiques, il semble que nous arrivions seulement à trouver de nouveaux moyens de relier les différentes parties de l'organisation. Dans le cas de l'organisation matricielle, on y arrive en combinant les modèles d'autorité et de responsabilité et en encourageant une gestion plus démocratique. Dans le cas de l'organisation de type organique, on y parvient en accordant aux divers éléments qui la composent des degrés de liberté destinés à leur permettre de trouver leur propre mode d'intégration.

L'organisation de type organique est sans doute celle qui s'approche le plus du fonctionnement du cerveau dans la mesure où elle tend vers un principe d'auto-organisation, mais la théorie ne nous explique pas vraiment comment créer de telles organisations. Les théoriciens de la contingence estiment que la meilleure chose à faire, c'est de nommer «les gens qui conviennent vraiment» aux postes appropriés et de mettre sur pied des structures d'autorité, de communication et de récompense qui inciteront ces gens à satisfaire leurs propres besoins par la réalisation même des buts de l'organisation. Les études portant sur les entreprises organiques prospères peuvent nous apprendre beaucoup sur ce qui est nécessaire dans la pratique, mais on ne trouve pas grand chose dans la métaphore de l'organisme proprement dite qui permette de construire une véritable théorie. En mettant les choses au mieux, nous devons nous en remettre à l'idée que, dans une organisation, une direction judicieuse réussira à mettre en place la stratégie, la structure et le style de gestion quotidienne qui permettront la créativité et l'inventivité.

Se servir du cerveau comme métaphore de l'organisation peut nous permettre d'améliorer notre capacité d'organiser de façon à promouvoir l'action souple et créatrice. Dans la mesure où nous construisons des organisations sur des principes mécanistes, nous faisons place à ce que nous avons appelé au chapitre 2 une rationalité « instrumentale » selon laquelle on apprécie les gens pour leur aptitude à s'adapter et à contribuer au fonctionnement efficient d'une structure prédéterminée. Cela va bien quand il s'agit d'effectuer une tâche fixe dans des circonstances stables, mais, comme nous l'avons vu, dès que ces conditions n'existent plus, de telles organisations font face à de nombreux problèmes. Lorsque les circonstances sont changeantes, il est important que les éléments de l'organisation soient capables de remettre en question le bien-fondé de leurs actes, et de les modifier en tenant compte des situations nouvelles. Cela exige une capacité d'organisation qui soit « substantiellement » rationnelle, c'est-à-dire que les actes posés démontrent une compréhension du contexte dans lequel ils sont : on ne se livre pas à des actes dits substantiellement rationnels à l'aveuglette, mais bien après avoir acquis la conviction de leur nécessité. Il est intéressant de noter que c'est précisément cette capacité-là qui fait la spécificité du cerveau. En tant qu'organe de connexion et de commande de l'action intelligente, le cerveau est supérieur à tout système connu, qu'il soit naturel ou créé par l'être humain. Certainement, rien de ce qu'il a pu fabriquer ne s'approche de la complexité du plus simple des cerveaux.

Le cerveau devient par conséquent une métaphore attrayante pour aborder l'organisation, surtout si nous cherchons à améliorer l'intelligence de ce qui s'y fait. Beaucoup de gestionnaires et de théoriciens de l'organisation ont déjà compris cela. Mais, en règle générale, ils se sont contentés de l'idée que l'organisation a besoin d'un cerveau ou d'un service qui fasse office de cerveau — c'est-à-dire d'équipes de planification, de groupes de travail, d'unités centralisées de recherche et de prise de décision — dont le travail est de penser pour le reste de l'organisation, de diriger et d'intégrer toute l'activité de l'organisation. La plupart de ceux qui ont écrit sur la planification des grandes entreprises et sur leurs politiques ont utilisé la métaphore du cerveau de cette façon, en considérant le processus de gestion stratégique et de direction comme l'équivalent du cerveau et du système nerveux d'un organisme. Par contre, il est beaucoup plus rare de penser l'organisation *comme si elle était un cerveau* et de voir si l'on peut créer de nouvelles formes d'organisation qui diffusent des compétences similaires à celles du cerveau à travers toute l'entreprise, plutôt que de les limiter à certaines unités ou parties. C'est là un défi pour l'avenir et c'est aussi l'objet du présent chapitre.

Images du cerveau

Dans un article publié en 1983 dans *Newsweek*, Sharon Begley mentionne ce paradoxe : depuis 2400 ans que Hippocrate a déterminé que le crâne était le siège de l'intelligence, les êtres humains ont découvert de plus en plus de preuves que leurs pensées les plus profondes, leurs réalisations les plus importantes, leur émotions les plus intimes même, semblent provenir d'un kilo et demi de matière ayant une consistance gélatineuse et la couleur de la neige à moitié fondue et sale. Par des recherches continues, en particulier depuis les 100 dernières années, savants et philosophes de toutes sortes ont étudié de quelle façon fonctionne cette partie de notre anatomie restée si longtemps mystérieuse et commencent à nous l'expliquer. Comme on pouvait s'y attendre, on a fait appel à de nombreuses métaphores, allant du mystique au mécanique, pour nous aider à comprendre.

Un grand nombre de ces images partent de l'idée que le cerveau est un système de traitement de l'information. On a, par exemple, conçu le cerveau comme un système comparable à un ordinateur complexe, ou à un standard téléphonique, qui transmet l'information grâce à des impulsions électroniques. On l'a aussi comparé à une sorte de télévision qui aurait la capacité d'assembler de nouveau des images et des modèles cohérents à partir de millions de données séparées entre elles ; on en a fait une bibliothèque ou une banque de données où l'on peut entreposer et récupérer l'information, un système complexe de réactions chimiques qui transmettent des messages et déterminent l'action, et aussi une mystérieuse « boîte noire » qui relierait stimulus et comportement. On le conçoit également comme un système linguistique opérant *via* un code neural qui traduit l'information en pensées, en idées et en actions par l'intermédiaire de changements électriques et chimiques, un peu comme le code alphabétique peut se reconvertir en prose par l'intermédiaire de mots et de phrases.

Tout récemment, on a comparé le cerveau à un système holo-graphique, une des merveilles de la technique du laser. L'hologra-phie, inventée en 1948 par Dennis Gabor, utilise un appareil de photo sans lentille pour enregistrer l'information d'une façon qui emmagasine le tout dans chacune de ses parties. L'interaction de rayons de lumière crée un « modèle d'interférence » qui dissémine l'information enregistrée sur une plaque photographique, connue sous le nom d'hologramme, que l'on peut ensuite éclairer pour reconstituer l'image originale. Une des caractéristiques intéressantes de l'hologramme est que, s'il se brise, n'importe laquelle de ses parties peut être utilisée pour reconstruire l'image entière. Tout est contenu dans tout, c'est comme si nous jetions un caillou dans une pièce d'eau et pouvions voir la pièce d'eau tout entière, les vagues, les ricochets et les gouttes d'eau provenant du lancer *dans chacune des gouttes d'eau ainsi produites.*

L'holographie démontre de façon très concrète qu'il est possi-ble de créer des processus où le tout peut être encodé dans cha-cune des parties, si bien que chaque partie représente le tout. Karl Pribram, de la Stanford University, estime que le cerveau fonctionne selon les principes de l'holographie : la mémoire serait distribuée dans tout le cerveau et pourrait ainsi être reconstituée à partir de n'importe quelle de ses parties. S'il a raison, cela peut expliquer pourquoi les rats de Karl Lashley fonctionnaient relativement bien même après qu'on eut enlevé une grande partie de leur cerveau.

Dans les pages qui vont suivre, nous nous servirons du cerveau comme métaphore pour mieux comprendre l'organisation à partir des deux façons dont nous venons de parler. Nous commencerons par étudier les conséquences possibles de l'idée que les organisa-tions sont des systèmes de traitement de l'information capables d'apprendre à apprendre. Nous verrons ensuite la possibilité de concevoir les organisations de façon à refléter les principes de l'holo-graphie. Cela nous amènera à examiner quelques-unes des idées qui proviennent des recherches modernes sur le cerveau et à explo-rer des possibilités pour la conception des organisations de demain.

L'organisation : un cerveau qui traite l'information

À bien y penser, chaque phase du fonctionnement de l'organisation dépend d'une forme ou d'une autre de traitement de l'information. Les bureaucrates prennent leur décisions en traitant les données selon des règles prédéterminées. Les responsables de la gestion stratégique ont recours à des processus formels ou temporaires, avec pour résultat des lignes de conduite et des projets qui constituent ensuite pour les autres membres de l'organisation un point de référence, un cadre, pour le traitement de l'information et la prise de décision. Les organisations sont des systèmes d'information aussi bien que de communication. Et ce sont des systèmes de prise de décision. Dans les organisations mécanistes, tout cela est extrêmement routinisé, alors que dans les organisations matricielles ou de type organique, il règne plus de souplesse et on a souvent recours à des mesures temporaires. Ainsi, en nous concentrant sur leurs façons de traiter l'information, nous pouvons beaucoup mieux comprendre les organisations et la variété de leurs formes concrètes.

TRAITEMENT DE L'INFORMATION, PRISE DE DÉCISION ET CONCEPTION DE L'ORGANISATION

C'est Herbert Simon, prix Nobel, et ses collègues, dont James March, qui, lorsqu'ils étaient au Carnegie Institute of Technology (connu aujourd'hui sous le nom de Carnegie-Mellon University) ont été, dans les années 40 et 50, les pionniers de cette manière de comprendre l'organisation, souvent appelée de nos jours « l'approche de la prise de décision ». Simon, qui explorait le parallèle existant entre la prise de décision individuelle et la prise de décision organisationnelle, estime que cette dernière ne peut jamais être entièrement rationnelle parce que les membres de l'organisation n'ont, en ce qui concerne le traitement de l'information, que des compétences limitées.

Selon lui, les gens (a) sont généralement obligés d'agir en se fondant sur une information incomplète concernant les mesures qu'ils pourraient prendre et leurs conséquences, (b) ne sont capables d'explorer qu'un nombre limité de solutions de rechange pour n'importe quelle décision et (c) sont incapables d'attribuer des valeurs exactes aux résultats. Simon en déduisit que, en mettant les choses au mieux, ces gens ne pouvaient arriver qu'à des formes limitées de rationalité. Par contraste avec les hypothèses que l'on retrouve en économique et selon lesquelles l'individu optimise toujours ses conduites, il en a conclu qu'individus et organisations doivent se contenter d'une « rationalité limitée » et de décisions

« satisfaisantes » qui reposent sur des procédés empiriques simples et sur des recherches et une information limitées.

De l'avis de Simon, ces limites posées à la rationalité humaine sont institutionnalisées dans la structure et dans les modes de fonctionnement de nos organisations. C'est pour cela que sa théorie de la prise de décision nous amène à comprendre les organisations comme des espèces de cerveaux institutionnalisés qui fragmentent, routinisent et limitent le processus de prise de décision afin de le rendre gouvernable. Si nous considérons les organisations de ce point de vue privilégié, nous en venons à voir que les divisions selon les tâches, les secteurs et les autres services à l'intérieur de l'organisation ne se contentent pas de définir une structure de travail, elles créent également une structure d'attention, d'interprétation et de prise de décision qui exerce une influence extrêmement importante sur le fonctionnement quotidien de l'organisation. Les divisions en tâches et en secteurs segmentent l'environnement interne de l'organisation, compartimentent les responsabilités et, ce faisant, simplifient les domaines d'intérêt et de prise de décision des gestionnaires et du personnel. La hiérarchie de l'organisation joue un rôle similaire en offrant des canaux de résolution de problèmes, ce qui facilite le travail, donc la vie. On peut rendre les gens qui sont au bas de la hiérarchie responsables de l'information et des décisions routinières, ce qui permet à ceux qui occupent les niveaux supérieurs de se concentrer sur des informations et des décisions plus complexes ou plus importantes. Lignes de conduite, programmes, projets, règles et processus de fonctionnement normalisés aident là encore à simplifier la vie dans l'organisation. Et l'on soumet souvent les problèmes particuliers à des équipes de planification, à des groupes de travail, à des consultants, toujours dans le but de simplifier et de mieux composer avec la complexité de l'organisation.

Au cours des trente et quelques années qui se sont écoulées depuis que Simon a présenté cette conception nouvelle de l'organisation, de nombreux chercheurs ont consacré beaucoup d'efforts à comprendre cette dernière du point de vue du traitement de l'information. Une grande partie de ce travail a porté sur la façon dont l'organisation traite avec la complexité et l'incertitude de son environnement. Par exemple, Jay Galbraith, théoricien de l'organisation et consultant, s'est penché sur le rapport entre incertitude, traitement de l'information et conception de l'organisation. Les tâches incertaines exigent que les preneurs de décision en cause traitent plus d'information durant l'accomplissement de ces tâches.

Plus forte est l'incertitude, plus difficile il est de programmer et de routiniser l'action en planifiant ce qui doit être fait. Cela permet de comprendre pourquoi, à propos de tâches différentes, les organisations insistent différemment sur les règles et sur les programmes, sur la hiérarchie, sur les buts et objectifs comme moyens d'intégrer et de diriger l'action. À mesure que l'incertitude augmente, les organisations trouvent généralement des moyens de contrôler les extrants (par exemple, en établissant des buts et des cibles) au lieu de contrôler les comportements (par exemple, au moyen de règles et de programmes). Le système hiérarchique fournit des moyens efficaces de se rendre maître de la situation quand elle est raisonnablement certaine mais, dans certains cas, il peut se heurter à une surcharge d'information et de décision. Le point de vue du traitement de l'information offre ainsi un moyen de rendre compte des différences entre l'entreprise mécaniste et celle qui est de type plutôt organique. Alors que la première est fondée sur un système d'information et de prise de décision fortement programmé et planifié, la seconde est généralement fondée sur des processus plus souples et temporaires. Dans les organisations de type organique, on fait une plus large place au choix et au jugement et, pour diriger, on se fie davantage à la rétroaction qu'à la programmation.

Dans son approche, Galbraith propose deux moyens complémentaires pour traiter avec l'incertitude. Le premier met en jeu des processus visant à réduire le besoin d'information — par exemple en créant des surplus de ressources et des tâches autonomes. Le second se traduit par l'augmentation de la capacité de traiter l'information — par exemple, en investissant dans des systèmes d'information perfectionnés et en améliorant les relations latérales par le recours à des coordonnateurs, à des groupes de travail et à des matrices. Tout cela, en s'ajoutant à l'utilisation de règles, de programmes, de la hiérarchie et de la détermination de buts, crée une gamme de moyens grâce auxquels les organisations peuvent arriver à réduire l'incertitude qui provient de l'environnement et à composer avec elle. Les organisations peuvent également adopter d'autres techniques pour contrôler l'incertitude ou du moins s'en protéger. Elles peuvent, par exemple, essayer de dominer leur marché ou de contrôler leurs sources de matières premières, ou encore mettre en place différents dispositifs permettant de diminuer la demande. Elles procèdent aussi fréquemment à des fusions et à des acquisitions, et forment des coalitions pour éliminer les incertitudes liées à la concurrence et pouvoir contrôler les ressources clés à des étapes antérieures du processus de production.

Cette approche de la prise de décision a ainsi créé une nouvelle façon de réfléchir au fonctionnement réel des organisations et a contribué à mieux nous faire comprendre cette conception. Mais cette métaphore du traitement de l'information a une autre conséquence qui, à long terme, est encore plus importante. Si l'organisation est réellement le produit ou le reflet de possibilités de traitement de l'information, comme l'a suggéré Herbert Simon, de nouvelles capacités vont donc mener à de nouvelles formes d'organisation. En effet, nous pouvons déjà le constater dans les industries où le traitement électronique de l'information joue un rôle prépondérant : compagnies aériennes, banques, assurances, médias, commerces de détail et hôtels ; il en est de même pour les firmes qui font appel aux techniques de pointe, notamment dans les domaines de l'électronique, des ordinateurs et de l'aérospatial, ainsi que dans bien d'autres secteurs de l'industrie. L'utilisation des micro-ordinateurs amène des changements radicaux dans la nature et le style d'une organisation. Toutes sortes de tâches qui incombaient autrefois à un personnel qualifié ou semi-qualifié s'effectuent de façon électronique ; des secteurs entiers de l'organisation sont alors dépassés ou redondants, alors que d'autres gagnent en importance. Les réseaux de relations entre êtres humains sont remplacés par des dispositifs de communication directe entre machines électroniques dont le fonctionnement est assuré par de nouveaux techniciens, programmeurs et autres spécialistes de l'information.

Considérons, par exemple, la façon dont les caisses électroniques qui font simultanément l'enregistrement des ventes et des autres données comptables de base, y compris l'inventaire, ont transformé l'organisation dans les supermarchés et autres grands magasins. En faisant simplement passer un rayon laser sur des étiquettes codées apposées sur les articles en vente, les caissiers et caissières enregistrent automatiquement les prix, la valeur des produits et des informations facilitant la préparation des rapports de vente, l'inventaire et diverses analyses qui sont pertinentes pour prendre des décisions relatives au fonctionnement et à l'avenir de la firme. Le type d'organisation qui est enchâssé dans la conception même de pareils systèmes d'information remplace les modes traditionnels d'interaction entre humains et supprime des armées d'employés et de cadres moyens dans le magasin et dans les entrepôts.

Dans de telles circonstances, c'est ce système d'information lui-même qui *constitue* l'organisation.

À long terme, il est possible d'imaginer que les organisations vont se réduire à ce que seront leurs systèmes d'information, puisque la micro-informatique offre la possibilité d'organiser sans avoir pour autant une organisation matérielle circonscrite dans un lieu particulier. Cette technique nouvelle facilite la décentralisation du travail et de sa surveillance, permet à des employés de bureau chargés de tâches reliées entre elles de travailler dans des endroits différents tout en étant en contact permanent grâce aux systèmes de communication interactive qui permettent d'assurer pleinement le caractère intégrateur de l'«organisation». Un grand nombre des organisations de l'avenir pourront ainsi ne pas avoir de site défini, voir leurs membres communiquer entre eux par l'intermédiaire de micro-ordinateurs et d'appareils audiovisuels et constituer ainsi un réseau d'échanges et d'activités, des robots télécommandés effectuant peut-être le travail physique.

L'évolution des organisations au regard des systèmes d'information pourrait ainsi les transformer aussi bien structurellement que spatialement. Le grave problème que soulève la métaphore du cerveau, toutefois, est celui de savoir si les organisations vont également devenir plus intelligentes. L'organisation fondée sur le traitement de l'information est-elle nécessairement caractérisée par la rationalité limitée que l'on trouve dans les bureaucraties ? Ou peut-elle transcender cette contrainte ? Cela dépendra en grande partie de la capacité d'apprendre que l'on intégrera aux organisations ainsi produites.

LA CYBERNÉTIQUE : APPRENDRE ET APPRENDRE À APPRENDRE

Comment peut-on concevoir des systèmes qui soient capables d'apprendre de la même manière que le cerveau ? C'est là une question qui préoccupe tout particulièrement un groupe de théoriciens de l'information qui se sont intéressés aux questions de l'intelligence artificielle, à partir de ce que l'on connaît aujourd'hui sous le nom de cybernétique.

La cybernétique est une science interdisciplinaire relativement récente, qui se consacre à l'étude de l'information, de la communication et du contrôle. C'est Norbert Wiener, mathématicien du MIT, qui dans les années 40 a créé ce terme qu'il considérait comme une application métaphorique du grec *kubernetes*, qui signifie «pilote». Les Grecs avaient créé le concept de l'art de piloter, sans doute à partir de leur compréhension des processus en jeu dans la navigation et le pilotage de bateaux, et l'avaient adopté pour parler du gouvernement d'un État. Wiener s'est servi de cette image pour caractériser le processus d'échange d'information par lequel machines et organismes s'engagent dans une activité autorégulatrice qui permet de maintenir un état stationnaire.

La cybernétique moderne a des origines diverses, mais elle renvoie surtout aux travaux de Wiener et de ses collègues au cours de la Deuxième Guerre mondiale, et plus particulièrement à leurs efforts pour produire et améliorer des dispositifs afin de contrôler le maniement des pièces d'artillerie. Tirer sur une cible mouvante, un avion par exemple, soulève des difficultés dont la résolution suppose des calculs de précision d'une grande complexité. Il faut tenir compte, outre la vitesse et la position de l'avion à un moment donné et la vitesse et la direction du projectile que l'on va tirer, des effets variables du vent et de la possibilité que le pilote ait recours à des tactiques de diversion. Concevoir une arme qui puisse se livrer à de tels calculs, guider et contrôler sa performance exige une machine capable d'un comportement aussi souple et doué d'autant de possibilités d'adaptation que le cerveau humain. La cybernétique est née de ce défi : des scientifiques spécialisés en mathématiques, en théorie de la communication, des ingénieurs et des spécialistes des sciences du social et de la médecine ont uni leurs efforts et leurs intuitions dans le but de créer des machines qui auraient les mêmes facultés d'adaptation que des organismes.

La principale intuition qui est ressortie de ces premiers travaux, c'est que, pour un système, l'aptitude à l'autorégulation dépend d'échanges d'information mettant en jeu une *rétroaction négative*. Celle-ci est essentielle au processus de pilotage. Si nous changeons le cours d'un bateau en poussant trop loin le gouvernail, nous pouvons y revenir simplement en le poussant dans la direction opposée. La rétroaction négative se livre à ce type de détection et de correction automatique des erreurs, de telle sorte que des mouvements de dépassement de certaines limites dans une direction donnée amorcent par ce fait même des mouvements dans le sens contraire afin de maintenir une direction ou un état donné à l'avance.

Le concept de rétroaction négative explique un bon nombre de comportements routiniers de façon très peu conventionnelle. Par exemple, quand nous prenons un objet sur la table, nous tenons pour acquis, habituellement, que notre main, guidée par nos yeux, se dirige directement vers l'objet en question. La cybernétique indique que ce n'est pas le cas. L'action se fait par un processus d'élimination des erreurs selon lequel les déviations entre main et objet sont réduites *à chaque moment du processus*, de sorte qu'à la fin il ne reste plus d'erreur. Nous prenons l'objet parce que nous évitons de ne pas le prendre (figure 4.1)

Ces principes de cybernétique sont évidents dans un grand nombre de structures. Le « régulateur à boules » qui réglait la vitesse de la machine à vapeur inventée par James Watt au XIX\ :sup:`e` siècle en fournit un des premiers exemples. Deux boules d'acier étaient suspendues à un arbre central fixé à la machine. La vitesse de la machine faisait pivoter l'arbre, imprimant un mouvement centrifuge aux boules, les dirigeant vers l'extérieur à mesure que la vitesse augmentait, et fermant ainsi le registre de vapeur, le mouvement

---

Nous prenons un objet parce que nous évitons de ne pas le prendre !

De la même façon, nous pouvons faire de la bicyclette grâce à un système d'information et à des actions régulatrices qui nous aident à éviter de tomber.

La rétroaction négative supprime les erreurs : elle crée les états désirés en évitant les états nuisibles.

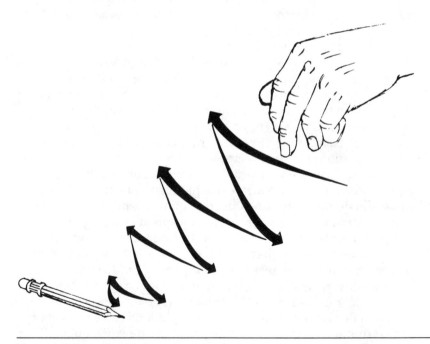

Figure 4.1. Exemple de rétroaction négative.

inverse prenant place lorsque diminuait la vitesse. De cette façon la machine servait de moyen de communication par lequel une augmentation de la vitesse conduisait à sa diminution et vice-versa. C'est là la rétroaction négative : plus mène à moins, et moins à plus. Des principes similaires sont intégrés au thermostat qui règle la température de la maison. Et les organismes vivants fonctionnent de la même façon. Par exemple, quand la température du corps humain augmente, le cerveau et le système nerveux central déclenchent un processus qui nous amène à ralentir notre activité, à transpirer et à respirer fortement afin d'amener un changement dans la direction opposée. De la même façon, quand nous avons froid, nous grelottons, nous tapons du pied et nous essayons d'élever la température de notre corps, l'amenant ainsi à fonctionner à l'intérieur des limites au-delà desquelles il ne survivrait pas.

La cybernétique nous amène ainsi à une théorie de la communication et de l'apprentissage qui met en relief quatre principes clés. Premièrement, les systèmes doivent être capables de sentir, de suivre et d'explorer les aspects importants de l'environnement. Deuxièmement, ils doivent pouvoir rattacher l'information obtenue aux normes de fonctionnement qui guident leur comportement. Troisièmement, ils doivent pouvoir détecter les déviations significatives à ces normes et, enfin, pouvoir amorcer les mesures correctives nécessaires quand il se produit des écarts.

Si ces quatre conditions sont remplies, un processus continu d'échange d'information se crée entre le système et son environnement, ce qui permet au système de faire le suivi des changements et de prendre les mesures appropriées. Le système peut ainsi fonctionner de façon intelligente et procéder à son autorégulation. Cependant, les capacités d'apprentissage d'un tel système sont limitées, car il peut seulement conserver la direction déterminée par les normes de fonctionnement qui le guident. Tout va bien aussi longtemps que les mesures définies par ces normes sont adéquates pour composer avec les modifications qui sont survenues. Mais lorsque ce n'est pas le cas, l'« intelligence » du système tombe en panne, car la rétroaction négative essaie de conserver un modèle de comportement qui ne convient plus.

C'est cela qui a amené les cybernéticiens modernes à faire la distinction entre apprendre et apprendre à apprendre. Les systèmes cybernétiques simples comme le thermostat de la maison peuvent apprendre en ce sens qu'ils peuvent détecter et corriger les déviations à des normes prédéterminées. Mais ils ne peuvent mettre en question le bien-fondé de ce qu'ils font. Un thermostat, par exemple,

L'apprentissage en boucle simple consiste en la capacité de découvrir et de corriger une erreur par rapport à un ensemble de normes de fonctionnement donné.

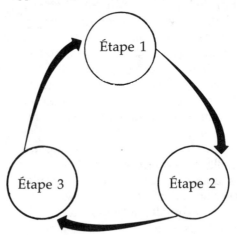

L'apprentissage en boucle double consiste à pouvoir jeter « un double regard » à la situation en remettant en question la pertinence des normes de fonctionnement.

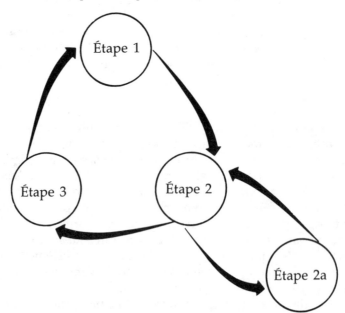

1 = processus de perception, d'exploration et de contrôle de l'environnement.
2 = comparaison de l'information ainsi obtenue et des normes de fonctionnement.
2a = processus de remise en question du bien-fondé des normes de fonctionnement.
3 = processus de prise de mesures adéquates.

Figure 4.2. Apprentissage en boucle simple et en boucle double.

est incapable de déterminer le degré de chaleur qui va plaire aux gens qui habitent là et de faire les ajustements en conséquence. Les systèmes cybernétiques plus complexes — le cerveau humain ou l'ordinateur perfectionné, par exemple — ont cette capacité. Ils sont souvent capables de détecter et de corriger des erreurs dans les normes de fonctionnement et influencent ainsi les règles qui guident leur propre fonctionnement dans tous ses détails. C'est cette forme de capacité à se remettre en question qui sous-tend l'activité d'un système qui peut apprendre à apprendre et s'organiser lui-même. La différence fondamentale entre ces deux formes d'apprentissage est parfois identifiée comme la différence entre l'apprentissage « en boucle simple » et l'apprentissage en « boucle double » (voir figure 4.2).

LES ORGANISATIONS PEUVENT-ELLES APPRENDRE ET APPRENDRE À APPRENDRE ?

Tout ce que nous venons de voir soulève des questions très importantes à propos des organisations modernes. Sont-elles capables d'apprendre de façon continue ? Cet apprentissage est-il du type de la boucle simple ou de la boucle double ? Quels sont les principaux obstacles à l'apprentissage ? Sont-ils intrinsèques à l'organisation humaine ou peut-on les surmonter ?

Il est évidemment très difficile de répondre à ces questions de façon abstraite, parce que les capacités d'apprentissage varient d'une organisation à l'autre, mais on peut tirer quelques conclusions d'ordre général.

Beaucoup d'organisations, par exemple, sont devenues compétentes pour ce qui est de l'apprentissage en boucle simple ; elles ont acquis la capacité d'explorer l'environnement, de fixer des objectifs et de contrôler la performance générale du système par rapport à ces objectifs. Cette compétence élémentaire est souvent institutionnalisée sous forme de système d'information conçu pour permettre à l'organisation de « garder le cap ». Par exemple, les budgets donnent souvent lieu à une forme d'apprentissage en boucle simple par le contrôle des dépenses, des ventes, des bénéfices et d'autres indicateurs de la performance financière de l'entreprise, tout cela afin de s'assurer que les activités de l'organisation restent dans les limites fixées lors de l'adoption du budget. Les perfectionnements de l'informatique ont fait beaucoup pour encourager l'emploi de ce type de gestion en boucle simple. Grâce aux « rapports d'exception» qui mettent en lumière les déviations critiques, les gestionnaires et le personnel peuvent repérer les problèmes possibles. Il est intéressant de noter qu'une fonction de mémoire est souvent incluse dans ces systèmes en boucle simple, les degrés de réussite précédents servant de norme pour contrôler les niveaux actuels.

Il est toutefois beaucoup plus difficile de maîtriser l'apprentissage en boucle double. Bien que certaines organisations aient réussi à institutionnaliser des systèmes permettant de passer en revue et de critiquer les normes, les lignes de conduite et les opérations courantes en fonction des modifications survenant dans leur environnement — par exemple en encourageant des innovations et des débats constants — beaucoup n'y parviennent pas. Cet échec se retrouve surtout dans les organisations bureaucratiques, puisque, souvent, leurs principes essentiels concernant l'organisation ont pour conséquence d'*empêcher* tout le processus d'apprentissage. Il vaut la peine d'accorder une attention plus particulière à trois de ces obstacles, que l'on retrouve d'ailleurs souvent dans des organisations de type non bureaucratique.

Tout d'abord, il existe un problème d'ordre général : les organisations de type bureaucratique imposent des structures de pensée fragmentaires à leurs membres et n'encouragent pas vraiment le personnel à réfléchir. Les buts de l'organisation, ses objectifs, ses structures et ses rôles créent de façon évidente des modèles précis d'attention et de responsabilité, et fragmentent l'intérêt envers ce que fait l'organisation et la connaissance qu'on en a. Quand les divisions verticales et horizontales qui existent à l'intérieur de l'organisation sont particulièrement fortes, il est rare que l'information et le savoir circulent librement, et ses différents secteurs fonctionnent souvent à partir d'images différentes de la situation globale, sans savoir comment elles s'adaptent à l'image générale, sans s'en préoccuper et en poursuivant des objectifs sectoriels comme s'ils étaient des fins en soi. L'existence de ces divisions tend à exacerber les distinctions entre les divers éléments de l'organisation et encourage le développement de systèmes politiques qui élèvent d'autres barrières encore à l'apprentissage. Ainsi la rationalité limitée inhérente à la conception d'organisation *crée* des limites ! De plus, le personnel, dans ces organisations, est généralement encouragé à occuper une place prédéterminée dans l'ensemble et à s'y tenir, et il en est récompensé s'il y parvient. Les situations où l'on remet en question les lignes de conduite et les normes de fonctionnement sont l'exception plus que la règle. On peut fort bien douter des valeurs et de l'orientation de la personne qui, dans une entreprise, lors d'une décision particulière, remet en question la pertinence de focaliser sur un seuil de bénéfices ou de pertes. Cela étant, il est intéressant de noter que des systèmes d'apprentissage en boucle simple hautement perfectionnés peuvent contribuer à maintenir des organisations dans la mauvaise voie, puisque les gens qui en font partie sont incapables de remettre en question les hypothèses sous-jacentes à leurs activités ou ne sont pas prêts à le faire. L'existence de systèmes d'apprentissage en boucle simple, surtout si l'on s'en sert pour diriger et surveiller les employés, peuvent ainsi empêcher toute possibilité d'apprentissage en boucle double.

Un second obstacle majeur à l'apprentissage en boucle double est souvent associé au principe d'imputabilité bureaucratique. Dans la mesure où les employés doivent rendre compte de leur performance à l'intérieur d'un système qui récompense le succès et punit l'échec, ils cherchent à ruser de façons diverses pour se protéger. Les employés ont ainsi souvent tendance à trouver le moyen d'embrouiller les situations dans lesquelles ils ne figurent pas à leur avantage, à détourner l'attention, à camoufler leurs erreurs et à montrer la situation dont ils sont responsables sous un jour plus favorable que ce n'est le cas en réalité. De plus, ils sont souvent tentés de dire aux gestionnaires ce qu'ils croient que ces derniers ont envie d'entendre.

Quand un régime d'imputabilité amène le personnel à être ainsi sur la défensive, l'organisation peut rarement tolérer un haut degré d'incertitude. Gestionnaires et employés aiment aussi que les choses soient réglées une fois pour toutes et se sentir maîtres de la situation, ce qui les conduit souvent à trop simplifier l'interprétation des situations auxquelles ils ont affaire. Ils ne s'intéressent en général qu'aux problèmes dont la solution est facile à trouver. Les problèmes complexes et difficiles à résoudre sont souvent traités de façon à diminuer leur importance, afin de donner le temps à la solution d'apparaître ou dans l'espoir que les problèmes disparaîtront d'eux-mêmes. Ceux qui apportent de mauvaises nouvelles sont souvent mal accueillis et se font même parfois congédier. De telles circonstances font que les hypothèses de fonctionnement sont rarement remises en question de manière efficace.

Un troisième obstacle sérieux à l'apprentissage en boucle double vient du fossé qui existe souvent entre ce que les gens disent et ce qu'ils font. Chris Argyris, de Harvard, et Donald Schön, du MIT, ont parlé de la différence entre la « théorie adoptée » et la « théorie utilisée ». Un grand nombre de gestionnaires et d'employés essaient de traiter les problèmes à partir d'une rhétorique ou d'une rationalisation qui donne l'impression qu'ils savent ce qu'ils font. Cela peut avoir pour but non seulement d'impressionner les autres, mais de se convaincre eux-mêmes que tout va bien et qu'ils peuvent se tirer d'affaires tout seuls. Ils essaient aussi de faire diversion, consciemment ou non : quand ils voient surgir des menaces à l'endroit de leur façon d'agir habituelle, ils tentent de faire porter le blâme ailleurs et de maintenir plus fermement encore leur pratique au lieu de remettre en question sa nature et ses effets. Dans de pareilles circonstances, il devient de plus en plus difficile pour le gestionnaire de faire face à la réalité d'une situation et de composer avec elle. Les faits peuvent être renforcés par des processus sociaux du genre « pensée de groupe » : des façons de penser communes qui sont renforcées socialement et qui sont bien difficiles à éliminer. Des individus, des groupes, des secteurs peuvent ainsi adopter des théories qui les empêchent de façon très nette de comprendre leurs problèmes et de les résoudre. L'apprentissage en boucle double exige que nous supprimions ce fossé entre théorie et réalité de façon à pouvoir remettre en question les valeurs et les normes inscrites dans les « théories utilisées » aussi bien que dans les « théories adoptées ».

Ces exemples de la façon dont les organisations font souvent obstacle à l'apprentissage en boucle double indiquent également de quelle manière on peut l'encourager. Essentiellement, il est nécessaire d'arriver à une philosophie nouvelle de gestion, pour enraciner le processus d'organisation dans un processus de questionnement très ouvert et permanent. Comme nous l'avons vu, le processus global d'apprentissage en boucle double — apprendre à apprendre — repose sur la capacité de demeurer ouvert aux changements qui se produisent dans l'environnement et sur la capacité de remettre en question les hypothèses de fonctionnement de la façon la plus fondamentale. Les quatre lignes de conduite que l'on trouvera ci-dessous résument comment il est possible de développer une approche de l'organisation et de la gestion qui soit orientée vers l'apprentissage.

D'abord il faut encourager et valoriser l'ouverture d'esprit et l'attitude intellectuelle qui accepte l'erreur et l'incertitude comme des traits inévitables de la vie dans des environnements complexes et changeants. C'est là un principe fondamental si l'on veut permettre aux membres d'une organisation de traiter avec l'incertitude de façon constructive. C'est tout particulièrement important dans un milieu dont l'instabilité rend les problèmes de l'organisation importants, complexes et idiosyncratiques et, par conséquent, difficiles à analyser et à résoudre. Plutôt que de créer des conditions qui amèneront les employés à cacher ou à nier leurs erreurs, et à éviter de poser des questions épineuses comme c'est souvent le cas lorsque existe dans une organisation une structure d'imputabilité bureaucratique, il faut les encourager à comprendre et à accepter la nature complexe des situations auxquelles ils doivent faire face. Une attitude selon laquelle « il est admissible de faire passer les erreurs légitimes au profit de l'expérience » et où l'on estime que « les découvertes et les éléments négatifs peuvent devenir source de connaissance et de sagesse et avoir ainsi une grande valeur pratique » est un bon exemple du comportement souhaitable. Encore faut-il bien noter que nous parlons ici d'erreur légitime, ce qui est très différent de fautes que l'on aurait pu et dû éviter. L'erreur légitime provient de l'incertitude d'une situation, comme c'est le cas lorsque des circonstances exceptionnelles et imprévisibles surviennent, que l'on ne pouvait ni prédire ni contrôler, et n'est nullement la faute des personnes en cause. Cette attitude fait de l'erreur légitime une leçon potentielle plutôt qu'une occasion de blâme.

Deuxièmement, il faut encourager une façon d'analyser et de résoudre des problèmes complexes qui reconnaît l'importance d'explorer différents points de vue. Ce principe aide à préciser les moyens de considérer et de reconsidérer les problèmes de manière à les envisager sans idées préconçues. Étant donné que beaucoup des problèmes auxquels font face les organisations existant dans des milieux instables sont multidimensionnels et manquent de clarté, définir la nature du problème à résoudre constitue une des plus grandes difficultés. La meilleure façon d'y arriver, c'est d'adopter un mode de gestion qui reconnaît l'importance d'explorer les différentes dimensions d'une situation et qui permet les débats et les conflits constructifs entre partisans de perspectives qui s'opposent. De cette façon, on peut étudier les problèmes sous tous les angles et peut-être les redéfinir de manière à les aborder et à les résoudre de façon nouvelle. Cette façon de procéder aide l'organisation à assimiler l'incertitude de l'environnement et à composer avec elle au lieu d'essayer de l'éviter ou de la supprimer. Nous pouvons illustrer ce point avec les situations où des façons de faire concurrentes amènent à remettre en cause la mission de l'organisation et parfois même à reformuler cette mission. Par exemple, des entreprises qui font face à des possibilités de croissance concurrentes doivent souvent se poser la question : « Mais dans quel secteur travaillons-nous ? Quel est notre produit ? » Apprendre à apprendre exige des organisations qu'elles soient prêtes à poser de telles questions, profondes et provocantes, au lieu d'essayer d'élaborer des bases fixes pour leur action.

Troisièmement, il faut éviter d'imposer des structures d'action à des ensembles déjà organisés. Ce principe est lié à l'importance d'une action fondée sur le questionnement et entraînée par lui. Par contraste avec les méthodes traditionnelles de planification, qui ont tendance à *imposer* des buts, des objectifs et des cibles, il est important d'élaborer des moyens permettant à l'intelligence et au sens de la direction d'émerger des processus organisationnels continus. Lorsque buts et objectifs ont un caractère prédéterminé, ils offrent généralement le cadre voulu pour l'apprentissage en boucle simple, mais découragent l'apprentissage en boucle double, ce qui peut mettre l'organisation en danger, car elle réussit à répondre aux exigences d'un environnement en plein changement. On peut arriver à l'apprentissage en boucle double en encourageant une approche « de bas en haut » ou une approche participative à la planification. Mais la cybernétique met en relief le rôle central joué par les normes dans l'apprentissage et insiste sur le fait que l'apprentissage en boucle double se produit à mesure que nous remettons en question la pertinence et le bien-fondé qu'il peut y avoir à prendre ces normes comme lignes de conduite. La cybernétique nous montre que celles-ci ont de l'importance comme limites au comportement du système plutôt que comme buts à atteindre. Il faut avant tout considérer l'apprentissage en boucle double comme un processus qui, essentiellement, permet de s'interroger sur la pertinence des limites que l'on fixe à l'action.

Nous avons là un processus de planification radicalement nouveau : alors que l'optique traditionnelle consistait en la production d'un projet doté de cibles clairement définies, la cybernétique montre qu'il pourrait être plus sage, du point de vue systémique, de se concentrer sur la définition des contraintes et sur leur remise en question. Mettre au point des lignes de conduite de façon intelligente exige donc de choisir des limites (les états nuisibles que l'on cherche à éviter par rétroaction négative) plutôt qu'uniquement des fins à atteindre. Au lieu de se contenter de préciser les objectifs de profit ou la part du marché souhaitée, une organisation devrait aussi planifier ce qu'elle cherche à éviter, par exemple, une dépendance exagérée à l'égard d'un produit ou d'un segment du marché, ou d'une source particulière de matières premières, une trop grande rigidité du processus de production, ou une mise à pied de personnel. Cette façon de planifier a pour résultat de définir un espace non fixe de possibilités d'action qui respecte les limites critiques. Cela permet d'élaborer des plans d'action particuliers de façon continue et de soumettre leur viabilité à l'épreuve de ces contraintes.

Il est intéressant de noter que l'on peut retrouver certains éléments de cette méthode de gestion stratégique dans bien des aspects de ce que font les Japonais, comme par exemple le rituel du *ringi*, ou prise de décision collective, qui se fait à partir d'un document qui circule parmi tous les gestionnaires pour obtenir leur approbation. Cette façon de procéder permet l'examen détaillé des prémisses et valeurs sous-jacentes à la ligne de conduite ou à la stratégie proposée. Si un gestionnaire n'est pas d'accord avec ce qui est proposé, il est libre de modifier la proposition et de faire circuler le document de nouveau. De cette façon, le processus décisionnel explore tout le domaine de la décision à prendre et cela jusqu'à ce qu'une proposition réponde à tous les paramètres critiques. Cela peut prendre beaucoup de temps, parce que, dans le cas de décisions importantes, il peut y avoir de nombreuses personnes en cause. Mais, la décision prise, on peut être raisonnablement certain que la plupart des erreurs auront été décelées et corrigées, et que la décision aura l'appui de toutes les personnes engagées dans le processus.

Le *ringi* peut servir tout autant à l'exploration et la réaffirmation des valeurs qu'à déterminer la direction à suivre. La cybernétique nous montre qu'il est possible de faire émerger une orientation et des directions selon des valeurs, et le *ringi* illustre bien cela. Par contraste, l'importance que l'on attache dans les pays occidentaux aux objectifs ou à des fins spécifiques repousse à l'arrière-plan le rôle des valeurs en tant que normes ou lignes de conduite. C'est là une des raisons pour lesquelles la gestion à l'occidentale est d'orientation beaucoup plus mécaniste que la gestion pratiquée par les Japonais, qui font preuve d'une compréhension intuitive des principes de la cybernétique. La différence entre la gestion des pays asiatiques et celle des pays occidentaux est clairement reflétée dans le rapport d'un spécialiste de la gestion, William Ouchi, sur la façon dont les gestionnaires américains et japonais conçoivent les objectifs (voir tableau 4.1).

Du point de vue américain, les objectifs doivent être clairs, précis et explicites, définis pour tout le monde. D'après les Japonais, ils émergent d'un processus plus fondamental d'exploration et de compréhension des valeurs qui guident ou devraient guider le fonctionnement d'une entreprise. La connaissance de ces valeurs et des

William Ouchi parle des différences dans le style de gestion des Américains et des Japonais qui travaillent au siège social américain d'une banque japonaise :

Dans une société japonaise, les mécanismes fondamentaux de gestion sont si subtils, si implicites et internes que bien souvent, de l'extérieur, on a l'impression qu'ils n'existent pas. C'est là une conclusion erronée. Les mécanismes sont là, très stricts et exigeants, mais en même temps très souples. Essentiellement, ils ne pourraient pas être plus différents des modes de gestion en vigueur dans les organisations occidentales.

Lors d'une entrevue avec les vice-présidents américains, je leur ai demandé ce qu'ils pensaient de leur travail dans une banque japonaise : « On nous traite bien, on nous permet de participer au processus décisionnel, et on nous paie bien. Nous sommes satisfaits. » « Vous avez bien de la chance, répliquai-je, mais dites-moi, si vous pouviez changer quelque chose à cette banque japonaise, qu'est-ce que ce serait ? » La réponse vint rapidement et montrait clairement que cela les préoccupait beaucoup : « Les Japonais ne savent pas ce que sont des objectifs, et ça nous rend fous. »

J'ai eu ensuite une entrevue avec le président de la banque, Japonais expatrié qui était temporairement prêté par le siège social de Tokyo afin de diriger la filiale des États-Unis, et lui ai demandé ce qu'il pensait des deux vice-présidents américains. « Ils sont très travailleurs et très loyaux et ce sont de vrais spécialistes. Nous les trouvons remarquables. » Quand je lui ai demandé s'il aimerait changer quoi que ce soit à leur comportement, le président répondit : « Les Américains sont incapables de comprendre ce que sont des objectifs. »

Devant ces accusations mutuelles d'incompréhension de l'idée même d'objectif, il devenait nécessaire d'avoir de nouvelles entrevues et de tenter de clarifier la situation. Je suis donc retourné voir mes interlocuteurs, en commençant par les vice-présidents américains. « Nous avons tous les rapports et tous les chiffres nécessaires mais nous ne pouvons obtenir du président qu'il précise ses cibles. Il ne nous dit pas quelle augmentation du volume des prêts en dollars ou quel pourcentage de diminution des frais courants il souhaite que nous réalisions le mois prochain, ou au cours du trimestre ou même de l'année. Comment savoir si notre performance le satisfait, sans objectifs précis à atteindre ? » C'était là un point valable, parce que, en Amérique, toute société d'importance ou service du gouvernement consacre une bonne partie de son temps à fixer des cibles précises et quantifiables. Toutes les écoles de gestion enseignent aux étudiants comment transformer des buts assez vagues en cibles qui se prêtent à la mesure. La gestion par objectifs (GPO), la planification et l'évaluation des programmes, l'analyse coût-bénéfice comptent parmi les outils fondamentaux de la gestion moderne à l'américaine.

Quand j'ai de nouveau rencontré le président japonais, il m'a expliqué : « Si seulement j'arrivais à faire comprendre à ces Américains notre conception des activités bancaires, ce qu'elles signifient pour nous — comment nous estimons devoir traiter nos clients, notre personnel, quels devraient être nos rapports avec la collectivité, la façon de faire face à la concurrence et, enfin, notre rôle dans le monde. S'ils pouvaient se rentrer cela dans la tête, ils trouveraient bien tout seuls l'objectif approprié à une situation donnée, si rare, si nouvelle qu'elle soit, et je n'aurais pas à le leur dire, je n'aurais jamais à leur fixer de cible. »

Tableau 4.1. Gestion à l'américaine et gestion à la japonaise : contraste entre les approches mécaniste et cybernétique de la prise de décision.
SOURCE : Adapté de Ouchi (1981 : 33-34). Reproduction autorisée.

limites qui serviront de lignes de conduite permettent de définir un ensemble d'actions possibles. Une action choisie dans cet ensemble ne sera pas nécessairement la meilleure, mais elle répondra aux critères jugés essentiels à la réussite.

Nous découvrons donc dans le *ringi* japonais le fondement d'une approche cybernétique de l'organisation. Dans le contexte japonais, le processus sert souvent à affirmer les normes plutôt qu'à les remettre en question, mais le principe de base demeure le même. En encourageant un mode de gestion qui étudie et définit les limites ou les valeurs appropriées, nous pouvons promouvoir l'apprentissage continu en boucle double grâce auquel les actions sont toujours évaluées en fonction de normes pertinentes. L'action devient le résultat de l'apprentissage : elle n'est pas imposée.

Le quatrième principe qui permet d'apprendre à apprendre se rattache à la nécessité d'intervenir et de créer des structures et des processus organisationnels qui facilitent la mise en œuvre des principes énoncés ci-dessus. Cela nous amène au thème de la prochaine section : l'approche holographique. Comme nous le verrons, elle nous offre de nombreuses idées, intéressantes et pratiques, sur les qualités que doit posséder une organisation pour avoir les capacités de souplesse et d'auto-organisation du cerveau.

Le cerveau et l'organisation vus comme des hologrammes

Comparer le cerveau à un hologramme peut sembler dépasser les limites de la raison. Pourtant, la façon dont une plaque holographique renferme toute l'information nécessaire pour fournir une image complète dans chacune de ses parties ressemble beaucoup à la manière dont fonctionne le cerveau. Il est même possible de pousser l'image plus loin afin d'avoir une vision de l'organisation selon laquelle les capacités requises par le tout sont contenues dans chaque partie, permettant au système d'apprendre et de s'auto-organiser, et de maintenir son fonctionnement complet même quand certaines parties fonctionnent mal ou sont supprimées. Quelques organisations, qui font preuve d'un grand sens de l'innovation, ont déjà commencé à fonctionner ainsi, mais les principes sur lesquels elles se fondent relèvent le plus souvent de l'intuition et ne sont pas explicites. Il est donc bon de se pencher sur certaines des idées qui proviennent des recherches contemporaines sur le cerveau pour mieux comprendre comment fonctionnent les hologrammes, afin que ces idées aient un impact réel sur la façon dont nous concevrons les organisations de demain. Tout en étant bien conscients de l'attitude quelque peu spéculative et futuriste qu'il nous faut avoir, commençons notre exploration.

Le caractère holographique du cerveau est repérable surtout grâce aux modèles de connectivité en vertu desquels chaque neurone (cellule nerveuse) est relié à des centaines de milliers d'autres neurones, permettant ainsi un fonctionnement à la fois généralisé *et* spécialisé. Les différentes parties du cerveau semblent se spécialiser dans des activités différentes, mais le contrôle et l'exécution de comportements spécifiques ne sont pas aussi localisés qu'on l'a cru un certain temps. C'est ainsi que, alors que nous pouvons faire la distinction entre les fonctions accomplies par le cortex (capitaine ou planificateur en titre qui contrôle toute activité non routinière, et peut-être la mémoire), le cervelet (ordinateur ou pilote automatique qui dirige les activités de routine) et le cerveau moyen (centre des sensations, de l'odorat et de l'affectivité), nous sommes forcés de reconnaître qu'ils dépendent tous étroitement les uns des autres et qu'ils peuvent agir les uns pour les autres si c'est nécessaire. La persistance dans les réactions qu'ont affichée les rats étudiés par Lashley, dont nous avons parlé tout au début de ce chapitre, illustre bien les propriétés du cerveau et nous permettent de voir également que la mémoire peut être distribuée en plusieurs endroits plutôt que localisée dans une seule partie du cerveau. Nous savons aussi que l'hémisphère droit et le gauche se combinent pour produire des modèles de pensée, et que la distinction que l'on fait en répartissant les fonctions de ces hémisphères en domaines de la créativité et domaine des capacités d'analyse s'accompagne de modèles plus généraux de connectivité. Par exemple, l'hémisphère droit, analogique et siège de la créativité, a de nombreux liens avec le système limbique et les émotions. Le principe de connectivité et de fonction généralisée apparaît également dans la façon dont les neurones servent à la fois comme canaux de communication et comme lieu d'activité spécifique ou de réminiscence. Il est possible, estime-t-on, que chaque neurone soit aussi complexe qu'un petit ordinateur et puisse emmagasiner une quantité considérable d'information. La riche connectivité entre neurones permet de traiter simultanément l'information dans différentes parties du cerveau, de recevoir différents types d'information au même moment et de faire preuve d'une étonnante capacité de se rendre compte de ce qui se passe ailleurs.

Le secret des capacités du cerveau semble résider davantage dans cette connectivité, qui est le fondement de la diffusion holographique, que dans une différenciation de structure. Le cerveau se compose d'unités répétées similaires (il se peut qu'il n'existe que trois types fondamentaux de cellules dans le cerveau), de telle sorte que des fonctions différentes sont assurées par des structures très semblables. L'importance du rôle joué par la connectivité dans la complexité du fonctionnement se trouve renforcée par la comparaison entre cerveau humain et cerveau animal. Les éléphants, par exemple, ont des cerveaux beaucoup plus gros que les humains, mais leur degré de connectivité est bien inférieur. Un des aspects intéressants de la connectivité du cerveau humain est le fait qu'elle donne naissance à un degré beaucoup plus élevé de connexions et d'échanges qu'il n'est nécessaire à n'importe quel moment. Cependant, cette redondance joue un rôle extrêmement important dans la création du potentiel holographique et assure la souplesse nécessaire au fonctionnement du cerveau. La redondance lui permet de fonctionner de façon probabiliste plutôt que déterministe, donne la place voulue à l'erreur fortuite et crée un surplus de capacité qui permet à de nouvelles activités et à de nouvelles fonctions de se développer. Autrement dit, elle facilite le processus d'auto-organisation selon lequel la structure interne et le fonctionnement peuvent évoluer avec les circonstances.

Cette capacité d'auto-organisation a été démontrée de nombreuses façons. Par exemple, lorsque le cerveau est atteint, il n'est pas rare de voir les autres parties du cerveau se charger des fonctions endommagées comme nous avons pu le voir avec les rats étudiés par Lashley. De la même façon, les modifications que l'on peut apporter à ses activités pour composer avec une situation nouvelle montrent l'existence d'une capacité d'auto-organisation, capacité qui a été démontrée de façon saisissante par G.W. Stratton, un psychologue qui a essayé de porter des lunettes avec lesquelles on voyait le monde à l'envers. Après quelques jours seulement, il s'est produit un ajustement de la vision qui a redonné aux images familières leur position normale. Ce qui est le plus étonnant d'ailleurs c'est que, une fois les lunettes enlevées, les images se sont renversées de nouveau, jusqu'à ce que les sens de Stratton se soient réorganisés pour lui permettre de vivre normalement.

Le cerveau possède donc une capacité étonnante de s'organiser et se réorganiser afin de composer avec les contingences auxquelles il doit faire face. Des expériences ont montré que plus nous nous laissons absorber par une activité donnée, par exemple jouer au tennis, taper à la machine, lire, plus le cerveau s'adapte pour mieux fonctionner de la manière requise. La simple idée que la pratique régulière signifie une amélioration certaine nous renvoie à une capacité complexe d'auto-organisation, par l'entremise de laquelle le cerveau fabrique ou modifie des modèles d'activité neuronale. Par exemple, après avoir habitué des singes à appuyer des milliers de fois par jour avec un doigt sur une manette, on a pu voir que la région du cerveau qui contrôle les mouvements de ce doigt s'était agrandie et que son organisation avait été modifiée. Nous sommes ainsi amenés à considérer le cerveau comme un système qui a réellement joué un rôle extrêmement important dans sa propre conception, au cours de l'évolution.

Passons maintenant à notre problème fondamental : comment utiliser ces idées relatives au caractère holographique du cerveau pour créer des organisations qui soient capables d'apprendre et de s'auto-organiser comme un cerveau ?

Notre étude nous fournit de nombreuses pistes. Par exemple, elle nous indique que, si l'on construit des modèles de connectivité poussée entre des parties similaires, il est possible de créer des systèmes qui sont à la fois spécialisés et généralisés, et capables de réorganiser leur structure interne et leur fonction à mesure qu'ils apprennent à relever les défis posés par des exigences nouvelles. Pour ce qui est des organisations, le principe de l'hologramme a beaucoup d'avantages, car des capacités cérébrales se retrouvent dans toutes les parties des organisations modernes. En effet, tous les membres du personnel sont dotés d'un cerveau, et les ordinateurs sont essentiellement une simulation du cerveau. C'est dans ce sens que l'on peut dire que d'importants aspects du tout organisationnel sont déjà inclus dans chacune de ses parties. La constitution d'un plus grand nombre d'organisations de type holographique, comparables à un cerveau, dépend donc de l'actualisation d'un potentiel qui est déjà là.

COMMENT FACILITER
L'AUTO-ORGANISATION :
PRINCIPES D'HOLOGRAPHIE

Introduire le tout dans les parties.

Créer de la connectivité et de la redondance.

Créer la spécialisation et la généralisation simultanées.

Créer la capacité de s'auto-organiser.

C'est là ce à quoi il faut arriver pour qu'existent des organisations de type holographique.

Il nous faut maintenant étudier les moyens d'y parvenir. Il y a
beaucoup à apprendre de la façon dont le cerveau est organisé, et
beaucoup à apprendre des principes de la cybernétique. Je trouve
utile de fonder ma réflexion sur les quatre principes en interaction
que l'on trouve dans la figure 4.3. Le principe de la *redondance des
fonctions* montre une manière de construire le tout dans les parties
en créant de la redondance, de la connectivité et, enfin, la spécialisation et la généralisation simultanées. En indiquant précisément
quelle quantité du tout doit être incorporée à une partie donnée,
le principe de la *variété requise* aide à établir des lignes de conduite
pratiques en ce qui concerne la conception des rapports entre la
partie et le tout. Enfin, le principe de l'*apprentissage de l'apprentissage* et celui de la *spécification critique minimale* montrent de quelle
manière nous pouvons améliorer les capacités d'auto-organisation.

Tout système doté de la possibilité de s'auto-organiser doit comporter un élément de redondance : un surplus de capacité qui, convenablement repensé et utilisé, crée une marge de manœuvre. Sans
cette redondance, un système n'a pas la possibilité de réfléchir et
de remettre en question la manière dont il fonctionne, et par là de
la modifier de façon constructive. Autrement dit, il n'a pas d'intelligence au sens où il pourrait modifier le cours de ses activités pour
s'adapter aux changements dans la nature des relations au sein desquelles l'activité a lieu.

Selon Fred Emery, théoricien des systèmes australien, il existe
deux méthodes pour concevoir l'intégration et la redondance. La
première porte sur la *redondance des parties*, chaque partie étant conçue de façon précise pour jouer un rôle particulier ; des parties spéciales sont ajoutées au système pour contrôler et pour appuyer ou
remplacer des parties chaque fois qu'elles ne remplissent pas leur
fonction. C'est là un principe mécaniste, dont le résultat est une
structure hiérarchique, selon laquelle une partie a la responsabilité d'en contrôler une autre.

Si nous considérons l'univers des organisations, nous y rencontrons nombre d'exemples de ce type de redondance : le contremaître
qui passe son temps à s'assurer que les autres travaillent ; l'équipe
d'entretien qui est là à ne rien faire en attendant que l'on ait besoin

La conception holographique repose sur la mise en œuvre de quatre principes reliés entre eux.

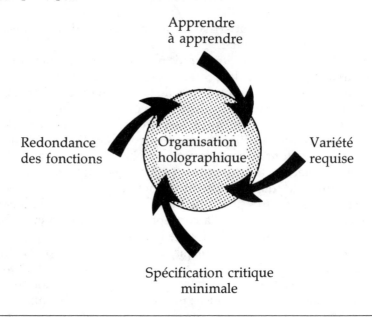

Figure 4.3. Principes de conception holographique.

de ses services ; celui qui perd son temps parce qu'il n'a pas de travail à accomplir ; M. X qui transmet une demande à M. Y « parce que c'est son travail, pas le mien » ; le responsable du contrôle de la qualité à la recherche de défauts qui, dans un autre système, seraient facilement corrigés par ceux-là même qui les ont produits. Avec ce type de conception, la capacité de repenser et de changer le système incombe aux parties qui en sont chargées, par exemple les ingénieurs, les équipes de planification et les concepteurs de systèmes. Ces systèmes sont organisés et peuvent être réorganisés, mais ils ne peuvent guère s'auto-organiser.

La deuxième méthode d'Emery conduit à introduire dans l'organisation une *redondance des fonctions*. À la place de « pièces de rechange » introduites dans le système, on ajoute des fonctions à chacune des parties, de sorte que chacune peut accomplir toute une gamme de fonctions au lieu de se contenter d'une seule activité spécialisée. On trouve un exemple de cette conception dans les organisations qui emploient des groupes de travail autonomes, au sein desquels les membres acquièrent des compétences multiples de sorte que chacun puisse faire le travail des autres et se substituer à eux si besoin est. Chaque membre de l'organisation possède, à tout moment, des compétences qui sont redondantes en ce sens qu'elles ne sont pas toutes nécessaires à la tâche qu'il est en train d'accomplir. Toutefois, ce type d'organisation et chacun des éléments qui la constituent possèdent la souplesse et la capacité de se réorganiser.

Les systèmes fondés sur la redondance des fonctions sont de type holographique en ce que les capacités pertinentes pour le fonctionnement du tout sont intégrées à chaque partie. Cela crée un rapport totalement nouveau entre partie et tout. Dans un système fondé sur la redondance des parties, une chaîne de montage, par exemple, où ouvriers, contremaîtres, spécialistes de l'efficience et responsables du contrôle de la qualité ont des rôles fixes à jouer, le tout est la somme des parties préétablies. Avec la conception holographique, d'un autre côté, les parties reflètent la nature du tout, puisque leur forme spécifique est toujours liée aux contingences et problèmes de la situation globale. Quand survient un problème à la chaîne de montage, il est presque toujours envisagé comme « le problème de quelqu'un d'autre », puisque, le plus souvent, ceux qui font partie de la chaîne ne savent pas comment résoudre le problème, ne s'y intéressent pas ou n'ont pas l'autorité nécessaire pour le faire. Les mesures correctives viendront d'ailleurs. Ainsi une certaine mesure d'apathie et de négligence est-elle inhérente à de tels systèmes. Ils sont bien différents de ceux qui sont fondés sur la redondance des fonctions, où la nature du travail de chaque individu dépend des demandes, elles-mêmes changeantes, auxquelles il doit répondre. Est-il besoin de dire que ces deux conceptions créent des rapports qualitativement différents entre une personne et son travail. Dans un système de redondance des parties, on ne s'engage que de façon partielle et instrumentale, alors que dans celui où la redondance des fonctions est instituée, l'engagement est plus holistique, plus global.

En mettant en œuvre ce type de conception de l'organisation, on doit inévitablement se demander quelle quantité de redondance il faut intégrer à une partie donnée. Bien que l'approche holographique suggère qu'il faut essayer de tout intégrer à tout, cela reste un idéal souvent impossible à atteindre dans le cas des systèmes humains. Ainsi, dans beaucoup d'organisations modernes, la somme de connaissances et de savoir-faire indispensables est telle qu'il est impossible que tous deviennent compétents en tout. Alors, que faut-il faire ?

C'est ici que l'idée de *variété requise* prend toute son importance. C'est le principe qu'a formulé W. Ross Ashby, cybernéticien anglais selon lequel la diversité interne d'un système autorégulateur doit avoir au moins la même variété et la même complexité que son environnement pour pouvoir composer avec les défis que celui-ci lui pose (voir figure 3.3). En d'autres termes, tout système de contrôle doit être aussi varié et aussi complexe que l'environnement qu'il contrôle. Au regard de la conception holographique d'une organisation, cela veut dire que tous les éléments de cette dernière doivent englober les dimensions critiques de l'environnement qui la concerne afin de s'auto-organiser de façon à satisfaire les exigences auxquelles elle aura sans doute à faire face.

Le principe de la variété requise fournit ainsi des lignes de conduite claires sur la manière dont il convient d'appliquer le principe de la redondance des fonctions. Il indique que la redondance (variété) doit toujours être intégrée à un système là où elle est *directement* nécessaire plutôt qu'à distance. Cela signifie qu'il faut faire très attention aux « relations frontalières » entre les différents secteurs de l'organisation et leur environnement, pour s'assurer que la variété requise soit toujours présente là où il le faut. Quelle est la nature de l'environnement en question ? Est-ce que, pour une organisation donnée, toutes les compétences permettant de composer avec son environnement peuvent être acquises par chaque individu ? Si c'est possible, il faut alors construire autour de personnes capables d'assumer plusieurs fonctions, comme c'est le cas pour le groupe de travail autonome dont nous avons parlé plus haut. Sinon, il faut construire autour d'équipes multifonctionnelles dont les membres, ensemble, possèdent les compétences voulues et au sein desquelles chaque individu est généraliste dans toute la mesure du possible, ce qui crée un modèle d'équipe où les compétences et les connaissances se chevauchent. C'est de cette façon que nous pouvons résoudre le problème posé par le fait que chacun ne peut ni tout savoir, ni tout faire. L'organisation peut se développer à la manière des cellules, autour de groupes aux compétences multiples qui s'auto-organisent et qui ont les connaissances et les capacités voulues pour composer avec l'environnement de manière holistique et intégrée.

Le principe de la variété requise a des conséquences importantes pour la conception de presque chaque aspect de l'organisation. Qu'il s'agisse de la création d'un service de planification de l'entreprise, d'un service de recherche ou d'un groupe de travail dans une usine, ce principe plaide en faveur d'une approche proactive de l'environnement dans toute sa diversité. Très souvent, les gestionnaires font le contraire et réduisent la variété pour arriver à une meilleure entente sur le plan interne. Par exemple, les équipes de planification de l'entreprise se composent souvent d'individus qui partagent les mêmes points de vue, au lieu de regrouper des gens qui ont des intérêts différents et qui peuvent ainsi mieux représenter toute la complexité des problèmes auxquels l'équipe, en fin de compte, doit s'attaquer.

Ces principes de redondance des fonctions et de variété requise créent des systèmes qui ont la capacité de s'auto-organiser. Toutefois, pour que cette capacité puisse se matérialiser et prendre la bonne direction, il ne faut pas oublier deux autres principes d'organisation : le principe de la *spécification critique minimale* et celui de l'*apprentissage de l'apprentissage*.

Le premier démolit le principe bureaucratique voulant qu'il soit essentiel de définir de manière très précise et très claire tout ce qui a trait à l'organisation. En effet, si l'on procède de cette façon, on élimine toute possibilité d'auto-organisation. Le principe de la spécification critique minimale veut que gestionnaires et concepteurs de l'organisation soient avant tout des gens qui en facilitent et qui en orchestrent le développement, créant des « conditions favorables » qui lui permettent de trouver sa forme propre. Il a donc ainsi des liens étroits avec l'idée d'une « action fondée sur le questionnement et entraînée par lui » dont nous avons traité un peu plus tôt. Un des avantages du principe de la redondance des fonctions est qu'il donne beaucoup de souplesse interne. Or, plus on essaie de préciser ou de prédéterminer ce qui doit se passer, plus on réduit cette souplesse. Le principe de la spécification critique minimale tente de la préserver en suggérant que, en général, on ne devrait pas spécifier plus qu'il n'est nécessaire pour une activité donnée.

Par exemple, si l'on a une réunion, il peut être nécessaire que quelqu'un préside et qu'une autre personne prenne des notes, mais il n'est pas nécessaire d'institutionnaliser le processus et d'avoir toujours un président et un secrétaire. Les fonctions peuvent changer et se modifier selon les circonstances. Dans un groupe ou un projet, les modèles hiérarchiques fixes de direction peuvent être remplacés par une sorte de polyarchie où l'élément dominant dépendra toujours de la situation globale. Des gens différents peuvent prendre des initiatives à des moments différents, selon la contribution qu'ils sont en mesure de faire. Au lieu de fixer à l'avance des rôles clairs et distincts, on peut, de façon délibérée, maintenir une certaine ambiguïté, leur conserver une possibilité de chevauchement, et les laisser se clarifier au fil de la pratique et du questionnement qui l'accompagne. Il s'agit, fondamentalement, de créer une situation où le questionnement et non la prédétermination représente l'élément moteur. Cela permet de conserver à l'organisation sa souplesse et sa variété, tout en lui permettant de créer sans cesse des structures adéquates pour faire face aux problèmes.

Le principe de la spécification critique minimale aide ainsi à préserver la capacité d'auto-organisation que réduisent en général les principes d'ordre bureaucratique. Le danger de pareille souplesse, cependant, c'est qu'elle risque d'engendrer le chaos. C'est pourquoi le principe de l'apprentissage de l'apprentissage doit intervenir comme quatrième élément de la conception de type holographique.

Comme on se le rappellera, la capacité qu'a un système de s'autoréguler dépend de ses aptitudes à l'apprentissage en boucle simple et en boucle double. Ces processus permettent à un système de se guider à partir d'un ensemble cohérent de valeurs ou de normes, tout en se demandant si ces normes sont les plus appropriées pour guider son comportement. Pour qu'un système holographique acquière intégration et cohérence et évolue en réponse aux demandes toujours changeantes auxquelles il doit faire face, il est nécessaire d'encourager activement ces deux formes d'apprentissage. Dans un groupe de travail autonome, par exemple, les membres doivent à la fois attacher de la valeur à leurs activités et aux produits qu'ils fabriquent, et rester ouverts au type d'apprentissage qui leur permettra de remettre en question la conception de ces activités et de ces produits, et de les modifier. Dans un tel contexte, le très petit nombre de règles de comportement qui sont prédéterminées, la direction à suivre et la cohérence globale de l'organisation doivent provenir des membres du groupe eux-mêmes, qui établissent et respectent les valeurs et les normes qu'ils partagent et qui vont évoluer avec les circonstances.

Une des fonctions les plus importantes de ceux qui sont chargés de concevoir et de réaliser ces « conditions qui facilitent l'action » dont nous parlions plus tôt, c'est d'aider à établir le contexte qui encourage ce type d'identité partagée et d'orientation favorable à l'apprentissage.

Herbert Simon estime que la hiérarchie est une forme adaptative que se donne l'intelligence finie devant la complexité. Il illustre ce propos avec l'histoire des deux horlogers. Tous deux fabriquaient de bonnes montres, mais l'un réussissait beaucoup mieux que l'autre car, au lieu de fabriquer ses montres en les assemblant pièce par pièce, comme des mosaïques, il les faisait en montant des sous-ensembles d'environ dix morceaux chacun. Il assemblait ces sous-ensembles à d'autres pour en faire des sous-systèmes d'un ordre plus élevé qui, à leur tour assemblés, donnaient une montre complète. Autrement dit, celui des deux horlogers qui réussissait le mieux avait découvert le principe de la hiérarchie. En s'organisant de cette façon, il pouvait exercer un meilleur contrôle sur le processus d'assemblage et cela lui permettait de tolérer les interruptions fréquentes et les incidents fâcheux. Il arrivait ainsi à un rendement bien supérieur à celui de son concurrent qui, si on l'interrompait, devait tout recommencer. On peut montrer de façon mathématique que, si une montre se compose de 1000 pièces, et si le montage est interrompu une fois toutes les 100 opérations d'assemblage, le montage en mosaïque prendra 4000 fois plus de temps que la méthode systémique, et cela pour une seule montre. Simon illustre au moyen de cette parabole l'importance de la hiérarchie dans les systèmes complexes ; cela l'amène à dire que les systèmes évolueront beaucoup plus rapidement s'ils passent par des formes intermédiaires stables. W. Ross Ashby, le cybernéticien, a de son côté montré qu'un système adaptatif complexe ne peut atteindre un état stationnaire en un laps de temps raisonnable que si le processus se fait sous-système par sous-système, chacun étant relativement indépendant des autres.

Il en est de même des systèmes auto-organisateurs. Si leur organisation est totalement aléatoire, il leur faudra un temps presque infini pour accomplir une tâche complexe, quelle qu'elle soit. Cependant, s'ils se servent de leur autonomie pour apprendre à trouver des modèles de connectivité adéquats, ils peuvent acquérir un remarquable talent pour trouver des solutions neuves et de plus en plus progressistes et pour résoudre les problèmes complexes. Pareils systèmes découvrent et adoptent généralement un modèle hiérarchisé en ce sens que des ensembles de sous-systèmes sont reliés à des systèmes d'ordre supérieur, mais il s'agit d'un modèle qui apparaît de lui-même et non d'un modèle imposé.

Les principes d'organisation holographique tentent de mettre en place les conditions d'émergence de ces modèles d'ordre.

L'ORGANISATION HOLOGRAPHIQUE EN PRATIQUE

L'organisation holographique pourrait-elle n'être qu'un rêve ? Évidemment non ! Nous avons déjà mentionné les caractéristiques holographiques que l'on retrouve dans de nombreux groupes de travail autonomes. Et certaines organisations extrêmement novatrices ont commencé à appliquer ce principe au moment de restructurer d'importants secteurs de leurs activités.

Voyons, entre autres, une entreprise d'ordinateurs bien connue qui a réorganisé beaucoup de ses usines selon les principes de la conception holographique. Par exemple, dans une usine dont le personnel compte près de 200 employés, l'organisation a été divisée en équipes de 14 à 18 personnes. Chacune de ces équipes est responsable de tout le processus de production, de la réception des matières premières à l'expédition du produit fini. Chaque employé est qualifié pour effectuer la vingtaine de tâches nécessaires à la fabrication du produit. Les membres de chaque équipe se rencontrent tous les jours pour prendre les décisions voulues, répartir le travail et s'occuper de questions particulières, comme l'amélioration de l'organisation du travail, les problèmes d'approvisionnement ou d'expédition et l'embauche de nouveau personnel. Les membres de l'équipe choisissent leur horaire de travail, déterminent le calendrier de leur production et vérifient eux-même la qualité de ce qu'ils fabriquent. Ils font même passer des examens à leurs compagnons de travail pour vérifier leur compétence. Chaque équipe de production a un chef ou dirigeant qui sert à la fois de personne ressource et d'entraîneur, qui facilite la tâche des autres et qui se soucie particulièrement de l'identité de son équipe.

Outre ces équipes de production, il existe des équipes d'administrateurs et de techniciens qui assurent le soutien, les services connexes et fournissent le matériel nécessaire. Le personnel technique joue également un rôle important en aidant les équipes de production à intégrer au fonctionnement quotidien de nouveaux produits, de nouveaux procédés et de l'équipement nouveau, ce qui permet à l'usine de demeurer à la fine pointe de la technique.

Tout l'*ethos* du fonctionnement de l'usine est caractérisé par une intégration de type holographique. Le désir de créer des rapports holistiques entre les gens et leur travail a marqué l'organisation du travail, et veut inciter le personnel à s'identifier à la firme aussi bien qu'à ses produits. Chaque membre du personnel connaît presque tout des produits fabriqués à l'usine et des procédés utilisés, et s'engage à fond dans le processus de production. Les employés sont liés entre eux dans leur entreprise commune grâce à un programme de formation et d'orientation très complet qui leur permet d'acquérir des valeurs communes et le sentiment de viser un même but. De plus, leurs réalisations leur permettent de progresser selon une échelle de niveau de compétence. Les résultats ont été excellents, et on a pu constater des améliorations dans le rendement, dans la qualité, dans l'innovation et dans à peu près tous les aspects de la vie professionnelle.

De nombreuses autres firmes ont fait quelques efforts pour se transformer en organisations de type holographique. Dans un grand nombre d'entreprises étudiées par Thomas Peters et Robert Waterman dans leur « recherche de l'excellence », la planification rigoureuse et le contrôle strict ont fait place à des processus plus expérimentaux où l'on apprend de l'expérience à mesure qu'elle se produit, processus qui ressemble beaucoup à l'autogestion de type holographique (voir tableau 3.4). L'insistance mise par Peters et Waterman sur la capacité qu'ont ces organisations de susciter un sens commun de l'identité, de la mission et de la « culture d'entreprise » fait également écho au modèle holographique. C'est en effet lorsque chaque employé partage ce sentiment d'appartenance à un tout que l'organisation holographique assure sa cohésion. Bien qu'on ne traite pas souvent de la culture d'entreprise de cette façon, elle joue un rôle important dans l'organisation moderne en raison de son potentiel holographique.

Dans l'organisation moderne, de fortes tendances en ce sens proviennent également de l'introduction de la micro-informatique, qui diffuse l'information, la communication et le contrôle. Grâce à la micro-informatique, il devient possible d'avoir des réseaux d'échange d'information et des modes de contrôle qui rendent inutiles bien des éléments de la hiérarchie. La micro-informatique a entraîné la disparition de nombreux postes de cadres moyens qui se voient remplacés par des systèmes d'organisation du travail mieux intégrés, comme c'est le cas de l'usine d'ordinateurs mentionnée plus haut.

Toutefois, en dépit de l'émergence de ces caractéristiques holographiques et de leur potentiel, il serait exagéré de dire que, à l'heure actuelle, la métaphore de l'hologramme décrit avec précision un grand nombre d'organisations.

Forces et limites de la métaphore du cerveau

Une grande partie de ce que nous avons vu dans le présent chapitre concerne l'avenir. Nous avons commencé avec beaucoup de précautions, en étudiant les organisations comme des systèmes de traitement de l'information qui reflètent la rationalité limitée de leurs membres. Mais, au fil du travail, nous avons de plus en plus souscrit à l'idée qu'il est possible de concevoir les entreprises de manière à ce qu'elles puissent apprendre et s'auto-organiser, comme un cerveau.

Les idées ainsi explorées tirent leur force principalement de la contribution qu'elles apportent à notre compréhension des formes d'apprentissage qui prévalent dans les organisations et de la capacité d'auto-organisation de ces dernières. À propos de la métaphore de l'organisme, nous avions beaucoup insisté sur l'importance qu'il y avait à créer des organisations capable d'innover et d'évoluer, et par là même de répondre aux défis et aux exigences d'un environnement changeant. Le présent chapitre offre des lignes de conduite concrètes pour y parvenir.

Les idées exposées plus haut indiquent en particulier qu'il faut concevoir les organisations novatrices comme des systèmes d'apprentissage qui mettent avant tout l'accent sur l'ouverture au questionnement et à l'autocritique. Ces organisations ont besoin d'un *ethos* et d'une vision holographique grâce auxquels les attitudes et les compétences que l'on attend du tout seront inscrites dans chaque partie. Le défi que représente la conception d'organisations capables d'innover est donc en réalité celui que représente la conception d'organisations capables de s'auto-organiser. En effet, à moins qu'une organisation ne soit capable de se changer elle-même pour modifier les idées qu'elle produit et ses valeurs, elle finira probablement par entraver ses propres innovations.

Une autre force importante des idées contenues dans ces pages, c'est leur contribution à notre compréhension de la façon dont la gestion stratégique peut être conçue pour permettre d'apprendre à apprendre plus facilement. Les modèles traditionnels de planification stratégique tendent à mettre l'accent sur la détermination de buts et de cibles pour aider une organisation à réagir aux menaces de l'environnement et à ses possibilités. Comme nous l'avons vu, cela tend à inhiber le processus de remise en question des hypothèses sous-jacentes aux activités de l'organisation. Par contraste, les idées contenues dans le présent chapitre encouragent le recours aux principes de la cybernétique pour créer les degrés de liberté à l'intérieur desquels l'organisation peut évoluer, la mission de l'organisation étant alors formulée du point de vue des états nuisibles à éviter plutôt que des cibles à atteindre.

Mais est-ce que nous ne faisons pas que jouer sur les mots ? Essayer de survivre ne revient-il pas à éviter les menaces à la survivance ? Y a-t-il une différence entre poursuivre des buts souhaitables et éviter des états nuisibles ? Ne s'agit-il pas des deux côtés de la même médaille ?

D'après la cybernétique, ce n'est pas le cas. Chercher à atteindre un but spécifique, et repérer et éviter les états nuisibles sont des façons d'agir qualitativement différentes dont l'incidence sur l'organisation et sur l'environnement se manifeste très différemment. Lorsqu'on poursuit un but spécifique, on oriente l'action vers un point de référence fixe, ce qui par là même rétrécit la compréhension que l'on a de l'environnement et l'intérêt qu'on éprouve à son égard de façon à focaliser exclusivement sur le but poursuivi. Il en résulte que les rapports avec l'environnement sont en général conçus de façon instrumentale. Or, une bonne partie de l'instabilité de l'environnement moderne vient de ce type de stratégie, car les organisations luttent pour obtenir la meilleure position et tentent de créer les conditions qui les aideront à atteindre leurs cibles. Ce faisant, des lignes de conduite indépendantes et souvent conflictuelles s'enchevêtrent et rendent ces buts de plus en plus difficiles à atteindre. Même lorsqu'une organisation réussit, elle se fixe aussitôt un autre but et la lutte reprend de plus belle. Bien que nous considérions la stratégie orientée vers un but comme une nécessité de la vie de l'organisation, ce n'est, en réalité, qu'une nécessité socialement construite, caractéristique d'une mentalité mécaniste.

Par contraste, une stratégie fondée sur la nécessité d'éviter des états nuisibles implique un choix de limites et de contraintes plutôt qu'un choix de fins, ce qui crée des degrés de liberté qui, à leur tour, rendent possible l'émergence d'une direction bien fondée. Ce principe de cybernétique sous-tend nombre d'aspects de la vie sociale. Ce n'est pas une coïncidence si la plupart de nos grands codes de comportement sont rédigés sous la forme d'interdictions. Qu'il s'agisse des dix commandements ou de codes juridiques contemporains, on y retrouve une énumération d'éléments nuisibles à éviter, énumération qui, en même temps, se trouve à définir un espace de comportement acceptable dans lequel les individus peuvent s'auto-organiser. À mesure que l'on repère de nouveaux états nuisibles, ou que les anciens deviennent moins menaçants, on les ajoute ou les retire de la liste, ce qui, du coup, modifie aussi l'espace d'action, mais de façon évolutive. La cybernétique permet de croire que ce principe fondamental peut s'utiliser efficacement pour aider les organisations à apprendre et à évoluer, et pour aider à réduire l'instabilité de l'environnement avec lequel ils doivent composer.

Bien que cette idée d'éviter ce qui est nuisible semble aller à l'encontre de l'intuition, elle est tout à fait cohérente avec certains aspects de la gestion contemporaine. Les gestionnaires agissent souvent sans perdre de vue les conséquences négatives possibles de ce qu'ils font, étudiant le contexte pour y déceler les problèmes possibles ou poursuivant leur action en tenant compte des limites ainsi définies. Cependant cette intuition d'ordre cybernétique est souvent plus implicite qu'explicite, et va à l'encontre de ce que prônent beaucoup de théoriciens de la gestion : « Définissez des buts et cherchez à les atteindre ». Bon nombre d'administrateurs refoulent donc leur « intuition cybernétique » au profit de l'idée qu'ils devraient s'intéresser aux buts encore plus qu'ils ne le font. Avec le temps, toutefois, et à mesure qu'augmentent nos connaissances dans le domaine de la cybernétique, nous nous rendrons mieux compte que c'est là que les théoriciens de la gestion ont le plus à apprendre. Le point de vue des Japonais sur la gestion et les objectifs (tableau 4.1) et la prise de décision de style *ringi* montrent le pouvoir et l'utilité de l'approche cybernétique pour la gestion. Les différences entre la gestion à la japonaise et la gestion à l'occidentale sont autant affaire de cybernétique que de culture.

Une troisième force importante de la perspective envisagée dans les pages qui précèdent réside en ce qu'elle fournit un moyen de dépasser la rationalité limitée qui caractérise tant d'organisations à l'heure actuelle. Bien qu'Herbert Simon ait beaucoup insisté sur le lien entre la rationalité limitée et les capacités cognitives limitées des êtres humains, il y a tout lieu de croire que sa vision est par trop pessimiste. La plupart des organisations font preuve d'une rationalité limitée parce qu'elles sont de type bureaucratique et non parce qu'elles sont peuplées d'humains. La bureaucratisation *est conçue pour intégrer* une rationalité limitée dans sa structure. Cette conception reflète les capacités limitées d'*un seul individu* à exercer le contrôle sur des activités et sur des prises de décision qui exigent la contribution d'un bon nombre de gens. Elle reflète également une approche linéaire et mécaniste de problèmes complexes, comme le fait un arbre de décision. La structure de la pensée hiérarchique que reflètent une bureaucratie et un arbre de décision sont identiques. Tous deux fournissent un moyen de fragmenter l'attention et l'action de telle sorte qu'on puisse gérer et diriger des phénomènes complexes en y introduisant ordre et méthode.

Il semble donc préférable de convenir que l'importante réinterprétation qu'a faite Simon de la nature de l'organisation bureaucratique ne vaut que pour cette dernière et ne constitue en rien une démonstration des limites qui caractériseraient la nature même de la rationalité organisationnelle. La conception holographique et toutes celles qui abandonnent le contrôle de type bureaucratique montrent que les organisations peuvent composer avec des problèmes difficiles et complexes d'une manière qui dépasse de beaucoup les capacités de l'individu. De plus, la recherche contemporaine sur le cerveau montre qu'il existe une autre facette des capacités cognitives : les capacités holistiques, analogiques, intuitives et créatrices de l'hémisphère droit du cerveau. Si les nouvelles conceptions de l'organisation peuvent exploiter ces possibilités créatrices, elles offriront d'autres moyens d'étendre et de transformer les capacités qu'a l'organisation d'agir de façon rationnelle.

Autre force, enfin, de la perspective étudiée dans ces pages : elle offre des moyens intéressants de réfléchir sur la façon d'utiliser les ordinateurs et l'informatique en général pour mettre en place de nouvelles formes d'organisation. Dans beaucoup d'organisations, on n'a pas encore pris conscience de toutes les possibilités et conséquences de l'informatique, car on utilise souvent les nouveaux systèmes de traitement de l'information pour renforcer les principes bureaucratiques : par exemple, nous voyons que les ordinateurs servent à centraliser davantage et à augmenter le contrôle hiérarchique centralisé. Dans ces cas, donc, la technique renforce l'apprentissage en boucle simple caractéristique de la bureaucratie. Cela peut donner quelques avantages à ceux qui dirigent les organisations bureaucratiques et permettre plus d'efficience dans la qualité de l'information relative à la gestion. Et quand la micro-informatique et les robots remplacent les êtres humains, il peut en résulter un personnel moins nombreux et un meilleur contrôle de la qualité. Toutefois, dans la mesure où nous nous servons des techniques nouvelles pour mettre en œuvre des façons de faire traditionnelles et vieillottes, nous n'utilisons pas leur potentiel. Et comme Marshall McLuhan l'avait fait remarquer, « le médium est le message ». La bureaucratie appartient à l'ère de l'écriture et de la révolution industrielle. La micro-informatique appartient à celle des communications électroniques, et nous pouvons nous attendre à ce que ce développement technique s'accompagne de modes d'organisation à son image. Les principes de la cybernétique, de l'apprentissage organisationnel et de l'auto-organisation holographique offrent des lignes de conduite précieuses concernant la direction que cette évolution pourrait prendre.

En dépit de ces forces, la métaphore du cerveau comporte deux limites sérieuses. D'abord, il y a le danger de ne pas faire attention à des conflits importants entre les exigences de l'apprentissage et de l'auto-organisation, d'une part, et les réalités du pouvoir et du contrôle, de l'autre. Tout effort pour s'éloigner de la bureaucratie et aller vers l'auto-organisation a des conséquences majeures sur la répartition du pouvoir et du contrôle dans l'organisation, puisque l'augmentation d'autonomie accordée aux éléments qui s'auto-organisent sape la possibilité qu'ont les dirigeants de garder la haute main sur les activités et les problèmes quotidiens. De plus, le processus d'apprentissage demande un degré d'ouverture et d'auto-critique qui est absent des modes de gestion traditionnels. Ajoutons que les principes de la variété requise et de la spécification critique minimale vont à l'encontre des tendances de ces gestionnaires qui privilégient le secret, l'exclusion des autres, et qui ressentent le besoin de tout diriger. Pareilles attitudes et pratiques montrent qu'il existe des forces contraires puissantes qui peuvent empêcher la matérialisation de nombreuses formes d'apprentissage organisationnel et d'auto-organisation.

La seconde limite apparaît déjà clairement dans ce qui précède. Puisque tout mouvement en direction de l'auto-organisation doit s'accompagner d'un changement majeur d'attitudes et de valeurs, ceux et celles qui détiennent le pouvoir et qui résistent au changement peuvent voir leur action renforcée par une inertie qui tire sa force des hypothèses et croyances existantes. L'apprentissage et l'auto-organisation exigent en général que l'on modifie des attitudes, que l'on privilégie la primauté de l'initiative sur la passivité, de l'autonomie sur la dépendance, de la souplesse sur la rigidité, de la collaboration sur la concurrence, de l'ouverture de l'esprit sur son étroitesse, et du questionnement démocratique sur la croyance autoritaire. Pour beaucoup d'organisations, cela exige un « changement de personnalité » qui demande un temps considérable pour se réaliser.

5

Création de la réalité sociale

L'organisation vue comme une culture

Depuis l'ascension du Japon au rang de grande puissance économique, les théoriciens de l'organisation et les gestionnaires sont devenus de plus en plus conscients des rapports entre culture et gestion. Au cours des années 60, la confiance que l'on éprouvait à l'égard de la gestion et de l'industrie américaines, et l'impact de l'une et de l'autre, ont connu leur apogée. Graduellement, mais avec de plus en plus de force, au cours des années 70, la performance des Japonais dans le domaine de l'automobile, de l'électronique et dans d'autres secteurs de l'industrie a érodé cette suprématie. Le Japon a commencé à dominer les marchés internationaux, se faisant ainsi une solide réputation pour la qualité, la fiabilité et la valeur de ses produits, et pour le service qu'ils leur assurent. Pratiquement dépourvu de ressources naturelles et de ressources énergétiques, avec plus de 110 millions d'habitants massés dans quatre petites îles montagneuses, le Japon est arrivé à atteindre le taux de croissance le plus élevé, le taux de chômage le plus bas et, du moins dans quelques-unes des organisations les plus importantes et les plus prospères, à avoir une main-d'œuvre très bien payée et dont l'état de santé est parmi les meilleurs au monde. Des cendres de la Seconde Guerre mondiale, le Japon a fait surgir un empire industriel qui ne le cède en rien aux autres pays.

Bien que les théoriciens ne soient pas toujours d'accord sur les raisons de cette transformation, la plupart s'entendent pour dire que la culture et, de façon plus générale, le mode de vie de ce mystérieux pays d'Orient ont joué un rôle primordial. La modification dans l'équilibre du pouvoir mondial qui a accompagné la crise du pétrole déclenchée par l'OPEP en 1973 et l'internationalisation croissante des grandes entreprises ont mis en relief la nécessité de comprendre les liens entre culture et vie organisationnelle.

Culture et organisation

Mais qu'est-ce au juste que ce phénomène que nous appelons culture ? Le mot vient, métaphoriquement, de l'idée de la culture et de l'aménagement du sol. Quand nous parlons de culture, nous faisons en général allusion au modèle de développement que reflète, dans une société, son système de connaissance, son idéologie, ses valeurs, ses lois et le rituel de tous les jours. Le même mot sert également à désigner un certain degré de raffinement émergeant de ces systèmes de croyances et de pratiques. Les deux usages remontent au XIXᵉ siècle et dérivent de l'observation des sociétés dites « primitives », observation qui nous a transmis l'idée que des sociétés différentes ont des niveaux et des modèles de développement social différents. De nos jours, cependant, le concept de culture ne comporte pas nécessairement cette connotation d'évaluation, et on l'utilise plus généralement pour signifier que des groupes différents ont des modes de vie différents.

Quand nous parlons de la société comme d'une culture, nous nous servons donc d'une vieille métaphore empruntée à l'agriculture pour nous attacher à des aspects très spécifiques du développement social. Et c'est une métaphore extrêmement pertinente si nous voulons mieux comprendre les organisations.

Dans le présent chapitre, nous explorerons d'abord l'idée que l'organisation est elle-même un phénomène culturel qui varie selon le stade de développement d'une société. Ensuite, nous nous arrêterons à l'idée que la culture varie d'une société à une autre et étudierons comment cela peut nous aider à comprendre les variantes nationales qui marquent les organisations. Puis nous étudierons les modèles de cultures et de sous-cultures d'entreprise ; nous verrons ensuite en détail la façon dont les modèles de culture sont créés et maintenus en place, et comment les organisations sont des réalités socialement construites.

L'ORGANISATION COMME PHÉNOMÈNE CULTUREL

Selon le politologue Robert Presthus, nous vivons à l'ère de la « société à organisation ». Que ce soit au Japon, en Allemagne, à Hong Kong, en Grande-Bretagne, en Union soviétique, aux États-Unis ou au Canada, d'importantes organisations sont susceptibles d'exercer leur influence sur la plupart de nos activités, et cela d'une manière qui est complètement étrangère à la vie que peut mener une population isolée dans une jungle d'Amérique du Sud. Cela peut sembler parfaitement évident, mais précisément une bonne partie des caractéristiques d'une culture sont du domaine de l'évidence. Par exemple, pourquoi y a-t-il tant de gens qui organisent leur vie à partir d'une distinction entre travail et loisir, qui adhèrent à une routine rigide cinq ou six jours par semaine, vivent à un endroit et travaillent dans un autre, portent un uniforme, respectent l'autorité et passent autant de temps à un seul endroit, à accomplir une série unique d'activités ? Vue du dehors, la vie quotidienne dans une « société à organisation » est remplie de croyances, de routines et de rituels étranges qui lui donnent un caractère culturel distinct par rapport à celui des sociétés plus traditionnelles.

Les anthropologues et les sociologues observent depuis longtemps ces différences. Par exemple, nous savons que dans les sociétés où c'est la maisonnée et non l'organisation formelle qui constitue l'unité de production fondamentale, le travail a un sens complètement différent et prend souvent beaucoup moins du temps des individus. Les distinctions qu'on a établies entre fins et moyens, entre emploi et organisation économique et sociale en général, tendent à être beaucoup plus floues et les systèmes d'attitudes et de croyances beaucoup plus cohérents. Émile Durkheim a montré que le développement des « sociétés à organisation » s'accompagne d'une désintégration des modèles traditionnels d'ordre social, à mesure que les idéaux communs, les croyances et les valeurs font place à des modèles plus fragmentés et plus différenciés de croyances et de pratiques fondés sur la structure professionnelle de la nouvelle société. La division du travail caractéristique des sociétés industrielles engendre un problème d'intégration, ou encore ce que l'on pourrait décrire de façon plus précise comme un problème de « gestion du culturel ». Il faut trouver de nouveaux moyens de lier les différentes composantes de la société. Le gouvernement, les groupes religieux, les médias et les autres institutions, ainsi que les individus qui se soucient de former les opinions et les croyances jouent à cet égard un rôle important.

Nous pouvons donc dire que, d'une certaine façon, les gens qui travaillent dans des usines ou des bureaux à Détroit, à Leningrad, à Liverpool, à Paris, à Tokyo et à Toronto appartiennent tous à la même culture industrielle. Ils sont tous membres d'une « société à organisation ». Leurs expériences au travail et dans leur vie en général semblent qualitativement différentes de celles des individus qui vivent dans des sociétés plus traditionnelles où prévalent des systèmes de production domestique. Du moins, les gens qui travaillent dans des bureaux et dans des usines modernes partagent des attentes et des savoir-faire fondamentaux, ce qui permet aux organisations de fonctionner de façon routinière. Bien que nous ayons tendance à considérer la vie quotidienne de l'organisation comme une simple routine, sans plus, elle repose en fait sur de nombreuses réalisations qui exigent beaucoup de la part de ceux qui les réalisent. En effet, travailler dans une usine ou un bureau suppose des connaissances et une pratique culturelle dont nous avons tendance à oublier la profondeur et la subtilité et que, en tant que membres de ces « sociétés à organisation », nous considérons comme allant de soi.

C'est pourquoi certains spécialistes des sciences du social estiment qu'il est souvent plus utile de parler de la culture de *la* société industrielle que de celles des sociétés industrielles car les petites différences que l'on perçoit entre les différents pays empêchent de voir des ressemblances plus sérieuses. Un grand nombre des ressemblances et des différences importantes dans le monde d'aujourd'hui sont d'ordre professionnel plutôt que national ; les ressemblances et les différences qui vont de pair avec le travail en usine, le métier de concierge, de haut fonctionnaire, de banquier, de vendeur ou vendeuse dans un magasin ou avec le travail agricole sont en effet aussi importantes que celles que l'on associe avec l'identité nationale. D'importantes dimensions de la culture moderne s'enracinent dans la structure de la société industrielle, dont l'organisation est elle-même un phénomène culturel.

ORGANISATION ET CONTEXTE
CULTUREL

Ce serait toutefois une erreur, en dépit de tout ce que les sociétés modernes ont de commun, de rejeter les variantes nationales en les jugeant sans importance. Au cours de l'histoire, nous pouvons observer de nombreuses variations entre les sociétés quant à leurs caractéristiques sociales, aux façons de voir la vie et à leur conception de l'organisation et de la gestion. Le succès récent des Japonais, le déclin industriel en Grande-Bretagne, la réputation de l'esprit d'entreprise des Américains et les traits distinctifs de beaucoup d'autres « sociétés à organisation » sont étroitement liés aux contextes culturels dans lesquels ils se sont développés.

Si, par exemple, nous étudions le concept de travail qui prévaut au Japon et les rapports entre le personnel et l'organisation, nous constaterons qu'ils sont très différents de ce que l'on retrouve dans les sociétés occidentales. On y considère l'organisation comme une collectivité à laquelle appartiennent les employés, plutôt qu'un lieu de travail où l'on retrouve des individus. Le monde du travail est imprégné de l'esprit de collaboration que l'on trouve dans un village ou dans une commune, et on insiste beaucoup sur la dépendance mutuelle des membres du personnel, le partage des services et l'entraide. Les employés s'engagent souvent pour la vie envers leur organisation, qu'ils considèrent comme un prolongement de leur famille. Souvent aussi, les relations avec l'autorité sont de type paternaliste et reposent surtout sur la déférence et la tradition. Des liens étroits existent entre le bien-être de l'individu, celui de l'entreprise et celui de la nation. Chez Matsushita, par exemple, une des entreprises les plus importantes et les plus prospères du Japon, ces principes sont au cœur de la philosophie de l'entreprise (voir tableau 5.1).

Un spécialiste australien du Japon, Murray Sayle, a élaboré une intéressante théorie des facteurs historiques qui expliquent cette solidarité. Il estime que les organisations japonaises combinent les valeurs culturelles de la rizière avec l'esprit de sacrifice du samouraï. Le premier point est essentiel si l'on veut comprendre la solidarité à l'usine, et le second explique un grand nombre de caractéristiques de la gestion ainsi que le modèle des relations entre organisations, modèle dont le rôle a été crucial dans la réussite économique du Japon.

La culture du riz, au Japon, a toujours été une entreprise précaire, à cause du peu de terres arables et d'une saison très courte. À bien y penser, arriver à bâtir une civilisation sur la récolte du riz semble l'exemple même de la capacité qu'a le Japon d'entreprendre des projets apparemment impossibles à réaliser. Par-dessus tout, la culture traditionnelle du riz est affaire coopérative. Comme l'a fait remarquer Sayle, il n'existe pas de cultivateur de riz qui travaille en pionnier, seul et indépendant. Il est essentiel qu'une équipe

---

Principes essentiels pour l'entreprise
Reconnaître nos responsabilités en tant qu'industriels, encourager le progrès, promouvoir le bien-être de la société en général et nous consacrer au développement de la culture mondiale.

Credo du personnel
Le progrès et le développement ne peuvent se faire qu'à travers les efforts combinés et la coopération de tous les membres de notre entreprise. Chacun de nous, par conséquent, doit se consacrer à l'amélioration constante de l'entreprise en se rappelant constamment ce principe.

Les sept valeurs « spirituelles »
1. Service de la nation par l'entremise de l'industrie
2. Honnêteté
3. Harmonie et coopération
4. Lutte pour l'amélioration
5. Courtoisie et humilité
6. Adaptation et assimilation
7. Gratitude

L'adoption de ces valeurs permet de fabriquer un tissu spirituel très solide. Elles ajoutent de la cohérence aux attentes constantes d'une main-d'œuvre qui s'étend sur plusieurs continents. Elles permettent à une entreprise complexe et décentralisée d'afficher l'image d'une continuité qui la soutient même lorsqu'il y a rupture au niveau plus concret du travail.

« Cela peut sembler stupide aux Occidentaux, dit un gestionnaire, mais tous les matins à 8 heures, à travers tout le Japon, il y a 87 000 personnes qui récitent ce code de valeurs et chantent ensemble, comme si nous formions une communauté. »

Tableau 5.1. La philosophie de l'entreprise à la Matsushita Electric Company.
SOURCE : Pascale et Athos (1981 : 75-76, 73). Reproduction autorisée.

travaille de façon intensive pendant de courtes périodes d'un travail épuisant pour planter, transplanter et faire la récolte du riz. On s'attend à ce que tous travaillent de leur mieux pour s'assurer que la récolte collective soit la meilleure possible. Si les fossés d'irrigation d'une seule famille ne sont pas en bon état, le groupe tout entier en souffre. Si la récolte est insuffisante, comme c'est souvent le cas à cause du mauvais temps, tous sont pénalisés. Il n'y a jamais de gagnant ni de perdant individuel. En pareilles circonstances, on encourage plus le conformisme et la tradition que l'opportunisme ou l'individualisme. Le respect de l'autre et la dépendance mutuelle sont essentiels à ce mode de vie. Ce sont donc les normes et valeurs de la culture de la rizière que nous retrouvons aujourd'hui dans les usines japonaises.

Les cultivateurs japonais ont toujours été prêts à partager leur récolte de riz avec ceux qui sont capables de les protéger. Cela a été le cas avec les samouraïs, ces guerriers au service de la patrie, qui comptaient sur les fermiers pour leur riz et leur subsistance en général. Ils ont joué un rôle important dans l'histoire militaire et bureaucratique du Japon, et on trouve leur trace aujourd'hui dans les « clans » de gestionnaires, ou les élites qui dirigent la société japonaise. La protection de leur personnel, le service mutuel, l'acceptation de leur place dans le système tout entier et la dépendance à l'égard de ce dernier sont des caractéristiques importantes de ces élites. Le sens du service s'étend aux rapports entre l'organisation et le reste de la société, comme le montre bien la philosophie de la société Matsushita. C'est tout aussi déterminant pour expliquer les rapports étroits et la collaboration entre la banque et l'industrie au Japon. À la différence de l'Occident, où les banques s'instituent en général juges et contrôleurs des finances des organisations, au Japon, leur responsabilité est de fournir l'assistance voulue aux entreprises qui en ont besoin, quand elles en ont besoin.

Si l'on ajoute à cela une aptitude remarquable à emprunter des idées et à les adapter, de la Chine d'abord, puis de l'Occident, la culture de la rizière et celle du samouraï se fondent pour donner une forme d'organisation sociale hiérarchisée, mais harmonieuse, dans un contexte industriel moderne. Le système des échelons à gravir dans le monde de la gestion est élitiste et hautement méritocratique, comme c'est le cas depuis des siècles. Les ouvriers aident volontiers leurs maîtres à atteindre leurs buts et se soumettent à leur autorité, parce que cela reproduit la relation entre travailleur et samouraï. Il n'est donc pas surprenant que tant de gens soient prêts à entonner l'hymne de la firme et à s'engager pour la vie à travailler pour cette famille qu'est l'entreprise.

L'organisation est féodale plutôt que moderne et, vue de l'extérieur, la culture semble nettement oppressive, en particulier parce que la mobilité verticale est fortement restreinte et déterminée pour chaque individu dès sa jeunesse. Il est toutefois important de bien comprendre que ce type de soumission et de déférence à l'égard de l'autorité n'est pas perçu comme une humiliation. La hiérarchie, dans une entreprise japonaise, est autant une structure de service réciproque que de contrôle venant des échelons supérieurs. Comme le fait remarquer Robert Dore, bien connu pour ses commentaires sur la société japonaise, les rapports entre subordination et respect de soi sont différents au Japon de ce que l'on retrouve en Occident. Dans bon nombre de pays occidentaux, une culture plus individualiste nous amène à rechercher, et à trouver, le respect de soi dans la concurrence ou encore dans le « système » dans son ensemble, mettant ainsi l'accent sur notre singularité et sur notre isolement. Au Japon, d'un autre côté, les conditions culturelles permettent aux travailleurs de trouver le respect de soi en servant le système *à l'intérieur* de celui-ci, bien qu'il puisse avoir beaucoup d'aspects qui leur déplaisent fortement. De ce point de vue, l'esprit du samouraï imprègne toute la culture.

Souvent, lorsqu'on parle de l'organisation japonaise, on laisse de côté certains des aspects les plus désagréables du monde du travail. Des récits de réussite fabuleuse relatent la manière dont les Japonais arrivent de bonne heure au travail, repartent chez eux très tard et cherchent des moyens d'améliorer l'efficience grâce à des groupes, composés exclusivement de volontaires, qui se réunissent dans ce but ; ou encore comment l'ouvrier de Honda, dévoué à son entreprise, redresse les essuie-glaces sur toutes les Hondas qu'il croise sur le chemin du retour. On accorde beaucoup moins d'attention à la mauvaise humeur avec laquelle beaucoup d'ouvriers acceptent le poids du travail en usine. À cet égard, le récit que le journaliste Satoshi Kamata a fait de son travail dans une usine Toyota permet de corriger un peu cette vision. Bien qu'il soit peut-être peu représentatif de l'industrie japonaise tout entière, il montre comment les efforts incessants de Toyota pour réussir, au début des années 70, ont été accompagnés de beaucoup de privations sur le plan personnel pour la plupart des nombreux ouvriers, surtout pour ceux qui habitaient à des centaines de kilomètres de leur famille, dans des camps où des gardes faisaient régner une discipline de fer. Alors que, sur les lieux du travail, on rencontrait ce même esprit de coopération typique de la rizière, il s'y exerçait aussi, et de façon constante, des pressions : les cibles fixées étaient difficiles à atteindre et il fallait répondre aux exigences liées aux normes et aux valeurs de la compagnie. La manière dont s'exerçait l'autorité — que ce soit sous la forme d'un transfert arbitraire d'une usine à une autre, de travail supplémentaire obligatoire, ou de suppression d'un congé — suscitait souvent le ressentiment, mais on l'acceptait, en grognant ou en plaisantant, comme un des éléments inévitables de l'existence. Le récit de Kamata montre que la vie quotidienne dans une usine japonaise peut être au moins aussi dure que dans n'importe quelle usine occidentale. La principale différence, c'est que le Japonais semble arriver plus facilement à l'accepter avec le sourire.

Beaucoup d'études sur le mode de gestion japonais ne tiennent pas compte des circonstances historico-culturelles qui lui permettent de si bien réussir. Elles tendent à surestimer la facilité avec laquelle les techniques et les politiques peuvent être transférées d'un contexte à un autre car, souvent, c'est précisément le contexte qui fait toute la différence entre succès et échec. On continue de discuter des mérites du système japonais. Pour certains auteurs, il offre un modèle au monde entier. Pour d'autres, il représente une survivance du système féodal qui pourrait bien être à la veille de se transformer du tout au tout, car une jeunesse impatiente, exposée à la culture de l'Occident plutôt qu'à celles de la rizière et du samouraï, exerce son influence sur le travail et sur la société.

Nous n'avons insisté sur ce qui se passe au Japon qu'à titre d'illustration. Nous voulons montrer que c'est la culture, fût-elle japonaise, arabe, britannique, canadienne, chinoise, française ou américaine, qui détermine le caractère d'une organisation. C'est ainsi que, en Grande-Bretagne, des changements sociaux et des conflits de classes qui durent depuis des générations perpétuent souvent une division en clans antagonistes sur les lieux du travail, division qu'aucune technique de gestion ou de conciliation ne semble pouvoir supprimer. À la différence du Japonais, l'ouvrier britannique se définit souvent par son opposition à un système dont il estime qu'il a exploité ses ancêtres avant de l'exploiter, lui, à son tour. Les dirigeants d'entreprise, de leur côté, croient souvent disposer du droit fondamental de régner sur les travailleurs, dont on considère qu'ils ont «le devoir d'obéir» (voir tableau 5.2). Là où la morale protestante du travail exerce toujours une influence prépondérante, toutefois, les relations de travail, comme cela avait été le cas sous le règne de Victoria, peuvent être aussi empreintes de paternalisme et d'obéissance que bien des usines japonaises (mais, le développement technique des entreprises britanniques étant généralement

Le texte de Charles Handy, spécialiste de la gestion, illustre gentiment mais clairement l'antagonisme qui règne souvent sur les lieux du travail en Grande-Bretagne.

Ma tante est venue dîner

Ma tante par alliance est une femme remarquable, mais appartient à une autre époque. Son père n'a jamais travaillé, ni son père avant lui et, bien entendu, elle n'a jamais été obligée de gagner un sou de sa vie. Leur capital les faisait vivre, et ils administraient ce capital. Le travail revenait aux travailleurs. Aujourd'hui, selon elle, tous les gouvernements ont des préjugés grotesques à l'endroit du capital, tous les ouvriers sont avides et paresseux de nature, et la plupart des gestionnaires sont des incompétents. Il ne fallait donc pas s'étonner que le monde soit sens dessus dessous et qu'elle devienne chaque jour un peu plus pauvre.

Tony est un de mes collègues. Son père était facteur et lui-même a commencé comme dessinateur dans une grosse firme d'ingénieurs. Il a grandi dans l'idée que le concept même d'héritage était fondamentalement mauvais et n'avait jamais rencontré quelqu'un qui n'avait pas besoin de gagner sa vie.

Tony et ma tante se sont rencontrés par hasard chez moi, pour dîner. Tout a bien commencé, puis elle lui demanda ce qu'il faisait dans la vie. Il mentionna entre autres qu'il était devenu membre du syndicat de la firme où il travaillait. Ma tante n'avait jamais rencontré de syndiqué.

— Seigneur! Comment avez-vous pu faire ça?
— Ça me paraît tout à fait raisonnable de protéger mes droits, répliqua Tony.
— Quels droits? Qu'est-ce que c'est que ces sornettes! Si les gens comme vous s'occupaient davantage de leur travail et moins de leurs intérêts, nous n'en serions pas là aujourd'hui.
— Mais, dit Tony, ne passez-vous pas le plus clair de votre temps à protéger vos droits?
— Bien entendu. Mais moi, j'ai des droits. Je fournis l'argent qui permet à des gens comme vous de vivre.
— Je fournis le travail qui fait fructifier votre argent; et pourtant je me demande bien pourquoi je devrais protéger le capital de gens riches que je n'ai jamais vus de ma vie.
— Vous parlez comme un communiste, jeune homme, et pourtant vous vous habillez de façon respectable. Vous rendez-vous compte de ce que vous dites?
— Pas besoin d'être communiste pour remettre en question la légitimité de l'héritage.

Ma tante se tourna vers moi:

— Comprends-tu maintenant pourquoi j'ai peur pour le pays?

Chacun regardait l'autre comme un spécimen d'une espèce indésirable. Étant donné l'antagonisme de leurs croyances «viscérales», le dialogue était impossible, il ne pouvait y avoir qu'échange de slogans ou d'insultes. Et cela se passe ainsi à la table des négociations, tout comme à la table familiale.

Tableau 5.2. Attitudes antagonistes sur les lieux du travail.
SOURCE: Handy (1978: 161-162). Reproduction autorisée.

moins perfectionné, elles ne sont pas aussi productives). Encore une fois, c'est le contexte culturel qui semble l'élément décisif. Si nous cherchons aux États-Unis des illustrations de la manière dont la culture détermine la gestion, l'éthique de la concurrence et de l'individualisme est probablement celle qui ressort le plus clairement. Beaucoup de firmes américaines et leurs employés pensent avant tout à « gagner » et à récompenser ou punir les comportements selon qu'ils amènent au succès ou à l'échec. À cet égard, il est significatif qu'un spécialiste américain du Japon, Ezra Vogel, définisse le défi posé par ce pays d'une façon très « américaine », en donnant pour titre à son ouvrage : *Japan as Number one*. Du point de vue américain, la performance industrielle et économique est souvent envisagée comme une sorte de jeu. Et l'orientation générale d'un grand nombre d'organisations consiste à jouer à fond : établir des objectifs, bien savoir qui est responsable de quoi, et punir l'échec ou récompenser le succès généreusement et avec ostentation.

Dans un essai qui date du début des années 40 sur le rapport entre la morale et le caractère national, l'anthropologue Gregory Bateson a attiré l'attention sur les différences dans les relations entre parents et enfants en Amérique du Nord, en Angleterre, et ailleurs. Il a montré l'habitude qu'ont les Américains d'encourager certains comportements fanfarons et exhibitionnistes de la part d'enfants qui se trouvent encore dans une situation de dépendance et de subordination, tandis que, en Angleterre, on encourage les enfants à se conduire en spectateurs obéissants lorsqu'ils sont en compagnie d'adultes, et on les récompense de savoir se taire. Selon Bateson, ces méthodes d'éducation ont des conséquences importantes sur l'avenir des individus : les Américains ont toute latitude de se sentir contents et satisfaits d'eux-mêmes, sentiment sur lequel reposeraient, plus tard, ceux d'indépendance et de force. C'est ce que traduit cette obsession d'être « le premier ». Et on la retrouve dans le contexte des organisations lorsqu'on offre à des gens qui occupent des postes modestes l'occasion de réussir brillamment, réussite qui s'accompagne chaque fois des félicitations explicites de leurs supérieurs.

Il est significatif de voir que dans leur « recherche de l'excellence » dans les grandes entreprises américaines, Thomas Peters et Robert Waterman ont particulièrement insisté sur l'importance du renforcement positif (la récompense accompagne le comportement souhaité). Aux États-Unis, les organisations prospères semblent trouver les moyens de récompenser et de motiver leurs employés, de manière à les amener à se considérer comme des champions. Par exemple, on dit que Thomas Watson père, de la firme IBM, avait pris l'habitude, lors de ses allées et venues à travers la firme, de faire instantanément un chèque quand il voyait que quelqu'un avait réussi quelque chose d'intéressant. Chez Tupperware, le processus de renforcement positif est ritualisé et a lieu chaque lundi soir, moment où toutes les vendeuses participent à un rassemblement organisé par secteur de vente. Chacune se présente sur l'estrade en commençant par celle qui a le moins vendu au cours de la semaine qui vient de s'écouler. Chaque fois, les autres, debout, félicitent bruyamment celle qui monte sur l'estrade. À peu près toutes celles qui ont fait quelque chose, peu importe quoi, reçoivent un macaron ou une épingle, ou même plusieurs. La cérémonie combine la compétition totale et un ton très positif en suggérant que tout le monde gagne. Applaudissements et félicitations sont à l'ordre du jour. Tout cela, fondamentalement, tend à recréer le modèle de renforcement utilisé pour obtenir le comportement voulu dans bien des familles américaines.

Les exemples ci-dessus montrent très bien ce qu'a indiqué Gregory Bateson. Mais l'exemple le plus coloré, provenant des recherches de Peters et Waterman, porte sur les débuts d'une firme appelée Foxboro, où le progrès technique était indispensable à la survie même de l'entreprise. Un soir, très tard, un chercheur se précipita chez le président avec un prototype prêt à fonctionner. Stupéfait de l'élégance de la solution proposée, et ne sachant comment récompenser son auteur, le président fouilla dans les tiroirs de son bureau, y trouva quelque chose et, se penchant vers le chercheur, lui dit : « Voilà », en lui offrant une banane. C'est tout ce qu'il avait pu trouver pour récompenser immédiatement son subordonné. Depuis ce jour-là, rapportent Peters et Waterman, une petite broche, une banane d'or, constitue la plus haute récompense que l'on peut recevoir pour une réalisation scientifique effectuée chez Foxboro.

Le renforcement positif se pratique dans beaucoup d'entreprises japonaises, britanniques, françaises et autres, ailleurs qu'aux États-Unis, et exerce souvent une influence considérable sur la motivation et la performance du personnel. C'est en Amérique toutefois que, plus que partout ailleurs, le souci de gagner et la récompense immédiate accordée au comportement voulu sont devenus des éléments importants de la culture et de la vie de l'organisation.

En comprenant bien les facteurs culturels qui déterminent les individus et leurs organisations, nous pouvons comprendre d'importantes différences d'ordre national dans le comportement organisationnel. Non seulement nous pourrons mieux saisir les particularités de ce qui se fait à l'étranger, mais nous percevrons mieux ce qui caractérise nos façons de faire. En effet, un des traits communs à toute culture, c'est qu'elle crée une forme d'ethnocentrisme. En fournissant des codes d'action que l'on accepte d'emblée et que nous jugeons « normaux », elle nous amène à envisager les activités qui ne se conforment pas à ces codes comme anormales. Si nous prenons pleinement conscience de la nature de la culture, cependant, nous voyons que nous sommes tout aussi anormaux à cet égard. En adoptant le point de vue de celui qui est étranger à la culture, nous pouvons voir les organisations, leur personnel, leurs pratiques et leurs problèmes d'une façon nouvelle et rafraîchissante.

CULTURES ET SOUS-CULTURES D'ENTREPRISE

L'influence de la culture hôte est rarement uniforme. Les individus d'une même culture peuvent avoir des personnalités différentes, tout en ayant beaucoup en commun, et il en est de même pour les groupes et les organisations.

C'est ce phénomène auquel on donne aujourd'hui le nom de « culture d'entreprise ». Les organisations sont des minisociétés qui ont leurs propres modèles de culture et de sous-culture. Ainsi, une organisation peut se considérer comme une équipe très unie, une famille, qui croit au travail commun. Une autre peut faire sienne l'idée que « nous sommes les meilleurs dans notre domaine, et nous entendons bien le rester ». Une autre encore peut être très fragmentée, divisée en groupes qui envisagent le monde de façons très différentes, ou qui ont des idées très variées de ce que devrait être leur organisation. Ces modèles de croyances ou de significations partagées, qu'ils soient fragmentés ou intégrés, sont soutenus par des normes de fonctionnement et des rituels variés, et peuvent exercer une influence décisive sur les capacités générales qu'a l'organisation de composer avec les défis auxquels elle doit faire face.

Un des moyens les plus simples de prendre connaissance d'une culture ou d'une sous-culture est tout simplement d'observer le fonctionnement quotidien d'une organisation ou d'un groupe auquel on appartient *comme si l'on était étranger à ce groupe* et d'adopter l'attitude d'un anthropologue. Les caractéristiques de la culture que l'on observe ainsi deviendront graduellement visibles, à mesure que l'on prend conscience des modèles d'interaction entre les individus, du langage utilisé, des images et des thèmes que l'on explore au cours des conversations et des rituels variés de la vie quotidienne.

De plus, lorsqu'on étudie les raisons d'être de ces diverses facettes d'une culture, on s'aperçoit en général qu'il existe des explications très valables, d'ordre historique, à la façon dont les choses se passent.

Ma collègue Linda Smircich nous offre une excellente illustration de ce type d'analyse dans son étude d'un groupe de dirigeants d'une société d'assurances américaine. Cette société appartenait à une organisation plus importante, spécialisée dans le secteur agricole et elle offrait une gamme étendue de services aux agriculteurs et au public en général. L'observation prolongée, au jour le jour, de la direction a suscité chez ma collègue deux impressions très importantes. D'abord, la firme semblait insister sur la coopération et sur une identité qui prenait ses racines dans l'agriculture plutôt que dans le monde des affaires régi par la concurrence. Le personnel était poli, aimable et semblait toujours prêt à fournir aide et assistance à qui en avait besoin. Cet *ethos* se reflétait dans l'une des devises de la firme : « Nous cultivons l'amitié ». Toutefois il existait, de pair avec cette apparence de collaboration amicale, une seconde dimension de la culture d'entreprise qui semblait indiquer que l'*ethos* de collaboration était pour le moins superficiel. Réunions et autres forums publics étaient marqués par des échanges polis, certes, mais qui trahissaient le manque d'intérêt des participants. Le personnel ne s'engageait presque jamais dans un vrai débat et semblait s'intéresser fort peu à ce qui se disait. Par exemple, presque personne ne prenait de notes, et on traitait les réunions comme des rituels obligatoires. Cette impression de superficialité a pu être confirmée par l'observation des différences entre la face publique et la face privée de l'organisation. Alors qu'en public, l'harmonie et la collaboration prévalaient, en privé, les gens exprimaient souvent leur colère et leur insatisfaction à l'endroit d'autres membres du personnel et de l'entreprise en général.

Beaucoup d'organisations ont des cultures fragmentées de ce genre, où les gens disent une chose et en font une autre. Un des points intéressants de l'étude de Linda Smircich, c'est qu'elle a pu définir les circonstances précises qui avaient produit le clivage au sein de la firme, et a pu montrer pourquoi cette dernière fonctionnait encore de cette manière quasi schizophrène.

Dix ans plus tôt, l'organisation, qui n'avait que quatre ans d'existence, a connu une période particulièrement « traumatisante », avec la rétrogradation du président, l'engagement puis le renvoi de son successeur, et le recrutement d'un groupe de spécialistes provenant d'autres sociétés d'assurances. Ces événements conduisirent à l'apparition de plusieurs sous-cultures. La première était véhiculée par le personnel d'origine, « ceux de l'intérieur » comme on a fini par les appeler ; la seconde était le fait des spécialistes, « ceux de l'extérieur ». La plupart des membres de ce dernier groupe avaient été recrutés dans la même société d'assurances rivale, et avaient des idées bien arrêtées sur ce dont leur nouvelle organisation avait besoin : « C'est comme ça que nous faisions chez... » était devenu un véritable refrain. Ils voulaient modeler la firme sur celle qu'ils venaient de quitter.

Le nouveau président, nommé après le renvoi du second, était un homme aimable et qui privilégiait la tranquillité. Il tenta de susciter un esprit d'équipe qui unirait les membres de l'organisation. Mais au lieu de créer une situation permettant aux membres de l'organisation d'exprimer leur point de vue et de résoudre leurs différends de façon ouverte, il adopta un type de direction qui exigeait en fait des membres qu'ils mettent de côté leurs divergences ou qu'ils les répriment. Il communiqua ce désir d'harmonie de diverses manières, et en particulier en ayant recours à des rituels bien précis. Par exemple, lors de réunions spéciales des gestionnaires, ces derniers se transformaient en tribu indienne. Chaque membre se voyait attribuer un nom indien et devait se coiffer d'un bandeau orné d'une plume. La direction cherchait ainsi à unifier les deux groupes, « ceux de l'intérieur » et « ceux de l'extérieur ». Pendant ce rituel, on se mit à imposer une amende de 50 sous à quiconque mentionnait le nom de la société d'assurances rivale.

Le président continua, de façon subtile ou plus ouverte, à faire passer son message concernant l'harmonie entre les deux groupes. Il instaura des réunions régulières du personnel pour passer en revue les affaires courantes, réunions où un esprit de coopération empreint de calme et de courtoisie était la règle. Comme certains membres du personnel l'ont raconté :

> Nous sommes toujours assis au même endroit, comme des vaches toujours à la même place dans leur étable. C'est une vraie perte de temps. On peut dire n'importe quoi, personne ne discute. Les gens hésitent à s'exprimer, ils ont peur de trop en dire. Ils disent ce qu'ils croient que les autres ont envie d'entendre.

On recherchait également l'harmonie et l'esprit d'équipe en ayant recours à la métaphore pour définir l'esprit d'équipe voulu. Par exemple on adopta le slogan « Roulons ensemble », et l'on pouvait voir partout une affiche montrant une roue de chariot. L'idée de

« mettre l'épaule à la roue », de « rouler ensemble », était souvent mise en relief dans les discussions ou dans les documents. On transporta même de service en service une vraie roue de chariot, montée sur un socle.

Ce genre de direction créa une harmonie superficielle et repoussa les conflits à l'arrière-plan, d'où une image pour le public et une autre pour les employés, comme l'avait remarqué Linda Smircich. À la longue, l'organisation pouvait de moins en moins faire face aux vrais problèmes. Comme le repérage des problèmes relatifs au fonctionnement de l'entreprise engendrait souvent des controverses auxquelles l'organisation ne voulait pas vraiment faire face, le personnel n'en discutait qu'en privé. En public, l'impression que tout allait bien primait. Quand on cernait des problèmes sérieux, on les présentait comme des « défis » pour déranger le moins possible. Soigneusement enterrés par une direction qui réussissait à prévenir toute expression de différences, les problèmes réels ne recevaient pas l'attention qu'ils méritaient. Il n'y a rien d'étonnant à ce que l'entreprise n'existe plus aujourd'hui en tant qu'entité, la société-mère ayant décidé de l'absorber.

Cette étude de cas nous montre comment la culture d'entreprise se développe comme un *ethos* (par exemple, « enterrons nos différences et conservons l'harmonie ») que créent et soutiennent les processus sociaux, les images, les symboles et les rituels. Ces derniers sont souvent enchâssés dans la structure formelle de l'organisation, comme c'était le cas de la réunion du personnel convoquée chaque semaine par le président, dont la raison d'être véritable était d'afficher que les principaux membres de l'organisation s'entendaient relativement bien entre eux. Ce cas montre également le rôle crucial joué par ceux ou celles qui détiennent le pouvoir dans l'élaboration du système de valeurs qui guide l'organisation. Ici, bien que le personnel ait perçu le président comme un individu relativement faible, ce dernier était cependant parvenu à exercer une influence décisive sur la nature même de l'organisation. On voit également comment l'histoire de l'entreprise, c'est-à-dire le conflit entre les deux groupes, celui de l'intérieur et celui de l'extérieur, peut déterminer le présent. De plus, cet exemple nous permet de voir que la nature fondamentale d'une organisation tient autant à sa culture propre qu'aux organigrammes et aux codes plus formels. On peut même dire sans pour autant exagérer que, dans le cas qui nous intéresse, la culture de l'organisation peut avoir été le facteur le plus important, facteur qui à lui seul pouvait faire pencher la balance vers le succès ou vers l'échec.

L'idée de créer une équipe de joueurs bien intégrés est une idée maîtresse et le président de la société d'assurances ne se trompait sans doute pas en choisissant cette métaphore. Les problèmes sont venus du fait qu'elle s'est accompagnée de normes qui engendrent la passivité. Si la métaphore avait donné lieu à un *ethos* d'ouverture et d'innovation, si l'on avait encouragé la contribution active des membres de l'équipe, le sort de la société aurait certes pu être bien différent.

C'est le cas de Hewlett-Packard (H-P), un des chefs de file reconnus de la micro-électronique. Bill Hewlett et Dave Packard ont fondé H-P dans les années 40, et la culture de cette organisation est connue pour le fort esprit d'équipe qui y règne et pour sa philosophie de l'« innovation grâce au personnel ». Dès le début, les dirigeants ont décidé de montrer l'importance de l'*ethos* d'équipe en adoptant une ligne de conduite qui refuserait l'idée de tout simplement « engager et renvoyer » les gens. Ce principe a été sérieusement mis à l'épreuve par deux fois dans les années 70, époque à laquelle la crise a forcé la direction à adopter une politique de « quinzaine de neuf jours » : le personnel voyait son salaire coupé de 10 pour cent, mais ses heures de travail étaient elles aussi réduites de 10 pour cent. Alors que d'autres entreprises ont dû avoir recours à des mises à pied, H-P a conservé tout son personnel, mettant ainsi en relief l'idée que tous les membres de l'équipe H-P partageaient le même sort et qu'une certaine sécurité d'emploi restait possible en dépit d'une conjoncture défavorable.

Bien entendu, pour faire partie de cette équipe il faut accepter certaines obligations. L'enthousiasme à l'endroit de son travail, un *ethos* de partage des problèmes et des idées dans une atmosphère d'échanges libres et ouverts sont des valeurs que l'organisation encourage autant qu'elle le peut. Une bonne partie de cet *ethos* provient de l'exemple que donnent quotidiennement Hewlett et Packard, les deux héros fondateurs qui ont la réputation de participer directement au travail de l'entreprise. Les rituels « pots de bière » et « pauses-café », les nombreuses réunions *ad hoc* qui fournissent autant d'occasions d'interaction sans formalité, tout cela contribue au climat de l'organisation. Les histoires, les légendes et les mythes portant sur les héros de l'entreprise sont nombreux, et aident à transmettre et à maintenir les valeurs culturelles qui sous-tendent la réussite de H-P. La nouvelle recrue aura, par exemple, droit à une présentation de diapositives qui montrent comment « Bill et Dave » ont fondé la firme dans le garage de Bill et se sont servi du four des Hewlett pour fabriquer quelques-uns de leurs premiers produits. Ou encore, on lui racontera que, rendant visite à une usine un samedi, Bill s'aperçut que les produits de laboratoire étaient sous clé ; il démolit immédiatement le cadenas et laissa un mot disant « Prière de ne plus jamais fermer cette porte à clé. Merci. Bill ». Le message, qui s'accompagne d'éléments plus formels de la philosophie de l'entreprise, passe très vite : chez H-P, on a confiance en vous et on vous apprécie à votre juste valeur. Vous êtes libre de vous enthousiasmer pour votre travail même le samedi, d'innover et d'apporter votre contribution sous quelque forme que ce soit.

Chez International Telephone & Telegraph (ITT), dirigé par Harold Geneen, homme énergique et d'une très grande intransigeance, nous trouvons un exemple d'un autre type de culture d'entreprise. C'est là l'histoire d'un succès obtenu grâce à un style de gestion impitoyable qui a réussi à faire d'une entreprise de communications d'importance moyenne, dont les ventes en 1959 se chiffraient à 765 millions de dollars, un des conglomérats les plus importants, les plus puissants et les plus diversifiés au monde, avec des revenus qui atteignaient près de 12 milliards de dollars en 1978. Sous le règne de Geneen, qui dura vingt ans, l'entreprise était connue comme une de celles qui enregistraient le plus fort taux de croissance et de profits en Amérique et, en même temps, à cause de son rôle dans une affaire de pots-de-vin en Europe et dans la chute du gouvernement Allende au Chili, comme une des plus corrompues et des plus controversées.

Le style de gestion de Geneen était simple et direct. Il cherchait à garder son personnel toujours en haleine en créant une atmosphère d'intense concurrence, fondée sur la confrontation et sur l'intimidation. Sa méthode reposait sur la recherche de ce qu'on appelait des « faits irréfutables ». Il insistait pour que tous les rapports des gestionnaires, les décisions et les projets soient fondés sur des prémisses impossibles à réfuter, et avait élaboré un système d'information très complet, un réseau de groupes de travail spéciaux, et une méthode de contre-interrogatoire qui lui permettait de vérifier à peu près tout ce qui était dit. Geneen était doué d'une mémoire extraordinaire et pouvait absorber des quantités énormes d'information en un temps relativement court. Cela lui permettait de garder les membres de son personnel en haleine en leur faisant voir qu'il connaissait la situation aussi bien, sinon mieux, qu'eux-mêmes. Ses interrogatoires, dans les séances où l'on passait en revue les lignes de conduite de l'entreprise, sont restés légendaires. Ces réunions, que l'on a déjà décrites comme de « véritables procès-spectacles » avaient lieu autour d'une énorme table à laquelle pouvaient s'asseoir une cinquantaine de personnes, chaque participant disposant d'un micro. On dit que la méthode de Geneen consistait à poser une question à une personne en particulier, ou à écouter les rapports soumis tandis que des adjoints choisis à cette fin vérifiaient tout ce qui était dit. Dès que le membre du personnel qui était sur la sellette faisait mine d'éluder les questions ou se montrait peu sûr de lui, Geneen intervenait pour examiner de plus près ce qui lui paraissait insatisfaisant. Totalement informé des faits, avec un talent extraordinaire pour aller droit au cœur du problème, il mettait invariablement le malheureux et ses arguments en pièces. Ce genre d'expérience, a-t-on dit, était tellement pénible que beaucoup de ces gestionnaires ne pouvaient résister et se mettaient à pleurer tant la tension était grande.

Geneen avait choisi de motiver les gens par la peur. Si un membre de la direction avait à faire une présentation, il avait toutes les raisons du monde de passer la nuit à se préparer, afin de prévoir toutes les questions et toutes les réponses possibles. Geneen a instauré ce genre d'intimidation dès le début de son mandat. On raconte, par exemple, que dès ses premiers mois avec ITT, il téléphonait à ses subordonnés à n'importe quelle heure du jour ou de la nuit pour remettre en question la validité d'un fait ou d'un point obscur d'un rapport. Le message passait : le personnel de ITT appartient à l'entreprise, et doit consacrer toute son existence au travail. Un des principes clés devint très tôt évident : la loyauté à l'égard de l'organisation et de ses objectifs primait sur toute autre, y compris la loyauté envers les collègues.

Sous la coupe de Geneen, ITT était à la fois une entreprise qui réussissait et une véritable jungle. La performance des gestionnaires était certes remarquable, mais elle coûtait cher car la tension était énorme et certains résultats sont tristement célèbres, comme ce qui s'est passé au Chili. Le personnel de direction de ITT devait avant tout remplir ses engagements en atteignant les buts visés. Le billot n'était jamais loin. Cette approche de Geneen est le type de gestion que le psychanalyste Michael Maccoby a appelé le comportement du « combattant dans la jungle » : le gestionnaire assoiffé de pouvoir qui voit sa vie et sa carrière comme un combat dans la jungle, où il faut tuer pour ne pas être tué et où le gagnant détruit le perdant. Ce combattant a tendance à voir ses pairs comme des complices ou comme des ennemis, et ses subordonnés comme des objets qu'on manipule. Les « lions », chez ces combattants, sont les conquérants qui, comme Geneen, construisent des empires. D'autres, qui ressemblent davantage à des renards, avancent grâce à la ruse et en faisant de la politique. Il est intéressant de voir que les deux attitudes, avec leurs conceptions fondamentales, contribuent à *créer* ce monde où les loups se mangent entre eux.

La culture « d'estoc et de taille » qui caractérisait ITT quand Geneen présidait à ses destinées est aux antipodes de la culture du style « oublions nos différences » de la petite firme d'assurances que nous avons évoquée un peu plus tôt. Elle se situe également à l'opposé de l'esprit d'équipe qui a si bien réussi chez Hewlett-Packard. Nous trouvons ainsi, dans ces trois organisations, des cultures très différentes qui sont nées de styles de direction très différents. Que nous le voulions ou non, les attitudes et la vision du personnel dirigeant d'une entreprise ont un impact sérieux sur l'*ethos* et le système de signification qui imprègnent toute l'organisation. Les résultats ont été bien mauvais dans le cas de la société d'assurances, du moins en ce qui concerne la performance globale. Chez H-P et chez ITT, les cultures ainsi produites ont eu des résultats plus positifs, mais dans le cas de ITT, certains individus, ou groupes, aussi bien du secteur public que du secteur privé, ont payé cher ce succès.

On peut arriver à mieux comprendre les raisons pour lesquelles une organisation fonctionne d'une certaine façon en observant de près les liens entre le style de direction et la culture de l'entreprise. Il est toutefois important de bien voir que les dirigeants n'ont pas le monopole en ce qui concerne la création de la culture organisationnelle. Certes, le pouvoir dont ils jouissent leur confère un avantage réel quand il s'agit d'élaborer un système de valeurs et des codes de comportement, puisqu'ils sont souvent en mesure de récompenser ou de punir les gens selon qu'ils obéissent ou pas. Il existe d'autres personnes, toutefois, qui peuvent influencer le processus en jouant le rôle de meneurs d'opinion ou, tout simplement, en jouant leur rôle. On n'impose pas une culture à un groupe social. En fait, elle se développe au fil de l'interaction sociale.

Souvent, dans les organisations, de nombreux systèmes de valeurs sont en concurrence, et composent une mosaïque de réalités organisationnelles plutôt qu'une culture d'entreprise uniforme. Différents groupes de spécialistes, par exemple, peuvent avoir chacun leur vision du monde et de la mission de l'organisation. Les comptables peuvent adopter une philosophie, les gens de la mercatique une autre. Le système référentiel qui guide les ingénieurs responsables du développement des produits peut différer de la perspective adoptée par ceux qui en assurent la production. Chaque groupe peut avoir élaboré son propre langage, son propre ensemble de concepts préférés, pour déterminer et formuler les priorités. Il est intéressant de voir que les entreprises prospères étudiées par Peters et Waterman semblent avoir trouvé le moyen de supprimer ces clivages, de sorte que différents spécialistes peuvent guider leurs activités en se référant à un ensemble commun et intégré de normes et de priorités. Toutefois, ces clivages existent bien dans un bon nombre d'organisations et se traduisent par un ensemble de sous-cultures distinctes selon les groupes de professionnels, les membres d'une sous-culture ayant beaucoup de mal à communiquer avec ceux d'une autre.

Il est également possible que la division d'une organisation en sous-cultures distinctes repose sur d'autres éléments que la formation ou la profession. Par exemple, les regroupements selon la classe sociale ou l'ethnie peuvent donner naissance à des normes et à des modèles de comportement distincts qui auront un impact crucial sur le fonctionnement quotidien de l'entreprise. Le sociologue W.F. Whyte nous en donne un excellent exemple dans son étude portant sur la restauration ; on peut y voir comment le statut et d'autres différences sociales entre le personnel de cuisine et le personnel de table créent souvent des problèmes sérieux. Quand un groupe dont le statut est élevé entre en interaction avec un groupe dont le statut est inférieur, ou lorsque s'établit un rapport de forces entre des groupes qui ont des attitudes très différentes, cela engendre souvent une sorte de « guerre culturelle » qui, alors, empoisonne littéralement les organisations en cause.

Le fait que la loyauté des membres de l'organisation ne lui soit pas nécessairement exclusive peut également engendrer des sous-cultures différentes. Tous ne se dévouent pas corps et âme à l'organisation pour laquelle ils travaillent. Des sous-cultures particulières peuvent venir de ce que les gens cherchent à donner plus de sens à leur vie, par exemple en établissant des relations d'amitié ou d'autres formes de groupes sociaux au travail, ou encore en privilégiant des normes et des valeurs qui servent des buts personnels plus que ceux de l'organisation. Par exemple, les manœuvres grâce auxquelles certaines personnes font avancer leur carrière ou servent des intérêts bien précis peuvent donner naissance à des coalitions dont les membres adhèrent à des ensembles spécifiques de valeurs. Ces coalitions prennent parfois la forme de contre-cultures, qui s'opposent aux valeurs adoptées par la direction. Beaucoup d'entreprises connaissent ces divergences d'opinion non formelles à l'intérieur de la haute direction, et parfois aussi dans l'organisation tout entière. En général il en résulte une lutte pour avoir la haute main sur l'entreprise, ce qui peut à maints égards s'interpréter comme une lutte pour le droit de déterminer la culture de l'organisation. Tout comme en politique, ces luttes sont souvent liées à des enjeux d'ordre idéologique.

À l'avant-garde de toutes les contre-cultures d'entreprise, bien entendu, nous trouvons celles qu'appuient les syndicats. C'est là que la bataille pour la domination idéologique se trouve le plus clairement définie, car les syndicats sont en réalité des contre-organisations, leur existence même venant de ce que les intérêts de l'employeur et ceux des employés ne sont pas nécessairement identiques. Les syndicats ont leurs propres histoires culturelles, qui changent d'une industrie à l'autre et d'une organisation à l'autre au sein de la même industrie. La philosophie, les valeurs, les normes de la culture syndicale exercent en général une profonde influence sur la mosaïque des cultures, des sous-cultures et des contre-cultures qui caractérisent la vie de n'importe quelle organisation.

La création de la réalité organisationnelle

Une signification commune, une compréhension commune et la fabrication d'un sens commun, voilà différentes façons de décrire une culture. Quand nous en parlons, nous parlons en réalité d'un processus de construction de la réalité qui permet aux gens de voir et de comprendre des événements, des actions, des déclarations, des situations ou des objets particuliers de façon bien spéciale. Ces modèles de compréhension permettent également de donner une signification à ses propres comportements.

Mais comment la culture se crée-t-elle, et comment se maintient-elle ? Comment se fait la construction de la réalité ? Nous avons déjà commencé à répondre à ces questions de façon assez générale. Nous allons à présent étudier plus précisément et de manière plus systématique le processus en jeu.

LA CULTURE : SUIVRE DES RÈGLES
OU LES *ENACTER* ?

Le sociologue Harold Garfinkel a montré que les aspects les plus routiniers et les mieux acceptés de la réalité sociale sont en fait des *accomplissements* qui exigent beaucoup de savoir-faire. Que nous prenions le métro, que nous rendions visite à un voisin ou que nous marchions comme un être normal dans la rue, nous nous servons de nombreux savoir-faire sociaux dont nous sommes à peine conscients, tout comme le funambule trouve tout naturel de courir sur le fil pour récupérer ses affaires à la fin de la répétition, sans même penser à l'adresse que cela exige. Nous en faisons autant dans la plupart des activités de tous les jours.

Garfinkel explique ces savoir-faire qui nous semblent aller de soi en montrant ce qui se passe si nous essayons de changer de façon délibérée nos habitudes. Dans le métro, dévisagez un autre voyageur pendant un long moment : il va sans doute commencer par regarder ailleurs, puis, de moins en moins à l'aise, finira peut-être par demander ce qui ne va pas, changer de siège ou descendre à la prochaine station. Chez votre voisin, faites comme chez vous. Dans la rue, changez votre façon de marcher habituelle en vous arrêtant, en vous retournant, en repartant, ou en prenant l'air furtif d'un individu louche. Chaque fois, vous découvrirez graduellement que la vie dans une culture donnée ne peut se dérouler paisiblement que dans la mesure où le comportement de l'individu se conforme à des codes non écrits. Que l'on fasse abstraction de ces normes, et le caractère ordonné de la réalité sociale disparaît à coup sûr.

Nous pouvons donc dire que la nature d'une culture se trouve dans ses normes et coutumes sociales, et que l'individu qui suit ces règles de comportement va réussir à construire une réalité sociale appropriée. Un individu qui est dans les affaires, qui voyage outremer, ou même qui rend visite à un client ou à une autre organisation dans son propre pays devrait bien apprendre les normes qui lui permettront de « faire comme chez eux ». Si l'on voyage dans des pays arabes, par exemple, il est important de bien comprendre les rôles différents que jouent les hommes et les femmes dans cette société ainsi que les règles locales concernant la nature peu rigide du « temps ». Les Arabes, dans leurs pays, n'aiment pas beaucoup traiter des affaires avec des femmes, et ils prennent leur temps pour établir de bonnes relations fondées sur la confiance avant de prendre une décision ; ils refusent de se laisser bousculer et, pour eux, un rendez-vous fixé à 14 h ne signifie pas nécessairement s'y rendre à 14 h. Les gens qui, sans le savoir, contreviennent à ces règles et essaient de s'en tenir à un horaire prédéterminé, ou qui veulent aller vite en affaires, n'arriveront en général à rien. Leurs façons d'agir sont susceptibles de déranger autant que celles du passager qui ne respecte pas les normes de conduite tacites dans le métro.

Il semble toutefois que la culture ne soit pas seulement le respect des règles. On a pu le voir dans plusieurs travaux importants effectués par Garfinkel et ses collègues ; selon ces recherches, pour pouvoir appliquer une règle, il faut en savoir beaucoup plus long que la règle proprement dite, car cette dernière est toujours incomplète. C'est ainsi que le sociologue David Sudnow a montré que même lorsqu'il s'agit de rendre la justice, domaine de l'activité humaine où les mesures à prendre sont censées être l'objet de règles bien définies, l'application d'une loi en particulier exige du juriste ou du juge des connaissances qui dépassent de beaucoup ce qui est contenu dans la loi en question. Les recherches de Sudnow ont montré que les causes concernant les mauvais traitements aux enfants ou les cambriolages, par exemple, font généralement partie de catégories juridiques déterminées à partir d'images et de jugements portant sur ce qui constitue « un délit normal » dans ces domaines. On arrive ainsi à prendre une série de décisions subjectives à propos de la nature du délit avant même d'appliquer toute règle constitutive de la loi. Juristes et juges ne suivent pas les règles. Ils s'en servent plutôt pour rendre raisonnables et dotés de signification à leurs propres yeux et à ceux des autres une activité ou un jugement donnés. En fait, les personnes engagées dans ce processus sont à la recherche des règles qu'il faut invoquer et travaillent à leur définition. Il faut souvent avoir recours à la négociation, par exemple entre les défendeurs et leur avocat, le procureur et le juge, qui tous peuvent définir de manière différente la situation en cause.

Si nous revenons à la façon dont nous accomplissons nos activités quotidiennes, que ce soit un trajet en métro ou une visite à un voisin, ou encore qu'il s'agisse de la manière dont nous marchons dans la rue, nous trouverons le même processus que celui que nous avons évoqué plus haut. Comme lorsqu'il s'agit de jugements à l'intérieur de notre système judiciaire, la façon dont nous envisageons une situation influence notre choix des règles et codes de comportement auxquels nous ferons appel. Supposons que nous allons chez un voisin pour une soirée. La manière dont nous comprenons la situation nous amènera à faire appel à certaines règles (par exemple, il sera admis qu'on aille chercher une autre bouteille de bière dans le réfrigérateur ou un tire-bouchon dans le tiroir de la cuisine), bien que ces règles puissent ne pas convenir dans une autre situation. Il est important de bien saisir que les règles qui fonctionnent dans différentes situations doivent être définies et invoquées en fonction de notre compréhension du contexte. Nous prenons ainsi implicitement beaucoup de décisions et faisons des hypothèses sur une situation avant même d'appliquer une règle ou de respecter une norme. Parce qu'un bon nombre de ces normes et hypothèses sont inconscientes et résultent de notre socialisation antérieure et de connaissances qui nous paraissent aller de soi, nous semblons donc agir de façon spontanée. La plupart du temps, les processus de *fabrication* de sens ou de justification de l'action ne se produisent que si le comportement est remis en question.

Karl Weick, psychologue de l'organisation, a appelé *enactment*, que nous traduisons par *enaction*, le processus selon lequel nous déterminons en partie et structurons nos réalités. Comme Garfinkel avec son concept d'accomplissement, Weick veut insister sur le rôle proactif que nous jouons inconsciemment en créant notre monde. Nous nous voyons souvent en train de vivre dans une réalité dotée de caractéristiques objectives, mais la vie exige de nous bien plus que cela. En effet, pour que nos réalités puissent se matérialiser, il nous faut jouer un rôle actif grâce à divers schèmes d'interprétation, bien que les réalités aient ensuite l'habitude de s'imposer à nous comme « des choses qui ne dépendent pas de nous ».

Nous trouvons une magnifique illustration de cela dans une anecdote de Charles Hampden-Turner à propos d'un homme qui faisait faire le portrait de son épouse par Picasso. Un jour, l'homme rendit visite à l'artiste dans son studio.

– Qu'en pensez-vous ? demanda Picasso, montrant le tableau presque terminé.

– Oh ! répondit l'autre, essayant de rester courtois, cela ne lui ressemble pas vraiment.

– Et... à quoi ressemble-t-elle vraiment ? interrogea le peintre. Bien décidé à ne pas se laisser intimider, l'homme sortit une photo de son portefeuille :

– Voilà à quoi elle ressemble.

– Mmm, répondit Picasso, étudiant la photo. Elle est bien petite, non ?

Si nous reconnaissons que nous accomplissons ou que nous enactons la réalité de notre vie quotidienne, nous disposons d'une voie extrêmement riche et fructueuse pour réfléchir sur la culture. En effet, cela signifie que nous devons essayer de la comprendre comme un processus continu, proactif, de construction de la réalité, ce qui permet de donner vie au phénomène de la culture dans sa totalité. Ainsi comprise, on ne peut plus considérer la culture comme une simple variable que peut posséder une société ou une organisation. Il faut plutôt la comprendre comme un phénomène actif, vivant, grâce auquel les êtres créent et recréent les mondes dans lesquels ils vivent.

L'ORGANISATION : L'ENACTION D'UNE RÉALITÉ COMMUNE

Cette conception de la culture a d'énormes conséquences sur la façon dont nous envisageons les organisations en tant que phénomènes culturels. En effet, elle met l'accent sur la nécessité d'enraciner notre compréhension de l'organisation dans les processus qui aboutissent à des systèmes de signification commune.

Quels sont les schèmes d'interprétation communs qui rendent l'organisation possible ?

D'où viennent-ils ?

Comment sont-ils créés, transmis et maintenus ?

Ces questions sont maintenant au cœur de notre analyse de l'organisation. L'idée d'enaction de la culture nous amène à voir que les organisations sont essentiellement des réalités socialement construites, dont les points d'ancrage sont autant dans la tête de leurs membres que dans des ensembles concrets de règles et de relations.

Pour pouvoir comprendre la culture d'une organisation, il faut mettre au jour les aspects les plus banals et les moins perceptibles aussi bien que les aspects plus éclatants du processus d'enaction de la réalité. Et parfois il s'agit de facteurs si subtils, si omniprésents, qu'il est très difficile de les cerner. Il suffit de se rappeler notre étude des organisations japonaises et la façon dont elles sont déterminées par les valeurs de la rizière ; souvenons-nous comment certaines organisations britanniques reproduisent des attitudes enracinées depuis des générations dans la lutte des classes. À première vue ces valeurs semblent avoir bien peu de rapports avec les organisations dans lesquelles on les retrouve, car elles y ont été introduites de manière imperceptible.

Voyons encore comment on peut permettre au dollar de marquer profondément la réalité d'une organisation par l'intermédiaire de systèmes d'information financière fonctionnant de façon routinière. Sous leur influence, des gens, ou des unités d'une organisation, qu'il s'agisse d'élèves dans les écoles, de malades dans les hôpitaux, d'équipes dans les usines, sont considérés comme des centres de profits générateurs de coûts et revenus. Lorsque les considérations d'ordre financier prennent une importance primordiale, l'information fournie par ces systèmes influence profondément les décisions. Beaucoup de cultures d'entreprise focalisées sur une idée principale, les prix de revient les plus bas, proviennent de schèmes d'interprétation sous-jacents à de tels systèmes de contrôle.

Bien qu'on ait peu l'habitude de considérer les comptables comme des «constructeurs de réalité» dont l'influence sur la culture de l'organisation est décisive, c'est pourtant là précisément le rôle qu'ils jouent. Ils peuvent déterminer la réalité de l'organisation en persuadant les autres que le schème d'interprétation fourni par le dollar doit avoir priorité quand il s'agit de décider comment il faut diriger l'organisation. Bien entendu, il n'est pas question de dire que les questions financières n'ont pas leur importance. Cependant, considérer l'organisation du point de vue financier n'est qu'une des façons de faire possibles. Il en existe toujours d'autres, mais elles sont généralement repoussées à l'arrière-plan par les considérations d'ordre financier au moment de définir la réalité de l'organisation.

La structure de l'organisation, les règles, lignes de conduite, buts, missions, descriptions de tâches et procédés normalisés sont aussi des instruments d'interprétation. Tout cela sert en effet de points de référence essentiels aux membres d'une organisation lorsqu'ils réfléchissent aux contextes dans lesquels ils travaillent et tentent de leur donner une signification. Bien qu'on considère en général que ces éléments font partie des caractéristiques les plus objectives d'une organisation, l'idée d'enaction permet d'insister sur le fait qu'il s'agit plutôt d'artefacts culturels qui aident à déterminer le cours de la réalité à l'intérieur d'une organisation.

Tout comme dans une société tribale où les valeurs, les croyances et les traditions peuvent être enchâssées dans le système de parenté et les autres éléments de la structure sociale, un grand nombre d'aspects d'une culture d'entreprise sont enracinés dans les routines de la vie quotidienne. Ces dernières, en effet, définissent la scène socialement construite sur laquelle les acteurs de la génération actuelle donnent vie à leur culture. Plus banales et ordinaires que les rites et cérémonies qui marquaient les réunions de la société d'assurances dont nous avons parlé plus haut, le rassemblement hebdomadaire de Tupperware ou la banane d'or de Foxboro, les routines ont une importance incroyable si l'on veut comprendre la façon dont fonctionne une organisation quand personne n'y porte attention.

Lorsque nous explorons une culture d'entreprise dans cette optique, il est surprenant de voir à quel point *chaque* aspect de l'organisation est riche de signification et combien ce qui nous est familier peut tout à coup nous apparaître sous un jour nouveau. Ces réunions hebdomadaires, cette planification annuelle que tout le monde considère comme une perte de temps prend une signification nouvelle, celle d'un rituel assurant un certain nombre de fonctions cachées. En effet, nous commençons à nous rendre compte que le langage quotidien de la bureaucratie est un des moyens par lesquels l'organisation crée ses caractéristiques bureaucratiques. Nous voyons que le caractère agressif d'une organisation est soutenu par une sorte de mentalité militaire qui l'amène à entretenir des relations antagonistes avec son environnement et le syndicat local, ou qui engendre des sortes de stratégie destinées à déjouer toute forme d'opposition. Nous nous apercevons alors que les organisations finissent par être ce qu'elles pensent et disent, à mesure que leurs idées et leurs visions s'accomplissent.

En considérant du point de vue de la construction de la réalité les rapports quotidiens entre les membres d'une organisation, on arrive à de nouvelles idées sur la façon dont un groupe fonctionne et sur sa direction. Nous voyons que la formation d'un groupe ou le fait de devenir un chef dépend finalement de la possibilité de créer un sens de la réalité commun à tous. Les groupes homogènes sont ceux qui émergent d'une vision commune des choses, tandis que les groupes fragmentés se caractérisent en général par de multiples réalités.

« Vendez-le au personnel des ventes » (Hewlett-Packard).

« Ceux qui *exécutent* les projets doivent les *concevoir* » (Texas Instruments).

« Pièces détachées acheminées en 48 heures dans le monde entier sinon, c'est CAT qui paie » (Caterpillar).

« Dix ans de fonctionnement sans problèmes » (Maytag).

« IBM est synonyme de service » (IBM).

« Le progrès, voilà notre produit le plus important » (General Electric).

« Avec nous, pas de mauvaises surprises » (Holiday Inns).

« Ne refusez jamais une nouvelle idée de produit » (3M).

Tous ces slogans communiquent des valeurs fondamentales à partir desquelles des organisations construisent et symbolisent les aspects importants de leur philosophie. La culture d'une organisation s'ancre cependant beaucoup plus profondément que cela. Slogans, langage évocateur, symboles, histoires, mythes, cérémonies, rituels et modèles de comportement tribal qui ornent la surface de la vie de l'organisation nous donnent uniquement des indices de l'existence d'un système de signification beaucoup plus profond et imprégnant toute l'organisation. Le défi, pour comprendre les organisations en tant que cultures, c'est de bien saisir comment se crée et se maintient ce système, que ce soit dans ses aspects les plus banals ou dans ses aspects plus frappants.

Forces et limites de la métaphore de la culture

Dans un essai paru en 1954 sur l'utilisation des statistiques comme fondement de politiques publiques, Ely Devons, économiste britannique, établissait un parallèle entre le processus de prise de décision dans les organisations et la magie et la divination dans les sociétés tribales. Selon lui, bien que les décideurs, dans les organisations, ne pensent sans doute pas à examiner les entrailles d'une volaille ou à consulter un oracle pour connaître le sort de leur entreprise ou l'état de l'économie, l'emploi qu'on fait des statistiques a souvent beaucoup en commun avec la magie des primitifs. Dans les sociétés primitives, c'est à la magie qu'on fait appel pour déterminer de quel côté l'on va chasser, ou si la tribu doit déclarer la guerre à une autre ; c'est la magie qui décide des mariages et du choix des conjoints ; c'est elle aussi qui rend des décisions bien tranchées dans des cas où, autrement, il pourrait y avoir des discussions sans fin. Dans les organisations, les techniques d'analyse quantitative semblent jouer un rôle similaire. On y a recours pour prédire l'avenir et analyser les conséquences de différentes options de façon à donner à la prise de décision une apparence de rationalité et un poids réel. Bien entendu, l'emploi de ces techniques ne réduit en rien le risque. Les incertitudes qui entourent une situation donnée persistent, dissimulées derrière les hypothèses qui sous-tendent l'analyse technique. D'où l'idée de Devons : la fonction de ces analyses est d'augmenter la crédibilité de ce que l'on fait en face de situations qu'il faudrait autrement résoudre par intuition et en essayant de deviner. Tout comme les devins qui consultent les entrailles des oiseaux, un grand nombre de ceux qui prennent les décisions dans les organisations insistent sur l'étude des faits et des chiffres avant l'adoption d'une ligne de conduite, bien que les statistiques ne fournissent que des indices fort peu sûrs de ce qui pourrait bien arriver dans l'avenir.

La critique de Devons fait ressortir la confiance exagérée que nous plaçons trop souvent dans ces techniques et, du même coup, le manque de réflexion et d'esprit critique qui caractérisent l'emploi qu'on en fait. Comme le devin primitif, on encourage toutes sortes de spécialistes à effectuer leurs calculs mystérieux, et ils peuvent conserver leur crédibilité même quand les événements leur donnent tort. Que l'avis du devin s'avère erroné ne jette pas pour autant le discrédit sur la divination. On attribue en général l'échec à un défaut d'exécution ou à l'intervention inattendue de quelque force adverse. De façon semblable, le technicien a le droit de faire porter le blâme sur le modèle utilisé ou sur les circonstances, et d'expliquer ainsi pourquoi les prévisions sont inexactes. L'analyse n'est jamais discréditée, et l'on sauvegarde ainsi une apparence de rationalité.

Les organisations modernes sont soutenues par des systèmes de croyances qui insistent sur l'importance de la rationalité. Aux yeux du public, la légitimité de ces organisations dépend souvent de leur capacité à faire preuve de rationalité et d'objectivité dans leurs actions. C'est pour cette raison que les anthropologues parlent souvent de la rationalité comme du grand mythe de la société moderne. En effet, comme le mythe chez les primitifs, la rationalité nous fournit un système référentiel complet, un système de croyances qui nous permet de rendre intelligible notre expérience quotidienne. Le mythe de la rationalité nous aide à considérer certains modèles d'action comme légitimes, vraisemblables et normaux et, par conséquent, à éviter les discussions qui risqueraient de survenir si nous admettions que bon nombre de nos actions et de nos valeurs renvoient à une incertitude et une ambiguïté fondamentales.

Une des forces principales de la métaphore de la culture repose sur le fait qu'elle attire l'attention sur la signification symbolique, voire « magique », des aspects les plus rationnels de la vie organisationnelle. Comme nous avons pu le montrer dans les pages qui précèdent, un grand nombre des structures et des pratiques des organisations sont l'expression de modèles de signification subjective dont la compréhension est essentielle pour bien saisir le fonctionnement au jour le jour d'une organisation. C'est ainsi que les réunions sont plus que des réunions. Elles véhiculent d'importants aspects de la culture organisationnelle : les normes de passivité dans le cas de la société d'assurances, ou la crainte et le respect des faits irréfutables dans les tentatives d'intimidation de Geneen. La nature même d'une salle de réunion vide peut réfléchir et reproduire les structures d'interaction souhaitées par les dirigeants de l'organisation. Des rangées de chaises, un bloc-notes à chaque place, avec un verre d'eau debout comme une sentinelle, tout cela exprime la conformité et le bon ordre. L'apparence chaotique, amicale et sans formalité d'autres salles invite davantage à l'auto-organisation. En mettant en lumière le symbolisme d'à peu près tous les aspects de la vie de l'organisation, la métaphore de la culture concentre ainsi l'attention sur un côté humain de l'organisation que d'autres images ont tendance à ne pas inclure ou à ne pas mettre en évidence.

La deuxième force de cette métaphore vient de ce qu'en montrant que l'organisation repose sur des systèmes de signification communs, et par conséquent sur des schèmes d'interprétation communs qui créent et recréent ces significations, la métaphore fournit un nouveau centre d'intérêt et propose de nouvelles voies pour la création d'une action organisée. Avec les métaphores de la machine et de l'organisme, on insiste surtout sur le processus de conception : la conception des parties de l'organisation ou la conception des processus d'adaptation. La métaphore de la culture montre un nouveau moyen de créer une activité organisée : influencer le langage, les normes, le folklore, les cérémonies et autres pratiques sociales qui véhiculent les idéologies, les valeurs et les croyances fondamentales qui guident l'action. Cela permet de mieux comprendre l'enthousiasme actuel devant l'idée de traiter la culture d'entreprise comme une sorte de « ciment normatif » qui réunirait toutes les parties de l'organisation. Alors qu'auparavant beaucoup de gestionnaires se considéraient comme des hommes ou des femmes plus ou moins rationnels qui concevaient des structures et des descriptions de tâches, qui coordonnaient des activités, ou élaboraient des plans pour motiver leur personnel, ils peuvent aujourd'hui se voir comme des acteurs symboliques dont la fonction première est d'encourager et de développer des modèles de croyance souhaitables. Le résultat des recherches sur la culture d'entreprise montre comment cette forme de gestion symbolique peut servir à déterminer la réalité de la vie organisationnelle en mettant en valeur les possibilités d'une action coordonnée.

La métaphore de la culture ouvre ainsi la voie à une réinterprétation de bon nombre de concepts et processus traditionnels de la gestion. Nous avons déjà vu, par exemple, la façon dont cette métaphore influe sur notre idée de la direction. Les approches traditionnelles de la direction tendent à relier les tâches et les gens qui doivent les accomplir en repérant les styles de *comportement* qui conviennent aux différentes situations. La métaphore de la culture nous incite à interpréter à nouveau la nature de ces styles afin de reconnaître le rôle qu'ils jouent dans la construction sociale de la réalité. Il est clair que les différents genres de direction dépendent en partie de la façon dont on définit la réalité. Les chefs autoritaires « vendent » ou « imposent » une réalité et obligent les autres à accepter leur propre définition de la situation. D'autres, plus démocratiques, font en sorte que la réalité d'une situation émerge des définitions qu'en donnent leurs collègues ; ils écoutent et font surgir les thèmes fondamentaux qu'ils intègrent ; ils évoquent et élaborent les images qui capturent l'essence même du système de signification qui en ressort. De cette façon, ils définissent la réalité des autres de manière plus subtile et moins dure que les chefs autoritaires, grâce à des interventions stratégiques qui font apparaître les directions principales et le sens des valeurs plutôt qu'en forçant les gens à les suivre. La direction ne consiste pas à se placer à l'avant-scène : il est souvent possible de jouer un rôle à l'arrière-plan, en influençant le cours des actions les plus importantes et l'orientation générale que les événements doivent prendre, tout en laissant le choix des détails à ceux qui sont responsables de leur mise en œuvre. La métaphore de la culture, en considérant la direction comme la gestion de la signification, nous amène à comprendre des styles anciens d'une façon nouvelle.

La métaphore nous aide également à réinterpréter la nature et la signification des rapports entre l'organisation et l'environnement. Nous avons déjà fait allusion à la manière dont nous pouvons concevoir des règles et des procédés organisationnels familiers comme des schèmes d'interprétation grâce auxquels nous construisons la réalité de l'organisation et lui donnons un sens. De la même façon, nous pouvons concevoir comment une organisation donne une signification à son environnement comme un processus d'enaction sociale de ce dernier. Les organisations choisissent et structurent leur environnement à l'aide d'une quantité de décisions qui sont en même temps des interprétations de la réalité. La connaissance que nous avons de l'environnement et les rapports que nous entretenons avec lui sont des prolongements de notre propre culture, puisque nous en venons à connaître et à comprendre notre milieu grâce au système de croyances qui guident nos interprétations et nos actes. C'est ce qui a amené Gregory Bateson à émettre l'idée que l'esprit et la nature sont entrelacés. La nature se fait visible par l'intermédiaire de la culture. Notre compréhension de la nature est d'ordre culturel.

Cela a de graves conséquences sur la manière dont nous comprenons les rapports entre l'organisation et l'environnement, et sur la gestion stratégique. En effet, en insistant sur les rapports étroits, fondamentaux, qui existent entre ces phénomènes, nous reconnaissons que nos environnements sont des prolongements de nous-mêmes. (Nous reviendrons plus en détail sur cette idée au chapitre 8.) Nous choisissons des domaines environnementaux et y fonctionnons selon la façon dont nous construisons notre conception de ce que nous sommes et de ce que nous essayons de faire, par exemple : « être une entreprise dans le domaine de l'informatique », « construire et vendre des automobiles », « nous poser comme chefs de file dans notre domaine », « battre la concurrence ». En conséquence, notre action dans ces domaines sera fonction des définitions que nous leur imposons. C'est ainsi que les entreprises élaborent en général un langage qui donnera un sens à leur marché, à leur technique et aux rapports avec d'autres secteurs de l'économie, réglant leurs actions en tenant compte des menaces et des possibilités qui émergent de cet ensemble d'interprétations. Les entreprises organisent leur environnement exactement de la même façon que leurs activités internes, enactant les réalités avec lesquelles elles doivent composer. Bien entendu, il est plus difficile de contrôler l'environnement que l'activité interne. D'autres organisations en font aussi partie, qui déterminent leurs actions selon *leurs propres* schèmes d'interprétation favoris, influençant ainsi l'environnement auquel d'autres organisations cherchent en même temps à s'adapter et à réagir. L'instabilité et le changement dans l'environnement sont le résultat de ce processus continu de l'enaction du réel. Les environnements sont constitués par un grand nombre d'individus et d'organisations qui, tous, agissent en se fondant sur leur interprétation d'un monde qui est *de facto* défini. Un *ethos* de concurrence engendre des environnements marqués par la concurrence. La vision d'une récession conduit à une récession. Les croyances et les idées qu'entretiennent les organisations sur ce qu'elles sont et sur ce qu'elles tentent de faire, et sur ce qu'est leur environnement, ont beaucoup plus tendance à se matérialiser qu'on ne le croit généralement.

Cela a une importance considérable pour ce qui est de la façon dont les organisations vont envisager de formuler leur stratégie.

En reconnaissant que l'élaboration d'une stratégie est un processus d'enaction d'une part importante de l'avenir auquel l'organisation va devoir faire face, il est possible de surmonter l'impression erronée que les organisations s'adaptent ou réagissent à un monde qui est totalement indépendant de leur action. Cela peut aider les organisations à se rendre compte que c'est bien souvent elles qui créent les contraintes, les barrières et les situations qui leur posent des problèmes. Dans les années 70, par exemple, l'industrie américaine de l'automobile considérait que c'était le défi lancé par la concurrence japonaise qui était au cœur de ses difficultés. Si l'on avait examiné la situation de plus près, on aurait compris que c'étaient les membres de l'industrie eux-mêmes qui, à l'origine, étaient responsables des conditions qui ont permis aux Japonais de réussir, en omettant, par exemple, d'étudier la possibilité que le marché américain soit prêt à accueillir des voitures plus petites.

Enfin, une des forces de la métaphore de la culture est qu'elle nous permet de mieux comprendre le changement dans les organisations. On a traditionnellement considéré ce processus comme un ensemble de problèmes liés à des changements dans les techniques, les structures, les compétences et les motivations du personnel. C'est en partie exact, mais un véritable changement dépend aussi de transformations dans les images et dans les valeurs qui servent à guider l'action. Les attitudes et les valeurs qui signifient la réussite dans une situation donnée peuvent se révéler désastreuses dans une autre. Par conséquent les programmes de changement doivent tenir compte du type d'*ethos* d'entreprise nécessaire dans la situation nouvelle et déterminer comment parvenir à le développer. En mettant en lumière le fait que, dans une large mesure, les organisations reposent dans les schèmes d'interprétation communs qui guident l'action, la métaphore de la culture donne plus d'importance aux changements de la culture d'entreprise qui peuvent faciliter la mise en place des formes d'activités nécessaires dans une organisation. Puisque, en fin de compte, cette dernière réside dans la tête des gens qui en font partie, un changement organisationnel effectif entraîne inévitablement un changement culturel.

Les intuitions qui découlent de cette métaphore ont amené de nombreux gestionnaires et théoriciens de la gestion à chercher comment gérer la culture d'entreprise. La plupart sont aujourd'hui conscients des conséquences symboliques des valeurs organisationnelles, et beaucoup d'entreprises ont commencé à étudier les modèles de culture et de sous-culture qui déterminent l'action quotidienne. Il s'agit là, dans une certaine mesure, d'une évolution positive, puisque c'est reconnaître la nature véritablement humaine des organisations et le besoin de construire ces dernières en fonction des gens plutôt que de la technique. Cette métaphore engendre toutefois un certain nombre de conséquences qui pourraient être négatives.

Convaincus qu'il existait de bonnes et de mauvaises cultures, qu'une culture d'entreprise forte est essentielle au succès de l'entreprise, ou que des modifications à la culture existante amènera le personnel à travailler davantage et à être plus satisfaits de leur sort, un grand nombre de gestionnaires et de consultants en gestion se sont donnés le rôle nouveau de gourous d'entreprise et tentent de créer de nouvelles formes de conscience organisationnelle. Alors que beaucoup de gestionnaires abordent cette tâche en se fondant sur le principe que ce qui est bon pour l'entreprise servira inévitablement les intérêts du personnel, les critiques estiment que c'est là une tendance qui pourrait être dangereuse, faisant de l'art de la gestion une sorte de processus de domination idéologique. La gestion a toujours, bien entendu, été une sorte de pratique idéologique, visant à promouvoir les attitudes, les valeurs et les normes qui peuvent motiver et dominer le personnel. Ce qui est nouveau, c'est la façon fort peu subtile de présenter la manipulation et la domination idéologique comme des stratégies de gestion indispensables. On trouve une certaine cécité idéologique dans beaucoup des écrits sur la culture organisationnelle, surtout chez ceux qui estiment que les gestionnaires doivent devenir de véritables héros de légende en formulant et en reformulant la culture de leur organisation. Pareille manipulation pourrait bien engendrer la résistance, le ressentiment et la méfiance chez les employés. Pourtant, on ne semble guère s'arrêter à cette possibilité. Dans la mesure où les idées dérivées de la métaphore de la culture servent à créer un monde orwellien où règne le novlangue, où la culture sert à contrôler au lieu d'exprimer le caractère humain de l'entreprise, la métaphore risque d'exercer une influence manipulatrice et totalitaire.

Lorsque nous observons une culture, que ce soit dans une organisation ou dans une société en général, nous observons une forme très développée de pratique sociale influencée par bon nombre d'interactions complexes entre des gens, des événements, des situations, des actions et des circonstances plus générales. La culture est en évolution constante. Bien qu'on puisse, n'importe quand, affirmer en percevoir le modèle du moment, par exemple le reflet d'un *ethos* de concurrence ou de coopération, la domination ou l'égalité, le sérieux ou la gaieté, ce modèle est une abstraction imposée de l'extérieur sur la culture. Un tel modèle permet à l'observateur de comprendre ce qui se passe dans la culture en en résumant toute l'histoire, mais il ne remplace pas une expérience dans la culture elle-même. Nous comprenons généralement la culture d'une façon beaucoup plus fragmentaire et superficielle qu'elle ne l'est en réalité.

C'est là un point important, car beaucoup de théoriciens de la gestion considèrent la culture comme une entité distincte, dotée de caractéristiques bien définies. Comme la structure organisationnelle, la culture est souvent considérée comme un ensemble de variables distinctes : croyances, histoires, normes, rituels qui d'une certaine façon constituent un tout culturel. Cette manière de voir est par trop mécaniste et permet de penser qu'il est possible de manipuler la culture à la manière d'un instrument. C'est cette sorte d'attitude mécaniste qui sous-tend une bonne partie de la gestion de la culture. Cependant, vue de l'intérieur, la culture semble plus holographique que mécaniste. Lorsque la culture organisationnelle est forte, un *ethos* particulier imprègne toute l'organisation : le personnel affiche les caractéristiques qui définissent la mission ou l'*ethos* de l'ensemble ; leur engagement vis-à-vis de l'entreprise, par exemple, ou la persévérance envers et contre tout, un engagement envers l'innovation ou, dans des circonstances moins positives, une certaine léthargie ou un sentiment d'incapacité ou de futilité. La culture d'entreprise réside dans un ensemble de capacités et d'incapacités distinctives qui sont devenues les traits les plus caractéristiques du fonctionnement de l'organisation parce que, au fil de l'évolution de la culture, elles en sont venues à faire partie intégrante des attitudes et des façons de faire du personnel. Les dirigeants peuvent exercer une influence sur l'évolution de la culture s'ils sont conscients des conséquences symboliques de leurs actions, et s'ils essaient de promouvoir les valeurs souhaitées, mais ils ne peuvent jamais arriver à un contrôle de la culture au sens préconisé par certains auteurs. La diffusion holographique de la culture signifie qu'elle imprègne les activités de telle sorte qu'un seul groupe d'individus n'est jamais capable d'en prendre le contrôle. Si nous concevons les organisations comme des cultures, nous disposons alors d'un certain nombre d'idées cruciales qui sont absentes des autres métaphores, mais il est peu probable qu'aucune de ces idées fournisse un jour la recette toute simple pour résoudre les problèmes de gestion, recette à laquelle rêvent beaucoup d'auteurs.

Quand l'anthropologue Franz Boas a reçu un Indien Kwakiutl du Nord-Ouest à New York, au début de ce siècle, l'Indien ne manifesta de curiosité véritable qu'à l'endroit des boules de cuivre que l'on voyait sur les rampes d'escalier des hôtels, et des femmes à barbe que l'on exhibait à Times Square. C'était le bizarre plus que les éléments fondamentaux de la culture dans laquelle il se trouvait en visite qui retenait son attention. Cette expérience devrait servir d'avertissement à ceux qui cherchent à comprendre la culture d'entreprise, car là aussi, on pourrait être tenté d'accorder trop d'attention aux démonstrations flamboyantes et aux rituels superficiels de la vie organisationnelle, au lieu de s'intéresser aux structures plus fondamentales qui en sous-tendent les aspects visibles. Dans les travaux portant sur la culture d'entreprise, on considère en général l'enaction comme un processus volontaire se déroulant sous l'influence directe des acteurs en cause. Ce point de vue peut avoir son importance dans la mesure où il autorise les gens à se sentir plus responsables de leur univers en reconnaissant qu'ils jouent un rôle important dans la construction de leur réalité. Mais il peut les induire en erreur dans la mesure où il ne prend pas en considération les conditions dans lesquelles se produit l'enaction. Nous construisons, ou nous enactons nos réalités, mais nous n'avons pas nécessairement le choix des circonstances. Il y a une dimension politique importante qui sous-tend le processus, et la métaphore de la culture ne la met pas toujours suffisamment en relief. Quand on en tient compte, un élément politique qui a des liens étroits avec les perspectives que nous développerons dans des chapitres subséquents envahit la métaphore de la culture.

6

Intérêt, conflit et pouvoir

L'organisation vue comme un système politique

Je vis en démocratie. Pourquoi faudrait-il que j'obéisse à un patron huit heures par jour ? Il se comporte comme un vrai dictateur, nous donne des ordres et nous dit ce que nous devons penser et faire. De quel droit agit-il ainsi ? La firme nous paie, mais a-t-elle pour autant le droit de nous dicter nos croyances et nos sentiments ? Elle n'a sûrement pas celui de nous transformer en robots qui doivent exécuter tous les ordres qu'on leur donne.

Ces propos irrités d'un ouvrier excédé par l'expérience pénible et oppressive qu'est son travail quotidien font ressortir un aspect des organisations qui nous a échappé jusqu'à présent. Il reconnaît que ses droits civiques et ses droits d'employé salarié sont en conflit. Citoyen vivant dans une démocratie, il a le droit, théoriquement, d'avoir ses opinions propres, de prendre ses décisions et d'être traité comme un égal. Mais en tant qu'employé, tout cela lui est refusé. On attend de lui qu'il se taise, qu'il fasse ce qu'on lui dit et qu'il se soumette à l'autorité absolue de ses supérieurs. Huit heures par jour, cinq jours par semaine, on s'attend à ce qu'il oublie la démocratie et fasse son travail. Il ne lui reste que le droit de chercher un autre emploi et de quitter l'entreprise. Ou, comme le lui dit son patron : « Tu peux voter avec tes pieds. Si tu ne te plais pas ici, personne ne te retient. »

C'est là une situation extrême. Toutes les organisations ne sont pas caractérisées par des relations aussi figées entre patrons et ouvriers, ou par une façon de diriger aussi proche de la dictature. Mais cela arrive plus souvent qu'on ne veut bien le croire, surtout dans l'industrie où se sont développés de véritable fronts séparant main-d'œuvre et dirigeants. Que notre exemple soit typique ou non, il nous invite à considérer les organisations comme des systèmes politiques.

Les gestionnaires parlent souvent d'autorité, de pouvoir et des rapports entre supérieurs et subordonnés. Il n'est pas besoin de beaucoup d'imagination pour voir là des problèmes politiques qui mettent en jeu les activités de dirigeants et de dirigés. Si nous allons un peu plus loin, nous nous rendons compte qu'il est possible de comprendre les organisations comme des systèmes de gouvernement qui varient selon les principes politiques mis de l'avant.

Certaines organisations, celles dont nous venons de parler par exemple, peuvent se montrer extrêmement autoritaires tandis que d'autres seront des modèles de démocratie. En reconnaissant que l'organisation est intrinsèquement politique, puisqu'il faut trouver des moyens de créer ordre et direction parmi des gens qui ont des intérêts potentiellement différents et peut-être conflictuels, on peut apprendre beaucoup sur les problèmes et sur la légitimité de la gestion vue comme un processus de gouvernement, et sur les rapports entre les organisations et la société.

La métaphore du politique peut aussi servir à démêler la dimension politique de la vie de tous les jours de l'organisation. La plupart des gens qui travaillent dans une organisation reconnaissent volontiers en privé qu'ils sont entourés de « brasseurs d'affaires » dont les activités prennent diverses formes et par l'intermédiaire desquelles ils essaient de servir des intérêts particuliers. Toutefois, on mentionne rarement cela en public. L'idée que les organisations sont censées être des entreprises rationnelles au sein desquelles les membres cherchent à atteindre des buts communs tend à décourager toute discussion portant sur des motifs politiques ou sur l'attribution de tels motifs. Le terme « politique », autrement dit, est un mot à ne pas prononcer.

C'est regrettable, parce que cela nous empêche souvent de reconnaître que le politique et l'action politique peuvent être des aspects essentiels de la vie de l'organisation, et pas nécessairement des éléments dysfonctionnels qu'on a le choix d'accepter ou de rejeter. De ce point de vue, il est bon de se souvenir que, dans son sens premier, la notion de politique vient de l'idée que, lorsque les intérêts divergent, la société doit procurer aux individus le moyen de concilier leurs différences par la consultation et la négociation. Par exemple, dans la Grèce ancienne, Aristote estimait que la politique était le moyen de réconcilier le besoin d'unité de la *polis* grecque (la cité-État) et le fait que cette *polis* était faite d'un « agrégat de nombreux membres ». Pour lui, la politique permettait de créer de l'ordre à partir de la diversité tout en évitant le totalitarisme. La science politique ainsi que de nombreuses formes de gouvernement se sont servies de cette idée fondamentale en prônant la politique, et ce qu'elle suppose quant à la reconnaissance des intérêts en concurrence et de leur interaction, comme moyen de créer un type d'ordre social qui ne soit pas coercitif.

En essayant de comprendre les organisations comme des systèmes de gouvernement, et en essayant de mettre au jour la dimension politique des organisations dans tous ses détails, nous saisirons des facettes de l'organisation souvent négligées, ou sur lesquelles on passe rapidement.

L'organisation vue comme un système de gouvernement

En avril 1979, *Business Week* publiait un article de fond sur la société Ford. En couverture de la revue, il y avait un dessin humoristique montrant Henry Ford II assis sur un siège d'automobile semblable à un trône, un volant entre les mains. Derrière le trône se tenait une silhouette dont on nous laissait le soin de deviner l'identité. Le nez fort, à la Ford, laisse à penser qu'il peut s'agir du premier Henry Ford, fondateur de la dynastie, scrutant de près la façon dont son petit-fils dirige la société. L'histoire porte avant tout sur le problème de la succession. Après 34 ans à la tête de la firme, Henry II envisageait de prendre sa retraite, mais il n'avait pas de successeur connu qui soit vraiment capable de prendre le volant. Jusqu'à sa rétrogradation et à son renvoi, au cours de l'été 1978, le candidat le plus populaire était Lee Iacocca, membre de la haute direction de Ford, très brillant, qui prit plus

tard la tête de Chrysler. Le renvoi de Iacocca ajoutait une dimension au dessin, en symbolisant la nature autoritaire de la firme sous
la direction des deux Henry Ford. Ce congédiement n'était que le
dernier en date, et celui qui prêtait le plus à la controverse, d'une
série de renvois où l'on retrouvait les noms de sept présidents,
depuis 1960. Iacocca était populaire chez Ford et jouissait d'un pouvoir certain ; mais, visiblement, il n'était pas populaire auprès de
ceux qui comptaient vraiment. Son renvoi venait seulement du fait
que Henry II ne l'aimait pas. On raconte que ce dernier avait adressé
un ultimatum au Comité de révision organisationnelle de son conseil d'administration : « C'est lui ou moi. » La raison officielle que
donna Henry II à *Business Week* était que Iacocca ne voyait pas les
choses du même œil que lui. Officieusement, on a estimé que le
sort de Iacocca avait été réglé du jour où il avait acquis trop de pouvoir dans la société. Bien que l'on ait dit que le style de gestion
de Ford tendait à ressembler à celui de la société General Motors,
c'est-à-dire à la « gestion de groupe », *Business Week* estimait que
Ford avait du mal à accepter la diminution de son pouvoir personnel qui allait de pair avec ce genre de décentralisation. On suppose
que, comme Henry Ier, Henry II va continuer à exercer la même
autorité obtuse, visible et absolue, jusqu'à ce qu'il soit forcé d'abandonner les rênes.

L'histoire de Ford est loin d'être unique en son genre. Un grand
nombre d'organisations ont des dirigeants autoritaires qui exercent
un pouvoir considérable émanant de leur personnalité, de liens fami-
liaux, ou de leur talent pour s'attirer le prestige et exercer leur
influence au sein de leur entreprise. Les exemples les plus évidents
en sont les entreprises dirigées par le propriétaire, dont la règle est :
« C'est à moi, et je peux faire ce que je veux » ; l'affaire familiale
dirigée d'une « main de fer » et qui fait passer l'intérêt de la famille
et la tradition avant tout ; les grandes entreprises comme ITT sous
la domination de Harold Geneen ; et les firmes, les syndicats et
même les organismes bénévoles ou clubs dominés par des oligar-
chies qui se perpétuent. Le fondement de l'ordre quotidien dans
ces organisations est en général plus autocratique que démocratique, car le pouvoir de déterminer l'action, en fin de compte, appartient à un seul individu ou à un petit groupe qui, en règle générale, prend toutes les décisions importantes. Bien qu'on se trouve
rarement, en réalité, devant une organisation totalement autocratique, un grand nombre tendent fortement à l'être et à en afficher
les caractéristiques.

Quand nous utilisons des termes comme autocratie et démocratie pour décrire la nature d'une organisation, nous établissons impli-

citement un parallèle entre les organisations et les systèmes politiques. Comme on le voit dans le tableau 6.1, nous en faisons autant lorsque nous qualifions les organisations en nous servant de modes d'autorité politique particuliers ou, plus précisément, de modes de gouverne politique. Dans chacun de ces mots, le suffixe *cratie*, du grec *kratia* qui signifie pouvoir ou gouverne, est associé à un préfixe qui indique la nature exacte du pouvoir ou de la gouverne politique dont il s'agit. Par exemple, le mot autocratie désigne le type de pouvoir absolu, souvent dictatorial, associé à la gouverne politique par une seule personne. Dans les bureaucraties, la gouverne politique passe par l'écriture et appartient aux bureaucrates assis derrière leurs bureaux, qui promulguent et administrent les règles qui vont guider l'activité de l'organisation. Dans ces organisations, le pouvoir et l'imputabilité sont étroitement liés avec la connaissance qu'un individu a des règles et l'emploi qu'il en fait, ainsi qu'avec la forme d'administration presque juridique qui en découle. Dans les organisations technocratiques, comme c'est le cas des entreprises qui font preuve de souplesse et qui s'accommodent bien du changement dans l'industrie électronique et dans d'autres environnements instables, le pouvoir et l'imputabilité sont directement liés aux connaissances techniques et au savoir-faire des individus. Alors que, dans les autocraties et dans les bureaucraties, le modèle de pouvoir et d'autorité est relativement stable et bien défini, dans les technocraties il est souvent mouvant parce qu'individus et groupes acquièrent et perdent du pouvoir selon la valeur de leur contribution technique. Le pouvoir et l'influence accompagnent fréquemment les « petits génies » et autres personnes détenant un savoir pertinent pour l'entreprise et qui semblent capables de régler les problèmes importants ou de paver de nouvelles voies menant au succès et à la fortune. Enfin, dans les organisations démocratiques, le pouvoir est aux mains du *demos*, du peuple. On peut confier ce pouvoir à des gestionnaires représentant ce peuple, tous ceux qui participent à l'organisation étant formellement représentés dans le processus de la prise de décision, comme c'est le cas pour des systèmes de cogestion ou de coalition et quand le contrôle appartient aux travailleurs ou aux actionnaires. Le pouvoir, dans une démocratie, peut aussi s'exercer directement, par des formes de gouverne qui font place à la participation et selon lesquelles tous partagent la gestion.

Beaucoup de gens estiment qu'il existe un fossé entre le monde des affaires et la dimension politique, et qu'il faut le maintenir. C'est pourquoi, lorsque quelqu'un suggère que les travailleurs devraient faire partie des conseils d'administration, ou qu'une industrie

Les organisations, comme les gouvernements, emploient un système de «gouverne» quelconque pour créer et maintenir l'ordre parmi leurs membres. L'analyse politique peut donc apporter une contribution valable à celle des organisations. Les modes de gouverne politique indiqués ci-dessous sont parmi les plus courants dans les organisations :

Autocratie : le pouvoir absolu est aux mains d'un individu ou d'un petit groupe, et maintenu grâce au contrôle des ressources primordiales, par des droits de propriété ou de possession, par la tradition, le charisme et autres raisons d'invoquer des privilèges personnels ou de petits groupes.

Bureaucratie : la gouverne politique s'exerce par l'intermédiaire de l'écriture, ce qui fonde une autorité de type rationnel-légal, ou la gouverne par «la loi».

Technocratie : la gouverne repose sur l'utilisation des connaissances, le pouvoir du spécialiste et la capacité de résoudre des problèmes pertinents pour l'organisation.

Cogestion : il s'agit d'une forme de gouverne où les parties opposées s'entendent pour gérer ensemble des intérêts mutuels, comme c'est le cas dans les gouvernements de coalition et dans le corporatisme, chaque partie dérivant son pouvoir d'une source différente.

Démocratie représentative : la gouverne s'exerce par l'entremise de membres élus qui ont mandat d'agir au nom de ceux qu'ils représentent, qui occupent leurs fonctions pendant une durée donnée ou aussi longtemps qu'ils conservent l'appui de leurs électeurs, comme c'est le cas des gouvernements de type parlementaire et, dans l'industrie, des entreprises où le contrôle est entre les mains des travailleurs ou des actionnaires.

Démocratie directe : il s'agit d'un système où chacun a le même droit de gouverne et prend part à toutes les décisions, comme c'est le cas de beaucoup d'organisations communautaires, les coopératives et les kibboutz entre autres. C'est un principe de gouverne qui encourage beaucoup l'auto-organisation.

Il est rare qu'une organisation n'ait recours qu'à une seule de ces formes de gouverne politique. On trouve le plus souvent des formes mixtes. Par exemple, alors que certaines organisations sont plus autocratiques, plus bureaucratiques ou plus démocratiques que d'autres, on y trouve souvent aussi des éléments des autres systèmes. Une des tâches de l'analyste politique consiste à déterminer quels sont les principes les plus marquants, et où, quand, pourquoi et comment ils prédominent.

Tableau 6.1. Organisations et modes de gouverne politique.

devrait tomber sous le contrôle de ses travailleurs, on estime souvent que cette personne met de l'avant une option politique fort regrettable. Cependant, nos propos antérieurs montrent que cette interprétation n'est pas tout à fait exacte. La personne qui se fait le champion des droits des travailleurs ou de la démocratie industrielle ne soulève pas un enjeu où la présence de la dimension politique serait nouvelle, mais plaide plutôt pour qu'on aborde de façon différente une situation déjà politique en elle-même. Les organisations autocratiques, bureaucratiques ou technocratiques ont autant de contenu politique que celles qui sont sous le contrôle des travailleurs. Leur nature politique est tout simplement différente et renvoie à d'autres principes de légitimité.

Le système de cogestion industrielle qui s'est implanté en République fédérale d'Allemagne et dans d'autres pays d'Europe depuis la fin de la Seconde Guerre mondiale reconnaît explicitement à ceux qui possèdent le capital et aux employés le droit de participer à la gouverne politique de l'organisation dont ils font partie. Avec ce système, propriétaires et travailleurs déterminent ensemble l'avenir de leur organisation en partageant le pouvoir et la prise de décision. Cependant, la cogestion a pris des formes très diverses selon les endroits et les époques. En République fédérale d'Allemagne, les systèmes de cogestion varient selon les secteurs industriels. Par exemple, les lois portant sur les industries du charbon et de l'acier, lois qui datent des années 50, prévoient des conseils de supervision de onze membres, dont cinq élus par les actionnaires et cinq par les employés, le dernier membre étant choisi par les dix autres. Ce conseil doit alors nommer un comité exécutif de trois membres qui s'occupent des affaires courantes de l'organisation, l'un d'eux devant être spécialiste des affaires, un autre, spécialiste de la production, et le troisième un syndicaliste. Les élections à ces conseils ont lieu tous les trois ans. Ces organismes sont conçus pour conférer au capital et au travail des droits égaux, mais beaucoup estiment que, concrètement, cela ne se produit pas toujours. On trouve une variante de cette forme de cogestion dans d'autres pays d'Europe et d'Amérique du Nord, variante qui consiste à nommer des travailleurs aux conseils d'administration, comme cela se fait au Danemark, en Suède et en Norvège, où un certain nombre de sièges des conseils d'administration sont en général réservés à des représentants syndicaux. Il existe une autre application du même principe lorsque dirigeants d'entreprise, syndicats et gouvernement s'unissent pour se consulter et collaborer à propos de questions qui les concernent tous.

Bien que ces formes de cogestion reconnaissent les droits des travailleurs à participer à la direction de l'entreprise, elles n'ont pas toujours été adoptées volontiers par le mouvement ouvrier. La raison de cette attitude nous renvoie à un autre principe politique : pour qu'un système de gouvernement soit sain, ceux qui détiennent le pouvoir doivent se trouver aux prises avec une forme d'opposition quelconque. Beaucoup de ceux qui luttent pour les droits des travailleurs craignent qu'une participation directe à la gestion ne donne naissance à une situation qui coopte ou intègre le travailleur, et par là même réduise son pouvoir de s'opposer. En participant aux décisions, on perd le droit de s'opposer à celles-ci une fois qu'elles sont prises. Un grand nombre de ceux qui militent pour les droits des travailleurs estiment que ces droits sont mieux protégés par des syndicats ou par des associations professionnelles qui adoptent un rôle d'opposition permettant de modeler les politiques d'une organisation sans pour autant y être liés.

Ce problème d'« intégration » accompagne donc souvent les changements qui, dans une organisation, visent à accroître la participation des employés au processus de prise de décision. Ce que redoutent beaucoup de ceux qui s'opposent à ces changements, c'est que les employés puissent exercer leurs droits démocratiques à l'occasion de décisions de peu d'importance mais qu'ils soient exclus des décisions qui comptent vraiment : « Nous pouvons choisir la couleur du papier peint, mais pas beaucoup plus », voilà ce que l'on entend souvent. Selon ces critiques, un mouvement partiel dans le sens de la démocratie industrielle vient souvent du désir qu'ont les gestionnaires de détourner ou d'affaiblir une opposition possible en partageant avec les employés le contrôle des aspects les moins importants de l'organisation. C'est pour cela que les partisans de la démocratie industrielle soutiennent que la participation ne suffit pas et que les organisations doivent en arriver à une gestion fondée sur la remise totale du contrôle aux mains des travailleurs.

Ces modes de gouverne sont très répandus dans des pays comme la Yougoslavie, où les travailleurs élisent leurs directeurs et où le principe d'autogestion représente une valeur clé de l'organisation. Ce système diffère de la cogestion, qui donne des droits égaux aux capitalistes et aux travailleurs, en éliminant la distinction entre capital et travail. En Yougoslavie et dans les autres pays où l'industrie est propriété de l'État, il est relativement facile de parvenir à une telle forme de gestion mais, ailleurs, ceux qui souhaitent protéger les droits des propriétaires ont soulevé des difficultés.

Dans les pays capitalistes, les mieux connues des expériences de contrôle par les travailleurs, effectuées sur une grande échelle, ont eu lieu dans des industries ou dans des entreprises mal en point, où des changements défavorables ont accru les possibilités de chômage et de fermeture, suscitant ainsi chez les propriétaires le désir de vendre leurs intérêts dans l'organisation. Les employés achètent parfois l'entreprise, et la dirigent avec un succès souvent mitigé, d'abord parce que ces entreprises font partie de secteurs industriels en difficulté, mais aussi parce qu'il survient des problèmes de cooptation lorsque les travailleurs deviennent gestionnaires d'une organisation qui fonctionne à l'intérieur d'un système capitaliste, ou en choisissent les gestionnaires. Tout comme les autres dirigeants dans des organisations non démocratiques, ils s'aperçoivent que, pour survivre dans ce système, il faut prendre certaines mesures qui ne sont pas toujours populaires auprès de leurs collègues propriétaires-employés. Ce système a sa logique propre, et devenir propriétaire ne signifie pas nécessairement avoir toute liberté d'action. En dépit de cela, il existe un certain nombre d'entreprises, dirigées par leurs employés, qui sont prospères et qui ont trouvé le moyen de créer des environnements et des styles d'organisation nouveaux qui satisfont un grand nombre de leurs employés. L'expérience de la société Lucas-Aerospace en Angleterre en est un exemple remarquable.

Que nous parlions de la société Ford sous la direction d'un membre de la dynastie Ford, ou de la direction d'une coopérative par ses employés, il est évident qu'un choix d'ordre organisationnel signifie toujours qu'il y a en même temps choix politique. Bien que le langage de la théorie de l'organisation présente souvent des idées ayant trait à la gestion et à la motivation des gens qui y travaillent en des termes relativement neutres — en les présentant, par exemple, comme des problèmes de style de direction, d'autonomie, de participation et de relations de travail — cette neutralité apparente est loin d'être réelle. En considérant les organisations comme des systèmes politiques, nous avons la possibilité d'étudier la signification et l'importance de ces questions et la relation générale entre politique et organisation.

L'organisation vue comme
un système d'activité politique

Étudier les organisations à partir de diverses formes de gouvernement peut nous amener à une compréhension nouvelle de celles-ci. Cependant, si nous voulons comprendre la dynamique politique quotidienne d'une organisation, il nous faut étudier aussi en détail le processus par lequel les gens mettent en jeu la dimension politique de leur action et de leur interaction dans l'organisation. Il est bon, à cette fin, de revenir à Aristote et à son idée que la politique naît d'une diversité d'intérêts, et de suivre la façon dont cette diversité donne lieu à des manœuvres diverses, à des négociations, à la formation de coalitions et à des jeux d'influence mutuelle qui décident dans une large mesure de la vie organisationnelle.

La dimension politique d'une organisation se manifeste avant tout dans les conflits et les jeux de pouvoir qui tiennent parfois le devant de la scène et dans les innombrables intrigues interpersonnelles qui créent des diversions dans le cours de l'activité organisationnelle. D'une façon plus fondamentale, cependant, la dimension politique se manifeste sans arrêt, et souvent n'est perçue que par ceux qui sont directement en cause.

Nous pouvons analyser la dimension politique d'une organisation de façon systématique en nous concentrant sur les rapports entre *intérêt*, *conflit* et *pouvoir*. Le politique surgit dans l'organisation lorsque les gens pensent et veulent agir de façon différente. Cette diversité crée une tension qu'il faut résoudre par des moyens politiques. Comme nous l'avons déjà vu, il y a plusieurs moyens d'y parvenir : le mode autocratique (« Nous allons faire comme cela ») ; le mode bureaucratique (« Nous sommes censés faire comme cela ») ; le mode technocratique (« Le mieux, c'est de faire comme cela ») ; ou encore le mode démocratique (« Comment allons-nous faire ? »). Chaque fois, le choix entre plusieurs options repose sur les relations de pouvoir entre les personnes en cause. En nous concentrant sur la façon dont des divergences d'intérêts peuvent donner lieu à des conflits, visibles ou non, que des relations de pouvoir de diverses formes vont permettre de résoudre ou, au contraire, de faire durer, nous pouvons procéder à une analyse de la dimension politique de l'organisation aussi rigoureuse que l'étude de n'importe quel autre aspect de la vie organisationnelle.

ANALYSER LES INTÉRÊTS

Quand nous parlons des « intérêts », nous parlons d'un ensemble complexe de prédispositions qui comprennent buts, valeurs, désirs, attentes et autres orientations et tendances conduisant quelqu'un à se comporter d'une façon plutôt que d'une autre. Dans la vie quotidienne, nous avons tendance à envisager ces intérêts sur un plan spatial, comme des aires de préoccupations que nous souhaitons préserver ou élargir, ou comme des positions que nous voulons protéger ou atteindre. Nous vivons au milieu de nos intérêts et nous pensons souvent que les autres

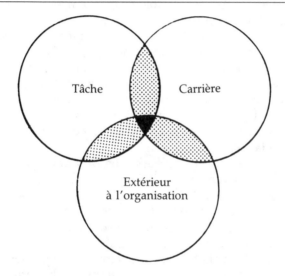

La figure ci-dessus illustre les rapports et la tension qui existent souvent entre l'emploi (tâche), les aspirations concernant la carrière et les valeurs personnelles et le style de vie (intérêts extérieurs). Les trois domaines peuvent demeurer séparés ou entrer en interaction deux à deux (zone ombrée), ou tous les trois dans la zone la plus sombre. Quand nous travaillons dans une organisation, nous tentons, volontairement ou non, de trouver un équilibre entre ces trois ensembles d'intérêts. La plupart du temps, cet équilibre est incertain et change sans cesse, créant ainsi des tensions qui sont au cœur de l'activité politique. Le fait que la zone de convergence absolue des intérêts est souvent très petite (zone la plus sombre) est l'une des raisons pour lesquelles la rationalité de l'organisation (ou de la tâche) est un phénomène très rare.

Figure 6.1. Les intérêts et l'organisation : tâche, carrière et intérêts extérieurs.

« empiètent » sur ces domaines ; de plus, nous sommes prêts à nous défendre ou à attaquer afin de protéger ou d'améliorer notre position. Le cours du politique a des rapports étroits avec cette façon de nous positionner.

Il existe de nombreuses manières de définir et d'analyser cette poursuite et cette défense des intérêts. L'une d'elle, qui a une pertinence particulière si l'on veut comprendre la dimension politique d'une organisation, est de concevoir les intérêts comme trois domaines reliés entre eux et qui renvoient à la tâche de l'individu dans l'organisation, à sa carrière ou à sa vie privée (figure 6.1). Les *intérêts reliés à la tâche* sont ceux qui concernent le travail que l'individu doit effectuer. Le responsable de la production dans une usine doit s'assurer que les produits fabriqués le sont de façon efficiente et au moment opportun. Un membre du personnel des ventes doit vendre la quantité fixée de marchandises et veiller aux bons rapports avec la clientèle. Un comptable doit tenir les livres et fournir régulièrement des comptes. Cependant la vie dans l'organisation suppose toujours plus qu'effectuer simplement son travail. Les employés apportent avec eux leurs aspirations et leur vision de l'avenir, ce qui fonde les *intérêts reliés à la carrière* qui peuvent être indépendants de la tâche à accomplir. Ils apportent aussi leur personnalité, leurs attitudes propres, leurs valeurs, leurs préférences, leurs croyances et leur engagements à l'extérieur du monde du travail, permettant ainsi à ces *intérêts extérieurs* d'influer sur la façon dont ils se comportent à l'égard de leur tâche et de leur carrière.

Pour mieux comprendre les rapports entre ces trois types d'intérêts, examinons une situation en particulier. Considérons par exemple la situation d'un chef de service dans une organisation importante. Il peut se consacrer intensément à sa tâche, être ambitieux et aussi prendre pleinement part à la vie de sa famille. Dans son entreprise, il peut vouloir conjuguer les trois : faire du bon travail, obtenir de l'avancement et équilibrer travail et loisirs afin de pouvoir passer ses fins de semaine et la plupart de ses soirées avec sa famille. À certains moments, ces trois objectifs peuvent coïncider ; à d'autres, deux seulement d'entre eux seront compatibles et parfois, même, les trois n'auront aucun rapport entre eux. La vie est facile pour celui ou celle qui se trouve dans le premier cas (par exemple, une idée excellente lui facilitera le travail, lui vaudra de l'avancement et pourra même lui donner plus de loisirs), mais dans les deux autres cas, elle est moins agréable. Son idée peut améliorer son travail et ses perspectives d'avenir, mais lui valoir plus de travail et moins de loisirs ; ou encore, elle peut réduire sa charge de travail mais, en le rendant moins visible, peut diminuer ses chances d'avancement. Parfois son idée lui permettra de continuer son travail, mais n'a pas vraiment d'importance. L'attitude du dirigeant et ses rapports avec sa tâche, les idées qu'il poursuit et tente de mettre en œuvre, la façon dont il réagit aux suggestions d'autres personnes, tout cela peut être très profondément influencé par l'endroit où des tâches, idées et suggestions apparaissent sur la carte des intérêts décrite dans la figure 6.1. Les tensions entre les divers intérêts qu'il souhaite poursuivre rendent son rapport au travail intrinsèquement « politique », avant même que soient prises en compte l'existence et les actions d'autres membres de l'organisation. Ces tensions sont inhérentes à la vie au travail dans le monde occidental, à cause des contradictions latentes entre les exigences du travail et celles des loisirs, d'une part, et les exigences du présent et de l'avenir, de l'autre.

La façon dont vont jouer ces tensions pour différents individus varie selon la situation, et il en résulte toute une gamme de types de comportement. Certains voient dans leur emploi une fin en soi, d'autres pensent plus à leur carrière. D'autres encore peuvent consacrer une grande partie de leur énergie à rendre leur travail moins pénible, aussi confortable que possible et en pleine harmonie avec leurs préférences personnelles. Beaucoup arrivent à faire chevaucher leurs aspirations et buts concurrents, organisant l'ensemble de leur travail ou de leur mission de façon à atteindre tous les buts à la fois. D'autres, par ailleurs, doivent se contenter de compromis.

Cette façon de comprendre les différentes sortes d'intérêts d'un individu nous fournit un moyen de mieux comprendre ses projets et plans personnels, qui sont sous-jacents à ses actions et activités particulières. À travers ses préoccupations personnelles, nous commençons à comprendre quelles relations un individu entretient avec son travail et à déceler les motivations qui sous-tendent certaines formes de carriérisme, de l'art de gagner sans enfreindre vraiment les règles du jeu, d'engagement, de rigidité, de « protection du territoire », de zèle, de détachement et de laisser-faire qui confèrent à la dimension politique de la vie organisationnelle tous ses détails.

En se contentant de repérer et de suivre les inclinations personnelles d'un individu, on organise le drame de la vie organisationnelle selon un scénario politique. Cependant, le contenu politique se multiplie plusieurs fois quand nous reconnaissons l'existence d'autres joueurs qui, tous, agissent en tenant compte de leurs propres intérêts. Les manœuvres politiques qui s'ensuivent sont particulièrement visibles dans des situations qui exigent de faire des choix à propos de l'avenir et dans des contextes de transition comme l'arrivée de nouveaux venus ou le remplacement d'une personne par une autre.

Pour mieux illustrer ce que nous venons de dire, prenons l'exemple suivant : M. X, doté d'une forte personnalité, était vice-président de la mercatique dans une entreprise de cosmétiques de taille moyenne. Au bout de cinq ans, il s'était acquis une solide réputation dans la firme, ayant dirigé de nombreuses campagnes, très réussies, destinées à donner à ses produits la première place dans des magasins de détail haut de gamme. Il avait eu du mal à persuader ses collègues qu'il valait mieux produire un volume relativement restreint de produits de qualité plutôt que de viser un marché de masse, mais après quelques années ils en étaient venus à accepter son point de vue. Sa philosophie et sa vision de la mercatique allaient de pair avec sa personnalité, reflétant à la fois son intérêt pour la classe sociale supérieure au sein de laquelle il se sentait à l'aise et son identification avec elle. Les thèmes et la présentation des annonces de l'entreprise avaient été choisis par M. X et, comme le remarquèrent bon nombre de ses collaborateurs, reflétaient clairement son style de vie. L'appui de membres importants du conseil d'administration, qui avaient des liens de parenté avec M. X et qui appréciaient son style de vie, était vital pour l'adoption de cette stratégie et pour le type de développement d'entreprise que cela impliquait. D'autres administrateurs, moins bien situés dans le réseau social en cause, mais nommés pour leur compétence et pour leurs liens avec le reste de l'industrie des cosmétiques, estimaient, comme le directeur général et quelques vice-présidents, que la préservation de cette image élitiste faisait perdre de nombreuses autres occasions d'affaires fort intéressantes pour la firme. Chaque fois que cela était faisable, ils ont essayé de faire comprendre le besoin qu'il y avait de considérer d'autres options, mais la réussite de l'entreprise les empêchait de trop insister. Aussi longtemps que prévaudrait le charisme de M. X, la firme allait devoir conserver et développer son orientation élitiste.

La possibilité d'un changement arriva par hasard dans le courrier de M. Y, vice-président à la planification et l'un de ceux qui se préoccupaient le plus des occasions perdues. Un de ses amis et ancien collaborateur, aujourd'hui à la tête d'une très importante agence de « chasseurs de têtes », lui demandait s'il pouvait recommander des candidats ou candidates au poste de vice-président de la mercatique pour la filiale nord-américaine d'une firme européenne spécialisée dans la haute couture. M. Y eut aussitôt une vision de M. X, souriant aux anges parmi les fourrures, les diamants et les robes de grands couturiers. Moins d'une heure après, il avait déjà téléphoné à son ami et, dans une conversation privée, lui avait suggéré de pressentir M. X. Deux mois plus tard, X avait accepté le poste offert.

C'est Mme Z qui succéda à M. X dans l'entreprise de cosmétiques. Relativement jeune, ambitieuse, aimant le luxe, elle représentait le résultat d'un compromis, le conseil d'administration n'ayant pu se décider entre deux autres candidatures. Mme Z semblait représenter un équilibre entre le style flamboyant de M. X, auquel les alliés de ce dernier étaient habitués, et la promesse d'initiatives nouvelles que souhaitaient ceux dont la philosophie de M. X avait réprimé les élans. Bien qu'aucun des deux groupes ne fût enchanté par la nomination de Mme Z, ils estimaient qu'elle était éminemment capable de remplir cette fonction, d'autant plus qu'elle héritait d'une situation prospère.

Il s'agissait là pour Mme Z d'une chance unique. Elle estimait que le temps était venu pour elle de faire sa place dans l'entreprise et vit dans la direction imposée par M. X un excellent fondement pour lancer de nouvelles initiatives. Au cours de ses entrevues avec les anciens alliés de M. X, elle insista sur la nécessité de protéger ce qui avait été accompli. Avec les autres, elle a bien montré qu'il fallait ouvrir de nouveaux marchés. Elle consacra sa première année dans ses nouvelles fonctions à concilier ces buts, en gardant l'image haut de gamme mais en élargissant le marché afin d'inclure certaines chaînes de grands magasins et de pharmacies. Elle savait bien qu'il lui fallait avoir une position qui la différencierait de M. X, tout en conservant l'appui du conseil d'administration et des principaux dirigeants dont elle avait absolument besoin pour réussir. Ceux de ses collègues qui étaient prêts au changement collaborèrent volontiers avec elle, et il s'établit bientôt d'excellentes relations à l'aide d'une politique de concessions mutuelles qui permettait de définir des idées et des possibilités grâce auxquelles tous semblaient devoir gagner quelque chose. Son travail avec les autres membres du conseil d'administration, qui voyaient encore le style et la personnalité de M. X comme le symbole même de la firme, fut beaucoup plus difficile. La résistance aux idées nouvelles et les discussions enflammées devinrent vite des traits coutumiers des séances du conseil. Cependant, au bout d'une période d'environ trois ans, la plupart des membres du conseil d'administration durent reconnaître qu'une ouverture du marché pouvait s'accorder avec l'image d'un produit de très haute qualité, et cela d'autant plus qu'il fallait bien constater que le changement de stratégie avait des retombées financières fort intéressantes. Comme le dit un des membres du conseil en regardant les derniers chiffres : « Je crois que, en pensant à ces chiffres, je pourrais même tolérer plus d'annonces dans ces abominables revues. »

Notre exemple ne fait qu'esquisser à grands traits la dynamique de la situation, mais il permet d'illustrer la dimension politique intrinsèque à toute situation dans laquelle les gens veulent poursuivre des intérêts divergents. M. X. était arrivé à persuader d'autres personnes de partager sa vision des choses. Son charisme lui avait permis de se servir de l'organisation pour s'exprimer par l'intermédiaire d'une stratégie qui combinait de façon cohérente emploi, carrière et vie à l'extérieur de l'entreprise. Ceux de ses collègues qui ont adhéré à sa stratégie l'ont fait dans la mesure où ils pouvaient également atteindre leurs propres buts. Ceux qui s'opposaient à ses méthodes avaient d'autres aspirations. Ils voulaient engager l'organisation dans une autre direction. C'est pour cela que M. Y a saisi l'occasion qui s'offrait à lui de modifier la situation. La période de transition ouvrait de nouvelles possibilités. Des coalitions rivales se sont formées autour de candidats qui, pensaient les gens, pourraient servir leurs intérêts. Mme Z, candidate du compromis, fort compétente, a su bien décoder la situation et en tirer parti. Étant donné son ambition, elle ne pouvait absolument pas se contenter du statu quo. Elle a aussi perçu une convergence entre ses propres intérêts et ceux de l'entreprise, et a utilisé son nouveau poste pour servir les deux. Son style personnel et les aspirations qu'elle entretenait à l'égard de sa carrière exigeaient d'elle qu'elle « fasse bouger les choses » et qu'elle « laisse sa marque » sur l'entreprise. La philosophie de M. X, bien qu'elle fût couronnée de succès, devait donc changer. D'autres étaient prêts à aider Mme Z à donner une nouvelle direction à l'entreprise en retour de bénéfices personnels. Elle a pu conserver la confiance des factions rivales, parfois chancelante, parce que de la situation nouvelle est résulté une transformation avec laquelle presque tous pouvaient s'identifier et qu'ils pouvaient par conséquent faire leur. Bien que, dans notre exemple, nous fassions abstraction des relations de pouvoir et d'autres aspects de la situation, les interactions entre les quelques personnages clés et leurs partisans nous donnent des indices sur l'épaisseur et la richesse de la dynamique politique qui prévaut dans une organisation. La diversité d'intérêts qu'Aristote avait remarquée dans la cité-État grecque s'observe dans n'importe quelle organisation, et on peut l'étudier en montrant comment les idées ou les actions des gens s'opposent ou coïncident. Par contraste avec l'idée que les organisations sont des entreprises intégrées et rationnelles qui poursuivent un but commun à ceux ou celles qui en font partie, la métaphore du politique nous amène à les considérer comme des réseaux lâches de gens qui ont des intérêts divergents mais qui sont réunis pour des raisons d'ordre pratique, c'est-à-dire pour gagner leur vie, pour poursuivre leur carrière, pour tenter d'atteindre un but ou un objectif. Les organisations sont des coalitions et sont faites de coalitions, et la construction de coalitions est une dimension importante de la vie organisationnelle presque tout entière.

Les coalitions naissent lorsque des groupes d'individus se réunissent pour collaborer à propos d'enjeux, de décisions ou d'événements particuliers, ou encore pour promouvoir des valeurs ou des idéologies précises. Les organisations rentrent dans cette définition de coalition parce qu'elles se composent de groupes de gestionnaires, de travailleurs, d'actionnaires, de clients, de fournisseurs, de conseillers juridiques, de représentants du gouvernement et d'autres groupes, formels ou non, qui ont des intérêts en jeu dans l'organisation mais dont les buts et les préférences diffèrent. L'organisation vue comme une coalition de gens qui ont des intérêts différents est une coalition à buts multiples.

Certains théoriciens de l'organisation établissent une distinction entre les clans dont les membres sont conscients d'avoir des buts communs et les coalitions formées d'au moins deux de ces groupes qui s'unissent pour poursuivre des intérêts communs et qui travaillent souvent contre un réseau rival. Il est clair que les gens, dans les organisations, peuvent poursuivre des intérêts soit à titre individuel, soit comme membres de groupes ayant des intérêts particuliers, ou encore comme participants à des coalitions plus générales, ce qui rend cette distinction commode. Dans beaucoup d'organisations, on trouve une coalition dominante qui contrôle les lignes de conduite importantes. Ces coalitions gravitent le plus souvent autour du directeur général ou d'autres personnages clés de l'organisation, chaque participant ayant ses exigences à l'égard de la coalition et y apportant sa contribution, cette dernière représentant le prix de sa participation. Toute coalition doit atteindre une sorte d'équilibre entre les récompenses qu'elle accorde et la contribution qu'elle exige de ceux ou celles qui souhaitent en rester membre, équilibre qu'influencent en général des facteurs comme l'âge, le poste, l'éducation, les années passées avec l'organisation, ainsi que les valeurs et les attitudes.

La plupart des approches de l'organisation encouragent vraiment le développement de clans et de coalitions, car les divisions fonctionnelles ou d'autres types fragmentent les intérêts — par exemple, en attribuant des buts et des activités différentes aux unités comme les services et les équipes de projet. La « rationalité limitée » dont nous avons parlé au chapitre 4 prend ainsi une dimension politique, le personnel des ventes s'intéressant aux objectifs de vente, les gens de la production à la production et les équipes chargées d'un projet à ce dernier. Avec une pareille fragmentation, en dépit d'un consensus possible sur les buts généraux, il y a souvent désaccord à propos d'objectifs particuliers, puisqu'à ce niveau-là les intérêts des individus et de leurs unités prennent la première place. L'organisation globale doit alors souvent fonctionner à partir d'un consensus minimal, sans plus. Cela permet à l'organisation de survivre tout en tenant compte de la diversité des buts et des aspirations de ses membres. Elle doit souvent se contenter de solutions satisfaisantes, et non optimales, à leurs problèmes, la négociation et le compromis devenant alors plus importants que la rationalité technique.

La formation de coalitions offre une stratégie qui permet de servir ses propres intérêts dans une organisation, et les membres de cette dernière se donnent souvent beaucoup de mal pour augmenter leur influence et leur pouvoir de cette manière. Parfois, les coalitions sont créées par des gens qui disposent de relativement peu de pouvoir, mais qui cherchent l'appui des autres. Parfois elles sont le fait de puissants qui cherchent à assurer leur pouvoir : un dirigeant, par exemple, va placer dans des postes clés des gens qui seront ses fidèles lieutenants. Qu'ils soient officiels ou non, restreints à l'organisation ou allant jusqu'à inclure des intérêts clés de l'extérieur, les coalitions et les groupes d'intérêts fournissent souvent de très bons moyens d'arriver aux fins désirées.

COMPRENDRE LE CONFLIT

Le conflit survient chaque fois que les intérêts entrent en collision. La réaction normale, en contexte organisationnel, c'est de considérer le conflit comme une force dysfonctionnelle attribuable à un ensemble de circonstances ou de causes regrettables : « C'est une question de personnalité. » « Ils sont rivaux et ne cessent de s'affronter. » « Les gens de la production et ceux de la mercatique ne peuvent s'entendre. » « Tout le monde déteste les vérificateurs et les comptables. » On considère le conflit comme un état malheureux qui, dans des circonstances plus favorables, disparaîtrait.

Si l'analyse présentée dans la section précédente est exacte, cependant, il existera toujours des conflits au sein d'une organisation. Le conflit peut être d'ordre personnel, interpersonnel ou encore se manifester entre groupes rivaux et coalitions. Il peut être inhérent à la structure de l'organisation, aux rôles, aux attitudes et aux stéréotypes, ou bien survenir à propos d'une pénurie de ressources. Il peut être explicite ou implicite. Quelle qu'en soit la raison et quelle que soit la forme qu'il prend, sa source se trouve dans une divergence d'intérêts, réelle ou perçue comme telle.

Comme le sociologue écossais Tom Burns l'a fait remarquer, la plupart des organisations modernes invitent à différentes sortes de manœuvres politiques parce qu'elles sont conçues comme des systèmes où coexistent concurrence et collaboration. Les gens doivent coopérer pour accomplir une tâche commune, mais sont souvent en compétition quand il s'agit des ressources, du statut et de l'avancement de leur carrière. Ces aspects conflictuels des organisations sont clairement représentés dans les organigrammes qui sont à la fois un système de collaboration, puisqu'ils reflètent une subdivision rationnelle des tâches, *et* une échelle que les gens sont motivés à escalader. Il y a plus d'emplois au bas de l'échelle qu'au sommet ; cela signifie que la concurrence pour les postes les plus importants sera dure et aussi que, dans n'importe quelle course à la réussite de ce genre, il y a beaucoup plus de perdants que de gagnants. Outre le fait que des individus ou des groupes différents ont mandat d'exercer leur autorité ou leur influence sur d'autres, la hiérarchie garantit plus ou moins l'existence de luttes qui nourrissent la dimension politique de l'organisation. Il n'est pas nécessaire d'être consciemment rusé ou d'avoir un sens politique tortueux pour finir par jouer un jeu politique dans une organisation, car le comportement politique est une réaction relativement normale aux tensions qui existent entre les individus et leur organisation. Les Machiavel d'entreprise qui, systématiquement, font leur chemin dans l'organisation ne font qu'illustrer la forme la plus développée et la plus extrême d'une tendance latente que l'on retrouve dans presque tous les aspects de la vie organisationnelle.

Les ouvrages qui portent sur la théorie de l'organisation regorgent d'exemples illustrant le système de compétition implicite qu'est une hiérarchie. Quelques exemples parmi les plus remarquables se retrouvent dans des rapports rédigés par des sociologues qui ont pu pénétrer dans une organisation et y faire de l'observation parti-cipante. L'établissement des normes de travail et des budgets, la supervision quotidienne et le contrôle du travail, et la recherche de possibilités de faire avancer une carrière se caractérisent sou-vent par des formes raffinées de l'art de gagner sans vraiment enfreindre les règles du jeu. Prenons, par exemple, les situations dont parle W.F. Whyte dans son classique, *Money and Motivation*. On y voit l'astuce avec laquelle les travailleurs arrivent à contrôler le rythme de leur travail et leur salaire, même lorsqu'ils sont étroi-tement surveillés par les contremaîtres ou par des spécialistes de l'efficience qui cherchent le moyen d'augmenter le rendement. Les travailleurs savent que, pour conserver son emploi, il faut être plus malin que l'organisation et ils y parviennent grâce à leur adresse et à leur ingéniosité.

Starkey, par exemple, ouvrier très expérimenté, trouve le moyen d'ajouter des mouvements à sa tâche lorsqu'on s'emploie à fixer les normes de travail ; agir ainsi lui permet de faciliter le travail qu'il doit accomplir dans des circonstances normales. Il a aussi décou-vert des moyens tout à fait nouveaux de travailler à grande vitesse quand le surveillant n'est pas là, afin de créer du temps mort à d'autres moments de la journée. Ray, connu parmi ses compagnons pour se montrer toujours plus astucieux que ses contremaîtres, arrive à faire détruire par la machine le produit auquel il travaille, si on lui demande de trop accélérer. Il a aussi l'art de sembler travailler beaucoup plus qu'il ne le fait en réalité et de transpirer abondam-ment, afin d'impressionner et de tromper ceux qui l'observent. Les travailleurs mettent en commun leurs idées pour obtenir de meil-leures normes de travail, pour restreindre la production, pour obte-nir des sinécures et pour envoyer leurs rivaux chez les « pourris ». Cette forme de collaboration s'exerce en général contre la direction, et parfois contre d'autres travailleurs ou d'autres équipes. Bien entendu, la direction sait d'ordinaire ce qui se passe, mais peut rare-ment faire quoi que ce soit, surtout si les travailleurs sont syndi-qués. Parfois elle arrive à résoudre un problème, mais il en surgit immédiatement un autre ailleurs, car il s'agit essentiellement de rapports de lutte, le statut et le respect de soi de chaque groupe dépendant de sa capacité de se montrer plus malin que l'autre et d'avoir le contrôle sur lui.

On trouve des relations similaires dans les bureaux, où le per-sonnel s'arrange pour que l'impression qu'il donne et les calen-driers de travail lui permettent d'avoir l'air plus occupé et de produire davantage que ce n'est le cas. Lors d'une réunion sur le budget, par exemple, les gestionnaires essaient souvent de se montrer plus forts que leurs supérieurs en gonflant leurs évaluations de façon à créer des surplus de ressources, ou en négociant des cibles faciles de façon à disposer d'une marge d'erreurs, ou encore pour impressionner favorablement lorsque sera venu le moment des augmentations de salaires.

Les manœuvres politiques sont aussi latentes dans les relations horizontales entre unités spécialisées. Comme nous l'avons fait remarquer plus tôt, les gens commencent par s'identifier aux responsabilités et aux objectifs qui accompagnent leur rôle, leur groupe de travail, leur service ou leur équipe de projet, d'une façon qui les amène souvent à attribuer plus de valeur à ces responsabilités et à ces objectifs qu'à la réalisation des buts de l'organisation prise globalement. C'est particulièrement le cas lorsque le système de récompense de l'organisation, le statut, la visibilité et le sentiment de réussite d'un individu reposent sur la façon dont il s'acquitte des responsabilités particulières qui lui ont été attribuées.

Même lorsque les gens reconnaissent l'importance de travailler ensemble, la nature de n'importe quelle tâche combine souvent des éléments contradictoires qui suscitent toutes sortes de conflits de rôles. Par exemple, les interactions politisées que l'on peut si souvent observer entre les gens de la production et ceux de la mercatique, ou entre les comptables et ceux qui ont recours au service des finances, viennent bien souvent de ce que chacun doit entreprendre des activités qui empiètent sur les domaines des autres. La modification d'un produit demandée par la mercatique crée des problèmes de conception et de production. Le souci qu'a le comptable de voir l'entreprise garder le contrôle de ses dépenses devient une contrainte qui agace les responsables des services où se font les dépenses. À mesure que les personnages, dans leurs rôles variés, essaient d'accomplir la tâche qui leur a été assignée, et interprètent les intérêts reliés à cette tâche d'une manière qui leur semble parfaitement convenir à la réalisation des buts de l'entreprise, ils se trouvent sur un cap de collision. On peut souvent observer des conflits du même genre entre gestionnaires chargés de l'exploitation et des résultats au jour le jour, et divers gestionnaires-conseils : planificateurs, conseillers juridiques, comptables et autres spécialistes qui ont un rôle consultatif ; entre les spécialistes membres d'une profession qui essaient d'agrandir la sphère de leur autonomie et les bureaucrates qui tentent de la réduire afin d'améliorer le contrôle, et ainsi de suite.

La complexité potentielle de la dimension politique d'une organisation est affolante, avant même de tenir compte des personnalités et des chocs de personnalité qui, d'habitude, suscitent souvent des conflits des rôles. Ces conflits seront parfois tout à fait explicites et éclateront au grand jour, tandis qu'à d'autres occasions, ils demeureront cachés sous la surface des événements quotidiens. Par exemple, les relations mises en jeu dans des réunions peuvent dépendre d'ordres du jour cachés, dont les participants eux-mêmes ignorent l'existence. Dans certaines organisations, les querelles ont une longue histoire, les décisions et les actions du moment reposant en partie sur des conflits, sur une animosité ou sur des différends que les autres croient oubliés ou réglés depuis longtemps. Le directeur d'un service de production peut s'entendre avec celui du service de mercatique pour faire échec à une proposition venant d'un ingénieur de son propre service, et cela non pas parce qu'il s'oppose à la proposition en elle-même, mais à cause du ressentiment qu'il éprouve à l'endroit de l'ingénieur, avec lequel il ne s'est jamais entendu. Bien que cela puisse sembler mesquin, ce genre de ressentiment exerce une influence souvent très forte sur la vie d'une organisation.

Un bon nombre des conflits qui existent dans une organisation sont ainsi souvent institutionnalisés sous forme d'attitudes, de stéréotypes, de valeurs, de croyances, de rituels et d'autres aspects de la culture d'entreprise. Dans cette forme socialisée, les conflits sous-jacents peuvent être parfois très difficiles à déceler et à résoudre. Là encore, l'histoire peut fonder le présent de façon très subtile. Toutefois, en se souvenant d'Aristote et de son invitation à chercher la source du politique dans la diversité des intérêts que les conflits ne font que rendre visibles, celui ou celle qui étudie les organisations aura là un moyen d'aller sous la surface de toute situation conflictuelle pour en comprendre la genèse. D'ailleurs, un peu plus loin dans le présent chapitre, en étudiant la dimension politique des organisations pluralistes, nous examinerons un certain nombre de voies qui permettent de régler les conflits.

EXPLORER LE POUVOIR

Le pouvoir est le médium grâce auquel les conflits d'intérêts finissent par se résoudre. Le pouvoir a une influence sur qui obtient quoi, quand et comment.

Au cours des dernières années, les théoriciens de l'organisation et ceux de la gestion ont pris de plus en plus conscience de la nécessité de reconnaître l'importance du pouvoir pour expliquer les phénomènes organisationnels. Cependant, aucune définition claire et cohérente du pouvoir n'a emporté leur adhésion. Tandis que certains le considèrent comme une ressource, quelque chose que l'on possède, d'autres estiment qu'il s'agit d'une relation sociale caractérisée par une sorte de dépendance, une influence qui s'exerce sur quelqu'un ou quelque chose. La plupart des théoriciens de l'organisation trouvent un point de départ dans la définition du pouvoir qu'a proposée le politologue américain Robert Dahl, et selon laquelle le pouvoir est la capacité d'obtenir d'une personne qu'elle fasse quelque chose qu'elle n'aurait pas fait autrement. Pour certains théoriciens, cette définition conduit à une étude des conditions immédiates qui font qu'une personne, un groupe ou une organisation dépend d'une autre. Pour d'autres, elle mène à un examen des forces historiques qui déterminent le cadre d'action dans lequel se tissent les relations de pouvoir du moment. Comme on le voit dans le tableau 6.2, les sources de pouvoir sont nombreuses et variées, et fournissent bien des façons de faire à ceux ou celles qui souhaitent manœuvrer pour servir leurs intérêts. Dans les pages

---

On trouvera ci-dessous les sources de pouvoir les plus importantes :

1. AUTORITÉ FORMELLE
2. CONTRÔLE DES RESSOURCES RARES
3. UTILISATION DE LA STRUCTURE ET DES RÈGLES DE L'ORGANISATION
4. CONTRÔLE DE LA PRISE DE DÉCISION
5. CONTRÔLE DES CONNAISSANCES ET DE L'INFORMATION
6. CONTRÔLE DES FRONTIÈRES
7. CAPACITÉ DE COMPOSER AVEC L'INCERTITUDE
8. CONTRÔLE DES TECHNIQUES
9. ALLIANCES INTERPERSONNELLES, RÉSEAUX ET CONTRÔLE DE L' «ORGANISATION NON FORMELLE»
10. CONTRÔLE DES CONTRE-ORGANISATIONS
11. SYMBOLISME ET GESTION DE LA SIGNIFICATION
12. SEXE ET GESTION DES RAPPORTS ENTRE LES SEXES
13. FACTEURS STRUCTURELS QUI DÉFINISSENT LE CADRE D'ACTION
14. LE POUVOIR QUE L'ON A DÉJÀ

Ces sources de pouvoir donnent aux membres d'une organisation divers moyens de servir leurs intérêts, et de résoudre ou de perpétuer les conflits au sein de l'organisation.

Tableau 6.2. Sources de pouvoir dans les organisations.

qui suivent, nous allons voir comment ces sources de pouvoir servent à déterminer la dynamique de la vie de l'organisation. Ce faisant, nous créerons un cadre d'analyse qui nous aidera à comprendre la dynamique du pouvoir au sein de l'organisation, et à cerner les différentes façons que peuvent retenir les membres d'une organisation pour tenter d'exercer leur influence.

Autorité formelle. La source première de pouvoir dans une organisation, et la plus évidente, c'est l'autorité formelle, forme de pouvoir légitimé que respectent et reconnaissent ceux avec lesquels la personne qui en est investi entre en interaction. Comme l'a noté le sociologue Max Weber, la légitimité est une forme d'approbation sociale essentielle à la stabilisation des relations de pouvoir ; elle apparaît lorsque les gens reconnaissent qu'une personne a le droit de régir certains secteurs de la vie humaine et que ceux qui sont sous cette direction considèrent qu'il est de leur devoir de lui obéir. Au cours de l'histoire, l'autorité légitime a toujours été sous-tendue par un ou plusieurs des traits suivants : charisme, tradition ou loi (voir le tableau 9.1 pour plus de détails). L'autorité charismatique apparaît quand les gens respectent les qualités particulières d'une personne (*charisma* veut dire « grâce ») et voient dans ces qualités les raisons d'accorder à un individu le droit d'agir en leur nom. L'autorité traditionnelle vient du respect que les gens éprouvent à l'égard des coutumes et des pratiques du passé, au point de conférer l'autorité à ceux qui symbolisent et incarnent ces valeurs traditionnelles. Les monarques et autres types d'héritiers du pouvoir tirent leur droit de régner de ce principe. L'autorité bureaucratique ou rationelle-légale est mise de l'avant lorsque des gens insistent pour que l'exercice du pouvoir repose sur l'application convenable de règles minutieusement établies. Ceux qui exercent cette dernière forme d'autorité doivent en gagner le droit par la procédure : par exemple, prouver qu'on est propriétaire de l'organisation ou qu'on détient certains droits sur elle ; être élu s'il s'agit d'un système démocratique ou, dans une méritocratie, faire la preuve de ses compétences d'ordre professionnel ou technique.

On retrouve chacune de ces trois formes d'autorité formelle dans les organisations modernes. Un héros peut acquérir un énorme pouvoir charismatique qui lui permettra de contrôler ou de diriger les autres selon ses désirs. Le propriétaire d'une entreprise familiale peut exercer son autorité parce qu'il est membre de la famille qui a fondé l'entreprise. Un bureaucrate jouit du pouvoir dont sa fonction l'investit. Tant que ceux qui sont soumis à ces formes d'autorité en respectent et en acceptent la nature, l'autorité représente une forme de pouvoir. Si elle n'est pas respectée, cette autorité est vide de sens, et le pouvoir dépend des autres sources énumérées dans le tableau 6.2.

Dans la plupart des organisations, le type le plus évident d'autorité *formelle* est le type bureaucratique et il va généralement de pair avec le poste qu'on occupe, que ce soit celui de directeur du service des ventes, comptable, coordonnateur de projets, secrétaire, contremaître ou ouvrier qualifié. Ces différents postes, dans l'organisation, sont généralement définis selon les droits et les devoirs qui s'y rattachent et qui créent une sphère d'influence au sein de laquelle le titulaire du poste peut agir de façon légitime avec l'appui formel de ceux avec qui il travaille. Un contremaître, dans une usine, a reçu le « droit » de donner des instructions aux gens qui sont sous ses ordres. Le directeur d'un service des ventes a reçu le « droit » d'influencer la politique des campagnes de ventes, mais ne peut intervenir dans la comptabilité financière. Cette dernière est sous le contrôle et l'influence dont a été investi le chef comptable. Les postes qui figurent à l'organigramme définissent ainsi les sphères d'autorité déléguée. Dans la mesure où l'autorité se transforme en pouvoir grâce à l'accord de ceux et celles qui tombent sous ce mode de commandement, la structure d'autorité est également une structure de pouvoir. Bien que l'on considère en général que l'autorité circule depuis la haute direction de l'entreprise vers le bas de l'organigramme, déléguée chaque fois par le supérieur à ceux qui dépendent de lui, ce que nous avons dit de la nature de la légitimité indique que cela n'est qu'en partie exact. L'autorité, en effet, n'a d'efficacité que si ceux qui lui sont soumis lui donnent sa légitimité. La pyramide que représente un organigramme met en jeu un pouvoir considérable, qui appartient aussi bien à ceux qui occupent le bas de la pyramide qu'à ceux qui en occupent le sommet. Les syndicats ont évidemment compris cela, utilisant le pouvoir qui existe aux échelons inférieurs pour défier le pouvoir du sommet. Dans la mesure où le pouvoir syndical est légitimé par la loi et par le droit de se syndiquer, il représente lui aussi un type d'autorité formelle. Nous y reviendrons lorsque nous traiterons des « contre-organisations ».

Contrôle des ressources rares. Pour survivre, toutes les organisations dépendent d'un flux adéquat de ressources : argent, matières premières, techniques, personnel, appui de la part des clients, des fournisseurs et de la collectivité en général. La capacité de contrôler n'importe laquelle de ces ressources peut ainsi devenir une source de pouvoir importante à l'intérieur d'une organisation ou entre elles. L'accès aux capitaux, la possession d'une compétence indispensable, de matières premières, le contrôle de l'accès à un logiciel important, à une technique nouvelle, ou même à un client ou à un fournisseur particulier, tout cela peut donner aux individus un pouvoir considérable dans l'organisation. Si une ressource est rare, et si quelqu'un en a absolument besoin, la possession d'une telle ressource peut certainement se traduire en pouvoir. Rareté et dépendance sont les clés du pouvoir fondé sur les ressources.

Quand on commence à parler de pouvoir en fonction des ressources, l'attention se concentre en général sur le rôle de l'argent. Car l'argent figure parmi les plus liquides des ressources, et peut en général se transformer en d'autres ressources. Quelqu'un doté de compétences particulières, un fournisseur qui a des matières premières précieuses, celui qui détient de l'information sur une nouvelle possibilité de projet peuvent en général se laisser persuader d'échanger ces ressources contre une somme intéressante. L'argent peut également se transformer en avancement, en favoritisme, en menaces, en promesses ou en pots-de-vin, loyauté, services, appuis ou obéissance pure et simple.

Il n'est donc pas étonnant que la dimension politique de l'organisation se manifeste autant à propos de l'élaboration des budgets et de l'allocation des ressources financières et de leur contrôle. Comme l'a mentionné Jeffrey Pfeffer, de Stanford, l'emploi d'un tel pouvoir est étroitement lié au contrôle de l'utilisation *discrétionnaire* des fonds. Il n'est pas nécessaire d'avoir plein contrôle sur les décisions financières. Il suffit d'avoir le contrôle nécessaire pour tirer les ficelles qui permettent de créer des changements à la marge. La raison en est que la plus grande partie des ressources financières dont dispose une organisation est destinée aux opérations courantes. Les changements qu'on apporte à ces opérations se font en général petit à petit, les décisions prises ayant pour résultat de réduire ou d'augmenter légèrement les dépenses courantes. C'est la capacité d'augmenter ou de diminuer ce flux monétaire qui confère le pouvoir. Par conséquent, si un gestionnaire peut avoir accès à des ressources qui n'ont pas encore d'affectation, et s'il peut les utiliser à sa discrétion, par exemple pour soudoyer quelqu'un, il lui est alors possible d'exercer une influence très importante sur les destinées de l'organisation et en même temps d'acheter l'appui de ceux à qui profite cet argent. De la même façon, celui qui, à l'extérieur de l'organisation, a la responsabilité de décider s'il doit ou non maintenir son appui financier à cette organisation est en mesure d'exercer une influence considérable sur les lignes de conduite et sur les pratiques de celle-ci. En général, cette influence n'a pas de commune mesure avec les sommes réelles, puisque les organisations dépendent souvent de fonds marginaux pour se donner une marge de manœuvre. Les organisations ont fréquemment tendance à utiliser leur surplus en une année et, du coup, à susciter des engagements ou des attentes pour la suivante, par exemple, en accordant une augmentation de traitement qu'on espère voir se répéter, en nommant un personnel temporaire qui devra être confirmé dans ses fonctions, ou en amorçant un programme que le personnel voudra poursuivre. Tout cela donne un pouvoir considérable à celui qui dispose de ces fonds marginaux.

Les principes dont nous avons traité à propos de l'utilisation du pouvoir financier s'appliquent aussi bien aux autres sortes de pouvoir lié aux ressources. Le point important dont il faut se souvenir, c'est que le pouvoir réside dans le contrôle des ressources dont dépend l'organisation pour continuer de faire ce qu'elle fait ou pour prendre de nouvelles initiatives. Il faut qu'il y ait dépendance pour qu'il puisse y avoir contrôle ; et ce contrôle provient toujours de la rareté de la ressource en question ou de la difficulté d'y avoir accès. Que nous parlions du contrôle des finances, des compétences, des matières premières, du personnel ou même du soutien affectif offert à un décideur clé qui apprécie l'appui et l'amitié qu'on lui manifeste, les principes demeurent les mêmes. Les plus machiavéliques d'entre nous auront vite compris que ces principes incitent à une stratégie qui, pour augmenter le pouvoir, va amener à *créer* la dépendance par l'entremise du contrôle bien planifié des ressources essentielles.

Il est également possible d'augmenter son pouvoir en réduisant sa dépendance vis-à-vis des autres. C'est pourquoi beaucoup de gestionnaires de services aiment avoir leurs propres réserves de ressources. La duplication des ressources, qui semble bien inutile dans une organisation où chaque service a le même équipement, le même groupe de spécialistes ou une réserve de personnel que l'on peut utiliser en cas d'urgence, et qui sont autrement tous sous-employés, est souvent le résultat de tentatives pour réduire la dépendance d'un service vis-à-vis des ressources des autres.

Utilisation de la structure et des règles de l'organisation. La plupart du temps, la structure, les règles et les façons de faire d'une organisation sont considérées comme des instruments rationnels destinés à faciliter l'accomplissement d'une tâche. Si l'on envisage ces éléments sous l'angle politique, cependant, on s'aperçoit que, dans bien des cas, il faut les considérer comme le résultat et le reflet d'une lutte pour la domination politique.

Voyons l'exemple suivant, extrait de recherches que j'ai effectuées en Angleterre sur des corporations qui assurent le développement de « villes nouvelles ». L'une de ces corporations a été fondée au début des années 60 afin de créer une ville nouvelle dans un vieux secteur industriel. On a mis sur pied une organisation fonctionnelle avec des services indépendants (service des finances, services juridiques, administration, développement commercial, logement, architecture et planification, ingénierie) sous l'autorité d'un directeur général qui rendait compte à un conseil d'administration. Vers la fin des années 60, un homme d'affaires énergique devint président du conseil d'administration. Il nomma directeur général le directeur des services juridiques et divisa en deux l'ancien poste de ce dernier, devenu vacant, créant ainsi le poste de secrétaire de l'organisation et accordant des fonctions moins étendues au nouveau directeur des services juridiques. Le poste de secrétaire fut attribué à un candidat du président, qui avait déjà travaillé avec ce dernier et qui occupait des fonctions similaires dans une autre entreprise. Le président et le secrétaire commencèrent à travailler ensemble de façon très étroite, et le conseil finalement en vint à accepter que le secrétaire ait accès directement au conseil sans passer par le directeur général. Le président s'engagea à fond dans le fonctionnement quotidien de l'organisation, court-circuitant souvent le directeur général, dont le rôle devint bien difficile.

Cette situation prit brusquement fin au bout d'un an, avec la démission surprise du président à la suite d'une controverse reliée à des lignes de conduite. La nomination d'un nouveau président, qui préférait déléguer son autorité et laisser le directeur général diriger, transforma de façon radicale les relations de pouvoir au sein de l'organisation. Le directeur général se mit graduellement à exercer son contrôle sur les directeurs de service dont un grand nombre avaient acquis beaucoup de pouvoir grâce à l'ancien président. Il choisit de ramener certaines des fonctions attribuées au secrétaire de l'organisation sous son contrôle direct, et de réorganiser les autres responsabilités sectorielles. Par exemple, il divisa les fonctions du service de l'architecture et de la planification, créant ainsi un nouveau service de la planification et un nouveau service chargé du levé des plans. Le directeur du service de l'architecture, qui avait acquis beaucoup de pouvoir sous l'ancien président, se retrouva du coup avec une fraction seulement du service qu'il dirigeait auparavant. Ces modifications de structure s'accompagnèrent d'autres changements, dont la rétrogradation des anciens directeurs de service. Peu de temps après, un certain nombre d'entre eux, dont le secrétaire et le directeur du service de l'architecture, quittèrent l'organisation.

Ces changements étaient certainement justifiés du point de vue technique, mais ils ont été également motivés par des considérations politiques dont l'enjeu principal était le contrôle de l'organisation. Les premiers changements, ceux qu'avait effectués le président de l'organisation qui partit au bout d'un an, avaient pour but d'augmenter son propre contrôle de l'organisation en réduisant celui du directeur général. Ceux qui prirent place après la démission du président visaient avant tout à permettre au directeur général de reprendre le contrôle sur des directeurs de service devenus trop puissants. Les changements à la structure faisaient partie d'un jeu de pouvoir destiné à limiter le rôle joué par certains individus clés et à limiter leur influence.

Les circonstances, ici, sont peut-être uniques en leur genre, mais le modèle est assez général, car la structure de l'organisation sert souvent d'instrument politique. Les projets de différenciation et d'intégration organisationnelle, de centralisation et de décentralisation, et les tensions qui peuvent surgir dans une organisation de type matriciel mettent souvent en jeu des ordres du jour cachés qui se rapportent au pouvoir, à l'autonomie ou à l'interdépendance des services et des individus. La taille et le statut d'un groupe, ou d'un service, à l'intérieur d'une organisation, donnent souvent une indication de son pouvoir dans l'organisation prise dans son ensemble, puisque le moyen de contrôle le plus simple est de diminuer l'importance d'une fonction, ou d'un groupe d'individus, ou encore d'adopter une stratégie consistant à diviser pour régner, qui fragmente les sources de pouvoir possibles. Nous venons de décrire cette dernière façon de procéder dans l'étude de cas ci-dessus et on l'a retrouvée dans un certain nombre d'autres corporations de « ville nouvelle » décrites dans mes recherches. Dans un cas, par exemple, la fonction de développement communautaire, que l'on attribue en général à un service dans d'autres organisations, avait été reléguée au rang de petit sous-service sous le contrôle du directeur des services juridiques — qui ne connaissait pas grand-chose à ce genre de travail et s'y intéressait peu. Le personnel affecté au développement communautaire, qui adoptait en général des positions radicales quand il s'agissait de planification, avait raison de percevoir que la place anormale qu'il occupait au sein de l'organisation reflétait la volonté du directeur général de diminuer son influence et de l'exclure des réunions de chefs de service. Ce même directeur général a cherché à entraver le développement d'équipes chargées de projet aux échelons moyens de la hiérarchie, équipes dont l'existence aurait amené l'organisation à pencher vers le type matriciel plutôt que vers le type bureaucratique. Il souhaitait exercer un contrôle très serré sur ces directeurs de service en décourageant les équipes et en rendant ces directeurs responsables de l'intégration interservices. Un grand nombre des planificateurs occupant un niveau hiérarchique moyen dans l'entreprise se sont découragés devant leur manque d'autonomie et d'influence et, très vite, ont abandonné l'organisation.

En étudiant les tensions qui accompagnent la conception d'une organisation et ses modifications subséquentes, nous obtenons de nombreuses indications sur la structure de pouvoir qui y prévaut. La rigidité et l'inertie de la structure organisationnelle peuvent aussi nous renseigner à cet égard, puisque les gens conservent souvent les structures existantes afin de protéger le pouvoir qu'ils en retirent. Ainsi, fréquemment, les individus et les divisions veulent conserver à tout prix des descriptions de tâche et des conceptions de leur organisation qui sont périmées : ils résistent à l'implantation des ordinateurs, par exemple, parce que leur pouvoir et leur statut au sein de l'organisation sont étroitement liés à un ordre que perturberait profondément pareille implantation. Un des paradoxes de l'organisation bureaucratique, c'est que la conception des tâches et des services, destinée au départ à contrôler le travail des employés, permet aussi à ceux-ci de contrôler leurs supérieurs.

On peut en dire autant des divers règlements et autres façons de procéder formelles. Tout comme quelqu'un peut se servir d'une description de tâche pour définir ce qu'il n'est *pas* prêt à faire (« Ça ne fait pas partie de mon travail » ou « Je ne suis pas payé pour ça »), les règlements sont bien souvent des armes à deux tranchants. On en trouve un excellent exemple dans le cas de British Rail, dont les employés ont découvert le pouvoir de la grève du zèle, qui consiste à faire strictement ce que demandent les règlements. Au lieu de faire une véritable grève pour appuyer une revendication ou un grief, processus onéreux pour les employés qui perdent ainsi leur salaire, le syndicat décrète souvent une grève du zèle au cours de laquelle les employés font exactement ce qu'exigent les règlements établis par les autorités des chemins de fer. Le résultat, c'est que très peu de trains partent à l'heure, les horaires sont bouleversés, et très vite le réseau ferroviaire fonctionne au ralenti s'il ne s'arrête pas complètement. Ces règlements, bien entendu, avaient été adoptés pour contrôler les employés, pour protéger les voyageurs et, ce qui compte tout autant, protéger la direction des chemins de fer : en effet, dans le cas d'un accident grave, une structure où règles et responsabilités sont clairement définies peut aider à déterminer qui mérite le blâme. Le seul problème, c'est qu'il existe tellement de règlements que les respecter empêche le réseau ferroviaire de bien fonctionner. Pour que tout se passe bien, il faut que les employés trouvent des raccourcis, ou du moins simplifient les façons de faire. British Rail n'est évidemment pas seule dans ce cas. Un grand nombre d'organisations ont des règlements qui, les employés le savent bien, ne sont généralement pas observés.

L'importance de ces règles pour ceux qui les ont formulées est clairement mise en évidence dans les enquêtes publiques qui font suite aux accidents graves, au cours desquelles les enquêteurs comparent les faits avec les normes prescrites, afin de voir où est l'erreur et qui en est responsable. On trouve parfois des lacunes dans les règlements, ou alors on s'aperçoit qu'il y a eu des négligences sérieuses. Mais bien souvent l'accident n'est que ce que Charles Perrow, de Yale, a qualifié d'« accident normal », sa probabilité étant inhérente à la nature du système. Souvent, les infractions aux règlements que l'on constate alors ont été déjà commises des milliers de fois et font partie du cours normal du travail puisque ce dernier ne peut se faire sans de telles infractions aux règlements. Les cheminots de Grande-Bretagne, comme presque tous ceux qui ont opté pour la grève du zèle, ont découvert comment contrôler et punir d'autres personnes en utilisant une arme d'abord conçue pour les contrôler et au besoin les punir.

Les règlements sont donc souvent créés, invoqués et utilisés de façon soit proactive, soit rétrospective, dans le cadre de relations de pouvoir. Tous les règlements bureaucratiques, les critères fondant les prises de décision, les projets et les échéanciers, les critères de promotion et d'évaluation de tâche, et les autres règles qui guident le fonctionnement de l'organisation, tout cela confère un pouvoir potentiel à la fois à ceux qui contrôlent et à ceux qui sont contrôlés. Les règlements destinés à guider et à simplifier les activités peuvent presque toujours servir à les empêcher de se produire. Tout comme les juristes, par profession, cherchent à trouver un point de vue nouveau qui permette de tourner ce qui semblerait une règle clairement définie, des membres d'une organisation arrivent à invoquer un règlement d'une façon qu'on n'aurait jamais imaginée. La capacité d'utiliser les règles à son propre avantage est donc l'une des sources importantes de pouvoir dans une organisation et, comme c'est le cas pour la structure organisationnelle, définit un terrain contesté qui sans arrêt se voit négocié, préservé ou modifié.

Contrôle de la prise de décision. La possibilité d'influencer les résultats de processus de prise de décision est une source de pouvoir bien reconnue ; elle a attiré une attention considérable dans les textes sur la théorie de l'organisation. Puisque cette dernière est, dans une large mesure, un système de prise de décision, l'individu ou le groupe qui peut agir de façon très claire sur le processus de décision peut exercer une influence considérable sur les affaires et les destinées de son organisation. Il n'est donc pas étonnant que les hommes et les femmes qui ont soif de pouvoir consacrent beaucoup de temps, d'énergie et un soin méticuleux aux innombrables réunions qui n'en finissent pas. Ces « politicards » comme on les appelle souvent, manipulent le choix et l'ordre des questions qui y sont traitées, plusieurs demeurant cachées et n'apparaissant jamais dans les ordres du jour, tout cela pour arriver aux décisions qu'ils souhaitent. Ce sont ces ordres du jour cachés qui permettent à nombre d'entre eux de sortir triomphants d'heures de discussion où l'on tourne en rond et qui finissent par une impasse. Car, d'un point de vue politique, la prise de décision organisationnelle signifie souvent que l'on veille à ce que des décisions cruciales ne se prennent pas, et à faciliter celles que l'on souhaite voir adopter.

Lorsqu'on traite des sortes de pouvoir qui entrent dans la prise de décision, il est bon de faire une distinction entre trois éléments qu'il faut contrôler : les *prémisses* de la décision, le *processus* de décision et les *enjeux et objectifs* relatifs à la prise de décision. Une des façons les plus efficaces d'obtenir qu'une décision soit prise, c'est de faire en sorte qu'on y arrive par défaut. Voilà pourquoi une grande partie de l'activité politique au sein d'une organisation dépend du contrôle des questions à débattre et autres prémisses qui influencent la façon dont on va aborder une décision, peut-être parfois en empêchant certains enjeux cruciaux de faire surface. En évitant de discuter explicitement de certains problèmes, on peut arriver à obtenir exactement ce que l'on veut. Par exemple, dans une organisation dont les membres souhaitent établir un syndicat, ou dans laquelle se forme une coalition qui cherche à faire démarrer des projets dans un nouveau domaine, il est possible pour la direction d'éviter ou de retarder les décisions relatives à ces questions en effectuant d'autres changements, à la fois marginaux et importants, pour attirer l'attention ailleurs. Cette manière d'empêcher certaines questions de devenir des sujets brûlants, sur lesquels il *faut* se pencher, est très populaire auprès de ceux qui souhaitent préserver le statu quo.

À la manipulation consciente des prémisses d'une décision s'ajoute souvent un important élément de contrôle inconscient ou socialisé. Comme l'a fait remarquer Charles Perrow, une somme importante de contrôle quasi invisible est inhérente au vocabulaire, aux structures de communication, aux attitudes, aux croyances, aux règles et aux façons de faire qui, bien qu'on les emploie sans s'interroger à leur propos, exercent une influence considérable sur le résultat des décisions. Ces facteurs influent sur les prémisses de la décision en déterminant la façon dont nous pensons et agissons. La vision de ce que sont les questions et les enjeux et de la façon dont on peut les traiter sont souvent de véritables carcans qui nous empêchent de voir qu'il existe d'autres manières de formuler nos préoccupations principales et les autres solutions qui sont à notre disposition. Un grand nombre de ces contraintes sont inhérentes aux hypothèses qui sous-tendent une organisation, aux croyances et pratiques relatives à « qui nous sommes » et à « la façon dont on procède ici ».

Le contrôle du *processus* de prise de décision est en général plus facile à déceler que ne le sont les prémisses. Comment faut-il prendre une décision ? Qui doit y prendre part ? Quand faut-il prendre la décision ? En déterminant s'il est possible de prendre une décision et d'en informer les instances appropriées, s'il faut la soumettre à un comité et lequel, s'il faut l'appuyer par un rapport complet, si elle paraît à un ordre du jour qui pourrait lui valoir d'être âprement discutée ou adoptée sans formalités, en déterminant ainsi quelle sera la teneur de l'ordre du jour, et même le fait de savoir s'il faut discuter de la question au début ou à la fin de la séance, un gestionnaire peut avoir une influence considérable sur le résultat de ce processus. Les règles fondamentales qui guident la prise de décision sont ainsi des variables importantes que les membres de l'organisation peuvent manipuler et utiliser pour avoir les atouts voulus dans leur jeu quand il faudra décider pour ou contre une action donnée.

Une dernière façon de contrôler la prise de décision, c'est d'influencer les enjeux et les objectifs dont il est question et les critères d'évaluation dont on se servira. Un individu peut déterminer ces enjeux et objectifs de façon très directe en préparant les rapports pertinents et en prenant part à la discussion menant à la prise de décision. En insistant sur l'importance de contraintes particulières, en choisissant et en évaluant les différentes possibilités, et en mettant en lumière l'importance de certaines valeurs ou de certains résultats, les décideurs peuvent exercer une influence considérable sur l'issue de la discussion. Grâce à l'éloquence, à une bonne connaissance des faits, à un engagement passionné ou simplement par la ténacité ou l'endurance, il est possible de remporter la victoire et d'accroître son pouvoir d'influencer les décisions dans son domaine.

Contrôle des connaissances et de l'information. À plusieurs reprises dans ce qui précède, surtout lorsqu'il est question du contrôle des prémisses de la décision, transparaît l'idée que la personne capable de structurer l'attention accordée aux problèmes d'une façon qui, concrètement, définit la réalité du processus de prise de décision, voit son pouvoir augmenter. Cela indique bien l'importance primordiale des connaissances et de l'information comme sources de pouvoir. En contrôlant ces ressources clés, il est possible d'influencer systématiquement la définition des situations dans l'organisation et de créer des modèles de dépendance. Ces deux activités méritent qu'on s'y arrête.

W.I. Thomas, spécialiste américain de la psychologie sociale, a fait observer que si les gens définissent des situations comme réelles, elles le sont à tout le moins dans leurs conséquences. Beaucoup de politiciens habiles mettent quotidiennement ce principe en pratique en contrôlant le flux d'information et les connaissances mises à la disposition de diverses personnes, influençant par là même leur perception des situations et par conséquent leur façon de réagir à ces situations. Ces politiciens sont souvent des « filtreurs » d'information, parce qu'ils ouvrent et ferment les canaux de communications et filtrent, résument, analysent et ainsi déterminent les connaissances jugées pertinentes, selon une vision du monde qui sert leurs intérêts. Bien des aspects de la structure de l'organisation, en particulier la hiérarchie et la division en services, influencent la manière dont l'information circule et ces « filtreurs » officieux d'information les utilisent à leurs propres fins. Quand ce ne serait qu'en ralentissant ou en accélérant le flux de certaines informations, rendant ainsi les connaissances accessibles au bon moment ou au contraire trop tard pour servir à ceux ou celles qui en ont besoin, ils peuvent exercer un pouvoir considérable.

La quête du contrôle de l'information dans une organisation est souvent reliée à des questions de structure organisationnelle. Par exemple, on s'est souvent battu pour avoir le contrôle et l'emploi des systèmes d'ordinateurs centralisés, parce que ce contrôle va souvent de pair avec celui du flux de l'information et de la conception des systèmes d'information. Le pouvoir de nombreux services des finances et autres services où se traite l'information est lié à ce fait. Le personnel des finances est important non seulement parce qu'il contrôle les ressources, mais aussi parce qu'il définit et contrôle leur utilisation. En exerçant une influence sur la conception des systèmes d'information reliés au budget et au contrôle des prix de revient, ce personnel peut influencer ce qui est perçu comme important dans l'organisation, tant par ceux qui ont recours à cette information comme élément essentiel de contrôle que par ceux qui y sont soumis. De la même façon que les prémisses des prises de décisions influencent la nature de ces dernières, les hypothèses cachées, que parfois l'on ne remet pas en question et qui sont inhérentes à la conception des systèmes d'information, peuvent avoir une importance cruciale pour la structuration des activités quotidiennes.

Un grand nombre des questions brûlantes qui concernent les mérites et les inconvénients associés à la micro-informatique sont liées à celle du pouvoir. Les nouvelles techniques de traitement de l'information permettent d'avoir de multiples points d'accès à des bases de données et offrent la possibilité d'avoir des systèmes d'information locaux plutôt que centralisés. En principe, ces nouvelles techniques peuvent servir à augmenter le pouvoir de ceux qui se trouvent à la périphérie de l'organisation ou au niveau local, en leur fournissant plus rapidement des données pertinentes plus complètes, facilitant ainsi l'autocontrôle par opposition à un contrôle centralisé. En pratique, toutefois, on a souvent recours à ces techniques pour augmenter le pouvoir central. Les concepteurs et les utilisateurs de ces systèmes sont extrêmement conscients du pouvoir qui réside dans l'information ; c'est pourquoi ils ont décentralisé certaines activités tout en assurant une surveillance constante et centralisée de la façon dont elles s'effectuent. Par conséquent, des dirigeants se trouvant dans des régions éloignées du globe, des préposés aux réservations travaillant pour des compagnies aériennes dans des bureaux où il n'y a pas de surveillants, et des ouvriers travaillent tous sous l'œil d'ordinateurs qui transmettent leurs rapports sur tout ce qui se passe à quelqu'un qui se trouve au cœur du système d'information.

Les connaissances et l'information ne servent pas qu'à déterminer les définitions des réalités organisationnelles et à exercer le contrôle, elles peuvent aussi servir à établir des modèles régularisés de rapports de dépendance. En disposant de l'information voulue au moment voulu, en ayant l'accès exclusif à des données essentielles, ou simplement en faisant preuve de la compétence voulue pour organiser les faits et en faire la synthèse de façon efficace, les membres d'une organisation peuvent augmenter le pouvoir dont ils jouissent au sein de cette dernière. Beaucoup de gens développent cette capacité d'une manière systématique, et défendent jalousement — interdisent même parfois — l'accès au savoir clé afin de mieux se rendre indispensables et de se voir reconnaître le statut de « spécialiste ». Bien entendu, les autres membres de l'organisation ont intérêt à empêcher que pareille exclusivité n'existe et à permettre un accès plus général à l'information. Il y a donc souvent dans les organisations une tendance à routiniser les compétences importantes, chaque fois que cela est possible. On cherche également à éviter de dépendre d'individus et de services en particulier en ayant ses propres spécialistes. Voilà pourquoi les services préfèrent souvent avoir les leurs sous la main, même si cela signifie double emploi et redondance à l'intérieur de l'organisation prise globalement.

Un dernier aspect du pouvoir du spécialiste a trait à l'utilisation du savoir pour légitimer ce qu'on souhaite faire. Le « spécialiste » jouit souvent d'une autorité et d'un pouvoir qui donnent un poids considérable à une décision qui n'est pas encore tout à fait prise mais que les acteurs principaux ont, intérieurement, déjà décidé de prendre.

Contrôle des frontières. Lorsque l'on traite du pouvoir dans les organisations, il faut s'attarder à ce que l'on appelle parfois la « gestion des frontières ». La notion de frontière désigne l'interface entre les divers éléments d'une organisation. C'est ainsi que nous pouvons parler de la frontière entre différents groupes de travail ou services, ou entre une organisation et son environnement. En surveillant et en contrôlant les transactions « bilatérales », quelqu'un peut acquérir un pouvoir considérable. Par exemple, on peut surveiller les changements qui se produisent en dehors de son propre groupe, de son service, de son organisation et prendre les mesures qui s'imposent. On arrive ainsi à connaître les éléments interdépendants importants sur lesquels on peut obtenir une certaine mesure de contrôle. Ou encore, un individu obtient l'accès à une information vitale qui le met dans une excellente position pour interpréter ce qui se passe à l'extérieur de l'organisation et ainsi contribuer à la définition de la réalité qui guidera l'action de l'organisation. On peut aussi contrôler les transactions bilatérales en servant de tampon de manière à permettre et même encourager certaines transactions et à pouvoir en bloquer d'autres.

La plupart des gens qui occupent des postes de direction, quel qu'en soit le niveau dans la hiérarchie de l'organisation, peuvent se livrer à cette gestion des frontières de façon à augmenter leur pouvoir. Ce processus est également un élément important de nombreux rôles, comme ceux de secrétaire, d'assistant particulier, de coordonnateur de projet et d'agent de liaison. Ceux qui occupent ces postes parviennent souvent à jouir d'un pouvoir qui dépasse leur statut : par exemple, de nombreux secrétaires et assistants particuliers peuvent exercer une grande influence sur la façon dont leur patron considère une situation donnée en déterminant qui peut le voir et quand, et en traitant l'information de manière à mettre en relief ou atténuer l'importance des événements et des activités qui se produisent dans d'autres secteurs de l'organisation. Un exemple remarquable de gestion des frontières est celui de la Maison-Blanche au temps du gouvernement Nixon, époque à laquelle ses principaux assistants, Richard Erlichman et Bob Haldeman exerçaient un contrôle serré sur l'accès au président. Ce faisant, il semble bien qu'ils aient pu déterminer en bonne partie l'opinion du président sur ce qui se passait à la Maison-Blanche et ailleurs. Une des questions les plus importantes, dans l'affaire bien connue du Watergate et l'effondrement de la présidence, était de savoir si les assistants de Nixon lui avaient transmis les renseignements les plus importants sur les cambrioleurs du Watergate. Erlichman et Haldeman étaient des spécialistes de la gestion des frontières, et l'essentiel de leur stratégie pour acquérir du pouvoir se retrouve dans toutes sortes d'organisations dans le monde entier.

La gestion des frontières peut aider à intégrer une entité au monde extérieur ou servir à isoler cette entité afin qu'elle puisse fonctionner de façon autonome. La recherche d'autonomie — par les individus, par les groupes ou même par des services — est un élément important de la vie organisationnelle, parce que beaucoup de gens aiment pouvoir contrôler l'espace où ils vivent. La gestion des frontières facilite cette quête d'autonomie, car elle montre souvent les moyens grâce auxquels une entité peut acquérir les ressources nécessaires pour créer cette autonomie et indique les stratégies qu'elle peut utiliser pour la défendre si elle est menacée. Les groupes et les services essaient souvent de disposer des compétences et ressources clés à l'intérieur de leurs frontières et de contrôler l'admission par un recrutement sélectif. Ils ont également souvent recours à ce que le sociologue Erwin Goffman a décrit comme des « rituels d'évitement » des questions et problèmes potentiels qui pourraient menacer leur indépendance.

La recherche d'autonomie, cependant, se heurte souvent à des contre-stratégies mises de l'avant par des gestionnaires d'autres secteurs de l'organisation. Ces derniers peuvent chercher à défaire la cohésion du groupe en proposant leurs propres représentants ou alliés aux postes clés, trouver des moyens de minimiser les surplus de ressources dont dispose le groupe ou encourager des restructurations dans l'organisation afin d'augmenter l'interdépendance et minimiser les conséquences d'une action autonome. Les transactions bilatérales sont ainsi souvent caractérisées par des stratégies concurrentes pour obtenir le contrôle et le contre-contrôle des unités en cause. Un bon nombre de groupes et de services réussissent à obtenir une mesure considérable d'autonomie et à défendre leur position de telle sorte que l'organisation devient un système de groupes et de services reliés par des liens assez lâches, au lieu de former un ensemble très intégré.

Capacité de composer avec l'incertitude. Une autre source de pouvoir, implicite dans une bonne partie de ce que nous avons dit précédemment, est la capacité de composer avec les incertitudes qui influencent la vie quotidienne d'une organisation. Toute organisation suppose un certain degré d'interdépendance, de sorte que les circonstances occasionnelles ou imprévisibles qui surviennent dans une partie de l'organisation peuvent influer considérablement sur ce qui se passe dans une autre. La capacité de composer avec ces incertitudes procure à un individu, à un groupe ou à une unité un pouvoir considérable dans l'organisation prise dans son ensemble.

La capacité de composer avec l'incertitude est souvent liée intimement à la place que l'on occupe selon la division générale du travail qui prévaut dans l'organisation. En règle générale, l'incertitude appartient à deux catégories. Il peut s'agir d'incertitudes liées à l'environnement (par exemple en ce qui a trait au marché, aux sources de matières premières ou aux finances) qui peuvent fournir d'excellentes occasions à ceux qui disposent des connaissances ou des contacts voulus pour attaquer le problème et en minimiser les effets sur l'ensemble de l'organisation. Les incertitudes reliées au fonctionnement interne de l'organisation (par exemple, l'arrêt forcé de machines importantes pour la production, des problèmes de traitement de données) peuvent aider les dépanneurs, le personnel d'entretien et d'autres qui ont les connaissances et le savoir-faire voulus à gagner pouvoir et statut s'ils parviennent à ramener la situation à la normale. Le degré de pouvoir qui revient aux gens capables d'affronter avec succès ces deux catégories d'incertitude dépend avant tout de deux facteurs. D'abord, la mesure dans laquelle il est possible de substituer d'autres connaissances aux leurs et, par conséquent, la facilité avec laquelle on peut les remplacer. Ensuite, la centralité de leurs fonctions par rapport aux activités de l'organisation envisagée dans sa totalité.

Les organisations cherchent habituellement à réduire les incertitudes chaque fois que c'est possible, le plus souvent en « créant des réserves » ou encore en routinisant certaines opérations. Par exemple, il est possible de constituer des réserves de ressources essentielles à partir de différentes sources ; on peut mettre sur pied des programmes d'entretien pour minimiser les problèmes techniques, et former les gens à composer avec les circonstances. Cependant, il demeurera toujours un certain degré d'incertitude, puisque c'est la nature des situations incertaines de ne pas toujours pouvoir être prévues et évitées. De plus, ceux dont le pouvoir dépend de leur capacité de composer avec l'incertitude vont souvent tenter de préserver ce pouvoir en s'assurant que cette dernière demeure, et parfois même manipulent les situations de sorte qu'elles semblent plus incertaines qu'elles ne le sont réellement.

Si nous comprenons l'impact que peut avoir l'incertitude sur la façon dont une organisation fonctionne, nous avons un excellent moyen de comprendre les relations de pouvoir entre différents groupes ou services. Nous pouvons également mieux comprendre les conditions dans lesquelles apparaît le pouvoir des spécialistes et des dépanneurs et l'importance des diverses sortes de pouvoir qui dérivent du contrôle des ressources dont nous avons parlé plus haut. L'existence de l'incertitude et la capacité de composer avec elle sont souvent des éléments permettant d'expliquer quand et pourquoi ces autres formes de pouvoir contribuent de façon si importante à déterminer les activités de l'organisation.

Contrôle des techniques. La technique est un instrument de pouvoir depuis toujours, et elle met en lumière la possibilité qu'ont les êtres humains de manipuler leur environnement, de le contrôler et de s'imposer à lui. Les techniques que l'on utilise dans les organisations modernes jouent un rôle semblable. Elles fournissent à ceux qui les utilisent la possibilité d'atteindre des résultats étonnants dans leurs activités de production, et elles leur donnent également la possibilité de manipuler ce pouvoir de production pour qu'il serve efficacement leurs propres intérêts.

Les organisations deviennent en général totalement dépendantes d'une technique principale qui permet de transformer leurs intrants en extrants. Il peut s'agir d'une chaîne de montage dans une usine, d'un standard téléphonique, d'un ordinateur central ou d'un système quelconque de tenue de livres ; cela peut aussi être une usine à forte intensité de capital comme c'est le cas des raffineries de pétrole, de la fabrication de produits chimiques ou encore d'une centrale électrique. La technique que l'on emploie influence les modèles d'interdépendance à l'intérieur d'une organisation et par conséquent les relations de pouvoir entre les individus ou les services. Dans des organisations où la technique produit des modèles d'interdépendance séquentielle, comme c'est le cas pour la fabrication en série par chaîne de montage, où la tâche de A doit finir avant qu'on puisse passer à B, qui doit être terminé avant que l'on passe à C, ceux qui contrôlent une partie quelconque du processus technique disposent d'un pouvoir considérable pour déranger l'ensemble. Dans des organisations où la technique met en cause des systèmes de production plus autonomes, la capacité que peut avoir un individu ou un groupe d'influencer le fonctionnement de l'ensemble est beaucoup plus limitée.

L'impact très fort de la technique sur les relations de pouvoir est une des principales raisons pour lesquelles les tentatives de changements techniques suscitent souvent des conflits graves entre patrons et employés et entre les différents groupes composant une organisation. C'est que l'introduction d'une technique nouvelle peut modifier l'équilibre du pouvoir. L'arrivée de la chaîne de montage dans l'industrie, conçue pour augmenter le contrôle des gestionnaires sur le travail des ouvriers, a eu également le résultat non intentionnel d'augmenter le pouvoir de ces derniers et de leurs syndicats : en normalisant les tâches, la technique a normalisé les intérêts des employés d'une façon qui encourageait le recours à l'action collective, et a aussi donné aux employés le pouvoir sur le processus de production, ce qui rend leur action particulièrement efficace. La grève à un endroit quelconque de la chaîne de montage peut faire cesser le travail de centaines, voire de milliers de travailleurs. La technique est conçue de telle sorte qu'elle rend une action collective entreprise par un petit nombre de gens extrêmement efficace. Par ailleurs, les systèmes de production fondés sur l'utilisation de groupes de travail autonomes ou sur d'autres formes de « technique cellulaire » ont pour effet de fragmenter les intérêts des travailleurs. Travail et récompenses reviennent à l'équipe de travail en tant qu'unité primaire de l'organisation. Par conséquent, les intérêts d'un employé sont souvent associés plus étroitement à ceux de son équipe qu'à ceux d'un autre employé ou d'un groupe formé de gens exerçant le même métier, ce qui rend la syndicalisation et le recours à l'action collective beaucoup plus difficiles, d'autant plus que des relations de concurrence peuvent se développer entre les différentes équipes. Comme, avec le système de groupe autonome, la cessation du travail par un groupe n'affecte pas l'ensemble des opérations, à moins que les autres groupes n'en fassent autant, le pouvoir des travailleurs et de leurs syndicats sur l'ensemble de l'organisation se voit considérablement diminué.

L'introduction de nouvelles méthodes de production, de nouvelles machines, de nouveaux ordinateurs, ou tout changement d'ordre technique qui augmente le pouvoir d'un groupe ou d'un service aux dépens d'un autre tend par conséquent à devenir une question politique brûlante. Les groupes d'employés comprennent en général fort bien les relations de pouvoir inhérentes à l'organisation de leur travail et sont prêts à mettre en jeu toutes leurs ressources et leur créativité pour combattre tout changement qui pourrait menacer leur position.

Le pouvoir qui va de pair avec le contrôle des techniques est visible surtout lors des confrontations et négociations relatives à des changements organisationnels, ou encore quand des groupes tentent d'améliorer leur sort au sein de l'organisation. Cependant, il peut jouer de façon plus subtile. Un ouvrier qui travaille à une machine ou dans un système de travail en particulier apprend à connaître son fonctionnement dans tous les détails, ce qui lui donne souvent un pouvoir considérable. Dans le présent chapitre, nous avons déjà mentionné la façon dont des ouvriers spécialisés peuvent se servir de leur connaissance d'une machine pour jouer au plus fin avec les spécialistes de l'organisation du travail qui cherchent à imposer des normes de travail. Ils pouvaient contrôler les opérations techniques qui relèvent d'eux de façon à augmenter leur salaire et à contrôler le rythme de leur travail. Cette façon de faire est utilisée à diverses fins dans différents cadres de travail et cela tous les jours. Les gens manipulent et contrôlent leur technique, tout comme ils contournent les règlements et les descriptions de tâche. La technique, conçue pour diriger et contrôler le travail des employés, devient souvent un moyen de contrôle aux mains de ces derniers !

**Alliances interpersonnelles, réseaux
et contrôle de l'«organisation non formelle»**. Des amis haut placés, des répondants, des mentors, des coalitions de gens prêts à échanger appui et faveurs pour servir leurs intérêts propres, et des réseaux non formels pour garder le contact, sonder ou simplement bavarder — n'importe lequel de ces éléments confère un certain pouvoir à ceux qui en disposent. Par l'entremise de diverses sortes de réseaux qui s'entrecroisent, un individu peut être averti à l'avance de mesures qui peuvent le toucher, exercer diverses formes d'influence interpersonnelle pour modifier ces mesures de manière à servir ses intérêts, et paver la voie à ses propositions. Dans une organisation, le politicien habile travaille systématiquement à construire et cultiver ces réseaux, y intégrant chaque fois que possible ceux qui ont des intérêts importants dans son domaine, afin de profiter de leur aide et de leur influence.

Toutefois, les alliances et les coalitions ne reposent pas nécessairement sur des intérêts identiques ; l'indispensable pour ces organisations non formelles, c'est que toutes les parties en tirent des bénéfices intéressants. Pour construire des réseaux ou des coalitions qui fonctionnent bien, il est essentiel d'être conscient qu'il ne suffit pas de se gagner des amis, mais encore qu'il faut intégrer et apaiser des ennemis potentiels, voir plus loin que l'immédiat, et trouver le moyen de procéder à des échanges : un appui aujourd'hui en retour de promesses pour l'avenir. Celui qui réussit à créer pareilles coalitions reconnaît que le prix à payer en est la dépendance et l'échange.

Les coalitions, alliances et réseaux ainsi établis peuvent demeurer tout à fait non formels et, dans une certaine mesure, invisibles. Il est possible de créer une coalition par téléphone, grâce au réseau des « anciens », ou d'autres groupes d'amis, en jouant au golf, ou au cours de rencontres fortuites. Par exemple, des gens qui participent à une réunion à propos d'un projet particulier peuvent s'apercevoir qu'ils ont les mêmes intérêts dans un autre secteur de leur travail, et profitent de la réunion pour avoir un échange et amorcer une collaboration au regard d'autres projets. Une grande partie des coalitions qui ponctuent la vie organisationnelle surgissent ainsi de rencontres imprévues ou lors de réunions non formelles mais prévues, un déjeuner ou une réception par exemple. Parfois cependant, coalitions et alliances naissent de divers types d'échanges institutionnalisés, comme des réunions d'associations ou de groupements professionnels, et peuvent elles-mêmes s'institutionnaliser sous une forme plus durable : équipes chargées de projet, conseils consultatifs, entreprises à risques partagés ou organisations du type cartel. Comme les exemples ci-dessus le feront facilement comprendre, les réseaux peuvent être simplement internes à l'organisation ou encore inclure des gens importants en dehors de celle-ci. Ils sont parfois explicitement interorganisationnels, comme c'est le cas lorsque des entreprises se donnent des conseils d'administration composés en partie des mêmes membres. Dans tous les réseaux, il y a des personnages qui sont au centre de l'action et d'autres qui sont beaucoup plus marginaux. Certains vont contribuer davantage au réseau et en retirer plus de pouvoir que d'autres, selon le modèle de dépendance mutuelle sur lequel repose l'alliance.

Non seulement de nombreux membres d'une organisation retirent-ils un certain pouvoir de leur participation à des réseaux et des coalitions, mais ils peuvent aussi en retirer de leur rôle dans les réseaux sociaux qui forment ce que l'on appelle l'« organisation non formelle ». Toutes les organisations ont de ces réseaux à l'intérieur desquels les gens entrent en interaction afin de satisfaire à différents besoins d'ordre social. Des groupes de travailleurs peuvent avoir l'habitude de déjeuner ou d'aller prendre un verre ensemble le vendredi après le travail, et ils peuvent trouver des moyens d'améliorer la qualité de leur vie au travail. Le meneur d'un tel groupe peut l'influencer autant que n'importe quel règlement ou gestionnaire, et il devient une force dont il faut tenir compte et qu'il faut respecter au regard du fonctionnement de ce secteur de l'organisation. L'attention que l'on accorde en ce moment au rôle que joue la culture d'entreprise dans la réussite de celle-ci met en lumière le pouvoir qu'ont les meneurs et d'autres membres de ces groupes sociaux puisqu'ils peuvent déterminer les valeurs et les attitudes de la sous-culture dont ils font partie.

On voit apparaître une autre forme d'organisation non formelle quand il se crée chez un membre de l'organisation une dépendance psychologique ou affective à l'égard d'un autre. Cela prend toute son importance lorsque la personne qui est dans cet état de dépendance dispose déjà d'un pouvoir considérable d'autres sources. L'histoire des organisations, privées ou publiques, est remplie d'exemples dans lesquelles quelqu'un occupant un poste clé est devenu totalement dépendant de son mari ou de sa femme, de son amant ou de sa maîtresse, de sa secrétaire, de l'assistant ou de l'assistante en qui il a toute confiance, ou même d'un soi-disant prophète ou mystique. Dans les syndromes d'éminence grise qui en résultent, le collaborateur non formel exerce une influence considérable sur la manière dont la personne qui occupe le poste clé utilise le pouvoir. Bien que des relations de ce genre soient souvent le fait du hasard, il n'est pas rare de voir des gens acquérir le pouvoir en cultivant de cette façon machiavélique la dépendance des autres à leur endroit.

Contrôle des contre-organisations. Une autre voie d'accès au pouvoir dans une organisation vient de l'établissement et du contrôle de ce que l'on pourrait appeler des « contre-organisations ». Les plus connues sont les syndicats. Quand un groupe arrive à concentrer le pouvoir entre les mains de quelques-uns seulement, il est fréquent de voir les forces de l'opposition coordonner leurs actions afin de créer un bloc rival. John Kenneth Galbraith, l'économiste, a décrit cela comme un processus qui entraîne le développement d'un « pouvoir compensatoire ». Par exemple, les syndicats sont un moyen de surveiller, voire de mettre en échec, la direction de firmes qui appartiennent à un secteur industriel caractérisé par un haut degré de concentration ; le gouvernement et les autres services de réglementation agissent de même pour éliminer ou prévenir l'abus de pouvoir de la part d'un monopole ; enfin, une concentration élevée de la production est souvent compensée par le développement d'importantes organisations dans le domaine de la distribution : ainsi, les chaînes de magasins viennent souvent équilibrer le pouvoir qu'ont les producteurs et les fournisseurs importants.

L'exercice d'un pouvoir compensatoire est donc un moyen d'influencer les organisations sans pour autant faire partie de leur structure de pouvoir. En adhérant à un syndicat, à une association de consommateurs, à un mouvement social, à une coopérative ou à un groupe de pression, et en travaillant pour eux ou encore en exerçant ses droits civiques et en faisant pression sur les médias, sur son député ou sur un service gouvernemental, on peut équilibrer les relations de pouvoir. Bien des gens en font leur carrière. Un ouvrier peut consacrer une bonne partie de ses loisirs à travailler pour son syndicat et peut-être gravir les échelons de la bureaucratie syndicale pour en arriver à négocier face à face avec les dirigeants de l'entreprise. Pour beaucoup de ceux qui sont au bas de l'échelle dans une organisation, la seule façon efficace d'influencer leurs conditions de travail est d'exercer cette sorte de pouvoir compensatoire. Le porte-parole des consommateurs, Ralph Nader, a pu avoir une bien plus grande influence sur l'industrie américaine en s'en faisant le critique et en devenant le champion des droits des consommateurs qu'il n'aurait pu le faire en étant simplement employé par l'une des industries auxquelles il s'en prenait. Un grand nombre de juristes, de journalistes, d'universitaires et de membres d'autres groupes professionnels, tous dotés d'une conscience sociale, ont également trouvé une voie efficace pour influencer une organisation en la critiquant plutôt qu'en en faisant partie. Les dirigeants d'importants conglomérats ont souvent recours à ce principe de pouvoir compensatoire, lorsqu'ils jouent une sorte de partie d'échecs avec leur environnement, achetant et vendant des organisations comme on déplace des pions sur un échiquier. Plus d'une multinationale a tenté de bloquer le pouvoir de ses concurrents ou de négocier avec le gouvernement des pays qui les accueillaient en gardant à l'esprit ce pouvoir compensatoire.

Symbolisme et gestion de la signification. La capacité de persuader les autres d'enacter des réalités qui servent ses intérêts représente une autre source importante de pouvoir dans une organisation. La direction, en fin de compte, c'est entre autres la capacité de définir la réalité des autres. Alors que le dirigeant autoritaire tente de « vendre », d'« énoncer » sa conception de la réalité, ou de forcer ses subordonnés à l'adopter, les chefs plus démocratiques feront en sorte que la définition d'une situation émerge de la perception des autres. L'influence du dirigeant démocratique est beaucoup plus subtile et symbolique. Elle s'exerce en écoutant, en résumant, en intégrant et en influençant la discussion, par des interventions clés et en suscitant des images, des idées et des valeurs qui aident les personnes en cause à donner un sens à la situation devant laquelle ils se trouvent. En gérant les significations attribuées à une situation, le dirigeant, finalement, exerce un certain pouvoir symbolique qui influencera de façon décisive la manière dont les autres perçoivent leur réalité et, par conséquent, la façon dont ils agissent. Les chefs charismatiques semblent avoir des capacités naturelles pour créer la signification de cette façon.

Nous allons nous arrêter sur trois aspects de cette gestion des symboles qui ont des liens entre eux : le recours aux images, l'emploi du théâtre et l'utilisation de l'art de gagner sans enfreindre vraiment les règles du jeu.

Les images, le langage, les symboles, les histoires, les cérémonies, rituels et tous les autres attributs de la culture d'entreprise dont nous avons parlé au chapitre 5 sont des instruments dont on peut se servir pour la gestion de la signification et par conséquent pour déterminer les relations de pouvoir inhérentes à la vie organisationnelle. Nombre de très bons dirigeants et de chefs de file qui sont conscients du pouvoir que peuvent avoir des images évocatrices accordent instinctivement beaucoup d'attention à l'impact que leurs paroles et leurs actions peuvent avoir sur ceux qui les entourent. Par exemple, ils encouragent souvent l'idée que l'organisation est une équipe et l'environnement une jungle où règne la compétition, ils traitent les problèmes comme des occasions et des défis, symbolisent l'importance d'une activité ou d'une fonction en lui donnant une priorité élevée et beaucoup de visibilité dans leur propre programme d'activité et trouvent d'autres moyens de créer et de préserver les systèmes de croyance qu'ils estiment nécessaires pour atteindre leurs buts. En gérant ainsi la signification des situations organisationnelles, ils peuvent contribuer énormément à déterminer les modèles de culture et de sous-cultures d'entreprise qui les aideront à réaliser leurs buts et objectifs.

De plus, dans les organisations, un grand nombre de membres sont aussi très conscients de la façon dont le théâtre — ce qui inclut le cadre physique, les apparences, les types de comportement — peut ajouter à leur pouvoir, et beaucoup mériteraient un Oscar pour leurs prestations. Nous avons tous pénétré un jour ou l'autre dans le bureau d'un des principaux dirigeants d'une organisation, bureau dont la décoration et la disposition des éléments physiques respirent le pouvoir et indiquent clairement qu'il est occupé par quelqu'un qui en détient passablement. Le bureau d'un dirigeant est la scène sur laquelle il joue, et souvent il est soigneusement agencé de façon à faciliter ce jeu. Dans une partie de la pièce, il y aura un bureau très officiel avec un fauteuil qui a l'air d'un trône, où la personne jouera son rôle d'autorité. Un peu plus loin, des fauteuils autour d'une table à café forment un cadre de rencontre plus détendu. Si l'on est convoqué à pareil bureau, on peut en général percevoir l'allure que va prendre l'entretien selon l'endroit où l'on vous fait asseoir. Si vous devez prendre une chaise basse, en face du bureau, le dirigeant vous regardant littéralement de haut, vous pouvez être à peu près sûr que ce sera un moment pénible. Les situations sont souvent plus éloquentes que les mots, et servent ainsi à exprimer et à reproduire les relations de pouvoir qui prévalent dans l'organisation.

Les apparences peuvent également compter pour beaucoup. Par exemple, la plupart des membres d'une organisation apprennent très vite comment il faut s'habiller et quelles sont les autres règles non écrites qui leur permettront d'accéder aux échelons supérieurs de la hiérarchie. Dans certaines organisations, on peut faire la distinction entre les gens du service de la mercatique, ceux de la comptabilité ou même ceux qui travaillent à un certain étage, selon la façon dont ils s'habillent et se comportent. Bien des jeunes aspirants dirigeants apprennent vite qu'il est bon de toujours avoir avec soi un exemplaire du *Wall Street Journal*, en s'assurant que tout le monde le voit, même s'ils n'ont jamais le temps de le lire. Certains symbolisent leur activité par un bureau couvert de paperasses, d'autres montrent qu'ils contrôlent la situation en travaillant à un bureau sur lequel on ne voit aucun papier. Dans un contexte organisationnel, les apparences ont presque toujours un sens qui va au-delà de l'observable.

Le style compte également. Il est étonnant de voir comment vous pouvez symboliser votre pouvoir en ayant quelques minutes de retard lors d'une réunion très importante où tout le monde vous attend, ou comment le fait d'être vu dans certaines situations augmente votre prestige. Par exemple, dans de nombreuses organisations, les membres de la haute direction cherchent à être très en vue lors d'événements importants, mais disparaissent dans l'ombre quand il s'agit de réceptions moins brillantes. Il paraît que des gens qui travaillent à la Maison-Blanche mettent souvent en relief le fait qu'ils ont accès au président en arrivant au moins une demi-heure à l'avance pour que les autres puissent se rendre compte qu'ils vont voir le président. La possibilité de voir ce dernier est en elle-même un reflet et une source de pouvoir, mais si les autres savent que vous jouissez de cette possibilité, cela peut habituellement vous permettre de l'augmenter encore. Les gens qui sont conscients de la façon dont le symbolisme peut augmenter le pouvoir passent souvent beaucoup de temps à mettre en lumière leur travail, « gérant l'impression qu'ils produisent » pour influencer les systèmes de signification qui les entourent, eux et leurs activités.

Enfin, il nous faut noter le talent de certains individus pour gagner sans vraiment enfreindre les règles du jeu. Le joueur, dans une organisation, se présente sous des formes diverses. Parfois il est hardi et impitoyable, tirant sans avertir sur tout ce qu'il n'aime pas, se livrant à de véritables bagarres pendant les séances du conseil d'administration, quand il est sûr d'être le plus fort. En agissant ainsi, il devient plus visible et affirme son pouvoir et sa supériorité sur ses rivaux. D'autres genres de joueurs peuvent être aussi rusés et passer aussi inaperçus qu'un renard, faisant leur chemin dans l'organisation de façon beaucoup plus subtile et déterminant des idées maîtresses chaque fois que possible. En considérant l'organisation — avec les récompenses qu'elle offre : le succès, le statut, le pouvoir et l'influence — comme un jeu qu'il faut pratiquer selon ses propres règles non écrites, les joueurs exercent souvent une profonde influence sur la structure des relations de pouvoir de l'organisation dont ils sont membres.

Sexe et gestion des rapports entre les sexes. Le fait d'être un homme ou une femme peut souvent faire une grande différence ! Beaucoup d'entreprises sont dominées par des valeurs reliées à un sexe, ce qui déforme la vie organisationnelle en faveur de ce dernier et, donc, au détriment de l'autre. Ainsi, comme de nombreuses féministes l'ont fait remarquer, les organisations segmentent souvent les possibilités offertes et le marché du travail de façon à permettre aux hommes d'atteindre plus facilement les postes prestigieux et le pouvoir. De plus, ces organisations fonctionnent souvent de telle manière que des préjugés reliés au sexe font partie intégrante du processus d'enaction et de reproduction quotidienne de la réalité organisationnelle. Cela s'observe surtout dans les situations où prévalent une discrimination évidente et diverses formes de harcèlement sexuel, mais ils envahissent toute l'organisation et se manifestent beaucoup plus subtilement.

Voyons, par exemple, quelques-uns des liens entre les stéréotypes sexuels et les principes traditionnels d'organisation. Le tableau 6.3 met en parallèle une série de traits que l'on utilise souvent pour faire la différence entre homme et femme. Les liens entre les stéréotypes masculins et les valeurs qui dominent plusieurs conceptions qu'on se fait de la nature de l'organisation sont frappants. Les organisations sont souvent encouragées à être rationnelles, analytiques, à déployer la bonne stratégie, à savoir prendre des décisions, à être fortes et agressives, et il en est de même pour les hommes. Cela a d'importantes conséquences pour les femmes qui veulent travailler dans ce genre d'univers car, dans la mesure où elles essaient de développer ces valeurs, on juge qu'elles rompent avec les stéréotypes féminins, et on les critique : « elles affichent une trop grande assurance », elles « essaient de jouer le rôle d'un homme ». Bien entendu, dans des organisations où l'on adopte des valeurs plus proches des stéréotypes féminins, les femmes ont l'avantage, ce qui renverse le déséquilibre traditionnel.

Ces préjugés et les autres qui sont reliés au sexe se retrouvent dans le langage, dans les rituels, dans les mythes, les histoires et autres formes de symbolisme qui forment la culture d'une organisation. Les conversations, les rituels quotidiens peuvent servir à exclure ou à inclure et sont parfois conçus précisément pour cela. Un homme seul, une femme seule peuvent très vite se sentir perdus ou sur la corde raide quand les autres parlent de sujets qu'ils

Les relations entre hommes et femmes sont souvent déterminées par des stéréotypes et des images prédéterminées concernant ce que l'on attend d'eux. Voici quelques-uns des traits les plus couramment associés avec les hommes ou avec les femmes dans le monde occidental :

Stéréotypes masculins	Stéréotypes féminins
Logique	Intuitive
Rationnel	Affective
Dynamique	Soumise
Entreprenant	Capable d'empathie
Utilise la stratégie	Spontanée
Indépendant	Maternelle
Aime la compétition	Coopérante
« Meneur et décideur »	« Soutien et disciple loyal »

Ces stéréotypes, sous l'influence de la « révolution des sexes », sont en pleine transition.

Tableau 6.3. Stéréotypes masculins et féminins.

ne peuvent pas partager ou quand ils sont victimes d'abus de langage ou de plaisanteries de mauvais goût. Ils peuvent manquer des conversations importantes en ne partageant pas le même vestiaire, et peuvent être le sujet de quantité de mesquineries à cause des histoires et des mythes qui se répandent dans toute l'organisation. Tous les facteurs qui donnent forme à la culture de l'organisation, et que nous avons vus au chapitre 5, sont pertinents pour comprendre les rapports entre les sexes dans une organisation. Ils permettent aussi de trouver les moyens pour contrer les relations de pouvoir qui en découlent et les transformer.

Ces subtilités associées au sexe engendrent souvent des expériences différentes de la même situation organisationnelle et soulèvent de nombreux problèmes pratiques dans l'interaction quotidienne des hommes et des femmes. Certaines de ces difficultés sont si importantes qu'elles donnent lieu à l'utilisation de moyens stratégiques, conscients ou non, de « gestion des rapports entre les sexes ».

Voyons la situation suivante, qui provient d'une recherche effectuée par une de mes collègues, Deborah Sheppard.

Susan Jones est directrice de la mercatique dans une industrie dominée par les hommes. Elle doit souvent faire des présentations devant ses collègues masculins et ressent le besoin de s'assurer qu'elle « s'intègre bien » en surveillant son apparence et son comportement de façon à préserver les attentes et les normes qui ont trait aux rôles liés à chaque sexe. Elle se donne beaucoup de mal pour être « digne de crédibilité », sans défier ouvertement le statu quo, et se surveille continuellement. Elle a surtout grand soin de ne pas agir de façon masculine et « gère l'impression qu'elle produit » en évitant à tout prix d'offenser les autres parce qu'elle est une femme. Ainsi, dans ses présentations orales, elle essaie de prouver sa compétence sans afficher trop d'assurance. Elle reste à sa place au lieu d'adopter un comportement plus dynamique et de circuler dans la pièce, même si sa présentation dure trois heures. Elle tente de faire passer ses idées avec douceur. Elle n'élève pas la voix et trouve d'autres moyens de mettre certains points en lumière, par exemple en se servant d'un rétroprojecteur mais en prenant toujours soin de ne pas utiliser une baguette pour pointer. Elle évite les pantalons ou les tailleurs trois pièces et a toujours soin d'atténuer son costume un peu sévère par une blouse très féminine.

Susan Jones travaille dans un milieu où domine l'homme, et passe une bonne partie de son temps à vivre en suivant des règles formulées par d'autres. Mme Jones sait parfaitement ce qu'elle fait. Elle estime que pour réussir dans son organisation, elle doit s'y intégrer dans toute la mesure du possible.

Bien des gens remettraient en question son style de gestion des rapports entre les sexes et lui diraient de montrer plus d'assurance, de défier et de changer le statu quo. Beaucoup de femmes, dans certaines organisations, le font et de façon très efficace. Mais ce qui importe dans ce cas particulier, c'est le fait qu'il illustre bien comment la vie de l'organisation est souvent guidée par des relations de pouvoir plus ou moins subtiles qui dirigent l'attention et le comportement dans un sens plutôt que dans un autre. Pour accomplir son travail quotidien, Susan Jones doit faire beaucoup plus d'efforts que ses collègues masculins.

Le tableau 6.4 illustre de façon intéressante quelques-uns des modèles de rôle implicites que les hommes et les femmes adoptent parfois pour composer avec ces problèmes. Que le sexe soit ou non perçu comme un des facteurs qui déterminent les relations de pouvoir, le choix ou la tendance vers une stratégie de gestion de ces rapports entre sexes plutôt que vers une autre peut avoir une incidence très importante sur le succès de l'individu et l'influence qu'il exerce dans l'organisation. Nous aurons d'autres choses à dire sur la source et la nature des préjugés reliés au sexe au chapitre 7, quand nous parlerons du rôle que jouent le refoulement de la sexualité, l'influence de la famille patriarcale et le rôle en général de l'idéologie dans la vie organisationnelle.

Facteurs structurels qui définissent le cadre d'action. Une des choses surprenantes que l'on découvre en parlant avec les membres d'une organisation, c'est que presque personne ne reconnaît avoir un pouvoir réel. Les directeurs généraux eux-mêmes disent souvent qu'ils se sentent liés par de multiples contraintes, qu'ils ont peu de choix réels dans la prise de décision, et que le pouvoir dont ils disposent est plus apparent que réel. Tout le monde se sent prisonnier de quelque chose, soit de forces internes à l'organisation, soit d'exigences de l'environnement. Étant donné les sources de pouvoir nombreuses et variées dont nous avons déjà parlé, ces attitudes nous mettent en face d'un paradoxe : comment peut-il y avoir autant de sources de pouvoir et tant de gens qui éprouvent des sentiments d'impuissance ?

Une des réponses possibles est que l'accès au pouvoir est si ouvert, si large et si varié que, dans une certaine mesure, les rapports de forces finissent par s'équilibrer. Alors que certaines personnes arrivent à acquérir un pouvoir considérable, cela est compensé par le pouvoir des autres, et c'est pourquoi ceux-là même qui ont du pouvoir ressentent des contraintes. Nous nous attarderons, un peu plus loin dans le présent chapitre, à cette vision « pluraliste » du pouvoir.

Une autre explication possible serait l'importance de faire une distinction entre les manifestations superficielles du pouvoir et sa structure profonde. Cette idée est reliée aux perspectives sur les organisations que nous étudierons aux chapitres 8 et 9. Elle permet de penser que les organisations et la société peuvent englober à chaque moment une gamme d'acteurs politiques qui tirent leur pouvoir de différentes sources, mais que le cadre dans lequel les acteurs se livrent à divers jeux de pouvoir est défini par la logique du changement qui détermine en bonne partie l'époque sociale dans laquelle ils vivent. Cette vision repose sur l'idée que l'organisation et la société ne peuvent se comprendre que dans une perspective historique. Pour illustrer cela, faisons une analogie avec le monde de la nature. Supposons que nous étudions l'écologie d'une vallée. Nous pouvons comprendre son écologie à partir de « relations de pouvoir » entre les différentes espèces d'arbres, de buissons, de

En regardant autour de soi dans le monde de l'organisation, il est possible de repérer différentes manières selon lesquelles les gens gèrent les relations entre les sexes. On trouvera ci-dessous quelques types de stratégie populaires qui peuvent réussir ou non, selon les gens et les situations en cause.

Quelques stratégies féminines

La reine Elizabeth I	– Régner fermement et s'entourer autant que possible d'hommes dociles. Margaret Thatcher en est un bon exemple contemporain.
La femme du président	– Se contenter du rôle d'éminence grise : c'est la tactique de beaucoup d'«épouses d'entreprise», comme des secrétaires de direction et des assistantes spéciales.
La femme invisible	– Garder un profil bas. Essayer de se fondre dans le décor, en exerçant son influence de toutes les façons possibles.
La mère	– Assurer son pouvoir en maternant.
La femme libérée	– Jouer rudement et rendre coup pour coup. Avoir son franc-parler et toujours se prononcer en faveur du rôle des femmes.
L'amazone	– Être la meneuse des femmes. Un style qui réussit surtout si on peut créer une coalition forte en plaçant des femmes aux postes clés.
Dalila	– Se servir de son pouvoir de séduction pour mettre les hommes de son côté dans une organisation dominée par eux.
Jeanne d'Arc	– Utiliser le pouvoir d'une cause et d'une mission communes pour transcender le fait que vous êtes une femme et obtenir l'appui de la plupart des hommes.
La fille	– Trouver quelqu'un qui vous servira de «père» et de mentor.

Quelques stratégies masculines

Le guerrier	– Adoptée souvent par des dirigeants très occupés qui se trouvent au centre de batailles dans leur organisation. Utilisée souvent pour s'attacher l'appui dévoué des femmes.

Le père	– Utilisée pour gagner l'appui des femmes les plus jeunes, à la recherche d'un mentor.
Henri VIII	– Emploi du pouvoir absolu pour obtenir ce que l'on veut, attirant et rejetant les appuis féminins selon leur utilité.
Le séducteur	– Se sert de son charme (réel ou imaginaire) pour gagner l'appui et la faveur de ses collègues féminins. Rôle qu'adoptent souvent ceux qui n'ont pas accès à des sources de pouvoir plus stables.
Le mâle mâle	– Fondée sur différentes sortes de comportement un peu exhibitionnistes pour attirer les femmes et les convaincre des prouesses qu'il réalise dans l'organisation. Cherche à obtenir l'appui et l'admiration des femmes qui ont des postes subordonnés ou de même niveau.
Le petit garçon	– Souvent utilisée pour « faire ce que l'on veut » dans des situations difficiles, surtout quand il s'agit de femmes, collègues ou subordonnées. Le rôle a ses variantes : « le petit garçon en colère », qui fait un caprice pour créer des remous et forcer l'action, le « petit garçon pleurnichard », qui essaie de se gagner la sympathie des autres, et le « beau petit garçon », qui cherche à obtenir des faveurs, surtout s'il a des problèmes.
L'ami sincère	– Stratégie souvent utilisée pour établir une forme de partenariat avec des collègues féminins, soit comme confidentes, soit comme sources clés de renseignements et de conseils.
Le phallocrate	– Rôle souvent tenu par des hommes qui se sentent menacés par la présence des femmes. Caractérisé par divers rituels d'« abaissement » destinés à saper le statut des femmes et à minimiser leurs contributions.

Tableau 6.4. Quelques stratégies utilisées pour gérer les rapports entre les sexes.

fougères, de taillis, et le sol d'où ils tirent tous leur subsistance. Mais ces relations de pouvoir sont sous-tendues par la structure fondamentale de la vallée, elle-même déterminée par l'impact des glaciations, il y a des millénaires. Une espèce d'arbre peut être plus puissante qu'une autre et la dominer, mais les conditions de cette domination sont structurellement déterminées.

Si nous appliquons cette analogie à la vie organisationnelle, nous voyons comment des structures profondes ou des logiques de changement qui la sous-tendent déterminent les rapports de forces. Un gestionnaire peut contrôler un budget important, avoir accès à l'information essentielle, savoir admirablement gérer l'impression qu'il produit et pour toutes ces raisons bénéficier d'un pouvoir considérable. Mais ce talent de puiser aux sources de pouvoir et de les utiliser est sous-tendu par des facteurs structurels, comme le capital qui permet à l'organisation de fonctionner. De la même façon, l'ouvrier peut détenir un pouvoir considérable, celui de perturber la production, à cause du rôle qu'il joue dans la chaîne de montage. La connaissance qu'il a de la façon dont il peut perturber la production est sa source immédiate de pouvoir, mais sa source ultime est la structure d'activité de production qui donne à ce pouvoir toute son importance. Ces considérations nous amènent à voir les gens comme des agents, des porteurs de relations de pouvoir ancrées dans la structure plus large de la société. Ainsi, ces gens peuvent n'être que des pions plus ou moins autonomes qui bougent tout seuls dans un jeu dont ils peuvent apprendre les règles, mais sans avoir le pouvoir de les changer.

Ce phénomène peut expliquer pourquoi même ceux qui détiennent le pouvoir estiment qu'ils ont fort peu de choix quand il s'agit de leur comportement. Par exemple, une directrice générale peut faire face à certaines règles du jeu plus globales, comme les conditions économiques qui influencent la survivance même de l'organisation. Dans la mesure où elle souhaite que l'organisation survive, elle peut juger n'avoir aucun choix réel quant à ce qu'il convient de faire pour assurer sa survivance.

Cette vision de la structure profonde du pouvoir nous amène à reconnaître l'importance de facteurs comme les rapports de classes pour déterminer le rôle que nous jouons dans une organisation et, par conséquent, les possibilités et le pouvoir auxquels nous avons accès, compte tenu des éléments structurels mis en jeu. Cette vision attire aussi notre attention sur la façon dont l'éducation et les autres processus de socialisation influencent les éléments fondamentaux d'une culture. Elle attire l'attention sur la logique de l'accumulation du capital, qui détermine la structure industrielle, les niveaux d'emploi, les modèles de croissance économique, la propriété et la distribution de la richesse. Nous allons considérer ces facteurs sous-jacents en détail dans les chapitres qui suivent. Ils définissent le cadre dans lequel prennent place les membres de l'organisation et atténuent l'importance et l'influence des autres sources de pouvoir auxquelles on peut avoir accès.

Le pouvoir que l'on a déjà. Le pouvoir est la route qui mène au pouvoir, et on peut souvent se servir du pouvoir que l'on a pour en acquérir davantage. On en trouve l'exemple dans la biographie de nombreux grands hommes politiques. Souvent, que ce soit dans une organisation privée ou dans la vie publique les politiciens font dépendre l'utilisation de leur pouvoir d'ententes officieuses précisent que l'aide ou les faveurs accordées seront remboursées de la même façon plus tard. Un gestionnaire peut mettre son pouvoir au service de X dans sa lutte avec Y, en sachant parfaitement qu'une fois la victoire remportée par X, il sera possible de lui demander le même appui, sinon un appui plus fort encore : « Souvenez-vous du mois de juillet dernier, vous étiez dans une mauvaise passe et j'ai tout risqué pour vous aider. Vous n'allez sûrement pas me refuser une petite faveur aujourd'hui ? » Cela se fait souvent de manière plus fine, mais le message est essentiellement le même. Le pouvoir judicieusement utilisé prend la forme d'un placement et, comme l'argent, peut devenir précieux en certaines circonstances.

Il est aussi possible de profiter du côté attractif du pouvoir. Le pouvoir attire et soutient les gens qui veulent s'en nourrir et qui, en réalité, servent à augmenter le pouvoir de celui qui le détient déjà. Espérant obtenir des faveurs, les gens peuvent donner au détenteur du pouvoir un appui qu'il n'a pas cherché, ou accepter sa façon de voir en espérant qu'il comprendra qu'ils sont de son côté. Quand vient le moment pour le détenteur du pouvoir de reconnaître cet intérêt par de réelles faveurs, les gens sont alors ses débiteurs et toutes sortes d'accords plus ou moins tacites entrent en jeu. Le pouvoir, comme le miel pour les abeilles, est une source constante de soutien et d'attraction.

Enfin il y a l'aspect stimulant du pouvoir. Quand les gens progressent ou réussissent, ils en éprouvent un regain d'énergie qui leur permet d'aller encore plus loin. Dans une certaine mesure, un sentiment de pouvoir peut amener à plus de pouvoir. La plupart des textes contemporains sur les relations de pouvoir passent sous silence ce genre de pouvoir potentiel ou transformateur ; pourtant il est fondamental si l'on veut comprendre le dynamisme et l'énergie qui peuvent émerger de commencements bien modestes et, en apparence, sans signification. Le processus est surtout évident dans les situations dans lesquelles les gens qui s'imaginent n'avoir aucun pouvoir se battent et remportent une petite victoire. Ils se rendent bientôt compte qu'une petite victoire en amène une autre et ont l'impression d'être emportés par la vague. L'action peut être source de pouvoir et ses effets ont transformé beaucoup d'organisations et de collectivités selon toutes sortes de façons aussi inattendues les unes que les autres. **L'ambiguïté du pouvoir.** Bien que nous ayons énuméré de nombreuses sources de pouvoir, énumération qui est sans doute loin d'être exhaustive, il est difficile de déterminer exactement en quoi consiste ce phénomène. Nous savons qu'il a des rapports étroits avec des modèles asymétriques de dépendance selon lesquels une personne ou une unité devient dépendante d'une autre de façon déséquilibrée, et avec une capacité de définir la réalité des autres d'une manière qui les amène à percevoir et à constituer des relations conformes à ce que souhaite la personne qui dispose de cette capacité. Cependant, il est bien difficile de dire si le pouvoir doit être considéré comme un phénomène de comportement interpersonnel ou comme la manifestation de facteurs structurels profonds. Il est bien difficile de dire si les gens détiennent un pouvoir et l'exercent en tant qu'êtres humains autonomes, ou s'ils sont simplement porteurs de relations qui sont le produit de forces beaucoup plus fondamentales. Ces questions et quelques autres — par exemple, savoir si le pouvoir est une ressource ou une relation, s'il y a lieu de distinguer entre pouvoir et processus de domination sociétale et de contrôle, si le pouvoir est en fin de compte lié au contrôle du capital et à la structuration de l'économie mondiale, ou s'il est important de faire une distinction entre le pouvoir immédiatement manifeste et le pouvoir potentiel — continuent à susciter l'intérêt général et beaucoup de débats parmi ceux qui s'intéressent à la sociologie de l'organisation.

Mis à part ces problèmes, cependant, il est clair que notre étude des diverses sources et différents usages du pouvoir nous donne toute une gamme d'idées grâce auxquelles nous pouvons décoder les jeux de pouvoir et la dynamique politique dans le contexte de l'organisation. Comme notre analyse des intérêts et notre étude des conflits, elle nous fournit un instrument avec lequel nous pouvons analyser la dimension politique des organisations et, si nous le désirons, orienter politiquement notre action.

La gestion des organisations pluralistes

L'image des organisations que nous avons élaborée plus tôt reflète ce que l'on nomme parfois un cadre de référence ou système référentiel « pluraliste », car il insiste sur la nature plurielle des intérêts, des conflits et des sources de pouvoir qui déterminent la vie organisationnelle. Le mot « pluralisme » est utilisé en science politique pour désigner des espèces idéalisées de démocraties libérales où l'on fait obstacle aux tendances autoritaires potentielles grâce au libre jeu de groupes d'intérêts qui participent à la gouverne politique pour y défendre leurs positions. La vision pluraliste est celle d'une société dans laquelle les différents groupes négocient et rivalisent pour obtenir une partie de l'équilibre du pouvoir, et utilisent leur influence pour arriver à l'idéal politique aristotélicien : un ordre négocié qui crée l'unité à partir de la diversité.

Cette philosophie pluraliste contraste avec un système référentiel plus ancien, dit organique ou « unitaire ». La vision unitaire montre la société comme un tout intégré dans lequel les intérêts de l'individu et de la société sont identiques. Cette vision insiste sur la souveraineté de l'État et sur l'importance pour les individus de se soumettre et de se mettre au service de la société pour pouvoir réaliser et satisfaire leurs véritables intérêts et du même coup le bien commun. C'est une idéologie dont l'importance s'est accrue à mesure que se multipliaient les États-nations et que se propageait l'idée que les individus devaient placer les intérêts de l'État au-dessus de tout.

La vision pluraliste contraste également avec le système référentiel soi-disant « radical », selon lequel la société se caractérise par des intérêts de classe en conflit qui donnent lieu à des clivages sociaux profonds. Une telle société se maintient autant par la force que par le consentement. Cette vision radicale, influencée par la perspective marxiste, conduit à penser que les intérêts des groupes défavorisés ne peuvent être véritablement servis que par des changements radicaux dans la structure de la société, changements qui devront se traduire par la perte du pouvoir pour ceux qui le détenaient.

Ces trois systèmes (voir tableau 6.5) sont tout à fait pertinents pour comprendre les organisations et les idéologies qui déterminent les pratiques de gestion. Certaines organisations fonctionnent

On peut considérer les organisations comme des mini-États au sein desquels les relations entre individu et société deviennent des relations entre individu et organisation. Les visions unitaire, pluraliste et radicale de l'organisation peuvent se caractériser de la façon suivante :

	Unitaire	Pluraliste	Radical
Intérêts	Insiste sur la poursuite de buts communs. L'organisation est unie par ces buts et par la façon dont on s'efforce de les atteindre à la manière d'une équipe bien intégrée.	Insiste sur la diversité des intérêts chez les individus et les groupes. L'organisation est considérée comme une coalition assez lâche dont l'intérêt commun pour les buts formels de l'organisation est passager, sans plus.	Insiste sur la nature antagoniste des intérêts de « classe » contradictoires. L'organisation est un champ de bataille sur lequel des parties adverses (par exemple direction et syndicats) luttent pour arriver à des fins qui, dans une mesure très large mesure, sont incompatibles.
Conflit	Considère le conflit comme un phénomème rare et passager, que l'on peut supprimer grâce aux mesures prises par la direction. Quand il surgit, on en rend généralement responsables des membres que l'on qualifie alors de déviants et de fauteurs de troubles.	Considère le conflit comme une caractéristique inhérente et impossible à supprimer de la vie organisationnelle et insiste sur ses aspects potentiellement positifs ou fonctionnels.	Considère que le conflit dans une organisation est inévitable et fait partie de la lutte des classes en général, lutte qui finira par changer toute la structure de la société. Le conflit peut disparaître et, par conséquent, pour les organisations comme pour la société, il est souvent une caractéristique latente plutôt que manifeste.

| **Pouvoir** | Laisse en général de côté le rôle du pouvoir dans la vie de l'organisation. Les concepts comme autorité, direction, et contrôle sont les moyens choisis le plus souvent pour décrire la prérogative qu'a l'organisation de guider l'organisation vers la satisfaction d'intérêts dits communs. | Considère le pouvoir comme une variable très importante. Le pouvoir est le moyen par lequel les conflits d'intérêts peuvent être réduits et résolus. L'organisation comprend plusieurs détenteurs de pouvoir, qui le tiennent de plusieurs sources. | Considère le pouvoir comme un des traits les plus importants d'une organisation, mais il est inégalement réparti et va de pair avec la division en classes. Les relations de pouvoir dans une organisation sont vues comme le reflet de celles qui prévalent dans la société ; de plus elles ont des liens étroits avec les processus plus généraux de contrôle social, par exemple le contrôle du pouvoir économique, du système juridique et du système d'éducation. |

Tableau 6.5. Systèmes référentiels unitaire, pluraliste et radical.
SOURCE : Adapté de Burrell et Morgan (1979 : 204-388).

plutôt comme des équipes unitaires, d'autres comme des systèmes politiques incarnant la politique pluraliste dont nous avons parlé plus haut, d'autres encore comme des champs de bataille sur lesquels des factions opposées se font une guerre continuelle. On retrouve le plus souvent les caractéristiques unitaires dans des organisations qui sont arrivées à une culture cohésive, fondée sur le respect du droit qu'a la direction de diriger, et surtout dans celles qui ont depuis longtemps des gestionnaires paternalistes. Dans les organisations où se manifeste un net clivage entre les différentes catégories de travailleurs, comme la différence entre ouvriers et employés de bureau dans beaucoup d'industries lourdes, ou dans celles qui ont connu de nombreux conflits entre direction et main-d'œuvre, on retrouve plus généralement le modèle radical. Les organisations où travaillent presque uniquement des employés de bureau, particulièrement si ces derniers ont la possibilité d'acquérir une autonomie considérable, se conforment souvent au modèle pluraliste. Parfois, on constate l'existence des trois modèles dans des secteurs différents de la même organisation. Il est souvent salutaire de se demander : « À quel système référentiel renvoie l'organisation à laquelle j'appartiens ? » En utilisant le tableau 6.5 pour déterminer le modèle général des intérêts, des conflits et du pouvoir qui caractérisent une organisation, on peut souvent obtenir une première approximation du système politique qui y prévaut.

Ces trois systèmes référentiels peuvent non seulement servir d'instruments d'analyse, mais aussi résumer trois idéologies organisationnelles. C'est ainsi que les gestionnaires et les employés peuvent mettre de l'avant divers principes : « Nous sommes une équipe, travaillons ensemble », ou bien « Nous voulons tous des choses différentes, alors discutons-en et trouvons des solutions, nous y gagnerons tous » ou encore « C'est la guerre, je ne vous fais pas confiance, on se battra jusqu'au bout ». Il est certain que l'idéologie prévalente va déterminer le caractère de l'organisation. Si un gestionnaire estime qu'il dirige une équipe, et arrive à persuader le personnel de le croire, alors peuvent naître une collaboration et une harmonie du style incarné par les trois mousquetaires : « Tous pour un et un pour tous ». Si c'est le modèle radical qui fournit le contexte dominant pour interpréter ce qui se passe dans l'organisation, il est presque sûr que la vie y sera un combat continuel. Ces idéologies peuvent faire surface et servir à déterminer une organisation de façon à ce qu'elle se conforme à l'image qui convient le mieux à des fins bien précises. C'est, après tout, le rôle de l'idéologie aussi bien dans l'organisation que dans la société.

Chaque système référentiel conduit à une forme de gestion différente. Si l'on pense diriger une équipe, on va attendre des gens, et même exiger, qu'ils se regroupent autour d'objectifs communs, et qu'ils respectent « le droit qu'a le dirigeant de diriger et le devoir qu'ont les employés d'obéir ». On attend des employés qu'ils jouent le rôle qu'on leur a assigné. Ni plus, ni moins. Le conflit est une source d'ennuis et une intrusion non désirée. Voilà pourquoi le gestionnaire unitaire essaie généralement de supprimer le conflit chaque fois que c'est possible. Selon cette idéologie, on ne peut reconnaître ou accepter la conception du politique dont nous avons traité au début du présent chapitre. Le gestionnaire partisan d'une vision unitaire a tendance à considérer l'autorité formelle comme la seule source légitime de pouvoir et reconnaît donc rarement que d'autres puissent avoir le droit ou la capacité d'influencer le processus de gestion. Pour lui, les syndicats sont une plaie, et poursuivre ses propres intérêts en se servant de différentes sortes de pouvoir est une forme de malversation.

Bien que cette vision unitaire puisse paraître assez étroite et dépassée, elle est très répandue et a beaucoup d'influence ; de plus, de nombreuses théories de la gestion viennent la soutenir. Par exemple, les théories fondées sur les métaphores de la machine et de l'organisme dont nous avons parlé dans les chapitres 2 et 3 encouragent souvent cette vision unitaire, par leur insistance sur l'importance de concevoir ou d'adapter l'organisation de façon à atteindre des buts communs. C'est pourquoi elles représentent des ressources fondamentales pour le gestionnaire qui a adopté cette philosophie et qui aime bien croire qu'une entreprise *doit* avoir une unité et un sens de la direction donnée à l'entreprise qui soit commun à tous, comme c'est le cas dans les machines soigneusement conçues ou dans les organismes de la nature. L'idée de l'équipe est souvent beaucoup plus attirante que celle d'un quelconque système politique chaotique qui veut aller dans toutes les directions à la fois. C'est pourquoi un grand nombre de dirigeants se réfugient souvent inconsciemment dans cette idéologie de l'équipe plutôt que de faire face aux réalités politiques.

De plus, l'idéologie unitaire peut servir de ressource au dirigeant adroit qui reconnaît qu'en adoptant l'attitude suivante : « nous sommes une équipe, il n'y a pas de conflit possible », on peut créer l'unité parmi des éléments divergents. En faisant du conflit même la *source* des ennuis, il est possible d'unir le reste de l'organisation contre ceux qui sont les acteurs clés des ennuis. C'est là une tactique dont on se sert souvent pour unir les employés et, par l'entremise des médias, le public en général contre un groupe de travailleurs ou contre un dirigeant syndical que l'on perçoit comme des fauteurs de trouble dans ce qui est autrement une entreprise rationnelle où règne l'harmonie. La vision unitaire est une idéologie puissante dans le public en général et des gestionnaires peuvent l'utiliser comme stratégie pour mobiliser des appuis et en arriver à contrôler les jeux de pouvoir radicaux ou pluralistes qui caractérisent leur organisation. Comme les dirigeants qui adoptent de temps en temps cette vision unitaire n'y croient pas nécessairement, il est difficile de déterminer à coup sûr l'idéologie qui prévaut dans une organisation. Cependant, la personne qui est consciente du rôle que jouent la rhétorique et l'idéologie adoptée peut comprendre ce qui se passe lorsque cette forme de jeu de pouvoir se produit. Le gestionnaire unitaire est bien souvent un pluraliste déguisé en unitaire.

Ce qui caractérise le gestionnaire pluraliste, c'est qu'il accepte le caractère inévitable de la dimension politique de l'organisation. En effet, selon lui, puisque les individus ont des intérêts, des buts et des objectifs différents, il est probable que les employés se servent de leur appartenance à une organisation pour atteindre leurs propres fins. La direction se préoccupe donc avant tout d'équilibrer et de coordonner les intérêts des membres de l'organisation afin qu'ils puissent travailler ensemble en tenant compte des contraintes qu'imposent les buts formels de l'organisation, qui reflètent avant tout les intérêts des actionnaires et de tous ceux qui, en fin de compte, contrôlent les destinées de l'organisation. Le dirigeant pluraliste reconnaît que conflits et jeux de pouvoir ont parfois des conséquences à la fois positives et négatives ; c'est pourquoi son principal souci est de gérer le conflit de façon à ce que l'entreprise tout entière en bénéficie ou, de manière plus égoïste, il fait en sorte que le conflit serve à tout le moins ses intérêts dans l'organisation. Le gestionnaire pluraliste n'est, après tout, pas neutre sur le plan politique. Il reconnaît la dimension politique de l'organisation et accepte son rôle de courtier de pouvoir et de gestionnaire des conflits dans l'organisation.

Le gestionnaire pluraliste va, par exemple, chercher des moyens de se servir du conflit pour promouvoir les résultats souhaités, et reconnaître que diverses sortes de conflits peuvent stimuler une organisation. Le conflit va à l'encontre d'une tendance à la léthargie, au refus de l'innovation, à l'obéissance apathique et autres états pathologiques de l'organisation en créant une atmosphère où l'état d'alerte est constant et où il est dangereux de considérer la situation comme allant de soi. De plus, le conflit peut encourager des formes d'auto-évaluation qui défient la sagesse conventionnelle et les théories utilisées. Pareils conflits peuvent être parfois douloureux pour l'organisation mais font aussi beaucoup pour stimuler l'apprentissage et promouvoir le changement, et aident l'organisation à garder le contact avec ce qui se passe dans son environnement. Les conflits peuvent donc être une source importante d'innovations parce qu'ils encouragent les parties en cause à chercher des solutions aux problèmes sous-jacents, ce dont souvent tout le monde bénéficie. C'est particulièrement le cas dans des situations de prise de décision par un groupe où l'absence de conflit ne fait que produire conformité et « pensée de groupe ». L'existence de points de vue opposés et de buts et objectifs différents peut faire beaucoup pour améliorer la qualité de la prise de décision. Les conflits peuvent également faire office de soupapes de sûreté en permettant d'éliminer des tensions trop fortes. Ils facilitent un processus de concessions mutuelles grâce à l'exploration et à l'élimination de différences et, bien souvent, permettent d'éviter des solutions plus subversives ou plus explosives. Assez paradoxalement, les conflits peuvent ainsi parfois stimuler le changement et d'autres fois aider à conserver le statu quo.

Pour le gestionnaire pluraliste, par conséquent, l'une des tâches les plus importantes est de trouver le moyen de maintenir la juste mesure de conflits. Alors que trop de conflits peuvent paralyser une organisation en canalisant les efforts de ses membres sur des activités non productives, un trop petit nombre peut encourager la satisfaction de soi et la léthargie. Dans le premier cas, le gestionnaire peut devoir utiliser des techniques de résolution des conflits ou réorienter le conflit dans des directions plus productrices. Dans l'autre cas, il peut devoir trouver des moyens de promouvoir les conflits qu'il juge appropriés, souvent en faisant paraître au grand jour des conflits cachés ou, parfois, en créant le conflit. Alors que cela peut parfois aider à animer l'atmosphère et la performance d'une organisation, on peut aussi percevoir cela comme une manipulation inutile, ce qui pourrait avoir des résultats désastreux sur les relations entre les gestionnaires et leurs employés.

S'affirmer   Compétition   Collaboration

Chercher à
satisfaire ses
propres
intérêts   Compromis

Ne pas s'affirmer   Évitement   Concession

Ne pas coopérer   Coopérer

Chercher à satisfaire les intérêts des autres

On peut caractériser les cinq styles par les comportements suivants :

Évitement	• Ne pas s'occuper des conflits et espérer qu'ils vont disparaître. • Laisser de côté les problèmes à l'étude. • Recourir à des méthodes très lentes pour réprimer le conflit. • Avoir recours au secret pour éviter la confrontation. • Faire appel aux règles bureaucratiques pour résoudre le conflit.
Compromis	• Négocier. • Chercher des ententes et des compromis. • Trouver des solutions satisfaisantes ou acceptables.
Compétition	• Créer des situations nettes : ou gagner ou bien perdre. • Utiliser la rivalité. • Utiliser des jeux de pouvoir pour en arriver à ses fins. • Obliger à la soumission.
Concession	• Céder. • Se soumettre et obéir.
Collaboration	• Vouloir résoudre les problèmes. • Confronter les différences et mettre en commun idées et informations. • Chercher des solutions d'intégration. • Trouver des solutions où tous sont gagnants. • Voir les problèmes et les conflits comme des défis.

Tableau 6.6. La gestion des conflits : une question de style.
SOURCE : Adapté de Thomas (1976 : 900). Reproduction autorisée.

En abordant son travail de gestion des conflits, le dirigeant pluraliste a le choix entre plusieurs styles, qui dépendent de la mesure dans laquelle il veut adopter un comportement autoritaire ou coopératif (voir tableau 6.6). Bien qu'un gestionnaire puisse préférer un style en particulier, ils sont tous susceptibles d'être valables à un moment ou l'autre (voir tableau 6.7). Donc, même dans l'univers du politique, la théorie de la contingence occupe une place importante. Parfois le gestionnaire veut essayer de gagner du temps par toutes sortes de conduites d'évitement. À d'autres moments, la collision frontale, la collaboration, les concessions ou le compromis peuvent être plus efficaces. Alors que certains préfèrent se battre au vu et su de tous, d'autres préfèrent des techniques plus subtiles qui s'apparentent à la pêche à la mouche et qui exigent une excellente connaissance de la situation et beaucoup d'habileté pour choisir le bon appât au bon moment et pour les bonnes personnes. Le choix du style et des tactiques à utiliser dans une situation donnée est crucial, mais nous ne pouvons malheureusement pas l'étudier en détail dans ces pages.

Quel que soit le style, une bonne gestion du pluralisme dépend toujours de la capacité du gestionnaire de décoder la dynamique des situations. Le gestionnaire doit être capable d'analyser les intérêts, de comprendre les conflits et d'explorer les relations de pouvoir de façon à contrôler dans une certaine mesure les situations. Cela exige d'être parfaitement capable de déceler les aires propices au conflit, de décoder dans la vie organisationnelle les tendances et les tensions latentes derrière les actions manifestes, et d'amorcer les réponses appropriées. En général, le gestionnaire peut intervenir pour changer les perceptions, les comportements et les structures de manière à aider à redéfinir et à orienter le conflit afin qu'il serve à des fins constructives.

Un grand nombre de conflits organisationnels peuvent se résoudre de façon satisfaisante grâce aux moyens pluralistes, mais pas tous. Par exemple, ce n'est pas le cas dans les organisations radicalisées où les conflits entre gestionnaires et employés sont profonds. Il faut alors souvent négocier les problèmes de façon assez formelle si l'on veut progresser, sinon on parvient de peine et de misère à un résultat dont le goût est amer, en passant par le jeu brutal de forces structurelles qui sont intégrées dans la structure économique et industrielle de la société elle-même. Les conflits qui se traduisent par une confrontation entre direction et syndicat, comme c'est le cas pour le remplacement d'ouvriers qualifiés par des machines ou pour la fermeture ou le déménagement d'usines,

Situations dans lesquelles utiliser l'un ou l'autre des cinq styles, selon 28 directeurs généraux

Type de conflit	Situation	Type de conflit	Situation

Compétition :

1. Quand on a absolument besoin d'une action rapide et décisive ; par exemple en cas d'urgence.
2. À propos de problèmes importants, quand il faut prendre des mesures impopulaires ; par exemple, coupures dans les prix de revient ; certaines mesures de discipline.
3. À propos de questions cruciales pour le bien de l'organisation, quand vous savez que vous avez raison.
4. Contre les gens qui tirent avantage d'un comportement non compétitif.

Collaboration

1. Trouver une solution intégratrice quand les deux ensembles de principes sont trop importants pour se prêter à des compromis.
2. Quand l'objectif est d'apprendre.
3. Pour faire converger les idées de gens qui ont des perspectives différentes.
4. Pour obtenir l'engagement des autres en intégrant leurs problèmes dans un accord.
5. Pour travailler sur les sentiments qui ont causé des problèmes dans une relation.

Compromis

1. Quand les buts sont importants, mais ne valent pas l'effort nécessaire ou la rupture possible si l'on s'affirmait davantage.
2. Quand des adversaires dotés d'un pouvoir égal sont décidés à atteindre des buts qui s'excluent mutuellement.
3. Pour résoudre de façon temporaire des questions complexes.
4. Pour arriver à des solutions commodes quand le temps presse.
5. Comme dernière ressource si la collaboration ou la compétition ne réussit pas.

Évitement

1. Quand une question a peu d'importance ou qu'il en existe de plus urgentes.
2. Quand vous ne percevez aucune chance de réussite.
3. Quand une rupture potentielle est plus sérieuse que les bénéfices d'une solution.
4. Pour laisser les gens se calmer et retrouver un sens de la perspective.
5. Quand il est plus important de recueillir de l'information que de prendre une décision immédiate.
6. Quand d'autres peuvent résoudre le conflit plus efficacement.
7. Quand un problème semble tangent à d'autres ou en être le symptôme.

Concession

1. Quand vous constatez que vous avez tort — pour permettre aux tenants d'une meilleure solution de se faire entendre, pour apprendre et pour montrer que vous êtes raisonnable.
2. Quand les questions sont plus importantes pour les autres que pour vous-même — pour satisfaire les autres et conserver leur coopération.
3. Pour produire et accumuler des crédits d'ordre social en prévision du prochain problème.
4. Pour minimiser l'échec lorsque vos adversaires sont plus forts que vous et que vous êtes en train de perdre.
5. Quand l'harmonie et la stabilité ont une importance particulière.
6. Pour permettre à vos subordonnés de s'améliorer en apprenant à partir d'erreurs.

Tableau 6.7. Quand utiliser les cinq styles de gestion des conflits.
SOURCE : Thomas (1977 : 487). Reproduction autorisée.

entre autres, en sont des exemples frappants. Les relations de pouvoir sous-jacentes et l'amertume que ressentent les adversaires encouragent souvent une attitude extrémiste qui rend le compromis extrêmement difficile, conduisant parfois à des résultats pénibles comme le chômage du personnel ou la faillite des organisations en cause. Bien que l'intransigeance qui accompagne en général ces disputes puisse paraître parfaitement dénuée de sens à ceux qui les observent de l'extérieur, il est possible de la comprendre en retournant aux fondements du système référentiel radical. Nous les étudierons au chapitre 9.

Forces et limites de la métaphore du politique

Il est curieux de constater comment, dans une organisation, nombreux sont ceux qui savent ne pas pouvoir échapper à la dimension politique de l'organisation, et qui pourtant ne le reconnaissent que rarement. On y réfléchit chez soi, en privé, on en parle de façon tout à fait confidentielle entre amis intimes, ou dans le contexte de ses propres manœuvres politiques avec les membres de sa coalition. On sait que la dirigeante A insiste pour qu'on entreprenne tel programme parce que cela sert ses propres intérêts, que B a eu ce poste-là à cause de ses rapports avec C, mais on peut rarement le dire. Ce serait enfreindre toutes les règles d'étiquette de l'organisation que d'imputer des motifs personnels à des actions d'ordre organisationnel, et qui sont censées par-dessus tout servir les intérêts de cette dernière. Pour cette raison et pour quelques autres, y compris le fait que la discrétion et le secret peuvent servir à des fins politiques, c'est là un sujet tabou pour les membres de l'organisation, ce qui rend très difficile leur tâche de composer avec cet aspect crucial de leur milieu de travail.

Les idées que nous avons traitées dans le présent chapitre nous aident à accepter que la réalité politique soit un élément inévitable de la vie organisationnelle et, à la suite d'Aristote, à reconnaître le rôle constructif qu'elle peut avoir dans la création de l'ordre social. La métaphore du politique nous amène à voir comment *toute* activité organisationnelle est fondée sur des intérêts et à évaluer tous les aspects de son fonctionnement en gardant cela à l'esprit. Les buts, la structure, la technique, la conception des tâches, le style de direction et les autres aspects du fonctionnement de l'organisation qui peuvent paraître formels ont une dimension politique et, en conséquence, on y retrouve aussi les jeux de pouvoir et les conflits dont la nature politique saute aux yeux. Le modèle fondé sur les intérêts, les conflits et le pouvoir élaboré dans ces pages offre des moyens pratiques et systématiques de comprendre la dimension politique de l'organisation et insiste sur le rôle clé joué par le pouvoir qui détermine les résultats politiques. Les métaphores étudiées dans les chapitres précédents tendent à sous-estimer l'importance des rapports entre pouvoir et organisation. La métaphore du politique pallie cette lacune et place la connaissance du rôle et de l'usage du pouvoir au centre de l'analyse de l'organisation.

La métaphore aide également à se débarrasser du mythe de la rationalité des organisations. Celles-ci peuvent chercher à atteindre des buts et insister sur l'importance d'une gestion rationnelle, efficiente et efficace. Mais rationnelle, efficiente et efficace pour qui? Ce sont les buts de qui? Au service de quels intérêts se met-on? Qui va en bénéficier? La métaphore du politique met en lumière le fait que les buts de l'organisation peuvent être rationnels pour certaines personnes, mais pas pour d'autres. Une organisation adopte de nombreuses rationalités, puisqu'une rationalité est toujours fondée sur l'intérêt et, par conséquent, change selon la perspective. La rationalité est toujours politique. Personne n'est neutre quand il s'agit de la gestion d'une organisation — pas même les gestionnaires! Tout comme c'est le cas pour les autres, l'organisation leur sert d'instrument pour légitimer un certain nombre de tâches, leur carrière et leurs intérêts *extra muros*. Et, une fois de plus, comme les autres, ils ont souvent recours à l'idée de rationalité comme ressource pour poursuivre leur programme d'activité politique, justifiant les actes qui conviennent à leurs aspirations personnelles en soutenant qu'elles sont rationnelles pour l'organisation. Le concept de rationalité est aussi bien une ressource que l'on utilise à des fins politiques qu'un terme utilisé pour décrire les buts de l'organisation.

Ces considérations conduisent à une réévaluation de l'importance idéologique du concept de rationalité. Par-dessus tout, l'idée de rationalité semble être invoquée comme on fait appel à un mythe pour résoudre les contradictions inhérentes à l'organisation qui est à la fois un système de compétition et un système de coopération. L'accent mis sur la rationalité tente de rendre cohésif un système politique qui, en raison de la diversité des intérêts sur lesquels il se construit, a toujours une tendance latente à avancer dans de multiples directions et parfois à s'effondrer.

Cela nous amène à une autre des forces de la métaphore du politique : elle nous aide à surmonter les limitations de l'idée que les organisations sont des systèmes fonctionnellement intégrés. Comme nous l'avons vu au chapitre 3, une bonne partie de la théorie de l'organisation renvoie à l'idée que celle-ci, comme une machine ou comme un organisme, est un système unifié qui lie la partie et le tout dans une recherche de la survivance. La métaphore du politique conduit à une autre façon de voir, montrant les tensions désintégratrices qui proviennent de la diversité des intérêts sur lesquels se fonde l'organisation. À cause de ces tensions, la possibilité d'un haut degré d'intégration et d'engagement envers la survivance du tout est extrêmement faible et dépend du degré de dépendance mutuelle entre les gens et les services qui forment l'organisation. Un grand nombre d'entreprises possèdent les caractéristiques de systèmes dont les éléments sont reliés de façon assez lâche et dans lesquels les pièces semi-autonomes luttent pour conserver un certain degré d'indépendance tout en travaillant sous le nom et dans la structure de l'organisation. Les universités, avec leurs différentes unités reliées entre elles par des buts généraux d'enseignement et de recherche, en sont un bon exemple. Dans les organisations où la recherche d'autonomie, où les buts des unités ou sous-unités ont priorité sur ceux de l'organisation globale, les tendances au schisme peuvent très bien détruire ou modifier l'organisation. Par exemple, des membres importants peuvent la quitter et créer une organisation à eux, ou des problèmes de relations de travail peuvent amener une entreprise à fermer. Une analyse de la dimension politique de l'organisation sous les trois angles du jeu entre les intérêts de factions rivales, les conflits et les sources de pouvoir peut nous aider à comprendre ces forces de changement endogène.

Autre force de notre métaphore : le fait qu'elle politise notre compréhension du comportement humain dans les organisations. Nous ne serons peut-être pas tous de l'avis de Nietzsche selon lequel les êtres humains veulent avant tout pouvoir et maîtrise, ni de l'avis des auteurs pour qui la politique et le jeu sont des éléments fondamentaux de la nature humaine. Mais nous sommes bien obligés de reconnaître que les tensions entre les intérêts privés et ceux de l'organisation aiguillonnent l'être humain et l'amènent à agir politiquement. Alors que certains considèrent que cette façon d'agir révèle le côté égoïste, « noir », de la personnalité humaine, l'analyse que nous avons présentée ici montre qu'elle est en général fondée sur des motifs d'ordre structurel autant que sur la motivation. Les plus altruistes eux-mêmes peuvent agir en se conformant à un scénario politique, leur action dans l'organisation étant influencée par les ensembles d'intérêts conflictuels qu'ils véhiculent en traitant des questions les plus pressantes. Alors que certaines personnes sont sans doute beaucoup plus orientées vers le politique que d'autres, ayant comme stratégie de pratiquer l'art de gagner sans enfreindre vraiment les règles du jeu et de s'adonner à d'autres formes de brassage d'affaires, la façon dont nous nous comportons et avec laquelle nous constituons notre réalité est aussi, du moins en partie, de nature politique. La métaphore nous conduit à reconnaître comment et pourquoi l'acteur organisationnel est un acteur politique et à comprendre l'importance politique des modèles de signification constitutifs de la culture et des sous-cultures organisationnelles.

Enfin cette métaphore nous conduit à reconnaître les conséquences sociopolitiques de différentes sortes d'organisation et les rôles que ces dernières jouent dans la société. Rappelons-nous la citation par laquelle commençait le présent chapitre. Les gens doivent-ils accepter de renoncer à leurs droits démocratiques chaque matin en se mettant au travail ? Est-il possible d'avoir une société démocratique si la majorité de la population passe toute sa vie au travail à obéir aux autres ? Peut-on permettre aux organisations de faire de la politique en exerçant des pressions pour tenter d'influencer la législation et les autres politiques du gouvernement ? Doit-il exister des relations plus étroites ou plus distantes entre organisation et gouvernement ? La métaphore du politique attire notre attention sur toutes ces questions. Bien qu'il soit courant de bien marquer la séparation entre théorie de l'organisation et science politique, il est clair que le monde des affaires et des organisations est toujours dans une certaine mesure politique, et qu'il est nécessaire d'en explorer systématiquement les conséquences.

En dépit des points forts de cette métaphore, il nous faut signaler quelques limites importantes. La première peut être décrite comme un danger potentiel. Quand nous analysons une organisation sous l'angle de la métaphore du politique, il est presque toujours possible de déceler des signes d'activité politique confirmant la pertinence de la métaphore. Ce mode de compréhension, toutefois, a souvent pour conséquence d'amplifier la politisation de l'organisation. En effet, lorsque nous envisageons l'organisation comme un système politique, il y a des chances que nous adoptions un comportement politique à l'égard de ce que nous voyons. Nous commençons à percevoir du politique partout, et nous cherchons des ordres du jour cachés même là où il n'y en a pas. Voilà pourquoi il faut utiliser cette métaphore avec précaution. Il existe un danger réel, en l'utilisant, de susciter cynisme et méfiance à propos de situations où il n'en existait pas avant. Je donne un cours sur la dimension politique de l'organisation et je commence généralement par avertir les étudiants que, dès la deuxième ou la troisième semaine, ils risquent de chercher des motifs cachés pour tout, et d'aller jusqu'à se demander si l'offre d'un café par un camarade ne serait pas un acte politique. Au début, ils croient que je plaisante, mais dès la deuxième ou la troisième semaine le sérieux et le sens de mon avertissement leur apparaissent clairement. Sous l'influence d'un mode de compréhension politique, tout devient politique. L'analyse des intérêts, des conflits et du pouvoir conduit facilement à une interprétation machiavélique et amène à penser que chacun essaie d'être plus intelligent et plus adroit que tous les autres. Au lieu d'utiliser la métaphore du politique pour donner naissance à de nouvelles idées et à une compréhension nouvelle qui pourraient nous aider à composer avec des intérêts divergents, nous la réduisons souvent à un instrument utilisable pour servir nos propres intérêts.

Ce genre d'attitude manipulatrice se retrouve dans un grand nombre de textes sur la dimension politique de l'organisation, textes qui ont tendance à mettre en relief la mentalité cynique, égoïste, impitoyable, arriviste qui si souvent transforme une organisation en véritable jungle. Ces écrits « vendent » les idées qu'offre la métaphore en déclarant : « Découvrez la source du véritable pouvoir et sachez l'utiliser » ; « Comprenez les rumeurs et servez-vous en » ; « Obtenez la victoire en sachant intimider les autres » ; « Protégez votre situation en sachant qui sont vos ennemis et en apprenant à rendre les coups » ; « Emparez-vous du pouvoir et manifestez votre autorité ». Cet emploi-là de la métaphore fait naître la méfiance et l'idée qu'une organisation est comparable à un jeu à somme nulle au terme duquel il n'y a que des gagnants et des perdants. Il peut certes y avoir une part de vérité dans cette idée, puisque dans beaucoup d'organisations les relations de compétition dominent, mais ce point de vue réduit la place qu'il faut donner à l'ouverture et à la collaboration franches. Cette façon de penser fait perdre de vue les conséquences générales de la métaphore du politique, comme la vision qu'avait Aristote de la politique, force constructrice qui contribue à la création de l'ordre social, et la possibilité de se servir de principes politiques pour étudier et restructurer les relations entre les organisations et la société.

Finalement, il existe une autre limite possible de cette métaphore, et j'y ai déjà brièvement fait allusion : elle se rapporte à la question de savoir si les applications du pluralisme ne sont que superficiel-les. Est-il réaliste de supposer l'existence d'une pluralité d'intérêts et d'une pluralité de détenteurs de pouvoir, ou les théoriciens de l'organisation plus radicaux ont-ils raison d'affirmer l'existence d'un antagonisme de classes fondamental entre structures d'intérêts et de pouvoir opposées ? On n'aurait aucun mal à démontrer que les intérêts des personnes et ceux de petites coalitions seraient bien mieux servis si elles se reconnaissaient des affinités de « classe » et agissaient de façon unifiée. C'est la logique que suit le syndicalisme, encore que le mouvement syndical soit fragmenté de façon secto-rielle plutôt que selon les classes. On peut également montrer le bien-fondé de l'idée que, en dépit d'un accès généralisé aux sour-ces du pouvoir, ce sont en fin de compte ceux qui peuvent définir les cadres d'action qui le détiennent, comme nous l'avons montré plus haut. D'un point de vue radical, le pouvoir pluraliste peut être plus apparent que réel. Finalement, certains ont plus de pouvoir que d'autres. Ces considérations, sur lesquelles nous reviendrons plus en détail aux chapitres 8 et 9, permettent de penser que la poli-tique pluraliste peut être réservée à la solution de questions margi-nales, de peu d'envergure et superficielles, et peut ne pas tenir compte des forces structurelles qui déterminent la nature de ces questions.

Le résultat en est que la métaphore du politique peut insister trop lourdement sur le pouvoir et l'importance de l'individu, et ne pas accorder assez d'importance à la dynamique du système qui détermine ce qui devient politique et la façon dont le politique se manifeste.

7

En explorant la caverne de Platon

L'organisation vue comme une prison du psychisme

Les êtres humains ont l'art de se faire prendre à des pièges de leur propre fabrication. Dans le présent chapitre, nous allons en étudier quelques exemples en explorant l'idée que les organisations peuvent être conçues comme des prisons du psychisme. Cette métaphore combine l'idée que les organisations sont des phénomènes psychiques, puisqu'en fin de compte ce sont des processus conscients et inconscients qui les créent et les maintiennent comme telles, avec la notion que les gens peuvent véritablement se voir emprisonnés par les images, les idées, les pensées et les actions qui naissent de ces processus. La métaphore nous aidera à comprendre que, bien que les organisations soient des réalités socialement construites, on attribue souvent à ces constructions une existence et un pouvoir propres qui leur permettent d'exercer un certain contrôle sur leurs créateurs.

C'est dans *La République* de Platon que l'idée de la prison du psychisme a été mentionnée pour la première fois, dans la célèbre allégorie de la caverne où Socrate se penche sur les relations entre apparence, réalité et savoir. L'allégorie dépeint une caverne souterraine dont l'entrée s'ouvre sur la lumière que donne un feu ardent. Dans la caverne, des individus enchaînés sont incapables de bouger. Tout ce qu'ils peuvent voir, c'est le mur de la caverne qui est juste en face d'eux, illuminé par les flammes qui projettent l'ombre des gens et des objets sur le mur. Les habitants de la caverne prennent les ombres pour des réalités, leur donnent des noms, en parlent et établissent même des liens entre des bruits au dehors et les mouvements qu'ils voient sur le mur. Pour les prisonniers, c'est cet univers d'ombres qui constitue la vérité et la réalité, car ils n'en connaissent pas d'autre.

Cependant, comme le dit Socrate, si un de ces êtres avait la permission de quitter la caverne, il se rendrait compte que les ombres ne sont que le sombre reflet d'une réalité plus complexe, et que le savoir et les perceptions des habitants de la caverne sont déformés et faussés. S'il lui fallait retourner dans la caverne, il ne pourrait plus jamais vivre comme avant car, pour lui, le monde serait un endroit très différent. Il aurait certainement du mal à accepter son emprisonnement et prendrait les autres en pitié. Mais s'il essayait de partager son savoir nouveau avec ces derniers, ils tourneraient probablement ses idées en ridicule. Pour les prisonniers de la caverne, les images familières qu'ils y voient ont beaucoup plus de sens que des histoires portant sur un monde qu'ils n'ont jamais vu. De plus, comme celui qui a acquis ce savoir nouveau ne pourrait plus fonctionner comme avant, et puisqu'il ne serait plus capable d'agir en prenant les ombres pour le réel, les autres prisonniers considéreraient sans doute son savoir comme très dangereux. Ils envisageraient probablement le monde qui s'étend au dehors de la caverne comme une source potentielle de dangers à éviter, plutôt que d'y voir une source de sagesse et de connaissance. L'expérience de celui qui a pu quitter la caverne pourrait ainsi amener ses autres habitants à s'accrocher encore davantage à leur façon de voir habituelle.

La caverne représente le monde des apparences et le voyage au dehors, la conquête du savoir. Dans la vie quotidienne, les gens sont pris au piège des illusions, et c'est pour cela que leur façon de comprendre la réalité est limitée et imparfaite. En prenant conscience de ce fait, et en faisant un véritable effort pour voir plus loin que les apparences, les gens peuvent se libérer de cette vision imparfaite. Toutefois, comme l'allégorie le montre, nous sommes nombreux à résister ou à tourner en ridicule ces efforts d'éclairement, préférant rester dans l'obscurité plutôt que de risquer d'être exposés à un monde nouveau qui menace nos vieilles habitudes.

Dans les pages qui suivent, nous nous servirons de l'image d'une prison du psychisme pour étudier comment les organisations et leurs membres sont pris au piège par la construction de réalités qui, en mettant les choses au mieux, ne peuvent leur donner qu'une compréhension imparfaite du monde. Nous commencerons par examiner comment les gens, dans une organisation, peuvent être pris au piège de façons de penser adoptées une fois pour toutes. Nous verrons ensuite comment des processus inconscients, qui donnent à l'organisation une signification cachée, peuvent constituer des pièges pour cette dernière.

Le piège des façons de penser adoptées une fois pour toutes

Prenons les exemples suivants :

Le piège du succès. Après la crise du pétrole en 1973, l'industrie automobile japonaise a commencé de pénétrer massivement l'Amérique du Nord. Les grands constructeurs américains, prisonniers de leur conception de la fabrication des automobiles en Amérique, n'étaient absolument pas équipés pour faire face au défi japonais. Pendant des années, ils avaient considéré comme immuables la supériorité de leurs ressources, leur compétence technique et leurs connaissances en ingénierie et en mercatique. Ces firmes, orientées vers le marché de la grosse voiture et soutenues par des changements de modèles annuels, ont laissé de côté les possibilités offertes par les petites voitures à moindre consommation d'essence. Profondément convaincue de sa supériorité technique et ayant une confiance totale dans ses produits, l'industrie américaine a consacré une bonne partie du travail de ses ingénieurs à la conception de voitures fonctionnant grâce à l'énergie solaire, à des piles ou des turbines à gaz, laissant aux Japonais le soin de consacrer leurs ressources, plus modestes, à concevoir autrement ce qui existait déjà, pavant la voie à la pénétration massive du marché qui s'ensuivit. L'industrie américaine de l'automobile, au début des années 70, était prisonnière de ses succès antérieurs. Dans d'autres secteurs industriels, de nombreuses usines ont connu la même expérience d'un déclin dû à une politique qui avait pourtant fait d'elles, autrefois, les chefs de file dans leur domaine, à l'échelle mondiale.

Prisonniers du «gras» de l'organisation. «Créer de la certitude», «Intégrer des marges d'erreur», voilà des idées qui ont guidé la conception de milliers d'usines et autres organisations. Le résultat : l'institutionnalisation de l'inefficience. Des stocks de sécurité et les travaux en cours permettent aux services de production d'absorber les incertitudes inhérentes au processus de production. Mais cela peut coûter très cher et donner la possibilité aux personnes en cause de se livrer à du travail peu soigné et de camoufler leurs erreurs. Beaucoup de systèmes de contrôle de la qualité en font autant, institutionnalisant l'erreur et l'inefficience en acceptant qu'un certain pourcentage de défauts soit considéré comme la norme. Un grand nombre de firmes progressistes remettent aujourd'hui en question le bien-fondé de cette inefficience organisée et cherchent à implanter des lignes de conduites visant à atteindre «zéro stock» et «zéro défaut» afin de transformer radicalement l'organisation du travail.

Ces lignes de conduite, qui ont souvent eu un résultat positif énorme pour ce qui est de l'efficience dans les prix de revient et de la qualité des produits, exigent des modes d'organisation qui tentent de composer avec l'incertitude et l'interdépendance au lieu de les éviter. Quand il n'existe pas de stocks de sécurité pour absorber les erreurs, les gens ne peuvent plus travailler comme s'ils étaient tout seuls. Il leur faut admettre leur dépendance mutuelle, et s'assurer qu'ils contribuent de façon pleine, entière et opportune au travail. Avec les systèmes de gestion «juste à temps» qui suppriment les inventaires, toutes les activités doivent être complètement synchronisées. Avec une politique de «zéro défaut», il faut repérer et résoudre immédiatement les problèmes de fond, au lieu d'attendre qu'ils engendrent des défauts et des rebuts. Ces exemples montrent bien comment une modification d'hypothèses fondamentales peut transformer la façon dont on organise et dont on fait des affaires. Il est intéressant de constater que l'on n'avait pas cru bon d'utiliser et de concrétiser les idées de zéro stock et de zéro défaut jusqu'à ce que les Japonais démontrent que cela était faisable : on avait adopté une fois pour toutes l'idée que des stocks de sécurité et d'autres types de «gras» étaient indispensables au bon fonctionnement de l'organisation.

Le piège de l'effet de groupe. Le 17 avril 1961, le gouvernement Kennedy lança une invasion de Cuba, à la baie des Cochons, avec 1200 exilés cubains anticastristes. Elle avorta lamentablement. «Comment avons-nous pu être aussi stupides ?» devait dire plus tard le président Kennedy. En y repensant, le projet semble absurde et pourtant il n'avait jamais été sérieusement remis en question et aboutit à l'invasion par le simple processus que le psychologue Irving Janis a appelé « pensée de groupe » qui se caractérise par une perte d'esprit critique. Kennedy et ses conseillers avaient, sans s'en rendre compte, acquis les mêmes illusions et normes de fonctionnement, ce qui a obnubilé leur sens critique et les a empêchés de vérifier leurs hypothèses comme il aurait fallu le faire. Le charisme du président et un sentiment d'invulnérabilité ont mis en marche toutes sortes de processus d'auto-affirmation qui ont amené les décideurs et les conseillers les plus importants à une pensée commune, mais dénuée de sens critique. De fortes tendances à la rationalisation ont permis de mobiliser les appuis voulus pour soutenir les opinions qu'ils privilégiaient. Un fort sentiment d'« accord tenu pour acquis » a empêché les gens d'exprimer leurs doutes. Des individus qui s'en étaient donnés eux-mêmes la mission ont fait ce qu'il fallait, de façon non formelle, pour éviter que le président ne reçoive des informations qui pourraient miner sa confiance en soi. L'invasion organisée par la CIA a donc été décidée et lancée en dépit d'une quasi-absence de discussion concernant les hypothèses fondamentales sur lesquelles reposait son succès.

Cette sorte de « pensée de groupe » se retrouve à des milliers d'exemplaires dans les situations de prise de décision qui ponctuent la vie de toutes sortes d'organisations. Chacun des exemples ci-dessus illustre la façon dont les organisations et leurs membres peuvent se trouver pris dans des pièges cognitifs. Des hypothèses erronées, des croyances que l'on considère comme allant de soi, des règles de fonctionnement que l'on ne remet pas en question, et bien d'autres prémisses et pratiques peuvent se combiner pour créer des visions très étroites du monde, visions qui constituent à la fois des ressources et des contraintes pour l'action organisée. En effet, tandis qu'elles créent une façon de voir et suggèrent une façon d'agir, elles tendent aussi à créer des façons de ne pas voir et éliminent la possibilité d'agir selon d'autres visions du monde.

Peut-être l'image de l'organisation comme prison du psychisme est-elle un peu trop dramatique pour bien montrer cette idée d'auto-enfermement. Il est certain que bien des gens préféreraient l'image de la culture d'entreprise qui renvoie à des modèles de croyances et de signification communes. Mais, par ailleurs, il est tout aussi important de reconnaître qu'une culture peut avoir les caractéristiques d'une prison. Nous sommes, semble-t-il, bien loin de la caverne de Platon quand nous traitons de la nature des organisations modernes, mais il est possible d'effectuer des parallèles remarquables entre l'allégorie de Socrate et plusieurs de nos manières d'enacter la réalité de notre univers. De nombreuses organisations élaborent des cultures qui les empêchent de s'occuper de façon efficace de leur environnement. Et comme nous tentons de le montrer dans tous les chapitres du présent ouvrage, les métaphores dont nous nous servons pour définir les organisations et les comprendre sont toujours incomplètes et partielles. Dans la mesure où les organisations et leurs membres sont pris aux pièges de leurs métaphores favorites ou d'aspects de la culture d'entreprise qu'ils ont adoptés une fois pour toutes, ils auront toujours tendance à s'y emprisonner.

Pareille réflexion sur les organisations nous fait prendre conscience des éléments pathologiques qui peuvent accompagner notre manière de penser. Et cela nous encourage à reconnaître l'importance d'examiner de très près les forces et les limites des hypothèses qui déterminent comment les organisations considèrent leur univers et traitent avec lui.

L'organisation et l'inconscient

La métaphore de la prison du psychisme peut exagérer la façon dont nous sommes pris au piège des façons de penser que nous privilégions. Mais elle n'exagère sûrement pas la façon dont les organisations et leurs membres peuvent être pris au piège de l'inconscient. En effet, si les psychanalystes ont raison, une bonne partie de la vie quotidienne de l'organisation, avec tout ce qu'elle a de rationnel et tout ce que nous considérons comme normal, donne une forme « réelle » à des préoccupations qui logent sous le conscient. Selon eux, pour bien comprendre la signification de ce que nous faisons ou disons en vaquant à nos occupations, il faut toujours tenir compte de la structure cachée et de la dynamique du psychisme humain.

Le fondement de cette forme de pensée nous vient de Freud qui, le premier, a dit que l'inconscient se crée à mesure que les êtres humains refoulent leurs pensées et leurs désirs les plus secrets. D'après lui, les êtres humains doivent, pour vivre en harmonie les uns avec les autres, modérer et contrôler leurs pulsions ; inconscient et culture sont en réalité les deux côtés d'une même médaille, et donnent sa forme cachée et sa forme manifeste au « refoulement » qui accompagne le développement de la sociabilité humaine. C'est en ce sens que, selon lui, l'essence de la société est le refoulement de l'individu, et l'essence de l'individu, son propre refoulement.

Cette vision de la civilisation a des conséquences intéressantes, car en insistant sur le lien entre le refoulement psychique, la culture et l'inconscient, elle nous incite à chercher la signification et l'importance cachées de la culture d'entreprise dans les préoccupations inconscientes de ceux qui les créent et qui les soutiennent.

Depuis les premiers travaux de Freud, le domaine de la psychanalyse est devenu un véritable champ de bataille où s'affrontent les théories rivales sur l'origine et la nature de l'inconscient. Tandis que Freud insistait sur ses liens avec diverses formes de refoulement de la sexualité, d'autres ont mis en lumière ses liens avec la structure de la famille patriarcale, avec la peur de la mort, avec l'angoisse qui va de pair avec l'allaitement maternel et la petite enfance, avec l'inconscient collectif, etc.

Ce que toutes ses interprétations ont en commun, c'est l'idée que les êtres humains sont, leur vie durant, prisonniers de leur propre histoire. Les psychanalystes, guidés par Freud, Jung et quelques autres, estiment que la liberté réside dans une prise de conscience de la façon dont le passé influence le présent par l'entremise de l'inconscient. Alors que Platon voyait la connaissance comme le résultat de la recherche du savoir objectif et des activités de philosophes-rois, les psychanalystes ont cherché des moyens pour que l'être humain se libère par une compréhension de soi qui lui montre comment, dans ses affrontements avec le monde extérieur, il affronte en réalité des dimensions cachées de lui-même.

Dans les pages qui vont suivre, nous étudierons la pertinence de ces idées pour notre compréhension des organisations.

ORGANISATION ET REFOULEMENT DE LA SEXUALITÉ

Frederick Taylor, le père de la « gestion scientifique » était totalement préoccupé par l'idée de contrôle. C'était un personnage obsessionnel, mené par un besoin constant de dominer à peu près tous les aspects de sa vie. Chez lui, dans son jardin, sur le terrain de golf tout autant qu'au travail, il se donnait des programmes et des horaires détaillés, auxquels il se conformait de façon rigide. Ses promenades quotidiennes elles-mêmes étaient minutieusement préparées et on l'a vu observer ses mouvements, chronométrer le temps qu'il lui fallait pour les effectuer et aller jusqu'à compter le nombre de pas qu'il faisait.

Ces traits ont marqué dès l'enfance la personnalité de Taylor. Vivant au sein d'une famille aisée, où dominaient des valeurs puritaines qui insistaient sur le travail, la discipline et le contrôle des émotions, Taylor apprit très jeune à réglementer sa façon de vivre. Des amis d'enfance ont décrit sa manière méticuleuse, « scientifique » de prendre part à leurs jeux. Taylor exigeait des règles strictes et précises. Avant une partie de baseball, il insistait pour que le terrain soit mesuré avec précision, afin que tous les éléments soient exactement à l'endroit prévu, même si l'on devait sacrifier une matinée ensoleillée pour être bien sûr que toutes les mesures étaient exactes au centimètre près. Même une partie de croquet était l'objet d'analyses précises, Fred étudiant tous les angles des coups possibles, calculant la force de l'impact et les avantages et désavantages des différents coups de maillet. Dans ses promenades à la campagne, le jeune homme se livrait à de constantes expériences avec ses jambes afin de savoir comment couvrir la plus grande distance possible en dépensant le moins d'énergie, de trouver la meilleure façon de sauter une barrière, ou la longueur idéale d'une canne. Adolescent, avant d'aller à une soirée dansante, il dressait toujours une liste des jeunes filles les moins jolies et une liste des plus jolies, afin de pouvoir passer autant de temps avec chacune.

Durant son sommeil, il usait des mêmes règles minutieuses. À partir de l'âge de 12 ans, Taylor souffrit d'insomnies et fit des rêves affreux. Se rendant compte que les pires cauchemars survenaient lorsqu'il dormait sur le dos, il fabriqua un harnais de courroies et de petites pièces de bois qui le réveillait chaque fois qu'il était sur le point de se retrouver dans cette position. Il essaya d'autres méthodes pour se débarrasser de ces mauvais rêves ; entre autres il construisit un abri avec un drap et deux bâtons dans le but de se garder le cerveau au frais pendant son sommeil. Il souffrit d'insomnies sa vie durant et ne cessa pas d'utiliser toutes sortes de dispositifs pour les contrôler. À partir d'un certain âge, il préféra dormir assis, appuyé sur de nombreux oreillers, ce qui lui compliquait la vie lorsqu'il voyageait ; s'il passait la nuit dans un hôtel où il n'y avait pas assez d'oreillers, il dormait parfois appuyé sur des tiroirs de commode.

La vie de Taylor illustre magnifiquement comment des préoccupations inconscientes peuvent avoir un effet sur une organisation. Il est clair en effet que toute sa théorie de la gestion scientifique est le fruit des luttes intérieures d'une personnalité troublée et névrosée. Ses efforts pour organiser et contrôler le monde, que ce soit dans ses jeux d'enfant ou dans des systèmes de gestion scientifique, étaient en réalité des efforts pour s'organiser et se contrôler lui-même.

Dans une perspective freudienne, le cas de Taylor est l'illustration par excellence de la personnalité anale-obsessionnelle. Comme chacun le sait, dans sa théorie de la personnalité, Freud insiste sur le fait que les traits de caractère de l'adulte proviennent de ses expériences de l'enfance et en particulier de la façon dont, enfant, il est parvenu à concilier les exigences de sa propre sexualité et les forces extérieures de contrôle et de contrainte. Freud avait une conception très large de la sexualité, qui englobait toutes sortes de gratifications et de désirs sexuels, qu'ils soient d'ordre oral, anal, phallique ou génital. Il estimait que les enfants se développaient généralement en passant par ces stades de la sexualité et que des expériences difficiles pouvaient engendrer différentes sortes de refoulement qui refaisaient surface à l'âge adulte sous une forme masquée. Comme on le voit dans le tableau 7.1, le refoulement peut donner naissance à toutes sortes de mécanismes de défense, qui déplacent et donnent une direction nouvelle aux désirs inconscients, pour qu'ils puissent prendre une forme nouvelle, moins menaçante et mieux contrôlée.

Les efforts incessants de Taylor pour contrôler son univers et son souci de planification méticuleuse, de netteté et d'efficacité ont clairement leur origine dans la discipline puritaine de la famille Taylor. Dans l'optique freudienne, une préoccupation excessive avec la frugalité, l'ordre, la régularité, la correction, la netteté, l'obéissance, le sens du devoir et la ponctualité sont des corollaires immédiats de ce que l'enfant apprend et refoule au moment de ses premières expériences d'ordre anal. La vie de Taylor était envahie par ces préoccupations et par les « formations réactionnelles » qui en exprimaient l'opposé.

Une bonne partie de la vie de Taylor, par exemple, reflète une lutte intérieure avec la discipline et les relations d'autorité qui ont marqué son enfance. On a de bonnes raisons de croire que les relations que sa gestion scientifique a instaurées entre gestionnaires et travailleurs proviennent de sa famille, où la discipline jouait un grand rôle, tandis que son amour de la saleté et de la poussière des usines, ainsi que son identification aux travailleurs (il a toujours prétendu qu'il était l'un d'eux) sont des formations réactionnelles qui renvoient à cette même situation familiale. Ses relations autoritaires et agressives avec les travailleurs s'accompagnaient, dans son propre esprit, de l'idée qu'il était en même temps leur ami. Au milieu des conflits qui ont accompagné les débuts de la

La psychologie freudienne insiste sur la façon dont la personnalité se forme à mesure que l'esprit humain apprend à composer avec des pulsions et des désirs. Freud estimait que, dans le processus d'acquisition de la maturité, pulsions et désirs sont contrôlés ou refoulés dans l'inconscient. Celui-ci devient alors un réservoir de pulsions refoulées, de souvenirs pénibles et de traumatismes qui menacent de faire éruption à tout moment. L'adulte traite ces éléments pénibles de diverses façons et a recours à différents mécanismes de défense pour les mettre en échec. Voici quelques-uns des mécanismes les plus importants découverts par Freud ou ses disciples.

Refoulement :	« repoussement » dans l'inconscient des pulsions et des idées dont on ne veut pas.
Dénégation :	refus de reconnaître un fait, un sentiment, un souvenir qui évoque une pulsion.
Déplacement :	renvoi des pulsions liées à une personne ou à une situation sur une cible moins dangereuse.
Fixation :	adhésion rigide à une attitude ou à un comportement.
Projection :	attribution de ses propres pulsions et sentiments à d'autres individus.
Introjection :	intériorisation d'aspects du monde extérieur dans le psychisme.
Rationalisation :	création de schèmes de justification compliqués qui masquent les intentions et motifs sous-jacents.
Formation réactionnelle :	transformation d'une attitude ou d'un sentiment en son contraire.
Régression :	adoption de modèles de comportement qui ont été jugés satisfaisants dans l'enfance, afin de diminuer les exigences actuelles à l'égard du moi.
Sublimation :	transformation de pulsions fondamentales en comportements socialement acceptables.
Idéalisation :	mise en valeur des aspects positifs d'une situation pour se protéger de ses aspects négatifs.
Clivage :	isolement de divers éléments de l'expérience, souvent pour protéger le bon du mauvais.

Tableau 7.1. Glossaire de quelques mécanismes de défense freudiens et néo-freudiens.
SOURCE : Hampden-Turner (1981 : 40-42) et Klein (1980 : 1-24).

gestion scientifique, y compris des insultes personnelles, des menaces d'attentat à sa vie et sa comparution devant un sous-comité sur
le taylorisme mis sur pied par la Chambre des représentants, où
il fut traité d'«ennemi du travailleur», Taylor s'est accroché à l'idée
que l'amitié de ceux qu'il tentait de contrôler lui était acquise. Dans
l'esprit de Taylor, l'agression que représentait pour plusieurs la gestion scientifique était exactement le contraire, soit un projet destiné à susciter l'harmonie. C'est ce point de vue qui lui a permis
de se considérer comme un instrument de paix industrielle, au
moment même où la gestion scientifique devenait l'une des plus
importantes sources d'agitation ouvrière.

Lorsque nous disons que le taylorisme est la manifestation de
troubles profonds de la personnalité, nous ne prétendons pas que
la personnalité de Taylor soit la cause principale des changements
importants que la gestion scientifique a apportés dans les organisations. Si le taylorisme a eu ces effets, c'est parce qu'on était prêt
à bien accueillir les idées que Taylor avançait. Elles convenaient parfaitement aux préoccupations de l'époque, et c'est pourquoi, au
lieu d'être traité d'hurluberlu, il devint une sorte d'antihéros. De
la résolution de ses conflits intérieurs ont surgi des innovations productives qui ont eu un impact social très étendu.

Cela dit, il est évident qu'il y a plus qu'une simple coïncidence
entre l'approche anale-obsessionnelle de Taylor et le mode d'organisation associé à la gestion scientifique, ce qui soulève un certain
nombre de questions importantes aussi bien à propos de ce mode
d'organisation qu'à propos d'autres modes. Dans quelle mesure
pouvons-nous concevoir une organisation comme la manifestation
de désirs inconscients, ainsi que le suggère la théorie freudienne
des liens entre culture et inconscient ? Dans quelle mesure nos
modes d'organisation institutionnalisent-ils des mécanismes liés au
refoulement de la sexualité ? Dans quelle mesure pouvons-nous considérer les organisations bureaucratiques comme la manifestation,
dans la plupart des cas, de préoccupations anales-obsessionnelles ?
Dans quelle mesure attirent-elles et soutiennent-elles des personnalités anales-obsessionnelles ? Dans quelle mesure d'autres types
d'organisation, plus souples, organiques et dynamiques institutionnalisent-ils des préoccupations liées à d'autres formes de refoulement de la sexualité ?

Ce sont là des questions qui peuvent paraître un peu aberran-
tes, mais si nous voulons explorer cette métaphore jusqu'au bout,
il est certainement possible de montrer que l'organisation *est* une
forme de refoulement de la sexualité. Nous avons déjà mentionné

le point de vue freudien selon lequel l'ordre social se développe parallèlement au refoulement de la libido, mais nous pouvons aussi apporter d'autres points qui viennent soutenir cette métaphore. Si nous remontons au Moyen Âge, par exemple, nous verrons que l'on faisait peu de distinction entre vie publique et vie privée, et que fréquemment les comportements sexuels s'exhibaient librement. Mon collègue Gibson Burrell, de la Lancaster University, a trouvé des textes montrant que, même dans les couvents, monastères et églises de l'époque médiévale, des comportements sexuels outrageants pouvaient soulever de sérieux problèmes. Des manuscrits datant du VIIe et du VIIIe siècle montrent que les punitions des différents types de mauvaise conduite avaient été mises au point avec beaucoup de minutie. C'est ainsi qu'un moine coupable de simple fornication avec des célibataires pouvait s'attendre à devoir vivre de pain et d'eau pendant un an, alors qu'une religieuse devait jeûner de 3 à 7 ans, et un évêque 12 ans. La punition pour celui ou celle qui se masturbait dans une église était de 40 jours de jeûne (60 jours à chanter des psaumes s'il s'agissait d'un moine ou d'une religieuse), et l'évêque pris à forniquer avec le bétail devait s'attendre à 8 ans de jeûne pour la première infraction et à 10 années pour chaque infraction subséquente.

L'existence même de ces barèmes montre l'importance du problème que ces comportements ne cessaient de poser pour l'ordre et la routine de ces premières formes d'organisation. Et il est extrêmement intéressant de voir que certains des plus anciens règlements que nous connaissions attachent autant d'importance au contrôle des comportements sexuels.

Toutefois, selon Michel Foucault, il ne faut pas s'étonner de ce conflit entre organisation et sexualité, car la maîtrise et le contrôle du corps sont essentiels au contrôle de la vie sociale et politique. Foucault nous invite donc à remarquer le parallèle existant entre l'apparition de l'organisation formelle et la routinisation et la « disciplinarisation » du corps humain. C'est particulièrement visible dans la façon dont Frédéric le Grand a fait d'un groupe de voyous des soldats bien disciplinés (voir chapitre 2) ainsi que dans les premières formes d'organisation industrielle. Par exemple, en Grande-Bretagne, les *Factory Acts* de 1833 accordent beaucoup d'attention à la question du contrôle du comportement sexuel au travail, tandis que les grands industriels se faisaient les champions de l'abstinence, de la retenue et des bonnes mœurs. Il est bon de noter à cet égard qu'un grand nombre des premiers industriels, tant en Europe qu'aux États-Unis, étaient des quakers ou appartenaient à d'autres sectes d'obédience puritaine, et que c'est le milieu d'où allait plus tard sortir Frederick Taylor.

D'après la théorie freudienne, le processus d'acquisition du contrôle sur le corps dépend d'un processus social dans lequel la sorte d'organisation et de discipline caractéristique de la personnalité anale finit par dominer. En d'autres termes, ce contrôle institutionnalise une réorientation de l'énergie sexuelle, refoulant la sexualité génitale ouverte, tout en permettant et en encourageant l'expression d'un érotisme anal sublimé. Cette forme de sexualité anale sublimée fournit une bonne partie de l'énergie qui sous-tend le développement de la société industrielle.

En étudiant l'organisation bureaucratique, par conséquent, nous devrons nous pencher sur la signification cachée de la surveillance et des règlements stricts de l'activité humaine, sur la planification constante du travail et l'établissement des calendriers de réalisation qui s'ensuivent, et sur l'importance attachée au rendement, au respect des règlements, à la discipline, au sens du devoir et à l'obéissance. La bureaucratie est une forme d'organisation mécaniste, mais elle est aussi de type anal. Il n'est donc pas étonnant de voir que certaines personnes travaillent mieux que d'autres dans un tel milieu. Si les organisations bureaucratiques sont un phénomène anal qui encourage un style de vie correspondant, il est bien entendu que ces entreprises fonctionneront probablement mieux avec des employés qui ont une personnalité anale et qui peuvent obtenir un certain nombre de satisfactions cachées en travaillant dans ce contexte.

Il est facile de montrer que l'analité est depuis très longtemps la forme de refoulement sexuel qui a le plus influé sur la nature des organisations. Cependant, lorsque nous examinons le monde des organisations, nous trouvons facilement des indices d'autres formes. Dans bien des organisations, par exemple, les employés trouvent dans le travail une sorte d'exutoire à une sexualité génitale refoulée. Cette sorte de sublimation sous-tend souvent l'énergie des ergomanes, ou maniaques du travail, dont dépendent tant d'organisations modernes. Ce sont également des pulsions sexuelles refoulées que nous retrouvons derrière les lignes de conduites tranchantes qui régissent un grand nombre des aspects du fonctionnement d'une entreprise, particulièrement dans ses rapports avec l'environnement, avec la concurrence, ou entre firmes lors de fusions ou acquisitions. Il se pourrait bien qu'un grand nombre des discussions et des décisions relevant des conseils d'administration aient des liens avec diverses sortes de fantasmes sexuels.

Ces forces cachées peuvent aussi jouer un rôle important en nous aidant à mieux comprendre certaines facettes des entreprises plus originales, plus souples, organiques, innovatrices qui ont aujourd'hui un grand impact dans le monde des affaires. Ces organisations font souvent appel à un certain relâchement qui est totalement étranger à la personnalité bureaucratique. Selon la théorie de Freud, les cultures de ces entreprises institutionnalisent souvent des combinaisons diverses de sexualité orale, phallique et génitale. Dans les organisations individualistes et dynamiques, par exemple, la culture se caractérise souvent par ce que Wilhelm Reich décrirait comme un *ethos* phallique-narcissique. Les individus phalliques-narcissiques identifient inconsciemment leur moi avec leur phallus et ont des comportements remplis de confiance en soi, exhibitionnistes ; ils tirent satisfaction de ce qu'ils sont très en vue et « gagnants ». Les organisations de ce type encouragent et récompensent souvent ce comportement, institutionnalisant ce mode de refoulement de la sexualité comme la bureaucratie le fait de l'analité. La théorie freudienne offre donc une variation intéressante sur le thème du comportement exhibitionniste, que Gregory Bateson attribuait aux méthodes d'éducation et dont nous avons parlé au chapitre 5.

Un grand nombre d'organisations ont un caractère narcissique qui s'ancre dans diverses formes de sublimation d'un érotisme oral lui-même lié à la satisfaction de besoins individuels. Pour certains, cela s'exprime par un individualisme agressif selon lequel les valeurs principales de l'individu et celles de l'organisation dépendent de la possibilité d'obtenir un succès personnel et d'être admiré par les autres. Dans d'autres cas, cet amour de soi, cette « orientation vers moi » se manifestent dans des environnements d'ordre plus communautaire où le soutien mutuel devient l'*ethos* dominant.

Ainsi, en observant le monde des organisations, nous pouvons voir les nombreuses façons par lesquelles le refoulement de la sexualité peut déterminer les activités quotidiennes. Les pulsions sexuelles et les fantasmes influencent des lignes de conduite d'entreprise ; des comportements névrotiques déterminent des environnements obsessionnels, paranoïaques et masochistes, ainsi que l'enaction d'autres formes d'environnement et de relations de travail. Le refoulement de la sexualité sous-tend aussi bon nombre des problèmes les plus difficiles et les plus persistants d'une organisation. Ces influences inconscientes ont souvent des liens étroits avec la personnalité des individus qui en font partie. C'est pourquoi on peut faire beaucoup pour résoudre ces problèmes au niveau personnel et interpersonnel. Mais il est important de reconnaître que la signification et les conséquences du refoulement de la sexualité dépassent la seule personnalité de l'individu. En effet, les organisations institutionnalisent les préoccupations inconscientes dans leur conception et dans leur culture tout entière. Si nous comprenons vraiment la signification et l'importance du refoulement de la sexualité, nous pourrons élaborer une nouvelle forme de la théorie de la contingence des organisations. Celles-ci ne sont pas seulement déterminées par leur environnement ; elles le sont également par les préoccupations inconscientes de ceux et celles qui en font partie, et par les forces inconscientes qui déterminent les sociétés dont elles sont constitutives.

ORGANISATION ET FAMILLE PATRIARCALE

Si la théorie freudienne permet de nombreuses interprétations nouvelles de la vie organisationnelle, selon de nombreux critiques Freud attachait trop d'importance à la sexualité et a poussé ses idées trop loin. Parmi ces critiques, on trouve en particulier des membres du mouvement féministe contemporain pour qui Freud est un homme qui a adopté les valeurs masculines et qui a été pris au piège de ses propres préoccupations sexuelles inconscientes, en particulier dans ce qu'elles rejoignaient la moralité victorienne de son époque. Plutôt que d'insister sur le refoulement de la sexualité comme force motrice de l'organisation, ces critiques estiment que nous devrions chercher à comprendre l'organisation moderne comme une expression du patriarcat. Selon elles, le patriarcat est une sorte de prison conceptuelle, qui produit et reproduit des organisations dont les structures assurent la domination des hommes et des valeurs masculines traditionnelles.

Il est facile de trouver des faits qui appuient cette théorie de l'organisation patriarcale. Les organisations formelles sont généralement fondées sur des caractéristiques associées aux hommes dans notre société occidentale, et sont dominées depuis toujours par des hommes, sauf lorsqu'il s'agit de tâches qui exigent que l'on appuie, que l'on serve, que l'on flatte, que l'on plaise et que l'on amuse. Les hommes ont donc tendance à exercer leur domination sur les rôles et fonctions de l'organisation qui exigent un comportement direct et agressif, tandis que l'on a réservé aux femmes, jusqu'à tout récemment, des rôles qui tendaient à les placer dans des positions subalternes : soins infirmiers, travail de bureau, secrétariat ou autres rôles destinés à satisfaire les divers types de narcissisme masculin. Une organisation bureaucratique tend à privilégier les caractéristiques rationnelles, analytiques et instrumentales que l'on associe au stéréotype occidental de la masculinité, et à attacher peu de poids aux qualités que l'on considère depuis toujours comme « féminines » : intuition, tendresse et empathie. Et cela a donné des organisations qui, de bien des façons, deviennent des « univers masculins » où les hommes et les femmes qui se lancent dans l'arène se battent pour les postes de direction comme des cerfs se battent pour savoir qui sera le chef de la harde.

De l'avis de nombreux auteurs qui ont écrit sur les rapports entre sexe et organisation, l'influence dominante de l'homme a ses racines dans la famille patriarcale qui, comme l'a fait remarquer Wilhelm Reich, est une véritable usine d'idéologies de l'autoritarisme. Dans beaucoup d'organisations formelles, une personne accepte l'autorité de l'autre de la même façon que l'enfant accepte l'autorité parentale. L'état de dépendance prolongée de l'enfant à l'égard des parents rend plus facile l'espèce de dépendance institutionnalisée dans les relations entre les chefs et ceux qui se contentent de suivre, et dans la pratique de demander à d'autres de mettre en œuvre des mesures utiles quand surgissent des problèmes. Dans les organisations comme dans la famille patriarcale, la force d'âme, le courage, l'héroïsme, agrémentés d'une admiration de soi narcissique, sont souvent des qualités prisées, tout comme le sont l'esprit de décision et le sens du devoir qu'un père attend de son fils. Les membres les plus importants de l'organisation cultivent souvent aussi des rôles paternels en servant de mentors à ceux qui ont besoin d'aide et de protection.

Les critiques du patriarcat estiment que, contrairement aux valeurs matriarcales qui insistent sur l'amour inconditionnel, l'optimisme, la confiance, la compassion, l'intuition, la créativité et le bonheur, la structure psychique de la famille dominée par l'homme tend à susciter un sentiment d'impuissance accompagné de crainte et de dépendance à l'égard des autres, de l'autorité. Selon ces critiques, une organisation dont la vie serait influencée par les valeurs matriarcales serait beaucoup moins hiérarchisée, plus holistique et il s'y manifesterait plus de compassion, les moyens auraient plus d'importance que la fin, elle tolérerait mieux la diversité et serait davantage ouverte à la créativité. Un grand nombre de ces valeurs traditionnellement féminines se retrouvent dans des organisations non bureaucratiques, où l'attitude amicale et la création de réseaux d'entraide remplacent l'autorité et la hiérarchie comme modes d'intégration dominants.

En considérant les organisations comme des prolongements inconscients des relations familiales, nous avons d'excellents moyens de comprendre certaines caractéristiques importantes du monde des organisations. Nous y trouvons également des indices sur la façon dont les organisations peuvent changer en même temps que se modifient la structure familiale et les relations parentales. De plus, nous voyons le rôle important que peuvent jouer les femmes et les valeurs reliées au sexe en transformant le monde de l'entreprise. Aussi longtemps que les organisations seront dominées par les valeurs et par les structures patriarcales, les femmes devront continuer de jouer leur rôle dans l'organisation à partir des règles du jeu « masculines ». Cela explique le point de vue de beaucoup de critiques féministes des organisations modernes : le vrai défi auquel font face les femmes qui veulent réussir dans le monde des organisations, c'est de changer les valeurs de ces dernières de façon absolument fondamentale.

ORGANISATION, MORT ET IMMORTALITÉ

Ernest Becker soutient, dans son livre intitulé *The Denial of Death*, que les êtres humains sont des « dieux pourvus d'anus ». Nous seuls, parmi les animaux, sommes conscients du fait que nous allons mourir, et nous devons vivre dans la connaissance de ce paradoxe selon lequel, bien que nous soyons capables de transcendance spirituelle quasi divine, notre existence dépend d'une structure finie de chair et d'os qui va ultimement se dessécher et disparaître. Selon Becker, les êtres humains passent une bonne partie de leur vie à refuser la réalité imminente de la mort en repoussant leurs peurs morbides au tréfonds de l'inconscient. Autrement dit, il réinterprète la théorie freudienne du refoulement de la sexualité et relie les peurs de l'enfance qui accompagnent la naissance et le développement de la sexualité aux peurs qui sont liées à nos insuffisances, à notre vulnérabilité et au fait que nous devons mourir.

Ces idées nous amènent à comprendre la culture et l'organisation dans une perspective nouvelle. Elles nous incitent, par exemple, à comprendre un grand nombre de nos actes et de nos constructions symboliques comme des fuites devant la mort qui nous attend. En nous joignant à d'autres pour créer une culture composée d'un ensemble de normes, de croyances, d'idées et de pratiques sociales communes, nous tentons de nous situer à l'intérieur de quelque chose de plus grand et de plus durable que nous-mêmes. Par la création d'un monde que l'on peut percevoir comme objectif et réel, nous réaffirmons la nature concrète et réelle de notre propre existence. En créant des systèmes de symboles qui nous permettent de nous engager dans des échanges remplis de signification avec d'autres, nous nous aidons à donner un sens à nos propres vies. Bien que nous puissions souvent, dans les moments de calme, regarder en face le fait que nous devons mourir, une bonne partie de notre vie quotidienne se passe dans la réalité artificielle que nous créons par l'entremise de la culture. Cette illusion de réalité nous aide à masquer la peur inconsciente que nous avons du fait que tout est très vulnérable et passager.

Par conséquent, comme le montre Becker, quand nous les considérons à partir de l'idée de notre mort prochaine, il est possible de comprendre les artefacts de la culture comme des systèmes de défense qui aident à créer l'illusion que nous sommes plus grands et plus puissants que ce n'est vraiment le cas. La continuité et le développement que nous offrent les systèmes religieux, l'idéologie, l'histoire nationale et les valeurs communes nous aident à croire que nous faisons partie d'un modèle qui continue bien au-delà des limites de notre propre vie. Il n'est pas étonnant alors que les gens soient si prompts à défendre leurs croyances fondamentales, même si cela veut dire faire la guerre et affronter la réalité de la mort. Ils peuvent ainsi, tant qu'ils vivent, sauvegarder le mythe de l'immortalité.

Cette façon de voir nous incite à comprendre les organisations et une bonne partie des comportements qu'on y observe comme une recherche de l'immortalité. En créant des organisations, nous créons des structures d'activité qui dépassent le cadre de notre vie et qui survivent souvent pendant des générations et c'est en nous identifiant à ces organisations que nous trouvons signification et permanence. En nous consacrant à notre travail, nous faisons de nos rôles des réalités. Et en nous réifiant dans les marchandises que nous produisons, dans l'argent que nous gagnons, nous devenons réels et visibles à nos propres yeux. Il n'est vraiment pas étonnant que les questions de survivance aient une telle importance dans nos organisations, car l'enjeu est bien autre que leur simple survivance.

En interprétant la signification inconsciente de la relation entre immortalité et organisation, nous nous rendons compte qu'en essayant de gérer et d'organiser notre univers, nous essayons en réalité de nous gérer et de nous organiser nous-mêmes. Ce qui est particulièrement important, ici, c'est que beaucoup de nos conceptions les plus fondamentales de l'organisation dépendent de l'idée qu'il faut simplifier ce qui est complexe. C'est ainsi que l'approche bureaucratique insiste sur les mérites qu'il y a à fragmenter les activités et les fonctions en composantes clairement définies. Dans une bonne partie de la science et de notre vie de tous les jours, nous gérons notre univers en le simplifiant, parce que nous le rendons ainsi contrôlable, et par là même nous créons un mythe, celui de notre propre contrôle et d'une puissance qui n'est pas véritablement nôtre. Ainsi, d'un certain point de vue, une grande partie du savoir grâce auquel nous organisons notre univers représente une sorte de protection contre l'idée que, en fin de compte, nous comprenons et nous contrôlons sans doute bien peu de choses. L'arrogance masque souvent la faiblesse, et l'idée que les êtres humains, si petits, si faibles et si éphémères peuvent s'organiser pour maîtriser la nature et se vanter de la contrôler est, à bien des égards, un signe de leur vulnérabilité.

Les gens ont recours aux mythes, aux rituels et aux modes d'engagement dans la vie quotidienne pour se défendre contre la conscience qu'ils ont de leur faiblesse. Richard Boland et Raymond Hoffman nous offrent une excellente illustration de cela dans leur étude d'un atelier produisant des pièces faites sur mesure où l'on a recours aux plaisanteries et à l'humour pour supporter des conditions de travail difficiles. Les tâches qu'ont à effectuer les ouvriers sont souvent dangereuses, et leurs blagues concrètes les rendent encore plus périlleuses. L'étude montre de quelle manière les plaisanteries aident les ouvriers à se tirer d'affaire dans une situation de travail difficile où surgissent des problèmes d'identité de soi, et leur permettent d'exercer un certain contrôle de la situation. Dans d'autres organisations, la définition de buts, la planification et d'autres sortes de rituels ont la même fonction. En se fixant des buts personnels ou en définissant ceux de l'organisation, nous réaffirmons notre confiance en l'avenir. En investissant temps et énergie dans un projet qui nous intéresse, nous transformons le temps qui passe en quelque chose de concret et de durable. Alors que la théorie freudienne considérerait une préoccupation excessive avec le rendement, la planification et le contrôle comme l'expression d'un érotisme anal sublimé, les travaux de Becker nous amènent à les interpréter comme un moyen de préserver et d'ancrer la vie en face de la mort.

ORGANISATION ET ANGOISSE

Dans ses œuvres subséquentes, particulièrement dans *Au-delà du principe de plaisir*, Freud insiste davantage sur la lutte entre la pulsion de vie et la pulsion de mort chez l'individu. Ces relations sont devenues un sujet d'intérêt tout spécial chez Melanie Klein et les membres de ce qu'on a appelé l'école anglaise de psychanalyse, du Tavistock Institute de Londres, qui ont consacré beaucoup de temps à retracer l'impact des mécanismes de défense de l'enfant sur la personnalité de l'adulte. L'école kleinienne insiste sur le rôle de la mère et sur la relation entre l'enfant et le sein de la mère pour déterminer ce que sont les liens entre le conscient et l'inconscient. Le travail de Klein nous aide ainsi à neutraliser une des distorsions sérieuses de la recherche de Freud, qui attache beaucoup trop d'importance au rôle du père en tant que figure clé des expériences de la petite enfance, et néglige ou accorde peu d'importance au rôle pourtant essentiel de la mère.

Les travaux de Klein sont fondés sur la prémisse que, dès le début de sa vie, l'enfant ressent un malaise qui est lié à la pulsion de mort et à la crainte de l'annihilation et que cette crainte est intériorisée sous la forme d'« angoisse de persécution ». Pour pouvoir faire face à cette angoisse, l'enfant élabore des mécanismes de défense, dont le clivage, l'introjection et la projection (voir tableau 7.1). Selon Klein, tout ceci commence par la relation avec le sein de la mère ou avec ce qui le remplace, que l'enfant identifie à de bonnes ou mauvaises expériences, distinction qui est à l'origine de la dichotomie des sentiments d'amour et de haine. Tandis que l'expérience du « bon sein » permet à l'enfant d'affirmer son existence et de l'intégrer, c'est sur le « mauvais sein » (quand l'allaitement est insuffisant, lent ou difficile) que se concentre le sentiment d'angoisse de persécution de l'enfant. Cette angoisse est projetée sur le « mauvais sein » que l'enfant attaque souvent avec colère. Bien que cette distinction entre bon et mauvais sein se fasse dans l'inconscient de l'enfant et qu'elle soit fantasmée, ses effets sont réels : ils se traduisent par des modèles particuliers de sentiments, de relations objectales et de processus de pensée qui ont un sérieux impact sur la vie de l'adulte.

Selon Klein, le moi commence à se former dans ces expériences très précoces, le « bon sein » fournissant une possibilité d'intégration qui aide à combattre les forces destructrices qui ont été projetées sur le « mauvais sein ». L'enfant sépare les bons sentiments des mauvais, intériorisant le bon, l'idéalisant et en profitant, ce qui lui permet, tout en attaquant ce qui est mauvais, de nier l'existence d'états menaçants, souvent en les projetant sur le monde extérieur. La vie du bébé tend donc à être un monde d'extrêmes, dans lequel les caractéristiques du moi associées à l'idéalisation, à la projection et à la dénégation sont toutes visibles. Klein estime que ces caractéristiques s'associent aussi bien au développement normal qu'anormal, le bébé passant par une position dominée par le sentiment de persécution (paranoïde-schizoïde) au cours des premiers mois de son existence, puis entrant dans une « position dépressive » au cours de laquelle l'enfant commence à se rendre compte que le bon sein et le mauvais sont en réalité le même, et qu'il a attaqué ce que par ailleurs il chérit. D'après Klein, la synthèse nécessaire des aspects aimés et haïs du sein donne naissance au deuil et à la culpabilité, ce qui représente un progrès essentiel dans la vie affective et intellectuelle de l'enfant. Selon elle, si le sentiment de persécution qu'éprouve l'enfant demeure fort, celui-ci a beaucoup de mal à abandonner la position paranoïde-schizoïde et à passer à travers l'indispensable position dépressive qui suit. Ces expériences qui surviennent dans la petite enfance peuvent alors devenir des foyers de peur, de haine, d'envie, d'avidité, de colère, de sadisme, de frustration, de culpabilité, de paranoïa, d'obsession, de dépression, de fantasmes et autres sentiments que véhicule l'inconscient et qu'il transfère à d'autres objets et à d'autres relations. La théorie de Klein sur le développement humain permet donc de croire qu'un grand nombre des troubles que Freud attribuait à la sexualité trouvent leur source dans les premiers modèles de « relations objectales ».

L'analyse que fait Klein de ces relations objectales montre que les expériences des adultes reproduisent les mécanismes de défense contre l'angoisse qui se sont formés dans la petite enfance, les techniques de clivage, de projection, d'introjection, d'idéalisation et de dénégation déterminant la façon dont nous établissons nos relations avec le monde extérieur. Il est possible, de ce point de vue, de comprendre la structure, le fonctionnement, la culture et même l'environnement d'une organisation à partir des mécanismes de défense inconscients élaborés par ses membres pour faire face à leur angoisse individuelle et collective.

Ce type d'analyse de l'organisation a été systématiquement développé par un grand nombre de membres du Tavistock Institute. Dans son étude de comportements de groupes, par exemple, Wilfred Bion a montré que les groupes régressent souvent jusqu'à des modèles de comportement infantile pour se protéger des aspects pénibles du monde réel. Quand un groupe se donne complètement à une tâche, l'énergie est canalisée et dirigée d'une manière qui les garde en contact avec une certaine réalité extérieure. Toutefois, lorsque surgissent des problèmes qui menacent le fonctionnement du groupe, celui-ci tend à consacrer son énergie à se défendre contre l'angoisse qui vient de la situation nouvelle, au lieu de la maintenir au service de la tâche à accomplir. Nous avons tous connu cela, sous une forme ou sous une autre, au cours de notre vie personnelle ou encore très souvent dans le cadre d'une organisation où la dynamique de la situation fait surgir en nous une telle angoisse que nous perdons de vue les tâches que nous sommes censés accomplir. Les soucis relatifs au fonctionnement du groupe occultent les préoccupations reliées au rôle du groupe dans un contexte plus vaste. Bion a montré que, dans ces situations génératrices d'angoisse, les groupes tendent à revenir à l'un ou l'autre de trois types de fonctionnement qui ont recours à différents moyens pour se défendre contre l'angoisse.

Dans certains groupes, on opte pour la *dépendance*. On part du principe que le groupe a besoin de direction sous une forme quelconque pour résoudre son problème. L'attention du groupe se détache des problèmes immédiats et se projette sur un individu en particulier. Les membres du groupe se disent souvent incapables de composer avec la situation et idéalisent les traits du chef choisi. Parfois le groupe projette son énergie sur un symbole du passé qui lui semble attrayant, et célèbre la façon dont les choses se faisaient au lieu de s'attaquer à la réalité actuelle. Pareil climat permet à un chef potentiel de se manifester et de prendre en charge les problèmes du groupe. Mais ce dernier hérite souvent d'une situation extrêmement difficile, puisque son existence même fournit une excuse aux autres pour leur inaction personnelle. Le chef doit aussi incarner les traits fantasmés par les membres du groupe qui projettent les aspects désirés de leur moi sur la figure du chef. Il advient souvent que ce dernier ne soit pas à la hauteur des attentes, et soit vite remplacé par une autre personne, souvent une des moins compétentes du groupe. D'habitude, celle-ci échoue à son tour et le problème demeure, entraînant parfois le fractionnement du groupe et des batailles internes. Le fonctionnement de ce dernier se trouve ainsi paralysé par toutes sortes de querelles mesquines et de problèmes qui sèment la discorde et remplacent l'action réelle.

Un autre modèle de réponse consiste en ce que Bion appelle *couplage*. Il suppose un fantasme qui amène les membres du groupe à croire qu'un personnage messianique va apparaître et délivrer le groupe de ses peurs et de ses angoisses. Le besoin qu'a le groupe de voir apparaître ce personnage le paralyse et l'empêche de prendre des mesures efficaces.

Le troisième modèle consiste en ce que Bion appelle l'*attaque-fuite*, où le groupe tend à projeter ses peurs sur un ennemi quelconque qui incarne l'angoisse de persécution inconsciente vécue par le groupe. L'ennemi peut prendre la forme d'un concurrent dans l'environnement, d'un règlement du gouvernement, d'une attitude du public ou de l'existence d'un individu ou d'une organisation en particulier qui « veulent nous avoir ». Bien qu'il unisse le groupe et permette une direction forte, le processus d'attaque-fuite tend à fausser la perception de la réalité qu'a le groupe, et par là même sa capacité de composer avec elle. On consacre temps et énergie à combattre le danger que l'on perçoit, ou à protéger le groupe, au lieu d'envisager de façon plus raisonnable des problèmes pourtant évidents dans la situation en question.

On en trouve un bon exemple dans la manière dont les constructeurs d'automobiles et beaucoup d'autres secteurs industriels d'Amérique du Nord ont commencé à réagir au défi lancé par l'importation de marchandises du Japon et d'autres pays d'Asie. Alors que cette nouvelle concurrence avait des effets très réels, le souci de l'« ennemi » et le besoin de se battre ou de se protéger par des lois et par le contingentement des importations ont détourné l'attention d'un aspect tout aussi important de la situation : la nécessité de réévaluer la nature des produits américains, pour les modifier et les améliorer afin qu'ils se montrent concurrentiels dans des conditions de marché nouvelles. La réaction d'attaque-fuite illustrée ici a sa source dans une paranoïa inconsciente que l'on retrouve souvent dans des situations de groupe.

Il est clair que ces idées sont fort pertinentes pour qui veut comprendre la dynamique de la direction, les effets de groupe, l'enaction de la culture d'entreprise, les relations entre l'environnement et les organisations, et d'autres aspects du fonctionnement quotidien de ces dernières. Les mécanismes de défense étudiés par Klein et par Bion imprègnent presque tous les aspects de la vie de l'organisation. Les gens construisent des réalités dans lesquelles les menaces et les préoccupations de l'inconscient s'incarnent dans des structures destinées à vaincre l'angoisse que suscite le monde extérieur. Ils peuvent projeter ces soucis inconscients à titre individuel, où par l'entremise de modèles de collusion inconsciente qui font appel aux peurs, à l'angoisse et aux soucis communs.

Ces idées permettent aussi d'expliquer un grand nombre des aspects plus formels de l'organisation. Par exemple, Eliott Jaques et Isobel Menzies, anciens membres du Tavistock Institute, ont montré comment certains aspects de la structure de l'organisation peuvent s'interpréter comme des défenses sociales contre l'angoisse. Selon Jaques, beaucoup de rôles, dans l'organisation, sont la cible de formes variées d'angoisse de persécution ou paranoïde dans la mesure où les individus projettent de mauvais objets ou de mauvaises pulsions sur le titulaire du rôle qui, plus souvent qu'à son tour, va introjecter ces projections ou encore les faire dévier ailleurs. C'est ainsi que le second d'un bateau est souvent blâmé pour ce qui ne va pas, même quand il n'est pas responsable des problèmes. Un accord inconscient en fait la source de tous les ennuis, ce qui permet aux membres de l'équipage de se sentir protégés de leurs propres persécuteurs internes. Cela leur permet aussi d'idéaliser le capitaine et d'en faire un véritable protecteur. Toutes sortes de boucs émissaires ont, dans les organisations, des fonctions similaires : des gens qui occupent des rôles que tout le monde « aime détester », des « fauteurs de troubles » et des « ratés » bien commodes, et des gens qui « ne jouent pas le jeu ». Ils fournissent une cible à la colère et aux tendances sadiques inconscientes, soulageant la tension dans l'organisation globale et lui donnant une unité.

Jaques a montré que cette sorte de défense contre l'angoisse paranoïde caractérise souvent les relations de travail, les pulsions mauvaises étant projetées sur différents groupes que l'on perçoit alors comme les méchants, ou les sources d'ennuis, et qui deviennent l'objet d'attitudes et d'actes de vengeance. Ce processus se retrouve aussi dans de nombreux modèles de relations entre organisations. Robert Chatov, par exemple, qualifie bon nombre des relations entre gouvernement et monde des affaires de « sadisme régulateur », ceux qui promulguent les règles ayant des exigences coûteuses et superflues à l'égard de ceux qui les subissent. On peut observer ce même processus dans la façon dont des organisations qui sont en concurrence dans un même environnement peuvent essayer de dominer, de punir et de contrôler leurs rivaux ou les autres organisations avec lesquelles ils travaillent, et aussi dans la façon dont certaines organisations se punissent elles-mêmes. Un secteur de l'organisation, par exemple, peut délibérément créer des problèmes qui représentent des punitions pour un autre secteur ou encore incorporer diverses sortes de punitions dans ses lignes de conduite générales et ses façons de procéder. On a pu s'en rendre facilement compte durant la récession du début des années 80, époque à laquelle les personnes les plus importantes, dans beaucoup d'organisations, ont pris grand plaisir à «durcir» les pratiques et privilèges qui s'étaient élaborés pendant les années d'«abondance» qui avaient précédé. On remarque des attitudes semblables dans le domaine des relations de travail, où l'affaiblissement de beaucoup de syndicats a ouvert la porte à des lignes de conduite violemment antisyndicales, souvent motivées autant par le désir de se venger et de punir les syndicats du pouvoir qu'ils ont détenu dans les années 60 et 70, que par le désir sincère de rationaliser le travail.

Isobel Menzies a proposé des idées semblables dans une étude, la première du genre, sur le personnel infirmier des hôpitaux et a montré comment les défenses contre l'angoisse sous-tendent un grand nombre d'aspects de l'organisation du travail de ce personnel. Comme on le sait, les infirmières doivent souvent accomplir des tâches très dures, qui peuvent éveiller des sentiments complexes où l'on retrouve pitié, compassion, amour, culpabilité, peur, haine, envie et ressentiment. Il en résulte que, dans cette profession, la fragmentation de la relation infirmière-malade en tâches discrètes réparties entre plusieurs infirmières, la dépersonnalisation, la catégorisation, le déni de l'importance du malade en tant qu'individu, remplacé par le malade en tant que «cas», le détachement et le refus de sentiment, ont souvent une signification inconsciente tout autant que bureaucratique. Ce sont des mécanismes qui permettent de composer avec le travail. Ils contribuent parfois à l'accomplissement efficace des tâches importantes pour lesquelles ils ont été conçus, alors qu'à d'autres occasions ils peuvent bloquer cette efficacité. Il peut cependant être très difficile de s'en débarrasser ou de les modifier.

Dans un autre domaine de recherche, Abraham Zaleznik, de la Harvard Business School, a montré que les modèles d'angoisse inconsciente exercent souvent une influence décisive sur la création de coalitions et sur les lignes de conduite de l'organisation. Dans certaines situations, les dirigeants sont incapables d'établir des relations étroites avec leurs collègues ou leurs subordonnés à cause de peurs inconscientes, ou d'une sorte de colère ou d'envie, inconsciente elle aussi, qui les amènent à ne tolérer aucune trace de rivalité. Cela peut amener le dirigeant à conserver le contrôle en divisant et en dirigeant ses subordonnés, de façon à s'assurer qu'ils restent «à leur place». Souvent les peurs inconscientes empêchent le dirigeant d'accepter une aide véritable ou de bons conseils. Il peut par exemple interpréter des suggestions concernant les politiques de l'entreprise comme une forme de rivalité et par conséquent les rejeter ou les supprimer quel que soit leur bien-fondé. Très souvent aussi les relations entre un dirigeant et ses subordonnés sont le centre de projections inconscientes de nature œdipienne, les subordonnés projetant sur le dirigeant le fantasme du parent, ce qui peut renforcer l'angoisse du dirigeant. Quand une compétition inconsciente de ce genre domine des relations, le dirigeant se retrouve souvent isolé, ce qui pour ses subordonnés représente la possibilité de s'associer entre eux d'une manière qui peut fort bien aboutir au départ du dirigeant. C'est ainsi que les projections inconscientes finissent souvent par avoir des conséquences autoréalisatrices.

Il est facile de voir que les modèles de signification qui déterminent la culture d'entreprise et ses sous-cultures peuvent aussi avoir une signification inconsciente. Les valeurs communes qui servent de lien à une organisation proviennent souvent de préoccupations communes qui demeurent souvent en deçà du conscient. Par exemple, dans les organisations qui projettent l'image d'une équipe, un certain nombre de mécanismes de clivage sont souvent à l'œuvre, idéalisant les qualités des membres de l'équipe et projetant les peurs, la colère, l'envie et les autres pulsions mauvaises sur des personnes et des objets qui ne font pas partie de l'équipe. Comme c'est le cas dans une guerre, l'unité et le sentiment d'accomplir quelque chose dépendent souvent de la possibilité de projeter les pulsions destructrices sur l'ennemi. Ces pulsions deviennent alors, pour l'équipe, des menaces « réelles ».

Dans les organisations que caractérisent les luttes intestines et un *ethos* de concurrence acharnée, ces pulsions destructrices sont souvent déchaînées de l'intérieur, créant ainsi une culture qui fait place à plusieurs formes de sadisme, au lieu de projeter ce sadisme ailleurs. Une envie profonde, par exemple, peut amener les gens à bloquer la réussite de leurs collègues, parce qu'ils ont peur de ne pouvoir en faire autant. Ce processus caché peut miner l'esprit d'équipe, qui exige de ceux qui en font partie qu'ils jouissent du succès des autres autant que du leur. Là encore, une angoisse de persécution non résolue, qui inhibe invariablement l'apprentissage parce qu'elle empêche les gens d'accepter la critique et de corriger leurs erreurs, peut aboutir à une culture caractérisée par toutes sortes de tensions et de mécanismes de défense.

Des considérations de ce genre montrent que la culture d'une organisation peut être beaucoup plus complexe qu'on ne le pense en général en s'imaginant qu'il est possible de « gérer la culture ». La culture, comme l'organisation, peut ne pas être ce qu'elle semble. La culture peut avoir son importance et prendre tout son sens autant en nous aidant à éviter une réalité intérieure qu'en nous aidant à composer avec la réalité extérieure de notre vie quotidienne.

ORGANISATION, POUPÉE
ET OURS EN PELUCHE

Enfants, la plupart d'entre nous avaient un jouet de peluche favori, une couverture, un vêtement ou tout autre objet auquel nous accordions toute notre attention et dont nous refusions de nous séparer. Donald Winnicott, le psychanalyste, a repris la théorie de Klein sur les relations objectales en insistant sur le rôle clé joué par ces « objets transitionnels » dans le développement humain. Il explique que leur fonction est très importante en permettant de développer des distinctions entre le « moi » et le « non-moi », créant ce qu'il appelle un « espace d'illusion » qui aide l'enfant à développer ses relations avec le monde extérieur. En fait, ces objets fournissent un pont entre les mondes intérieur et extérieur de l'enfant. Si l'objet favori subit des modifications (par exemple, si on lave l'ours), l'enfant peut avoir le sentiment que sa propre existence est menacée.

Selon Winnicott, la relation avec ces objets continue pendant la vie de l'individu tout entière, la poupée, l'ours ou la couverture se voyant graduellement remplacés par d'autres objets et d'autres expériences qui médiatisent son rapport au monde et l'aident à conserver un sentiment d'identité. À l'âge adulte, des lettres, un rêve que l'on chérit ou peut-être un attribut, un savoir-faire peuvent se substituer à notre poupée ou à notre ours perdu, symbolisant notre identité et notre place dans le monde et nous rassurant à ce propos. Tout en jouant un rôle crucial en nous reliant à notre réalité, ces objets et ces expériences peuvent aussi parfois acquérir le statut d'un fétiche ou d'une fixation que nous sommes incapables d'abandonner. En pareil cas, le développement de l'adulte s'arrête ou est faussé, la rigidité de cet attachement à un aspect particulier de notre univers nous empêchant d'avancer ou de composer avec la nature changeante de notre environnement. En d'autres termes, les adultes, tout comme les enfants, peuvent s'attacher beaucoup trop au confort et à la sécurité qu'ils tirent de leurs nouveaux ours en peluche !

Si Winnicott a raison, les théories des phénomènes transitionnels et des espaces d'illusion qui les accompagnent expliquent un nouvel aspect de la façon dont nous engageons et construisons la réalité de l'organisation. Elle éclaire aussi de façon nouvelle le rôle de l'inconscient qui détermine en partie le changement et lui résiste.

Harold Bridger, du Tavistock Institute, a étudié en profondeur cette idée, et il a dirigé de nombreux séminaires où l'on a exploré la signification inconsciente des objets transitionnels dans la vie de l'organisation. Son point de vue nous amène à comprendre qu'un grand nombre des éléments de l'organisation peuvent en eux-mêmes servir d'objets transitionnels : ils jouent un rôle critique en définissant la nature et l'identité des organisations et de leurs membres, et en déterminant en partie les attitudes qui peuvent bloquer la créativité, l'innovation et le changement. Dans de nombreuses organisations, par exemple, un aspect particulier de la structure ou de la culture de l'entreprise peut se voir investi d'une signification spéciale et sera conservé à tout prix, même si les pressions pour l'abandonner se font très fortes. Une entreprise familiale peut vouloir absolument garder un élément de son histoire et de sa mission, bien que depuis longtemps déjà elle fonctionne dans des conditions qui lui enlèvent toute pertinence. Des responsables syndicaux peuvent vouloir se battre jusqu'à leur dernier souffle pour défendre un principe ou un ensemble de concessions gagnées lors de batailles antérieures, bien qu'ils n'aient plus aucune valeur pour les syndiqués. Un gestionnaire, un groupe de travail, peuvent arguer du droit qu'ils ont de prendre certaines décisions, ou de déterminer dans quelles conditions doit s'effectuer le travail, bien qu'ils soient forcés de reconnaître, si l'on insiste, que ce droit est plus symbolique que réellement important.

Dans chacun de ces cas, l'élément à conserver peut avoir une importance et un sens transitionnels pour ceux qui sont en cause. Tout comme l'enfant peut compter sur la présence de sa poupée ou de son ours pour réaffirmer qui il est et où il est, gestionnaires et travailleurs peuvent compter sur des éléments du même ordre pour définir le sens qu'ils ont de leur propre identité. Si l'on menace d'éliminer ces objets transitionnels, c'est leur identité fondamentale qui est mise en question. Dans de telles situations, la peur d'une perte engendre généralement une réaction que l'on peut juger disproportionnée par rapport à l'importance de l'enjeu si on l'envisage de façon plus détachée. Cette dynamique inconsciente peut expliquer pourquoi certaines organisations sont incapables de composer avec les changements d'exigences dans leur environnement, et pourquoi souvent, dans les organisations, il y a tant de résistance inconsciente au changement.

Ces principes généraux trouvent une bonne illustration dans le cas d'une firme d'ingénierie qui, comme bien d'autres dans ce domaine, a ressenti des difficultés à s'adapter aux changements liés aux nouveaux développements en informatique. Un des traits intéressants de la culture de cette entreprise était sa fidélité à l'emploi de règles à calcul. Alors que l'informatique leur offrait une technique plus efficace pour leurs calculs, un grand nombre d'ingénieurs insistaient pour continuer d'utiliser leurs « règles ». La théorie des objets transitionnels nous permet de comprendre cela comme un processus inconscient dans lequel l'emploi de la règle était lié à un passé qui s'évanouissait trop rapidement et qui témoignait d'une difficulté à abandonner une vieille identité et à suivre le rythme du changement. Comme on pouvait s'y attendre, la firme perdit la place qu'elle occupait dans son secteur industriel et fut bientôt acquise par une autre entreprise.

La théorie de l'objet transitionnel nous propose des idées précieuses concernant les pratiques de développement et de changement organisationnels, car elle indique qu'un changement ne se produira spontanément que si les gens sont prêts à laisser aller ce qu'ils chérissent le plus pour acquérir quelque chose de nouveau. Les ingénieurs de l'entreprise dont nous venons de parler étaient attachés à un objet symbolique qui ne pouvait pas accomplir de fonction transitionnelle dans la situation en question. Un objet nouveau était nécessaire pour les aider à faire la transition à la micro-informatique. Il est intéressant de noter que les consultants et autres personnes qui incarnent le changement deviennent souvent eux-mêmes des objets transitionnels pour les entreprises de leurs clients : ceux-ci refusent de les « abandonner » et se mettent à dépendre totalement de l'avis de celui qui représente le changement, et cela à propos de toutes les décisions.

Pour faciliter toute forme de changement social, il peut ainsi être nécessaire pour l'agent de changement de créer des objets transitionnels quand ils n'existent pas. Tout comme le père ou la mère peuvent devoir aider l'enfant à trouver un substitut pour son ours en peluche, l'agent de changement révolutionnaire ou un spécialiste-conseil au service de l'entreprise doit aider son groupe-cible à abandonner ce qu'il a de plus cher pour qu'il puisse aller de l'avant. Il est important de noter que cela peut rarement se faire de façon efficace en « vendant » ou en imposant un « ensemble de changements » idéologiques, ou un ensemble de techniques. La théorie de l'objet transitionnel montre que, dans des situations de changement volontaire, la personne qui effectue le changement doit contrôler le processus. Car le changement dépend en fin de compte de questions d'identité et de la relation entre « moi et non-moi », qui peut soulever un problème. Afin de créer des situations transitionnelles, celui qui incarne le changement doit aider à créer l'espace d'illusion repéré par Winnicott, espace qui, comme il le disait lui-même, est « suffisant » pour permettre aux gens d'explorer leur situation, et les options qui s'offrent à eux. Les gens ont souvent besoin de temps pour réfléchir et peser le pour et le contre des actions, si l'on veut que le changement soit efficace et durable. Si l'agent de changement essaie de contourner ou de supprimer ce à quoi les autres attachent de la valeur, ces éléments surgiront de nouveau, presque chaque fois, à une date ultérieure.

La théorie de l'objet transitionnel nous donne ainsi un moyen de comprendre la dynamique du changement et prescrit une méthode pour concevoir le changement. Jusqu'à ce jour, on n'a pas encore utilisé de façon généralisée ce point de vue pour comprendre les organisations, mais il est très prometteur.

ORGANISATION, OMBRE ET ARCHÉTYPE

Dans les pages qui précèdent, nous nous sommes concentrés sur la théorie freudienne et sur les interprétations néo-freudiennes de l'inconscient. Il est temps d'en venir aux implications des travaux de Carl Jung.

Alors que Freud se souciait surtout des exigences qu'a le corps, porteur de la psyché, à l'égard de l'inconscient, Jung s'est détaché de ces contraintes et considère la psyché comme partie d'une réalité universelle et transcendantale. À mesure qu'il approfondissait sa pensée, il en est venu à mettre de plus en plus l'accent sur l'idée que la psyché fait partie d'un « inconscient collectif » qui transcende les limites de l'espace et du temps. De nombreux critiques ont reproché à Jung cet aspect de son travail qui, selon eux, se rapproche trop de l'occultisme. Cependant, une interprétation plus éclairée nous aide à voir comment ce concept a des liens avec la physique moderne. Jung a dématérialisé notre compréhension de la psyché tout comme Einstein, que Jung connaissait bien d'ailleurs, a dématérialisé notre compréhension du monde physique. À la lumière de ce que l'on sait des prémonitions et autres phénomènes psychiques, Jung en est venu à considérer la matière et la psyché comme deux aspects différents d'une seule et même chose. L'énergie physique qui, selon Einstein, sous-tendait toute matière doit être mise en parallèle, dans l'œuvre de Jung, avec sa conception de l'énergie psychique qui, tout comme l'énergie physique, peut subir de nombreuses transformations par l'entremise d'une activité consciente ou inconsciente. C'est de là que vient la vision holistique qu'avait Jung de la psyché comme phénomène universel qui, en fin de compte, fait partie d'une réalité transcendantale reliant esprit à esprit et esprit à nature.

Un des caractères les plus distinctifs de l'analyse de Jung est l'insistance qu'il apporte au rôle des archétypes. Jung définit l'« archétype », ce qui veut dire, littéralement, « modèle original », de façons diverses ; de plus, les archétypes jouent un rôle très important en reliant l'individu à l'inconscient collectif. Au niveau le plus fondamental, ils sont définis comme des modèles qui structurent la pensée et par conséquent donnent au monde son ordre. L'emploi qu'en a fait Jung lui a été inspiré par la façon dont Platon envisage les images, ou schémas, et il en parle de diverses façons, par exemple comme des « idées vivantes » qui produisent sans arrêt de nouvelles interprétations, comme des « plans géométraux » qui donnent une configuration particulière à l'expérience. Il en parle aussi comme des « organes de la psyché prérationnelle » et comme « un héritage de formes et d'idées » qui acquièrent un contenu au cours de la vie de l'individu, à mesure que l'expérience personnelle épouse ces formes. En d'autres termes, les archétypes sont des structures de pensée et d'expérience, peut-être enchâssées dans la structure de la psyché ou de l'expérience dont on hérite, et qui s'offrent à nous comme un modèle à partir duquel nous organisons notre compréhension du monde. Jung a consacré beaucoup de temps et d'énergie à démontrer le caractère universel et éternel des structures de ces archétypes, montrant comment on les retrouve dans les rêves, dans les mythes et dans les idées de l'être humain primitif, de l'antiquité et moderne. Bien que leur contenu empirique puisse varier dans ses détails, les principes qui leur donnent forme et ordre semblent bien être les mêmes. Selon Jung, de ces archétypes dépend la façon dont nous « faisons connaissance avec nous-mêmes » dans nos rencontres avec le monde extérieur, et ils sont essentiels pour comprendre les liens entre les aspects conscients et inconscients de la psyché.

L'œuvre de Jung a donc des implications majeures si l'on veut comprendre comment les gens enactent la réalité de l'organisation. Nous nous arrêterons à deux des plus importantes : la manière dont Jung nous incite à comprendre les relations générales entre vie intérieure et vie extérieure, et le rôle joué par les archétypes dans la formation de notre compréhension du monde extérieur.

Robert Denhardt, de la University of Kansas a étudié de façon assez approfondie le premier thème. Dans son livre, *In The Shadow of Organization*, il nous invite à examiner le refoulement de la dimension humaine de l'organisation qui loge sous la surface d'une rationalité formelle. Jung a utilisé le terme « ombre » pour désigner les pulsions et les désirs que l'on ne reconnaît pas ou dont on ne veut pas, le versant opposé du moi conscient ; par rapport à ce moi conscient, l'ombre existe comme une sorte d'antithèse submergée qui s'efforce en même temps d'entrer en complétude avec le moi. Pour Jung, le développement du moi a toujours deux faces ; c'est pourquoi, à ses yeux, il est indispensable de comprendre la vie consciente et la vie inconsciente comme l'interaction de deux tendances opposées. Selon lui, le plein développement de la connaissance de soi et de la personnalité, processus qu'il a appelé individuation, dépend de la capacité de reconnaître les éléments qui s'opposent à l'intérieur de sa propre personnalité et de traiter avec leurs contradictions d'une manière unifiée. À son avis, les névroses et l'inadaptation viennent de l'impossibilité de reconnaître l'ombre que l'on refoule et de composer avec elle qui, normalement, contient des forces constructrices aussi bien que destructrices. Comme les autres théoriciens que nous avons étudiés dans le présent chapitre, il croyait aussi que beaucoup des tensions non résolues en nous sont projetées sur les autres et sur les situations extérieures, et que pour comprendre notre réalité extérieure, il faut d'abord comprendre ce qu'il appelait « l'autre en nous ».

Par conséquent, nous allons trouver dans l'ombre de l'organisation tous les contraires refoulés de la rationalité qui luttent pour faire surface et changer dans la pratique la nature de la rationalité. Le sociologue Max Weber a fait remarquer que plus l'organisation de forme bureaucratique se développe, mieux elle réussit à supprimer toutes les qualités humaines qui échappent aux calculs techniques. Cependant, l'œuvre de Jung semble indiquer que ces qualités ne peuvent être que bannies, jamais éliminées. Ses travaux nous amènent également à comprendre que ces qualités irrationnelles n'acceptent pas facilement leur bannissement et sont toujours à la recherche d'un moyen de modifier leur autre côté rationnel. C'est ce que nous voyons dans les manœuvres politiques officieuses qui déterminent en bonne partie la vie de l'organisation, et aussi dans les tensions, les mensonges, les tricheries, les dépressions et actes de sabotage divers. Du point de vue jungien, ces facteurs sont le reflet de tensions inévitables, pourtant négligées ou supprimées, dans un processus double. Tout comme l'inconscient de l'individu lutte pour arriver à un état de complétude avec le moi, on peut voir l'inconscient, l'ombre, dans une organisation, chercher à se faire reconnaître et nous avertir que le développement d'une dimension de notre qualité d'humains, soit la capacité de nous servir de la raison technique, fait souvent violence aux autres dimensions. Les états pathologiques et l'aliénation que nous trouvons dans les contextes organisationnels peuvent, dans une optique jungienne, être interprétés comme les manifestations de cette intégralité essentielle de la psyché.

Le thème de l'unité dans les contraires est l'un des plus importants de l'œuvre de Jung. Un grand nombre de théoriciens de l'organisation en ont fait un usage constructif en voulant comprendre comment les gens se comportent vis-à-vis de leur réalité et en voulant améliorer la prise de décision dans l'organisation. Pour Jung, il y avait deux manières de percevoir la réalité (par la sensation et l'intuition) et deux moyens d'évaluer et de juger la réalité (par la pensée et le sentiment). Ces deux dimensions se combinent souvent pour permettre de repérer différents types de personnalité (tableau 7.2) et de montrer différents types de prise de décision. Ce schéma offre une bonne illustration de la façon dont les éléments refoulés de la psyché peuvent signaler un savoir-faire et un potentiel inutilisés chez l'être humain qui, si l'on y faisait appel, contribueraient beaucoup à sa capacité de résoudre les problèmes qu'il doit affronter. Les travaux de Jung montrent que l'ombre refoulée de l'organisation représente un réservoir non seulement de forces dont on ne veut pas et que par conséquent l'on repousse, mais aussi de forces qui ont été perdues ou sous-estimées. Les théoriciens d'obédience jungienne sont tous d'accord pour dire que, si nous reconnaissions les ressources qu'offre ce réservoir, et si nous nous en servions, nous pourrions avoir accès à de nouvelles sources d'énergie et de créativité, et rendre nos organisations beaucoup plus humaines, vivantes, et douées d'un plus grand sens moral et des responsabilités qu'elles ne le sont actuellement.

L'analyse jungienne de la personnalité d'après la façon dont les gens établissent des rapports avec leur monde nous amène de façon commode à envisager le rôle que jouent les archétypes dans la détermination des détails de notre réalité. Comme nous l'avons indiqué plus haut, les archétypes sont des thèmes de pensée et d'expérience qui reviennent sans cesse et qui semblent avoir une signification et une importance universelles. Comme l'a fait remarquer, par exemple, Northrop Frye, de la University of Toronto, la mythologie et la littérature ne comportent qu'un très petit nombre

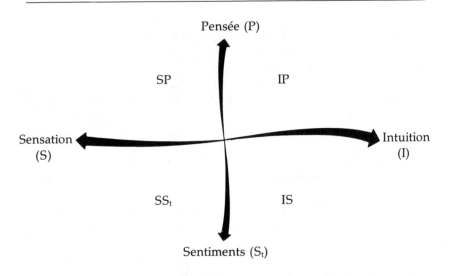

Selon Jung, les gens ont tendance à traiter l'information sur le monde à partir de sensations ou d'intuitions, et à porter des jugements à partir de pensées ou de sentiments. Selon les fonctions qui dominent (ou qui restent dans l'ombre), il est possible de cerner quatre façons de composer avec le monde et de déterminer sa propre réalité : les individus SP ont tendance à être des empiristes qui font leur chemin dans la vie à partir de sensations et de pensées ; ils jugent et interprètent en se fondant sur des faits solides et l'analyse logique. Les individus SS_t font eux aussi très attention aux données fournies par leurs sens, mais leurs jugements proviennent de « ce qu'ils sentent être bien » plutôt qu'ils ne résultent de l'analyse. Les individus IP mènent leur vie en pensant aux possibilités qu'offre chaque situation. Leurs actions sont en général guidées par les idées et par l'intuition plutôt que par les faits. Les individus IS_t se laissent en général mener par une combinaison d'intuitions et de sentiments et font attention aux valeurs plus qu'aux faits. Quand un style d'action domine, les autres restent à l'arrière-plan. Puisque chaque style présente une manière différente de comprendre la même situation, il est évident que ce déséquilibre fait perdre certaines possibilités.

Ce schéma a été utilisé par Ian Mitroff et plusieurs de ses collègues (Mitroff et Kilmann 1978, Mason et Mitroff 1981, Mitroff 1984) dans l'analyse de styles de gestion et de prise de décision, et dans l'élaboration d'approches dialectiques de la planification et de la prise de décision qui tentent de tenir compte de points de vue opposés. Il a également servi à Ingalls (1979) comme fondement d'une analyse jungienne de l'utilisation et de la direction de l'énergie humaine dans les organisations, et à Myers-Briggs (1962) dans l'élaboration d'un test de personnalité qui se prête à de nombreuses utilisations possibles en gestion. McWhinney a également élaboré (1982) une variante du schéma pour tenter de saisir des problèmes complexes.

Tableau 7.2. L'interaction des contraires selon Jung.

de thèmes dominants — apocalyptique, démoniaque, romanesque, tragique, comique et satirique. Si les personnages, les situations et l'action changent, les histoires restent à peu près les mêmes. Dans d'autres aspects de la vie, également, des thèmes importants aident les gens à donner un sens à leur expérience et sont souvent utilisés pour créer des modèles de signification. Ces structures d'archétypes permettent aux gens de percevoir la place qu'ils occupent dans leur propre vie et dans l'histoire et les aident ainsi à donner un sens à ce qu'ils font et à la place qu'ils occupent dans l'univers.

Si la théorie jungienne des archétypes est exacte, nous pouvons nous attendre à ce que le modèle de la vie organisationnelle soit créé et recréé selon les structures que l'on trouve dans l'histoire des mythes et de la littérature. Malheureusement il s'est fait, jusqu'à ce jour, très peu de recherches dans ce sens. Ian Mitroff, de la University of Southern California, a apporté une importante contribution à notre compréhension des liens entre archétype et organisation ; selon lui, on peut comprendre la vie organisationnelle à partir des relations entre bouffons, magiciens, guerriers, grands prêtres, amants et autres personnages symboliques. D'après son analyse, nous pouvons comprendre la signification inconsciente d'une grande partie des comportements dans une organisation à partir des grands thèmes qui ont marqué l'histoire. Il semblerait que, en dépit du fait que nous nous servons des derniers progrès techniques en matière d'électronique et de gestion pour planifier et exécuter ce que nous avons à faire, nous le faisons à l'ancienne manière. Car nous sommes tous, au fond, des primitifs qui reproduisons des relations d'archétypes pour donner un sens aux dilemmes fondamentaux de la vie.

Notre étude de l'organisation et de l'inconscient a fait appel à un bon nombre d'images de la prison du psychisme, établissant des relations entre notre vie consciente et notre vie inconsciente à partir du refoulement de la sexualité, du patriarcat, de la peur de la mort, du sein maternel, des ours en peluche, des ombres et des archétypes. Et cette liste est loin d'être exhaustive. Ces métaphores nous incitent à être plus réceptifs quand il s'agit du sens caché de nos actions et préoccupations de tous les jours, et à apprendre comment traiter et transformer notre énergie inconsciente de manière constructive. Elles nous conduisent à voir comment l'agression, l'envie, la colère, le ressentiment, la sublimation sexuelle et un certain nombre d'autres dimensions de notre vie cachée peuvent faire partie intégrante de notre travail et d'une organisation. Ces sentiments cachés ont une influence sur notre attitude et font que nous allons concevoir le travail de façon à éviter les aspects de notre réalité qui soulèvent une difficulté ou, au contraire, de façon à leur faire face ; ils influent aussi sur la manière dont nous constituons notre univers organisationnel. Enfin, ces sentiments cachés sont au cœur de bien des problèmes reliés à la dynamique de groupe, à la direction efficiente, à l'innovation et au changement.

Delahanty et Gemill, de la Syracuse University, ont fort bien compris l'importance générale de cette façon de concevoir les organisations ; selon eux, nous devrions envisager le rôle de l'inconscient, dans la vie de l'organisation, comme une sorte de « trou noir ». Comme tout le monde le sait, en physique, cette métaphore caractérise un champ gravitationnel invisible et pourtant intense qui capture toute matière qui passe dans le champ. De la même façon, la dimension invisible d'une organisation, que nous avons décrite comme son inconscient, peut avaler et prendre au piège l'énergie de ceux qui en font partie.

Le défi de comprendre l'importance et la signification de l'inconscient dans les organisations apporte avec lui la promesse qu'il est possible de libérer l'énergie cachée et de permettre la transformation créatrice et le changement d'une façon qui crée des relations mieux intégrées entre les individus, les groupes, les organisations et leurs environnements. C'est là une promesse qui s'harmonise parfaitement avec la métaphore de la prison du psychisme. La vision d'un emprisonnement s'accompagne en effet toujours d'une vision de la liberté. Pour Platon, la liberté résidait dans la poursuite du savoir sur le monde. Pour le psychanalyste, elle réside dans la connaissance de l'inconscient et dans la capacité qu'ont les êtres humains de créer un monde rendu meilleur grâce à leur compréhension de la façon dont ils construisent et interprètent leurs réalités et, par conséquent, à de plus grandes possibilités de les changer.

Forces et limites de la métaphore de la prison du psychisme

Les idées qu'offre cette métaphore permettent de fonder une critique complète de la nature et de la signification de l'organisation considérée comme un phénomène véritablement humain. La métaphore attire l'attention sur le fait que les êtres humains peuvent créer des mondes sociaux — et le font —, mondes qui, pour beaucoup de gens, créent des problèmes et les confinent. La métaphore nous permet de repérer plus facilement des pièges que nous créons nous-mêmes et, à cet égard, elle peut donc offrir beaucoup à une époque où tant de gens se sentent aux prises avec des problèmes que pourtant ils ont, en partie du moins, eux-mêmes créés.

La métaphore de la prison offre une contribution particulière en ce qu'elle présente un ensemble de perspectives permettant d'étudier le sens caché de mondes que nous tenons pour acquis. La métaphore nous incite à chercher sous la surface pour découvrir les processus inconscients et les modèles de contrôle qui s'y rapportent et qui emprisonnent les gens dans des modèles d'existence insatisfaisants. En nous montrant le lien très étroit et l'interaction qui existent entre des facteurs aussi divers que l'inconscient, d'un côté, et la structure des organisations et leur environnement, de l'autre, le refoulement de la sexualité et la conception du travail, les ours en peluche et les consultants en organisation, la métaphore nous force à prendre du recul et à remettre en question ce qui se passe réellement autour de nous. Elle nous fournit l'élan nécessaire à une analyse critique de l'organisation et de la société qui nous permette de mieux comprendre la signification et les conséquences de nos actions et de mieux composer avec elles.

La métaphore nous montre également que nous avons trop rationalisé notre compréhension des organisations. Aussi bien dans notre comportement à l'intérieur de l'organisation que dans l'explication que nous donnons de celle-ci, nous n'accordons pas de place explicite à des facteurs comme l'agression, l'avidité, la peur, la haine et le désir sexuel. De plus, quand ces facteurs font surface, on les repousse en général très vite avec des excuses, des rationalisations et des punitions destinées à ramener une situation à plus de neutralité. Une explosion de colère peut s'interpréter comme un signe de tension, on traite une dépression avec quelques jours de congé, on punit un acte de sabotage en renforçant encore les contrôles. Pourtant on aura beau s'excuser, rationaliser, punir et contrôler tant que l'on voudra, on ne débarrassera pas une organisation de ces forces refoulées qui rôdent dans l'ombre du rationnel. En effet, si Freud et les autres ont raison, le rationnel n'est bien souvent que de l'irrationnel déguisé. C'est ainsi que la rationalité chez un Frederick Taylor peut masquer un tempérament obsessionnel à l'extrême, tout comme la préoccupation excessive d'un gestionnaire pour des cibles et des buts clairement définis peut cacher une insécurité ontologique fondamentale. Le rationnel et l'irrationnel (comme on peut nommer les forces humaines que nous ne pouvons diriger ou maîtriser), semblent être au cœur de la condition humaine. Nous avons tendance à craindre l'irrationnel et à nous servir de notre raison pour en contrôler les manifestations. En magnifiant les aspects rationnels des organisations et en rationalisant l'irrationnel, nous pouvons nous sentir plus en sécurité, mais nous ne comprendrons pas nécessairement l'importance et le sens caché des actes qui déterminent en partie l'organisation. Les idées exposées dans ces pages fournissent un moyen de pallier cette lacune en reconnaissant l'interaction très forte entre les dimensions de la vie que l'on met en valeur et celles que l'on refoule.

La métaphore attire également l'attention de façon plus particulière sur le fondement éthique des organisations en renforçant l'idée selon laquelle une organisation est humaine au sens le plus complet et le plus profond du terme. Parce qu'elle nous incite à examiner la nature et les conséquences des actions d'une organisation en pensant à tout cela, la métaphore conduit à une meilleure prise de conscience de la dimension humaine de presque tous les aspects de la vie organisationnelle.

La métaphore nous amène également à reconnaître l'existence des relations de pouvoir qui marquent la constitution de toute organisation et à composer avec ces relations. Elle reconnaît que certains individus, certains groupes, peuvent éveiller des sentiments qui relèvent des archétypes et agir sur des langages de contrôle inconscients, ce qui éclaire de façon nouvelle notre compréhension de la gestion de la signification dont nous avons parlé au chapitre 5. Cependant, la métaphore montre également comment nous jouons *tous* un rôle dans la construction de ces relations de pouvoir inconscientes et comment ce savoir peut lui-même donner un certain pouvoir.

Enfin, notre métaphore repère un certain nombre d'obstacles qui barrent la route à l'innovation et au changement. Comme nous l'avons vu, nombre d'aspects de la culture et de la structure de la société et de l'organisation servent à des fins conscientes ou inconscientes que l'œil humain ne peut percevoir. Cela signifie qu'on ne peut les modifier que si les préoccupations qui les sous-tendent sont elles-mêmes modifiées. Cela explique pourquoi, dans une organisation, il est souvent si difficile de changer une situation, même si le changement semble logique et doit bénéficier à tous. On trouve une excellente illustration de tout cela dans une étude, effectuée par Eric Trist, et portant sur des mines de charbon. Il s'est aperçu que travailler régulièrement dans un « mauvais système » offrait une compensation aux mineurs dans la mesure où ils pouvaient laisser une partie de leur sentiment de « ce qui est mauvais » dans le système. En effet, tout en haïssant leur travail, ils ne pouvaient rien y changer : le système, de façon étrange, les emprisonnait. De la même manière, les gens peuvent développer une telle dépendance à l'égard de certains aspects de la culture ou de la vie sociale que cela les amène à résister aux changements qui diminueraient cette dépendance. Toutes ces idées, en attirant notre attention sur la structure profonde des forces qui maintiennent le statu quo, apportent une contribution importante à notre compréhension de la dynamique du changement.

En dépit de ces forces et de ces idées que nous apporte la métaphore, il faut lui reconnaître un certain nombre de limites. Premièrement, notre étude a mis en relief la compréhension des modèles de comportement et de contrôle inconscients. Un traitement plus approfondi de la métaphore de la prison du psychisme nous imposerait de tenir compte des idéologies plus explicites qui contrôlent et déterminent en partie la vie de l'organisation. Les gens sont souvent pris dans des pièges cognitifs parce qu'il est de l'intérêt de certains individus et de certains groupes de maintenir en place un certain modèle de croyance plutôt qu'un autre. Cet aspect de la gestion de la signification que nous avons abordé au chapitre 6, mais sur lequel on trouvera davantage dans les notes bibliographiques concernant ce chapitre, mériterait une étude plus approfondie. Notre compréhension de cette métaphore pourrait ainsi prendre plus d'ampleur et, au lieu de se limiter à l'inconscient, s'étendre à tous les processus idéologiques grâce auxquels nous créons des significations et en assurons le maintien.

Deuxièmement, on peut reprocher à cette métaphore de donner trop d'importance au rôle des processus cognitifs dans la création et le maintien des organisations et de la société, et dans les changements qui s'y produisent. Beaucoup de gens trouveraient plus approprié de parler des organisations comme de prisons et non de prisons du psychisme, car l'exploitation et la domination des individus vient souvent du contrôle des éléments matériels fondamentaux de la vie tout autant que du contrôle des idées, des pensées et des sentiments. Ce point de vue renvoie au vieux débat entre humanistes et matérialistes, et nous l'étudierons plus sérieusement dans les deux prochains chapitres, où nous accorderons plus d'attention à l'idée que les organisations et la société peuvent dépendre de forces dotées d'une logique et d'une impulsion qui leur soient propres. En attendant, il ne faut pas oublier qu'un changement dans le conscient ou une évaluation du rôle de l'inconscient peuvent ne pas suffire à entraîner des changements majeurs dans la structure fondamentale des organisations et de la société.

En troisième lieu, notre métaphore incite souvent à la spéculation utopique ou à la critique. Bien qu'elle nous apprenne un peu comment améliorer la conduite des affaires au jour le jour, notamment en montrant comment nous pouvons remettre en question des façons de penser adoptées une fois pour toutes, ou arriver à une meilleure compréhension de la psychodynamique du changement, beaucoup de ses implications laissent de côté les réalités du pouvoir et la force des intérêts acquis au regard du maintien du statu quo. Voir refuser une réforme sous prétexte qu'elle est utopique, voila bien entendu de quoi renforcer l'argument voulant que notre état de prisonniers nous empêche d'imaginer d'autres modes d'existence et de les concrétiser. En effet, l'idée que les propositions de changement doivent être faisables et réalistes réduisent inévitablement le changement à de simples modifications du statu quo. Cependant, la critique d'utopisme demeure.

Une dernière limite de la métaphore est qu'elle suscite une image, digne d'Orwell, celle d'un monde ou chacun essaie de diriger le cerveau de l'autre. Nous avons fait remarquer au chapitre 5 comment la prise de conscience de l'importance de la culture d'entreprise a amené un certain nombre de gestionnaires et de théoriciens de la gestion à chercher précipitamment des moyens de gérer et de contrôler la culture. En mettant en lumière le rôle de l'inconscient dans l'organisation, on risque d'inciter certains d'entre eux à chercher un moyen de contrôler l'inconscient aussi. C'est bien sûr impossible, parce que l'inconscient est, de par sa nature, incontrôlable.

Alors qu'il est possible de ne pas perdre de vue l'existence de l'inconscient dans la vie quotidienne et d'agir en conséquence, ce savoir ne nous fournit pas de plans pour une réforme. La métaphore de la prison du psychisme représente plutôt un mode fort utile de pensée critique qui peut nous aider à rendre intelligible une partie de ce qui rend la vie organisationnelle complexe, mais elle n'apporte pas toujours les réponses faciles et les solutions toutes faites que beaucoup aimeraient y trouver.

8

Exposer les logiques du changement

L'organisation vue comme flux et transformation

Vers l'année 500 avant notre ère, le philosophe grec Héraclite faisait remarquer que « l'on ne peut mettre deux fois le pied dans le même fleuve, car l'eau n'arrête pas de couler ». C'était l'un des premiers philosophes occidentaux à considérer l'idée que l'univers est dans un état de flux constant où l'on trouve les caractéristiques à la fois de la permanence *et* du changement. Comme il le disait : « Tout passe et rien ne demeure ; tout cède et rien ne demeure fixe... Ce qui était froid devient chaud, ce qui était chaud devient froid ; ce qui était humide s'assèche et ce qui était desséché devient humide... C'est en se transformant que les choses trouvent le repos. » Les secrets de l'univers, selon Héraclite, se trouvaient dans les tensions et les liens cachés qui créent en même temps des modèles d'unité et de changement.

À notre époque, David Bohm, professeur de physique théorique à la University of London, a élaboré une théorie remarquable qui nous invite à comprendre l'univers comme une totalité indivise et mouvante. Tout comme Héraclite, il considère les processus, le flux et le changement comme essentiels, soutenant que l'état de l'univers, à n'importe quel moment, reflète une réalité plus fondamentale. Il appelle cette réalité l'ordre *impliqué* (ou *dissimulé*) qu'il distingue de l'ordre *expliqué* (ou *déployé*), tel qu'il apparaît dans le monde qui nous entoure. Selon Bohm, ce dernier ordre réalise et exprime les potentialités qui existent dans le premier.

L'ordre impliqué est considéré comme un processus créateur qui, de la même façon qu'un hologramme, se caractérise par le contenu de tout dans tout. Bohm se sert des mots *holomouvement* et *holoflux* pour exprimer la nature indivise et mouvante de cet ordre, qui est la source génératrice des formes expliquées. Ces formes, comme le fleuve dont parlait Héraclite, ont l'apparence de la stabilité tout en étant sous-tendues par le flux et le changement. Que l'on s'imagine un remous dans un fleuve : bien qu'il possède une forme relativement constante, récurrente et stable, il n'a d'autre existence que le mouvement du fleuve au sein duquel il existe. Cette analogie illustre la façon dont un ordre expliqué émerge de l'ordre impliqué selon un processus cohérent de transformation. D'après Bohm, le monde se dissimule et se déploie de moment en moment (le mot même de moment vient de mouvement) comme une sorte de totalité pulsatrice. Chaque moment de l'existence a des similitudes avec le précédent et pourtant en diffère, créant ainsi une apparence de continuité au milieu du changement.

Cette théorie, qui a permis de résoudre un grand nombre de problèmes en physique moderne, a des conséquences remarquables. En effet, elle montre qu'il est nécessaire, pour percer les secrets de l'univers, de comprendre les processus générateurs qui relient les ordres impliqué et expliqué. Jusqu'à présent, la science s'était dans une large mesure consacrée à comprendre les relations *à l'intérieur* de l'ordre expliqué. Si le raisonnement de Bohm est correct, le monde expliqué n'est qu'un cas particulier ou une expression particulière de l'holomouvement. Nous pouvons étudier les relations entre objets et processus dans ce monde, et tenter de les expliquer de façon causale mais, selon Bohm, nous ne découvrirons pas les très importantes « lois du tout » enchâssées dans l'ordre impliqué. Pour y parvenir, nous devons comprendre le mouvement, le flux et le changement qui *produit* le monde dont nous faisons l'expérience et que nous étudions.

La théorie de Bohm, comme celle d'Héraclite, renverse la relation qui existe habituellement entre réalité et changement. Alors qu'en science et dans la vie quotidienne nous avons tendance à considérer le changement comme un attribut de la réalité et à percevoir le monde comme changeant, la théorie de Bohm nous incite à comprendre que le monde n'est lui-même qu'un moment dans un processus plus fondamental de changement. D'après cette théorie, il existerait des processus cachés sous la surface de notre réalité, processus que j'appelle « logiques du changement » et qui aident à expliquer la forme concrète que prend le monde à n'importe quel moment.

Dans le présent chapitre, nous étudierons quelques-unes de ces logiques du changement.

Aspects impliqués et expliqués de l'organisation

Quelle pertinence ces idées peuvent-elles avoir pour notre compréhension de l'organisation et des organisations ? Comment l'image d'un univers pulsateur, changeant, ou celle d'un fleuve tourbillonnant, peut-elle nous aider à comprendre la façon dont nous organisons, dans notre vie sociale ? Si nous prenons Bohm comme point de départ, il est clair que, dans la mesure où le monde de l'organisation est une réalité empirique déployée, la meilleure façon de comprendre la nature de l'organisation est de décoder les logiques de transformation et de changement selon lesquels cette réalité se déploie. Ce genre d'image nous incite à rechercher la dynamique fondamentale qui engendre les organisations et leurs environnements en tant que formes sociales concrètes et qui les maintient ainsi.

En recherchant cette dynamique cachée, nous pouvons diriger notre attention dans de nombreuses directions. Nous pourrions, par exemple, revenir à une étude de l'inconscient comme source impliquée de la vie organisationnelle, et faire plus attention à la façon dont l'énergie inconsciente se transforme en modèle d'organisation. À cet égard, la théorie de Jung sur le rôle et la signification de l'inconscient collectif a de nombreux parallèles avec celle de Bohm sur l'ordre impliqué et fournit un cadre tout indiqué pour comprendre les relations entre les aspects impliqués et expliqués de l'organisation. Nous pourrions aussi regarder de plus près les processus engendrant les modèles de signification et d'action symbolique qui créent et modifient les organisations vues comme des phénomènes culturels. Ces perspectives et quelques autres, étudiées dans les chapitres précédents, se prêtent à une étude des processus profonds de transformation et de changement qui produisent les phénomènes visibles en surface.

Toutefois, plutôt que de nous engager ici dans ces directions, nous allons chercher à étudier trois images différentes de changement, qui offrent chacune une façon d'expliquer comment la réalité de l'organisation peut être enchâssée dans la logique du changement proprement dite. La première fait appel à des notions de biologie très récentes afin d'expliquer comment les organisations peuvent être vues comme des systèmes autoproducteurs. La deuxième repose sur des principes cybernétiques indiquant que la logique du changement est dissimulée dans les contraintes et tensions que l'on trouve dans des relations circulaires. La troisième indique que le changement est le produit de relations dialectiques entre des contraires. Chacune fournit un moyen de comprendre comment la réalité expliquée de la vie organisationnelle se forme et se transforme grâce à des processus sous-jacents qui ont leur propre logique.

Autopoïèse : la logique des systèmes autoproducteurs

Les approches traditionnelles de la théorie de l'organisation sont dominées par l'idée que le changement trouve sa source dans l'environnement. Comme nous l'avons vu au chapitre 3, l'organisation est généralement considérée comme un système ouvert en interaction constante avec son contexte, système qui transforme les intrants en extrants afin de créer les conditions nécessaires à sa survivance. On considère les changements dans l'environnement comme des défis auxquels doit répondre l'organisation. Alors que le débat se poursuit afin de déterminer si c'est l'adaptation ou la sélection qui représente le facteur principal de survivance, les théoriciens de la contingence comme les écologistes des populations estiment que les principaux problèmes auxquels les organisations modernes font face ont leur origine dans les changements qui surviennent dans l'environnement.

Cette idée fondamentale est remise en question par une nouvelle approche de la théorie des systèmes élaborée par deux scientifiques chiliens, Humberto Maturana et Francisco Varela. Ils estiment que tous les systèmes vivants sont organisationnellement clos, qu'ils sont des systèmes d'interaction autonomes et autoréférentiels. Selon eux, l'idée que les systèmes vivants sont ouverts à l'environnement est le résultat d'une tentative, par un observateur externe, de donner un sens à de tels systèmes. Leur théorie remet en question la validité des distinctions que l'on fait entre un système et son environnement, et propose une nouvelle façon de comprendre la logique selon laquelle ces systèmes vivent et se transforment.

Maturana et Varela fondent leur argument sur l'idée que les systèmes vivants ont trois caractéristiques principales : autonomie, circularité et autoréférence. Cela leur permet de s'autocréer et de s'autorenouveler. Maturana et Varela ont retenu le terme *autopoïèse* pour désigner cette capacité d'autoproduction par l'entremise d'un système de relations clos. Il estiment que le but de ces systèmes est en fin de compte de se produire eux-mêmes, leur propre organisation et leur identité étant leurs produits les plus importants.

Comment peut-on dire que des systèmes vivants, comme des organismes, sont des systèmes autonomes et clos ? Selon Maturana et Varela, il en est ainsi parce que les systèmes vivants s'efforcent de conserver une identité en subordonnant tous les changements au maintien de leur propre organisation en tant qu'ensemble de relations particulier. Ils y arrivent en s'engageant dans des modèles circulaires d'interaction grâce auxquels un changement dans un élément du système est couplé avec des changements qui se produisent ailleurs, créant ainsi des modèles continus d'interaction qui sont toujours autoréférentiels. Ils le sont parce qu'un système ne peut s'engager dans une interaction qui n'est pas spécifiée dans le modèle de relations qui définit son organisation. Par conséquent, l'interaction d'un système avec son « environnement » est en réalité un reflet et une partie de sa propre organisation. Il entre en interaction avec son environnement d'une manière qui facilite sa propre autoproduction, et c'est dans ce sens que nous pouvons comprendre que son environnement est en réalité une partie de lui-même.

Lorsqu'ils disent que les systèmes vivants sont clos et autonomes, Maturana et Varela ne prétendent pas pour autant qu'ils sont complètement isolés. La clôture et l'autonomie dont ils parlent sont d'ordre organisationnel. Ils affirment que les systèmes vivants se clôturent pour conserver des modèles de relations stables, et que c'est ce processus de clôture ou d'autoréférence qui, en fin de compte, en fait des systèmes. Afin de découvrir la nature du système tout entier, il faut interagir avec lui et il faut tracer le modèle circulaire d'interaction par lequel on le définit. En agissant ainsi, on se trouve devant une question à laquelle il est difficile de répondre : où commence le système et où finit-il ? Maturana et Varela reconnaissent que, dans toute analyse de système, il est généralement nécessaire de cesser quelque part de dérouler le modèle de relations circulaires, parce que les systèmes, comme les boîtes chinoises, sont en quelque sorte des touts à l'intérieur de touts. Ils estiment toutefois que ce genre de paradoxe autoréférentiel est fondamental. Il n'y a ni commencement ni fin au système parce qu'il est une boucle close d'interaction.

On peut prendre l'exemple de l'organisation d'un organisme vivant comme l'abeille, chez qui l'on trouve des systèmes autoréférentiels à l'intérieur de systèmes autoréférentiels. L'abeille, en tant qu'organisme, possède une chaîne de systèmes biologiques autoréférentiels qui ont leur propre organisation circulaire, et vit dans une société d'abeilles dans laquelle les relations sont également circulaires. De plus, la relation entre cette société et son environnement est elle aussi circulaire. Que l'on supprime les abeilles, et toute l'écologie va changer, car leur système est relié au système botanique, qui est relié au système des insectes comme aux systèmes animal, agricole, humain et social. Tous ces systèmes sont autoréférentiels et renvoient les uns aux autres. Un changement dans un système, par exemple le choix d'un pesticide qui a pour effet secondaire de supprimer les abeilles, peut transformer tous les autres.

Nous pourrions essayer de comprendre ces systèmes en traçant une frontière artificielle entre système et environnement, par exemple autour d'une abeille, ou de la société des abeilles, ou du système abeilles-flore-faune, mais nous briserions la chaîne d'interaction circulaire. La compréhension de la nature autopoïétique des systèmes exige que nous comprenions comment chaque élément combine simultanément sa survivance et celle des autres. Il ne suffit tout simplement pas de se débarrasser d'une bonne partie de la chaîne d'interaction en l'appelant l'« environnement ». L'environnement fait partie du système des abeilles et les différents niveaux sont en fait une coproduction.

On peut illustrer encore ces idées en voyant comment Maturana et Varela réinterprètent la façon dont fonctionnent le cerveau et le système nerveux des humains. Comme on s'en souviendra pour avoir lu le chapitre 4, une des images les plus courantes du cerveau est celle d'un système de traitement de l'information qui prend les données dans l'environnement et engage les réponses appropriées. On considère que le cerveau construit des représentations de l'environnement et les enregistre dans la mémoire, modifiant l'information ainsi emmagasinée selon l'expérience et l'apprentissage. De façon bien différente, Maturana et Varela estiment que le cerveau est clos, autonome, circulaire et autoréférentiel. Selon eux, le cerveau ne traite pas l'information puisée dans un environnement et ne représente pas cet environnement dans la mémoire. Il établit plutôt des modèles de variation et des points de référence qui sont l'expression de son propre mode d'organisation. Le système organise ainsi son environnement comme une partie de lui-même. Si l'on y réfléchit, l'idée que le cerveau peut construire des représentations de son environnement signifie qu'il existe un point quelconque de référence externe d'où il est possible de juger le degré de correspondance entre la représentation et la réalité. Cela signifie implicitement que le cerveau a la capacité de voir et de comprendre son univers à partir d'un point de référence extérieur à lui-même. C'est évidemment impossible, et l'on doit remetttre en question l'idée que le cerveau représente la réalité. Maturana et Varela ont repéré ce paradoxe et estiment que le cerveau crée des images de la réalité en tant qu'expressions ou descriptions de sa propre organisation et entre en interaction avec ces images, les modifiant selon l'expérience.

Cette sorte de raisonnement circulaire peut paraître bien étrange à ceux d'entre nous qui ont pris l'habitude de considérer les organismes et les organisations comme des systèmes ouverts. Nous avons appris à voir les systèmes vivants comme des entités distinctes caractérisées par de nombreux modèles d'interdépendance, à la fois sur le plan interne et dans leurs relations avec l'environnement. Comme nous l'avons dit plus tôt, Maturana et Varela prétendent qu'il en est ainsi parce que nous voulons à tout prix comprendre ces systèmes de *notre* point de vue d'observateur au lieu de tenter de comprendre leur logique interne. Comme l'a dit mon collègue Peter Harries-Jones, en procédant ainsi, nous avons tendance à confondre le domaine de l'organisation avec celui de l'explication. Si nous nous plaçons « à l'intérieur » de ces systèmes, nous finissons par reconnaître que nous sommes à l'intérieur d'un système d'interaction clos et que l'environnement *fait partie* de l'organisation du système parce qu'il fait partie de son domaine d'interaction essentielle.

La théorie de l'autopoïèse reconnaît donc que les systèmes peuvent avoir des « environnements », mais insiste sur le fait que les relations avec n'importe quel environnement sont déterminées *de façon interne.* Alors qu'il peut y avoir d'innombrables chaînes d'interaction à l'intérieur des systèmes et entre eux, A étant relié à B, C, D, E, etc., il n'y pas de modèle indépendant de causalité. Des changements en A ne produisent pas de changements en B, C, D, ou E, puisque la chaîne de relations tout entière fait partie du même modèle autodéterminant. Gregory Bateson et quelques autres théoriciens qui se sont penchés sur les aspects écologiques des systèmes ont fait les mêmes remarques, en insistant sur le fait que les « touts » se développent comme des ensembles complets de relations mutuellement déterminantes et déterminées. Le modèle du système doit être compris comme un tout possédant une logique propre. On ne peut le comprendre comme un réseau d'éléments séparés. C'est pourquoi, en fin de compte, cela n'a pas de sens de dire qu'un système entre en interaction avec un environnement externe. En effet, les transactions d'un système avec un environnement sont en réalité des transactions avec lui-même.

Ces aperçus théoriques ont d'importantes conséquences. En effet, si les systèmes sont voués à conserver leur propre identité, et si les relations avec l'environnement sont déterminées sur le plan interne, les systèmes ne peuvent donc évoluer et changer qu'au fil de changements d'identité auto-engendrés. Comment cela se passe-t-il ?

Lorsque nous reconnaissons que l'identité nécessite le maintien d'un ensemble récurrent de relations, nous voyons vite que le problème du changement dépend de la façon dont les systèmes composent avec les variations qui influencent leur mode de fonctionnement habituel. Notre attention se porte sur les processus grâce auxquels le système tente de conserver son identité en refusant de reconnaître les fluctuations menaçantes ou en s'opposant à elles ; notre attention se porte aussi sur la façon dont les variations peuvent susciter l'apparition de nouveaux modes d'organisation. Comme on se souviendra l'avoir vu au chapitre 4, les cybernéticiens se sont longuement penchés sur ce problème. Leur travail met en relief le fait que les systèmes peuvent conserver une identité stable grâce à des processus de rétroaction négative qui leur permettent de trouver et de corriger les déviations des normes de fonctionnement, et peuvent se modifier en devenant capables d'apprentissage en boucle double, ce qui leur permet de changer ces normes afin de tenir compte de circonstances nouvelles.

Mais d'où proviennent ces variations dans le fonctionnement des systèmes ? Quelle est la source du changement potentiel ? La théorie de l'autopoïèse situe la source du changement dans des variations aléatoires qui se produisent *à l'intérieur* du système pris dans sa totalité. Ces dernières peuvent venir de modifications aléatoires survenues au cours du processus de reproduction, ou de la combinaison d'interactions et de connexions dues au hasard qui aboutissent à la création de nouvelles relations systémiques.

De ce point de vue, la théorie de l'autopoïèse a beaucoup de points communs avec des développements récents survenus dans diverses disciplines scientifiques. En 1978, par exemple, Ilya Prigogine, de Bruxelles, a reçu le prix Nobel pour son travail sur les « structures dissipatives » dans les systèmes de réaction chimique, montrant comment les changements aléatoires qui se produisent dans un système peuvent donner naissance à de nouveaux modèles d'ordre et de stabilité. Les mêmes idées peuvent s'appliquer à d'autres systèmes vivants. Les termites et les abeilles ont des comportements aléatoires qui augmentent la variété des systèmes auxquels ils appartiennent. Si ces comportements aléatoires obtiennent le degré de soutien suffisant, ils se voient incorporés dans l'organisation continue du système. Par exemple, les termites construisent, en déposant de la terre au hasard, des voûtes et des tunnels qui, lorsqu'ils ont atteint une certaine taille, attirent l'attention d'autres termites et deviennent le centre d'une activité délibérée. Des tas de terre empilée au hasard se transforment ainsi en structures dotées de cohérence. Dans ces systèmes vivants comme dans bien d'autres, l'ordre et l'auto-organisation émergent du hasard, d'importantes fluctuations engendrant des instabilités et des sauts quantiques capables de transformer l'ensemble du système d'activité. Les idées et les pratiques humaines semblent se développer d'une manière similaire, exerçant un effet de transformation important une fois qu'elles ont obtenu un degré de soutien suffisant.

D'un point de vue autopoïétique, les variations aléatoires fournissent des éléments de possibilité qui permettent à de nouvelles identités du système d'émerger et d'évoluer. Les changements aléatoires peuvent déclencher des interactions qui se répercutent dans tout le système, les conséquences ultimes étant différentes selon que l'identité présente du système diminue ou non les effets des nouvelles perturbations par l'entremise de changements compensatoires ailleurs, ou qu'une nouvelle configuration de relations est autorisée à émerger.

La théorie de l'autopoïèse nous invite donc à comprendre la transformation ou l'évolution des systèmes vivants comme le résultat de changements engendrés au plan interne. Au lieu de prétendre que le système s'adapte à un environnement ou que l'environnement sélectionne la configuration de système qui survit, l'autopoïèse insiste avant tout sur la façon dont le système d'interaction tout entier détermine son propre avenir. C'est le modèle, le tout, qui évolue. En nous donnant cette sorte d'explication, l'autopoïèse fournit une solution de remplacement au darwinisme. Tout en reconnaissant l'importance de la variation, du système et de la conservation de traits « choisis » dans le processus de l'évolution, cette théorie offre des explications différentes de la façon dont cela se produit.

Les organisations vues comme des systèmes autoproducteurs

Maturana et Varela ont élaboré leur théorie avant tout comme une nouvelle interprétation des phénomènes biologiques, et ils ont longuement hésité à l'appliquer au social. Cependant, l'autopoïèse, considérée comme une métaphore, a d'intéressantes conséquences sur notre compréhension des organisations.

Premièrement, une interprétation créatrice de cette théorie nous permet de voir que les organisations tentent sans cesse d'arriver à une sorte de clôture autoréférentielle vis-à-vis de leur environnement et enactent ce dernier comme une projection de leur propre identité ou de l'image qu'elles ont d'elles-mêmes. Deuxièmement, elle nous aide à comprendre qu'un grand nombre des problèmes auxquels les organisations ont à faire face en traitant avec leur environnement sont intimement reliés à la sorte d'identité qu'elles essaient de conserver. Et, troisièmement, elle nous aide à voir que les explications de l'évolution, du changement et du développement des organisations doivent faire une grande place aux facteurs qui déterminent l'identité d'une organisation, et par conséquent ses rapports avec le monde.

L'ENACTION VUE COMME
UNE FORME DE NARCISSISME : LES
ORGANISATIONS EN INTERACTION
AVEC DES PROJECTIONS
D'ELLES-MÊMES

Au chapitre 5, nous nous sommes intéressés à l'idée que les organisations enactent leur environnement : elles imposent des modèles de variation et de signification au monde dans lequel elles fonctionnent. L'idée d'autopoïèse ajoute à notre compréhension de cette enaction en nous incitant à considérer celle de l'organisation comme une partie du processus autoréférentiel par lequel cette dernière tente de fixer et de reproduire son identité. En enactant un environnement, une organisation essaie de parvenir à cette sorte de clôture qui lui est nécessaire pour se reproduire à sa propre image.

Voyons, par exemple, le dessin humoristique dans la figure 8.1. Nous y trouvons un processus typique d'autoréférence organisationnelle. Une organisation a convoqué une réunion pour discuter de certaines lignes de conduite et pour brosser à grands traits un tableau général de son environnement.

Où en sommes-nous ?

Que se passe-t-il dans l'environnement ?

Pourquoi le personnel de vente a-t-il autant de problèmes ce mois-ci ?

Dans quelle mesure pouvons-nous pénétrer de nouveaux marchés ?

Dans quel domaine travaillons-nous ?

Sommes-nous dans le bon domaine ?

Ces questions permettent à ceux qui les posent de construire des représentations d'eux-mêmes, de leur organisation et de l'environnement qui les aident à déterminer les mesures voulues pour créer ou conserver l'identité qu'ils souhaitent. Les tableaux qui décorent les murs de la salle de réunion sont de véritables miroirs. Comme le globe réflecteur dans la lithographie d'Escher, ils permettent aux membres de l'organisation de se voir dans le contexte même du déroulement continu de leurs activités. Les chiffres et graphiques qu'une organisation produit sur les tendances du marché, sur sa position relative face à la concurrence, sur les prévisions de vente, sur la disponibilité des matières premières, et bien d'autres

Les systèmes autopoïétiques sont des boucles closes, des systèmes autoréférentiels qui s'efforcent de se former selon leur propre image.

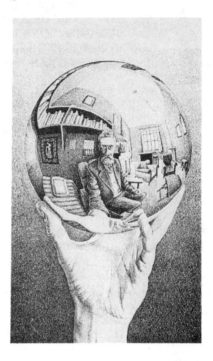

Main avec globe réflecteur. Autoportrait de M.C. Escher (lithographie, 1935).

Eh bien! Pierre, où en sommes-nous?

Figure 8.1. Des systèmes qui se regardent.
SOURCE : Autoportrait d'Escher, reproduction autorisée par Haags Gemeentemuseum, La Haye, avec nos remerciements à la Vorpal Gallery, San Francisco et New York, grâce à l'autorisation des héritiers de M. C. Escher, © Héritiers de M.C. Escher a/s Cordon Arts-Baarn-Holland.
Dessin, reproduction autorisée par l'artiste.

éléments, sont en réalité des projections des propres intérêts et préoccupations de l'organisation. Ils reflètent la compréhension que l'organisation a d'elle-même. C'est grâce à ce processus d'autoréférence que les membres de l'organisation peuvent intervenir dans leur propre fonctionnement et ainsi participer à la création et au maintien de leur identité.

Quand nous considérons ce processus d'enaction comme une tentative de clôture vis-à-vis de l'environnement, l'idée même d'enaction prend une signification nouvelle. Nous reconnaissons en effet qu'il ne s'agit pas seulement d'un mode de perception qui nous permet de voir ou d'insister sur certaines choses tout en en laissant de côté ou en attachant peu d'importance à d'autres, mais d'un processus beaucoup plus actif. En se projetant sur son environnement et par là même en l'organisant, une organisation établit le fondement d'une action reliée à cet environnement d'une façon qui lui permet *de facto* de se produire.

IDENTITÉ ET CLÔTURE : ÉGOCENTRISME OPPOSÉ À SAGESSE SYSTÉMIQUE

Beaucoup d'organisations, de nos jours, cherchent à comprendre leur environnement comme une sorte de « monde extérieur » qui a son existence propre. Les idées exposées ci-dessus montrent bien les dangers d'une telle façon de voir et indiquent que, si l'on veut réellement comprendre son propre environnement, il faut commencer par se comprendre soi-même, car la compréhension que l'on a de l'environnement est toujours une projection de soi. En effet, lorsqu'une organisation « regarde » son environnement, ou se livre à des examens exploratoires pour en déterminer la nature, elle doit bien se rendre compte qu'elle crée en fait une occasion de se comprendre elle-même et de comprendre ses relations avec le monde.

Un grand nombre d'organisations font face à de sérieux problèmes quand elles traitent avec le monde, parce qu'elles ne reconnaissent pas qu'elles font partie de leur environnement. Elles se voient comme des unités discrètes qui doivent survivre *en dépit* des caprices du monde extérieur, qui est souvent conçu comme un ensemble de menaces et de possibilités. C'est particulièrement évident dans ce que j'appellerai des *organisations égocentriques*, qui ont une idée assez arrêtée de ce qu'elles sont ou encore de ce qu'elles pourraient être, et qui sont bien décidées à imposer ou à conserver cette identité à tout prix.

Cette sorte d'égocentrisme conduit les organisations à se préoccuper de leur propre importance et à la magnifier, tout en minimisant l'importance et la signification du réseau de relations plus vaste dans lequel elles s'inscrivent. Quand nous nous regardons dans un miroir, nous créons un rapport entre «figure», ce que nous voyons, et «fond», le contexte dans lequel notre visage se situe. Lorsque nous nous concentrons sur notre visage, le contexte est passablement supprimé. Les enactions égocentriques par lesquelles des organisations essaient de structurer et de comprendre leur environnement manifestent souvent un déséquilibre semblable. Dans leurs tentatives de voir et de promouvoir leurs propres intérêts contre ceux du contexte plus large, elles créent une relation trop tranchée entre figure et fond. Tout comme un visage dans le miroir dépend de tout un ensemble de conditions pour exister, comme les processus biologiques, qui créent et conservent le visage, et les conditions physiques et culturelles nécessaires à l'existence du miroir, les traits définitoires des organisations dépendent de tout un ensemble de relations contextuelles moins visibles qu'il faut conserver pour que l'organisation puisse continuer d'exister. La figure et son fond appartiennent au même système de relations et n'existent que par la relation qui les lie entre eux. En enactant l'environnement et en composant avec lui de façon égocentrique, les organisations bien souvent ne comprennent pas leur propre complexité et les nombreuses boucles récurrentes dont elles dépendent pour leur existence même.

Le résultat de cet égocentrisme, c'est que finalement beaucoup d'organisations essaient de conserver des identités qui manquent de réalisme ou d'en produire qui, en fin de compte, détruisent les contextes dont elles font partie.

Les entreprises qui fabriquaient des montres et des machines à écrire sans tenir compte des possibilités de l'affichage numérique ou de la micro-informatique offrent un bon exemple d'identité qui manque de réalisme. Parce qu'elles se définissaient comme des «horlogers» ou comme des «fabricants de machines à écrire», elles continuèrent à fabriquer des objets traditionnels, en ayant recours aux techniques traditionnelles, sans se rendre compte que ces identités n'étaient plus ni pertinentes ni réalistes. Le résultat, c'est qu'un bon nombre ont disparu devant la concurrence nouvelle. Nous pouvons dire, après le fait, que ces entreprises au service de marchés traditionnels *auraient dû* voir les nouveaux développements et les inclure dans leur environnement, mais ce serait négliger un point important : leur compréhension de l'environnement faisait partie de leur identité d'horlogers ou de fabricants de machines à écrire. Pour réussir, elles auraient eu besoin d'une conception bien différente d'elles-mêmes et de ce que leur avenir exigeait.

De nombreuses industries modernes nous offrent d'excellents exemples de la façon dont l'égocentrisme peut détruire le contexte dont dépend une organisation. Par exemple, les fabricants de produits chimiques toxiques créent toutes sortes de dangers pour l'environnement et pour la société, dangers qui sont des effets secondaires de leur volonté de faire des profits. Ils menacent de manière implicite l'environnement physique et social en s'en servant comme d'une sorte de dépotoir extérieur ; de plus, ils suscitent des problèmes graves qui, en fin de compte, se retourneront contre leur viabilité future. La pollution et les problèmes de santé dûs aux toxines vont probablement, à long terme, éliminer ou réduire considérablement le fonctionnement de cette industrie. De la même façon, l'emploi dans l'agriculture de fertilisants, de pesticides, de fongicides et autres produits chimiques, de même que l'emploi de méthodes d'exploitation agricole mécanisées, donnent à court terme des bénéfices, mais détruisent le sol et d'autres aspects de l'écologie desquels dépendent pourtant les agriculteurs.

Les organisations égocentriques tracent des frontières autour d'une étroite définition d'elles-mêmes et tentent de ne servir que les intérêts de ce domaine restreint. Ce faisant, elles limitent et faussent leur compréhension du contexte plus large dans lequel elles fonctionnent, et abandonnent leur avenir à la façon dont évolue ce contexte. À cause de cette compréhension tronquée et faussée, elles ne peuvent se montrer proactives dans un sens systémique. Leur destin se réduit souvent à « on va voir ce qui va se passer » au lieu de tout mettre en œuvre pour le déterminer. Par exemple, l'avenir de nombreuses entreprises dans le domaine de l'agriculture ou des produits chimiques dépend de la façon dont le gouvernement, les consommateurs et les gens en général vont réagir devant leurs activités et les en punir, plutôt que de tentatives systématiques de se transformer.

Une des forces de la théorie de l'autopoïèse, c'est de nous montrer que, en dépit du caractère fondamental de la conservation d'une identité pour tous les systèmes vivants, il y a différentes manières d'arriver à une clôture par rapport à l'environnement. Lorsque nous reconnaissons que ce dernier n'est pas un domaine indépendant, et que nous ne devons pas nécessairement être en concurrence ou en lutte contre lui, il devient possible d'établir des relations complètement nouvelles. Une organisation peut, par exemple, étudier des identités possibles et les conditions de leur réalisation. Les entreprises qui ont opté pour ce type de découverte de soi peuvent développer une sorte de sagesse systémique. Elles deviennent plus conscientes de leur rôle, de leur signification et de leur importance relative à l'intérieur du tout, ainsi que de leur capacité à faciliter les modèles de changement et de développement qui permettront à leur identité d'évoluer *en même temps* que le système plus vaste dans lequel elles se situent, et en harmonie avec lui.

VERS UNE NOUVELLE MANIÈRE
DE VOIR L'ÉVOLUTION ET
LE CHANGEMENT DANS
L'ORGANISATION

Les idées que nous venons d'exposer ont des conséquences importantes sur la façon dont nous comprenons le processus d'évolution de l'organisation. En effet, nous considérons que les organisations jouent un rôle actif dans la construction de leur environnement en même temps que de leur identité. Toutes les organisations réussissent à se créer des identités d'une sorte ou d'une autre, car à bien des égards le processus d'organisation tout entier est la réalisation d'une identité. Mais certaines se montreront plus fortes et plus durables que d'autres.

En même temps que les organisations affirment leur identité, elles peuvent amorcer des transformations importantes dans l'écologie sociale du système dont elles font partie. Elles peuvent créer le fondement même de leur propre destruction. Ou alors elles peuvent créer les conditions qui leur permettront d'évoluer en même temps que leur environnement et avec lui. Une industrie chimique, par exemple, ayant un sens systémique de son identité, peut essayer de se transformer pour éliminer la menace que constituent les produits toxiques pour l'environnement. Il est hélas regrettable de voir aujourd'hui tant d'organisations qui ruinent leurs propres moyens de subsistance pour l'avenir et qui, ce faisant, rendent possible l'émergence de nouveaux modèles de relations, mais cela aux dépens de leur propre existence future. Les organisations égocentriques pensent que leur survivance dépend de la conservation de leur propre identité, bien fixée et étroitement définie, plutôt que de l'évolution de l'identité plus fluide et plus ouverte du système auquel elles appartiennent. Il leur est souvent difficile d'abandonner les identités et les mesures stratégiques qui leur ont permis d'exister ou qui sont la raison de leur réussite passée, et pourtant c'est ce qu'exigent bien souvent la survivance et l'évolution. Comme dans la nature, les voies de développement d'une organisation qui peuvent se révéler une impasse sont très nombreuses. Certaines organisations ou industries, bien qu'elles soient viables et prospères pendant un certain temps, peuvent voir leur chance tourner à cause de ce qu'elles sont, et du résultat de l'action et de l'inaction que ce sens de l'identité suscite. À long terme, la survivance peut seulement se faire *avec* l'environnement et jamais contre. La conception moins égocentrique de l'identité facilite le processus obligeant les organisations à se rendre compte qu'elles sont toujours plus qu'elles-mêmes. En voyant comment ses fournisseurs, son marché, sa main-d'œuvre, la collectivité au niveau local, national et international et même ses concurrents font en réalité partie du même système qu'elle, une organisation commence à percevoir l'interdépendance systémique et à en estimer les conséquences.

Le défi que présente la théorie de l'autopoïèse, c'est de comprendre comment les organisations changent et se transforment en même temps qu'elles changent et transforment leur environnement, et de développer des façons d'aborder l'organisation qui peuvent encourager cette évolution ouverte dont nous avons déjà parlé.

Si l'on veut résumer les implications de ce que nous venons de dire en une maxime, ce pourrait être « Pensez et agissez de façon systémique : plus d'autoréflexion, moins d'égocentrisme ». L'image de soi d'une organisation joue un rôle très important dans la détermination de presque tous les aspects de son fonctionnement et en particulier de son impact sur le contexte dont elle fait partie ; en conséquence les organisations devraient prêter beaucoup d'attention à la découverte et au développement d'un sens adéquat de leur propre identité.

L'intérêt qui se manifeste depuis peu pour la culture de l'organisation montre bien que l'on a commencé à comprendre tout cela. Notre étude, toutefois, indique que la sorte d'image de soi qu'élabore une organisation a une importance cruciale. Alors que l'image égocentrique peut donner à une organisation une identité forte et claire, et lui valoir même à court terme le succès, à long terme elle aura sans doute des effets désastreux. En fait, il est important d'insister encore plus sur ce point que nous ne l'avons fait jusqu'à présent. La culture égocentrique d'une organisation qui est forte et qui engendre le succès dans l'immédiat peut souvent permettre cette réussite aux dépens de son contexte plus large et, en servant ses intérêts, détruire le tout. Nous ne devons pas oublier cela lorsqu'il est question de la culture d'une organisation.

Les idées dont nous avons parlé plus haut mettent en lumière le rôle de la stratégie de l'organisation. Cependant, ce rôle est à certains égards plus modeste que celui qui est prôné dans bien des théories classiques. On conçoit habituellement le stratège d'entreprise comme un dirigeant qui détermine la voie que prend le développement de l'organisation. Mais ce que nous avons vu dans ces pages montre que le développement stratégique, pour réussir, ne peut jamais être unilatéral. Un individu, une organisation, peuvent influencer ou déterminer en partie le changement, mais le processus dépend toujours de modèles complexes de connexité réciproque qu'il est impossible de prédire ou de contrôler. Comme c'est le cas dans la nature, d'importantes combinaisons de circonstances fortuites peuvent transformer un système social selon des façons qu'on n'aurait jamais crues possibles. La robotisation destinée à réduire les prix de revient peut avoir des effets impossibles à prévoir ; une stratégie visant à obtenir un avantage sur la concurrence ou à acquérir une compétence particulière peut aussi engendrer des répercussions qui finiront par transformer le système de façon imprévisible au point de départ. La théorie de l'autopoïèse indique que le modèle d'organisation qui se déploie dans le temps le fait d'une manière ouverte et évolutive. Certaines formes disparaissent et d'autres demeurent selon des transformations contrôlées par les processus autoréférentiels qui définissent le système tout entier. Les individus et les organisations ont la possibilité d'influencer ce processus en choisissant une image de soi qui pourra guider leur action et ainsi les aider à déterminer leur avenir.

Des boucles à la place des lignes : la logique de la causalité mutuelle

La théorie de l'autopoïèse nous incite à comprendre comment le changement se déploie par l'entremise de modèles circulaires d'interaction. Les organisations évoluent ou disparaissent en même temps que des changements se produisent dans leur contexte et si l'on veut pouvoir les gérer de façon stratégique, il est nécessaire de comprendre ce contexte. Il faut donc que les membres de l'organisation acquièrent une nouvelle façon de considérer les systèmes circulaires de relations auxquels ils appartiennent, et qu'ils comprennent comment ces relations sont formées et transformées par l'entremise de processus mutuellement déterminants et déterminés. En d'autres termes, on nous amène à voir le changement sous la forme de boucles et non de lignes, et à remplacer la causalité mécaniste — A est la cause de B, par exemple — par l'idée de causalité mutuelle, selon laquelle A et B peuvent se définir l'un l'autre comme conséquence de leur appartenance au même système de relations circulaires.

De nombreux cybernéticiens ont essayé d'élaborer diverses méthodes permettant d'étudier cette causalité mutuelle et, par conséquent, la façon dont les systèmes procèdent à leur propre transformation. Une des plus intéressantes se trouve dans les travaux de Magorah Maruyama, qui se concentre sur le rôle de la rétroaction positive et de la rétroaction négative dans la dynamique d'un système. Les processus de rétroaction négative, dans lesquels un changement dans une variable amorce des changements dans la direction opposée, ont leur importance pour expliquer la stabilité des systèmes. Les processus caractérisés par la rétroaction positive, selon lesquels plus amène à plus et moins à moins, comptent pour beaucoup dans l'explication des changements dans un système. Ensemble, ces mécanismes de rétroaction peuvent expliquer pourquoi les systèmes acquièrent ou conservent une forme donnée, et comment cette forme peut s'élaborer et se modifier avec le temps.

Le pouvoir que peut avoir cette forme de pensée a été remarquablement illustrée dans le programme établi par le Club de Rome à propos de l'état regrettable dans lequel se trouve l'humanité ; ce groupe a d'ailleurs fait œuvre de pionnier en proposant l'idée que l'économie mondiale soit envisagée comme un système de boucles. Dans leur rapport intitulé *Halte à la croissance*, les membres insistent sur les tendances en matière de population mondiale, de pollution, de production alimentaire et d'épuisement des ressources, montrant que tout cela provient de boucles de rétroaction positive. Leur analyse a montré comment des systèmes de rétroaction positive sans boucle stabilisatrice peuvent engendrer des changements exponentiels que l'on ne peut maintenir à long terme.

Ce genre de caractéristique est fort bien illustré par l'histoire d'un courtisan persan d'autrefois qui fit cadeau d'un échiquier à son souverain. En retour, il demanda à recevoir un grain de riz pour le premier carré de l'échiquier, deux pour le second, quatre pour le troisième et ainsi de suite. Le roi accepta volontiers et ordonna qu'on fît venir du riz de ses réserves. Le quatrième carré valait huit grains, le dixième, 512, le quinzième, 16 384 et au vingt et unième, on avait dépassé le million. Au quarantième carré, il fallut un milliard de grains de riz, et bien avant que l'on n'en arrivât au soixante-quatrième carré, toute la réserve de riz était épuisée !

Le changement exponentiel étant un changement qui *augmente* de façon constante, dans le cas présent, en doublant à chaque étape, il est facile de comprendre la morale de notre histoire : le changement peut sembler acceptable pendant un moment, mais il devient bientôt impossible de le contrôler. Ainsi, une forme quelconque de pollution augmentant à un taux constant peut commencer par tuer seulement quelques poissons, mais va, peu de temps après, les tuer tous. Un grand nombre d'aspects de notre système socio-économique semble évoluer de cette manière, car les efforts que nous faisons pour maximiser le taux de croissance de variables économiques et sociales particulières engendrent un changement qui transforme tout le système de relations au sein duquel nous déployons ces efforts.

Magorah Maruyama a élaboré ce type d'analyse par boucles et montre comment la rétroaction positive peut expliquer la différenciation des systèmes complexes. Par exemple, une petite fente dans un rocher peut permettre à l'eau de s'infiltrer ; puis l'eau va geler, agrandir la faille, ce qui permet l'arrivée d'une plus grande quantité d'eau, et la faille ne cesse de s'agrandir, permettant à de petits organismes et à de la terre de s'amasser, à une graine de devenir un arbre, peut-être, et le rocher sera finalement transformé par la végétation. Ce processus qui s'accélère sans cesse crée une différenciation que des processus de rétroaction négative peuvent ensuite maintenir dans un état donné. Ou, pour utiliser un autre des exemples de Maruyama, une vaste plaine, très homogène, attire un fermier qui s'installe en un endroit donné. D'autres fermiers en font autant, et l'un d'eux ouvre un atelier. Cet atelier devient le centre des réunions et un comptoir de légumes fait son apparition à côté de lui. Petit à petit se crée un village, car commerçants, fournisseurs, travailleurs agricoles et autres arrivent à leur tour. Le village facilite la vente des produits agricoles, et d'autres fermes entourent bientôt le village. La croissance de l'agriculture stimule le développement industriel, et le village devient graduellement une grande ville. Au cours de ce processus, la plaine homogène a été transformée par une série de boucles de rétroaction positive qui amplifient les effets de la différenciation initiale.

On ne peut attribuer la croissance de la grande ville, ou la crois-sance de la faille dans le rocher qui permet l'accumulation d'eau et de végétation, à une cause unique ; ces deux phénomènes résul-tent plutôt d'un *processus* d'amplification de la déviation. Selon Maruyama, ce genre de processus explique l'évolution et de la nature et de la société, les processus de rétroaction positive pro-duisant des changements qui sont hors de proportion avec le « déclic » initial, l'événement qui a tout enclenché. Des événements très probables, par exemple, l'eau qui sourd à travers une faille ou le fermier qui s'installe dans une plaine, donnent rapidement lieu à des déviations dont la probabilité est très faible, comme un arbre particulier poussant dans une faille particulière, ou le développe-ment d'une grande ville dans un endroit précis d'une plaine homogène. Dans la mesure où les circonstances sont favorables, les mutations aléatoires dans la nature et les événements et liens accidentels dans la vie sociale amorcent des processus ouverts d'auto-organisation dans lesquels rétroaction positive et rétroaction négative entrent en interaction pour produire des modèles chan-geants qui peuvent, à certains moments, prendre une forme relati-vement stable.

La pertinence de ce genre d'analyse pour la compréhension des événements et processus qui déterminent les organisations et leur contexte est évidente. Comme on le verra dans les figures 8.2, 8.3 et 8.4, on peut avoir recours à cette approche pour comprendre la dynamique de nombreuses classes différentes de problèmes d'ordre organisationnel.

Par exemple, la figure 8.2 montre une analyse contextuelle de quelques-unes des relations qui contribuent à l'inflation des prix. La plupart des analyses de ce problème tendent à tomber dans le piège de la « pensée linéaire » en cherchant de simples causes qui seraient au cœur du problème. Le niveau d'emploi, la masse moné-taire, le pouvoir des syndicats, les taux de salaire et les dépenses gouvernementales ont tous, à un moment ou l'autre, été perçus comme la cause fondamentale. Cette pensée linéaire conduit à des solutions linéaires, par exemple, créer du chômage, réduire la masse monétaire, diminuer le pouvoir des syndicats, restreindre les salai-res, augmenter les taux d'intérêt ou réduire les dépenses gouver-nementales. Le type d'analyse contextuelle que l'on trouve dans la figure 8.2 offre une autre façon de réfléchir au problème en dévoi-lant le *modèle des relations* qui créent et maintiennent l'inflation. Il faut maintenant essayer de comprendre comment le réseau de bou-cles de rétroaction positive qui fait augmenter les prix peut être

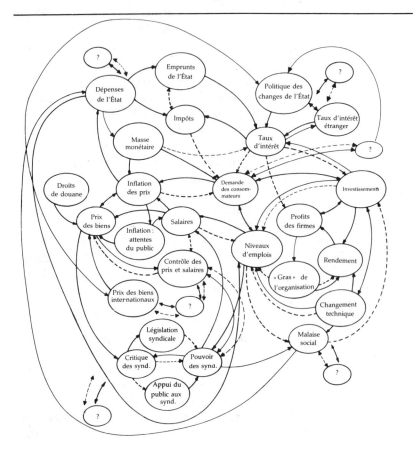

�**◄────** indique des relations de rétroaction positive où plus amène à plus et moins à moins.

◄-------- indique des relations de rétroaction négative ; les changements dans une direction vont de pair avec des changements dans la direction opposée.

Si nous envisageons le problème de l'inflation des prix comme un système de causalité mutuelle défini par un grand nombre de forces en interaction, cela nous incite à penser selon des boucles et non selon des lignes. Il n'existe pas de facteur unique qui soit la cause du problème. L'inflation des prix est enfermée dans la nature des relations qui définissent le système tout entier. Un grand nombre des liens représentés dans le diagramme ci-dessus amplifient la déviation (traits continus) ; les relations de rétroaction négative (pointillé) sont moins nombreuses. La rétroaction positive a donc le dessus. Il est possible de stabiliser le système en renforçant les boucles de rétroaction négative qui existent déjà et en en créant d'autres. Beaucoup de mesures gouvernementales tentent implicitement d'y aboutir. Par exemple, le contrôle des prix et des salaires créent des boucles de rétroaction négative dont l'effet peut être de modifier la spirale des salaires et des prix. Les critiques émises par le gouvernement ou par les médias d'information à l'endroit des syndicats qu'ils considèrent comme les « vilains de la pièce », avides et peu raisonnables, tentent d'affaiblir la boucle de rétroaction positive qui existe entre l'appui du public et le pouvoir des syndicats, dans l'espoir de diminuer le pouvoir qu'ont ces derniers de négocier des salaires plus élevés.

En considérant ce type de causalité mutuelle, nous reconnaissons qu'il n'est pas possible d'exercer un contrôle unilatéral sur quelque ensemble de variables que ce soit. Les interventions vont probablement se répercuter dans l'ensemble. Il est donc nécessaire de modifier les interventions afin d'aboutir au type de transformation du *système* que l'on souhaite.

Figure 8.2. L'inflation des prix en tant que système de causalité mutuelle.

stabilisé grâce à la rétroaction négative. Nous sommes alors amenés à chercher des façons de redéfinir le système tout entier pour
renforcer le modèle de relations que nous souhaitons conserver.
La figure 8.3 illustre comment ce type d'analyse peut aider à comprendre certaines des relations déterminantes dans un secteur industriel particulier — le domaine de l'énergie. Comme le montre le diagramme, un réseau de boucles de rétroaction positive et négative
relie le sort de beaucoup d'éléments à première vue discrets dans
cette industrie. Souvent les programmes énergétiques, même au
niveau national, reposent sur les possibilités et réactions des secteurs industriels pris individuellement, qu'il s'agisse du charbon,
de l'hydro-électricité, du pétrole, de l'énergie nucléaire ou du gaz.
Les besoins en énergie sont souvent considérés comme un facteur
autonome, la fonction de ces divers secteurs industriels étant de
répondre à ces besoins de façon économique. L'analyse contextuelle
présentée dans la figure 8.3 permet de concevoir de façon différente la dynamique de l'évolution du système dans son entier et
d'élaborer différentes mesures que pourraient prendre les entreprises. Il est alors possible d'influencer le modèle des relations qui
engendrent l'offre et la demande, et de tenter de résoudre des problèmes communs en concevant des interventions qui prennent
appui sur la possibilité d'action concertée qu'offre ce type d'analyse.
La figure 8.4 illustre le même type d'analyse, cette fois d'un
ensemble plus détaillé de relations à l'intérieur d'une organisation
et entre organisations. On s'attache ici à montrer comment un premier événement, dans le cas présent le cambriolage du Watergate,
peut se répercuter de façon à transformer le contexte élargi des
relations, dans ce cas la Maison-Blanche sous Nixon, puis toute la
scène politique américaine. Il s'agit peut-être là d'un exemple un peu
poussé, mais il permet de montrer comment les processus organisationnels sont déterminés par des boucles de rétroaction négative
et de rétroaction positive. Il arrive que le système de relations tout
entier atteigne l'équilibre ou un état de changement ordonné, alors
que dans d'autres cas, les relations de rétroaction positive peuvent
dominer et amener à l'éclatement complet des configurations de
relations existantes. Ce fut le cas de la Maison-Blanche sous Nixon.
Les exemples de pareilles transformations sont moins rares que nous
ne le pensons, et sont souvent le résultat de comportements très
ordinaires. Par exemple, un comportement de concurrence, avec
des rivaux qui tentent de se surpasser l'un l'autre — un acte agressif
en suscitant d'autres —, fait souvent perdre tout contrôle, à moins
que les systèmes de rétroaction négative n'interviennent. Les luttes

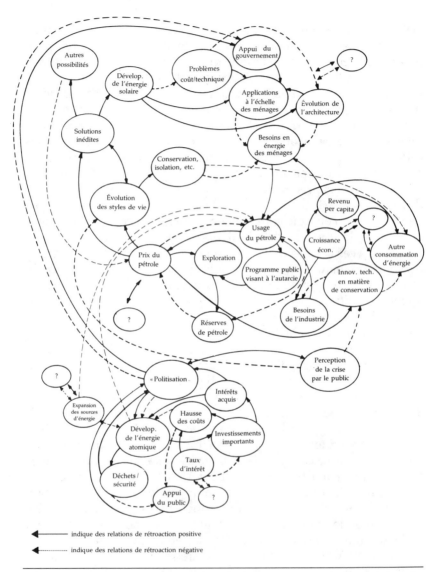

Figure 8.3. Rétroaction positive et rétroaction négative dans l'industrie de l'énergie.

entre individus, secteurs, organisations et nations ont souvent pour résultat ce type d'éclatement.

Quand nous analysons les situations comme des boucles et non comme des lignes, nous arrivons invariablement à un tableau beaucoup plus complet du système étudié. Un système peut s'analyser

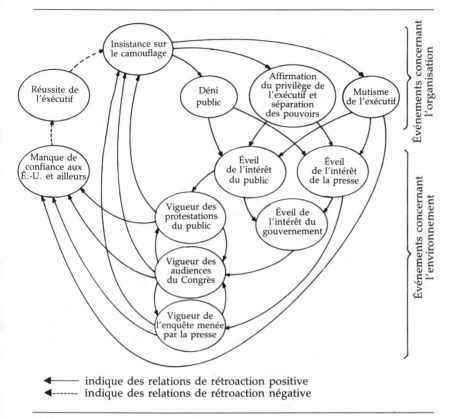

indique des relations de rétroaction positive
indique des relations de rétroaction négative

Figure 8.4. L'affaire du Watergate : rétroaction positive et rétroaction négative à la Maison-Blanche sous Nixon.
SOURCE : Miles (1980 : 214).

à de nombreux niveaux, et la perspective choisie va dépendre de la nature du problème auquel on fait face. Comme nous l'avons déjà dit, les systèmes contiennent toujours des touts à l'intérieur de touts, et on s'aperçoit souvent que le problème avec lequel on débute devient vite un élément d'un problème plus important qui doit être envisagé d'un point de vue plus large. Il est donc souvent nécessaire de compléter l'analyse que l'on effectue à un niveau (par exemple, les tendances socio-économiques à un niveau macro) par un tableau plus complet de la dynamique d'un ensemble de relations qui semblent particulièrement importantes (par exemple les relations à l'intérieur d'une organisation et entre organisations dans un ensemble particulier d'établissements). L'élargissement ou l'approfondissement de l'analyse ajoutent à la complexité de l'ensemble mais sont profitables, parce qu'ils permettent de repérer de nouveaux moyens de résoudre les problèmes à l'étude. En effet, lorsque le problème est situé dans un cadre nouveau, de nouvelles possibilités apparaissent souvent.

En se livrant à cette sorte d'analyse, il peut ne pas toujours être possible de faire un tracé des boucles qui définissent un système aussi complètement et avec le degré de certitude que l'on souhaiterait. Dans les systèmes complexes, le degré de différenciation est élevé, et il intervient souvent de nombreux processus qui déterminent l'un ou l'autre ensemble d'actions constitutif du système. Cependant, la façon de penser qu'implique ce type d'analyse peut avoir des avantages considérables. Nous avons ici une épistémologie nouvelle pour la gestion des systèmes complexes, épistémologie qui nous permet de voir comment nous pouvons mieux comprendre les processus qui déterminent la vie organisationnelle. Bien que cette compréhension ne soit ni complète, ni parfaite, elle nous fournit un excellent instrument pour guider nos décisions et nos interventions.

Les relations sont toujours dans un état de flux et la stabilité (s'il existe en fait un phénomène de ce genre dans les systèmes complexes) se trouve toujours au milieu du flux. Les systèmes complexes, comme le fleuve d'Héraclite, sont toujours en mouvement, et il faut les envisager comme des processus. La logique de ces systèmes repose sur un réseau de *relations* qui définissent et soutiennent les modèles de causalité. Bien qu'il soit souvent possible de percevoir un « événement » initial qui met en mouvement le système et le dirige dans une direction donnée, il est important de bien comprendre que ces événements initiaux ne sont pas véritablement la cause des résultats. Ils ne font que déclencher des transformations qui sont enchâssées dans la logique du système. Nous pouvons donc dire que le cambriolage du Watergate a causé la chute du gouvernement Nixon, mais seulement en ce sens qu'il a mis en mouvement des processus et des problèmes qui existaient déjà dans le système.

Un des traits des systèmes complexes de causalité mutuelle qui comprennent des éléments aléatoires, c'est que n'importe quel ensemble donné de conditions de départ peut conduire à des résultats différents. Avec d'autres modèles de relations dues au hasard, le cambriolage du Watergate aurait pu n'avoir aucune conséquence. Ou bien encore, un autre événement déclenchant aurait pu amener des problèmes tout aussi importants pour le président. Comme nous l'avons vu, les événements aléatoires se combinent avec des relations systémiques pour transformer le système d'une manière impossible à prévoir. Les systèmes vont souvent d'événement en événement, un modèle de transformation étant projeté dans un autre. C'est ainsi qu'un système comme l'industrie de l'énergie nucléaire se déploie selon un mode linéaire jusqu'à ce que se produise un événement comme l'accident de Three Mile Island. Les transformations qui en résultent donnent lieu à un nouveau modèle de relations qui, à son tour, sera perturbé par un autre événement, qu'il s'agisse d'un autre accident ou d'un modèle de relations dues au hasard.

Nous voulons insister encore sur les difficultés qui sont inhérentes à l'analyse contextuelle, mais aussi affirmer de nouveau l'importance de cette forme de pensée. Les conceptions reposant sur la causalité simple ne sont absolument pas adéquates quand il s'agit de comprendre la dynamique des systèmes complexes. Comme l'a fait remarquer Anthony Wilden, dans les systèmes complexes, il y a toujours des causes qui causent des causes à causer des causes. En s'efforçant de faire un relevé des relations d'un système et en exposant leurs principales tendances, il est possible d'arriver à cette intéressante forme de compréhension que Gregory Bateson appelait la « sagesse systémique » et de mettre au point des interventions qui tentent d'influencer le modèle de relations définissant un système au lieu de manipuler des « causes » et des « effets » artificiels. La meilleure façon de procéder est souvent de chercher d'abord à repérer les principaux sous-systèmes ou ensembles de boucles, puis de modifier leurs relations si cela s'avère nécessaire en réduisant ou en augmentant la force des systèmes de liaison existants, et en ajoutant ou en retranchant des boucles, et finalement de porter une attention toute particulière aux boucles qui joignent les différents sous-systèmes. Ce dernier point est tout spécialement important si l'on veut comprendre comment l'action au niveau local peut se répercuter à travers le tout, et comment l'on peut restreindre ou amplifier ces effets si on le juge nécessaire. La recherche de la sagesse systémique a donc d'importantes conséquences concrètes pour la gestion des systèmes complexes.

L'élaboration et la pratique de ce type de sagesse systémique exige de l'organisation une capacité d'évaluation et d'apprentissage et une capacité d'auto-organisation, comme nous l'avons vu au chapitre 4. Comprendre la causalité mutuelle des systèmes complexes nous permet de voir qu'il est extrêmement difficile d'arrêter le changement, de supprimer toute rétroaction positive ou de conserver sans fin un mode d'organisation donné. Il est plus approprié d'adopter une stratégie visant à apprendre à changer avec le changement, en influençant et en déterminant le processus chaque fois que c'est possible, mais en ne perdant jamais de vue l'idée que, lorsque les temps changent, il faut accepter de faire émerger de nouvelles formes d'organisation.

Ce processus dépend bien souvent de la capacité de percevoir et d'éviter les tendances destructrices du système qui, souvent, résident dans les cercles vicieux créés par les relations de rétroaction positive, afin de créer un espace dans lequel l'apprentissage et les modèles de coévolution peuvent prendre place. L'attention doit en particulier s'arrêter sur la portée et l'intérêt d'une action coopérative visant à réduire les lignes d'action indépendantes qui contribuent à la complexité et à l'instabilité d'un système, et ainsi à augmenter les possibilités d'apprentissage et d'ajustement mutuel.

Si nous comprenons bien la logique de la causalité mutuelle, nous pouvons ainsi apprécier la façon dont la réalité expliquée de l'organisation se déploie et se transforme de façon continue. De plus, nous disposons ainsi d'un moyen pour influencer ce déploiement de l'organisation. Cependant, nous l'avons déjà dit, cette influence n'est jamais unilatérale. Elle est toujours circonscrite par le système de relations plus vaste au sein duquel elle s'exerce.

Contradiction et crise : la logique du changement dialectique

Passons maintenant de l'étude des boucles à celle des contraires.

Tout phénomène implique et engendre son contraire. Le jour et la nuit, le chaud et le froid, le bien et le mal, la vie et la mort, la figure et le fond, le positif et le négatif, toutes ces dyades sont des paires de contraires qui s'autodéfinissent. Nous ne pouvons pas savoir ce qu'est le froid si nous ne savons pas ce qu'est le chaud. Dans chaque cas, l'existence d'un terme dépend de l'existence de l'autre. Nous ne pouvons concevoir le jour si nous ne savons pas ce qu'est la nuit. Le bien définit le mal, et la vie définit la mort. Les contraires s'entrelacent dans un état de tension qui définit aussi un état d'harmonie et de complétude. Se pourrait-il que cette tension soit le fondement de tout changement ? Se pourrait-il que le flux et la transformation soient une manifestation de tendances contradictoires grâce auxquelles les phénomènes peuvent se transformer d'eux-mêmes ?

Cette idée est loin d'être nouvelle. La philosophie taoïste, par exemple, qui est née dans la Chine ancienne, insiste depuis longtemps sur la façon dont le cheminement de la nature (le mot *dao* veut dire chemin) se caractérise par un flux et une complétude continus déterminés par l'interaction dynamique du *yin* et du *yang* (voir figure 8.5). Ces mots, qui désignaient autrefois le côté ombre et le côté soleil d'une colline, symbolisent la manière dont le *dao* est soustendu par un courant d'énergies complémentaires et pourtant contraires par l'entremise desquelles toutes les tendances finissent par s'inverser. Comme l'a dit le sage d'autrefois, Lao-zi, « le mouvement du *dao*, c'est l'inversion ». Chaque fois que d'une situation émergent des qualités extrêmes, elle s'inverse immanquablement et des qualités contraires apparaissent, tout comme la plus grande clarté du jour fait place à la nuit la plus noire. La philosophie taoïste insiste sur l'idée que la vie humaine et naturelle est déterminée par ce cycle d'allées et venues, de croissance et de décadence, tout en étant en voie de devenir autre chose.

Les taoïstes estiment que la disposition ou la tendance de toute situation peut se comprendre à partir du *yin* et du *yang*. Selon eux, beaucoup de situations humaines pourraient s'équilibrer et s'améliorer si l'on exerçait une influence sur les relations entre ces éléments contraires. Un régime sain et savoureux, par exemple, tente de réconcilier *yin* et *yang*, et les principes de l'acupuncture cherchent à rétablir le courant troublé entre le *yin* et le *yang* du corps humain. Le *Yi Jing* taoïste (ou *Livre des mutations*) explique comment penser à partir de contraires, codifiant des modèles d'archétypes du *dao* que l'on trouve dans les mondes naturel et social. Bien qu'aujourd'hui le *Yi Jing* soit considéré souvent comme l'équivalent d'une boule de cristal dont on se sert pour prédire l'avenir, son rôle véritable était de donner les moyens de comprendre les tendances inhérentes au présent. Vu sous cet angle, il a beaucoup de points communs avec les tentatives modernes de ceux et de celles qui cherchent à comprendre la dynamique de la transformation et du changement.

C'est Héraclite qui a apporté au monde occidental un grand nombre de ces principes taoïstes, développés et exprimés de façons diverses par des générations de théoriciens des sociétés et par des scientifiques qui souscrivent à ce que l'on appelle aujourd'hui une vision dialectique de la réalité. Par exemple, ils ont eu une influence

Le caractère dynamique du *yin* et du *yang* est illustré par l'ancien
symbole chinois appelé *Tai-ji tu* ou « Diagramme du faîte suprême ».

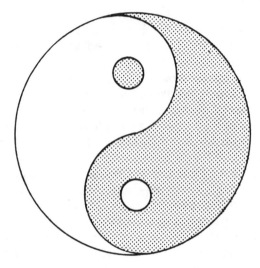

On voit ici une disposition symétrique du *yin* sombre et du *yang* clair,
mais cette symétrie n'est pas statique. C'est une symétrie rotative qui
suggère fortement un mouvement cyclique ininterrompu. Le *yang*
revient de façon cyclique à son commencement et le *yin*, arrivé à son
maximum, fait place au *yang*. Les deux points dans le diagramme
sont un symbole : chaque fois que l'une des deux forces atteint sa
forme extrême, elle contient déjà la semence de son contraire. Depuis
des temps très reculés, les deux pôles qui sont les archétypes de la
nature ont été représentés non pas seulement par le clair et le
sombre, mais aussi par le masculin et le féminin, par le rigide et le
souple, par le dessus et le dessous. Le *yang*, le pouvoir fort,
masculin, créateur, est associé avec le Ciel, le *yin*, l'élément sombre,
réceptif, féminin et maternel avec la Terre. Le Ciel est au-dessus, et
rempli de mouvement, la Terre — de l'ancien point de vue géocen-
trique — est au-dessous, au repos. C'est ainsi que le *yang* en est venu
à symboliser le mouvement et le *yin* le repos. Dans le royaume de la
pensée, le *yin* est l'esprit complexe, féminin, intuitif ; le *yang*
l'intelligence masculine, claire et rationnelle. Le *yin* est la tranquille et
contemplative immobilité du sage, le *yang* l'action vigoureuse et
créatrice du souverain.

**Figure 8.5. Yin et yang : les contraires primordiaux qui guident tout
changement.**
SOURCE : Capra (1975 : 113-114).

profonde sur les travaux de Hegel, philosophe allemand du XIXe siècle qui a fait beaucoup pour la méthode dialectique, ainsi que sur les recherches de théoriciens des sociétés comme Karl Marx et Mao Zedong. Ces théoriciens ont fait de la vision dialectique d'un monde qui change par suite de tensions internes entre contraires une théorie du changement social extrêmement importante. Par exemple, dans le *Capital*, Marx a eu recours à la méthode dialectique pour montrer comment les contradictions économiques et sociales qui existent dans une société fournissent à cette dernière un fondement pour se transformer elle-même.

Il est utile de nous attarder sur certains travaux de Marx qui nous serviront d'exemple de pensée dialectique. Comme Marx analysait la société de son temps, une bonne partie de notre attention va se concentrer sur les tensions que l'on trouve dans le système capitaliste. Mais cette méthode peut s'appliquer à l'analyse de toutes les sortes de société et d'organisation, car le principe de l'opposition dialectique est un principe universel.

L'ANALYSE DIALECTIQUE : COMPRENDRE COMMENT LES SOCIÉTÉS ET LES ORGANISATIONS SE CHANGENT ELLES-MÊMES

Au risque de trop simplifier, on peut envisager la force de l'analyse de Marx et la nature de ses conclusions comme l'expression de trois principes dialectiques. Comme l'indique le tableau 8.1, ces principes se combinent pour donner une explication complexe des processus qui posent le fondement de changements à fois graduels et révolutionnaires. La méthode de Marx consistait à chercher les tensions ou les contradictions premières qui déterminent une société donnée. Ce faisant, il repérait les « lois du mouvement » d'une société, montrant comment une forme particulière de rapports sociaux fait inévitablement place à une autre.

Marx est parti de la prémisse qu'il faut commencer par comprendre les conditions matérielles de vie dans lesquelles les êtres humains produisent et reproduisent leur existence. Dans le mode de production capitaliste, ces conditions résident dans le système d'organisation du travail, système selon lequel certains individus en emploient d'autres pour faire des profits et accumuler du capital. Marx a donc analysé ainsi la nature et les conséquences du processus d'accumulation du capital pour mettre au jour les contradictions fondamentales et les lois du mouvement qu'il engendrait.

Marx n'a jamais parlé, dans ses œuvres, de la méthode dialectique qu'il employait, préférant en faire la démonstration dans l'analyse concrète de situations particulières. Il n'est donc pas étonnant que sa vision de l'analyse dialectique ait été l'objet d'une large gamme d'interprétations. Une des plus claires et qui a eu le plus d'influence est celle de Friedrich Engels dans *La Dialectique de la nature* qui, en dépit d'un ton assez déterministe, offre une perspective intéressante sur la façon dont la théorie marxiste du changement social reflète trois principes :

1. L'interpénétration réciproque (lutte ou unité) de contraires.
2. La négation de la négation.
3. La transformation de la quantité en qualité.

Le premier principe explique le processus de changement auto-engendré par lequel les phénomènes se transforment eux-mêmes à la suite de tensions avec leur contraire. Ce principe sous-tend l'idée de contradiction, et Marx s'en sert pour expliquer comment une forme particulière de rapports sociaux fait inévitablement place à une autre. Par exemple, un acte accompli par un individu qui tente d'en contrôler un autre tend à susciter un processus de résistance ou de contre-contrôle qui sape la tentative initiale. C'est l'acte de contrôle *lui-même* qui fait émerger les conséquences qui vont à l'encontre de son efficacité.

Le deuxième principe montre comment le changement peut aussi être du développement en ce sens que chaque négation rejette une forme précédente tout en conservant quelque chose de cette forme. Un acte de contrôle peut ainsi être annulé par un acte de contre-contrôle, à son tour annulé par un autre acte de contrôle (la négation de la négation) et ainsi de suite. Chaque modèle de contrôle va conserver un élément de la négation précédente.

Le troisième principe explique les processus de changement révolutionnaire selon lesquels une forme d'organisation sociale fait place à une autre. Les marxistes appellent cela « mouvements totaux ». Dans la nature, il existe de nombreux processus selon lesquels des changements d'ordre quantitatif conduisent à une catastrophe qui à son tour va déterminer un changement d'ordre qualitatif. L'eau peut absorber les augmentations de température jusqu'à ce qu'elle atteigne le point d'ébullition et se transforme alors en vapeur. Un vase peut être rempli jusqu'à ce qu'une goutte le fasse déborder. On peut voir des processus similaires dans les modèles d'organisation sociale. Un processus de contrôle et de contre-contrôle peut se poursuivre jusqu'à ce que le contrôle ne soit plus possible, et que la situation débouche sur une phase nouvelle d'activité coopérative ou destructrice. Les changements cumulatifs dans la société peuvent ainsi fournir les conditions d'une révolution qui changera les fondements de cette société.

Si nous combinons ces trois principes dialectiques, nous arrivons à un tableau riche et complexe de la nature du changement. L'analyse que fait Marx de la société insiste sur le fait que les diverses formes de rapports sociaux engendrent des contradictions internes qui mettent en échec leurs propres raisons d'être, et conduisent à un modèle continu de négation et de contre-négation. La négation de la négation permet le développement progressif du système jusqu'à ce que l'on arrive au point où les systèmes ne peuvent plus soutenir les contradictions internes. Ces trois principes aident à comprendre les tranformations de *tous* les systèmes sociaux.

Tableau 8.1. Trois principes de changement dialectique.

Pour ce faire, il a étudié la forme la plus élémentaire de richesse capitaliste, la marchandise, repérant une contradiction interne entre sa « valeur d'usage » (la valeur provenant de ce qu'elle répond à nos besoins) et sa « valeur d'échange » (la valeur en tant que produit sur le marché). En analysant cette contradiction, Marx a attaché beaucoup d'importance au concept de « plus-value », qui survient lorsque quelqu'un bénéficie des écarts entre les valeurs d'usage et d'échange. L'acquisition de la plus-value est la source du capital et de la richesse. De nos jours, nous considérons généralement le capital comme une possession ou une entité, et envisageons le profit comme le résultat de l'initiative et de l'esprit d'entreprise. Marx offre une vision différente, préférant insister sur la manière dont profit et accumulation de capital engendrent des rapports conflictuels entre les individus. Il considère ces phénomènes de façon dialectique, comme des forces qui opposent vendeurs et acheteurs, mettant en relief le fait que la production de plus-value repose toujours sur la capacité de payer à quelqu'un moins que ce qu'il pourrait toucher ailleurs, et par conséquent s'effectue toujours aux dépens d'une autre personne constitutive du rapport d'échange. Comme l'a fait remarquer l'économiste marxiste Ernest Mandel, la lecture dialectique de la nature du capital et de la richesse se retrouve dans l'ancienne croyance que Mercure, dieu du commerce (et source étymologique du mot marchand) était aussi le dieu des voleurs. On la voit également dans la vieille formule anarchiste « La propriété, c'est le vol. » Dialectiquement parlant, capital, richesse et profit sont fondés sur des antagonismes qui ont une force cinétique propre.

Le *Capital* de Marx illustre bien la façon dont fonctionnent ces antagonismes. Il montre comment la production de plus-value crée une opposition entre les intérêts des capitalistes et ceux des travailleurs. Un des traits marquants du capitalisme industriel est qu'il cherche à augmenter sa plus-value en se servant de la main-d'œuvre. Cela ne peut se faire que si la valeur d'usage du travail pour l'employeur, c'est-à-dire la valeur qui provient de l'emploi de la main-d'œuvre, surpasse la valeur d'échange qui doit être versée en salaires. Selon Marx, la recherche de la plus-value amène les capitalistes à tenter de réduire le coût de la main-d'œuvre. Il y a longtemps que ces derniers y parviennent de toutes sortes de façons : en augmentant la durée de la journée de travail sans augmenter le salaire ; en tentant de réduire les salaires ; en augmentant le rendement grâce à une meilleure organisation du travail ou grâce à des machines ; en augmentant la mesure de contrôle sur l'utilisation du temps de travail, autrement dit en supervisant davantage ; en utilisant une main-d'œuvre sous-payée chaque fois que cela se peut : femmes, enfants, immigrants ou gens de ce que l'on appelle aujourd'hui le Tiers Monde ; et en remplaçant le plus possible les êtres humains par des machines. La grande force de l'analyse de Marx, c'est de montrer qu'un conflit interne est inhérent à la nature de la plus-value. Selon lui, le fait que l'existence même de la production capitaliste dépend d'une différence positive entre la valeur d'usage du travail et sa valeur d'échange signifie qu'il y aura toujours lutte entre les capitalistes déterminés à faire des profits et les travailleurs qui cherchent à obtenir des salaires plus élevés. Les conflits que met en lumière la théorie de Marx — entre capitalistes et travailleurs, entre direction et syndicat, entre classe dominante et classe ouvrière, entre bourgeoisie et prolétariat, entre producteurs et non-producteurs, entre le fondement économique ou l'« infrastructure » d'une société et sa « superstructure » idéologico-politique — proviennent tous de la contradiction entre valeur d'usage et valeur d'échange, contradiction qui est inhérente à la plus-value et à la nature de la marchandise. Pour Marx, la vie sociale dans une société capitaliste se déploie comme le résultat de ces contradictions fondamentales.

D'après Marx, les crises du capitalisme sont le prolongement logique de ces mêmes contradictions fondamentales. Par exemple, dans un marché, étant donné les conditions de concurrence, on ne peut augmenter la plus-value qu'en « battant » les concurrents. Cela implique bien souvent que les marchandises doivent être vendues à un prix inférieur à ce qu'il serait sans concurrence, ce qui amène les firmes à tout faire pour réduire le prix de revient de leurs produits ou pour leur trouver de nouveaux marchés, car une diminution de prix, en soi, tend à réduire le taux de plus-value et, si des concurrents en font autant, peut faire disparaître complètement la plus-value. La concurrence sur le marché tend ainsi à forcer les entreprises à rivaliser pour trouver des moyens de réduire les frais de main-d'œuvre et les autres coûts de production. Très souvent cela va mener à l'emploi de nouvelles machines, ce qui peut exiger d'importants investissements nouveaux. Ainsi, tenter d'augmenter la plus-value peut souvent obliger une entreprise à croître et à risquer les capitaux qu'elle possède déjà afin d'en obtenir de nouveaux. Cependant, plus l'investissement en capital est important, plus la marge bénéficiaire est petite, et elle a d'ailleurs toujours tendance à diminuer : dans un contexte où les taux de profit sont élevés apparaissent rapidement de nouvelles entreprises, ce qui mène à une diminution du taux de profit. Dès lors les rendements décroissants diminuent la profitabilité de l'expansion de la firme qui, plus tôt, avait décidé de croître pour demeurer concurrentielle. L'excès de capacité de production et la nature non profitable de beaucoup de secteurs des économies industrielles avancées sont le résultat de cette logique impitoyable. Le système s'ajuste en supprimant les entreprises marginales et en obligeant les plus prospères à se réorganiser. C'est très souvent la petite entreprise qui souffre le plus, car elle n'a pas les ressources nécessaires pour laisser passer la tempête. Les crises du système capitaliste sont souvent marquées surtout par la faillite de ces petites entreprises. Bien que leurs destinées puissent paraître indépendantes les unes des autres, elles sont en réalité étroitement liées.

Ces crises s'accompagnent souvent de conflits sérieux avec la main-d'œuvre car les mesures nécessaires pour obtenir l'avantage voulu sur la concurrence, et le conserver, consistent souvent à augmenter le rendement du personnel plus rapidement que sa masse salariale et à remplacer les travailleurs par des machines. Fréquemment, dans ces cas, de tels changements ne peuvent se produire qu'après une lutte entre dirigeants et travailleurs, surtout lorsque ces derniers sont syndiqués. L'instabilité qu'engendre la logique capitaliste dans le système contribue à l'exacerbation de ces luttes. Lorsque les affaires marchent bien, par exemple, la demande en main-d'œuvre augmente, ce qui a surtout pour effet d'augmenter les salaires. Cependant cette augmentation des salaires tend à réduire le taux de la plus-value. Cela rend la main-d'œuvre moins rentable et les investissements destinés à réduire cette dernière offrent plus d'intérêt. La demande en main-d'œuvre diminue et crée un ralentissement des affaires. De cette façon, la recherche de plus-value *produit* la crise économique, les moments de prospérité étant suivis par la récession et la stagnation. Selon Marx, la logique du cycle des affaires est dissimulée dans la logique du système capitaliste, et il donne sa propre explication de l'origine du processus d'inflation illustrée dans la figure 8.2.

Un grand nombre des conflits qui surgissent entre capital et travail ne sont donc pas des conflits autonomes engendrés par les attitudes et par les actions d'un seul groupe, mais sont le produit de *relations* créées par un système destiné à la production de plus-value. En gros, les intérêts du capital sont favorisés par des processus et des pressions qui maintiennent les salaires au niveau le plus bas possible, bien que le plus important soit la relation entre prix et salaires, c'est-à-dire le niveau relatif des salaires et non leur niveau absolu. La logique du système amène les employeurs à se dire que les salaires doivent rester bas pour pouvoir continuer à faire des affaires puisque, sans sources d'efficience nouvelles, les entreprises ont tendance à perdre leur avantage sur la concurrence. Mais à moins que les syndicats ne s'opposent à des changements qui conduisent à des coupes de salaires, relatives ou absolues, ou au chômage, leurs membres se verront déplacés et achetés ou vendus comme n'importe quelle marchandise. Il n'est donc pas étonnant que dirigeants et travailleurs s'affrontent si souvent dans des luttes amères car, de chaque côté, ils luttent pour continuer d'exister. Le plus souvent chacun considère l'autre comme l'ennemi ou comme le vilain de la pièce. Les employeurs vont donc essayer de saper et de contrôler le pouvoir syndical chaque fois que possible ; les syndicats tendent à profiter de toutes les occasions pour se battre, estimant que les augmentations de salaire, même lorsqu'elles correspondent à une augmentation de rendement, doivent être arrachées aux employeurs, car ces derniers ne les accordent que très rarement de bon gré.

Nous voyons maintenant pourquoi Marx considérait la lutte des classes permanente comme un trait définissant le mode de production capitaliste, et pourquoi il prétendait que cette lutte ne se terminerait qu'avec la prise de contrôle des moyens de production par la classe ouvrière. Marx estimait que cela se produirait graduellement, à mesure que la classe ouvrière, organisée et unie par le processus capitaliste lui-même, acquerrait la capacité d'aller vers l'organisation communautaire, remplaçant ainsi l'exploitation fondée sur la production de plus-value par un mode de vie axé sur l'expression et le développement des capacités humaines. Son analyse du processus a bien mis en relief la façon dont le capitalisme est l'auteur de sa propre chute, celle-ci résultant de sa propre nature. La centralisation de la propriété du capital et des moyens de production entre les mains de moins en moins de gens, conséquence logique de la compulsion à augmenter la plus-value, regroupe et unit la main-d'œuvre. Le système produit ainsi les « fers » ou contre-contrôles qui le font trébucher de crise en crise et qui, de l'avis de Marx, constitueront finalement le fondement d'un changement radical ou « mouvement total » selon lequel la propriété collective des moyens de production remplacera la propriété privée du capitalisme. La vision qu'avait Marx de la société nouvelle est dialectique en ce que le système de propriété capitaliste, qui nie le système de propriété individuelle (selon lequel le travailleur est propriétaire de ses moyens de production, de son processus de travail et de ce qu'il produit) sera lui-même nié par un système qui conservera quelques-unes des réalisations de l'ère capitaliste, comme la coopération entre les personnes et la concentration des moyens de production (sous la forme de propriété commune). C'est là, bien entendu, la négation de la négation (voir le tableau 8.1).

Nous le savons tous aujourd'hui, ce changement de société ne s'est pas produit. (L'Union soviétique et les autres régimes également dominés par l'État ne représentent pas le modèle marxiste car, de la même façon que leurs voisins capitalistes, ils reposent sur l'extraction de la plus-value de leur force de travail. Ils diffèrent sur les plans idéologique et politique, mais pas quant aux fondements économiques.) Pour les critiques du marxisme, cela prouve que l'analyse de Marx est fausse. Pour ses défenseurs, cela ne fait que montrer que Marx, décédé en 1883, est mort trop tôt pour tenir compte de la façon complexe et durable avec laquelle le système capitaliste allait se déployer ou de l'ingéniosité dont il a fait preuve pour gérer ses contradictions internes, du moins de façon temporaire. À l'appui de leurs dires, ils soutiennent que beaucoup de ses prédictions les plus importantes ont bien supporté l'épreuve du temps, par exemple celles qui concernent l'augmentation de l'accumulation du capital, le taux accru de progrès technique, l'accélération des gains dans le rendement de la main-d'œuvre, la concentration et la centralisation accrues du capital entre des mains de moins en moins nombreuses, la transformation du travail en travail salarié et le déclin de l'entrepreneuriat privé, la baisse tendancielle des taux de profit, l'augmentation du taux de plus-value, les cycles commerciaux qui vont de la prospérité au marasme, et le conflit permanent entre capital et travail, entre direction et syndicat. C'est assez remarquable si l'on se souvient que Marx a écrit le *Capital* à l'aube de l'ère industrielle, à un moment où la plupart des économies occidentales étaient dominées par l'agriculture et la petite entreprise, et avant l'époque des grands syndicats, des multinationales, de la radio, du téléphone, des automobiles, des avions et des progrès importants dans l'automation. Marx n'a pas su prévoir l'augmentation du niveau de vie de la plus grande partie de la classe ouvrière du monde occidental, le développement d'une économie mixte, ni la mesure dans laquelle l'État allait intervenir dans la réglementation de la vie économique et sociale, bien qu'il ait toujours prétendu que le rôle de l'État était de servir les intérêts du capital.

Les défenseurs de Marx estiment que ce sont là des points mineurs, si on les compare avec ce qu'il a accompli, et que de toutes façons, ils n'annulent pas la validité de son approche, puisqu'ils ne font que demander une extension de son mode d'analyse fondamental. Marx s'est concentré sur l'analyse des contradictions *les plus importantes* dissimulées dans la logique de l'accumulation du capital. Cette analyse s'adapte parfaitement à l'idée qu'il peut y avoir de nombreux niveaux ou ensembles de contradictions à l'intérieur de contradictions plus importantes, qui produisent de nombreux ensembles d'oppositions dialectiques déterminant les modèles détaillés de développement qui se déploient. C'est ainsi que dans une société déterminée par la recherche de plus-value, qui oppose travail et capital, nous trouvons aussi le travail opposé au travail, le capital au capital, les hommes aux femmes, les Blancs aux Noirs, une nation à une autre et ainsi de suite. La contradiction dominante entre travail et capital crée un cadre à l'intérieur duquel surgissent d'autres oppositions.

En examinant en détail le développement du capitalisme, nous voyons que sa riche texture, qui ne cesse de se développer, est le résultat de cette logique dialectique. En période de crise économique, donc, et de chômage abondant, les chômeurs considèrent souvent que leur situation vient d'autres éléments de la main-d'œuvre, par exemple «les immigrants qui nous volent nos emplois», «les syndicats qui nous font coûter trop cher», «les femmes qui prennent les emplois des hommes», et non les contradictions qui existent dans le système économique proprement dit. En période de prospérité, des mesures qui améliorent le bien-être et le statut des travailleurs émergent dialectiquement des oppositions qui se trouvent à l'intérieur de l'opposition fondamentale entre travail et capital. Le pouvoir syndical, par exemple, crée le pouvoir politique, qui établit le salaire minimum et renforce les programmes dans les domaines de l'éducation, de la santé et du bien-être qui, tous, pourront un jour ou l'autre entraver le processus de l'accumulation du capital, créant ainsi des crises, fiscales et autres, à l'intérieur du système. Si l'on veut un autre exemple, les contradictions du capitalisme dans les sociétés occidentales ont souvent trouvé leur solution dans leur exportation. Un grand nombre des vieilles tensions entre capital et travail, entre classe dominante et classe ouvrière, se reflètent aujourd'hui dans une division du travail et une structure de classes qui sont devenues internationales : la classe ouvrière qui fait vivre beaucoup de pays occidentaux se trouve aujourd'hui dans le Tiers Monde.

Le raffinement et la solidité du système capitaliste doivent beaucoup à cette sorte de développement dialectique. L'analyse de Marx n'a pas saisi cette richesse, mais son existence s'accorde parfaitement avec la vision qu'il avait de la nature du changement. L'expérience de l'histoire nous conduit à voir que Marx avait surestimé la facilité avec laquelle le système capitaliste serait remplacé par une forme d'organisation sociale qualitativement différente. Il semble aujourd'hui plus vraisemblable que la négation principale du capitalisme vienne de la pollution irréversible de notre planète, des pressions du Tiers Monde ou d'un holocauste atomique plutôt que d'une révolution déclenchée par la classe ouvrière occidentale. Notre société continue à évoluer selon des processus dialectiques, et la méthode d'analyse dialectique dont Marx a été le pionnier demeure d'une importance cruciale, bien que le modèle précis des changements sociaux à venir ne prenne sans doute pas la forme qu'il avait prédite.

VIVRE AVEC LA CONTRADICTION ET GÉRER LE FLUX

L'idée que les écrits de Marx sont du domaine de l'idéologie politique est maintenant tellement ancrée dans l'esprit des gens qu'il leur est souvent difficile de considérer son œuvre de façon plus objective. Et pourtant, si nous nous débarrassons des clichés grossiers qui caractérisent tant d'opinions sur le marxisme, et si nous nous souvenons que Marx lui-même a déclaré ne pas être marxiste, insistant ainsi sur l'incompréhension et la manipulation dont ses travaux faisaient l'objet, nous pouvons voir l'immense pouvoir que peut procurer ce type d'analyse. Tout comme les anciens taoïstes, Marx a cherché en fin de compte à comprendre la dynamique fondamentale par laquelle le monde se change lui-même et, comme les taoïstes, il a élaboré un système de pensée qui nous invite à envisager tous les changements comme le résultat de tensions entre deux contraires. En analysant ces tensions, nous avons un excellent moyen de comprendre comment notre monde se déploie et nous pouvons considérer l'histoire et les phénomènes contemporains dans une optique tout à fait différente de celle qui nous est coutumière.

En étudiant le virage du développement industriel de cette façon, nous pouvons voir comment la montée de l'industrialisation et de l'urbanisation au XIXᵉ siècle est à l'origine du mouvement ouvrier et du syndicalisme qui, à leur tour, ont déterminé le développement industriel subséquent. Nous pouvons comprendre comment la déshumanisation du travail qui a accompagné l'industrialisation a eu pour résultat le mouvement des relations humaines. Nous pouvons voir comment la réussite et le pouvoir des syndicats a contribué à l'internationalisation de la main-d'œuvre et à son remplacement par des robots. Nous pouvons voir comment le succès des mesures prises pour réduire les prix de revient aboutissent au chômage dans les pays occidentaux, chômage qui supprime les marchés primaires auxquels les marchandises sont destinées. Nous pouvons comprendre comment le chômage et la nécessité de soutenir la consommation engendrent l'État-providence qui, parce qu'il consomme de la plus-value, doit vivre de celle qui est produite ailleurs, ce qui crée des crises fiscales et d'autres dont les effets se répercutent à travers la société tout entière. Nous pouvons voir comment la richesse des pays développés crée la pauvreté et les ghettos industriels du Tiers Monde. Nous pouvons voir comment les pressions exercées par l'industrie dans le Tiers Monde se traduisent par un abandon de l'agriculture locale, les gens quittant la campagne pour s'installer dans les villes. Nous voyons comment la prospérité du monde occidental peut donner lieu à sa ruine, si la classe ouvrière du Tiers Monde se soulève et prend possession des moyens de production locaux qui servent à soutenir cette prospérité. Nous pouvons voir comment la domination de la nature par l'être humain finit par nuire à ce dernier, à mesure que des problèmes comme la pollution, l'épuisement des ressources et la dégradation générale de l'environnement menacent de dominer l'humain à son tour.

En citant ces exemples, nous ne parlons pas de processus linéaires dans lesquels A cause B. Nous considérons plutôt des oppositions auto-engendrées dans lesquelles un élément du phénomène tend à produire l'existence de l'autre. C'est ainsi que l'industrialisation tend à produire le syndicalisme comme force d'opposition au phénomène d'industrialisation. La richesse tend à créer la pauvreté qui, à son tour, produit des forces qui sapent la richesse. Tous les phénomènes engendrent des tendances et des contradictions latentes qui ont tendance à se changer elles-mêmes. Les habitudes de « pensée linéaire », dont nous avons parlé plus haut, tendent à limiter notre capacité de penser de façon dialectique. Cela nous empêche alors de voir comment la semence de l'avenir est toujours dissimulée dans les oppositions qui déterminent le présent.

L'imagination dialectique nous invite à considérer la contradiction et le flux comme des traits essentiels de la réalité. Comme c'est le cas pour la théorie de la causalité mutuelle, cela nous conduit à penser à partir de boucles. Mais des boucles d'une sorte particulière qui nous font voir que chaque action tend à produire un mouvement dans la direction opposée. Cela a d'importantes conséquences sur la façon dont nous organisons dans tous les domaines, et cela nous incite à reconnaître que les paramètres de l'organisation définissent les points de convergence de la désorganisation, que le contrôle engendre toujours des forces de contre-contrôle et que tout succès est le fondement d'un échec potentiel.

Il est important, dans ce type d'analyse dialectique, de se demander quelles sont les tensions et oppositions primaires, et lesquelles sont secondaires, puisque, nous l'avons déjà dit, les oppositions tendent à surgir à l'intérieur d'oppositions, créant des modèles de changement dans lesquels l'importance de l'opposition primaire peut être masquée par un certain nombre de différences plus superficielles. Une bonne analyse du changement, ainsi que des dispositions et des tendances qui sont inhérentes au présent, exige donc que nous puissions saisir ce que sont les forces fondamentales qui déterminent une organisation et une société. Si l'analyse de Marx est fondée, nous pourrions bien en conclure que ces forces se trouvent dans les structures de production et de reproduction de nos conditions matérielles d'existence, autrement dit dans notre économie. Il est intéressant de noter que beaucoup d'hommes et de femmes d'affaires seront d'emblée d'accord avec cela. L'approche marxiste de l'analyse sociale s'accorde tout à fait avec de nombreux points de vue contemporains. Cependant, elle nous pousse à ne pas nous contenter d'accepter les règles de l'économie contemporaine comme des faits « naturels » et à analyser et comprendre les oppositions et tendances dissimulées dans ces règles.

Si nous envisageons notre univers de cette façon, nous soulevons forcément une question concernant la mesure dans laquelle nos vies sont déterminées par une logique d'opposition qui se déploie. Il est évident qu'une bonne partie de notre vie quotidienne dépend de forces sur lesquelles nous estimons avoir peu de contrôle. Un gestionnaire peut estimer n'avoir d'autre option que de respecter les règles du marché et l'environnement général en décidant de la politique de l'organisation. Un travailleur peut penser que les possibilités d'emploi et les perspectives de carrière qui s'offrent à lui sont prédéterminées par son éducation ou son milieu social. Dans chaque cas, la logique du « système » ou de l'« environnement » est considérée comme dominante, ceux qui sont en cause se voyant plutôt comme des acteurs subordonnés à un scénario rédigé ailleurs et par d'autres. C'est là, bien entendu, la vision classique que présentent de nombreuses interprétations des œuvres de Marx. Une véritable compréhension dialectique de la logique marxiste du changement offre toutefois un scénario plus optimiste. Tout en reconnaissant que, si nous adoptons une attitude passive devant la réalité sociale, nous risquons effectivement de demeurer prisonniers du système au sein duquel nous vivons, elle admet aussi que, en principe, nous pouvons exercer une certaine influence sur la logique qui détermine nos actes. Nous pouvons y parvenir en essayant d'agir sur les tensions et oppositions qui sous-tendent les forces déterminant le système, et par conséquent d'influencer la direction qu'elles prennent. Là encore, la distinction entre oppositions primaires et secondaires est importante. Aussi longtemps que nos activités ont pour but d'agir uniquement sur les oppositions secondaires, nous ne pouvons effectuer que des changements relativement superficiels dans notre univers. Comme Marx lui-même ainsi que d'autres dialecticiens l'ont montré, un changement qui serait important et durable dépend de la capacité de transformer les oppositions primaires au sein desquelles s'insèrent les autres oppositions superficielles.

L'analyse dialectique a de très importantes conséquences sur les pratiques du changement social et du changement organisationnel. Elle nous incite à chercher les moyens grâce auxquels on peut reformuler les oppositions entre capital et travail, entre hommes et femmes, entre Noirs et Blancs, entre monde des affaires et gouvernement, capitalisme et communisme, nations riches et nations pauvres, travailleurs et chômeurs, jeunes et vieux, entre l'organisation X et l'organisation Y, et même entre production et ventes, de sorte que l'énergie qui se dégage des tensions traditionnelles puisse s'exprimer de façon nouvelle. L'analyse dialectique nous montre ainsi que la gestion de l'organisation, de la société aussi bien que de sa vie personnelle exige en fin de compte de gérer la contradiction. C'est particulièrement évident en période de crise, quand les valeurs et les logiques concurrentes occupent le centre de la scène, mettant en lumière les tendances contradictoires qui déterminent la réalité sociale. La solution de ces crises repose invariablement sur la domination d'un côté ou d'un autre ou sur une transformation quelconque grâce à laquelle les différences trouvent une nouvelle unité devant une autre opposition, comme c'est le cas lorsque dirigeants et travailleurs s'unissent pour concurrencer une autre entreprise. Bien que beaucoup rêvent d'une existence où le conflit n'existerait pas, c'est là une idée qui manque de réalisme. Une vision dialectique de la réalité indique que la tension et la contradiction seront toujours présentes, bien qu'elles puissent être plus ou moins explicites, et prendre différentes formes selon les oppositions qui se manifestent. Le choix qui s'offre aux individus et aux sociétés est, en fin de compte, un choix qui concerne la sorte de contradiction qui va déterminer le modèle de leur vie quotidienne.

Forces et limites de la métaphore du flux et de la transformation

De nos jours, nous considérons souvent le changement comme allant de soi, comme une force externe qui transforme l'univers qui nous entoure et suscite toutes sortes de problèmes nouveaux que nous devons résoudre. Une des principales forces des images étudiées dans le présent chapitre, c'est qu'elles tentent de sonder la nature et la source du changement afin que nous puissions en comprendre la logique. Cela a un impact énorme sur la façon dont nous comprenons et dirigeons les organisation, car s'il existe une logique interne des changements qui déterminent notre univers, il devient possible de comprendre et de gérer le changement à un niveau différent et plus élevé de pensée et d'action.

Si nous étudions les idées contemporaines sur la gestion du changement dans les travaux sur la théorie de l'organisation, nous nous apercevons qu'on l'aborde à deux niveaux. Le premier est avant tout descriptif et cherche à repérer et à cataloguer les manifestations du changement, par exemple en le voyant comme des événements discrets qui influencent la nature, le rythme et la direction de fluctuations d'ordre technique, mercatique, démographique et plus globalement socio-économique. Le second est plus analytique et cherche à caractériser le changement avec des termes plus abstraits, comme son degré d'incertitude ou d'instabilité. Ces efforts produisent des descriptions et des classifications de la nature du changement, mais n'en expliquent pas vraiment la dynamique fondamentale. Ils nous permettent d'élaborer des théories sur la façon dont les organisations peuvent réagir devant différents types de changement, mais ne fournissent aucune indication sur la manière dont les organisations pourraient commencer à influencer la nature du changement auquel elles font face. Pour y parvenir, nous devons passer au niveau de pensée nouveau que nous fournit la métaphore du flux. Il nous faut essayer de comprendre comment les événements discrets qui constituent notre expérience du changement, et que nous utilisons dans nos classifications relatives à la certitude et à l'incertitude de notre environnement, sont engendrés par une logique dissimulée dans le processus même du changement.

En comprenant bien cette logique, nous créons de nouveaux moyens de penser le changement et de le gérer. En effet, plutôt que de tenter de composer avec les manifestations de cette logique, c'est-à-dire avec les événements discrets qui contribuent à l'incertitude, nous pouvons essayer de prendre en considération la logique elle-même. Ce faisant, nous commençons à déterminer et à guider les forces dont nous croyons souvent qu'elles appartiennent à une réalité objective qui nous apparaît indépendante de nos efforts.

Les trois images du changement que nous avons étudiées dans le présent chapitre nous fournissent des façons de penser autrement le processus et la logique du changement. En tant que métaphores, elles saisissent différents aspects du flux qui détermine notre vie quotidienne et nous incitent à le comprendre de diverses façons : comme la manifestation autopoïétique de nos propres actions, comme un réseau de causalité mutuelle déterminé par des processus de rétroaction négative et positive, et comme un processus dialectique de contradiction qui se déploie. Elles nous proposent également différentes façons de gérer le changement. Selon le point de vue autopoïétique, nous pourrions mieux gérer le changement en devenant plus conscients des processus autoréférentiels par lesquels nous organisons et nous produisons notre environnement ; nous pourrions aussi *changer la nature du changement* en remplaçant les images égocentriques par celles qui reconnaissent notre dépendance mutuelle vis-à-vis des autres. Le point de vue de la causalité mutuelle nous amène à une vision connexe, en nous incitant à attacher une attention toute particulière à la nature des relations et à les gérer et les transformer pour exercer une influence sur les modèles de stabilité et de changement. La perspective dialectique nous conduit à comprendre les oppositions génératrices de changement qui déterminent notre univers et à gérer le changement en agissant sur ces oppositions. En dépit de leurs différences, ces trois approches ont de nombreux traits complémentaires et peuvent sans aucun doute être intégrées, ce qui nous donnerait des moyens extrêmement importants pour influencer la logique selon laquelle nous produisons et reproduisons le monde que nous habitons.

Les images explorées dans ces pages nous offrent un moyen d'analyser ce que l'on pourrait appeler la « structure profonde » de la réalité quotidienne. Elles nous incitent à comprendre notre univers comme la manifestation d'un processus générateur plus profond ou, pour employer les termes de David Bohm, comme l'ordre expliqué ou déployé d'une réalité plus fondamentale dont l'ordre impliqué, lui, est dissimulé. À cet égard, on peut faire un parallèle avec les idées exprimées dans le chapitre 7, où nous disions qu'il est possible de comprendre le monde de tous les jours comme une manifestation de l'inconscient. La contribution particulière du présent chapitre, c'est de montrer que les processus cachés qui, en fin de compte, déterminent la réalité sont dissimulés dans les logiques du changement qui créent la totalité de notre existence. Bien que cela puisse paraître quelque peu métaphysique, cette idée, nous l'avons vu, a des conséquences très concrètes.

Dans une bonne partie de la science et de la vie quotidienne, par exemple, on insiste habituellement sur le tangible et le visible. Les gestionnaires, dans leurs organisations, ont un cadre de référence similaire et ils formulent problèmes et solutions en se fondant sur les dimensions les plus visibles des situations auxquelles ils ont affaire. Si les idées étudiées ici ont quelque valeur, ces modes de compréhension traditionnels n'arriveront pas à donner une appréciation pleine et entière de la situation en cause, à moins qu'ils ne saisissent comment ces traits de réalité superficiels sont déterminés par la logique du changement qui leur donne naissance. Nous pourrions, pour prendre un exemple très simple, essayer de comprendre un conflit à propos de la décision de fermer une usine comme un simple conflit d'intérêts entre le syndicat et la direction. Celle-ci veut fermer l'usine pour des raisons d'ordre économique. Le syndicat veut qu'elle reste ouverte pour sauvegarder les emplois de ses membres et protéger la population locale pour laquelle l'usine représente une source de revenus importante. Nous pouvons dire, au niveau superficiel, qu'ils sont en opposition parce qu'ils cherchent à atteindre des buts différents et peut-être incompatibles. Toutefois, à un niveau plus profond, on peut s'apercevoir que l'opposition vient de l'interaction de forces cachées qui créent cette sorte de crise.

Au cours des années 70 et 80, un grand nombre d'entreprises dans les secteurs traditionnels de l'économie occidentale — charbon, acier, transport de marchandises et industrie lourde — se sont trouvées dans cette sorte de situation de crise. Chaque fois, il en est résulté de durs combats entre la direction et le syndicat. En considérant que ces combats proviennent de forces qui déterminent le cadre d'action dans lequel ils prennent place plutôt que de manœuvres politiques de la part des personnes en cause, nous sommes amenés à concevoir le problème de la fermeture d'une usine comme le symptôme d'un processus fondamental dissimulé dans la logique du système industriel. Des crises similaires se produisent dans d'autres situations, par exemple dans les services de santé et dans les services judiciaires, où des crises fiscales suscitent des tentatives de rationalisation et de simplification du fonctionnement qui s'effectuent d'une manière telle qu'elles suscitent à leur tour d'autres crises. Dans les hôpitaux, par exemple, la crise prend la forme de conflits entre les besoins d'efficience et les préoccupations d'ordre humanitaire et professionnel, et devant les tribunaux il y a visiblement conflit entre, d'un côté, les besoins d'efficience et, de l'autre, l'administration équitable de la justice et les droits et principes que prônent à la fois les individus et le système judiciaire. Comme dans le cas de la fermeture d'une usine, nous pouvons estimer que le problème est un simple conflit d'intérêts ou qu'il est une manifestation de la logique fondamentale qui anime le système.

La façon dont on formule les problèmes fondamentaux a une influence critique sur la manière dont on va les résoudre. Dans la mesure où nous nous concentrons sur des problèmes vus comme des conflits d'intérêts, nous ne pouvons arriver qu'à des solutions où il y aura des gagnants et des perdants. Quand l'entreprise ferme son usine, par exemple, elle laisse à la population locale et au gouvernement le soin de faire face au chômage. Une campagne pour augmenter l'efficicence dans les services de santé et les services judiciaires produit des crises et des anomalies qui sont renvoyées à la population plutôt que résolues par les services responsables. Par contre, envisager un problème à partir de la logique du changement qui lui a donné naissance donne accès à de nombreux scénarios différents qui, souvent, tablent sur des changements possibles dans la logique du système lui-même. Souvent, cela conduit à une nouvelle compréhension des intérêts en présence et à une reformulation des relations entre les personnes en cause.

Cette reformulation doit en général commencer au niveau local, par l'examen de problèmes particuliers dont on s'apercevra peut-être qu'ils ont des liens avec des problèmes systémiques plus importants. Il est possible qu'il faille traiter ces derniers de façon plus large, avec la participation d'autres personnes qui peuvent partager les mêmes préoccupations. C'est ainsi que des comités de relations de travail, créés pour réagir de façon innovatrice au déclin d'industries locales, peuvent ensuite former des liens avec des groupes similaires pour effectuer certains changements d'ordre structurel dans le système industriel par une action collective et politique plus large. De la même façon, des groupes locaux qui ont affaire à des problèmes locaux peuvent s'entendre pour influencer le financement et la structure des services qui les intéressent.

En pensant aux logiques du changement, nous sommes conduits à réfléchir sur les hypothèses les plus fondamentales qui influencent les organisations et la société. Très souvent ces hypothèses ont leur racines dans des idéologies qui nous encouragent à les accepter telles quelles, sans y réfléchir. Dans un régime capitaliste, certaines variétés de darwinisme social soutiennent l'idée de la concurrence entre individus et entre organisations, parce que l'on considère que c'est la façon la plus efficace d'organiser la société. Dans les États communistes, un certain nombre d'interprétations fautives de la théorie de Marx servent à légitimer des systèmes d'économie et de planification sociale centralisés. Comme les principes qui sous-tendent ces différents systèmes sont généralement présentés comme un enjeu idéologique ou politique, les conséquences détaillées et la logique interne d'autres systèmes possibles font rarement l'objet d'une analyse critique. On est plutôt encouragé à croire aux vertus du système prévalant dans la société dont on fait partie. Les idées présentées dans ces pages indiquent que les structures profondes d'idéologies différentes supposent l'existence de diverses logiques du changement, qu'elles soutiennent et qui peuvent être analysées de façon rigoureuse et systématique. Ainsi, plutôt que d'accepter l'affirmation célèbre d'Adam Smith selon laquelle une « main invisible » guide les systèmes capitalistes, la poursuite des intérêts individuels étant également avantageuse pour la société tout entière, nous pouvons soumettre la logique du système capitaliste à une analyse détaillée. Plutôt que d'accepter les croyances d'un Trotsky, d'un Lénine ou d'un Staline comme des recettes pour fonder une bonne société communiste, nous pouvons analyser la logique et les tendances fondamentales de ces sociétés. Les idées que nous venons d'étudier nous fournissent un moyen concret d'y parvenir.

Finalement la force principale du présent chapitre est de nous amener à voir que de nombreux problèmes d'ordre organisationnel ou social ne peuvent sans doute pas se résoudre à la pièce. Les raisons sont implicites dans ce qui a été dit plus haut, mais il s'agit là d'une question si importante qu'il vaut la peine de s'y attarder. En termes simples, les idées exposées dans les pages qui précèdent indiquent que, dans la mesure où les problèmes peuvent être la conséquence naturelle de la logique du système dans lequel on les

retrouve, nous pourrions bien n'arriver à les résoudre qu'en res-
tructurant cette logique. En voici un exemple très simple : la sorte
de pensée égocentrique et fragmentaire qu'utilisent les gens pour
se voir eux-mêmes implicitement comme séparés de leur environnement et pour rendre indépendants d'eux, en les projetant dans
un environnement perçu comme externe, les problèmes qu'ils ne
veulent pas tenter de résoudre, a souvent des conséquences pathologiques. Une usine de papier produit des déchets, résultats de sa
production, et fait face au problème de leur élimination. Plutôt que
d'en faire les frais directement (ce qui peut être extrêmement lourd,
financièrement parlant), elle déverse ces déchets dans un site prévu
à cet effet ; les déchets polluent l'eau, mais c'est à quelqu'un d'autre
qu'il incombe de s'assurer que l'eau soit épurée. Bien que nous
puissions traiter ce problème en prenant des mesures d'ordre
juridique, par exemple en imposant des amendes à l'usine, ou en
faisant appel au sens de la responsabilité sociale des dirigeants, le
problème fondamental repose sur la logique qui amène l'entreprise
à penser et à agir de cette façon. Avec ce type de pensée, il est certain que de nouveaux problèmes d'une nature similaire feront leur
apparition, même dans le cas où le problème immédiat a pu être
résolu. Beaucoup de problèmes contemporains sont pour ainsi dire
auto-engendrés, et nous ne pouvons y faire face qu'à partir de la
logique qui les sous-tend. Et c'est précisément ce que les idées exposées dans ces pages nous incitent à faire.

La métaphore du flux a ses limites. D'abord certains diront que
les approches dérivées de cette forme de pensée sont trop idéalis-
tes. Par exemple, toutes les solutions qui nécessitent une transformation radicale de la logique d'un système social vont sans doute
se heurter à la résistance du système. L'idéologie qui soutient une
certaine logique du changement peut éliminer la possibilité d'en
adopter d'autres. Si c'est le cas, nous allons peut-être devoir rester prisonniers de nos logiques du changement, bien qu'elles puissent avoir des conséquences pathologiques qui pourraient bien un
jour détruire la viabilité même de la société. Il est difficile de contourner ce déterminisme de façon efficace. En effet, bien que les
être humains, en théorie du moins, aient la possibilité de choisir
les logiques selon lesquelles ils vont se produire et se reproduire,
cela ne veut pas dire qu'ils en ont toujours la possibilité réelle. C'est
là peut-être une critique qui trahit un certain pessimisme, mais elle
contient un avertissement précieux en nous montrant que la logique de certains types de développement peuvent en fin de compte
aboutir à des impasses ou, plus exactement, à des modèles de

changement dans lesquels les anciennes formes de vie ne sont plus reconnaissables.

Une autre critique potentielle de cette métaphore est qu'on ne peut arriver à une compréhension totale des logiques du changement qu'après coup. Cependant, cette limite n'est peut-être pas aussi importante que la précédente. Bien qu'on ne puisse nier que les logiques du changement que nous avons explorées dans ces pages font beaucoup plus pour expliquer le passé que pour prédire l'avenir, leurs prédictions sont souvent remarquables. Par exemple, comme nous l'avons déjà signalé, un grand nombre de celles qu'a formulées Marx, dans son analyse du développement du capitalisme, ont fort bien supporté l'épreuve du temps, malgré quelques erreurs et quelques omissions. Il faut éviter, toutefois, de trop insister sur la capacité de prédiction d'une théorie. Nous oublions souvent que, dans la mesure où nous ne pouvons juger de cette capacité qu'après coup, son succès à prévenir l'avenir est *toujours* inconnu. De toute façon, comme nous le rappellent aujourd'hui bon nombre de « futurologues », il n'existe pas *un* avenir unique ; en effet, quand nous parlons d'avenir, nous parlons de possibilités. En tant qu'être humains capables de faire des choix, nous avons en principe la possibilité de déterminer et d'influencer l'avenir, du moins dans une certaine mesure. Les idées explorées dans les pages qui précèdent nous aident à le faire en montrant comment les caractéristiques d'avenirs possibles peuvent être dissimulées dans les dispositions et tendances du présent.

9

Le côté répugnant

L'organisation vue comme instrument de domination

Nos organisations sont en train de nous tuer !

La revue *Ramparts* faisait remarquer, il y a quelques années, que le monde occidental s'empoisonne lentement. Nos aliments sont souvent adultérés par des milliers de saveurs synthétiques, de couleurs, d'épaississants, d'acidifiants, d'agents de blanchiment ou de préservation, de contaminants provenant des emballages, d'antibiotiques et de pesticides toxiques. Les fabricants de produits alimentaires et de tabac dépensent des milliards de dollars chaque année pour la promotion de produits qui nuisent à la santé et contribuent ainsi au nombre élevé de cancers et de maladies diverses affectant le foie, les reins, le cœur et les poumons. Beaucoup de gens disent que, faute de preuves scientifiques suffisantes, on ne peut interdire que les substances les plus visiblement dangereuses ; malgé cela, un grand nombre de scientifiques estiment que nous avons affaire à une bombe à retardement dont les pires effets se feront sentir à long terme. Les toxines que nous absorbons pourraient bien influencer le fonds génique humain et causer des dommages irréversibles dans les générations à venir.

La pollution de l'environnement nous menace de la même manière. Les industries déversent chaque jour des millions de tonnes de déchets toxiques dans nos cours d'eau ou dans l'atmosphère, ou encore les enterrent dans des contenants non étanches. Les problèmes économiques que suscitent ces déchets sont tels que beaucoup d'organisations estiment qu'elles n'ont pas le choix et ne peuvent que continuer leurs pratiques dangereuses aussi longtemps qu'elles seront permises par la loi. Le résultat, c'est que près de 2000 toxines polluent aujourd'hui les Grands Lacs, et qu'il existe des milliers de sites d'enfouissement de déchets toxiques qui ajoutent à la pollution des eaux souterraines. On a par exemple repéré plus de 160 de ces emplacements à moins de 4,5 kilomètres de la rivière Niagara, qui se jette dans le lac Ontario. Les poissons sont atteints du cancer et, dans les secteurs de haute concentration de pollution, comme le Love Canal, de triste réputation, près de la rivière Niagara, la population est de plus en plus préoccupée par les maladies reliées à la pollution. Comme c'est le cas pour les aliments et pour le tabac, les pratiques des organisations qui font passer leurs bénéfices avant le bien-être des êtres humains menacent la santé.

Dans beaucoup d'organisations, le travail peut également être dangereux. Chaque année des milliers de travailleurs dans le monde entier meurent de maladies ou d'accidents du travail. On compte ainsi plus de 100 000 de ces morts en Amérique du Nord seulement. Des centaines de milliers d'autres travailleurs souffrent de maladies du travail dont la gravité peut varier : maladies du cœur, fatigue oculaire, maux de dos ou maladies pulmonaires. Et l'on ne surveille et contrôle que les pires. Les autres cas se produisent dans des situations légales et on les considère souvent comme des aspects « inévitables » des métiers en cause. Les accidents et maladies du travail, tout comme la pollution, sont souvent considérés d'un point de vue qui met davantage l'accent sur l'argent que sur la santé des travailleurs.

Dans tout le Tiers Monde, les grandes multinationales ne s'intéressent guère à la santé de la population locale. Comme cela a été le cas au moment de la révolution industrielle en Europe, on prive, légalement ou non, les gens de leurs terres et on en fait des pauvres en milieu urbain, qui travaillent dans des usines ou dans de véritables bagnes pour un salaire qui leur permet à peine de survivre. De l'avis de beaucoup d'économistes, les multinationales volent pratiquement aux pays hôtes leurs ressources et leur main-d'œuvre. Ils adoptent en même temps des modes de gestion stratégique qui augmentent l'état de dépendance de ces pays à leur égard. Les accidents et maladies du travail, la pollution et la dégradation des gens et de la terre continuent à se produire d'une façon et à un niveau qui reproduisent de façon frappante les conditions d'exploitation et le désespoir des populations travaillant dans les pires centres industriels d'Angleterre à la fin du XVIIIe et au XIXe siècle. Une fois encore, la logique économique et le désir de faire d'importants profits semblent les préoccupations principales.

Dans tous ces exemples, nous parlons de ce que l'ancien premier ministre britannique Edward Heath avait appelé le « côté répugnant » de la vie organisationnelle. Qu'elles le veuillent ou non, les organisations ont souvent un impact négatif très fort sur notre univers. Dans le présent chapitre, nous nous intéressons à cet aspect de l'organisation en l'étudiant comme intrument de domination. Bien que nous soyons en général incités à envisager les organisations comme des entreprises rationnelles qui ont des buts visant à satisfaire les aspirations de tout le monde, bien des faits indiquent que c'est là plus une idéologie qu'une réalité. On utilise souvent les organisations comme instruments de domination qui servent les intérêts égoïstes d'une élite aux dépens des autres. Et il existe souvent un élément de domination dans *toutes* les organisations.

L'organisation en tant que domination

Tout au long de l'histoire, les organisations ont été associées à des processus de domination sociale dans lesquels des individus ou des groupes trouvent les moyens d'imposer leur volonté aux autres. Cela devient évident quand nous faisons l'historique de l'organisation moderne depuis ses racines dans l'Antiquité, pendant sa croissance et son développement sous la forme d'entreprises et d'empires militaires jusqu'à son rôle dans le monde moderne.

Considérons, par exemple, l'incroyable exploit, sur le plan de l'organisation, de la planification et du contrôle, que représente la construction de la grande pyramide de Gizeh. On évalue à près de 10 000 le nombre d'hommes qui, pendant 20 ans, ont travaillé à cette construction. La pyramide se compose de 2 300 000 blocs de pierre qui pèsent chacun plus de 2000 kilos. Il a fallu extraire ces blocs, les couper, les transporter sur des kilomètres, généralement par bateau sur le Nil, quand il était en crue. Quand nous l'admirons, elle et les autres pyramides, c'est sans doute l'incroyable ingéniosité et le savoir-faire des Égyptiens qui nous frappent, tant sur le plan esthétique qu'organisationnel. D'un autre point de vue, toutefois, cette pyramide est une métaphore de l'exploitation humaine et symbolise la façon dont on s'est servi de la vie et du travail acharné de milliers de gens pour servir et glorifier quelques privilégiés.

Selon quelques théoriciens de l'organisation, cette combinaison d'exploit et d'exploitation est un des traits marquants de l'organisation à travers les âges. Que nous parlions de la construction des pyramides, de la conduite d'une armée, d'une multinationale, ou même d'une entreprise familiale, nous trouvons des relations de pouvoir asymétriques dont le résultat est que le travail de la majorité sert les intérêts de quelques-uns. Bien entendu, on peut observer de nombreuses différences dans les pratiques en cours, et à travers les âges il s'est produit de nombreux changements. La conscription et l'esclavage qui ont fourni la plus grande partie de la main-d'œuvre nécessaire à la construction de pyramides ou d'empires ont fait place au travail salarié, et les travailleurs ont le droit de quitter leur emploi. Les gestionnaires ont remplacé les maîtres. Et aujourd'hui les employés servent généralement les intérêts des actionnaires plutôt que ceux de pharaons, d'empereurs, ou de monarques absolus. Cependant, dans tous les cas, le travail de beaucoup d'individus est au service de buts visés par quelques-uns. De ce point de vue, on peut vraiment considérer l'organisation comme un processus de domination et les diverses formes d'organisation que l'on peut observer au cours de l'histoire, y compris dans le monde moderne, doivent être envisagées comme autant de variantes du *mode* de domination employé.

Cet aspect des organisations a été l'objet d'études particulières, effectuées par des théoriciens de l'organisation dits radicaux inspirés par les idées de Karl Marx et de deux autres auteurs bien connus : Max Weber et Roberto Michels. Comme nous l'avons vu au chapitre 2, Weber est reconnu, chez les théoriciens de l'organisation, pour ses travaux sur la nature de la bureaucratie. Mais il se préoccupait avant tout de comprendre comment différentes sociétés et différentes époques se caractérisent par des formes différentes de domination sociale. Il considérait la bureaucratie comme un mode particulier de domination sociale et s'est intéressé au rôle des organisations bureaucratiques dans la création et la conservation de structures de domination.

Pour Weber, la domination peut se produire de plusieurs façons. D'abord, et c'est la plus évidente, la domination surgit quand une ou plusieurs personnes en contraignent d'autres par l'emploi direct de la force ou de la menace. Cependant elle peut apparaître de façon plus subtile : quand un dirigeant peut imposer sa volonté à d'autres personnes qui estiment qu'*il a le droit de le faire*. C'est la sorte de domination qui intéressait le plus Weber, et il a consacré une bonne partie de ses efforts à comprendre la manière dont les formes de domination acquièrent leur légitimité et deviennent des relations de pouvoir jugées normales et socialement acceptables : des modèles d'autorité formelle, selon lesquels la personne qui détient l'autorité considère avoir le *droit* de diriger, et ses subordonnés qu'il est de leur *devoir* de lui obéir.

À la suite de ses travaux en histoire, Weber a cerné trois types de domination sociale qui pouvaient devenir des formes d'autorité ou de pouvoir légitimes. Il les a qualifiés de charismatique, de traditionnel et de rationnel-légal (voir tableau 9.1). Selon lui, la capacité qu'a un dirigeant de se servir de l'une ou l'autre de ces formes d'autorité dépend de sa capacité à trouver appui ou légitimation dans les idéologies et les croyances de ceux qu'il dirige. La possibilité de donner de solides fondements à son autorité dépend de sa capacité de mettre en place un appareil administratif approprié qui serve de pont entre dirigeant et subordonné. Il estimait ainsi que chaque mode de domination s'accompagne d'une certaine sorte de légitimité et d'une forme particulière d'organisation administrative.

Weber reconnaissait que ces trois types de domination se trouvent rarement sous une forme pure, et que l'empiètement de différentes formes d'autorité les unes sur les autres engendre souvent tension et malaise. Weber était fort préoccupé par la tendance à l'augmentation de la bureaucratie et de la rationalisation. Selon lui, la bureaucratisation présente une menace sérieuse pour la liberté de l'esprit humain et les valeurs de la démocratie libérale, car ceux qui contrôlent ont les moyens de subordonner les intérêts et le bien-être des masses aux leurs. D'où son idée que la bureaucratie pourrait facilement devenir une cage de fer. Il envisageait la bureaucratie comme un instrument de pouvoir de première importance et estimait que, dans la mesure où la bureaucratisation de l'administration

La *domination charismatique* survient lorsqu'un chef gouverne grâce à ses qualités personnelles. La légitimité de la domination repose ici dans la foi qu'ont les subordonnés en celui qui dirige, qu'ils voient par exemple comme un prophète, un héros, une héroïne ou un démagogue. L'appareil administratif, dans ce mode de domination, est très souple, peu structuré et instable, et fonctionne en général par l'entremise de quelques disciples ou intermédiaires.

La *domination traditionnelle* survient lorsque le pouvoir de dominer s'inscrit dans le respect de la tradition et du passé. La légitimité repose sur la coutume et sur la perception que la façon traditionnelle de procéder est « la bonne façon ». Les gens obtiennent ainsi le pouvoir par héritage, comme dans les systèmes monarchique ou de successibilité familiale. L'appareil administratif, ici, prend en général deux formes : *patriarcat* ou *féodalisme*. Dans le premier cas, les personnages officiels ou les administrateurs sont en général des attachés à la personne du chef — serviteurs, membres de la famille ou favoris — et sont rémunérés par lui. Dans le deuxième cas, ils conservent une indépendance relative. En récompense de leur allégeance, on leur accorde l'autonomie à l'intérieur d'une certaine sphère d'influence, et ils ne dépendent pas directement du chef pour leur rémunération ou leur subsistance.

Dans le cas de la *domination rationnelle-légale*, le pouvoir tire sa légitimité des lois, des règles, règlements et procédures. Le chef ne peut ainsi arriver au pouvoir légitime qu'en suivant les processus légaux qui déterminent le mode de nomination du chef. Le pouvoir est également strictement délimité par des règles. L'appareil administratif, dans ce cas, est généralement la bureaucratie, cadre de référence rationnel et légitime au sein duquel l'autorité formelle est concentrée au sommet de la hiérarchie de l'organisation. Par contraste avec le cas du féodalisme, les moyens d'administrer n'appartiennent pas au bureaucrate : son poste ne peut être ni hérité ni vendu. Il y a une stricte démarcation entre revenu, carrière et vie au travail, d'un côté, et ces mêmes éléments hors cadre de travail, de l'autre.

Tableau 9.1. Typologie de la domination selon Weber.
SOURCE : Mouzelis (1979 : 16-18).

est totale, il existe une forme de relations de pouvoir « pratiquement inébranlable ».

Le sociologue italien d'origine allemande, Roberto Michels, a exprimé des préoccupations semblables. Il a vu dans la dimension politique de l'organisation bureaucratique de nettes tendances oligarchiques. Dans sa fameuse « loi d'airain de l'oligarchie », il a émis l'idée que les organisations modernes finissent généralement par se trouver sous le contrôle de petits groupes, même lorsque cela va à l'encontre des souhaits des dirigeants comme des dirigés. En étudiant des organisations qui se prétendent démocratiques, comme les syndicats et les partis politiques, il en conclut que la démocratie n'est bien souvent qu'un mot. En dépit des meilleures intentions, il semble que ces organisations aient tendance à donner le monopole du pouvoir à leurs dirigeants. Lorsque les chefs obtiennent le pouvoir, ils tendent à privilégier leur propre façon de voir les choses et il semblerait que tout ce qu'on peut espérer, c'est qu'ils essaient de ne pas perdre de vue les intérêts des personnes qu'ils dirigent. Mais selon Michels, même les chefs élus de façon démocratique et remplis des meilleures intentions du monde ont tendance à se joindre à une élite qui se soucie de leurs propres intérêts et qui s'accroche au pouvoir à tout prix. Pour cette raison, il envisageait de façon extrêmement pessimiste le caractère dominateur des organisations modernes et reproduisait à sa manière le pessimisme de Weber.

L'intérêt réel de ces perspectives, c'est qu'elles montrent comment même les organisations les plus rationnelles et les plus démocratiques peuvent aboutir à des modes de domination par lesquels certaines personnes acquièrent et conservent une influence dominatrice sur les autres, souvent par l'intermédiaire de processus subtils de socialisation et de croyances. Si l'on veut se servir des idées de Weber à titre d'illustration, nous pouvons nous trouver dominés par des forces aussi fondamentales et cachées que celles qui sous-tendent la recherche de la rationalité. En effet, pour Weber, le processus de rationalisation est en lui-même un mode de domination. À mesure que nous nous soumettons à l'administration par les règles, et que nous entreprenons des calculs rigoureux concernant les fins et les moyens, les coûts et les bénéfices, nous nous laissons de plus en plus dominer par le processus même de rationalisation. Les principes impersonnels et la recherche de l'efficacité deviennent alors nos nouveaux maîtres.

Ces idées font écho à celles de Karl Marx, en particulier celles dont nous avons parlé au chapitre 8. Pour Weber, la logique qui régit la société moderne se trouve dans le processus de la domination par la rationalisation. Pour Marx, elle se trouve dans la domination engendrée par la recherche de la plus-value et l'accumulation de capital. Au cours des dernières années, de nombreux théoriciens et chercheurs dits « radicaux » se sont beaucoup intéressés aux liens qui existent entre ces deux grandes idées et à la manière dont le processus de rationalisation sert souvent les intérêts de ceux qui accumulent les capitaux. Ensemble, leurs recherches mettent à jour

les idées de Weber et de Marx et montrent comment les organisations, dans le monde d'aujourd'hui, reposent sur des processus
de domination et d'exploitation de toutes sortes. Dans le reste du
présent chapitre, nous allons étudier les idées de ces théoriciens
de l'organisation radicaux, et plus particulièrement la façon dont
les forces de domination inscrites dans les manières dont nous organisons amènent souvent les organisations à exploiter leur personnel et les contextes social et économique dans lesquels elles
fonctionnent.

Comment les organisations utilisent et exploitent leur personnel

La pièce bien connue d'Arthur Mil-
ler, *Mort d'un commis-voyageur*, étudie la vie et la mort tragiques de
Willy Loman, qui voyage pour le compte de la maison Wagner
depuis 34 ans, parcourant la Nouvelle-Angleterre année après
année, et connu comme l'« homme de la Nouvelle-Angleterre » chez
Wagner et ailleurs. Mais à 60 ans, Willy estime qu'il ne peut plus
supporter d'être continuellement sur la route. Après quelques
dépressions nerveuses, il se résigne à demander un poste à New
York, pour pouvoir travailler là où il habite. Ses enfants sont grands,
et ses besoins sont modestes. Il est sûr que Wagner va pouvoir lui
trouver un emploi bien que ses ventes ne soient plus du tout ce
qu'elles étaient.

Pourtant, en abordant le sujet avec Howard Wagner, Willy est
brutalement déçu. Howard ne s'intéresse pas aux problèmes de
Willy qui parle de ses années au service de la maison, des rapports
étroits qu'il entretenait avec le père de Howard et des promesses
qu'on lui avait faites. Tout cela ne produit aucun effet sur Howard.
Au bout de quelques minutes, Willy propose que son traitement
passe de 65 à 50, puis à 40 dollars, puisqu'il n'a pas besoin de plus.

Howard se sent mal à l'aise devant le plaidoyer de Willy, mais
précise qu'il est impossible de lui faire des faveurs. Après avoir tenté
d'éluder le problème en plaidant le manque de temps et ses autres
rendez-vous, Howard termine la conversation en disant à Willy
que la maison Wagner n'a plus besoin de ses services. Willy est
désespéré. Il se sent comme « une pelure d'orange pressée ». La

compagnie a dévoré 34 ans de sa vie comme s'il s'agissait d'un fruit, et maintenant, ils jettent ce qui reste de lui.

Il finit par se suicider.

La pièce de Miller est une métaphore de la façon dont les organisations dévorent et exploitent leur personnel, prenant et utilisant ce dont ils ont besoin, rejetant le reste. Bien entendu, il y a des exceptions, mais beaucoup de travailleurs et de gestionnaires à tous les niveaux voient leur vie et leur santé sacrifiées sur les autels de l'organisation moderne. L'histoire de Willy, bien que sa conclusion soit exceptionnelle, n'est pas singulière dans sa substance. Dans le monde d'aujourd'hui, des individus et même des populations entières sont jetés comme des pelures d'orange quand les organisations au service desquelles ils se trouvent n'ont plus besoin d'eux. Ces gens se trouvent au chômage de façon permanente bien qu'ils estiment avoir encore bien des années de bon travail devant eux. Des populations s'aperçoivent qu'elles ne peuvent survivre une fois que les organisations dont elles dépendaient pour leur survivance économique ont décidé de transférer leurs capitaux ailleurs. De plus en plus de gestionnaires qui ont mené une vie d'ergomane au service d'un employeur voient leur carrière se terminer abruptement au nom de coupures budgétaires ou par l'entremise de « programmes de préretraite ». Même quand on leur offre une compensation financière intéressante et de confortables retraites, leur fierté et leur confiance en soi peuvent subir un coup terrible. Ce qui ne manque pas de saveur, voire d'ironie, c'est que les personnes ayant accès à l'information la plus importante ou occupant des postes clés dans leur organisation sont souvent parmi les plus touchées. Beaucoup de dirigeants importants, une fois informés qu'on n'a plus besoin d'eux, se voient obligés de partir immédiatement. On leur demande de ne pas se représenter à leur travail car, en dépit de leur excellente réputation, l'organisation redoute que leur ressentiment ne les amène à emporter avec eux des documents qui pourraient servir à la concurrence ou qui pourraient faire du tort à l'organisation. Le coup est alors doublement brutal.

De l'avis de nombreux théoriciens de l'organisation radicaux, alors que nous avons fait du chemin depuis l'exploitation à l'état pur que représentaient l'esclavage et les premières années de la révolution industrielle, le même modèle d'exploitation se poursuit encore, mais sous une forme plus subtile. Ils en ont trouvé des preuves particulièrement frappantes dans la façon dont les organisations structurent les possibilités d'emploi pour produire et reproduire la structure de classe des sociétés modernes, dans la façon dont les organisations traitent les situations dangereuses au travail, les accidents et les maladies du travail, et dans la façon dont les organisations perpétuent les structures et les pratiques qui sont à l'origine de l'ergomanie et d'autres formes de stress mental et social.

ORGANISATION, CLASSE ET CONTRÔLE

Il est parfaitement possible de soutenir que les organisations ont toujours été fondées sur des rapports de classe. Les premiers types d'organisation formelle ont probablement pris naissance dans des sociétés hiérarchisées au sein desquelles un groupe social s'imposait aux autres, souvent par voie de conquête. Ces sociétés se sont stratifiées davantage à mesure que certains individus se mettaient au service de la classe dominante : prêtres, scribes, comptables, négociants et marchands. Comme ces gens ne s'occupaient pas de produire les biens dont ils avaient besoin pour vivre, ils ont constitué une classe intermédiaire entre la classe dominante et les paysans ou esclaves à qui revenait la production des biens. Nous trouvons le même système aujourd'hui dans les organisations, avec la distinction entre propriétaires, gestionnaires et travailleurs.

Des milliers d'années se sont écoulées entre l'apparition des premières organisations formelles et les grandes entreprises d'aujourd'hui. Ces années couvrent beaucoup d'époques sociales importantes dans différentes parties du monde. Penchons-nous sur ce vaste mouvement à la période de la révolution industrielle en Grande-Bretagne, vers les années 1760, et au moment de l'industrialisation des États-Unis, au début du XIXᵉ siècle. Bien que les deux pays aient commencé leur processus d'industrialisation dans des circonstances bien différentes, il y a beaucoup de points communs dans la façon dont l'industrialisation croissante s'accompagne du développement extensif du système de classe tripartite qui leur venait d'une époque plus reculée.

C'est bien connu, la révolution industrielle en Grande-Bretagne a eu pour toile de fond une société agraire dotée d'un système de production « domestique », « à domicile », que complétaient, sur une petite échelle, l'exploitation minière et la construction, ainsi qu'un système d'ateliers industriels que dirigeaient des marchands-artisans organisés en guildes. Ceux qui travaillaient dans ces ateliers étaient généralement stratifiés selon leur statut et leur compétence : il y avait les maîtres, les compagnons et les apprentis. Les guildes contrôlaient l'admission et les conditions de travail, et parvenaient à assurer des moyens d'existence raisonnables à leurs membres, surtout en comparaison des fermiers pauvres et des malheureux qui avaient perdu leur terre, donc leurs moyens de subsistance, à la suite de l'« enclôture » de leurs terres au cours du XVIe siècle. La révolution industrielle allait changer ce tableau, avec les producteurs capitalistes qui cherchaient à surmonter les incertitudes de la production et de la qualité qui accompagnaient la production domestique, à pénétrer dans de nouveaux marchés que leur ouvraient l'expansion du commerce dans le monde et l'augmentation de la population (dont certains secteurs privilégiés connaissaient un niveau de vie qui allait en s'améliorant), et surtout à prendre avantage de la mécanisation de la production. Le développement de la production en usine transforma la structure de la main-d'œuvre et intensifia la croissance des secteurs urbains. De plus en plus de gens qui, auparavant, étaient à leur compte dans des ateliers ou à domicile, souvent avec des sous-contrats, jouèrent un rôle nouveau et devinrent partie d'une classe de salariés en émergence. Le travail humain était de plus en plus considéré comme une marchandise qu'on pouvait vendre ou acheter. Et comme ces changements éliminaient les anciens systèmes de production, le processus devenait irréversible pour les nouveaux travailleurs et les obligeait à dépendre du travail salarié.

Des développements similaires prirent place aux États-Unis, bien que l'apparition d'une classe de salariés ait été ralentie par la disponibilité des terres. Au début du XIXe siècle, la production capitaliste orientée vers le profit et utilisant de la main-d'œuvre salariée n'existait à peu près pas en dehors des principales grandes villes. La plus grande partie de la population vivait dans des régions rurales, plus de 80 pour cent de la main-d'œuvre travaillait dans l'agriculture, plus de 20 pour cent de cette main-d'œuvre agricole étant composé d'esclaves et de travailleurs liés par contrat. Environ 80 pour cent des travailleurs qui n'étaient pas des esclaves étaient propriétaires ou exerçaient une profession libérale — fermiers, commerçants, artisans, petits fabricants, médecins, hommes de loi, et autres. L'esclavage a joué un rôle important dans l'agriculture pendant presque tout le siècle — il y avait environ 4,5 millions d'esclaves en 1860 —, et même après leur émancipation beaucoup continuèrent de vivre sous un régime de servitude féodale, en métayage et selon d'autres formes de fermage. Dans les usines, par contre, le système de production capitaliste a eu un impact grandissant tout au long du XIXe siècle, remplaçant le travail à domicile et la petite entreprise par un système fondé sur le travail salarié. Des immigrants, des autochtones, des femmes et des enfants, des artisans et des travailleurs agricoles qui avaient dû quitter leur emploi sont venus augmenter une main-d'œuvre pour qui il était, tout comme en Grande-Bretagne, de plus en plus difficile de trouver d'autres sources de subsistance. Comme les chiffres du tableau 9.2 le montrent, au cours de l'histoire, la croissance de l'organisation capitaliste s'est toujours accompagnée du déclin du nombre de gens qui étaient à leur compte et d'une augmentation du nombre de salariés.

La croissance du système capitaliste de production dépend de l'existence d'une main-d'œuvre salariée suffisante, à moins de s'en remettre à des esclaves ou à un système quelconque de sous-traitance, deux voies qui s'accompagnent de problèmes. L'esclavage va souvent à l'encontre d'importantes normes sociales et peut avoir un faible rendement. La sous-traitante peut être hautement

Année	% de salariés (b)	% de travailleurs autonomes (c)	% de gestionnaires et d'administrateurs salariés	Main-d'œuvre totale (a)
1780(d)	20,0	80,0	—	100,0
1880	62,0	36,9	1,1	100,0
1890	65,0	33,9	1,2	100,0
1900	67,9	30,8	1,3	100,0
1910	71,9	26,3	1,8	100,0
1920	72,9	23,5	2,6	100,0
1930	76,8	20,3	2,9	100,0
1939	78,2	18,8	3,0	100,0
1950	77,7	17,9	4,4	100,0
1960	80,6	14,1	5,3	100,0
1969	83,6	9,2	7,2	100,0
1974	83,0	8,2	8,8	100,0

(a) Défini comme l'ensemble de ceux qui reçoivent un revenu et qui participent directement à l'activité économique ; les personnes effectuant du travail domestique sans être payées ne sont pas comptées.
(b) À l'exclusion des gestionnaires et administrateurs salariés.
(c) Entrepreneurs, professions libérales, fermiers et autres propriétaires.
(d) Les chiffres donnés pour 1780 sont très approximatifs. Les esclaves qui constituaient 20 pour cent de la population ne sont pas comptés ; les serviteurs blancs liés par contrat sont inclus dans la catégorie des salariés.

Tableau 9.2. Évolution de la structure de la main-d'œuvre aux États-Unis.
SOURCE : Reich (1978 : 180). Reproduction autorisée.

imprévisible du point de vue capitaliste. À ses débuts en Amérique du Nord, le capitalisme combinait des éléments de ces différents systèmes mais, à mesure que le siècle avançait, on a pu constater une tendance constante vers l'utilisation de salariés — et avec elle le développement progressif de la gestion sous la forme que nous lui connaissons aujourd'hui.

On peut dire qu'à bien des égards le système de la main-d'œuvre salariée a créé la gestion moderne, car pour la première fois en dehors de l'esclavage les profits dépendaient de l'efficience dans l'emploi des heures de travail. Dans le système de la petite industrie domestique et de la sous-traitance, les profits du commerçant capitaliste qui avait acheté et vendu les marchandises ne dépendaient pas nécessairement de la façon dont ces marchandises étaient produites. Le commerçant payait le prix qui convenait et vivait de sa marge bénéficiaire. Il était fort gênant d'avoir parfois affaire à des producteurs privés qui ne livraient pas la quantité ou la qualité voulue au moment voulu, mais les problèmes sous-jacents n'étaient pas du ressort du commerçant. Avec l'apparition de la production en usine, toutefois, le plus petit gaspillage de temps, la mauvaise utilisation du temps pendant ne fût-ce que quelques secondes représentait une perte de profit. L'emploi de la main-d'œuvre salariée a donc amené les capitalistes à insister avant tout sur l'efficience dans l'emploi du temps et à chercher à obtenir de plus en plus de contrôle sur le processus de production. L'établissement du salariat a donc eu des conséquences sur l'organisation du travail et, en corollaire, a institutionnalisé les divisions de classe à l'usine, en particulier entre les gestionnaires chargés de la conception et du contrôle du travail, qui peuvent d'ailleurs se trouver eux-mêmes sous la direction d'autres personnes, et la main-d'œuvre dont la seule tâche est de produire.

Les théoriciens de l'organisation radicaux insistent donc sur les liens étroits entre organisation, classe et contrôle. En examinant l'histoire de l'organisation du travail depuis le début de la révolution industrielle, nous remarquons qu'il existe un modèle commun en Europe et en Amérique du Nord. Le développement d'un système de travail salarié donne lieu en général à une organisation de plus en plus stricte et précise, une surveillance étroite et des emplois de plus en plus normalisés. Les ouvriers qualifiés et semi-qualifiés sont de plus en plus souvent remplacés par des ouvriers sans formation et moins bien payés, ce qui conduit à ce qu'on a parfois décrit comme la « dégradation » ou « déqualification » du travail et l'« homogénéisation » du marché du travail.

Comme nous l'avons vu au chapitre 2, un système de production mécaniste fonctionne très bien lorsqu'on dispose d'un grand nombre de pièces normalisées, faciles à concevoir et faciles à remplacer. La déqualification et la routinisation des tâches qui ont accompagné le développement de l'industrie au cours du XIXe siècle et du début du XXe sont un aspect essentiel du processus de mécanisation du travail. Cela permit d'augmenter le contrôle de la direction sur le personnel, de réduire les coûts de main-d'œuvre et de faciliter la centralisation du travail. Les effets de ces deux processus sont encore extrêmement visibles. Le taylorisme et la mécanisation de la production ont produit de nombreuses tâches qui exigent des qualifications très uniformisées et qui peuvent s'apprendre très vite. D'après une évaluation récente, il y a dans certaines organisations jusqu'à 87 pour cent des travailleurs qui ont besoin dans leur travail de moins de connaissances et de compétence qu'il ne leur en faut pour se rendre à l'usine au volant de leur voiture ; on s'est également aperçu que la plupart des tâches pouvaient être accomplies par la plupart des travailleurs.

Cette homogénéisation du travail, toutefois, a suscité certains problèmes, car elle a engendré une main-d'œuvre animée d'un même sentiment profond : celui d'avoir des intérêts communs. Cela a créé rapidement une conscience de classe militante qui s'est exprimée par la création de syndicats puissants. À mesure que le temps passait, par conséquent, il devenait nécessaire de trouver de nouveaux modes de contrôle. Selon beaucoup de théoriciens de l'organisation radicaux, ces nouveaux modes de contrôle ont réussi à fragmenter la conscience de classe en créant des différences et des divisions institutionnelles entre les différentes sortes de travailleurs et en mettant l'accent sur ces différences. La distinction que font les économistes du travail aujourd'hui entre marchés du travail « primaire » et « secondaire » reflète bien ces divisions, comme le fait la segmentation du marché du travail en différents groupes de métiers. Il en est résulté des organisations qui offrent des niveaux inégaux de privilèges et de possibilités, et une fragmentation de la main-d'œuvre qui autrement aurait pu être unie.

Pour comprendre les arguments des théoriciens radicaux, il faut d'abord bien voir comment l'augmentation de la taille des organisations, particulièrement depuis 1890, a changé le capitalisme en Europe et en Amérique du Nord, le faisant passer d'une structure concurrentielle à une structure oligopolistique dominée par quelques importantes organisations bureaucratiques entourées d'un grand nombre d'entreprises plus petites. Les grandes organisations investissaient en général de grosses sommes dans des usines et autres dépenses fixes, les dépenses en personnel devenant la principale variable. Elles avaient donc grand intérêt à développer un système qui permettrait de faire porter par la main-d'œuvre le fardeau des fluctuations dans les affaires et celui des autres impondérables, en ajustant le nombre des employés et leur coût, chaque fois que c'était possible, compte tenu des besoins immédiats de l'organisation. L'existence d'un marché du travail homogène avec un réservoir de travailleurs interchangeables a servi un tel système. Cependant, du point de vue de l'organisation, il restait encore beaucoup à faire. Tous les travailleurs n'ont pas la même valeur puisque, selon le rôle qu'ils jouent, certains nécessitent une formation plus poussée que d'autres. Dans ce sens, la main-d'œuvre ressemble au capital : elle exige un investissement qui, une fois effectué, devient un coût fixe. Le dualisme entre capital et travail reflété dans la distinction entre frais fixes et frais variables met donc en lumière une autre distinction qui existe à *l'intérieur* de la main-d'œuvre, entre ce que l'on connaît sous les noms de marché du travail « primaire » et de marché du travail « secondaire ».

Le marché du travail primaire englobe des emplois dans lesquels on peut faire carrière et qui sont d'une importance primordiale, ou encore qui demandent un degré élevé de compétence, cette dernière étant souvent propre à une entreprise particulière. Ce marché s'est développé en même temps que la prolifération des entreprises de types bureaucratique et technocratique dont les membres sont attirés non seulement par l'argent mais par des récompenses qui ne sont pas d'ordre financier, comme la satisfaction au travail, la promesse d'avancement et la sécurité d'emploi. Très souvent, on attend des membres de ce marché qu'ils se donnent à leur travail et fassent preuve de loyauté envers l'employeur qui a investi en eux. Les entreprises trouvent des moyens pour encourager la loyauté et l'engagement envers elles ; de plus, elles ont souvent recours à des moyens de sélection importants et rigoureux pour éliminer les candidats qui présenteraient des risques sérieux. Les modes de sélection dans des entreprises comme IBM en sont des exemples patents. Cette organisation peut être relativement sûre que la personne qui réussit à ses épreuves de recrutement et à son programme de formation demeurera fidèle à l'entreprise.

Le marché du travail secondaire, par contre, recrute des gens moins bien formés et moins bien payés pour travailler dans des bureaux, des usines et en plein air. Il exige peu d'investissements en formation ou en instruction, et on peut engager et renvoyer les

travailleurs selon les hasards des affaires. Ce genre de main-d'œuvre fournit un « tampon » qui permet à l'entreprise d'augmenter
ses extrants quand les circonstances sont favorables, et de les réduire
dans le cas contraire. Le cœur même de l'organisation et son élite
du marché primaire ne sont alors pas affectés par les fluctuations
qui se produisent, souvent à l'échelle mondiale. L'existence de ces
deux catégories de travailleurs donne à une organisation beaucoup
plus de contrôle sur son environnement interne et externe que ce
ne serait autrement le cas. Le fait que les travailleurs du marché
primaire sont dévoués à l'entreprise augmente la possibilité de prévoir le fonctionnement interne, alors que l'existence du deuxième
groupe rend son adaptation générale plus facile. Ce moyen de contrôle crée toutefois un système différentiel de statut et de privilège
dans l'organisation, système qui est parallèle à celui de la division
en classes, et qui le renforce. Cela veut dire que les fluctuations
dans les affaires ont un effet particulièrement pénible pour les membres des groupes les plus pauvres de la société, qui appartiennent
au marché secondaire, et de façon encore plus particulière, pour
certains d'entre eux : les femmes, les minorités ethniques, les han-
dicapés, et les jeunes sans instruction qui forment une bonne partie de ce marché secondaire.

Alors que les distinctions entre marché primaire et marché secondaire sont claires pour tous, leur structure se voit compliquée par
divers types de segmentation. D'abord, les deux marchés ont été
segmentés par de nombreuses divisions selon la nature des emplois,
et cela à l'intérieur même de groupes déjà reliés à des professions,
au commerce ou à des syndicats. Un grand nombre de ces cellules
sont très arbitraires et sont maintenues par des frontières institutionnelles qui en limitent l'accès aux seules personnes qui détiennent des qualifications particulières. Ensuite, d'autres distinctions
importantes sont apparues dans le marché primaire entre des
emplois relativement indépendants, où le titulaire du poste a beaucoup d'autonomie et la possibilité de faire preuve d'initiative, et
des emplois qui mettent les gens en position subalterne et en état
de dépendance vis-à-vis d'autres personnes. Ces différents types
d'emploi sont souvent soumis à des types de contrôle eux aussi
différents. Comme les moyens de contrôle bureaucratiques sont de
plus en plus informatisés et raffinés, bien des gens qui appartiennent au marché primaire se trouvent aux prises avec des formes
de surveillance au départ élaborées pour surveiller les travailleurs
du marché secondaire. Les dirigeants et les employés de bureau,
par exemple, sont de plus en plus soumis à des contraintes qui

prennent la forme d'exigences à respecter, de programmes de gestion par objectifs et d'évaluation de la performance qui en font tout simplement des fonctionnaires travaillant dans un système de tâches plus large.

Le principe commun qui sous-tend tous ces types de segmentation du marché du travail semble être celui du contrôle. Afin d'améliorer le caractère prévisible de leur fonctionnement interne, les organisations ont jugé de plus en plus nécessaire de préciser les caractéristiques des différents emplois et les qualifications qui s'y rapportent, créant ainsi des modèles de possibilités différents pour des groupes différents. Beaucoup de théoriciens radicaux considèrent cela comme une politique délibérée qui consiste à « diviser pour régner » et que l'on a vu apparaître, après une période d'intense militantisme ouvrier, dans les années 30. D'autres estiment que la fragmentation vient autant des activités des groupements professionnels et des syndicats que des politiques des dirigeants, parce que ces groupes étaient et demeurent bien décidés à servir leurs propres intérêts en insistant sur leurs qualités distinctives. Les groupements professionnels et les syndicats ont ainsi créé des obstacles artificiels à l'admission à différents types d'emplois, et ont suscité dans leurs propres rangs des modèles hiérarchiques fondés sur l'ancienneté. Il est fréquent, par exemple, que les membres d'une profession se divisent ou créent un groupe de gens moins qualifiés qui leur sont subordonnés, ce qui rehausse leur statut et leur sens d'appartenir à une élite exclusive. Les syndicats insistent eux aussi beaucoup sur leurs différences et exigent des périodes d'apprentissage avant d'accepter un membre à part entière. Bien qu'on ne puisse guère nier que cela ait exacerbé la tendance à la segmentation, les théoriciens radicaux estiment, eux, que cela s'accorde bien avec l'existence d'une stratégie délibérée de la part de l'entreprise, stratégie qui a conduit les syndicats et d'autres groupements à renforcer de façon non intentionnelle la structure de contrôle de l'entreprise. Depuis les années 30, par exemple, des entreprises ont permis aux syndicats et aux associations professionnelles d'exercer une influence sur la définition des métiers et des qualifications nécessaires. Ce faisant, ces groupes ont pu servir leurs propres intérêts, mais aux dépens de la possibilité de se présenter comme une masse unie qui représenterait les intérêts de tous les travailleurs face à ceux des capitalistes. À mesure que les syndicats ont été intégrés à la structure de contrôle, ils ont diminué leur capacité à déterminer la stratégie de l'entreprise, se contentant de changements régulateurs dans les conditions de travail et d'une augmentation de la rémunération et des avantages sociaux.

Quelle que soit l'attitude que l'on adopte à propos de la question du « diviser pour régner », la segmentation a une influence décisive sur la structure de possibilités qu'offre notre société, créant ou perpétuant les divisions de classe dont nous avons parlé plus tôt. Les gens appartenant à différents marchés du travail luttent les uns contre les autres pour protéger leurs intérêts au lieu de voir leur situation comme le résultat d'un système qui les met en opposition. Cette fragmentation a sans aucun doute eu des conséquences importantes sur la conscience politique, entre autres sur les préoccupations et les aspirations de différents groupes professionnels et sur leur perception des rapports de classe. D'un côté, la segmentation a diminué la conscience de classe au profit de la conscience de l'appartenance à un métier, à une profession ou même à une usine : beaucoup de gens perçoivent de plus en plus leur place dans la société en fonction de leur emploi plutôt qu'en fonction de leur classe sociale. De l'autre, la segmentation, en particulier celle qui existe entre travailleurs des marchés primaire et secondaire, a exacerbé les divisions de classe, dans la mesure où cette distinction de deux marchés met souvent en relief les différences entre la soi-disant classe moyenne et les groupes défavorisés, que ces derniers se composent de Blancs ou de membres des minorités ethniques.

Si nous étudions, par exemple, la structure des emplois de nombreuses sociétés occidentales, nous voyons qu'en général les gens qui ont la peau foncée risquent davantage d'accomplir des tâches ingrates, mal payées, avec très peu de sécurité d'emploi et d'avantages sociaux. Les emplois du marché secondaire sont généralement destinés à ceux qui ne peuvent rien trouver d'autre. Les modèles d'emplois dans ce secteur de l'économie reflètent en fin de compte les attitudes et les modèles de préjugés et de discrimination de la société tout entière. La discrimination fonctionne souvent en bloquant l'accès aux emplois avantageux, obligeant ainsi des minorités comme les Noirs, les hispanophones, les autochtones (Amérindiens ou Inuit) ou les travailleurs immigrés à se limiter au marché secondaire. Quelques pays européens ont institutionnalisé ce modèle en permettant aux immigrants ou travailleurs « invités » venant d'autres pays d'entrer sur le marché du travail grâce à des visas temporaires, afin d'effectuer les travaux que personne d'autre ne veut accomplir. On estime qu'au moins 10 millions de travailleurs immigrés sont ainsi employés en Europe, formant jusqu'à

11 pour cent des travailleurs en Allemagne, et 27 pour cent en Suisse. Depuis toujours, la main-d'œuvre britannique se compose d'immigrants, et plus récemment d'immigrants des Antilles, de l'Inde, du Pakistan et d'autres pays d'Europe ou du Commonwealth. Aux États-Unis, on estime que de 2 à 12 pour cent de la main-d'œuvre consiste en individus dépourvus de permis de travail qui viennent du Mexique, des Antilles et d'ailleurs. Et les Noirs, bien entendu, forment une partie importante de la classe ouvrière depuis l'époque de l'esclavage. Depuis les années 20, ils occupent de plus en plus d'emplois dans les secteurs industriels et ceux des services mais, en dépit de programmes dits d'action positive, ils sont toujours proportionnellement trop nombreux sur le marché secondaire du travail.

Discrimination institutionnalisée ? Conséquence non intentionnelle du développpement industriel ? Le débat continue. Il est clair que les entreprises modernes peuvent ne pas avoir comme but explicite la domination et l'exploitation des groupes défavorisés, mais nombre de leurs lignes de conduite et de leurs pratiques ont néanmoins cet effet. Malgré d'importants progrès, l'exploitation du personnel, implicite ou explicite, continue. Les organisations modernes jouent un grand rôle dans la création et le maintien d'une classe ouvrière vouée au travail « secondaire », en participant de plain-pied à la déqualification des emplois, à la production systématique d'inégalités, à la segmentation des marchés du travail, et à l'institutionnalisation de la discrimination. En créant et en renforçant ce système qu'est le marché du travail, elles renforcent inévitablement une structure de pouvoir qui privilégie les gens dotés de certaines qualités tout en désavantageant les autres. En développant des modèles de contrôle différentiels pour les employés de secteurs différents, elles produisent des modèles de faveurs et de privilèges qui symbolisent et par là même renforcent les divisions socio-économiques sous-jacentes. Il n'est donc pas étonnant que les théoriciens radicaux critiquent si fortement le caractère dominateur des entreprises modernes et leur contribution aux maux et inégalités de la société moderne.

DANGERS, MALADIES ET ACCIDENTS
DU TRAVAIL

Dans un des chapitres les plus vigoureux et les plus émouvants du *Capital*, Karl Marx attire l'attention sur la façon dont beaucoup d'employeurs capitalistes de son époque obligeaient leurs employés à travailler jusqu'à en mourir, dans des conditions horrifiantes. Citant les rapports d'inspecteurs d'usine et de magistrats, son récit abonde de détails incroyables. Il décrit, dans les usines de dentelle de Nottingham, « les enfants de neuf ou dix ans, qu'on tire de leurs grabats à deux, trois ou quatre heures du matin, et que l'on force à travailler pour un salaire de famine jusqu'à dix, onze heures, parfois jusqu'à minuit, leurs corps s'amenuisant, leurs visages de plus en pâles, devenant d'une torpeur minérale, abominables à contempler ». Il citait là M. Broughton Charlton, magistrat du comté, qui fustigeait le système qu'il qualifiait d'« esclavage absolu, socialement, physiquement, moralement et spirituellement parlant ». Il ajoutait que « c'est bien beau de s'indigner des brutalités des planteurs de Virginie ou de Caroline, mais on peut se demander si leur fouet et leur trafic d'êtres humains est plus abominable que ce lent sacrifice dont la seule raison est la fabrication de voiles et de cols pour les capitalistes ».

À partir de rapports sur l'industrie de la poterie du Staffordshire, Marx énumère des faits semblables, racontant, entre autres, l'histoire de William Wood qui, déjà à l'âge de neuf ans, avait travaillé pendant toute une année de six heures du matin à neuf heures du soir. Citant des rapports sanitaires sur les maladies pulmonaires dont mouraient une quantité alarmante d'ouvriers potiers, il fait état des remarques de trois médecins qui avaient noté que chaque génération nouvelle de potiers se composait d'individus plus petits et moins robustes que la précédente. Le Dr J.T. Arledge, par exemple, rapportait en 1863 que les potiers, hommes et femmes, représentaient « une population de dégénérés [...] dont la croissance avait été arrêtée, mal faits, souvent la poitrine creuse, [...] vieux avant l'âge, et [...] qui mouraient jeunes, [...] de maladies des reins et du foie, de rhumatismes et surtout enclins aux pneumonies, à la phtisie, aux bronchites et à l'asthme ».

Les rapports sur les fabriques d'allumettes dans les grandes villes précisent que les enfants et les jeunes de moins de 18 ans représentaient la moitié des travailleurs, et que le tétanos, maladie depuis longtemps reliée à la fabrication des allumettes, était prévalent. Des rapports sur l'industrie du papier peint font état de jeunes filles et d'enfants forcés de travailler de six heures du matin à dix heures du soir, au moins, sans s'arrêter pour prendre un repas. Ils travaillaient de 70 à 80 heures par semaine, et on les faisait souvent manger à leurs machines.

Des rapports sur la boulangerie montrent que les boulangers travaillaient souvent de 11 heures du soir à 7 heures du soir suivant,

avec seulement une ou deux brèves périodes de repos. Ils comptaient parmi les travailleurs qui mouraient le plus jeune, atteignant
rarement l'âge de 42 ans.

Dans des rapports sur l'industrie du textile, on peut voir comment des jeunes filles et des jeunes femmes travaillaient jusqu'à
en mourir 16 heures par jour, et même parfois, en saison, jusqu'à
30 heures d'affilée. Elles travaillaient souvent sans faire de pause,
et on les gardait éveillées en leur donnant de temps en temps du
sherry, du porto ou du café. Dans les chemins de fer, les hommes
travaillaient souvent de 14 à 20 heures par jour, souvent 40 ou 50
heures de suite en période de pointe. Dans les aciéries, des gar-
çons de 9 à 15 ans travaillaient, dit-on, pendant des périodes continues de 12 heures sous une température très élevée, souvent la
nuit, et ne voyaient pas la lumière du jour pendant des mois. Selon
Marx, le capital était un vampire qui se nourrissait de la vie des
travailleurs et ne tenait en général aucun compte de la santé ni de
la durée de vie de ceux-ci, à moins que la société ne l'y force.

Beaucoup de gens qui ont fait des recherches sur la santé et la
sécurité au travail estiment que, en dépit de la grande amélioration qui s'est produite dans les conditions de travail de la majorité
des organisations, il subsiste encore de nombreux problèmes fondamentaux. Beaucoup d'employeurs ne tiennent compte des dangers possibles que si la loi le leur enjoint, et dans les pays occidentaux industrialisés eux-mêmes les accidents et les maladies du travail continuent à frapper les êtres humains de façon alarmante.

Aux États-Unis, par exemple, on estime qu'environ 14 000 personnes meurent chaque année dans des accidents du travail. Cela
représente un décès toutes les 40 minutes. Des évaluations modé-
rées indiquent que 2,2 millions de gens de plus sont blessés, certains sérieusement, et quelques spécialistes estiment que ce chiffre
est en réalité beaucoup plus élevé. Dans son livre *Crisis in the Workplace*, le Dr Nicholas Ashford estime que ce nombre pourrait s'élever à 11 millions. Selon le chiffre que l'on choisit, cela veut dire
que de 4 à 20 accidents du travail surviennent chaque minute, et
cela aux États-Unis seulement.

Les décès provenant de maladies du travail surviennent à un taux
encore plus alarmant. En 1980, par exemple, le ministère du Travail des États-Unis rapporte que 100 000 morts par an sont attri-
buables à des maladies du travail. De plus, un rapport émanant
du ministère de la Santé, de l'Éducation et du Bien-être révèle que
de 23 à 38 pour cent des décès dus au cancer peuvent être rattachés
au travail. Les morts annuelles qui peuvent se relier au travail sont

plus nombreuses que les morts imputables à des accidents d'auto et, au cours des années 1966-1970, plus d'Américains sont morts à cause de leur travail qu'il n'en a été tué au Viêt-nam. Mais bien que la guerre soit finie, le travail continue de tuer. Tout cela donne une quantité effarante de souffrances humaines. Et, en plus de la souffrance, le prix à payer est incroyable : plus de 50 millions de journées de travail sont perdues chaque année à cause d'accidents ou de maladies du travail, ce qui coûte des milliards de dollars.

Nous avons fait beaucoup de chemin depuis la révolution industrielle en ce qui concerne les conditions de travail en général, mais ces chiffres sont éloquents. L'opposition entre l'efficience et la sécurité occupe une place importante dans beaucoup de décisions prises par les dirigeants d'entreprise, et chaque fois ils mettent l'accent sur l'efficience. Comme l'expliquait un responsable de la sécurité dans une usine de construction automobile, si explicitement la politique est « la sécurité d'abord », en réalité c'est « la sécurité quand ça nous arrange ». Beaucoup d'accidents du travail sont causés par des problèmes liés involontairement à la structure même des bâtiments de l'usine et autres constructions, ou à cause d'un entretien mal fait, ou parce que c'est plus facile ou plus efficient de travailler sans équipement de sécurité. Parce que c'est ou trop cher ou ennuyeux de remédier à ces problèmes, en général on ne fait rien jusqu'à ce qu'un accident se produise ou jusqu'à ce que les règlements gouvernementaux obligent l'organisation à procéder aux changements voulus.

Il survient des problèmes semblables à propos des conditions sous-jacentes à beaucoup de maladies du travail. Le problème, ici, est à ce point ancré dans la vie au travail qu'il est difficile de déterminer par où commencer pour l'atténuer. On estime que l'industrie, à l'heure actuelle, crée et utilise plus de 63 000 produits chimiques, dont 25 000 peut-être seraient toxiques. Beaucoup de ces produits sont nouveaux et leurs effets à long terme sont encore inconnus. De plus, il est impossible de prédire vraiment ce que leur interaction peut donner, à cause du nombre de permutations possibles. De l'avis de certains spécialistes de la sécurité, on procède en général à tâtons et on se sert des gens qui travaillent à l'usine comme de cobayes, jusqu'à ce que les dangers soient repérés.

Ce sont souvent les plus graves problèmes sur lesquels on attire notre attention : les risques pour les poumons dans le cas des mineurs qui travaillent dans des mines de charbon ou d'amiante et dans le cas des travailleurs du coton, les autres dangers du travail dans les mines d'amiante, ou encore les risques de radiation dans les usines d'énergie atomique et dans l'extraction de l'uranium. Cependant la majorité des professions et métiers sont affectés d'une façon ou d'une autre par des substances toxiques. Dans une enquête récente sur des ouvriers, faite par le Survey Research Center de la University of Michigan, 78 pour cent des travailleurs signalaient avoir été exposés à un danger quelconque au travail. Les menuisiers, les travailleurs de la construction, les techniciens et techniciennes de laboratoire, les travailleurs agricoles, le personnel des entreprises de nettoyage à sec, les pompiers, le personnel hospitalier et même les coiffeurs et coiffeuses travaillent de plus en plus avec des substances chimiques dont les effets à long terme sont inconnus. Dans les bureaux modernes eux-mêmes, un mauvais système d'aération ou les radiations venant d'écrans cathodiques peuvent ajouter aux risques des maladies reliées au travail.

De l'opinion de beaucoup, ces risques sont le résultat inévitable de l'industrialisation. Selon ceux qui sont directement engagés dans la promotion de la santé et de la sécurité au travail, cependant, les employeurs ont toujours hésité à reconnaître des dangers évidents bien qu'on les ait avertis plusieurs fois.

Afin de bien se rendre compte de quoi il s'agit, voyons les problèmes causés par l'amiante, auquel on impute environ 50 000 morts par an aux États-Unis seulement. On en connaît les dangers depuis longtemps. Dès 1918, les sociétés d'assurances canadiennes et américaines ont cessé d'émettre des polices d'assurance sur la vie aux travailleurs de l'amiante. Et pourtant l'industrie a continué d'autoriser les employés à travailler sans masque respiratoire et cela dans une poussière parfois assez épaisse pour qu'on ne puisse pas y voir à plus de quelques mètres. Et l'industrie a également systématiquement refusé de voir les tragiques conséquences que cela entraînait.

Dans son ouvrage, *Death on the Job,* par exemple, Daniel Berman raconte l'histoire d'un travailleur de l'amiante, Marco Vela, qui a commencé à travailler dans l'usine d'amiante Johns-Manville de Pittsburg, en Californie, vers 1935. En 1959, la compagnie se mit à organiser des visites médicales pour dépister les maladies pulmonaires. Cette année-là, un médecin au service de la firme, en étudiant une radio pulmonaire de Vela, décela l'existence d'une maladie reliée au travail. Le rapport ne contenait aucune recommandation concernant un changement du milieu de travail et l'on ne prévint pas Vela qu'il souffrait d'amiantose.

En 1962, Vela subit un nouvel examen par un autre médecin au service de l'entreprise. Une fois encore une radio montra que ses poumons étaient malades, mais on ne lui dit rien. En 1965, le même médecin vit Vela de nouveau et demanda une autre radio pulmonaire. On diagnostiqua une pneumoconiose reliée au travail. On ne dit rien à Vela.

En 1968, il subit un autre examen médical de routine. En dépit de sa toux et bien que sa radio ait montré « des poumons ressemblant à du verre pilé », l'infirmière de l'entreprise lui dit que tout était normal. Le médecin ne la contredit pas. Quelques mois plus tard, il fut hospitalisé et ne reprit jamais son travail.

Depuis dix ans, des médecins au service de la Johns-Manville, le plus important producteur d'amiante au monde dans le secteur privé, savaient que Vela était atteint d'amiantose ; ils ont refusé de le lui dire et n'on rien fait pour éviter qu'il soit plus longtemps en contact avec l'amiante. L'entreprise savait depuis 1938, par des recherches qu'elle subventionnait, que cette substance causait une maladie des poumons.

C'est là un cas parmi bien d'autres. Par exemple, une Commission royale d'enquête de l'Ontario sur les dangers de l'amiante pour la santé a récemment signalé qu'au Canada la Johns-Manville était responsable de plus de morts que toute l'industrie minière ontarienne qui pourtant emploie au-delà de 30 000 personnes. En 1983, le nombre de morts dues à l'amiante dans une usine de l'Ontario s'élevait à 68, selon les indemnités accordées par la Commission des accidents du travail de l'Ontario. Et pourtant le nombre annuel d'ouvriers employés dans cette usine de 1948 à 1980 n'avait jamais dépassé 714. Ces chiffres, sans aucun doute, sous-estiment la gravité de la situation, car aucune indemnisation n'a été accordée dans les cas d'amiantose au Canada avant 1979.

Des documents émanant de procès intentés contre l'industrie de l'amiante aux États-Unis en raison de sa responsabilité dans ce domaine montrent que la Johns-Manville Corporation, la Raybestos-Manhattan Incorporated et d'autres entreprises s'étaient liguées pour camoufler les effets nocifs de l'amiante. Un rapport datant de 1980 sur les délits commis par les entreprises, émanant d'un sous-comité de la Chambre des représentants, montre qu'un certain nombre d'entreprises dans l'industrie de l'amiante sont arrivées à des ententes privées avec des travailleurs qui avaient déposé des plaintes devant les tribunaux, dont beaucoup dans les années 30, bien avant que ces firmes reconnaissent avoir pris conscience des dangers de l'amiante. Et les problèmes continuent d'exister dans le Tiers Monde, où les entreprises internationales usent des mêmes pratiques dangereuses, exemptées qu'elles sont des règlements concernant la santé maintenant en vigueur dans les pays occidentaux. Un rapport récent sur l'installation d'usines dangereuses à l'étranger signale que certaines d'entre elles appartenant à des intérêts britanniques ou américains ont 50 ans de retard par rapport aux façons de faire normalement utilisées dans leur pays d'origine. Les ouvriers travaillent au milieu de nuages de poussière et ne sont pas avertis du résultat de leurs visites médicales. Les déchets d'amiante sont souvent jetés le long des routes et dans des terrains vagues où jouent les enfants.

L'histoire de l'industrie moderne de l'amiante est tout aussi horrible que celle des industries de la dentelle et de la poterie au milieu du XIXᵉ siècle. L'amiante a aussi contribué à un taux élevé de décès dans les chantiers navals et chez les ouvriers qui travaillent avec les matériaux d'isolation ; on estime que de 20 à 25 pour cent des morts sont dues au cancer du poumon, de 10 à 18 pour cent proviennent de l'amiantose et 10 pour cent de cancers gastro-intestinaux. On constate également un nombre élevé de décès reliés à l'amiante dans des industries aussi diverses que celles de l'acier, de la fabrication de pièces d'automobile et dans la construction et l'entretien des immeubles.

Bien que ce problème soit l'un des plus sérieux, il n'est pas unique. Il existe de nombreux travaux prouvant l'existence de situations similaires dans l'industrie du textile. Encore aujourd'hui, de nombreux dirigeants nient la réalité de la byssinose, en dépit du fait que cette maladie peut toucher de 8 à 12 pour cent des travailleurs. Le *Washington Post*, entre autres, a rapporté en 1980 que les fabricants continuent à dire que la maladie des poumons qui affecte leurs ouvriers est causée par la cigarette et qu'il n'existe aucune preuve de l'existence de la byssinose. En attendant, des milliers d'ouvriers du textile sont obligés de prendre une retraite anticipée, poumons et santé en ruines, souvent sans indemnisation aucune parce que leurs employeurs ne reconnaissent pas leur responsabilité.

Nous en revenons à la dimension économique de la santé et de la sécurité. C'est là le thème qui est au cœur de tous les problèmes. Tout comme les industriels du XIXᵉ siècle obligeaient leurs employés à travailler jusqu'à en mourir à cause des pertes qu'ils auraient éprouvées si les machines n'avaient pas tourné, les industriels modernes se sentent forcés de faire fonctionner leurs usines en dépit de statistiques sinistres qui indiquent bien que tout ne va pas pour le mieux dans le meilleur des mondes. Bien que certains ouvriers soient imprudents ou négligents et que la mauvaise gestion et l'incurie des dirigeants soient souvent les causes des problèmes, un grand nombre sont d'ordre systémique. Si les accidents sont inévitables étant donné la structure de l'usine, si l'emploi de produits chimiques toxiques est essentiel à la continuation de la production ou pour dominer la concurrence, le bien-être de l'ouvrier passe souvent après les préoccupations d'ordre économique. En dépit de mesures prises il y a déjà bien longtemps en Grande-Bretagne, les *Factory Acts*, ou lois sur les usines datant de 1833, la législation est souvent intervenue trop tard pour régler les problèmes les plus sérieux, et les lois sont souvent difficiles à faire respecter, surtout lorsqu'il s'agit d'un milieu où l'on emploie des produits toxiques. L'effet produit par ces derniers est souvent difficile à prouver de façon concluante et beaucoup d'employés qui font des demandes d'indemnisation ont du mal à établir la responsabilité de l'employeur. Sur les 581 000 personnes environ qui, aux États-Unis, sont sérieusement handicapées par des maladies du travail, moins de 5 pour cent reçoivent officiellement une indemnité. Le problème est aggravé du fait que les conséquences juridiques et financières qui pourraient suivre la reconnaissance de leur responsabilité amène souvent les entreprises à employer toutes les ressources à leur disposition pour bien montrer qu'il n'existe aucun risque. Quand il se produit un accident, l'organisation juge plus prudent de laisser l'employé intenter un procès que d'admettre sa responsabilité en tant qu'employeur.

Depuis l'adoption en 1970, aux États-Unis et au Canada, de lois sur la santé et la sécurité au travail, la situation s'est améliorée, mais les problèmes demeurent nombreux. Comme il revient souvent moins cher de payer des indemnités que d'éliminer les accidents en améliorant les conditions de travail, et que les amendes que l'on inflige aux entreprises qui continuent d'avoir des usines où les ouvriers sont exposés à des dangers sérieux ne sont pas assez élevées pour les forcer à fermer, le problème fondamental demeure. Beaucoup de responsables de la sécurité dans les organisations jouent en fait un rôle conçu simplement pour que leur organisation soit bien vue des inspecteurs du gouvernement, et ne sont pas là pour apporter des améliorations importantes. Il en résulte que les relations entre responsables de la sécurité et inspecteurs deviennent souvent un jeu complexe qui rappelle ceux qui prennent place entre spécialistes de l'efficience et ouvriers à l'usine quand il s'agit d'établir les normes de travail. Comme le disait un de ces responsables : « La tactique que nous employons varie selon l'inspecteur. Il y en a un qui aime bien s'en tenir à quelques directives mineures. Il va bientôt prendre sa retraite, il ne veut pas faire de vagues, et veut éviter la paperasserie qu'exigent les recommandations importantes. [...] alors pour lui, nous créons de petites infractions qui se voient bien pour qu'il n'ait pas à chercher de problèmes [...] Ainsi on ne change pas les ampoules brûlées, on ne répare pas les rampes trop basses quand approche le moment de l'inspection [...] Dans le cas d'un autre inspecteur, plus jeune, qui a la réputation de ne rien laisser passer, et qui veut se faire un nom pour obtenir de l'avancement, tout doit être impeccable. Dans ce cas-là, si nous savons avant l'inspection qu'il y a une machine défectueuse ou une façon de faire qui n'est pas conforme, on s'assure que les modifications sont programmées et prévues au budget. Alors, au moment de l'inspection, on encourage indirectement l'inspecteur à arrêter la machine et ainsi à faire ce qu'il veut. C'est une approche qui réussit bien car elle minimise les inconvénients et elle donne une bonne image de nous, puisque nous recevons très peu de directives pour améliorer la situation. »

Les organisations se donnent beaucoup de mal pour faire bonne figure dans les rapports officiels ; elles réduisent le nombre de dangers potentiels que l'on a pu *repérer* en ayant recours à diverses sortes de camouflage. Elles peuvent influencer la façon dont les accidents sont classifiés, ou réduire le nombre de journées de travail perdues en encourageant les employés blessés ou malades à revenir au travail pour accomplir des tâches plus faciles. Les tentatives de contrôle des accidents par voie législative engendrent souvent des réactions de ce genre, ce qui laisse les attitudes et les dangers sous-jacents inchangés. Bien entendu, s'il y a de nombreux employeurs qui ne prennent pas la santé et la sécurité des travailleurs au sérieux, il y en a aussi beaucoup d'autres qui le font. De plus, de nombreux travailleurs tirent avantage des règlements et des programmes d'indemnisation. L'idée que la plupart des employeurs sont des « vampires » sans scrupules qui se nourrissent volontairement du sang des travailleurs est sans aucun doute une exagération, tout comme l'idée que la plupart des travailleurs sont des paresseux et des simulateurs. Bien qu'il existe de nombreux cas extrêmes, la vérité se trouve quelque part entre ces cas, à un endroit qui tout de même justifie l'idée généralement répandue que dans bien des usines l'efficience passe avant la sécurité. Les critiques radicaux des organisations modernes semblent avoir raison quand ils soutiennent que beaucoup d'organisations servent leurs intérêts en exploitant la santé et le bien-être de leurs employés et en les dominant.

L'ERGOMANIE ET LE STRESS SOCIAL ET MENTAL

Jusqu'à présent, nous avons surtout parlé des dangers physiques que peut causer le travail. Dans ce cas, un grand nombre des victimes appartiennent au marché « secondaire » du travail, ce qui met encore mieux en lumière comment se produit l'impact des organisations sur la main-d'œuvre selon les différents secteurs qui la composent. Cependant, les gens qui appartiennent au secteur « primaire » sont également victimes de certains dangers, surtout ceux qui causent les différentes sortes de stress. Alors que les employés de bureau courent en général moins de risques d'être tués ou blessés durant leur travail ou d'être directement exposés à des produits toxiques, ils sont beaucoup plus sujets à des maladies du cœur, à des ulcères et à des dépressions nerveuses reliés à leur emploi.

Les maladies coronariennes, souvent appelées « tueuses de gestionnaires », sont de plus en plus considérées comme un problème qui affecte les gens placés dans des situations de stress au travail. Non seulement les employés de bureau, mais aussi les ouvriers et les ouvrières qui doivent s'occuper d'une famille et en même temps avoir un emploi à mi-temps ou à plein temps ont souvent des problèmes coronariens. Le problème est endémique dans les situations de stress de toutes sortes et semble résulter d'un réseau complexe de facteurs divers. Les conditions de travail, le rôle, les ambitions et la qualité des relations de travail entrent en interaction avec la personnalité de l'individu pour exercer une influence sur le niveau de stress personnel et le bien-être physique et mental. Les gens ayant une personnalité de « type A », poussés par le besoin de contrôler leur milieu de travail, ambitieux, visant la réussite, compétitifs, impatients et perfectionnistes sont toujours de bons candidats aux problèmes coronariens. Et ceux qui travaillent avec eux courent aussi des risques, car la personnalité de type A crée souvent des problèmes aux autres. Les tensions, le sentiment de frustration et la colère qui vont souvent de pair avec un sentiment d'impuissance comme celui qu'éprouvent les gens qui ont des emplois sans avenir, ouvriers ou employés de bureau, augmentent également le risque de maladie physique ou mentale.

Bien qu'on puisse faire beaucoup pour modifier les niveaux de stress et de tension que l'on éprouve au travail — par exemple grâce à une bonne conception des tâches et en essayant d'établir des relations équilibrées entre travail et vie au dehors du travail — il semble qu'un certaine somme de stress soit endémique. En fait, les organisations s'en nourrissent, et parfois créent le stress pour améliorer leur efficacité. Bien que, selon beaucoup de spécialistes, une certaine quantité de stress puisse avoir des effets bénéfiques, le stress inutile a, à long terme, un impact coûteux sur les organisations, à cause des maladies et des absences. Bien souvent, pour obtenir de l'avancement, les dirigeants et les stagiaires s'imaginent qu'ils doivent arriver à s'identifier complètement avec ce que représente leur organisation et respecter des normes qui exigent que l'on saute des repas ou que l'on mange très vite, et qu'on travaille de longues heures six ou sept jours par semaine. Le résultat, bien entendu, c'est qu'on devient ergomane. Le travail est une vraie drogue, une béquille, ce qui amène un déséquilibre dans le développement personnel et crée de nombreux problèmes pour la vie de famille. L'ergomane est en général toujours tendu, a peu de temps à consacrer à son conjoint ou à ses enfants et est fréquemment absent de chez lui. Très souvent, pour avancer dans une carrière, il faut changer à plusieurs reprises d'emploi, ce qui parfois entraîne des déménagements d'une ville anonyme à une autre. L'impact négatif que cela peut avoir sur la vie de famille et sur le nombre de divorces est énorme. Et dans le cas où les deux conjoints ont une carrière, les tensions sont souvent décuplées. Lorsque la personne en cause fait les choix décisifs qui déterminent ces événements, elle est bien souvent motivée par son désir de se conformer aux normes et aux valeurs du monde de l'organisation où elle aspire à faire carrière.

Ce qu'exige la fonction de la plupart des dirigeants et des cadres supérieurs est parfois si lourd qu'il leur est difficile de trouver, dans leur vie, l'équilibre que les spécialistes de la santé recommandent. Leur mode de vie demande en général qu'ils soient prêts à faire face à leurs échéances et que leur charge de travail soit inégalement répartie. De ce point de vue, beaucoup d'organisations ont besoin d'ergomanes, et créent des cultures qui conviennent à l'espèce. Comme nous l'avons vu au chapitre 5, quelques organisations se spécialisent dans la création de stress et exploitent leurs dirigeants et autres employés de façon parfaitement délibérée. Rappelons-nous, par exemple, les méthodes d'Harold Geneen chez ITT. Il attendait de son personnel dirigeant qu'il soit toujours prêt, n'importe quand, même chez lui, endormi ! La plupart des organisations ont besoin que leurs gestionnaires soient des hommes et des femmes totalement dévoués à l'organisation, qui vivent et rêvent de la vie de l'organisation ; en fait, elles l'exigent. Bien entendu, un grand nombre de gestionnaires apprennent à aimer cela. Selon les critiques radicaux de l'organisation, cependant, ce phénomène ne fait que refléter une autre manière dont une organisation exploite ses employés et leurs familles pour servir ses intérêts.

LA DIMENSION POLITIQUE DE L'ORGANISATION ET L'ORGANISATION RADICALISÉE

L'idée que l'organisation utilise et exploite ses employés est certainement valable et explique un grand nombre d'attitudes, de croyances et de pratiques dans plusieurs d'entre elles. Au chapitre 6, nous avons parlé du « système référentiel radical », partant de l'idée que les organisations sont des phénomènes qui renvoient à des classes et à une division très profonde entre les intérêts du capital et ceux de la main-d'œuvre (voir tableau 6.6 et l'analyse qui suit). Les idées traitées dans le présent chapitre nous aident à voir de façon plus claire l'argumentation sous-jacente à cette perspective et nous permet de comprendre pourquoi travailleurs et dirigeants se trouvent si souvent engagés dans des conflits très durs. Pour un membre du marché « secondaire » du travail, qui se trouve périodiquement au chômage, selon l'état des affaires, ou dont l'emploi au statut peu élevé ne lui permet pas d'utiliser toutes ses capacités, pour celui qui a souffert d'un accident du travail ou qui a été exposé à des produits toxiques sans recevoir d'indemnité, il est beaucoup plus sensé de voir les organisations comme des champs de bataille que comme des « équipes » unies ou des coalitions pluralistes amicales. Comment peut-on entretenir un sentiment d'appartenance à une équipe alors que l'on ne sait même pas si on en fera encore partie la semaine suivante ? Comment peut-on avoir l'impression de faire partie d'une communauté d'intérêts quand les différences de statut et de privilèges sont aussi nombreuses et aussi évidentes ? Il semble fort raisonnable, en de pareilles circonstances, de considérer que l'on fait partie d'un groupe d'individus défavorisés et exploités, et de s'unir à ses compagnons de misère pour arracher quelques gains et bénéfices à son employeur. Il semble aussi raisonnable de fonctionner à partir du principe que toute amélioration ne peut qu'être le résultat d'un long et dur combat. Dans ces circonstances, les organisations sont souvent des mondes divisés, caractérisés par des comportements politiques qui reflètent et durcissent les divisions de classe que l'on trouve dans la société. Dans des cas extrêmes, la séparation entre les intérêts du capital et ceux de la main-d'œuvre, ou de la direction et du syndicat, devient aussi exacerbée que celle qui distingue deux factions en guerre l'une contre l'autre. Autrement dit, nous arrivons à ce que l'on peut appeler l'« organisation radicalisée ».

La plupart du temps, ces organisations se trouvent dans des secteurs de l'économie où l'on rencontre des divisions profondes entre main-d'œuvre primaire et secondaire. Par exemple, dans le cas de l'exploitation minière, de l'industrie lourde, des chantiers navals, des aciéries et de bien d'autres, la différence dans les privilèges accordés aux employés de bureau et aux ouvriers est souvent très marquée. Alors que chaque groupe peut être fragmenté selon la structure hiérarchique ou selon le métier exercé, les dirigeants ne se confondant pas avec le personnel de bureau, les contremaîtres avec les ouvriers, ni les ouvriers qualifiés avec les manœuvres, c'est souvent entre « bureaux » et « ateliers » que l'entreprise est divisée. De façon générale, les employés de bureau ont de meilleures conditions de travail, dans un environnement plus propre et plus sûr, des heures de travail plus régulières, plus d'avantages sociaux, de plus longues vacances et des salaires plus élevés. On peut percevoir ce déséquilibre maintes fois dans les aspects les plus routiniers du travail, par exemple quand un ouvrier couvert d'huile assiste à une réunion avec un dirigeant bien vêtu, ou quand il entre en interaction avec d'autres membres du personnel de bureau. À cause de ces différences, certaines catégories d'employés ne se rencontrent jamais. Dans certains cas, la séparation et la distance entre les groupes sont accentuées par des pratiques qui engendrent de nouvelles injustices.

Par exemple, dans une usine britannique de montage d'automobiles, il existe des salles à manger différentes pour les ouvriers et pour les employés de bureau. Ces pièces sont adjacentes, mais un monde les sépare. Dans la salle à manger du « personnel de bureau », on peut prendre son repas et un verre de vin à une table de son choix, bien dressée, et se faire servir par des serveuses en uniforme. Dans la salle à manger du « personnel de l'atelier », il faut faire la queue pour se servir soi-même, et manger à de longues tables sans nappes, avec des couverts en plastique. Si l'on veut un couvert convenable, on le loue moyennant un dépôt. Comme on peut s'y attendre, cette organisation se caractérise par une forte division entre « eux » et « nous », et la direction et le syndicat sont constamment aux prises, se livrant une bataille dans laquelle chaque faction tente de l'emporter sur l'autre.

Mais il n'y pas de règle toute simple voulant que l'organisation qui combine des travailleurs des marchés primaire et secondaire doive être comme cela, ni de règle voulant que le processus de radicalisation soit réservé à ce genre d'organisation. Lorsque la structure cohésive d'une organisation, par exemple, reformule les différences entre groupes primaire et secondaire au sein d'un ensemble de valeurs communes, de telles divisions radicalisées peuvent ne pas se manifester. Par ailleurs, elles apparaîtront peut-être dans des organisations qui, autrefois, étaient unifiées. Une organisation fortement stratifiée mais « unitaire », durement touchée par une récession et forcée de mettre à pied une partie du personnel, n'est la plupart du temps plus la même après coup. Des organisations qui reflètent peu de distinctions marquées au regard des classes sociales, comme les établissements d'enseignement et les bureaucraties orientées vers les services, finissent souvent par être extrêmement polarisées si elles éprouvent des tensions sérieuses. Par exemple, le personnel de nombreux établissements d'enseignement, à la fin des années 70 et au début des années 80, a réagi devant les coupures budgétaires, les restrictions sur les salaires et d'autres mesures en se mettant en grève pour la première fois. Il existe souvent un profond ressentiment dans ces situations polarisées, et lorsque le travail reprend, les relations peuvent demeurer tendues et peu amicales. Ces organisations deviennent souvent, temporairement du moins, des champs de bataille où les gens s'affrontent sous prétexte qu'ils sont ou qu'ils vont être exploités d'une façon ou d'une autre.

Si nous considérons le monde des organisations, nous pouvons repérer les organisations radicalisées dans lesquelles un secteur au moins de la main-d'œuvre se sent exploité et réagit de manière solidaire. Cette solidarité sous-tend les mouvements ouvriers qui se battent pour la transformation des lieux du travail afin de mettre en place des types d'organisation démocratique comme ceux qui ont été décrits dans le tableau 6.1. Quand la démocratisation ne se fait pas, le sentiment profond d'exploitation peut se durcir et se transformer en un ressentiment qui amène les travailleurs à bloquer et à combattre la direction, et la direction à bloquer et à combattre les travailleurs. Cette sorte de guérilla entre travailleurs et dirigeants, et cela a été le cas en 1984 lors des grèves du secteur minier en Grande-Bretagne, se transforme souvent en un combat dans lequel les deux parties paient un prix extrêmement élevé. On a souvent recours à des tactiques de nature politique. Du côté de la direction, la principale mesure stratégique est de s'assurer que la confrontation survient à un moment opportun (par exemple lorsqu'il y a des réserves de produits manufacturés, et qu'on a moins besoin de main-d'œuvre, ou lorsqu'on estime que la position des travailleurs est faible) et d'avoir recours au procédé qui consiste à « diviser pour régner ». La direction tente de détruire la solidarité de la main-d'œuvre et, par l'entremise des médias, de saper l'appui que pourrait leur offrir la collectivité. Du côté des travailleurs, « l'union fait la force » est en général le principe adopté. Une action collective et vigoureuse fait ainsi face aux mesures visant à la division jusqu'à ce qu'un côté ait le dessus, ou jusqu'à ce qu'il soit possible de négocier une entente permettant de sauver la face.

Comme c'est le cas des systèmes référentiels unitaire et pluraliste, la perspective radicale peut servir à décrire la dure réalité politique de l'entreprise, et on peut également s'en servir en tant qu'instrument idéologique. Ainsi, alors qu'un gestionnaire pluraliste peut se servir de l'idée « nous formons une équipe » pour faire l'unité et obtenir l'accord de ses subordonnés, l'employé syndicaliste ou radical peut continuer à croire à l'idéologie radicale comme seul moyen d'unir la main-d'œuvre contre la direction. Dans certaines circonstances, les gestionnaires unitaires ou pluralistes adoptent eux aussi l'idéologie radicale, faisant des relations avec leur main-d'œuvre un combat dans lequel ils doivent démontrer leur supériorité et leur force. En procédant ainsi, ils mettent souvent en place le fondement d'une radicalisation future de la main-d'œuvre. Selon de nombreux syndicalistes, en effet, cette attitude de la part de la direction est extrêmement courante, bien qu'elle soit souvent masquée par une rhétorique unitaire ou pluraliste. Aux yeux du personnel exploité, l'idée que les organisations sont des instruments de domination est alors tout à fait sensée, et offre une métaphore fort utile pour bien comprendre l'univers de l'organisation.

Nous en avons peut-être dit suffisamment pour montrer la valeur de la métaphore de la domination. Cependant il existe une autre dimension à la critique radicale, et il nous faut maintenant l'aborder. Elle concerne la façon dont beaucoup d'organisations, en particulier les multinationales, se servent de l'économie internationale et l'exploitent à leurs propres fins égoïstes.

Les multinationales et l'économie mondiale

L'économie mondiale est dominée par les activités de sociétés géantes souvent appelées « multinationales » ou parfois « transnationales ». En 1982, il existait 380 entreprises dont le chiffre d'affaires dépassait deux milliards de dollars par an. Le chiffre d'affaires annuel respectif des 50 plus importantes sociétés allait de 12 à 108 milliards de dollars. Dix-neuf de ces entreprises avaient des ventes qui dépassaient les 20 milliards. Le chiffre d'affaires des plus importantes, Exxon, Texaco, Mobil, Royal Dutch/Shell, General Motors, General Electric, Ford, IBM, Fiat, Unilever et ITT dépassent le produit national brut de bien des pays (voir tableau 9.3). Il n'est donc pas étonnant qu'on ait décrit beaucoup d'entre elles comme des États souverains ayant un impact très important sur la politique internationale et l'économie mondiale. De fait, Jean-Jacques Servan-Schreiber est allé jusqu'à dire, vers la fin des années 60, que le troisième pouvoir industriel dans le monde n'était pas l'Europe, mais l'industrie américaine en Europe.

Les entreprises multinationales qui ont leur siège social aux États-Unis dominent la liste des firmes les plus importantes. Jusqu'au début des années 70, l'hégémonie des États-Unis ne pouvait être mise en doute, mais récemment des entreprises d'autres pays ont pris de plus en plus d'importance. À l'heure actuelle, des sociétés de 30 pays font partie des 380 plus importantes, et il y en a de plus en plus qui ont leur siège social dans le Tiers Monde. Le Japon et la République fédérale d'Allemagne connaissent le taux de croissance le plus élevé et ont surpassé celui des multinationales américaines, qui a ralenti depuis la fin des années 60.

Les plus importantes multinationales sont en général des sociétés productrices de pétrole, des constructeurs d'automobiles, des entreprises de produits électriques et électroniques, de produits chimiques, de produits alimentaires, et des fabricants de verre et d'acier. Ces entreprises fonctionnent en général dans plusieurs pays, y compris certains des États communistes. La plupart des multinationales ont diversifié leurs intérêts et sont contrôlées par leurs actionnaires, mais un nombre important, comme Renault, ENI, et Petroleos de Venezuela sont partiellement ou entièrement propriété de l'État.

Bien entendu, les multinationales existent depuis longtemps. La cité-État de Venise, au XVe siècle, était très active en finance

Rang	PNB ou ventes (en milliards de $)	Rang	PNB ou ventes (en milliards de $)
1 États-Unis	2946,0	51 Chili	28,9
2 URSS	N.C.	52**Gulf	28,3
3 Japon	1186,4	53 Égypte	28,2
4 R.F.A.	829,6	54 Libye	28,1
5 France	657,6	55**Atlantic Richfield	27,8
6 Royaume-Uni	510,3	56**General Electric	27,2
7 Italie	391,4	57 Émirats Arabes Unis	26,9
8 Chine	300,0	58 Hong-kong	26,3
9 Canada	276,2	59 Malaisie	26,1
10 Brésil	267,7	60 Nouvelle-Zélande	25,5
11 Espagne	214,3	61 Portugal	24,8
12 Inde	176,7	62**Unilever	24,1
13 Pays-Bas	168,0	63**Dupont	22,8
14 Australie	165,5	64**Française/Pétroles	22,8
15 Mexique	160,2	65 Hongrie	22,6
16 Suède	123,8	66**Shell	21,6
17 Belgique	117,5	67**Koweit Petroleum	20,6
18 Arabie Saoudite	117,2	68 Israël	20,4
19 Suisse	112,9	69 Pérou	20,0
20**Exxon	108,1	70**Elf-Aquitaine	19,7
21**Royal Dutch/Shell	82,3	71**Petroleos/Venezuela	19,7
22 Afrique du Sud	81,8	72**Fiat	19,6
23 Indonésie	78,8	73**Petrobas	18,9
24 Autriche	77,1	74**Pemex	18,8
25 Nigéria	76,2	75 Irlande	18,0
26 Argentine	72,1	76 Maroc	18,0
27 Turquie	70,2	77**ITT	17,3
28 Danemark	67,2	78**Phillips	17,1
29 République coréenne	66,1	79**Volkswagen	16,8
30 Venezuela	65,1	80**Daimler-Benz	16,3
31**Mobil	64,5	81**Nissan	16,2
32 Yougoslavie	62,9	82**Renault	16,2
33**General Motors	62,7	83**Siemens	16,0
34**Texaco	57,6	84**Phillips Petroleum	16,0
35 Norvège	57,6	85**Matsushita	15,7
36 Roumanie	57,0	86**Toyota	15,7
37**British Petroleum	52,2	87**Hitachi	15,5
38 Finlande	51,3	88**Tenneco	15,5
39**Standard Oil (CA)	44,2	89**Hoechst	15,3
40 Grèce	42,9	90**Nippon Steel	15,2
41 Algérie	42,0	91**Sun	15,0
42 Philippines	39,0	92**Bayer	15,0
43**Ford	38,2	93**Occidental Petroleum	14,7
44 Thaïlande	36,9	94 Syrie	14,7
45 Colombie	36,4	95**BAT Industries	14,3
46 Koweit	30,6	96**Nestlé	14,2
47**Standard Oil (IN)	29,9	97**U.S. Steel	13,9
48 Pakistan	29,8	98**BASF	13,7
49**ENI	29,4	99**United Technologies	13,7
50**IBM	29,1	100**Standard Oil (OH)	13,5

**Société multinationale

Tableau 9.3. Comparaison des PNB de différents pays et des chiffres d'affaires des plus importantes multinationales (1981).
SOURCE : *World Bank Atlas* et *Fortune* (23 août 1982).

internationale, et d'importantes entreprises commerciales comme la Dutch East India Company et la Hudson's Bay Company faisaient des affaires sur plusieurs continents dès le XVIIᵉ siècle. C'est cependant vers la fin du XIXᵉ et au début du XXᵉ siècle que nous sommes témoins de la croissance et de la prolifération des multinationales, de pair avec le développement de l'économie mondiale capitaliste. De grosses entreprises spécialisées apparaissent les premières, créent une forte concentration de ressources économiques et jouissent d'un pouvoir quasi monopolistique en établissant des usines dans un grand nombre de pays. Vers le milieu de notre siècle, il se produit un nouveau développement, avec l'adoption des lois antitrust qui devaient réduire le pouvoir de ces organisations, en particulier celui des conglomérats diversifiés qui faisaient leur apparition. Les multinationales diversifiées sont nées d'une tentative de contrôler les ressources et matières premières vitales, du désir d'avoir un portefeuille de placements diversifié, d'éviter les risques liés à la localisation unique en s'assurant d'une présence dans de nombreux territoires à la fois, de procéder à des placements en pays étrangers afin de se protéger des incertitudes des affaires ou de la politique d'un pays d'accueil unique, et d'ouvrir de nouveaux marchés à des produits qui ne trouvaient plus de débouchés sur des marchés plus anciens et saturés.

Quelques-uns de ces conglomérats résultent de grandes entreprises qui ont acquis des intérêts dans de nouveaux domaines, alors que d'autres se développpaient très rapidement grâce à une série de transactions financières qui ont transformé de très petites entreprises en conglomérats géants. Ce dernier type de croissance s'est produit avec une rapidité étonnante au cours des années 60, époque à laquelle des financiers ont profité de la vague de prospérité qui accompagnait la guerre du Viêt-nam pour faire l'acquisition de nouvelles firmes ou en fusionnant avec d'autres à de nombreuses reprises. Si l'on veut s'en tenir à un exemple assez remarquable, en 10 ans à peine Harold Geneen a fait passer ITT d'un groupe assez peu structuré d'entreprises téléphoniques dans divers pays à un conglomérat centralisé ayant 331 filiales et 771 filiales de filiales, dans 70 pays. De 1959 à 1970, ITT est passé de la cinquante-deuxième à la neuvième place sur la liste des grandes entreprises qu'avait compilée *Fortune*. De plus, comme le fait remarquer le journaliste Anthony Sampson dans son analyse d'ITT, le succès extraordinaire de Geneen n'est pas unique et bien d'autres entreprises l'ont imité. Gulf and Western est très vite passé de la petite entreprise fabriquant des pare-chocs à un conglomérat de 92 firmes qui travaillent dans des domaines aussi variés que l'exploitation minière, la production de sucre, l'édition et le monde du spectacle. Litton Industries, parti d'une fabrique d'électronique d'un million de dollars, est devenu un conglomérat propriétaire de plus de 100 entreprises en un peu moins de 10 ans.

La tendance générale aux organisations importantes et diversifiées qui a dominé les années 60 se reflète dans les chiffres concernant la concentration industrielle. En 1948, les 200 plus grosses entreprises des États-Unis contrôlaient 48 pour cent des actifs manufacturiers, en 1969 elles en contrôlaient 58 pour cent. En 1983, les 100 plus importantes entreprises industrielles contrôlaient 48 pour cent de l'ensemble de ces actifs. Bien que la récession qui a suivi la prospérité des années 60 ait causé la perte de nombreux investissements, la tendance à la concentration est demeurée, aux États-Unis comme en Europe. Comme l'a dit Anthony Sampson : « La présence de géants sur un continent a provoqué la présence d'autres géants, leurs rivaux, sur un autre [...] Les années 60, dans le monde entier, ont été la décennie des géants. »

LES MULTINATIONALES COMME PUISSANCES MONDIALES

Tout cela a eu des répercussions très importantes sur les structures de pouvoir dans le monde entier. Beaucoup d'organisations modernes sont plus importantes que certaines nations et jouissent de plus de pouvoir mais, à leur différence, elles n'ont à rendre de comptes qu'à elles-mêmes. Par exemple, des recherches récentes indiquent que les activités de nombreuses multinationales, surtout celles qui sont dirigées depuis les États-Unis, sont très centralisées, leurs filiales à l'étranger étant étroitement contrôlées par une politique et des règlements émanant du siège social. Les filiales doivent soumettre des rapports à intervalles réguliers (souvent à un rythme hebdomadaire) et leur personnel n'a en général que peu d'influence sur les décisions clés qui les affectent. Les ressources des multinationales sont en général gérées de façon à rendre le niveau local dépendant plutôt qu'autonome.

Les dirigeants de ces entreprises ont mis en place un niveau de centralisation très élevé parce qu'ils estiment que l'ampleur et la diversité de leurs entreprises exigent une direction centrale forte. Tandis que les entreprises japonaises établissent souvent des formes de contrôle moins serrées, et font plutôt appel à des valeurs et des normes communes pour guider la prise de décision au niveau local (voir tableau 4.1), d'autres multinationales préfèrent plus de surveillance. Le degré de planification et de direction centralisées semble vraiment avoir des liens plus étroits avec une économie de type soviétique qu'avec l'entreprise libre et compétitive. L'administration centralisée tend à remplacer le jeu des forces du marché ou, comme l'a dit l'historien Alfred Chandler, « la main visible » de la direction remplace la « main invisible » qui, selon Adam Smith, guidait l'économie de marché.

Chaque fois que nous étudions les multinationales, par conséquent, nous nous trouvons vite en présence de leur pouvoir monolithique. Ce sont elles qui, de toutes les organisations, s'approchent le plus de la réalisation des pires craintes de Max Weber à propos d'organisations bureaucratiques qui pourraient devenir des régimes totalitaires servant les intérêts de certaines élites, les dirigeants exerçant un pouvoir « pratiquement inébranlable ». Autrement dit, le jeu auquel se livrent les multinationales s'appelle le plus souvent contrôle, contrôle, contrôle. Les multinationales se livrent volontiers à l'intégration verticale, sous plusieurs formes, pour obtenir la propriété ou le contrôle de matières premières rares et d'autres matériaux ; de plus, elles procèdent à des recherches poussées et à des activités de mercatique afin de déterminer les préférences de leurs clients. En procédant ainsi, elles font de leurs sources de matières premières et des marchés sur lesquels écouler leurs produits une sorte d'empire administré de l'intérieur. Elles pratiquent aussi souvent une espèce de collusion, ouverte ou non, établissent des cartels non officiels qui réglementent les relations entre les organisations qui leur sont affiliées et aident ainsi à stabiliser et à contrôler certains aspects de leur environnement qui autrement seraient incertains et menaçants.

C'est ainsi, comme l'ont fait remarquer Kurt Mirow et Harry Maurer dans leur livre *Webs of Power*, que les cartels internationaux sont omniprésents dans l'économie mondiale, bien que leur existence soit interdite dans bien des pays. Leurs membres réduisent la concurrence en participant à des ententes visant à protéger leur marché domestique, ententes qui accordent à chaque firme l'exclusivité de territoires que les concurrents n'envahiront pas, ou selon lesquelles chaque concurrent se contente de la part de marché qu'il a déjà , laissant la firme principale sans autre concurrence que celle de petites entreprises qui n'appartiennent pas au cartel. Des ententes concernant les « terrains de chasse » définissent souvent le degré de concurrence que l'on tolérera sur les marchés étrangers, la préférence allant en général aux modèles traditionnels de domination du marché. Les États-Unis peuvent dominer les Antilles, la Grande-Bretagne et la France leurs anciennes colonies, les Allemands se réserver les pays scandinaves et les pays de l'Est, et le Japon, l'Asie de l'Est et du Sud-Est. Les autres territoires sont en général ouverts à la concurrence quoique, même dans ces cas, les prix et les contingentements soient en général décidés d'avance. De plus, les cartels ont souvent des ententes ayant trait aux échanges, au transfert de techniques et à la propriété industrielle, ce qui diminue aussi la concurrence sur ces aspects. On trouve des pratiques de ce genre dans des industries diverses : équipement électrique, pétrole, produits pharmaceutiques, produits chimiques pour l'industrie, acier, aluminium, fibres, uranium et transport des marchandises. Les cartels établissent en général leur siège social dans des pays qui n'ont pas adopté de loi antitrust, la Suisse par exemple, et trouvent le moyen de contourner les lois dans les pays où pareille législation existe. Ces pratiques ajoutent au pouvoir, déjà immense, des multinationales, et cela de façon très importante, puisqu'elles contribuent à prévenir des batailles entre géants qui pourraient leur être fatales.

Les efforts faits par les multinationales pour contrôler leur environnement pénètrent bien souvent le domaine politique. Comme on le sait, les grandes entreprises se servent souvent de leur immense capacité d'exercer des pressions pour influencer l'ordre du jour politique afin que les résultats leur soient favorables. C'est là, plus que partout ailleurs, qu'il est possible de se rendre compte que les multinationales sont bel et bien des puissances mondiales. En effet, elles peuvent souvent exercer une profonde influence sur les pays où elles sont installées, surtout quand une nation a absolument besoin de leur présence ou quand un aspect quelconque de leur fonctionnement est essentiel à son économie. Bien que les questions sur lesquelles les multinationales veulent exercer une influence soient en général d'ordre économique, il arrive souvent que les entreprises se mêlent directement, parfois même de façon illégale, du processus politique. Par exemple, lorsque les buts et objectifs économiques d'une multinationale entrent en conflit avec le mode de développement choisi par le pays d'accueil, il est facile pour la multinationale de participer à des actions visant à déterminer les lignes de conduite économiques et sociales du gouvernement. Elle peut alors se retrouver dans l'arène politique et avoir des activités qui sont explicitement d'ordre politique et idéologique, bien qu'en général elles agissent plutôt dans les coulisses. Le

cas le plus classique et le plus tristement célèbre est celui de l'ingérence d'ITT dans la politique du Chili et de la participation de la
multinationale à un complot, en 1970, pour bloquer l'élection de
Salvador Allende, qui était marxiste, à la présidence du pays. De
concert avec la CIA, ITT a cherché à créer le chaos économique au
Chili et, par là même, a encouragé un putsch de la part de l'armée,
l'entreprise offrant une somme « allant jusqu'à sept chiffres » à la
Maison-Blanche pour empêcher Allende de prendre le pouvoir.

Les multinationales constituent une très importante force politique dans l'économie mondiale et, surtout, une force politique qui
n'a pas à rendre compte de ce qu'elle fait. L'épisode du Chili, bien
qu'il soit un cas extrême, met en relief un ensemble de problèmes
concernant les contradictions qui surgissent quand on permet à des
pouvoirs autoritaires et forts comme les multinationales d'exister
au sein des démocraties. Elles sont en effet capables d'enlever toute
signification au processus démocratique, et d'obliger les gouvernements à être plus attentifs aux intérêts des entreprises qu'à ceux
des gens qui les ont élus. Nous voyons maintenant pourquoi les
porte-parole du système référentiel radical font de l'existence des
multinationales une preuve de plus de l'antagonisme général qui
règne entre les gens ordinaires et les entreprises. Le pouvoir
immense des multinationales, les cartels qui réduisent la concurrence et les réseaux de propriété et de contrôle qui les lient entre
elles, tout cela se combine pour créer une économie mondiale dominée par des organisations et au sein de laquelle le pouvoir du dirigeant d'entreprise surpasse souvent de beaucoup celui de l'homme
politique élu et celui du peuple que l'organisation prétend vouloir
servir.

LES MULTINATIONALES :
UN RECORD D'EXPLOITATION ?

Les partisans des multinationales les
considèrent souvent comme des éléments du développement économique, qui créent des emplois et qui apportent des capitaux, des
techniques et un savoir-faire à des collectivités ou à des pays qui
autrement pourraient avoir du mal à développer seuls de telles ressources. Leurs critiques, d'un autre côté, ont tendance à les voir
comme des forces brutales, autoritaires, qui finissent par exploiter
complètement leurs pays d'accueil. Il y a là effectivement un
dilemme, car les lignes de conduite qui servent les intérêts d'une
multinationale peuvent ne pas convenir aux populations des pays

où elle s'installe. Par conséquent, étant donné le pouvoir immense dont jouit une multinationale, les pays d'accueil doivent bien souvent s'en remettre aux sentiments de responsabilité sociale et de générosité que peut entretenir la grande entreprise.

L'histoire des multinationales à cet égard est loin d'être brillante. Les systèmes de prise de décision hautement centralisés font qu'en général les intérêts de l'entreprise concernant la profitabilité, la croissance ou le développement stratégique de la multinationale tout entière prennent le pas sur les intérêts de la population locale ou même nationale. Aussi, lorsque des questions de stratégie amènent la direction d'une multinationale à retirer ses investissements d'un secteur industriel particulier, à fermer une usine ou à restructurer ses activités sur le plan international, les conséquences pour les populations et pays en cause peuvent être désastreuses. De plus, on constate, avec une ironie teintée d'amertume, que beaucoup de ces décisions ne viennent pas de ce qu'une usine ou un ensemble d'activités ne sont pas profitables, mais de ce que l'entreprise estime pouvoir faire des bénéfices plus importants ailleurs.

Les décisions que prennent de grandes organisations, comme celle de déplacer leurs usines là où la main-d'œuvre est meilleur marché et non syndiquée, ont amené le déclin de plusieurs villes du nord des États-Unis. Le choix des entreprises, qui s'est porté sur des villes situées au sud de ce pays plutôt qu'au nord, ou sur des pays du Tiers Monde comme Taiwan ou la Corée, a créé une « zone de rouille » qui se dégrade et une « zone de soleil » prospère. Les effets se font sentir surtout sur les petites populations qui peuvent se voir ruinées par la décision d'une multinationale de fermer une usine importante. Bien que ces choix puissent être parfaitement justifiés du point de vue de l'entreprise, ils représentent, pour la collectivité en cause, un désastre socio-économique. On peut faire les mêmes constatations dans les centres industriels ou miniers européens où la fermeture des mines de charbon ou des aciéries a conduit à la dégradation économique et à la désintégration sociale de régions entières. Tout comme Willy Loman dans la pièce d'Arthur Miller, ces collectivités ont le sentiment d'avoir été utilisées jusqu'au bout, puis rejetées maintenant qu'elles ne servent plus à rien. Le ressentiment et le sentiment d'exploitation sont particulièrement forts lorsque les mines ou les usines fermées sont rentables, mais pas suffisamment selon la direction de l'entreprise en cause.

Que les intérêts de l'entreprise et ceux d'une collectivité ne coïncident pas toujours est un truisme commun à toutes les organisations et pas seulement aux multinationales. Mais l'échelle à laquelle fonctionnent ces dernières est tellement énorme que les conséquences de leurs décisions sont particulièrement graves. Nous avons illustré ce fait en montrant comment des changements dans la stratégie de l'entreprise, même s'il ne s'agit que d'*augmenter* le taux de profit, peut donner lieu à des changements socio-économiques de grande importance. De la même façon, la décision que prend une multinationale de transférer ses actifs liquides d'un pays à un autre pour bénéficier des différences de taux d'intérêt peut avoir un impact sérieux sur la balance commerciale des pays en cause. Ou encore, décider de développer l'entreprise dans une direction particulière peut avoir de graves conséquences sur la planification économique régionale et nationale, faussant le modèle de relations que la région ou le pays d'accueil souhaite encourager. Pour ces raisons, et bien d'autres, des populations locales et des pays souhaitent souvent attirer les multinationales tout en craignant les conséquences de leur implantation, sachant bien qu'il peut y avoir conflit entre les intérêts sous-jacents. Certains pays, comme le Canada où les capitaux étrangers dépassent largement les 50 pour cent dans certains secteurs industriels, ont reconnu ouvertement l'existence de ces conflits et ont essayé de réglementer les conditions de fonctionnement des multinationales sur leur territoire (voir tableau 9.4). Ce qui crée un dilemme : plus les pays d'accueil tentent de contrôler les pratiques des multinationales, moins ils attirent les investissements étrangers. C'est pourquoi les multinationales et les États finissent par se trouver dans une relation de domination et de dépendance, ce qui les amène à constituer des blocs rivaux, chacun tentant de fixer les conditions dans lesquelles l'autre aura le droit de fonctionner.

Bien que l'impact des multinationales dans les pays occidentaux puisse être dommageable, il est sans aucun doute bien pire dans les pays du Tiers Monde. Leurs critiques les considèrent comme des pillards modernes, qui exploitent à leurs fins les ressources naturelles et les autres ressources de ces pays. Bien entendu ce n'est pas l'avis des multinationales qui estiment que leurs activités aident au développement des pays non industrialisés au milieu de difficultés suscitées par une publicité défavorable faite autour des erreurs commises par une minorité dénuée du sens des responsabilités sociales, par la propagande contre le monde des affaires à laquelle se livrent les critiques de la « gauche », et parfois par des gouvernements étrangers ingrats et hostiles qui ne respectent pas leurs contrats. Tout en reconnaissant que les multinationales doivent fonctionner selon des règles de conduite appropriées, leurs porte-parole prétendent que, finalement, elles exercent une influence bénéfique et que multinationales et pays d'accueil peuvent collaborer de façon à ce que les uns et les autres en retirent des profits. C'est un débat passionné et on peut trouver des arguments pour soutenir ou contrer chaque position.

Commençons par étudier les principales critiques à l'endroit des activités des multinationales dans le Tiers Monde. La première vient de l'idée que les multinationales, comme les empires coloniaux dont elles ont recueilli l'héritage, entretiennent un rapport d'exploitation avec les pays d'accueil. Si nous étudions le rôle des multinationales dans les pays du Tiers Monde, nous nous apercevons que, traditionnellement, elles se sont occupées avant tout de matières premières et de produits alimentaires. Plus récemment, elles ont envisagé la transformation sur place des matières premières. Mais dans les deux cas, les multinationales et leur pays d'origine conservent le contrôle des opérations, de la technique et des revenus qui en découlent, avec le résultat que les pays du Tiers Monde sont dans un état de dépendance *accrue* par rapport au moment de l'arrivée des multinationales.

Voyons comment celles-ci ont procédé, dans le Tiers Monde, à propos de l'exploitation minière et de l'agriculture. Dans les deux cas, elles ont utilisé les ressources des pays d'accueil pour augmenter leurs profits et le niveau de vie du monde occidental. En 1970, par exemple, l'Organisation internationale du travail a rapporté que les pays industrialisés occidentaux se procuraient 85 pour cent de la bauxite, 100 pour cent du chrome, 17 pour cent du cuivre, 95 pour cent de l'étain dont ils avaient besoin dans le Tiers Monde, dont ils achetaient aussi toutes les récoltes tropicales. Jusqu'à ce que les pays d'accueil exercent des pressions, les multinationales ne se livraient qu'à peu de travail de transformation sur les matières premières extraites dans le pays en question. Elles exportaient ces produits sous leur forme brute, en tirant souvent d'importants bénéfices, mais sans que cela profite beaucoup au pays d'accueil. Un document publié par les Nations Unies en 1972 indiquait que les multinationales américaines installées au Chili pour produire du cuivre, et qui contrôlaient plus de 90 pour cent des gisements de cuivre chiliens, faisaient des profits de 4 milliards de dollars sur des investissements de 30 milions, parce que le Chili avait abandonné ses droits sur cette ressource. Et la même histoire s'est maintes fois reproduite ailleurs. La domination des multinationales dans les industries d'extraction a souvent été un obstacle déterminant à l'industrialisation du Tiers Monde et au contrôle local du développement économique.

En 1974, le gouvernement canadien a établi une agence d'examen des investissements étrangers [FIRA] et adopté des lignes de conduite concernant le bon comportement économique des multinationales. Elles mettent en relief les secteurs dans lesquels des conflits d'intérêts pourraient surgir entre gouvernement et multinationale.

Douze principes concernant le comportement des multinationales (et leurs relations avec des lignes de conduite de filiales américaines qui seraient jugées répréhensibles)

Principe	Comportement jugé répréhensible
1. Pleine réalisation du potentiel de croissance et fonctionnement de l'entreprise au Canada.	1. Depuis le siège social américain, les planificateurs prévoient expansion ou coupures sans se soucier des projets ou souhaits du Canada.
2. Faire de la filiale canadienne une entité autonome, intégrée verticalement, ayant la responsabilité totale d'au moins une fonction de la production.	2. La filiale canadienne est avant tout destinée à assembler des marchandises produites ailleurs, ce qui permet de fermer facilement la filiale ou de la transférer.
3. Développement maximal des marchés d'exportation depuis le Canada.	3. On remplit les commandes destinées aux marchés de tiers pays depuis les États-Unis, ce qui ajoute des crédits à la balance commerciale américaine plutôt que canadienne.
4. Étendre la transformation des matières premières au Canada au plus grand nombre d'étapes possible.	4. Avoir aussi peu d'étapes de transformation que possible pour minimiser l'effet de levier.
5. Politique de prix équitable pour les ventes internationales et les ventes à l'intérieur même de la firme.	5. Prix négociés ou falsifiés par les filiales canadiennes pour éviter l'impôt canadien sur les bénéfices.
6. Développement des sources de matière première au Canada.	6. Préférence accordée aux États-Unis ou à d'autres pays, pour des raisons de commodité pour la firme ou de levier politique.

7. Inclusion de recherche et développement, et développement de nouveaux produits.	7. La concentration de ces activités aux États-Unis fait que le Canada ne peut jamais développer ce type de compétence.
8. Consacrer une partie importante des gains à la croissance.	8. Les profits faits au Canada n'y restent pas pour financer l'expansion dans ce pays.
9. Nomination de dirigeants et d'administrateurs canadiens.	9. On fait appel à des Américains pour éviter de développer une mentalité canadienne de direction et de réalisation des activités de la firme.
10. Participation du public canadien à l'avoir des actionnaires.	10. L'existence de filiales qui sont la propriété exclusive de la multinationale empêche les Canadiens d'avoir droit aux profits et de déterminer les lignes de conduite.
11. Publication des états financiers.	11. Consolidation des résultats obtenus au Canada dans les états financiers de la multinationale ou non-publication d'information pertinente.
12. Appui aux institutions culturelles et charitables canadiennes.	12. Absence d'appui à des organismes comme Centraide, alors que le siège social contribue généreusement aux campagnes de souscription américaines.

Ces lignes de conduite ont été abandonnées en 1984 pour permettre au Canada d'attirer davantage les capitaux étrangers. Il n'est donc pas facile de résoudre le dilemme posé par la présence des multinationales. Un grand nombre de gouvernements veulent qu'elles s'installent sur leur territoire, tout en redoutant les conséquences que cela peut avoir.

Tableau 9.4. Conflits d'intérêts potentiels entre multinationales et pays d'accueil.
SOURCE : Adapté d'Ashton (1968 : 57).

En ce qui concerne l'agriculture, c'est encore pire. La production aux fins d'exportation vers les pays occidentaux a souvent mis la population locale dans un état de totale dépendance à l'égard d'employeurs et de marchés étrangers, même en ce qui concerne leurs besoins les plus élémentaires. L'agriculture, dans beaucoup de pays d'Amérique du Sud et des Antilles, par exemple, a été restructurée pour permettre la production de récoltes génératrices de profits élevés, comme le sucre, le café, les fruits tropicaux, les noix et les œillets. Sous l'influence du petit nombre de multinationales qui dominent dans ces secteurs de l'agriculture et d'autres secteurs, le Tiers Monde, malgré la famine qui règne un peu partout, exporte aujourd'hui plus de produits alimentaires qu'il n'en importe. L'Afrique elle-même, avec ses exportations d'orge, de haricots, d'arachides, de légumes frais et de bétail, se retrouve dans cette situation. La production de ce type de récoltes signifie que les terres les meilleures sont utilisées pour produire des récoltes destinées à l'exportation et non à la consommation locale. Par conséquent, la pauvreté du Tiers Monde est souvent le *résultat* du processus de « développement », car les petits fermiers se voient privés de leurs terres, qui sont réquisitionnées par les colonisateurs ou achetées par les multinationales, et deviennent ouvriers agricoles, travaillant pour de maigres salaires sur de vastes plantations au lieu de gagner leur vie comme avant. Les récoltes destinées à l'exportation sont inutiles pour la main-d'œuvre qui les produit. On ne peut pas survivre en mangeant du sucre, du café, du caoutchouc, des fraises ou des œillets, tout cela ayant remplacé les récoltes traditionnelles. On ne peut survivre qu'en vendant son propre travail, en gagnant un salaire et en achetant de la nourriture. Mais parce que la production des aliments locaux a été remplacée par celle des récoltes exportables, ces aliments sont très chers. C'est ainsi que, même en vivant dans des contrées fertiles, les gens sont acculés à la pauvreté. Parmi ceux et celles qui critiquent les multinationales, beaucoup considèrent qu'elles créent et accentuent un grand nombre des problèmes qui affectent aujourd'hui le Tiers Monde. Les économistes libéraux eux-mêmes reconnaissent que les multinationales élargissent le fossé entre riches et pauvres au lieu de le combler. Comme l'a dit Teresa Hayter, il participent à « la création de la pauvreté mondiale ».

On peut effectuer un parallèle entre la façon dont les populations du Tiers Monde dépendent aujourd'hui de salaires pour vivre avec ce qui s'est passé durant la révolution industrielle en Europe, à une époque où l'apparition d'une classe ouvrière en état de dépendance a accompagné la disparition des moyens traditionnels de subsistance. C'est exactement le même processus que nous retrouvons aujourd'hui dans le Tiers Monde. L'introduction des multinationales tend à éliminer l'agriculture, l'artisanat et l'industrie au niveau local, créant ainsi une force de travail qui a été dépossédée de ses biens et un marché pour travailleurs non qualifiés. Les artisans bien formés et les fermiers travaillent dans les plantations et dans les usines pour des salaires de famine, tout comme c'était le cas en Europe et en Amérique du Nord quelques siècles plus tôt. Les travailleurs du Tiers Monde sont exploités aujourd'hui de la même façon que la force de travail était exploitée par les industriels de l'époque.

D'où la deuxième critique que l'on peut adresser aux multinationales : elles exploitent les populations locales, leur payant des salaires misérables et les utilisant en remplacement de la main-d'œuvre occidentale syndiquée. Dans les usines du Tiers Monde dont les multinationales sont propriétaires, hommes, femmes et enfants travaillent parfois 10, 12 heures et plus par jour pour moins d'un dollar. Il n'est pas étonnant alors que, à un rythme croissant, l'industrie abandonne les villes occidentales pour installer des usines dans le Tiers Monde. Les centrales syndicales, par exemple, ont évalué que, aux États-Unis seulement, on perd à peu près un million d'emplois tous les cinq ans à cause de ces nouvelles sources de main-d'œuvre bon marché et exploitée.

D'autres critiques du rôle des multinationales dans le Tiers Monde sont fondées sur le fait que, bien qu'elles prétendent apporter capitaux et techniques aux pays en voie de développement, en fait elles extraient des capitaux de ces pays et s'assurent de conserver le contrôle des techniques qu'elles y ont introduites. On estime que les multinationales trouvent jusqu'à 80 pour cent de leurs capitaux dans le pays où elles s'installent. Leurs investissements sont donc relativement peu importants, et le rendement de leurs capitaux propres atteint des taux incroyablement élevés, compte tenu de l'importance des profits engendrés par l'ensemble des capitaux. Dans certains secteurs de l'industrie on évalue que le taux de rendement des capitaux investis par les multinationales peut aller jusqu'à 400 pour cent par an. Comme on rapatrie généralement une proportion importante des bénéfices au siège social, dans le pays d'où vient la multinationale, il est facile de voir quelle fuite de capitaux cela peut représenter pour le pays d'accueil. Il devient alors très difficile pour les pays du Tiers Monde de retirer des profits à long terme de la présence des multinationales, puisque les gouvernements d'accueil n'investissent habituellement pas de façon significative dans les industries de leur pays.

Le problème s'est exacerbé à mesure que ces pays ont reçu l'aide d'organismes comme la Banque mondiale, le Fonds monétaire international et l'Agence américaine de développement international. Très souvent cette assistance est liée d'une façon ou d'une autre aux multinationales et contribue, en fin de compte, à la fuite de capitaux évoquée ci-dessus. Afin de bien mettre ce problème en évidence, on peut mentionner que les intérêts payables par le Tiers Monde sur sa dette internationale sont aujourd'hui plus importants que le capital emprunté, et que les paiements annuels des seuls intérêts dépassent souvent les sommes que leur procure cette aide. En d'autres termes, l'assistance que leur apporte l'étranger amène les pays du Tiers Monde à rembourser aux pays occidentaux beaucoup plus qu'ils n'en ont reçu.

Des critiques similaires peuvent s'appliquer à l'exportation des techniques. Bien que l'on insiste beaucoup sur la façon dont les multinationales offrent des connaissances précieuses aux pays du Tiers Monde, elles n'apportent que ce qu'elles veulent bien utiliser sur place et s'assurent d'en garder le contrôle. Une bonne partie des techniques ainsi exportées étaient d'abord conçues pour les pays occidentaux et ne conviennent pas aux conditions locales, et dans bien des cas il s'agit de techniques peu récentes qui ne leur apportent pas grand-chose. En effet, les techniques bien rodées, mais presque désuètes dans les pays industrialisés, trouvent souvent un marché tout fait dans les pays du Tiers Monde, surtout quand elles sont appuyées par une aide financière venant de l'étranger. Mais ces techniques obligent aussi le Tiers Monde à dépendre des fournisseurs occidentaux pour les pièces de rechange, pour leur modernisation et souvent pour les spécialistes qui en assurent l'entretien et le développement. Selon les critiques, les multinationales ne font donc que se livrer à une forme intelligente de mercatique qui, en bout de course, ne fait que servir leurs intérêts. La recherche et le développement, par exemple, se font surtout dans le pays d'origine sans que ceux du Tiers Monde puissent véritablement développer des connaissances et un savoir-faire propres. L'exportation des techniques est en réalité l'exportation d'une nouvelle forme de dépendance.

Autre critique à l'endroit des multinationales : la façon dont elles camouflent souvent les profits excessifs et évitent de payer les impôts dûs aux pays d'accueil en mettant en œuvre d'ingénieuses politiques de prix de transfert. On a évalué à un tiers du commerce mondial le commerce interne des sociétés, ce qui est colossal. Du point de vue chiffre d'affaires, chaque multinationale est souvent sa meilleure cliente, une filiale achetant d'une autre. Ce type de commerce donne à la multinationale toute la latitude voulue pour manipuler les chiffres des profits faits par une filiale dans un pays donné. En achetant les matières premières d'une filiale amie à un prix élevé et en vendant le produit fini à une autre, à bas prix, une filiale peut accuser des pertes ou faire des profits élevés selon l'impresion qu'elle souhaite donner au reste du monde. C'est ainsi que l'on peut maintenir à un bas niveau les profits effectués dans un pays où les impôts sont élevés, tandis que les bénéfices faits dans un pays où les impôts sont faibles seront accrus. Ou encore on peut faire passer les profits d'un secteur industriel à un autre pour profiter d'avantages particuliers offerts par le gouvernement d'accueil. Ce genre de transaction joue un rôle important dans les politiques d'une organisation, surtout en ce qui a trait aux négociations avec les syndicats et quand il s'agit de trouver de bonnes raisons de fermer une usine. La simple déclaration qu'une usine « ne fait pas de bénéfices » peut être appuyée par une comptabilité très bien imaginée et qui trompe tout le monde, sauf les plus avisés des syndicalistes, des investisseurs et des membres du public. Les multinationales, comme n'importe quelle autre organisation, se servent de la comptabilité pour déterminer des perceptions de la réalité qui servent leurs intérêts.

En dernier lieu, on critique souvent les multinationales pour les ententes beaucoup trop dures qu'elles concluent avec les pays et les populations d'accueil, opposant souvent des groupes ou des pays entre eux afin d'obtenir des concessions exceptionnelles. Il peut s'agir du droit de conserver une participation qui leur garantit le contrôle, pendant une période donnée, de taux de profit très élevés, de concessions concernant les impôts locaux, d'accès à des subsides et à d'autres formes de soutien du gouvernement hôte, de non-soumission à certains règlements, ou de négociations pour en réduire la sévérité. Une multinationale arrive souvent à faire à peu près ce qu'elle veut. Les exemples d'abus les plus fréquents se remarquent dans le domaine de la santé et la sécurité au travail et, de façon générale, dans le comportement des multinationales à l'égard de la sécurité des populations et des marchés qu'elles desservent. Libérées des règlements du gouvernement, elles finissent souvent par avoir des usines peu sécuritaires ou par déverser des déchets dangereux sur un public qui ne s'en doute pas. On a déjà dit que les normes de sécurité dans certaines usines appartenant à des multinationales dans le Tiers Monde sont en retard de plusieurs dizaines d'années sur celles du monde occidental. Le

danger toujours présent que représentent ces usines a été clairement démontré par la catastrophe survenue en 1984 à l'usine de
Union Carbide en Inde, à Bhopâl, où il y a eu plus de 2 500 morts
et des milliers de blessés.

Ce sont là des raisons qui amènent les critiques des multinationales à insister sur le fait que ces organisations peuvent être la cause
de catastrophes d'ordre économique, social et politique, et qu'elles
entravent le développement du pays d'accueil au lieu de le faciliter. Bien entendu, il n'y a pas que les multinationales qui soient
à blâmer, puisqu'elles sont en général invitées dans les pays où
elles s'installent avec la collaboration pleine et entière des gouvernements, des dictatures ou d'élites puissantes. Les critiques repro-
chent aussi fortement aux classes dominantes de ces États de prendre part à la main-mise et à l'exploitation des ressources matérielles et humaines de leur pays. Il existe parfois des accords explicites ou implicites entre les multinationales et les autorités à propos
des conditions de leur fonctionnement, comme cela a été le cas aux
Philippines, où la dictature de Marcos leur garantissait une main-
d'œuvre non syndiquée. Ailleurs, les ententes sont souvent plus
subtiles, et le résultat de pressions politiques qui s'exercent soigneusement et de façon constante.

Le critique radical insiste donc sur le fait que l'État moderne et
les multinationales agissent de concert pour exercer leur domination de façon systématique. Les défenseurs des pratiques contemporaines, toutefois, envisagent de telles activités moins sévèrement.
On considère que l'État et les multinationales travaillent ensemble
pour le progrès, pour la modernisation et pour le développement
et, de l'avis des partisans de ce partenariat, la majorité des multinationales se comportent en général de façon exemplaire. Ils estiment qu'il faut s'inspirer de ce comportement pour en faire le
modèle de ce qui devrait exister partout. Des codes de déontologie
comme ceux que les Nations Unies ont élaborés à propos des déchets
de produits dangereux ou que l'Organisation internationale du travail a proposé relativement à la bonne conduite de ces entreprises
représentent, de ce point de vue, des cadres de référence à l'intérieur desquels les multinationales peuvent contribuer beaucoup au
développement mondial. Alors que le critique radical tend à faire
porter la plus grande partie du blâme sur les multinationales quand
il s'agit de piètres relations avec les pays d'accueil, leurs défenseurs
prétendent que souvent les gouvernements ou les classes dominantes ne respectent pas leurs engagements ou ne reconnaissent pas

la nécessité, pour les multinationales, d'être raisonnablement payées de leurs efforts et des risques qu'elles courent.

Comme exemple de ces problèmes envisagés du point de vue de la multinationale, nous pouvons prendre les expériences de la Dow Chemical au Chili pendant les années 60 et au début des années 70, telles qu'elles ont été relatées par le président du conseil d'administration de l'entreprise. En 1965, la firme a été invitée à s'associer au gouvernement chilien dans la production de deux plastiques. Tout d'abord, les gens de la Dow n'ont pas manifesté beaucoup d'intérêt car, à part un distributeur local indépendant, ils n'avaient pas de filiale au Chili, n'avaient jamais travaillé de cette façon avec un gouvernement et n'étaient pas favorables à ce genre d'association. Ils finirent cependant par accepter l'offre, à condition d'avoir une participation leur assurant le contrôle afin de protéger leurs techniques et de s'assurer que les affaires soient bien menées. Tout au long des négociations, la Dow a insisté sur la nécessité de faire des profits, ce qu'accepta le gouvernement chilien ; un article allant dans ce sens fut intégré au texte de l'entente principale. Finalement, le marché fut conclu, la Dow recevant 70 pour cent des intérêts de l'entreprise et le gouvernement du Chili, 30 pour cent. Dow a investi 8 millions de dollars en argent, et 2 millions sous forme de services de spécialistes et de techniques. Des 21 millions qui restaient, 4 millions en espèces sont venus du gouvernement chilien, et 17 millions en prêts garantis de l'Export-Import Bank et de la Bank of America. Selon l'entente, la Dow devait percevoir des redevances et autres paiements, tandis que le gouvernement chilien assurait l'accès aux matières premières à des prix concurrentiels et s'occupait de fournir d'autres garanties à la Dow. La construction débuta en 1968 et, en 1970, on put mettre en route la production de ce qui a été appelé « le plus bel ensemble pétrochimique des Andes ». L'usine semblait vouée à la réussite et la Dow commença à penser à d'autres investissements au Chili.

Toutefois, après l'élection du gouvernement Allende, en octobre 1970, les relations avec les autorités chiliennes ont commencé à se dégrader. On a senti que les choses allaient changer lorsque l'on apprit que le gouvernement Allende voulait un intérêt de 51 pour cent dans l'affaire, ce qui lui aurait donné le contrôle, proposition que la Dow, pour des raisons évidentes, a mal accueillie, d'autant plus que le gouvernement lui devait déjà deux milllions de dollars sur ses redevances et autres paiements. Les discussions durèrent plusieurs mois, sans aboutir à une solution. Après une série de problèmes de relations de travail, que la Dow considère maintenant comme des pressions destinées à l'amener à une entente, l'usine fut finalement « réquisitionnée » avec des centaines d'autres entreprises chiliennes, le pays se trouvant dans une situation de chaos économique généralisé.

De l'avis des dirigeants de la Dow, leur comportement avait été exemplaire, exactement celui qu'une multinationale devait avoir dans un pays en voie de développement. Ils ont donc été choqués et vexés par cette expropriation sans motif valable. Ils avaient respecté leurs engagements et été accueillis avec enthousiasme par quantité d'hommes d'affaires chiliens, de représentants des médias et du gouvernement, et pourtant ils perdaient leur usine en vertu de mesures que les tribunaux chiliens eux-mêmes déclaraient illégales.

Le cas de la Dow fournit donc des objections valables à la critique radicale et montre que le problème n'est peut-être pas inhérent à la nature même de l'entreprise multinationale, mais à la qualité des relations entre celle-ci et son pays ou sa population d'accueil. Ce cas appuie les arguments voulant que si les multinationales se conduisent en tenant compte de leurs responsabilités sociales, et que si elles peuvent établir des relations appropriées avec ceux qui les accueillent, l'association peut profiter à tous. Cette façon de défendre les multinationales semble indiquer que les aspects bénéfiques de l'association en question peuvent être détruits des deux côtés, ce qui transforme une situation mutuellement profitable en un jeu à somme nulle, où les uns gagnent et les autres perdent. Pour Dow, le gouvernement Allende a essayé d'être gagnant, « exploitant » la multinationale en la dépouillant de ses techniques, de l'énergie, du temps et des capitaux qu'elle avait investis au Chili, tout comme d'autres multinationales, ailleurs, tentent de dépouiller leurs pays d'accueil. Les défenseurs des multinationales insistent souvent sur le rôle que jouent ces pays d'accueil dans le problème, mettant l'accent sur le fait que les contraintes imposées à la Dow ne constituent pas un fait unique et que cela peut se passer, sous une forme peut-être atténuée, dans bien d'autres pays du monde. Une fois que le fonctionnement d'une entreprise s'est avéré une réussite, les gouvernements d'accueil cherchent souvent à en profiter en essayant de renégocier leurs contrats, ou même de les rompre et de ne pas tenir leurs promesses. Du point de vue d'une multinationale, il est donc tout aussi nécessaire de faire comprendre aux pays que les organisations qui prennent des risques ont droit à des profits adéquats, et de profiter de gains remarquables quand ils réussissent de façon remarquable, que de faire comprendre aux multinationales qu'elles ont des responsabilités sociales.

Les discussions pour ou contre les multinationales continuent. Il est possible de trouver autant de faits et d'études de cas pour défendre les deux points de vue. On ne peut douter du besoin qu'il y a d'améliorer les pratiques actuelles, car les dossiers sur l'exploitation par les multinationales sont souvent tristement clairs, tout comme l'est la façon dont les gouvernements et les élites ont appuyé cette exploitation. D'un autre côté, la tendance de ceux qui accueillent les multinationales de vouloir tout avoir, en tentant de les attirer puis en essayant de les contrôler, est tout aussi prévalente. Les solutions à ce problème fondamental sont cependant fort complexes. Les réformistes demandent plus de sens des responsabilités sociales et plus de compréhension ; mais, pour les radicaux, cela n'amènerait qu'à des « réformes pas trop coûteuses », sans changer les abus les plus fondamentaux et les inégalités structurelles. Alors que les réformistes nous encouragent à reconnaître la pluralité des intérêts mis en jeu par les multinationales et à changer les règles du jeu pour arriver à des relations plus équitables, les radicaux nous incitent à remettre en question les hypothèses qui, dès le point de départ, ont permis au jeu de se jouer.

Forces et limites de la métaphore de la domination

Une grande partie de ce que nous avons dit dans le présent chapitre sous la rubrique de la « domination » peut, d'un autre point de vue, être considérée comme une conséquence dysfonctionnelle ou non intentionnelle d'un système d'action qui serait à d'autres égards rationnel. L'impact négatif qu'ont souvent les organisations sur leurs employés ou sur leur environnement, ou que les multinationales ont sur les modèles d'inégalité et de développement économique mondial, n'est pas nécessairement intentionnel. Il est en général la conséquence d'actions rationnelles par lesquelles un groupe d'individus cherche à atteindre un ensemble de buts donnés, comme l'augmentation des bénéfices ou la croissance de l'entreprise. La principale force de la métaphore de la domination est qu'elle attire notre attention sur la nature de l'action rationnelle, qui est une arme à deux tranchants, et qu'elle illustre le fait que nous parlons toujours de façon partiale, donc partielle, lorsqu'il est question de rationalité.

Des actes qui sont rationnels du point de vue de l'augmentation des bénéfices peuvent avoir des effets négatifs sur la santé du personnel. Des actes visant à diversifier le portefeuille d'une organisation, par exemple en retirant ses capitaux d'un secteur industriel particulier, peuvent engendrer la dégradation urbaine et économique pour des populations entières qui vivaient de cette industrie. Ce qui est rationnel du point de vue de l'organisation peut être désastreux d'un autre point de vue. Envisager les organisations comme un mode de domination qui sert quelques intérêts au dépens des autres nous force à considérer de près cet important aspect de la réalité de l'organisation. Cela nous amène à apprécier la sagesse des idées de Max Weber qui estimait que la poursuite de la rationalité peut en elle-même être un mode de domination, et à nous souvenir que, comme nous l'avons vu dans la conclusion du chapitre 6, en parlant de rationalité nous devons toujours nous demander « Rationnel pour qui ? »

On peut alors se servir de la métaphore comme d'un contrepoids utile à une bonne partie des théories de l'organisation traditionnelles qui, pour la plupart, ont laissé de côté ce qui a trait aux valeurs ou à l'idéologie. Ordinairement, les analyses portant sur les organisations cherchent à être idéologiquement neutres, et cela souvent en présentant les théories de l'organisation comme des théories dont on peut se servir à toutes sortes de fins, et en considérant les questions de déontologie comme des thèmes d'étude particuliers et isolés. Il est ainsi possible de montrer comment on peut concevoir une organisation bureaucratique ou matricielle, créer ou diriger une culture d'entreprise, ou jouer le jeu politique dans une organisation sans prêter beaucoup d'attention à la façon dont ces idées vont être utilisées. On ne se préoccupe pas du fait qu'on peut s'en servir pour la production d'aliments ou de bombes et que, en améliorant la rationalité et l'efficacité d'une organisation, on peut susciter des actes qui sont profondément irrationnels pour d'autres personnes. Une des grandes forces de la métaphore de la domination, c'est qu'elle nous oblige à reconnaître que la domination peut être intrinsèque à la façon dont nous organisons au lieu de n'en être qu'un effet secondaire. Elle nous montre qu'il y a souvent un côté « sordide » à des organisations qui autrement sont excellentes et qu'il serait bon que les gestionnaires et les théoriciens de l'organisation fassent de cette dualité une de leurs principales préoccupations.

La métaphore de la domination, si on en fait une utilisation encore davantage proactive, nous montre comment élaborer une théorie de l'organisation *pour* ceux qui sont exploités. En mettant au jour le côté sordide de la vie de l'organisation, que ce soit du point de vue des inégalités structurelles, des maladies et accidents du travail, ou de l'exploitation du Tiers Monde, et en essayant d'élaborer des théories qui rendent compte de ces phénomènes, les théoriciens de l'organisation ont le moyen de se servir de ces dernières comme d'un instrument de changement social. Ceux que cette perspective intéresse insistent donc sur la possibilité de créer une théorie de l'organisation qui soit radicale pour contrebalancer l'influence des théories plus conventionnelles qui, selon eux, servent et renforcent les intérêts acquis et enchâssés dans le statu quo.

Une autre des forces de la métaphore de la domination, c'est qu'elle nous aide à évaluer les questions et enjeux qui alimentent ce système référentiel radical dans la pratique. Comme nous l'avons déjà vu, beaucoup d'organisations se radicalisent suivant des processus qui exacerbent les attitudes antagonistes, accentuant l'opposition entre « eux et nous ». En comprenant comment les organisations contribuent au maintien d'un double marché du travail, symbolisé et prolongé par des systèmes de privilèges différentiels, ou comment ces derniers constituent en même temps des structures de possibilités qui ouvrent les portes du succès à quelques employés tandis qu'elles les ferment à d'autres, nous pouvons percevoir les diverses formes de ségrégation et de division auxquelles des millions de gens ont chaque jour à faire face. Lorsque nous commençons à saisir ce qu'est la réalité des ouvriers qui ne voient aucun avenir dans leur organisation, si ce n'est sous la forme d'un prolongement de leur misérable présent, ou le sentiment d'exploitation que ressentent tous ceux qui doivent travailler dans des conditions d'oppression parce que c'est leur seul moyen de survivre, nous commençons à comprendre que les malaises ressentis dans les milieux industriels ne sont pas nécessairement le fait de quelques fauteurs de troubles ou de syndicats qui n'ont plus aucune raison d'être.

Beaucoup d'organisations sont littéralement des sociétés divisées qui perpétuent la lutte des classes sur les lieux du travail. Et ce sont des sociétés qui produisent naturellement des chefs de file « radicaux », décidés à changer coûte que coûte les conditions de vie de leurs compagnons et compagnes de travail, même si cela doit signifier une longue et pénible bataille qu'ils pourraient bien perdre. C'est pourquoi les employés luttent pour des causes que les employeurs jugent souvent futiles et dénuées de sens, pour des augmentations de salaire qu'ils estiment mériter, ou encore préfèrent obliger l'entreprise à fermer plutôt que de reprendre leur travail dans des conditions injustes. L'idée très répandue que les organisations servent les intérêts de tous nous empêche souvent de voir que l'idéologie radicale n'est pas simplement une idéologie, mais une description précise de la réalité de millions d'individus. La métaphore de la domination nous incite donc à reconnaître l'exploitation sur les lieux du travail et à prendre les mesures voulues, au lieu de rejeter l'idée comme une simple distortion « radicale » de la réalité. Bien entendu, si ceux qui dirigent les organisations essayaient de composer avec la perspective radicale en acceptant sa légitimité au lieu de la nier, comme c'est souvent le cas à l'heure actuelle, cela ouvrirait la voie à une ère nouvelle dans le domaine des relations de travail et dans celui des conceptions qu'ont les dirigeants des responsabilités qui leur incombent. Une forme nouvelle et militante de conscience sociale amènerait les dirigeants à se considérer comme responsables des conséquences inhumaines d'un si grand nombre de leurs pratiques habituelles.

Les forces de la métaphore de la domination fournissent ainsi le fondement d'une critique véritablement radicale de l'organisation et des théories de l'organisation. Mais, de l'avis de beaucoup de gens, elle va beaucoup trop loin et comporte un certain nombre de limites qu'il ne faut pas perdre de vue. La première et la plus importante surgit quand on l'associe à une théorie grossière de la conspiration concernant l'organisation aussi bien que la société. De nombreux faits indiquent que les modèles de domination sont fondés sur les classes, que les intérêts des classes dominantes tendent à converger vers une propriété et un contrôle centralisés et que les politiques gouvernementales soutiennent et servent souvent ces mêmes intérêts, mais rien de tout cela n'indique vraiment l'existence d'une conspiration dans la façon dont un groupe ou une classe sociale en affronte d'autres. Revenons à une question qui a été soulevée de façon implicite tout au long du présent chapitre : la domination dans l'organisation s'exerce-t-elle par défaut ou par une volonté délibérée ? La théorie de la conspiration suggère plus ou moins qu'il s'agit d'une volonté délibérée, et laisse penser que le processus de domination dans la société s'ancre dans une structure égoïste de motivation ou dans une politique d'exploitation explicite. Or, ce n'est pas le cas. Si par exemple nous revenons aux idées traitées au chapitre 8, il est facile de voir que la domination peut être inscrite dans la logique du changement selon laquelle la vie sociale se déploie : les activités de l'organisation qui renforcent les inégalités structurelles, les accidents et les maladies reliés au travail, la pollution de l'environnement ou l'exploitation du Tiers

Monde, tout cela peut provenir de la façon dont les forces systémiques exigent que se fassent les affaires.

Pour beaucoup, cette explication est bien trop déterministe et enlève toute responsabilité aux puissants décideurs qui sont engagés dans la production du monde organisationnel et qui, en principe, ont le pouvoir de changer les choses. Cependant, cela permet de souligner un dilemme grave. En effet, beaucoup de dirigeants se sentent aux prises avec des choix impossibles ; ils reconnaissent les conséquences sociales de leurs actes tout en sachant qu'une conscience sociale très éveillée ou une trop grande préoccupation du sort des gens peuvent paralyser économiquement leur organisation et empêcher celle-ci de fonctionner de façon vraiment efficace.

Dans la mesure où nous considérons la domination comme un élément d'une conspiration sociale ou comme la responsabilité de quelques individus, les conséquences latentes en sont de blâmer certains, de mettre en place des mécanismes de défense et de perpétuer les problèmes fondamentaux. Dans les meilleurs des cas, agir ainsi permet de mobiliser l'opposition politique et sociale face au problème, dans le but d'en arriver à un changement révolutionnaire, mais il n'en résulte que des modifications marginales. Bien que pareille mobilisation puisse être appropriée, une compréhension d'ordre plus systémique aiderait à engendrer un plus grand sentiment de responsabilité collective et à trouver des moyens de reformuler les problèmes et des solutions pour y remédier. On pourrait ainsi, par exemple, montrer que la domination est inhérente à des processus de causalité mutuelle ou à des logiques dialectiques du changement qui peuvent prendre des formes nouvelles si l'on concentre son attention sur les pathologies spéciales des systèmes en cause, avec de nouveaux codes de responsabilité sociale, de nouveaux concepts reliés à la comptabilité sociale et d'autres éléments semblables. Vus sous cet angle, les apports de la métaphore transcendent les limites qu'imposent les interprétations reposant sur une théorie de la conspiration.

Une autre faiblesse potentielle de notre métaphore vient du danger d'affirmer qu'il y a équivalence entre domination et organisation, ce qui peut nous faire oublier que des formes d'organisation non dominatrice sont possibles. À partir de cette idée, certains soutiennent que la métaphore devrait avant tout servir à critiquer les valeurs qui guident les organisations et que l'analyse devrait se concentrer sur la distinction entre l'organisation exploiteuse et non exploiteuse au lieu de s'engager dans la critique prise dans son acception plus générale.

Pour finir, on a souvent dit que la métaphore ne servait qu'à exprimer une forme extrême d'idéologie de gauche, donnant plus de force à la perspective radicale et ajoutant aux problèmes des gestionnaires dans un monde déjà instable. Cette critique est fondée dans la mesure où la perspective est de nature idéologique, mais elle n'est pas plus idéologique que n'importe quelle autre : les divers chapitres du présent ouvrage montrent que toutes les théories de l'organisation ont une nature idéologique, puisqu'elles tendent toutes à nous donner une vue partiale des organisations. Bien que la métaphore de la domination nous conduise à focaliser presque exclusivement sur le côté négatif des organisations, elle n'est en réalité pas plus extrême qu'une autre, fût-ce la plus orthodoxe.

10

Apprendre l'art d'analyser les organisations

Dans les pages qui précèdent, nous avons étudié diverses façons d'envisager les organisations. Le présent chapitre va nous montrer comment utiliser ces façons de penser de manière pratique, afin de décoder et de comprendre des situations particulières et de mieux penser la gestion et la conception des organisations en général.

Se servir des métaphores pour décoder et comprendre les organisations

Toute approche réaliste de l'analyse des organisations doit partir de la prémisse que ces dernières peuvent être beaucoup de choses en même temps. Une organisation comparable à une machine conçue pour atteindre des buts particuliers peut être simultanément une espèce d'organisme qui survivra dans certains environnements, mais pas dans d'autres ; un système de traitement de l'information capable de certaines formes d'apprentissage, mais pas d'autres ; un milieu culturel caractérisé par des valeurs, des croyances et des pratiques sociales distinctives ; un système politique dans lequel les gens se bousculent pour servir leurs intérêts ; une arène dans laquelle se déroulent des luttes inconscientes ou idéologiques ; un artefact ou encore la manifestation d'un processus plus profond de changement social ; un instrument utilisé par un groupe pour exploiter et dominer d'autres groupes, et ainsi de suite. Les gestionnaires et les théoriciens de l'organisation tentent souvent de surmonter cette complexité en posant l'hypothèse que, tout compte fait, les organisations sont des phénomènes rationnels que l'on doit comprendre en fonction de leurs buts ou objectifs, mais cette idée empêche bien souvent une analyse réaliste. Si l'on veut véritablement comprendre les organisations, il est beaucoup plus sage de partir du principe qu'elles sont complexes, ambiguës et paradoxales.

Heureusement, l'analyse métaphorique élaborée au cours des précédents chapitres nous fournit des moyens efficaces de traiter avec cette complexité. Elle nous montre en effet comment ouvrir notre esprit de façon à saisir la même situation de points de vue multiples, et cela de manière critique et bien informée.

Sur le plan opératoire, cette méthode d'analyse se divise en deux étapes. D'abord, il faut procéder à une *lecture diagnostique* de la situation étudiée, en se servant de plusieurs métaphores pour cerner ou mettre en lumière les éléments clés. Il faut ensuite procéder à une *évaluation critique* de la signification et de l'importance relative des diverses interprétations ainsi obtenues. Grâce à ces deux étapes, il est possible d'étudier la complexité des organisations d'une façon à la fois descriptive et prescriptive. Les sections qui vont suivre illustrent cette approche par le cas d'une entreprise que nous appellerons Multicom.

LE CAS MULTICOM

Multicom est une petite entreprise de relations extérieures qui emploie 150 personnes et qui a été fondée en 1979 par Jim Walsh, spécialiste en mercatique, et Wendy Bridges, spécialiste en relations extérieures. Ils travaillaient ensemble depuis quelques années dans une entreprise de communication de taille moyenne et ont décidé de se lancer à leur compte pour réaliser leur propre conception de ce qu'une bonne agence de relations extérieures peut et doit faire. Ils pensaient que leurs connaissances, leur expérience et les nombreuses relations qu'ils avaient dans le milieu constituaient d'excellents éléments de départ pour réaliser leur projet.

Avant de donner leur démission à leur ancien employeur, ils parvinrent à persuader deux de leurs collègues, Marie Beaumont et Frank Rossi, de se joindre à eux et de devenir actionnaires minoritaires. Tandis que Walsh et Bridges avaient chacun 40 pour cent des parts de la nouvelle entreprise, Beaumont et Rossi en recevaient chacun 10 pour cent. Rossi était un rédacteur et auteur qui jouissait d'une très bonne réputation, et Beaumont était considérée comme une excellente productrice de films et de vidéos.

Au début, les affaires n'ont pas été faciles et ils ont survécu grâce aux clients qui les avaient suivis lorsqu'ils avaient quitté l'autre entreprise. La concurrence était rude, et leur ancienne firme semblait tout faire, de façon subtile, pour bloquer leur réussite. Cependant, ils ont beaucoup travaillé et leur réputation se mit à croître, en même temps que le nombre de leurs employés et leurs profits. À la fin de la deuxième année, les quatre associés gagnaient le double de leurs anciens salaires, tout en amassant un capital important. Selon eux, ils avaient choisi la bonne voie, et auraient bientôt l'agence de leurs rêves.

Ces premières années furent passionnantes.

En montant Multicom, les quatre associés avaient adopté un mode d'organisation focalisé sur le client. Ils avaient chacun quelques clients dont ils se sentaient responsables et pour lesquels ils devinrent chargés de projet. Ils acquirent une compétence satisfaisante dans tous les aspects du travail de l'agence, de sorte qu'ils pouvaient se remplacer mutuellement si besoin était. De plus, ils encouragèrent leurs nouveaux employés à apprendre à tout faire en plus de leur compétence particulière. Cette polyvalence collective prenait du temps et coûtait cher, mais elle ajoutait beaucoup de souplesse à l'entreprise dans son ensemble. La recherche de nouveaux clients et les contacts avec ceux qu'ils avaient déjà éloignaient des bureaux une bonne partie du personnel pendant des périodes assez longues, d'où l'importance de la « polyvalence » d'un certain nombre d'employés. En outre, cela rendait le travail plus intéressant et plus agréable, et ne faisait qu'ajouter à l'esprit d'équipe qui régnait.

Le personnel de Multicom travaillait beaucoup, commençant souvent très tôt pour finir tard le soir. Il se détendait également beaucoup, fêtant régulièrement la fin de projets importants ou la venue de nouveaux clients. Cela aidait à garder un bon moral et à donner à Multicom l'image de marque d'un endroit où il fait bon travailler. Les clients de l'entreprise participaient souvent à ces réceptions et étaient en général frappés par la vitalité et la qualité des relations interpersonnelles qui caractérisaient le personnel de Multicom.

Au cours de la troisième année, cependant, les choses commencèrent à changer. Les longues heures et le rythme de Multicom finissaient par fatiguer Walsh et Bridges. L'un et l'autre avaient de lourdes obligations familiales et voulaient avoir plus de loisirs. Ils insistèrent de plus en plus sur la nécessité de « mieux s'organiser » afin de mieux contrôler le personnel et les activités du bureau qui, selon eux, étaient parfois bien près du désordre total. Beaumont et Rossi, eux, tous deux célibataires et, à 30 et 31 ans, près de 10 ans plus jeunes que les autres associés, aimaient ce style de vie et voulaient vraiment conserver à l'entreprise son caractère. Ils auraient été heureux d'assumer une plus grosse partie du travail et des responsabilités, en retour d'une augmentation de leur part de capital-actions, mais Walsh et Bridges hésitaient à leur accorder plus de contrôle.

À mesure que le temps passait, il devenait clair que d'importantes différences de principe les divisaient à propos du fonctionnement de l'entreprise. Alors que Walsh et Bridges considéraient le style *ad hoc* d'organisation qui avait prévalu au cours des deux premières années comme temporaire — « nécessaire jusqu'à ce que nous sachions vraiment comment nous voulons construire notre organisation » —, Beaumont et Rossi estimaient que c'était la bonne façon de procéder et souhaitaient que les choses continuent ainsi. Tandis que Walsh et Bridges se plaignaient des fréquentes absences du bureau de la part des employés, ainsi que du manque d'un système de responsabilités clairement défini et d'un protocole de travail, Beaumont et Rossi aimaient ce qu'ils décrivaient souvent avec complaisance comme « un chaos créateur ». Selon eux, l'entreprise avait d'excellents résultats, les clients étaient heureux, leur nombre augmentait et c'était tout ce qui comptait.

Au cours de la quatrième année, les tensions augmentèrent et l'on en vint presque à la rupture. Les quatre associés avaient souvent de longues réunions concernant le bureau et les différences d'opinions étaient plus marquées que jamais. Walsh et Bridges voulaient une organisation « plus systématique », tandis que Beaumont et Rossi plaidaient pour le statu quo. Ces divergences avaient un impact sur les relations personnelles et sur la vie au bureau en général. Beaucoup de membres du personnel estimaient que Multicom risquait de perdre ce qui rendait l'entreprise unique en son genre et que travailler n'y était plus aussi agréable qu'avant.

Les quatre principaux associés percevaient ce changement et en discutaient fréquemment. Cependant, ils ne parvenaient pas à s'entendre sur ce qu'il fallait faire. Leur sentiment de frustration les amena à passer outre à la règle d'or implicite instaurée dans les débuts de Multicom : les quatre associés participeraient à toutes les décisions importantes concernant les politiques de l'entreprise. Walsh et Bridges commencèrent à discuter entre eux et à penser que la seule chose possible était d'exercer leur autorité et d'insister sur la réorganisation du bureau. Ils décidèrent d'en parler à Beaumont et Rossi lors d'une réunion dès le lendemain.

Walsh et Bridges furent étonnés : leurs idées rencontrèrent peu de résistance de la part de leurs deux collègues, un peu comme si ces derniers s'attendaient à pareils propos. Beaumont et Rossi insistèrent sur la nécessité de bien réfléchir avant d'agir, puisqu'il s'agissait de décisions importantes, et réitérèrent leur opinion qu'il n'était pas nécessaire de faire de changements dans l'organisation, sinon simplifier certaines façons de procéder d'ordre financier. La proposition ne les enchantait pas, mais il était clair qu'ils n'allaient pas la combattre.

La semaine suivante, Walsh et Bridges convoquèrent tout le personnel pour lui expliquer leurs plans. Pratiquement, cela signifiait une définition plus claire des responsabilités de chacun, une normalisation des règles d'échange de personnel entre projets et un contrôle plus serré des conditions d'absence du personnel pendant les heures ouvrables. Ils proposèrent également un certain nombre de règles administratives.

Ce fut une réunion unique dans l'histoire de Multicom, tant par sa nature que par son atmosphère. Pendant des semaines on parla des différends entre les quatre associés et du souffle de changement qui semblait balayer le bureau. Bien que certains membres du personnel aient bien accueilli les changements proposés, d'autres ne les appréciaient pas du tout. Le personnel continua de travailler beaucoup, avec le sérieux et le souci de la qualité qu'exigeait Multicom, mais chacun savait bien que les choses n'étaient plus comme avant ; chez Multicom on ne travaillait plus — on ne s'amusait plus — à la façon de Multicom.

Walsh et Bridges, quant à eux, étaient très satisfaits. Ils se sentaient en plus grande sécurité et pouvaient envisager le moment où ils se débarrasseraient d'une bonne partie des pressions et laisseraient fonctionner le bureau selon le cadre de travail qu'ils avaient mis en place.

Beaumont et Rossi ont eux aussi continué à beaucoup travailler, et leurs équipes chargées de projet ont été les moins affectées par les changements. Moins d'un an plus tard, toutefois, ils avaient tous deux quitté Multicom et ouvert leur propre agence, emmenant avec eux un certain nombre de membres clés du personnel et de clients.

Grâce aux nombreux clients qui lui étaient restés fidèles, Multicom a pu continuer à obtenir d'excellents résultats sur le plan financier, mais perdit graduellement sa réputation d'agence à la fine pointe de la nouveauté. On pouvait compter sur eux pour un travail solide, mais, de l'avis de certains clients déçus, « cela manquait d'originalité ».

La nouvelle entreprise de Beaumont et Rossi, Media 2000, hérita de nombreux clients de Multicom et, en adoptant le style organisationnel dont leur ancienne agence s'était faite la pionnière, ils créèrent de nouveau « une agence où l'on s'amuse », qui employait 80 personnes et qui eut bientôt la réputation d'une agence pleine de talent et de créativité. Beaumont et Rossi sont heureux de la réputation de leur entreprise et de son succès financier, et se rappellent de Multicom comme « d'un bel apprentissage ». En y repensant, ils estiment que leurs différences d'opinion avec Walsh et Bridges ont constitué « un coup de pot » qui les a incités à chercher des conditions de travail qui seraient encore plus satisfaisantes et plus lucratives que celles dont ils bénéficiaient alors.

L'ANALYSE DE MULTICOM : LA LECTURE DIAGNOSTIQUE

Comment pouvons-nous interpréter ce cas ? Quelles sont les métaphores qui pourraient nous aider à donner une signification à ce que nous avons décrit ?

Commençons par la métaphore de la machine. Comment peut-on comparer Multicom à une machine ? Comment cette métaphore peut-elle nous aider à comprendre le cas ? Rien ne permet vraiment de dire que Multicom était, dans ses premières années d'existence, une organisation mécaniste. Mais les changements apportés par Walsh et Bridges rentrent bien dans cette catégorie. Leur conception de la nécessité de « mieux s'organiser » était-elle déterminée par des principes mécanistes ? Il est certain que ces changements rendent l'organisation plus bureaucratique, mais nous sommes encore loin des formes extrêmes décrites par Henri Fayol ou par Max Weber, et on y trouvera sans doute peu de traits de la gestion scientifique de Frederick Taylor. En appliquant à l'entreprise la grille de la métaphore de la machine, par conséquent, nous pouvons conclure qu'il s'agit là d'une forme d'organisation légèrement bureaucratisée et qu'il est probable que les comportements de type bureaucratique vont augmenter dans les années qui viennent si les dirigeants continuent de se préoccuper d'avoir une organisation structurée.

Si nous étudions Multicom à la lumière de la métaphore de l'organisme, nous rencontrons des problèmes différents. Quelle est la nature de l'environnement de l'organisation ? Quelles sont les tâches critiques qui influencent la capacité de cette dernière à survivre ? S'est-elle assurée d'une niche dans l'environnement ? Est-elle capable de défendre cette niche de façon convenable, ou devrait-elle en chercher une autre ? A-t-elle choisi un style approprié d'organisation et de gestion pour composer avec son environnement ? La stratégie est-elle adéquate ? Satisfait-elle les besoins et les désirs de ses employés ? Nous pouvons effectuer une analyse de cette organisation à partir de la théorie de la contingence, en utilisant les données de la figure 3.3 pour déterminer de façon précise le degré de congruence des relations mises en jeu. Nous arrivons à la conclusion que, dans la mesure où Multicom travaille dans un environnement où règne une forte concurrence, où il existe fort peu de barrières à l'entrée, une créativité permanente et l'excellence des relations avec les clients sont essentielles. La forme souple d'organisation matricielle qui était celle de Multicom à ses débuts était donc la bonne, et la bureaucratisation qui va en augmentant représente un danger potentiel pouvant conduire l'entreprise à ne plus être en harmonie avec son environnement. Si nous analysons l'organisation en tant qu'élément d'un système écologique dans lequel se jouent des relations de collaboration et de concurrence entre organisations similaires et différentes, nous faisons apparaître les diverses possibilités de stratégie de développement qui s'offrent aux dirigeants.

En nous servant de la métaphore du cerveau-hologramme, nous voyons comment Multicom, à ses débuts, était fondée sur des principes de conception holographique. Son mode de fonctionnement, à ce moment-là, reflétait le principe de la redondance des fonctions, et l'approche par équipe, orientée vers le client, a permis à l'organisation d'intégrer les compétences nécessaires dans ses différentes parties. Chaque équipe est un microcosme du tout. L'apprentissage et le perfectionnement sont encouragés et l'organisation tend à être à la fois ouverte et auto-organisatrice. Beaumont et Rossi ont usé des mêmes principes dans la conception et dans la gestion de Media 2000. Nous pouvons donc conclure que la connaissance de la métaphore de l'hologramme pourrait fort bien permettre à Multicom de réintégrer ces principes dans un mode d'organisation créateur et très efficace.

Si nous examinons maintenant Multicom du point de vue de la métaphore de la culture, nous constatons que c'est là un bon exemple de la dynamique du changement culturel. Multicom commence avec une culture très cohésive construite autour de valeurs que partagent les quatre associés. Leurs règles sont de beaucoup travailler et de beaucoup s'amuser, de produire un travail de haute qualité et d'entretenir de bonnes relations avec leurs clients. Les fêtes périodiques ritualisent, affichent et renforcent l'identité de l'organisation. Si nous poussons plus loin notre étude de la culture de l'entreprise, nous pouvons nous attendre à découvrir des mécanismes complexes par l'entremise desquels ces aspects de la culture, et quelques autres, sont créés, maintenus et communiqués aux nouveaux arrivants. Puis, les différences d'opinion entre les quatre associés diminuent graduellement la force d'esprit et l'unité de l'organisation. À mesure que la philosophie bureaucratique s'institutionnalise, l'ancien *ethos* s'affaiblit parce que le climat et le style du bureau changent à mesure que se mettent en place les routines nouvelles. Nous pourrions nous attendre à ce que, après le départ de Beaumont et de Rossi, Multicom devienne de plus en plus différente de ce qu'elle a été. Nous pourrions aussi nous attendre à ce que l'ancienne culture s'impose et grandisse sous une forme nouvelle chez Media 2000, Beaumont et Rossi recréant l'*ethos* de l'ancienne Multicom.

Le recours à la métaphore du politique nous convainc facilement que nous avons ici un bon vieux cas de jeu politique dans l'organisation. Multicom est née de façon politique lorsque les quatre associés ont quitté leur ancienne firme, en emmenant avec eux des clients importants. Le germe des développements subséquents se trouve dans la répartition inégale de la propriété de l'entreprise. Bien qu'au début les quatre associés préfèrent décider d'un commun accord, ce mode de décision éclate quand les véritables divergences d'opinion et les divisions apparaissent. Dès lors, l'autocratie à l'ancienne mode prend le dessus. Ceux qui ont la majorité des parts dans l'entreprise estiment que leur opinion a plus de poids que celle de leurs collègues. Le fait que Beaumont et Rossi aient créé Media 2000 exactement à la manière dont Multicom avait été créée illustre la force des divisions fondamentales qui ont conduit les quatre associés à former deux blocs opposés l'un à l'autre. Nous pouvons nous servir du modèle élaboré pour retracer les conflits d'intérêts qui ont déterminé l'histoire de l'entreprise. Nous pouvons essayer de comprendre comment les buts divergents, les aspirations et les styles de vie que souhaitaient les quatre fondateurs ont précipité le schisme ; nous pouvons aussi mettre au jour les relations de pouvoir qui ont déterminé les événements et les processus par lesquels les associés prenaient leurs principales décisions et les mettaient en œuvre.

En étudiant le cas sous l'angle de la métaphore de la prison du psychisme, nous pouvons examiner les aspects cachés et inconscients des relations interpersonnelles dans l'entreprise. Nous ne pouvons pas procéder à une analyse approfondie avec les matériaux dont nous disposons mais, en explorant la situation telle qu'elle est réellement, nous décèlerions peut-être des facteurs inconscients qui sous-tendent le désir manifesté par Walsh et Bridges d'avoir plus de contrôle ou la préférence des deux autres associés pour un style d'organisation plus souple. Nous pourrions bien en conclure que les divisions politiques trouvent naissance dans ces processus inconscients. De plus, en explorant les idéologies et les croyances qui unissaient le personnel de Multicom, nous pourrions trouver d'intéressants pièges cognitifs et des doubles contraintes qui exercent une influence importante sur la dynamique de l'organisation.

Du point de vue de la métaphore du flux et de la transformation, nous pouvons déceler des éléments intéressants sur les logiques du changement qui déterminent Multicom et son environnement. Nous pouvons étudier les boucles autopoïétiques qui, chez Multicom, relient son image de soi à l'enaction de son environnement et à sa compréhension. Nous pouvons aussi faire appel au principe de causalité mutuelle ou à la nature dialectique du changement pour comprendre la dynamique qui détermine l'organisation et son industrie. Ici encore, cependant, le cas tel qu'il nous est présenté ne donne pas assez de détails pour permettre ce type d'étude.

Enfin, nous pouvons étudier le cas sous l'angle de la métaphore de la domination. Multicom, de la façon dont on nous l'a présentée, comme les autres entreprises de son secteur industriel, semble être une agence cohésive dont les membres occupent une place relativement stable dans la structure globale de la société. Nous sommes loin d'une organisation fractionnée entre ouvriers et employés de bureau, et au sein de laquelle les factions se radicalisent. Selon la typologie des formes de domination établie par Max Weber, l'entreprise se dirige vers une administration bureaucratisée, mais le dirigeant ne semble pas du tout exploiter le personnel. Si nous étudions de façon plus approfondie la dynamique interne, nous pouvons peut-être voir que certains membres de l'entreprise sont exploités et dominés, mais nous n'en trouvons aucune preuve dans ce qui nous a été présenté. Cependant, si nous nous servons de la métaphore de la domination pour faire apparaître le rôle de l'entreprise dans la société, nous constatons alors qu'elle fait partie d'une structure de domination plus large. Par exemple, un de ses clients, ou plusieurs, peuvent se livrer à des activités qui ont un impact négatif sur l'environnement ou sur certains groupes sociaux, Multicom étant payée pour les aider à camoufler le côté sordide de leur travail. En révélant cela, la métaphore peut avoir une grande utilité, surtout si nous cherchons à augmenter le sens de la responsabilité sociale dans les affaires.

La *lecture diagnostique* ci-dessus met en lumière différents aspects de l'organisation. C'est une lecture diagnostique non au sens médical du mot, c'est-à-dire qui cherche à repérer les maladies (ou, dans le cas des organisations, les problèmes), mais au sens ancien du mot grec, qui signifie tenter de discerner le caractère d'une situation. Les images engendrées par les diverses métaphores sont des points de référence idéaux auxquels on peut comparer la situation de Multicom. Chaque métaphore soulève un ensemble de questions différentes sur la nature de l'organisation. Les réponses à ces questions constituent les éléments de notre lecture diagnostique.

Par conséquent, pour résumer de façon partielle, la métaphore de la machine est utile en ce qu'elle met en évidence les caractéristiques bureaucratiques qui font leur apparition, bien que l'organisation soit très loin d'être une véritable bureaucratie. La métaphore de l'organisme nous permet de porter des jugements préliminaires sur le bien-fondé des changements apportés à l'organisation, étant donné la nature de l'environnement de l'entreprise et les tâches principales qu'elle doit accomplir. La métaphore de l'hologramme met en relief des caractéristiques de l'organisation qui sont importantes pour qu'elle puisse conserver sa force et son esprit d'innovation ; et pourtant les quatre associés ne sont pas nécessairement conscients d'avoir organisé leur entreprise à partir de principes holographiques. Celle de la culture indique bien que les valeurs principales de l'entreprise sont en pleine transition, et nous pourrions poursuivre avec les autres métaphores.

Cette analyse de Multicom n'est pas exhaustive, puisque nous n'avons étudié la pertinence des diverses métaphores que de façon partielle. Si nous devions utiliser ce qui ressort des chapitres précédents plus en détail, ou de manière plus systématique, nous en retirerions bien d'autres idées. Il se pourrait aussi que d'autres métaphores puissent nous aider à diagnostiquer la situation. Par exemple, les membres d'une organisation ont souvent leurs propres métaphores pour comprendre et exprimer ce qu'ils font et ce qu'est leur organisation : dans l'étude réelle d'une entreprise comme Multicom (au contraire d'une analyse secondaire de cas ou de toute autre analyse secondaire), des métaphores utilisées par les membres de l'organisation pourraient bien surgir, et il faudrait leur accorder beaucoup d'attention.

Une *lecture diagnostique* s'effectue donc en même temps que nous tentons de déterminer, matériaux à l'appui, dans quelle mesure les différentes métaphores peuvent nous aider à saisir la nature d'une situation. Plus nous faisons ce genre de diagnostic, plus nous devenons compétents pour en effectuer de nouveaux. Plus nous nous familiarisons avec les images que nous avons étudiées dans les chapitres précédents et plus nous apprenons comment une image en particulier peut nous amener à une certaine façon de réfléchir sur notre objet d'étude, plus ce processus devient « naturel ». Il en arrive même à faire partie intégrante du processus intuitif par lequel nous portons un jugement sur la nature d'une situation ou d'une organisation.

L'ANALYSE DE MULTICOM : L'ÉVALUATION CRITIQUE

Une fois terminée la lecture diagnostique d'une situation, il apparaît un certain nombre de questions. Les idées qui proviennent des diverses métaphores sont-elles toutes aussi utiles les unes que les autres ? Comment pouvons-nous concilier ces divers renseignements et interprétations ? Tout cela et d'autres questions connexes exigent que nous procédions à une *évaluation critique* des résultats de cette lecture pour compléter l'analyse générale.

Il est évident que cette évaluation va dépendre du point de vue que nous adoptons pour notre analyse. Si, par exemple, nous souhaitons étudier la question du point de vue des gestionnaires, ou peut-être de celui d'un consultant qui doit conseiller Multicom à propos de ce qui s'est passé, nous trouverons certaines idées et certaines métaphores plus utiles et plus évocatrices que d'autres. Si notre approche est celle d'un critique social qui s'intéresse au rôle des entreprises de communication dans le monde des affaires, d'autres métaphores peuvent s'avérer plus intéressantes. L'utilité d'une image dépend en général des buts de l'analyse.

Afin d'illustrer notre propos, mettons-nous à la place du consultant en gestion qui doit conseiller Multicom sur la façon dont il faut désormais gérer l'entreprise. Notre tâche immédiate, après avoir terminé la lecture diagnostique, est de repérer les idées qui seront les plus utiles et de les intégrer dans ce que j'appellerai « le scénario le plus efficace ». La lecture diagnostique nous permet de passer d'une position à une autre et de décrire la situation à partir de chaque métaphore. Le processus nous permet d'éviter de nous enfermer dans un seul point de vue, et c'est important si nous voulons rester ouverts à des interprétations créatrices de la situation. Cependant, il viendra un moment où nous devrons passer de la description à l'évaluation et en arriver à une opinion. C'est cela, le scénario ; il intègre les analyses métaphoriques, mais ne s'y confine pas. En d'autres termes, l'analyse métaphorique passe à l'arrière-plan tandis que le scénario occupe le premier plan.

Dans le cas de Multicom, il devrait au moins intégrer :

(a) la tendance à la bureaucratisation ;
(b) l'absence possible de congruence avec l'environnement ;
(c) la perte du caractère holographique ;
(d) le changement de culture ;
(e) la politique sous-jacente au changement ; et
(f) les forces inconscientes qui déterminent les relations à l'intérieur de l'organisation.

Nous devons évaluer l'importance relative de ces facteurs et intégrer les idées qu'ils suscitent. Cela oblige en général l'analyste à examiner de plus près certains aspects de l'organisation.

Supposons, par exemple, qu'en résumant notre lecture diagnostique nous ayons le sentiment que la force principale qui sous-tend les changements provient des différends entre les quatre associés. En étudiant ce point, nous voyons que la source en est le malaise éprouvé par l'un des deux principaux associés devant le caractère très souple de l'entreprise. Ou encore qu'elle se trouve dans la différence entre les aspirations des deux principaux associés et celles des deux autres. Chacune de ces deux interprétations nous conduirait à voir les facteurs (a), (b), (c) et (d) comme des facteurs secondaires, en comparaison de l'importance des facteurs (e) ou (f). Essayons un autre scénario. Une recherche approfondie peut montrer que (a) est le facteur principal — un des principaux associés peut être convaincu que la croissance récente de l'entreprise exige un contrôle plus bureaucratique. D'après ce scénario, la volonté de « s'organiser » (qui peut avoir un fondement psychodynamique ou inconscient) a peut-être suscité les manœuvres politiques, le changement dans la culture d'entreprise, le manque potentiel de congruence avec l'environnement, et ainsi de suite.

Il est extrêmement important de pouvoir étudier ces diverses explications, parce que dans chaque cas il y a place pour plusieurs scénarios qui conduisent à des façons différentes de concevoir et de traiter les problèmes fondamentaux. En fait, chaque scénario modifie la définition même du problème fondamental. Par exemple, si les changements chez Multicom viennent du besoin inconscient de contrôle de la part d'un des associés, nous ne pouvons pas résoudre les problèmes sous-jacents en nous intéressant à la culture de l'entreprise. Si le problème fondamental renvoie à la dimension politique de l'organisation (et n'est pas résolu par le départ des deux associés minoritaires), cela n'aurait pas grand sens de conclure que le principal problème vient des relations entre l'organisation et son environnement. Ces conséquences secondaires peuvent avoir une importance considérable pour l'avenir de l'entreprise, c'est-à-dire que Multicom peut avoir des difficultés avec son environnement et devoir étudier d'autres moyens stratégiques, ou encore mettre en place une culture qui, à la longue, l'étouffera. Mais si ce sont des problèmes qui résultent de problèmes plus fondamentaux, il est peu problable qu'on puisse y remédier isolément.

Le processus d'*évaluation critique* exige donc que nous étudiions des interprétations concurrentes et que nous arrivions à décider comment elles peuvent se concilier. Plutôt que de forcer les faits à s'adapter à un schéma théorique déjà construit, comme c'est le cas dans beaucoup d'analyses conventionnelles d'organisations, la méthode élaborée dans ces pages tient compte de la complexité d'une situation en confrontant une interprétation à une autre et, quand cela devient nécessaire, en optant pour l'une ou l'autre. Là encore, au contraire de nombreuses approches traditionnelles, le processus ne se traduit pas par un simple repérage de problèmes isolés et de la mise au point de solutions fragmentaires. Il s'agit plutôt d'un genre d'étude ouverte qui vise à faire émerger la définition des problèmes et les solutions possibles des lectures diagnostiques sur lesquelles se fonde l'analyse.

Utiliser des métaphores pour gérer et concevoir les organisations

Les images ou les métaphores nous aident à « décoder » et à décrire les situations organisationnelles ; de plus, elles font surgir des idées et des options claires de ce qu'elles pourraient être. Les processus de *lecture diagnostique* et d'*évaluation critique* se combinent pour créer un mode de compréhension — le scénario — qui suggère une approche ou, si l'on préfère, une *prescription* concernant la façon de composer avec les difficultés.

Il est bon maintenant d'accorder plus d'attention à la façon dont les idées offertes par les diverses métaphores peuvent servir de façon prescriptive. D'abord, nous allons étudier comment les métaphores nous donnent des moyens systématiques de penser à la façon dont nous pourrions ou nous devrions agir dans une situation particulière — ce que j'appelle *l'injonction donnée par la métaphore*. Ensuite, nous verrons comment de nombreux problèmes d'ordre organisationnel viennent de nos façons de penser.

UTILISER LA MÉTAPHORE POUR AGIR

Afin de mieux illustrer le premier point, revenons à Multicom. Admettons que notre lecture détaillée de l'organisation nous conduise à l'un des scénarios mentionnés plus tôt, plus précisément que les changements survenus dans l'entreprise proviennent d'une volonté consciente, de la part de Jim Walsh, de « s'organiser ». De plus, supposons qu'une étude en profondeur ait montré qu'il n'existait aucun ordre du jour caché (par exemple, le désir d'exercer un contrôle plus serré sur les jeunes associés et sur le reste du personnel), que le choix de Walsh soit simplement le résultat de sa croyance implicite voulant qu'organisation et bureaucratisation soient synonymes, et que, en conséquence, il veuille sincèrement arriver à mieux définir les tâches et les façons de procéder de chacun. La décision qu'ont prise Walsh et Bridges d'exercer les droits que leur donnait leur qualité d'associés majoritaires était, à leurs propres yeux, une mesure exceptionnelle ayant pour seul but de lever cet obstacle au développement de l'organisation qu'était devenu ce fossé, en apparence infranchissable, entre leurs opinions et celles des associés minoritaires.

Comment, en pareil cas, les diverses métaphores peuvent-elles nous aider à déterminer quoi faire dans les circonstances ? La situation est clairement irréversible à certains égards, puisque Beaumont et Rossi ont quitté l'agence et fondé une entreprise à eux, qui réussit très bien. Multicom doit travailler sans eux, et sans les membres du personnel qui sont partis avec eux, et faire face à un nouveau concurrent ; l'agence a perdu des clients et son fonctionnement quotidien va certainement se ressentir de tout ce qui s'est passé. Mais il est possible, pour les gens de Multicom, de tirer plusieurs enseignements de l'expérience. De plus, la firme peut faire beaucoup pour se montrer efficace dans les circonstances.

Du point de vue apprentissage, si Walsh et Bridges comprenaient bien la dynamique politique enclenchée par ce qu'ils considéraient probablement comme une décision parfaitement rationnelle, ils pourraient certainement y gagner beaucoup. S'ils voulaient garder Beaumont et Rossi avec eux, leur conduite était politiquement inepte. D'un seul coup et unilatéralement, ils ont changé le processus de prise de décision convenu entre les quatre associés et utilisé depuis la création de l'agence, passant du processus démocratique au quasi autocratique, et ils ont sous-estimé le potentiel de rupture qui a fini par se développer. Si l'on se souvient que Multicom est née d'une rupture avec une autre entreprise, la possibilité d'une répétition était évidente, du moins après coup, et ils auraient même, sans doute, pu la prévoir. S'ils avaient considéré Multicom comme un système politique, Walsh et Bridges auraient été beaucoup mieux préparés à faire face à la crise que devait susciter leur décision de bureaucratiser l'entreprise. S'ils avaient voulu maintenir l'association de quatre personnes, ils auraient pu y parvenir de bien des façons. Les faits montrent, par exemple, qu'ils auraient eu avantage à examiner de plus près les divergences d'opinion sous-jacentes. Une solution à plus long terme aurait consacré symboliquement ou matériellement une association entre quatre personnes égales, en instaurant un partage plus égalitaire du contrôle *formel*, grâce peut-être à une répartition nouvelle du capital-actions. Étant donné la possibilité de rupture et le désir, de la part des associés majoritaires, de l'éviter, il aurait fallu étudier soigneusement cette possibilité. On aurait ainsi pu utiliser de façon *proactive* un certain nombre d'éléments du cadre de référence permettant une analyse politique, comme nous l'avons vu au chapitre 6 ; cela aurait permis de mieux saisir ce qui se passait et d'élaborer une stratégie permettant de composer avec la dimension politique de la situation.

Quant aux mesures que l'on pourrait prendre dans le cas présent, elles aussi sont nombreuses. Le problème fondamental est de savoir par quoi commencer. En supposant que notre analyse a permis de rejeter tout motif caché dans la tendance à la bureaucratisation, il serait possible d'évaluer la position générale de Multicom par rapport à son environnement, puis d'élaborer une prescription à partir de cette évaluation. Par exemple, si nous faisons appel aux idées qui accompagnent la métaphore de l'organisme, nous pouvons évaluer l'environnement de Multicom et la niche qu'elle y occupe, et tenter de déterminer si l'organisation a choisi la stratégie, la structure, la culture d'entreprise et le style de gestion appropriés. Nous pouvons alors nous servir de presque toutes les idées émises dans le chapitre 3. Notre analyse de l'environnement nous aidera à déterminer si Multicom peut survivre en défendant la niche qu'elle occupe actuellement ou si elle doit en chercher une autre. Cela nous permettra ensuite de décider si Multicom doit se borner à conserver les compétences dont elle dispose déjà ou si elle doit en développer de nouvelles qui lui permettront d'attirer de nouveaux clients et d'offrir des services nouveaux. Une étude à partir de la théorie de la contingence (voir figure 3.3) peut servir à déterminer si Multicom fonctionne de façon satisfaisante ; si nous concluons que, pour faire face à la concurrence, Multicom doit augmenter sa capacité de créativité ininterrompue et l'excellence de ses rapports avec les clients, Walsh et Bridges seront forcés de reconnaître qu'ils ont engagé leur entreprise dans une mauvaise direction. Pour rectifier le tir tout en résolvant leurs problèmes, on aura avantage à tenir compte des idées de Lawrence et Lorsch sur la différenciation et l'intégration, en ne bureaucratisant que les domaines de l'entreprise où la routinisation peut améliorer l'efficience, tout en conservant plus de souplesse ailleurs.

D'autres métaphores peuvent nous aider à mettre en œuvre cette stratégie. Les idées traitées au chapitre 4, par exemple, sur l'organisation holographique, pourraient servir à affiner l'entreprise de manière à ce que ses exigences en matière de créativité et de rapports avec la clientèle soient plus élevées et mieux soutenues. Les idées sur la culture d'entreprise contenues dans le chapitre 5 peuvent aider à retrouver un *ethos*, un esprit, un sentiment d'identité et de direction qui appuieraient et mettraient en valeur les exigences et les capacités que Multicom désire privilégier.

Notre plan d'action illustre aisément comment les idées tirées de trois métaphores peuvent se combiner pour esquisser un projet d'avenir approprié pour l'organisation. Alors que la métaphore de l'organisme sert à déterminer la direction générale dans laquelle doit s'engager l'entreprise, les métaphores de l'hologramme et de la culture montrent comment cela peut se faire en pratique. On peut également avoir besoin d'autres métaphores pour susciter d'autres idées et d'autres prescriptions. Par exemple, les changements proposés peuvent amener à un nouvel ensemble de tensions politiques dans l'organisation. Ici encore, les idées traitées au chapitre 6 peuvent être pertinentes pour aider les associés majoritaires à débloquer la situation ou, si ce n'est pas possible, pour au moins les aider à faire face à cette réalité politique d'une résistance aux changements qu'ils proposent.

En parlant des prescriptions évoquées plus haut, il ne faut pas oublier que c'est toujours la perspective qu'on y apporte qui détermine l'analyse. Nous avons adopté le point de vue de la direction, selon lequel certaines métaphores sont plus utiles que d'autres. D'emblée, il est évident que si nous adoptons d'autres perspectives — comme celle de la critique sociale dont nous avons déjà parlé —, l'analyse ci-dessus devient à la fois partiale et source de conséquences défavorables. Par exemple, si l'analyse et la prescription qui en résulte rendent Multicom plus efficace, cela peut signifier que l'agence pourra mieux camoufler les côtés moins honnêtes de certains clients, ce que précisément la critique veut exposer. Si nous adoptons la perspective du critique, la métaphore de la domination abordée au chapitre 9 peut être la plus utile pour comprendre Multicom, et de ce point de vue nous jugerons les autres métaphores inutiles ou dangereuses.

Qu'il s'agisse d'un critique ou d'un consultant, l'important c'est de se rappeler que toutes les idées fournies par les métaphores *peuvent* être utilisées de façon prescriptive. En étudiant une entreprise avec les lunettes que nous procure une métaphore donnée, nous faisons émerger une façon de diriger et de concevoir l'organisation qui s'accorde à une image en particulier. La métaphore de la machine nous suggère une approche mécaniste. Celle de l'organisme montre comment organiser de façon à répondre du mieux possible aux exigences de l'environnement. La métaphore du cerveau nous aide à organiser pour faciliter l'apprentissage et l'innovation. Celle de la culture nous apprend à gérer la signification, celle de la politique, la façon d'agir politiquement. La métaphore de la prison du psychisme nous fournit un moyen d'échapper aux pièges cognitifs, et celle du flux nous montre comment il est possible d'influencer le changement. La métaphore de la domination nous montre comment mettre en relief les processus de domination sociétale et susciter la résistance à leur égard, et ainsi de suite. Chaque métaphore a ses injonctions ou ses directives propres : la façon de comprendre suggère la façon d'agir.

Ces diverses métaphores trouvent chacune leur utilité dans des situations différentes et selon la perspective que nous privilégions pour comprendre et agir dans ces situations.

BON NOMBRE DE PROBLÈMES D'ORDRE ORGANISATIONNEL VIENNENT DE NOS FAÇONS DE PENSER

Notre étude fait ressortir un point très important : il existe un rapport étroit entre notre façon de penser et notre façon d'agir, et un grand nombre des problèmes d'ordre organisationnel ont leurs racines dans notre pensée. Cela a de sérieuses conséquences : en premier lieu, cela nous encourage à reconnaître la responsabilité de notre participation aux problèmes que nous devons résoudre. Par exemple, Jim Walsh et Wendy Bridges, en ce qui concerne les changements survenus dans leur entreprise, pouvaient faire porter le blâme sur les valeurs, les comportements et l'intransigeance de Beaumont et de Rossi. Ou bien ils pouvaient reconnaître que la situation résultait, en partie du moins, de leurs idées et de leurs actions. Une telle attitude a un effet stimulant car, en plaçant une partie de la responsabilité sur ses propres épaules, on fait apparaître des possibilités d'action qui, sans cela, demeureraient inconnues ou latentes.

Deuxièmement, comprendre les rapports étroits entre pensée et action peut aider à créer de nouveaux modes d'organisation. Afin de mieux illustrer ce point, revenons à l'idée de « mieux s'organiser » qui est à l'origine des changements chez Multicom. La conception bureaucratique qu'adoptait Jim Walsh a masqué le fait que Multicom était déjà organisée. Il est vrai que, dans la mesure où Bridges et lui-même étaient en cause, l'organisation actuelle avait des conséquences indésirables, mais Multicom avait trouvé le moyen d'être, à sa façon, une organisation cohérente. La culture de l'entreprise jouait, par exemple, un rôle important. Si Jim Walsh avait été capable de comprendre autrement l'organisation, il aurait probablement pu trouver d'autres façons de composer avec la situation et ses problèmes.

Une des principales forces des diverses métaphores que nous avons étudiées dans ces pages est qu'elles offrent de nombreuses possibilités pratiques d'organiser. Prenons par exemple la métaphore de l'hologramme. Pour un esprit bureaucratique, une entreprise organisée de cette façon représente le chaos et la désorganisation. Et pourtant, comme nous l'avons vu au chapitre 4, des principes d'organisation très clairs peuvent entrer en jeu et donner lieu à un processus d'auto-organisation. La métaphore de l'hologramme renverse les principes bureaucratiques et, à moins que l'idée d'hologramme nous soit familière, consciemment ou non, nous avons du mal à imaginer comment on peut organiser de cette façon.

Prenons aussi la métaphore de la culture. Elle montre comment organiser à partir de normes, d'idées, de croyances et de valeurs communes et, par conséquent, de visions et de directions partagées par tous en ce qui concerne l'avenir de l'entreprise. Une organisation *consiste* en un système de signification, et ne dépend pas de l'existence de structures ni de règles bureaucratiques.

De même, si nous réfléchissons aux organisations selon la métaphore du politique, nous voyons qu'il est possible d'organiser à partir de l'interaction d'intérêts qui sont en concurrence, en créant une unité grâce à la négociation, la manipulation ou peut-être même la coercition. Dans ce dernier cas, bien entendu, c'est la métaphore de la domination qui entre en jeu et offre sa conception bien à elle de la nature de l'organisation ; il en serait de même avec les autres métaphores.

Ces quelques exemples permettent de montrer comment notre façon de penser l'organisation influence notre façon d'organiser. Nous pouvons surmonter de nombreux problèmes courants en apprenant à voir et à comprendre l'organisation et les organisations selon des façons nouvelles, qui à leur tour feront émerger de nouvelles façons d'agir.

Le décodage vu comme la théorie mise en pratique

J'ai montré, dans les sections précédentes du présent chapitre, comment les idées théoriques traitées dans cet ouvrage peuvent s'utiliser de façon pratique pour comprendre, gérer et concevoir les organisations. Un des avantages de cette approche, c'est qu'elle s'appuie sur ce que bien des gens font déjà tout naturellement. Comme nous l'avons mentionné au chapitre 1, les bons gestionnaires et spécialistes dans tous les domaines savent, implicitement, que de nouvelles idées à propos d'une situation particulière apparaissent à mesure qu'on l'aborde sous de nouveaux angles, et la lecture de cette situation, ou mieux, son décodage, conduit à toute une gamme de possibilités et d'actions.

La méthode d'analyse exposée dans ces pages rend donc explicite un processus fondamental de notre façon de penser et de notre façon de comprendre tous les aspects de la vie. En utilisant la métaphore pour comprendre l'organisation, nous ne sommes pas tenus d'apprendre par cœur des théories complexes ou des listes interminables de concepts abstraits. Cela nous encourage tout simplement à apprendre à aborder et à interpréter des situations données à partir de points de vue différents. Nous sommes invités à faire ce que nous faisons naturellement, mais de façon plus consciente et plus large. Les métaphores étudiées dans les chapitres précédents illustrent comment nous pouvons dégager les implications d'une image forte et les suivre jusqu'au bout. C'est ainsi que non seulement ces chapitres fournissent une bonne quantité d'idées précises, mais encore ils représentent un moyen d'apprendre *comment* développer et augmenter nos capacités de décodage des organisations.

Bien des gens doués d'esprit pratique estiment que la théorie gêne la pratique et que, en règle générale, la réflexion théorique est une perte de temps. Mais cette façon de penser est tout à fait fallacieuse. En effet, reconnaître que les images ou métaphores que l'on tient pour acquises déterminent notre compréhension et notre action, c'est en même temps reconnaître le rôle joué par la théorie. Nos images et nos métaphores *sont* des théories et des cadres conceptuels. La pratique n'est jamais dénuée de théorie, car elle est toujours guidée par l'image de ce que l'on essaie de faire. La véritable question, c'est de savoir si nous sommes ou non conscients de la théorie qui sous-tend notre action.

L'un des messages fondamentaux du présent ouvrage, c'est que nous pouvons améliorer notre capacité d'organiser et de résoudre les problèmes qui surgissent dans une organisation en comprenant mieux le lien existant entre théorie et pratique et en tenant compte de la maxime fameuse de Kurt Lewin, à savoir que « rien n'est aussi pratique qu'une bonne théorie ». Les gens qui apprennent à décoder les situations à partir de différents points de vue (théoriques) ont un avantage sur ceux qui s'en tiennent à une seule position. Ils sont en effet mieux capables de reconnaître les limites d'une perspective donnée. Ils peuvent comprendre comment nous définissons et redéfinissons de diverses façons les situations et, par là même, faisons émerger de nouvelles solutions.

Comme nous l'avons vu, il faut apprendre avant tout comment entamer une sorte de dialogue avec la situation que l'on tente de comprendre. Plutôt que de lui imposer un point de vue, on doit permettre à la situation de révéler comment elle peut se comprendre de différents points de vue. Nous pouvons dire, en quelque sorte, qu'il nous faut toujours être conscients du fait qu'une situation « a son opinion à elle » dans la mesure où elle demande à être comprise au moyen d'un système référentiel différent de celui que l'on est en train d'utiliser. L'art de l'analyse décrit ci-dessus permet d'étudier un problème grâce au décodage ; celui-ci nous amène progressivement à une sorte de jugement ou à faire une *évaluation critique* de la situation.

Laisser ce genre de questionnement suivre son cours est la seule façon d'arriver à un jugement équilibré, ce qui ne veut pas dire que le processus doive s'éterniser. À mesure que l'on développe l'art de décoder les situations, l'analyse et l'évaluation critiques deviennent une façon de penser. En procédant de cette façon, nous apprenons vite à reconnaître les indices importants et à déceler les éléments cruciaux d'une situation.

Ce style d'analyse des organisations nous fournit un moyen de relier théorie et pratique afin de composer de manière réaliste avec la nature complexe et paradoxale de la vie organisationnelle.

11

Imaginisation

Vers l'avenir

Les organisations sont plusieurs choses à la fois.

Cette idée étrange a suffisamment piqué ma curiosité pour m'inspirer le présent ouvrage. À mon avis, certains problèmes fondamentaux que nous rencontrons proviennent de ce que la complexité et la subtilité de notre raisonnement ne sont en rien comparables à la complexité et à la subtilité de la réalité avec laquelle nous devons composer. Cela me semble vrai des organisations autant que de la vie sociale en général. C'est aussi ce qui nous amène si souvent à agir de façon simpliste et parfois même nuisible. J'ai écrit ces pages dans le but de contribuer, dans la mesure du possible, à mieux faire comprendre comment nous simplifions exagérément les situations et à cerner des méthodes nous permettant d'améliorer quelque peu nos façons de faire actuelles.

Globalement, j'ai essayé de mettre de l'avant une sorte de pensée critique qui nous encourage à comprendre et à bien saisir les multiples significations d'une situation, puis à affronter et prendre en compte la contradiction et le paradoxe au lieu de faire comme s'ils n'existaient pas. Pour ce faire, j'ai choisi d'utiliser la métaphore qui, me semble-t-il, est intrinsèque à la façon dont nous organisons et comprenons notre univers. Cependant, accepter ce choix n'est pas indispensable. Il est beaucoup plus important de reconnaître que nous voyons toujours le monde d'une façon limitée et que nous pouvons apprendre beaucoup si nous prenons en compte le caractère partiel de notre vision du monde et la possibilité que nous avons de l'élargir. Je me suis servi de métaphores pour montrer comment nous pouvons définir et redéfinir notre compréhension d'une même situation en sachant que de nouveaux modes de compréhension pouvaient en découler.

Quand nous regardons notre univers avec nos deux yeux, nous en avons une image différente de celle que nous obtenons en nous servant d'un œil à la fois. Chaque œil perçoit la réalité d'une façon différente et, quand nous combinons les deux, nous obtenons encore une fois une autre perception. Essayez, vous verrez. J'ai la conviction que la même chose se produit quand nous apprenons à interpréter le monde en faisant appel à différentes métaphores. En ajustant et en réajustant notre interprétation du monde, nous arrivons à une sorte de compréhension qualitativement différente, que l'on peut mettre en parallèle avec la vision binoculaire. Quand nous essayons de comprendre une organisation en la voyant comme une machine, un organisme, une culture, un système politique, un instrument de domination et j'en passe, nous approfondissons et affinons notre compréhension de cette organisation. C'est précisément l'effet conjugué de nos multiples façons de voir qui transforme notre compréhension de la nature de l'organisation ou, plus globalement, du phénomène étudié.

L'éléphant et les organisations

À première vue, ce que j'essaie d'expliquer a une certaine ressemblance avec la vieille légende indienne des six aveugles et de l'éléphant. Le premier aveugle, palpant une défense, déclare que c'est là une lance ; le second, touchant les flancs de l'animal, prétend qu'il s'agit bien plutôt d'une muraille. Le troisième, qui explore des doigts une patte, croit avoir affaire à un arbre, tandis que le quatrième, tâtant la trompe de l'éléphant, pense que c'est un serpent. Le cinquième, lui, qui s'agrippe à une oreille de la bête, lui trouve une ressemblance certaine avec un éventail, et le sixième aveugle, attrapant l'éléphant par la queue, est sûr d'avoir une corde entre les mains. Leurs perceptions deviendraient encore bien plus confuses, comme l'a fait remarquer Peter Vaill, si l'éléphant bougeait. L'homme qui palpe la patte de l'animal ressentirait un mouvement elliptique vers l'avant, celui qui tient la queue serait fouetté au gré de l'éléphant, tandis que les autres, vigoureusement secoués, seraient peut-être même aspergés d'eau, d'urine ou de fumier. Les mouvements de l'éléphant détruiraient sans doute toutes les opinions auxquelles ils étaient arrivés et compliqueraient encore l'obtention d'un accord sur la nature du phénomène.

Tout comme dans le cas des six aveugles, les façons dont nous percevons les organisations diffèrent souvent et, par conséquent, nous leur attribuons des significations très différentes. C'est ainsi que l'individu qui travaille dans une usine minable peut estimer parfaitement valable l'idée de l'entreprise vue comme un instrument de domination, alors que le gestionnaire installé dans un confortable bureau s'enthousiasmera davantage devant l'image d'un organisme qui doit parvenir à survivre, ou d'un modèle de culture ou de sous-culture.

Le parallèle avec la légende indienne, toutefois, a des failles importantes. Tout d'abord, lorsque nous considérons la situation qui met en jeu des aveugles, nous le faisons en tant que voyants. Nous savons qu'ils ont affaire à un éléphant et que, s'ils se réunissaient et mettaient leurs expériences en commun, ils pourraient en arriver à une idée commune, plus précise, de ce à quoi peut bien ressembler un éléphant. Cependant, le problème de la compréhension des organisations est plus difficile à résoudre, parce que nous ne savons pas vraiment ce qu'elles sont, puisqu'il n'existe pas de point de vue unique, qui fasse autorité, d'où l'on puisse les étudier. Bien qu'un grand nombre des auteurs qui se sont penchés sur les organisations tentent de proposer un tel point de vue — en définissant, par exemple, les organisations comme des groupes d'individus que réunit la poursuite de buts communs —, en réalité nous sommes *tous* des aveugles qui cherchons en tâtonnant à déterminer la nature de l'animal. Bien que nous puissions mettre en commun nos diverses expériences, et même arriver à une forme d'accord, nous n'aboutissons jamais au degré de certitude qui semble implicitement évoqué dans la légende indienne, où il est bien clair que ce sont eux les aveugles, et nous les voyants.

Si l'on veut employer des termes plus conventionnels, disons qu'il existe une différence entre la réalité pleine et entière d'une organisation et ce que nous pouvons en savoir. Nous ne pouvons connaître les organisations que par l'expérience que nous en avons. Nous pouvons avoir recours à des métaphores et à des théories pour saisir et exprimer ce savoir et cette expérience, et pour communiquer la compréhension que nous en avons, mais nous ne pouvons jamais être sûrs d'avoir vraiment raison. Je crois que nous devons toujours reconnaître cette incertitude fondamentale.

Une autre différence importante entre la morale de la légende indienne et le problème de la compréhension des organisations est que le même aspect d'une organisation peut être bien des choses à la fois. C'est ainsi que des idées différentes concernant une organisation ne proviennent pas du fait que, comme les aveugles, nous saisissons des aspects différents de l'animal, mais de ce que les diverses dimensions sont toujours entrelacées, voire enchevêtrées. Par exemple, une organisation bureaucratique est simultanément un semblant de machine, un phénomène culturel et politique, l'expression de préoccupations inconscientes, l'aspect caché d'une logique plus profonde du changement social et ainsi de suite. L'organisation bureaucratique *est* tout cela en même temps. Nous pouvons essayer de décomposer une organisation en ensembles de variables reliées entre elles : structurelles, techniques, politiques, culturelles, humaines et autres ; mais il faut constamment se rappeler que cela ne rend pas vraiment justice à la nature du phénomène. En effet, les dimensions structurelles et techniques d'une organisation sont en même temps humaines, politiques et culturelles. Ces dimensions différentes ne sont pas distinctes dans le phénomène ; c'est nous qui le divisons de la sorte.

Pour bien illustrer ce point, j'aimerais utiliser un de mes exemples favoris. Le propriétaire d'une petite entreprise, individu autoritaire, constatant l'impact négatif qu'il avait sur le moral des employés et la perte de son contrôle sur eux, venait de suivre un cours sur la gestion des ressources humaines. Il estimait sincèrement « s'être converti » et voulait changer son style de gestion afin de tenir davantage compte des gens avec qui il travaillait. Pour arriver à de meilleurs rapports, plus étroits, avec son personnel, il décida de rendre visite à une de ses usines. À l'atelier, il mit son point d'honneur à serrer la main de chaque ouvrier. Ils furent naturellement surpris, et ne surent pas très bien que penser parce que, jusqu'alors, « le patron » avait toujours gardé ses distances et dirigé son entreprise avec une poigne de fer.

Il est clair que ce seul geste, la poignée de mains, peut avoir différentes significations. C'est un geste symbolique, l'expression d'une façon humaine de diriger, peut-être le début de relations politiques nouvelles et plus démocratiques dans l'entreprise, mais peut-être aussi le début d'une autre forme de contrôle des employés. La poignée de mains peut prendre des significations potentiellement contradictoires, par exemple celle d'un geste amical, d'intérêt pour les gens, de manipulation et de contrôle, tout comme la rationalité d'une organisation peut avoir en même temps des dimensions renvoyant au politique et à l'exploitation.

Pour comprendre une situation donnée dans une organisation, il nous faut pouvoir composer avec ces significations différentes et potentiellement paradoxales, les déterminer en les analysant, mais sans jamais perdre de vue qu'elles sont intimement liées entre elles et intégrées de manière fondamentale.

Cela a des conséquences évidentes sur la manière dont nous utilisons la forme d'analyse élaborée au chapitre 10, en nous faisant prendre conscience du danger que présentent les théories qui compartimentent trop et qui décomposent en un trop grand nombre d'éléments notre compréhension des organisations. J'ai insisté sur le fait que l'un de mes buts principaux était d'élaborer une *façon de penser* qui puisse composer avec l'ambiguïté et le paradoxe. Il nous faut éviter les pièges du syndrome des aveugles. En ayant recours à des images ou à d'autres systèmes référentiels pour démêler les complexités de la vie d'une organisation, nous pouvons juger que certaines métaphores s'adaptent mieux que d'autres à des situations particulières (par exemple, l'organisation X est plus mécaniste que l'organisation Y, le service A plus holographique que le service B, la culture du groupe C est fondée sur l'idée de l'équipe tandis que celle de D renvoie davantage à celle d'opposition), mais nous devons toujours garder à l'esprit que des aspects de chaque métaphore peuvent se retrouver dans chaque situation.

Le schéma analytique que j'ai élaboré doit donc avant tout se comprendre comme un processus de sensibilisation ou d'interprétation et non comme un modèle ou comme un cadre de référence statique. Une bonne analyse ne consiste pas seulement à découvrir « la métaphore qui convient ici » ou « la meilleure métaphore », mais à s'en servir pour démêler les multiples modèles de signification et les rapports qu'ils ont entre eux. Je crois que les meilleurs décodages que font intuitivement les gestionnaires ou autres membres d'une organisation ont cette même qualité. En effet ces gens sont ouverts au genre de nuances qui surgissent d'une conscience de la multiplicité des facettes de n'importe quelle situation.

Imaginisation : l'organisation vue comme une façon de penser

Les images et les métaphores ne sont pas seulement des constructions de l'esprit, des interprétations ou des façons de voir : elles fournissent aussi des cadres d'action. Leur utilisation fait surgir des idées créatrices qui permettent souvent de prendre des mesures auxquelles nous n'aurions jamais pensé autrement. J'ai essayé de bien mettre ce point en évidence de plusieurs manières, par exemple en montrant comment l'emploi de métaphores différentes peut conduire à différentes façons d'organiser et de diriger, et en traitant de la dimension prescriptive de mon approche de l'analyse des organisations.

Je veux maintenant être plus clair encore quant à ma position sur les rapports étroits entre pensée et action, et suggérer que nous pourrions bien commencer à penser aux organisations de façon plus large et plus ouverte en nous servant du mot *imaginisation* qui nous donnera une vision plus forte et plus stimulante de ce phénomène fondamental.

Comme nous l'avons fait remarquer au chapitre 2, le mot organisation vient du grec *organon*, outil ou instrument. Il n'est donc pas surprenant que le concept d'organisation soit en général chargé d'une signification qui l'associe, voire l'assimile, à un mécanisme ou à un instrument. En inventant le mot *imaginisation*, je cherche à me libérer de cette association avec un mécanisme en symbolisant le lien étroit entre image et action. Les organisations sont toujours déterminées par les images et par les idées qui les soustendent ; nous organisons comme nous *imaginisons*, et il est toujours possible d'*imaginiser* de plusieurs façons.

Quand nous réfléchissons aux organisations de cette manière, nous gardons constamment à l'esprit l'idée que nous participons à un processus de création dans lequel de nouvelles idées et images peuvent donner lieu à de nouvelles actions. Dans le domaine de l'architecture, de nouveaux types d'immeuble sont apparus à la suite de modifications importantes dans les concepts sous-jacents au processus de construction. Par exemple, l'hypothèse que la solidité des bâtiments dépend d'un modèle satisfaisant de l'effort en *compression* force l'architecte à s'en tenir aux structures traditionnelles. L'idée que les bâtiments peuvent tenir en place grâce à des modèles appropriés d'effort en *tension* a donné naissance à des immeubles d'une forme beaucoup moins conventionnelle qui sont maintenus par des câbles et des contreforts. Je crois que nous pouvons opérer de semblables révolutions dans la façon dont nous organisons, en étant toujours conscients que nous sommes constamment engagés dans un processus d'*imaginisation*.

Plutôt que de se borner à interpréter les organisations, le présent ouvrage cherche également à montrer que nous pouvons les changer. En reconnaissant les liens étroits qui existent entre la pensée et l'action dans la vie des organisations, nous reconnaissons que la façon dont nous «décodons» ces dernières influence la manière dont nous les produisons. Les images et les métaphores ne sont pas seulement des constructions de l'esprit utilisées à des fins d'analyse. Elles sont intrinsèques au processus d'*imaginisation* par lequel on enacte ou on «marque» la vie d'une organisation.

Notes bibliographiques

1. Introduction

Le présent ouvrage porte sur la métaphore et se situe dans le cadre d'une métaphore : celle du « décodage des organisations ». Il s'appuie intellectuellement sur la tradition qu'ont inaugurée des auteurs comme Pepper (1942) et Kuhn (1970) sur l'impact des métaphores souches ou, selon Bouchard (1984), des métaphores radicales, et des paradigmes cognitifs de notre compréhension de l'univers qui nous entoure.

Plus précisément, ce qui a inspiré ces pages provient de mes travaux antérieurs, Burrell et Morgan (1979) et Morgan (1980, 1983a, 1983b, 1983c, 1984), dans lesquels s'élabore une vision plurielle des organisations. Alors que ces recherches se situaient surtout au plan théorique et visaient un public universitaire, le présent ouvrage cherche à mieux cerner les conséquences pratiques de ces idées fondamentales. Je veux avant tout montrer comment nous pouvons *utiliser* les idées créatrices qui découlent de la métaphore pour créer de nouveaux modes de compréhension des organisations. Dans ces notes, j'esquisse les fondations sur lesquelles j'ai construit mon livre, j'expose des notions complémentaires sur les points les plus intéressants et je signale des références permettant à ceux et celles qui le souhaitent de faire des lectures complémentaires.

Sur la métaphore. Il existe de plus en plus d'ouvrages montrant l'impact de la métaphore sur notre façon de penser, sur le langage, sur les systèmes de connaissances scientifiques et sur le savoir de tous les jours. Aristote a été le premier à repérer le rôle de la métaphore dans la production du savoir. Dans sa *Rhétorique*, il montre que c'est la métaphore, à mi-chemin entre l'incompréhensible et le lieu commun, qui est avant tout productrice de savoir et, dans *La Poétique*, il définit les quatre tropes que nous appelons aujourd'hui métaphore, métonymie, synecdoque et ironie. Chacune peut être considérée comme une forme de métaphore, mais elles jouent des rôles quelque peu différents (voir, entre autres, White, 1978, Morgan, 1983b). Dans cet ouvrage, nous ne faisons pas la distinction, utilisant le terme de métaphore pour recouvrir le processus général : l'image qui fait que A est vu en tant que B.

Vico (1968), au début du XVIIIᵉ siècle, a été le premier à reconnaître l'importance de la métaphore et des tropes qui s'y apparentent comme modes d'expérience dont la signification allait au-delà de la simple figure de style. Un certain nombre de philosophes du XIXᵉ siècle, comme Nietzsche (1974), mentionnent l'importance de la métaphore. Mais ce n'est qu'avec les travaux des philosophes du XXᵉ siècle, comme Cassirer (1946), Wittgenstein (1958) et d'autres, qui insistent sur le langage et les modes de symbolisme dans la construction de la réalité, que ces idées prennent vraiment toute leur importance.

Au cours des 40 dernières années, un certain nombre d'ouvrages importants ont montré qu'il faut prêter une attention plus soutenue au rôle de la métaphore et des autres tropes. Ce sont entre autres Black (1962), Boulding (1956a), Brown (1977), Burke (1962), Manning (1979), Pepper (1942), Schön (1963, 1979) et White (1978). Quelques-uns des débats les plus importants de l'époque se tiennent dans les domaines de la linguistique, de l'herméneutique et de la psychanalyse. Dans ces débats, les travaux d'Eco (1976), Jakobson et Halle (1962), Lacan (1966) et Lemaire (1977) sont essentiels.

Des recueils d'articles sur la métaphore, comme ceux d'Ortony (1979) et de Sacks (1979) donnent une bonne idée générale de la question.

Lakoff et Johnson (1980) ont étudié de façon approfondie l'impact de la métaphore sur le langage et sur la communication en général.

Le rôle de la métaphore dans l'imagination créatrice et dans la science a fait l'objet de nombreux travaux, qu'ils soient scientifiques ou de portée générale. Koestler (1969) et Jonathan Miller (1978) ont su combiner remarquablement ces deux dimensions.

Brown (1977) a montré le fondement métaphorique de la théorie du social, et mes propres travaux ont porté sur les fondements métaphoriques de la théorie de l'organisation (Morgan 1980, 1983b).

2. La métaphore de la machine

Le mécanisme dans la science. Un grand nombre de théoriciens du social ont fait remarquer que nous vivons dans une société technique dominée par le besoin de machines et par des façons de penser mécanistes (par exemple, Ellul, 1964 ; Giedeon, 1948 ; Mumford, 1934). On trouve des éléments de théorie mécaniste pour la première fois dans les idées des « atomistes » grecs du Ve au IIIe siècle, Démocrite et Leucippe entre autres. Ils pensaient que le monde se composait de particules indivisibles qui se mouvaient dans un vide infini, et que les formes, les mouvements et les changements pouvaient tous s'expliquer par la taille, la forme et le mouvement de ces atomes. Cette vision mécaniste a influencé la pensée scientifique jusqu'au XXe siècle et a connu son expression la plus complète dans les travaux de physique effectués par Isaac Newton, qui a élaboré une théorie de l'univers en tant que machine céleste. De nombreux chercheurs ont inventé et étudié des machines pour comprendre les lois de la nature. Aristote s'est servi de principes mécanistes pour comprendre les mouvements des animaux, Archimède (voir Heath, 1897), Galilée (1970) et d'autres ont eu recours à des machines pour leurs importantes contributions aux mathématiques et à la physique ; ils ont aussi soutenu avec vigueur l'idée qu'il est possible de construire une science objective fondée sur des principes mécanistes. Galilée, par exemple, recherchait une science qui puisse réduire toutes les explications de la réalité à un fondement physique, poursuivant le vieux rêve atomiste d'un univers qui s'expliquerait à partir de la matière en mouvement.

Le mécanisme dans la théorie du social. Les idées mécanistes ont exercé une profonde influence dans le domaine philosophique, sur les théories de l'esprit et de la nature de la connaissance et de la réalité. Descartes a posé les fondations de ces travaux dans son fameux *Discours de la méthode*, publié en 1637 et qui plaidait pour la séparation de l'esprit et du corps, du sujet et de l'objet, dans une tentative de placer le processus du raisonnement humain sur une base aussi solide que possible. Descartes, comme Galilée et Newton, a fondé ses idées sur les principes de l'atomisme, estimant que le monde matériel doit se comprendre à partir de l'interaction mécanique et du mouvement de corpuscules originellement créés et mis en mouvement par Dieu. L'étude des automates et des jouets mécaniques le passionnait, et il envisageait la possibilité de construire des hommes mécaniques. Pour Descartes, les plantes et les animaux étaient des formes supérieures de machines. Il considérait les hommes comme semblables aux machines, mais ce qui les en distinguait était leur faculté de se servir de mots et de signes comme fondements du discours et leur faculté de raisonnement (Descartes 1988).

Un matérialiste français, Julien Offray de La Mettrie, a poussé jusqu'à l'extrême les vues de Descartes sur la nature humaine. En 1748, il publia un livre, *L'homme machine*, soutenant que l'homme *est* une machine, que corps et âme sont tous deux le résultat de processus mécaniques et que tout comportement humain peut se ramener aux lois de la matière en mouvement. Les instincts, les actions et le fonctionnement de l'esprit humain étaient ainsi envisagés comme soumis à des lois déterministes qui ne faisaient aucune place aux comportements volontaires ou à des influences subjectives de quelque sorte que ce soit. Ces opinions furent mal vues de certains, et il fut forcé à plusieurs reprises de quitter sa ville natale, Paris, et la Hollande, où avait été publié *L'homme machine*. Il est intéressant de noter que La Mettrie fut bien accueilli à la cour de Frédéric le Grand, où il obtint un poste important. Il existe donc un lien direct et fort intéressant entre les théories mécanistes de l'esprit humain élaborées par Descartes et par La Mettrie, et les pratiques de l'armée du roi de Prusse qui, nous l'avons vu au chapitre 2, avait bel et bien tenté de réduire ses soldats à des automates qui obéiraient au moindre commandement.

La notion d'homme-machine a exercé, dans les sciences du social, une profonde influence sur la psychologie behavioriste, surtout grâce à l'idée que les êtres humains sont le résultat des forces de l'environnement. Ces idées firent leur apparition dans la psychologie moderne par l'intermédiaire de philosophes comme Hume, Locke et Bentham, et ont trouvé leur plus forte expression dans les théories du stimulus-réponse de B.F. Skinner (1953) et dans la théorie du renforcement. Arthur Koestler (1967) a fait une critique très complète de cette tentative de compréhension du comportement humain. Schön (1963) a publié une excellente analyse de la façon dont la physique newtonienne a été mise à contribution dans les théories psychologiques. Les travaux d'un important théoricien du social, Vilfredo Pareto (voir, entre autres, Pareto, 1935), fournissent une très bonne illustration de l'utilisation des principes dérivés des sciences mécaniques pour comprendre l'économique, le politique et la société. Enfin nous trouverons dans les idées d'un des disciples de Frederick Taylor, Henry Gantt (voir Alford, 1934 : 264-277), une vision mécaniste de la vie sociale poussée à l'extrême, dans sa proposition d'une organisation appelée *The New Machine*, dont il dit qu'il s'agit d'une conspiration d'hommes de science, d'ingénieurs, de chimistes, de conquérants de terres et d'océans et de grands maîtres des arts et des ressources. Selon ce schème, toute l'industrie serait sous le contrôle des ingénieurs, qui en assureraient la conception et le fonctionnement avec une efficicence mécanique.

Le mécanisme dans la vie de tous les jours. À propos des liens entre le mécanisme et notre vie quotidienne, il est intéressant de noter que nous finissons par traiter notre corps comme une machine. C'est particulièrement évident dans beaucoup d'approches du conditionnement physique dont le but premier est de « former » le corps grâce à la course, à la musculation et à diverses formes de gymnastique. La callisthénie ou gymnastique suédoise a été inventée par des propriétaires terriens suédois qui voulaient former leurs paysans comme des soldats, et la gymnastique vient de l'Allemagne, où l'on s'en servait pour préparer les paysans à la guerre. Les sports modernes sont de plus en plus « mécanisés », comme en témoigne par-dessus tout le football américain, qui fournit une illustration presque parfaite des principes de Taylor sur la gestion scientifique.

Le mécanisme dans la théorie de l'organisation – Max Weber et l'organisation bureaucratique. Le sociologue et historien Max Weber (1946, 1947) traite du parallèle entre la mécanisation et l'organisation. Pour comprendre ses travaux, il est important de se rappeler que, pour lui, l'étude des organisations formelles n'était pas une fin en soi. Il voulait plutôt comprendre le processus d'organisation, qui prend des formes différentes selon les contextes et les époques, en tant que constitutif d'un processus social plus large. Ainsi, il considérait la forme d'organisation bureaucratique comme la manifestation d'un processus plus général de rationalisation au sein de la société globale, manifestation qui mettait en relief l'importance qu'avaient prise les rapports entre les moyens et les fins.

On a souvent mal interprété les travaux de Weber sur la théorie de l'organisation, en particulier son idée que la forme bureaucratique représente un type idéal. Dans l'œuvre de Weber, le concept de « type idéal » sert d'instrument méthodologique pour comprendre de nombreux aspects de la société. Il estimait que, pour comprendre l'univers social, il était nécessaire d'élaborer des concepts bien définis auxquels on pourrait comparer la réalité empirique. Tous les types idéaux qu'il avait ainsi conçus devaient servir à cette fin. C'est ainsi qu'il prônait l'emploi du concept de bureaucratie comme un type idéal permettant de désigner une certaine *forme* d'organisation — celle qui repose sur l'*idée* de la machine — dans le but de déterminer dans quelle mesure une société est bureaucratisée. Il reconnaissait volontiers que le type idéal ne se trouverait pas, en pratique, dans sa forme pure, car les organisations ne correspondraient problablement au type idéal qu'à des degrés divers. D'où son rôle d'étalon. En utilisant plusieurs types idéaux pour cerner différentes formes d'organisation, il pensait que l'on aurait ainsi une excellente méthode pour mieux comprendre l'univers social.

Un grand nombre des erreurs d'interprétation concernant l'œuvre de Weber vient de ce que l'on a souvent assimilé le concept d'« idéal » à celui de « meilleur ». Pour cette raison, on présente souvent Weber comme un apôtre de la bureaucratie en tant que meilleur type d'organisation. C'est totalement faux. Weber considérait avec scepticisme les mérites de la bureaucratie et ne voulait pas du tout voir employer le concept de cette façon. Une des principales raisons de cette erreur d'interprétation, c'est que la publication des travaux de Weber en anglais a suivi la publication et la popularisation des ouvrages de théoriciens de l'école classique qui, eux, soutenaient que l'approche bureaucratique de l'organisation était la meilleure. Bien que Weber ne partageât pas cette idée, beaucoup de théoriciens de l'organisation ont associé son œuvre à l'école classique. Ils ont interprété sa théorie de la bureaucratie et son emploi de la notion de type idéal en fonction de la lecture qu'ils faisaient des théoriciens de l'école classique. Le résultat, c'est que l'on envisage la portée et le sens véritables de son œuvre sous un angle tout à fait faux. Et, ce qui est encore plus grave, on a complètement laissé de côté le fait qu'il envisageait l'organisation comme un processus de domination (voir chapitre 9). Il a servi, plus souvent qu'à son tour, d'«homme de paille» — de porte-parole du mode bureaucratique d'organisation — dont il faut se débarrasser à mesure que l'on construit des théories qui transcendent les limitations bien connues de la bureaucratie. Malheureusement pour la sociologie de l'école de Weber, certains de ses interprètes les plus positifs et les plus justes, comme Robert K. Merton (1968a), s'attardent sur les dysfonctions du modèle bureaucratique d'une manière qui renforce involontairement les fausses interprétations de la position de Weber à ce propos. Burrell et Morgan (1979) traitent de façon approfondie de son œuvre et des implications qu'elle peut avoir pour la théorie de l'organisation.

Stinchcombe (1965) propose des idées intéressantes sur la façon dont le mode d'organisation bureaucratique apparaît en même temps que la mécanisation de l'industrie et la révolution industrielle. George (1972) fait une analyse très complète de l'histoire de la gestion depuis la préhistoire, et présente, entre autres, une étude intéressante des auteurs qui ont posé les fondements des théories de la gestion scientifique et de l'école classique. Il vaut la peine de lire Adam Smith (1776) et Charles Babbage (1832), car leurs travaux sont des classiques de la révolution industrielle.

L'école classique. De tous les ouvrages des théoriciens de l'école classique, ceux de Fayol (1970), de Mooney et Reiley (1931) et de Gulick et Urwick (1937) ont eu le plus d'influence. Chacun illustre comment la théorie de l'école classique est essentiellement une théorie de la conception de machines. Des ouvrages plus récents, comme celui de Koontz et O'Donnell (1955), montrent comment ces idées ont pu survivre jusqu'à nos jours et être réinterprétées dans le contexte de la gestion par objectifs, de la rationalisation des choix budgétaires, des systèmes d'information organisationnels et d'autres encore. Il vaut la peine de connaître les travaux de Peter Drucker (1954), sur la gestion par objectifs, qui tiennent bien davantage compte de la participation que ce n'est généralement le cas.

La gestion scientifique. C'est Taylor (1911) qui formule les principes de la gestion scientifique. On trouvera d'importantes précisions sur l'homme et ses idées dans les biographies que lui ont consacrées Copley (1923) et Kakar (1970). Taylor y apparaît comme un homme doté d'une vision obsessionnelle qu'il était déterminé à faire triompher à n'importe quel prix.

Nous avons traité de tout cela au chapitre 7. Il s'est créé un véritable folklore autour de Taylor et du taylorisme, de sorte que l'on
confond souvent les faits et l'invention, ce qu'il ne faut jamais
oublier quand on lit les ouvrages de Taylor. Comme le montrent
Wrege et Perroni (1974), Taylor lui-même semble avoir eu ce que
l'on pourrait appeler une imagination débordante, inventant des
histoires compliquées qui n'ont que peu de ressemblance avec
d'autres comptes rendus des mêmes situations. Malgré ces inventions, on ne peut nier la réalité des conséquences qu'ont eues les
idées de Taylor. Braverman (1974) et Worthy (1959) ont fait d'excellentes critiques de la nature et de l'importance du taylorisme en
gestion industrielle, tant pour les États-Unis que pour l'Union
soviétique.

On trouvera dans l'ouvrage de Frank Gilbreth, intitulé *Motion
Study* (1911), le compte rendu des travaux de pionniers qu'ont effectués les Gilbreth sur le mouvement humain à l'usine. L'impact de
la gestion scientifique sur l'ingénierie industrielle, la psychologie
industrielle, l'ergonomie moderne et les études sur le travail se
trouve mentionné dans presque tous les ouvrages modernes portant sur la gestion industrielle. Il est bon de remarquer au passage
que si les travaux de tous ces théoriciens renvoient à une vision
mécaniste des organisations très homogène du point de vue des
principes, ils sont parfois en désaccord à propos de détails. Par
exemple le principe de l'unité du commandement, émis par Fayol,
ne s'accorde pas avec l'idée de contremaîtres fonctionnels proposée par Taylor. En effet, celle-ci va à l'encontre du principe de l'unité
de commandement voulant que chaque employé n'ait qu'un patron.

**L'organisation mécaniste en prati-
que.** Les faits concernant l'introduction de la chaîne de montage
par Henry Ford proviennent de Sward (1948). Il nous donne un
excellent historique de ce système de production. Les renseignements sur l'usine de GM à Lordstown et celle de Ford à Wixom
proviennent d'Aronowitz (1973). Hailey (1971) et Frost, Mitchell
et Nord (1982) offrent également d'intéressants récits ethnographi-
ques d'expériences de travail qui ont eu lieu dans des situations
semblables.

Les problèmes auxquels doivent faire face les organisations mécanistes lorsque les circonstances changent sont étudiés dans l'ouvrage
classique de Burns et Stalker (1961) et dans l'analyse que fait Kanter (1983) des problèmes des entreprises américaines modernes.

March et Simon (1958) et Merton (1968a, 1968b) se sont penchés
sur certains des aspects dysfonctionnels des bureaucraties.

Les problèmes d'ordre humain qui surviennent dans les organisations bureaucratiques ont été étudiés par Argyris (1957) et de nombreux autres auteurs qui s'y sont intéressés sous l'angle de la psychologie de l'organisation.

Karl Mannheim (1940) a traité de la différence entre rationalité fonctionnelle (instrumentale-bureaucratique) et substantielle.

La citation du sage chinois Zhuang-zi est empruntée à Heisenberg (1958).

La métaphore de la machine dans la francophonie. Parmi l'ensemble des systèmes de représentation du réel, le mécanisme occupe une place centrale dans la pensée d'expression française. C'est en particulier à Descartes (1988), pour lequel « l'univers est une machine où il n'y a rien du tout à considérer que les figures et les mouvements de ses parties » (Boirel, 1982 : 19), que l'on doit les fondements du mécanisme contemporain, qualifié de « cartésien » ou de « géométrique ». Cette conception du mécanisme consiste à « faire reposer tout phénomène, qu'il soit physique ou biologique, sur des mécanismes de production ou d'évolution ; autrement dit à le faire dépendre en définitive d'un système de poussée analogue à celui qui commande les mouvements d'une machine » (Boirel 1982 : 16). Elle se distingue du mécanisme d'inspiration atomistique, proposé par Leucippe, Démocrite et Épicure, pour qui le principe de constitution du réel est l'existence de chocs aléatoires entre atomes, ce dont témoigne aussi l'œuvre de Gassendi (1647), contemporain et ami de Descartes.

Plusieurs philosophes ont partagé cette représentation mécaniste de la réalité, notamment Malebranche (1965-1967), disciple de Descartes, et Mersenne (1969), ami de ce dernier et considéré comme le « secrétaire de l'Europe savante ». Les conceptions mécanistes de Newton seront diffusées par Saint-Simon (1966) dans l'*Introduction aux travaux scientifiques du XIXᵉ siècle* (1807-1808), Saint-Simon qui, dans *L'industrie* (1817-1818), *Du Système industriel* (1821) et *Le Catéchisme des industriels* (1823-1824), se fait le chantre d'un certain machinisme industriel en même temps qu'il ouvre la voie à une représentation mécaniste du social que l'œuvre d'Auguste Comte (1848) consacrera. Tenu pour le fondateur de la sociologie, celui-ci propose une représentation de la société en tant que physique sociale, s'inspirant en cela de l'œuvre de Montesquieu et de Condorcet.

De la philosophie, le mécanisme s'est étendu aux différentes sciences. Dans les sciences de la nature, il acquiert sa crédibilité avec les travaux de Galilée et de Newton, dont l'influence s'exercera sur Ampère (1827), Lavoisier (1893) et Laplace (1983). Le mécanisme

pénètre également les sciences de la vie, en particulier, la médecine. À la suite du *Traité de l'homme* (1988), où Descartes applique
le mécanisme aux phénomènes biologiques, La Mettrie expose une
représentation mécaniste de l'humain dans *L'homme machine* (1948).
Le mécanisme se fraie un chemin dans les sciences du social, en
psychologie notamment, où sous l'impulsion de Pavlov, Watson
et Skinner, le courant behavioriste réduit l'action à des comportements qui reposent sur des réflexes conditionnés et sur un jeu de
stimuli-réponses.

Dès sa fondation, la sociologie est marquée par le projet de Comte
de constituer une « physique sociale », ce dont atteste l'œuvre de
Durkheim (1893, 1894 et 1897). En économique, Cournot (1838) et
Walras (1938), parmi les fondateurs de la discipline, puisent leur
inspiration dans les exemples mécanistes de la nature, en particulier dans la théorie cinétique des gaz et la thermodynamique, pour
établir une théorie mécaniste de l'économie. En anthropologie, le
structuralisme de Lévi-Strauss (1949, 1955, 1958 et 1973), qui dissimule l'action des personnes au profit des structures profondes du
social, a involontairement contribué à affirmer la représentation
mécaniste du social et à relancer le mécanisme géométrique issu
de Descartes.

Dans le domaine des sciences de l'administration d'expression
française, Bonnin (1812), Hauriou (1921), Chardon (1911) et Fayol
(1970) apparaissent comme les pionniers de la discipline (Chevallier et Loschak, 1978, 1980). Alors que les trois premiers, suivant
en cela la tradition française, se sont surtout intéressés au droit administratif et aux problèmes d'administration publique, Fayol s'est
penché sur l'administration des affaires. Mais qu'il s'agisse de
l'administration publique ou privée, la vision mécaniste a prévalu
et elle persiste encore actuellement, comme en témoignent nombre d'ouvrages récents sur l'administration, tels que Laurin (1973),
Crener et Monteil (1979), Enrègle et Thiétart (1984) et Miller (1989).

La praxéologie, conçue comme la discipline de l'action rationnelle, contribue pour sa part à perpétuer une vision mécaniste des
organisations et de leur gestion en prenant appui sur les travaux
de l'économiste von Mises (1985), du logicien Kotarbinski (1965)
et du philosophe Espinas (1897), ainsi que sur ceux des théoriciens
classiques en gestion tels que Fayol (1970), Taylor (1965) et Barnard
(1938) (voir Daval, 1981).

Certains ouvrages qui traitent de la constitution de la technologie font également ressortir l'influence du mécanisme, en particulier ceux qui portent sur l'histoire des techniques, de Daumas (1968,

1981), Gille (1978) et Russo (1986). Sous l'angle de la philosophie de la technique, on consultera avec intérêt les écrits de Simondon (1958), Schuhl (1969), Ladrière (1977), Beaume (1980), Brun (1986) et Goffi (1988). Les recherches en philosophie des sciences, particulièrement celles de Bachelard (1934, 1938, 1949), et en histoire des sciences, celles de Daumas (1957) et de Koyré (1966, 1968, 1973), permettent enfin d'envisager la question du mécanisme sous l'angle de l'épistémologie.

Du point de vue de la paléontologie, l'œuvre de Leroi-Gourhan (1943, 1945, 1964, 1965, 1983) permet de mettre en relation la construction de la représentation mécaniste des organisations avec l'évolution de l'être humain depuis ses plus lointaines origines.

On aurait intérêt à consulter des auteurs tels qu'Ellul (1954, 1977) qui a fait une intéressante analyse critique du phénomène de la technique et du système technicien, de même qu'Attali (1979, 1982) sur l'évolution de la notion de temps et sur «l'ordre cannibale», où il montre comment la technique en est arrivée à occuper une place centrale dans les systèmes de représentation de la médecine et du temps. Il faut mentionner les ouvrages traitant de l'organisation bureaucratique, en particulier ceux de Crozier (1963, 1965, 1970, 1974), Grémion (1976) et Lefort (1979). En sociologie du travail, les œuvres de Friedmann (1950, 1964), Durand (1978), Gorz (1973, 1988), Linhart (1978), Montmollin (1981) et Sainsaulieu (1973, 1977, 1987) évaluent les effets dévastateurs de l'organisation mécaniste du travail sur les personnes. On y trouve en particulier une critique vigoureuse du taylorisme.

En conclusion, la réflexion sur le mécanisme en sciences du social doit être replacée dans le cadre général de l'instrumentalisme. À cet égard, on peut se référer au manifeste du *Mouvement antiutilitariste dans les sciences sociales* (M.A.U.S.S.) qu'a écrit Caillé (1989).

---

3. La métaphore de l'organisme

La biologie est une science vouée à l'étude et l'explication du fonctionnement organique. Elle englobe l'anatomie et la physiologie des êtres vivants et étudie les modes et conditions de leur survivance, de leur reproduction, de leur développement et de leur disparition. La biologie classifie les organismes vitaux en espèces, détermine leur habitat, leur ascendance, leur évolution et les changements qui la ponctuent. Peut-on trouver meilleure description de la théorie de l'organisation depuis les années 50 ?

Biologie et théorie du social. La pensée biologique a influencé les théories du social et celles de l'organisation dès le XIXe siècle grâce aux travaux de Spencer (1873, 1876, 1884), de Durkheim (1893, 1894, 1897) et de Radcliffe-Brown (1952). Ce sont là les ouvrages de base qui sont à l'origine d'une école de pensée sociologique très puissante, connue sous le nom de structuro-fonctionnalisme, qui doit beaucoup aux travaux de Talcott Parsons (1951), en particulier dans les années 50 et 60. On trouvera une étude approfondie de cette école et de son importance pour la théorie de l'organisation dans Burrell et Morgan (1979). Nisbet (1969) et Pepper (1942) traitent de l'impact de la pensée dite organique dans une optique plus générale.

Les « besoins » de l'individu et ceux de l'organisation. L'influence de la métaphore de l'organisme sur l'analyse des « besoins » de l'individu et ceux des organisations est mise en relief dans les comptes rendus des études menées à l'usine Hawthorne (Roethlisberger et Dickson, 1939 ; Mayo, 1933) et dans les ouvrages de Maslow (1943), Argyris (1957, 1964), Alderfer (1969, 1972), McGregor (1960) et Herzberg *et al.* (1959). De plus, Trist (1982), Trist et Bamforth (1951), Trist *et al.* (1963) et Rice (1958) offrent de bonnes études sur les travaux du Tavistock Institute et sur l'évolution du mouvement des systèmes sociotechniques. On trouvera quelques exemples de la façon dont la perspective sociotechnique peut s'adapter aux théories sur la direction et sur les comportements de groupe chez Blake et Mouton (1964) et chez Bales (1950).

Théorie des systèmes ouverts. C'est von Bertalanffy (1950, 1968) qui, avec beaucoup d'autres, a élaboré le concept de « système ouvert » en partant de principes biologiques. J.G. Miller (1977), dans son énorme ouvrage sur les « systèmes vivants », donne une excellente vue d'ensemble de la question sous tous ses angles. Boulding (1956a) illustre très bien la façon dont la théorie des systèmes peut s'appliquer à différents niveaux de système qui dépassent ceux de l'organisme biologique. Presque n'importe quoi peut être défini comme un système si on en détermine les frontières, ce qui permet d'utiliser la théorie des systèmes en psychologie, en psychologie sociale et pour l'étude des organisations et des sociétés. Il s'agit là d'une approche souple qui se prête à toute une gamme d'interprétations. Si l'on veut savoir comment la théorie des systèmes peut s'appliquer à l'étude des organisations, par exemple, on peut se reporter aux travaux de Katz et Kahn (1978), de Kast et Rosenzweig (1973) et de Beer (1980). Emery (1969) présente une excellente vue d'ensemble des concepts relatifs aux systèmes ouverts.

Au début, les perspectives qui insistaient sur l'équilibre et sur l'homéostasie ont fortement influencé le développement de la théorie des systèmes. Plus récemment, toutefois, on a accordé beaucoup plus d'attention à l'analyse de l'instabilité. On peut voir, par exemple, Maruyama (1963), Prigogine (1978), Prigogine et Stengers (1984), ainsi que les références sur l'autopoïèse qui se trouvent dans les présentes notes à propos du chapitre 8. Ces nouvelles idées ont complètement renouvelé la réflexion sur les systèmes, et cette dernière offre de nouvelles possibilités passionnantes.

Théorie de la contingence. Burrell et Morgan (1979) décrivent à grands traits l'histoire de l'approche de la contingence pour l'analyse des organisations. Les travaux les plus importants sont le fait de Burns et Stalker (1961), de Woodward (1965) et de Lawrence et Lorsch (1967a, 1967b). Miles (1980) donne une excellente vue générale des implications de la théorie de la contingence par rapport aux choix que doivent faire les organisations. On trouvera des idées importantes sur la différenciation et sur l'intégration dans Lawrence et Lorsch (1967a, 1967b).

Galbraith (1971), Kingdon (1973), Davis et Lawrence (1977) et Kolodny (1981) traitent de façon intéressante des organisations matricielles.

Le recours à la théorie de la contingence est très populaire et le développement organisationnel a pris des formes diverses. Leavitt (1964), Kast et Rosenzweig (1973) et Nadler et Tushman (1977) en donnent des exemples dans leurs travaux. L'approche utilisée dans le présent ouvrage développe le modèle élaboré par Burrell et Morgan (1979).

Bennis (1966) et Levinson (1972) fournissent de bons exemples de la façon dont le concept général de santé de l'organisation soustend la théorie et la pratique du développement organisationnel.

De plus en plus de chercheurs essaient de répertorier les différents styles d'organisation et de faire apparaître leurs caractéristiques distinctives sur le plan organisationnel. Signalons, entre autres, Mintzberg (1979), McKelvey (1982a, 1982b) et Miller et Friesen (1984). On trouvera ci-dessous une idée générale des efforts qui ont été déployés pour classifier diverses caractéristiques des organisations :

Environnement : On a pu déceler un certain nombre de caractéristiques clés, dont le degré de stabilité ou de changement, l'homogénéité par rapport à l'hétérogénéité, la connectivité entre les éléments, l'abondance ou la rareté des ressources fondamentales, les modèles de propriété des ressources, la concurrence, l'interdépendance symétrique ou asymétrique, les conditions politiques, juridiques, techniques, économiques, sociales et celles du marché. L'instabilité, l'incertitude, la dépendance vis-à-vis des ressources et les traits contextuels particuliers ont attiré l'attention de beaucoup d'auteurs, dont Dill (1958), Emery et Trist (1965), Hall (1982), Lawrence et Lorsch (1967a, 1967b), Pfeffer et Salancik (1978), Scott (1981) et Thompson (1967).

Industrie : Les classifications des industries élaborées par le gouvernement (par exemple l'Office of Management and Budget des États-Unis) offrent des moyens détaillés de distinguer entre les organisations publiques, privées et bénévoles, les services, les organisations de transformation ou de vente au détail, qui sont toutes répertoriées par secteur industriel et par produit fabriqué (voir Office of Management and Budget, 1972, Scott, 1981).

Stratégie : Les organisations peuvent être classifiées en fonction de la stratégie qu'elles adoptent. Miles et Snow (1978), par exemple, font la distinction entre les organisations qui réagissent, celles qui défendent, celles qui analysent et celles qui prospectent, tandis que Miller et Friesen (1984) et Emery et Trist (1965) proposent d'autres modèles de stratégie.

Structure : On peut aussi classifier les organisations selon que leur structure est d'ordre bureaucratique et mécaniste, organique, matricielle, fonctionnelle, divisée en fonction de leur source d'autorité, de leur importance et de leurs résultats à divers types de mesures (voir Burns et Stalker, 1961 ; Chandler, 1962 ; Davis et Lawrence, 1977 ; Hall, 1982 ; Mintzberg, 1979 ; Pugh, Hickson et Hinings, 1969 ; Weber, 1947).

Technique : La technique principale d'une organisation peut servir à expliquer un grand nombre de ses caractéristiques. Parmi les classifications de ce genre, citons celles qui font des distinctions entre fabrication en série, production continue et production à l'unité ou en petits lots (Woodward, 1965), selon la complexité des procédés de travail et la possibilité de les analyser (Perrow, 1967), ou selon les techniques relatives aux opérations, au savoir ou à l'information et aux matières (Hickson, Pugh et Pheysey, 1969), l'interdépendance des tâches (Thompson, 1967) et le stade d'évolution technique (McKelvey et Aldrich, 1983).

Engagement du personnel : Il est possible de classifier les organisations selon les rapports qui s'établissent entre elles et leur personnel. Ceci est lié de façon très étroite au type de motivation choisi et à l'emploi que l'on fait du pouvoir. Etzioni (1961), par exemple, distingue entre les organisations coercitives, utilitaires et normatives (autrement dit, entre prisons, entreprises et églises), fondées sur un engagement aliénant, profitable ou moral.

Principal bénéficiaire : La typologie « *Cui bono ?* », élaborée en 1962 par Blau et Scott, insiste avant tout sur le principal bénéficiaire. Ils estiment que, dans une organisation, diverses caractéristiques sont liées au mode de contrôle et au mode de distribution des récompenses qui prévalent dans l'organisation. Ils font une distinction entre les associations à bénéfice mutuel, les affaires, les services publics et les organisations vouées au bien public ; dans ces différentes organisations, les principaux bénéficiaires sont respectivement les membres ordinaires, les propriétaires et gestionnaires, les clients et le public en général.

Configurations empiriques : On peut également classifier les organisations selon la façon dont les diverses variables se combinent pour former des configurations, des modèles ou des archétypes (Miller et Mintzberg, 1983). Pour cerner ces configurations, on peut procéder à des études de cas ou à des enquêtes dans le plus grand nombre possible d'organisations, afin de déceler les modèles qui émergent. McKelvey (1982a, 1982b), Mintzberg (1979), Miller et Friesen (1984), Pinder et Moore (1978) et Pugh, Hickson et Hinings (1969) donnent de bons exemples de ce type d'approche.

Écologie des populations. Les principaux travaux qui portent sur les organisations abordées sous l'angle de l'écologie des populations sont dus à Aldrich (1979), à McKelvey et Aldrich (1983), à Hannan et Freeman (1977) et à Freeman et Hannan (1983). Ils ont puisé dans les idées de Hawley (1968) sur l'écologie humaine et de Campbell (1969), qui a introduit le modèle de la variété-sélection-rétention dans les sciences du social. Pfeffer et Salancik (1978) ont élaboré des idées similaires avec leur conception d'une organisation qui dépend des ressources dont elle a besoin, conception qui a des liens étroits avec l'approche de l'écologie des populations. Kimberley et Miles (1980) et Freeman (1982) ont émis des idées intéressantes sur le cycle de vie des organisations, en suivant de près leur naissance, leur croissance, leur développement et finalement leur déclin. Pennings (1982) s'est intéressé au « taux de natalité » des organisations.

Le débat entre écologistes des populations et théoriciens de la contingence est bien résumé par Astley et Van de Ven (1983) et par Lawrence et Dyer (1982). **Écologie des organisations – la création d'avenirs communs.** On trouvera les travaux d'Eric Trist sur l'écologie des organisations dans Trist (1976, 1979, 1983) et Emery et Trist (1973). Sous l'angle épistémologique, il existe des relations étroites entre le point de vue de Trist et la théorie de la coévolution de Bateson (1972, 1979). Il existe de plus amples références dans mes notes concernant le chapitre 8, à propos de l'autopoïèse et de la « sagesse systémique ». On trouvera les idées de Kenneth Boulding, qui estime que l'évolution met en jeu la « survivance de celui qui se rend apte à survivre », dans Boulding (1981). Les premiers travaux de Kropotkin (1903) sur les rapports entre évolution et assistance mutuelle sont importants et fournissent un contrepoids fort intéressant aux interprétations de Darwin, qui insiste sur le rôle de la concurrence dans l'évolution sociale. Les conséquences de l'idée que les organisations peuvent évoluer grâce à la collaboration autant que grâce à la concurrence ont été traitées par Astley (1984), Astley et Fombrun (1983), Fombrun et Astley (1983) et Van de Ven et Astley (1981). On peut également consulter Vickers (1983). **La métaphore de l'organisme dans la francophonie.** Alors que la métaphore de la machine se fonde sur la physique, la métaphore de l'organisme trouve ses antécédents dans la biologie. L'influence de cette discipline dans les sciences du social d'expression française revêt plusieurs aspects. L'un d'eux consiste à réfléchir sur la condition humaine et sur la société à partir de la biologie. On le trouve chez des biologistes ou des généticiens tels que Rostand (1950, 1956, 1959, 1962), Jacob (1970, 1981), Monod (1970), Laborit (1970, 1971, 1974, 1976), Jacquard (1978) et Ruffié (1976, 1982).

L'influence de la biologie se révèle aussi dans l'emprunt de concepts, notamment ceux de système avec Rosnay (1975), Le Moigne (1977), Walliser (1977) et Durand (1979), de fonction avec Boudon (1967a), de sélection avec Herland et Gutsatz (1987) et Veuille (1987), d'organisme avec Schlanger (1971) et Gaill (1987). Les concepts connexes d'adaptation, d'évolution et d'environnement se rencontrent également.

Une autre manifestation de l'influence de la biologie se décèle dans le recours à certaines méthodes qui ont fait son succès, en particulier la taxinomie, qui est la science de la classification. Sur les méthodes de classification en sciences du social, on se référera à Boudon (1967b).

Enfin, comme le montre Buican (1987), de nombreux chercheurs se sont largement inspirés des théories propres à la biologie, dont le darwinisme, le néo-darwinisme et la théorie « synthétique » de l'évolution.

Des traces de chacune de ces formes d'influence se remarquent dans le champ des sciences de l'administration. S'inscrivant dans une perspective biologique, Chanlat et Dufour (1985) présentent des considérations philosophiques sur la condition humaine dans les organisations et sur la constitution des théories en administration. L'emprunt de concepts a, pour sa part, conduit à représenter l'organisation à partir des concepts de fonction, besoin et objectif. Sur le fonctionnalisme, on consultera Séguin et Chanlat (1983), Chanlat et Séguin (1987), et Friedberg (1988). La métaphore de l'organisme a également incité certains auteurs à concevoir l'organisation comme un système ouvert sur l'environnement avec Mélèse (1968, 1972), Crozier et Friedberg (1977), Boisvert (1980a), Peaucelle (1981) et Harlé et Jouanneault (1983). À partir de l'idée de taxinomie, Boisvert (1980b) et Miller (1989) dressent un classement des organisations selon les types de stratégie, de structure, de technique, de mode de propriété et d'environnement. Enfin, chez ceux et celles qui s'intéressent à la stratégie d'entreprise, des chercheurs tels qu'Allaire et Firsirotu (1982, 1984), Hafsi (1985) et Thiétart (1987), qui conçoivent les rapports de concurrence entre les entreprises comme une lutte pour la survivance, lutte mettant en jeu des mécanismes de sélection et d'adaptation à l'environnement, s'inspirent en partie d'une certaine interprétation du darwinisme.

4. La métaphore du cerveau

Des cerveaux qui étudient des cerveaux ! L'étude du cerveau pose un problème unique en son genre du point de vue de la réflexivité et de la construction du savoir, puisque nous devons nous servir du cerveau pour comprendre le cerveau. Il n'est donc pas étonnant que, dans ce processus, les chercheurs aient fait appel à un grand nombre de métaphores différentes afin de trouver les images qui les aideraient à comprendre cette partie très complexe de notre anatomie. Mon analyse, dans le chapitre 4, fait appel aux travaux de Begley et Sawhill (1983), de Burns (1968), de Pribram (1971, 1976) et de Taylor (1979). J'ai trouvé chez

Wilber (1982) et Ferguson (1980) des textes intéressants sur le caractère holographique du cerveau. Charles Hampden-Turner (1981) décrit de façon remarquable les diverses métaphores qui ont permis d'élaborer des théories de l'esprit, qu'elles soient l'œuvre de scientifiques ou d'intellectuels qui s'intéressent aux phénomènes sociaux.

Les découvertes concernant la division du cerveau en deux hémisphères, auxquelles ont abouti les recherches de Roger Sperry (1968, 1969) et de quelques autres, ont incité beaucoup de chercheurs à mieux comprendre les conséquences du fonctionnement de l'hémisphère droit, créateur, et du gauche, analytique (par exemple, Mintzberg, 1976 ; Taggart et Robey, 1981). La spécialisation des fonctions de chaque hémisphère est importante, mais on ne doit cependant pas sous-estimer leur degré d'interconnectivité. Pour bien mettre cela en valeur, il faut noter que certains scientifiques estiment qu'il peut y avoir davantage d'interconnexions dans un seul cerveau que d'atomes dans tout l'univers. En dépit de toutes nos théories, il faut bien se dire que le cerveau est d'une complexité extrême.

Le cerveau et l'organisation vus comme des systèmes de communication et de prise de décision. L'utilisation qu'on fait de la métaphore du cerveau en est encore à ses premiers balbutiements si on la compare avec la complexité et le mystère qui caractérisent la recherche moderne dans ce domaine. Alors que les gestionnaires reconnaissent depuis longtemps l'importance de bons systèmes de communication pour transmettre l'information pertinente là où on en a besoin, l'idée d'avoir recours à la métaphore du cerveau pour aborder l'organisation crée des possibilités nouvelles et passionnantes. Tandis que dans les théories de l'organisation traditionnelles, on a centré l'attention sur la façon dont les liens sont établis entre les diverses composantes d'une organisation, la métaphore du cerveau nous aide à comprendre qu'une organisation peut elle-même être considérée comme un système cognitif qui comprend à la fois une structure de pensée et un modèle d'action.

Nous nous sommes référés, au chapitre 4, aux importants travaux de Simon (1947) qui a amorcé ce type de recherche, et aux travaux de ses premiers collègues de la Carnegie-Mellon University : March et Simon (1958), Cyert et March (1963), et ceux qui leur ont emboîté le pas, Thompson (1967) et Galbraith (1974, 1977). Ces travaux exposent des idées intéressantes sur les processus de prise de décision dans l'organisation et sur la conception de cette dernière.

On trouvera une approche qui s'apparente à leur conception de la « rationalité limitée » dans les travaux d'un certain nombre de théoriciens de la prise de décision et de chercheurs qui se sont intéressés tout particulièrement au processus d'« incrémentalisme » (voir Braybrooke et Lindblom, 1963, et Lindblom, 1959 et 1968).

Depuis quelques années, James March, aujourd'hui à Stanford University, reproche au modèle de rationalité limitée de véhiculer une vision trop rationnelle de l'organisation. Il estime à présent que les organisations sont peut-être davantage des « anarchies organisées » et des « poubelles ». On trouvera une analyse de ces modèles d'organisation et de prise de décision chez Cohen, March et Olsen (1972), March (1981) et March et Olsen (1976).

Cybernétique. Wiener (1967), McCorduck (1979), McCulloch (1974) et Warrick (1980) fournissent une bonne introduction à la cybernétique ; on pourra ensuite lire avec profit certains ouvrages classiques, comme Wiener (1961), Ashby (1952, 1960) et Beer (1959, 1972). Les travaux de Buckley (1967, 1968), de Steinbruner (1974) et de Morgan (1982) contiennent une vue d'ensemble des concepts et des idées qu'il est bon de connaître à propos de la cybernétique.

Du point de vue de cette science, tout peut se comprendre sous l'angle de l'information. Ce n'est pas par hasard que le mot « information » contient le mot « forme » car, pour les cybernéticiens, la forme réside dans l'information ou dans la différence. Spencer-Brown (1969) a formulé les fondements mathématiques de cette proposition et Gregory Bateson en a clairement montré la logique (1972:317-318) dans l'idée qu'une unité d'information est une différence qui fait une différence. La capacité de répondre à la différence semble être fondamentale dans tous les systèmes. Nous le constatons en voyant le fonctionnement d'un thermostat et celui de systèmes plus complexes comme le cerveau humain. Les systèmes d'information tracent des différences, exactement comme une carte géographique se dresse à partir des différences entre l'eau et la terre, les degrés d'élévation et autres traits physiques du paysage ainsi représentés. L'information consiste en la communication de différences.

Le développement de la cybernétique et de la technique qui s'y rattache a grandement contribué à notre compréhension de la façon dont les systèmes apprennent. Les travaux de Pask (1961) et d'Ashby (1952, 1960) sur la nature de l'apprentissage sont également importants, ainsi que les recherches sur les principes de l'auto-organisation et de l'intelligence artificielle, comme ceux de von Foerster et Zopf (1962) et de McCorduck (1979). Bateson (1972) a mis au point le concept d'apprendre à apprendre.

Épistémologie cybernétique. Bien que la cybernétique soit considérée avant tout comme une technique permettant de concevoir des systèmes autorégulateurs, son idée fondamentale selon laquelle les systèmes, aussi bien dans la nature que dans le monde social, peuvent s'envisager comme des modèles d'information qui changent et se transforment a des conséquences épistémologiques importantes. Nous n'avons pas eu la possibilité de les aborder dans ce chapitre, mais elles conduisent à de passionnantes théories nouvelles sur la nature du contrôle, de la causalité et du processus d'évolution. Bateson (1972, 1979), Gadalla et Cooper (1978), Maruyama (1963), Morgan (1982, 1983b) et Wilden (1972) en traitent, ainsi que de la théorie cybernétique de la coévolution qui critique l'interprétation assez partiale et par trop matérialiste que Darwin fait de la nature. J'esquisse certaines des conséquences de l'épistémologie cybernétique au chapitre 8.

Apprendre et apprendre à apprendre. Un certain nombre de travaux concernant l'apprentissage organisationnel s'inspirent des recherches de Bateson (1972) et occupent une place importante dans celles d'Argyris et Schön (1974, 1978), d'Argyris (1982) et de Schön (1983). Ces travaux insistent sur l'importance de faciliter l'apprentissage en boucle double par le questionnement des hypothèses. Michael (1973) et Williams (1982) ont effectué des analyses approfondies du besoin d'apprentissage dans le processus de planification et ont précisé comment cela peut se faire. Les travaux ci-dessus accordent également une attention considérable aux obstacles à l'apprentissage qui résultent de beaucoup d'approches conventionnelles de l'organisation. Vickers (1965, 1972) a aussi insisté sur la sorte de questionnement qui représente le fondement d'un apprentissage efficace.

Stratégie cybernétique. Michael (1973) et Morgan (1983c) ont, chacun à leur manière, amené des arguments en faveur de l'élaboration d'une stratégie de type cybernétique fondée sur l'évitement des états nuisibles. Plus nous étudions ce principe, plus nous en arrivons à voir le rôle clé qu'il joue dans l'évolution de toutes sortes de formes. Quand nous parlons d'adaptation, nous faisons référence à l'absence de disjonction, c'est-à-dire à la suppression de ce qui ne va pas entre forme et contexte. Dans n'importe quel processus de conception, ce sont les éléments de disjonction qui attirent l'attention et qui exigent d'être corrigés. La conception évolue en général par l'élimination des états nuisibles et, comme l'a suggéré un architecte, Christopher Alexander (1964), une conception adéquate peut se définir par rapport à des variables de disjonction potentielle. La vision du produit final guide le processus, mais la forme particulière émerge en tant que conséquence d'actions correctrices qui éliminent les éléments indésirables.

Un grand nombre de décisions humaines évoluent de cette façon, en même temps que s'éliminent des états nuisibles. En effet, quand nous prenons des décisions, nous supprimons des modes d'action indésirables (le mot « décider » vient du latin *decidere* qui signifie « couper »). La décision « oui » implique toujours une série de « non ». De cette façon, et de quelques autres, le fait d'éviter les états nuisibles sous-tend une grande partie de la vie quotidienne. Nous évitons généralement ce qui est désagréable ou menaçant, en nous frayant un chemin vers l'avenir à travers l'espace restant. Notre sensibilité la plus fondamentale a donc souvent une qualité cybernétique dont nous ne sommes pas toujours conscients. La logique de la détermination de buts tend à éroder cette qualité en donnant une place prépondérante à un processus plus linéaire qui tente de redresser le chemin entre le présent et l'avenir.

Organisation holographique. À propos d'holographie, il vaut la peine de consulter Bentov (1977), Bohm (1978, 1980a, 1980b), et Wilber (1982). Comme dans le cas de la cybernétique, les principes techniques de l'holographie ont toutes sortes de conséquences épistémologiques. Par exemple, comme l'a suggéré Karl Pribram (dans Wilber, 1982), si nous considérons l'holographie comme un principe d'organisation fondamental et si nous reconnaissons que le cerveau a un caractère holographique, alors un petit pas en avant suffit pour se rendre compte que, peut-être, le monde est un hologramme. Cela fait sens, et si nous acceptons que le cerveau est holographique, il ne faut pas grand chose pour qu'émerge l'idée que le cerveau est un élément holographique d'un tout holographique. Les travaux de Bohm et de Pribram étudient cette possibilité et semblent ouvrir la voie à des modes de compréhension radicalement nouveaux (voir ce que nous en disons au chapitre 8).

Comme on pouvait s'y attendre, le gros des ouvrages concernant l'application de la métaphore de l'hologramme aux organisations reste à venir. Morgan et Ramirez (1984) montrent comment on peut utiliser la métaphore pour élaborer une stratégie d'« apprentissage de l'action » et pour créer des organisations dotées de caractéristiques holographiques. Morgan (1989) étudie le potentiel qu'offre la micro-informatique aux organisations de type holographique. Il existe de plus en plus d'ouvrages sur la robotique et sur les effets de la micro-informatique sur les lieux du travail (voir, entre autres, Birchall et Hammond, 1981, et Pava, 1983).

C'est à Emery (1969) que nous sommes redevables de l'importante distinction entre une conception de l'organisation fondée sur la redondance des parties et celle qui se fonde sur la redondance des fonctions. Le principe de la variété requise est traité dans les travaux d'Ashby (1952, 1960) et le principe de l'apprentissage de l'apprentissage dans celui de Bateson (1972). Le principe de la spécification critique minimale est dû à Herbst (1974).

On trouvera un exposé très complet sur les groupes de travail autonomes chez Herbst (1962) et chez Susman (1976).

La parabole de l'horloger vient de Simon (1962); Ashby (1952:192-204) étudie du même point de vue le rapport entre l'aléatoire et la stabilité. **La métaphore du cerveau dans la francophonie.** La métaphore du cerveau joue également un rôle très important chez les chercheurs d'expression française qui s'intéressent à la gestion. Présentées par Varela (1989a : 21) comme « la plus importante révolution conceptuelle et technologique depuis l'avènement de la physique atomique », les sciences de la cognition sont au cœur de la construction de cette métaphore. On trouve chez Andler (1987) et Sfez (1988), un survol général de la constitution de ces sciences.

Les sciences de la cognition prennent la forme d'un espace pluridisciplinaire où se côtoient plusieurs champs théoriques et techniques : un champ technologique, un champ épistémologique, un champ occupé par les neurosciences, un autre occupé par les sciences du social et le dernier, par les sciences de l'administration.

Le champ technologique comprend principalement les travaux en cybernétique, en théorie de l'information et en intelligence artificielle. Comme ouvrage d'introduction générale à la cybernétique écrit en langue française, on pourra consulter Couffignal (1958, 1963). Souvent associée à la cybernétique, la théorie de l'information ou, pour être plus précis, la théorie de la mesure de l'information, apparaît en 1948. Les recherches de son créateur sont consignées en français dans Shannon et Weaver (1975). Cette théorie sera reprise par le physicien français Brillouin (1956) qui en montre la pertinence pour la physique et auquel on doit le principe de néguentropie de l'information, et par le médecin et biologiste Atlan (1972, 1979), qui l'utilise pour comprendre l'organisation du vivant. S'appuyant à la fois sur la cybernétique et sur la théorie de l'information, l'intelligence artificielle émerge en 1956. On trouvera une introduction à celle-ci dans Skyvington (1976), Bonnet (1984), Demailly et Le Moigne (1986) et Haton et Haton (1989).

Le champ épistémologique comporte deux axes de réflexion. Parmi les auteurs qui dégagent les questions et les enjeux épistémologiques des sciences de la cognition ou de l'une de ses constituantes se trouvent Papert (1967) pour la cybernétique et Germain (1986) pour l'intelligence artificielle. Parmi ceux qui mettent en évidence la portée épistémologique générale des sciences de la cognition, signalons Piaget (1950, 1967, 1970), fondateur de l'épistémologie génétique, et Varela (1989a, 1989b), titulaire de la chaire d'épistémologie et des sciences cognitives de la Fondation de France, à l'École polytechnique de Paris.

Le champ des neurosciences comprend les travaux qui ont pour objets d'étude le cerveau et le système nerveux, et qui tentent de mettre au jour les rapports entre les phénomènes cognitifs et les mécanismes cérébraux et neuronaux. On se référera aux ouvrages de Jeannerod (1983), Changeux (1983) et Imbert (1987). On observe par ailleurs que les neurosciences se constituent en étroite relation avec le champ des sciences du social, comme en témoignent les recherches de Signoret (1987) en neuropsychologie, de Danchin (1987) sur les bases cérébrales du langage et de Meccacci (1987) sur les relations entre les mécanismes cérébraux et la culture.

Le pôle occupé par les sciences du social est particulièrement marqué par les recherches en psychologie, en sociologie et en linguistique. En psychologie, soulignons les recherches de Piaget (1936, 1937, 1961, 1964, 1972, 1980), fondateur de la psychologie génétique, dont l'objet d'étude est le développement de l'intelligence (voir Piaget et Inhelder, 1966, et Piaget, Mounoud et Bronckart, 1987) et qui a donné une orientation aux recherches relatives à la logique naturelle, comme en font foi les travaux de Grize (1982), Grize et Piéraut-le Bonniec (1983) et Borel, Grize et Miéville (1983). En sociologie, les recherches de l'Américain Cicourel (1979) sur le procès social de la cognition et celles de Jodelet (1989) sur les représentations sociales illustrent la contribution de cette discipline aux sciences de la cognition. En linguistique, les travaux de Ducrot et Todorov (1972) et Chauchard (1979) montrent les rapports entre le langage et la cognition. Dans son *Introduction critique* aux théories du langage, Bronckart (1983) ira jusqu'à parler des psycholinguistes chomskyens et piagétiens, ce qui montre bien la teneur des influences qui se sont exercées sur la psycholinguistique, science qui étudie les rapports entre langage et cognition. Sur ces deux principaux courants de la psycholinguistique, on se référera aux actes du colloque consignés dans Piattelli-Palmarini (1979).

Le champ des sciences de l'administration prend appui sur les précédents pour assurer, en partie, son développement, comme en témoignent les recherches de Nadeau et Landry (1986) sur les systèmes d'aide à la décision, de Le Moigne (1973), Landry (1975), Tardieu, Nanci et Pascot (1979), Tardieu, Rochfeld et Colletti (1983), Landry, Pascot et Ridjanovic (1990) sur les systèmes d'information organisationnels, de Le Moigne (1974), Bruyne (1981), Roy (1983) et Sfez (1976, 1984) sur la décision, de Landry (1978, 1983, 1985, 1987, 1988) sur la formulation et la résolution de problème et de Cossette (1988a, 1988b) sur la cartographie cognitive et l'organisation. Ce dernier prépare un ouvrage collectif intitulé *Cartographie cognitive et organisation*.

5. La métaphore de la culture

Pour ce qui est de la langue anglaise, la culture est un concept moderne, utilisé depuis 1871 seulement, d'abord en anthropologie puis plus largement en sciences du social pour désigner de façon générale une « civilisation » et un « héritage social ». Cette acception du mot n'apparaît dans un dictionnaire anglais qu'au début des années 20. [En français, l'utilisation du mot culture dans ce sens est également récent.] Son emploi en allemand remonte un peu plus loin ; il a fait son apparition vers 1800. L'emploi de plus en plus généralisé qu'on en fait en sciences du social a donné lieu à toutes sortes de définitions renvoyant à divers phénomènes de niveaux de généralité différents. Pourtant, le point de départ était celle de Tylor (1871), pour qui : « la culture, ou la civilisation... est ce tout complexe qui comprend savoir, croyances, art, droit, morale, coutumes, et tous les savoir-faire et habitudes acquis par l'être humain en tant que membre d'une société. » Kroeber et Kluckhohn (1952), dans leur ouvrage, devenu un classique, sur le sens et l'emploi de ce concept dans les sciences du social, disent avoir repéré près de 300 définitions et se livrent à une analyse détaillée de 164 d'entre elles.

Culture et organisation. Il existe de plus en plus d'ouvrages pertinents portant sur la façon dont on peut comprendre l'organisation comme un phénomène culturel. Durkheim (1934), Weber (1947), Parsons (1973) et Harris (1979) se sont livrés à d'excellentes analyses sociologiques. Les travaux de Durkheim (1934), en particulier, sont importants si l'on veut comprendre les rapports entre culture et industrialisation ; les articles publiés sous la direction de Kerr *et al.* (1964) étudient les similitudes structurelles qui existent entre toutes sortes de sociétés industrialisées. Sahlins (1972) nous aide à bien voir la nature distincte de la société moderne en la comparant à celle de l'âge de la pierre.

Les textes qui traitent des rapports entre organisation et culture dans une perspective interculturelle sont extrêmement nombreux. On peut citer entre autres Child (1981), Cole (1979), Webber (1969) et Lammers et Hickson (1979). Sur les rapports entre, d'un côté, la culture et, de l'autre, l'organisation et la gestion, on consultera Abeglen (1974), Austin (1976), Dore (1973), McMillan (1984), Vogel (1979) et Yoshino (1968, 1976). L'exposé qui en est fait au chapitre 5 du présent volume a ses sources chez Dore (1973), Ouchi (1981), Pascale et Athos (1981), Maruyama (1982), Sayle (1982) et Kamata (1983). L'histoire des travailleurs des usines Honda vient de Peters et Waterman (1982).

Mon analyse de la culture américaine s'inspire de l'analyse faite par Bateson (1972:88-106). Dans Peters et Waterman (1982), nous trouvons de nombreux exemples de la thèse de Bateson sur l'importance du comportement exhibitionniste dans la culture américaine. **Cultures et sous-cultures d'entreprise.** Un certain nombre de travaux récents mettent en relief la possibilité d'étudier les organisations comme des cultures, notamment Deal et Kennedy (1982), Frost *et al.* (1985), Handy (1978), Jelinek *et al.* (1983), Kilmann *et al.* (1985), Marshall et McLean (1985), Pascale et Athos (1981), Peters et Waterman (1982), Pondy *et al.* (1983), Schein (1985) et Smircich (1983a, 1983b et 1983c). Ces travaux fournissent une excellente idée de quelques-unes des plus récentes recherches dans ce domaine.

L'étude de cas portant sur une société d'assurances et qui figure dans ce chapitre est fondée sur Smircich (1983a, 1983b) et sur Smircich et Morgan (1982). Ouchi (1981), Peters et Waterman (1982) et Wilkins (1983) ont fourni les bases de l'étude de la culture d'entreprise de Hewlett-Packard ; l'exposé de la culture d'ITT sous Geneen provient des travaux de Sampson (1978) et de Deal et Kennedy (1982). Le portrait de celui qui gagne sans vraiment enfreindre les règles du jeu, tracé par Michael Maccoby, se trouve dans ses travaux de 1976.

À propos des contre-cultures ou sous-cultures organisationnelles, on peut consulter Turner (1971) et Martin et Siehl (1983). Sur les sous-cultures liées à l'emploi, voir Van Maanen et Barley (1984). On trouvera dans Whyte (1948) l'étude que ce dernier a faite des relations entre personnes de statut différent dans la restauration.

**Création de la réalité des organisa-
tions.** Garfinkel (1967) traite de la façon dont nous « accomplissons »
la réalité et Weick (1979), du concept d'enaction. Ces idées trouvent leurs racines dans une longue tradition de pensée sur le social,
qu'on associe le plus souvent aux recherches de James (1950), de
Wittgenstein (1958), de Schutz (1967) et de Berger et Luckmann
(1967). On trouvera un traitement intéressant de l'enaction de la
culture d'entreprise chez Louis (1983) et chez Smircich (1983a). Huff
(1982) et Smircich et Stubbart (1985) montrent comment les organisations enactent leur environnement, thème abordé une seconde
fois au chapitre 8. L'analyse que fait Sudnow de l'enaction des réalités dans le système judiciaire se trouve dans Sudnow (1965).

À propos de la façon dont le langage détermine la réalité de l'organisation, voir Bittner (1965), Evered (1983), Hummel (1977) et Silverman et Jones (1976). Hall (1959, 1960) a lui aussi attiré l'attention sur le « langage silencieux », non verbal, des formes et des
gestes.

Les ouvrages publiés sous la direction de Frost *et al.* (1985), de
Kilmann *et al.* (1985), de Pondy *et al.* (1983) et celui de Schein (1985)
contiennent de nombreuses illustrations de l'influence des histoires, sagas, légendes, rituels, cérémonies et autres éléments d'une
culture dans l'enaction de la réalité.

L'impact de la direction et des chefs de file sur la culture d'entreprise a été traité par Barnard (1938), Bennis et Nanus (1985), Peters
(1978), Peters et Waterman (1982), Selznick (1957), Schein (1985)
et Smircich et Morgan (1982). La notion de direction transforma-
tionnelle dont traite Burns (1978) est également importante. L'histoire à propos de Picasso se trouve dans Hampden-Turner (1981).

Les sources des parallèles tracés entre le recours à des techniques de gestion et la magie primitive sont Devons (1961), Gluckman (1972), ainsi qu'un texte non publié de Gimpl et Dakin (1983).

Meyer et Rowan (1977) se sont livrés à une analyse très fine du
rôle de la structure de l'organisation en tant que mythe et cérémonie.

L'histoire de la visite de l'Indien Kwakiutl à New York a été racon-
tée par Lévi-Strauss (1967) et par Turner (1983).

Dans ce chapitre, nous avons choisi d'adopter une interprétation très large de la métaphore de la culture. Beaucoup d'idées dont
il a été question soulèvent un ensemble de pistes de réflexion et
de recherche qu'il aurait valu la peine de traiter séparément. Par
exemple, à diverses reprises, nous avons fait référence à l'idée que
les activités d'une organisation peuvent se concevoir comme un langage, comme un jeu, comme un drame, une pièce de théâtre ou
même un texte. On trouvera une première esquisse de la façon dont

ces métaphores peuvent servir à l'analyse des organisations chez Morgan, Frost et Pondy (1983). Goffman (1959), Mangham (1978) et Mangham et Overington (1983) illustrent l'emploi de la métaphore de la dramaturgie.

La métaphore de la culture dans la francophonie. Chez les auteurs de langue française, l'étude de l'organisation comme réalité culturelle s'inscrit dans la mouvance des recherches qui ont été faites sur la question par des scientifiques de langue anglaise. Mais, alors que le courant anglo-saxon, et plus particulièrement sa composante américaine, se concentre sur l'étude et la promotion de la culture comme moyen de canaliser et de maîtriser les valeurs et les comportements des personnes dans l'entreprise, plusieurs auteurs de langue française ont fait valoir un point de vue plutôt critique sur la question de la culture d'entreprise et, plus globalement, des organisations. Deux numéros spéciaux de la *Revue française de gestion* (1984, 1985) et un numéro de la revue *Anthropologie et sociétés* (1986) tiennent lieu de références générales. On pourra également consulter les ouvrages de Bouchard (1980), Chanlat (1984) et Aktouf (1986a).

À côté des publications qui confèrent à la culture un caractère pragmatique, c'est-à-dire qui envisagent la culture d'entreprise comme un « outil » de gestion, par exemple, Archier et Sérieyx (1984, 1986), Lemaître (1984a, 1984b), Allaire et Firsirotu (1988), Firsirotu (1988), Abravanel *et al.* (1988), on trouve de nombreux ouvrages qui mettent en perspective, dans le domaine de la gestion, le concept de culture et les notions qui lui sont associées (mythes, rituels, symboles, etc.), ouvrages qui dénoncent à la fois l'emploi abusif de ces notions en gestion par rapport à ce qu'elles représentent dans leur contexte d'origine, l'anthropologie, l'esprit manipulateur dont il relève, et sa visée exclusivement instrumentale. Parmi ces ouvrages, notons : Sainsaulieu (1977, 1983a), Bosche (1984), Chanlat (1984), Normand (1984), Vallée (1985), Déseurmaux (1986), Nizard (1984), Aktouf (1986b, 1988b, 1989b), Amado (1987), Aktouf et Chrétien (1987), Symons (1988a) et Smucker (1988).

Quant à la question de l'interaction entre la culture de la société et l'organisation, on se référera à Bourdieu et Passeron (1970), Courdy (1979), Bourgoin (1984), Chanlat (1984), Kamdem (1986), Lussato et Méssadié (1986), Iribarne (1987) et Aktouf (1988a).

Enfin, l'étude de la culture des organisations dans une perspective transculturelle ou transnationale a été traitée, quoique à des degrés très divers, par Pagès (1979), Bourgoin (1984), Kamdem (1986), Aktouf (1986a, 1989b) et Iribarne (1987).

Il existe peu de travaux en langue française traitant de l'organisation comme entité pouvant abriter différentes sous-cultures. On pourra cependant consulter Linhart (1978), Bouchard (1980, 1985), Sainsaulieu (1983a), Chanlat (1984), Condominas (1985), Philibert (1985), Tixier (1986), Tripier (1986) et Aktouf (1986c, 1988b).

Dans les milieux de langue française, l'étude de la vie des organisations dans sa réalité quotidienne sous l'angle des phénomènes liés au langage et à la parole est plutôt récente. Citons les travaux de Girin (1982), Chanlat (1984) et Aktouf (1986c). Sainsaulieu (1983a) traite cette question du point de vue du lien entre l'identité du sujet et sa capacité d'interpellation, Bourdieu (1984) aborde le lien entre le pouvoir et la parole, et Vacquin (1986) l'influence des luttes de pouvoir sur les champs de signification dans les organisations. Enfin, notons qu'au printemps de 1989, le thème « Travail et pratiques langagières » a fait l'objet d'un colloque interdisciplinaire organisé par le CNRS - PIRTTEM, Université de Paris VII, dont les actes sont à paraître.

6. La métaphore du politique

Toute discussion du politique ou des systèmes politiques doit avant tout se référer à l'œuvre d'Aristote. Son idée que la politique est une façon de créer l'ordre est au centre de la pensée politique et montre comment la société peut éviter de tomber dans ce que Thomas Hobbes (1951) a décrit comme « la guerre de tous contre tous ». La plupart des philosophies politiques, que nous parlions de la diplomatie manipulatrice d'un Machiavel, de l'anarchisme d'un Proudhon (1969), de l'élitisme d'un Mosca (1939) ou du rationalisme d'un Popper (1945), sont, dans une très large mesure, avant tout soucieuses de trouver des solutions au « problème de l'ordre ». On peut consulter à peu près tous les ouvrages de science politique pour en savoir davantage sur l'évolution de la vision aristotélicienne (par exemple, Crick, 1964). Bottomore (1966) traite de façon très intéressante des rapports entre élites, démocratie et société, et de leur rôle général sur le plan politique.

L'organisation vue comme un système de gouvernement. Les politologues qui se sont penchés sur la signification et l'importance politique des organisations et sur les rapports entre les organisations et l'État s'intéressent aussi depuis longtemps aux liens entre modes d'organisation et systèmes de gouverne politique. C'est pourquoi la plupart des systèmes de direction des organisations dont il est question au chapitre 6 ont déjà été étudiés d'une manière ou de l'autre.

Par exemple, à propos de l'autocratie, voir Michels (1949) ; sur la bureaucratie, Weber (1947). Pour la technocratie, on peut se référer à Galbraith (1967), et pour les démocraties industrielles et l'auto-organisation, à Vanek (1975), Woodworth, Meek et Whyte (1985). L'approche allemande de la cogestion a été traitée par Agthe (1977), Bergmann (1975), Donahue (1976), Garson (1977), Mintzberg (1983) et Tivey (1978). À propos des différentes sortes de démocratie directe et représentative, voir Emery et Thorsrud (1969), Coates et Topham (1970) et Coates (1976, 1981a, 1981b). Beaucoup d'articles et d'ouvrages portant sur la démocratie industrielle attachent aussi une énorme importance à toutes ces questions, car un grand nombre de discussions entre dirigeants et travailleurs concernent le fait de savoir qui a le droit de commander et dans quelles circonstances (voir, par exemple, Fox, 1974). À propos de l'expérience de Lucas, voir Wainwright et Elliott (1982).

L'histoire concernant Henry Ford est tirée d'un numéro de *Business Week* publié en avril 1979. L'autobiographie de Lee Iacocca (1984) en confirme les détails et donne aussi d'intéressants exemples de la façon dont Henry Ford II a régné en souverain absolu sur la société Ford.

L'activité politique dans les organisations. L'idée de considérer les organisations du point de vue de l'activité politique de leurs membres a acquis une grande popularité depuis le début des années 60. On trouvera sur cette question des textes importants chez Burns (1961), Burns et Stalker (1961), Bower (1983), Crozier (1964), Jay (1967), March (1962), Murray et Gandz (1980), Pettigrew (1973) et Pfeffer (1978, 1981). L'idée que ces activités politiques renvoient aux rapports entre intérêt, conflit et pouvoir est présente, plus ou moins explicitement, dans tous ces articles et ouvrages. Presque tous ces ouvrages contiennent d'intéressantes notions sur la façon dont l'activité politique va de pair avec des intérêts individuels ou ceux d'un groupe.

Intérêt. Culbert et McDonough (1980) traitent de la façon dont l'intérêt personnel de chaque individu peut déterminer son comportement dans une organisation. Downs (1967), quant à lui, traite des types d'acteurs politiques que l'on trouve dans les organisations bureaucratiques : par exemple, les arrivistes, les conservateurs, les fanatiques, les partisans et les hommes d'État. On trouvera d'utiles exposés du rôle des groupes d'intérêts, des clans et des coalitions dans les organisations chez Bacharach et Lawler (1980), Cyert et March (1963), Dalton (1959), Pfeffer (1981), Tichy (1973) et Wildavsky (1964).

Conflit. Les travaux de Brown (1983), de Filley (1975), de Litterer (1966) et de Pondy (1964, 1967) portent sur le conflit dans les organisations. Une bonne partie des textes récents sur cette question font souvent appel aux idées sur les fonctions latentes du conflit social, que Coser (1956) a été le premier à élaborer. Ses travaux s'inspirent d'idées des sociologues Simmel (1950) et Merton (1968a). Burrell et Morgan (1979) ont étudié les origines et l'évolution des approches sociologiques de l'analyse du conflit, et leur impact sur les théories de l'organisation.

Dalton (1959), Morgan (1979), Crozier (1964), Pettigrew (1973), Lawrence et Lorsch (1967a, 1967b) se sont penchés sur la nature des conflits de rôles et des conflits entre services. Des études connexes, portant sur les conflits de rôles entre bureaucrates et spécialistes membres d'une profession figurent dans les travaux de Benson (1973), Corwin (1970) et Kornhauser (1963). Hofstede (1967), Pondy (1964) et Wildavsky (1964) ont travaillé sur les conflits liés à l'établissement des budgets et la répartition des ressources. C'est à Whyte (1955) que nous avons emprunté l'étude de cas portant sur les conflits liés à la détermination de normes de travail.

Pouvoir. L'étude du pouvoir remonte loin dans l'histoire de la science politique, et sa nature a fait l'objet de nombreux débats. La vision pluraliste du pouvoir repose sur les recherches de Dahl (1957), Emerson (1962) et Lasswell (1936) ; elles ont été reprises pour procéder à diverses analyses d'organisations par Bacharach et Lawler (1980), Blau (1964), Crozier (1964), Cumming (1981), French et Raven (1968), Korda (1975), Kotter (1977), Mintzberg (1983), Pfeffer (1978) et dans de nombreux recueils d'articles comme ceux d'Allen et Porter (1983). Le bien-fondé de la vision pluraliste a été remis en question par un certain nombre de critiques radicales, dont celles de Bachrach et Baratz (1962, 1970), Burrell et Morgan (1979), Clegg (1975, 1979), Giddens (1979, 1984) et Lukes (1974).

Les références suivantes permettront d'ajouter à ce que nous avons dit dans le chapitre 6 à propos des sources particulières de pouvoir. Sur l'autorité formelle, voir Weber (1947) et Mouzelis (1979). Sur le contrôle des ressources rares, voir Emerson (1962), Pfeffer et Salancik (1978) et Pfeffer (1981). À propos de l'utilisation de la structure et des règlements d'une organisation, consulter Crozier (1964), Hickson *et al.* (1971), Perrow (1979, 1984), Pettigrew

(1973) et Pfeffer (1978, 1981). Sur le contrôle des processus de prise de décision, voir Bachrach et Baratz (1962, 1970), Lukes (1974), March et Simon (1958), Perrow (1979) et Pettigrew (1973). Sur le contrôle des connaissances et de l'information, et sur l'utilisation du pouvoir des spécialistes et des « filtreurs » d'information, voir Crozier (1964), Easton (1965), Forester (1983), French et Raven (1968), Habermas (1970a, 1970b), Pettigrew (1973) et Wilensky (1967). Sur la gestion des frontières, voir Miller et Rice (1967), Thompson (1967) et Pfeffer (1981). Goffman (1967) traite des rituels d'évitement. Ce que je dis des tendances schismatiques dans les organisations et de la façon dont on peut gérer les frontières pour protéger l'autonomie des individus et des services vient de Morgan (1981), et l'idée de systèmes à couplage lâche, de Weick (1976). Sur la capacité de composer avec l'incertitude, voir Hickson *et al.* (1971), Thompson (1967) et Pfeffer (1981). Sur le contrôle des techniques, voir Crozier (1964) et Woodward (1965). Sur les alliances interpersonnelles, les réseaux et les coalitions, voir Pfeffer et Salancik (1978) et Pfeffer (1981). Kanter (1977) fournit des notions utiles sur le rôle des commanditaires, mentors et parrains. Des centaines de recherches, effectuées depuis la fin des études à l'usine Hawthorne (Roethlisberger et Dickson, 1939), ont montré le rôle et le pouvoir des organisations non formelles. À propos du contrôle des « contre-organisations », voir Galbraith (1962) sur le pouvoir compensatoire, ainsi que Fox (1974), Coates (1976, 1981a, 1981b) et Hyman (1975) sur le syndicalisme. Sur le symbolisme et la gestion de la signification, voir Edelman (1971, 1977), Habermas (1970a, 1970b), Pondy *et al.* (1983) et Smircich et Morgan (1982). Ce que nous disons dans le chapitre 6 à propos de la théâtralité et de la gestion de l'impression que l'on produit tire sa source des travaux de Goffman (1959). Carr (1968) et Maccoby (1976) traitent de façon intéressante de l'art de gagner sans vraiment enfreindre les règles dans les organisations. Sur la gestion des différences entre les sexes, voir Millett (1969), Kanter (1977) et Sheppard (1984). Sur les facteurs structurels qui déterminent le cadre de l'action, voir Bachrach et Baratz (1962, 1970), Clegg (1979), Giddens (1979, 1984), Gramsci (1971) et Lukes (1974). Nous étudions également ce thème en profondeur dans les chapitres 8 et 9 du présent ouvrage. Sur le pouvoir qui donne du pouvoir, voir Freire (1970).

Pluralisme. Sur les origines du pluralisme dans la pensée politique, voir Bentley (1908), Figgis (1913), Follett (1918), Laski (1917, 1919) et Maitland (1911). Le concept de pluralisme a été appliqué aux organisations de façons fort diverses, dont on traite en détail dans Burrell et Morgan (1979). On trouvera la distinction entre systèmes référentiels unitaire et pluraliste chez Ross (1958, 1969) et dans les importants ouvrages de Fox (1966, 1974). Fox (1974) et Burrell et Morgan (1979) traitent des implications du système référentiel radical.

L'approche pluraliste relative au conflit tire ses sources de Coser (1956) et a eu un impact important sur l'histoire de la sociologie et celle de la théorie de l'organisation. En ce qui concerne la théorie de l'organisation, on s'est surtout appliqué à étudier les fonctions du conflit social et les savoir-faire qu'exige la gestion du conflit : voir, par exemple, Brown (1983), Filley (1975), Robbins (1978) et Thomas (1976).

Mon analyse de la rationalité en tant que concept politique a bénéficié des travaux de Lucas (1983) et de Perrow (1979), ainsi que de l'avertissement donné par Silverman (1971) sur les dangers qu'occasionnerait une réification de l'organisation et de ses buts. Ma critique des organisations conçues comme des systèmes totalement intégrés, question également étudiée au chapitre 3, part des travaux de Gouldner (1973) et Morgan (1981), et des analyses sociologiques plus générales concernant les dysfonctions de la bureaucratie. Burrell et Morgan (1979 : 184-189) passent en revue ces travaux. Les rapports entre pouvoir, personnalité et motivation humaine ont été étudiés par Nietzsche (1976), Adler (1927), Horney (1942), Lips (1981), Nord (1978) et McClelland (1975). Le pouvoir envisagé sous l'angle de la manipulation et du jeu est traité dans des ouvrages comme ceux de Korda (1975) et de Kennedy (1980). Dans le chapitre 9, nous étudions d'autres ouvrages concernant la critique radicale du pluralisme.

La métaphore du politique dans la francophonie. Pour s'initier à la métaphore du politique chez les auteurs de langue française, et envisager l'analyse des organisations selon ces termes, il convient de consulter des auteurs de différentes disciplines qui ont abordé la question du politique.

En anthropologie, plusieurs recherches ont porté sur la question du politique dans les sociétés dites *primitives* ou *traditionnelles*. Certains chercheurs, comme Balandier (1967, 1971), posent les assises d'une véritable anthropologie politique, alors que d'autres, tels Clastre (1974) et Lapierre (1977), tout en contribuant à cet aspect de l'anthropologie, mettent davantage l'accent sur l'épineuse question de l'État et du politique dans les sociétés traditionnelles.

L'imposant traité de science politique de Burdeau (1966-1977) permet de faire un survol général des manières dont le politique est abordé dans cette discipline. Depuis une vingtaine d'années, Lemieux (1979, 1989) développe une perspective originale pour étudier la dimension structurelle du politique dans les organisations. En psychosociologie, le politique fait également l'objet d'études, mais sous l'angle de l'influence sociale. À ce propos, on consultera en particulier le livre de Montmollin (1977) et celui de Fischer (1987).

Par ailleurs, on pourra compléter son initiation à la question du politique en parcourant les différents niveaux d'objectivation où elle a été abordée, soit la société (Touraine, 1965, 1973 ; Poulantzas, 1968), les communautés locales (Grémion, 1969, 1976), les organisations (Crozier, 1963, 1965 ; Crozier et Friedberg, 1977 ; Larçon et Reitter, 1979 ; Adam et Reynaud, 1978 ; Friedberg, 1988 ; Sainsaulieu, 1973, 1977, 1987 ; Jarniou, 1981) et les groupes (Anzieu et Martin, 1982 ; Pagès, 1984 ; Maisonneuve, 1980).

7. La métaphore
de la prison du psychisme

L'idée que les gens peuvent créer des univers dont ils sont ensuite prisonniers est un thème populaire dans les domaines de la pensée sur le social et de la littérature. Shakespeare s'est penché sur le sujet dans *Othello*, Melville dans *Moby Dick* et les romans de Beckett (1958, 1965), de Camus (1946), de Kafka (1953, 1973) et de Sartre (1938, 1966) sont tous pénétrés de l'idée d'aliénation. Les idées présentées dans ces ouvrages et dans bien d'autres trouvent leur source dans une longue histoire de la pensée sur le social, qui remonte jusqu'à Platon. Aujourd'hui, ces idées recoivent une attention particulière grâce à des schèmes de pensée élaborés par Freud, Marx et bien d'autres dont les travaux forment ce que Burrell et Morgan (1979) ont appelé le paradigme humaniste radical.

Platon a été le premier à intellectualiser le triste sort des êtres humains prisonniers de leurs pensées et de leurs actions. Son allégorie de la caverne, que l'on trouve au livre VII de *La République*, nous a donné une image provocante qui a amené de nombreux penseurs à explorer les rapports entre l'illusion et la réalité. Les œuvres de Freud, de Jung, et celles d'autres « théoriciens critiques » ont élaboré une nouvelle manière de s'attaquer au problème fondamental, en reliant l'idée que les humains se trouvent pris au piège de leurs préoccupations, images, et idées avec la nécessité d'une critique radicale de cette situation. C'est là-dessus que repose l'essentiel de la tradition humaniste radicale, qui part du principe que les individus créent leur propre réalité, mais le font souvent selon des façons qui les emprisonnent et qui peuvent aller jusqu'à les aliéner. C'est en ce sens que l'image de la prison du psychisme radicalise un grand nombre des idées dont nous avons traité au chapitre 5 à propos de la culture, en suggérant que l'enaction, les accomplissements et les jeux du langage qui déterminent la vie quotidienne ont souvent des fins cachées, et peuvent être beaucoup plus contraignants et oppressants que l'on ne croirait habituellement.

Sur l'idéologie. Au début, j'avais pour but, en écrivant ce chapitre, d'étudier deux aspects de la prison du psychisme : l'un associé à l'inconscient, l'autre au rôle de l'idéologie. Mais la nécessité d'arriver à un chapitre de taille raisonnable m'a amené à m'en tenir à l'inconscient. La question de l'idéologie ne reçoit donc pas l'attention qu'elle mérite réellement. En effet, on peut parfaitement arguer que la métaphore de « l'organisation vue comme une idéologie » devrait être étudiée à part. Pour cela, nous devrions chercher à comprendre comment la vie de l'organisation reflète une construction de la réalité fondée sur le pouvoir, et comment les gens se prennent au piège d'idées qui servent des intérêts particuliers. De plus, il serait nécessaire de comprendre les liens idéologiques qui relient la vie organisationnelle à la vie sociale en général, et de focaliser sur le problème de l'aliénation humaine. Dans cette optique, une grande partie du travail de Karl Marx sur la théorie de l'aliénation serait pertinente, de même que les travaux de l'école de Francfort sur la « théorie critique ».

Ceux qui s'intéressent à ces questions auraient avantage à consulter Marx (1975), Marx et Engels (1846, 1848), Fromm (1961), McLellan (1973), Meszaros (1970) et Ollman (1976). Baxter (1982) offre une excellente présentation des théories contemporaines de l'aliénation et une très bonne bibliographie. Burrell et Morgan (1979), Jay (1973) et Held (1980) présentent les travaux de l'école de Francfort sur la théorie critique. Les membres de cette école (entre autres Horkheimer 1972 ; Horkheimer et Adornö, 1973) ont fait une vaste et importante critique des processus idéologiques qui emprisonnent les êtres humains dans des modes d'existence aliénants. Partant de l'idée qu'une société créée par l'homme domine ses membres, ils ont cherché à faire apparaître et à mettre en évidence la signification et l'importance politique de la culture en tant que réalité socialement construite, vue et ressentie comme concrète et « réelle » dans sa nature et dans ses effets.

Pièges cognitifs. En théorie de l'organisation, l'idée de remettre en question des façons de penser que l'on considère comme allant de soi prend de plus en plus de poids, surtout dans les travaux des théoriciens qui reconnaissent le rôle des paradigmes et des métaphores dans la détermination de notre façon de penser (voir Burrell et Morgan, 1979 ; Morgan, 1980 ; Schön, 1963, 1979). Sur le plan pratique, cela s'est traduit par l'idée que la solution des problèmes dépend de la façon dont ils sont formulés, et que nous pouvons élaborer des méthodes pour éviter les pièges cognitifs en adoptant une pensée dialectique ou tout autre mode de pensée critique (voir par exemple Mason et Mitroff, 1981). Le processus de formulation et de reformulation dont il est ici question sous-tend les processus d'apprentissage de l'apprentissage dont nous avons parlé au chapitre 4 et peut permettre d'éviter le problème de la « pensée de groupe » repéré par Janis (1972).

Freud et l'inconscient. Il existe un nombre extrêmement important d'ouvrages concernant les travaux de Freud sur l'inconscient. Pour bien comprendre les opinions de ce dernier sur le refoulement, il est important de consulter ses essais sur l'inconscient et sur le refoulement (1952). Sur les liens qui existent entre inconscient et culture, voir *Totem et Tabou* (1947), *Malaise dans la civilisation* (1971) et *L'avenir d'une illusion* (1971). Fromm (1971), Brown (1959), Hampden-Turner (1981), Frey-Rohn (1974) et Mitchell (1974) donnent une excellente vue d'ensemble des travaux de Freud.

En interprétant l'œuvre de ce dernier, il est important de bien noter que les cercles freudiens sont divisés en conservateurs et radicaux. Les premiers tendent à s'attarder au rôle de la psychanalyse comme instrument de contrôle, alors que les autres la considèrent comme une force potentiellement libératrice. La différence est fort bien analysée par Fromm (1971). Parmi les recherches des freudiens radicaux les plus importants, il faut noter les travaux d'Eric Fromm (1961, 1962, 1971), de Karen Horney (1942, 1967), de Melanie Klein (1965, 1980 et 1981), de R.D. Laing (1965) et de Wilhelm Reich (1933, 1961, 1972a, 1972b). De nombreux théoriciens des sciences du social ont aussi contribué au courant radical, en particulier Norman O. Brown (1959) et des membres de l'école de Francfort, tels Horkheimer (1972), Horkheimer et Adorno (1973), Habermas (1972) et Marcuse (1955, 1964, 1970).

L'organisation et le refoulement de la sexualité. Freud a exposé ses idées sur le développement de la sexualité dans *Trois essais sur la théorie de la sexualité* (1962) et dans *Sur la transformation des pulsions, particulièrement dans l'érotisme anal* (1928). Ce dernier article présente les premières idées qui ont abouti à la théorie de la caractérologie, élaborée par Abraham (1927), Reich (1972a) et Fromm (1971). Pour comprendre le rôle de la sexualité dans la théorie freudienne, il est important de reconnaître que la sexualité est liée aux concepts des forces primitives et agressives de vie et de mort aussi bien qu'à des formes diverses d'érotisme. Il est également important de se souvenir que bien des discussions de l'interprétation que Freud fait de l'érotisme anal sont par trop simplistes, et se réduisent à la préoccupation de montrer les liens entre le désir anal et l'apprentissage du contrôle des sphincters. En réalité, Freud estimait que la sexualité anale focalisait de nombreux aspects de l'érotisme corporel, déplacés dans la région anale. Norman O. Brown (1959) traite la question de façon fort intéressante, en même temps qu'il expose en détail la théorie de Freud à propos des rapports entre la richesse, l'argent et les fèces, et les liens qu'il avait établis entre la sexualité anale et la pulsion de mort.

Mon analyse du tempérament anal-obsessionnel de Frederick Taylor est fondé sur les biographies que lui ont consacrées Copley (1923) et Kakar (1970). Au cas où nous nous imaginerions que Taylor est une exception, il est bon de noter que d'autres personnages qui ont joué un rôle important dans l'élaboration de l'éthique du travail sur laquelle est fondée la société industrielle partagent un grand nombre des traits de caractère de Taylor. Par exemple, la biographie de Henry Ford, celles de Benjamin Franklin, de Martin Luther et de nombreux quakers d'Angleterre et d'Amérique du Nord donnent d'excellents exemples d'individus dominés par des préoccupations inconscientes d'ordre anal. À leur manière, ils ont contribué au développement de relations sociales qui inhibent l'expression de la sexualité génitale et ne laissent place qu'à une sexualité anale sublimée. À ce propos, on peut consulter, par exemple, Jardin (1970), et Zaleznik et Kets de Vries (1975).

L'ouvrage de Brown, *Life Against Death* (1959), présente une intéressante analyse de la façon dont la montée du capitalisme semble liée aux caractéristiques de la personnalité anale. Son essai sur le rôle de l'analité dans la vie et dans les idées de Martin Luther et dans l'avènement du protestantisme, en particulier, mérite une attention toute spéciale. Comme on le sait, Max Weber (1958) a montré les liens qui existent entre le protestantisme et la naissance du capitalisme. L'apport de Brown consiste à montrer que l'appui de Luther au capitalisme, par l'intermédiaire du protestantisme, a été tout à fait involontaire. Brown, dans une analyse remarquable, révèle que Luther reçut l'illumination qui l'amena à la doctrine de la justification par la foi tandis qu'il était aux toilettes. Il montre que Luther a senti qu'il existait un lien entre l'argent, les fèces et le diable, et voyait ce dernier comme un des seigneurs du capitalisme. Luther a donc critiqué le capitalisme, considérant l'usure comme le démon et les usuriers comme les serviteurs du démon. Il estimait aussi que ce qui se passait dans le monde était dans une certaine mesure inévitable, car celui-ci était dans un état de servitude par rapport au diable. D'où l'obligation d'être fidèle à sa vocation et à l'idée du salut par la foi plutôt que d'essayer de trouver le salut dans le monde. L'interprétation psychanalytique que fait Brown des motifs sous-jacents de Luther fournit une variante intéressante à la thèse de Weber en suggérant que le protestantisme a soutenu le capitalisme par défaut, d'une manière probablement contraire aux intentions de Luther.

Sur le rôle du refoulement sexuel et sur le développement de l'organisation formelle, voir Burrell (1984), Cleugh (1963), Taylor (1954) et Foucault (1975, 1976). Voir Chatov (1981) sur les liens entre le refoulement de la sexualité et diverses formes de régulation, gouvernementale ou autre, et Schwartz (1982) sur les liens entre l'érotisme anal et une attitude obsessionnelle dans le travail.

On trouvera d'intéressantes idées sur les rapports entre le narcissisme et la société contemporaine chez Lasch (1979) et Walter (1983). Pour une analyse des rapports entre les types de personnalité et le pouvoir, voir McClelland (1975), et pour une analyse du rapport entre types de caractère et styles de gestion, voir Maccoby (1976).

Une question intéressante peut surgir de l'étude des rapports entre organisation et sexualité, celle de savoir s'il est possible d'arriver à un mode d'organisation où ne s'exercerait aucune répression. C'est là un idéal préconisé par Marcuse (1955), et qui sous-tend la vision de certaines théories anarchistes, comme celle de Stirner (1963). Selon Fromm (1971), ces théoriciens sont à la recherche d'une utopie infantile où la gratification ne connaîtrait pas de limites. Il suggère, par exemple, que Marcuse laisse de côté le conflit et le drame en tant que réalités humaines, et que son rêve d'une société exempte de répression confond la notion freudienne de refoulement et l'idée de répression ou d'oppression politique. Du point de vue freudien, il semble exister un conflit toujours présent et quasi irréductible entre la satisfaction des pulsions de la libido et les exigences d'une organisation civilisée. Comme le fait remarquer

Fromm, les êtres humains semblent faire face à un choix entre la satisfaction des pulsions et la barbarie. Parfois l'affrontement de ces principes opposés mène à la névrose, mais il peut aussi mener à un ajustement réussi. **La famille patriarcale.** Sur l'importance du patriarcat et de la famille patriarcale, voir Bachofen (1968), Engels (1972), Coward (1983), Fromm (1971) et Reich (1968). Mitchell (1974) offre un intéressant exposé du complexe d'Œdipe abordé du point de vue de la femme, et Dodson-Gray (1982) étudie les liens entre le patriarcat et la société contemporaine. **Mort et immortalité.** Sur les liens entre la mort et l'immortalité, voir Becker (1973), *Au-delà du principe de plaisir*, de Freud (1951), Lifton et Olson (1975) et Rank (1950). Denhardt (1981) et Schwartz (1985) ont commencé à travailler sur les conséquences de ces idées pour les organisations. **Mécanismes de défense contre l'angoisse.** Pour Melanie Klein et ses théories sur la psychanalyse et sur les relations objectales, voir Klein (1965, 1980, 1981). Ses essais *Notes sur quelques mécanismes schizoïdes* (1968a) et *Les racines infantiles du monde adulte* (1968a) sont spécialement intéressants pour bien comprendre ce que je dis au chapitre 7. Guntrip (1961) présente une excellente introduction à l'œuvre de Klein. On trouvera les théories de Bion sur la direction, les chefs de file et les comportements de groupe chez Bion (1959) et Pines (1985).

Jaques (1955) montre la façon dont les systèmes sociaux servent de mécanismes de défense contre l'angoisse, et Menzies (1960) utilise cette idée dans son analyse des soins infirmiers. Chatov (1981) traite de l'idée de sadisme régulateur.

Les travaux de Zaleznik sur les relations de pouvoir, la direction et l'inconscient dans Zaleznik (1970) et Zaleznik et Kets de Vries (1975) sont fort intéressants. D'autres recherches ont montré comment la peur, l'envie, la colère et d'autres pulsions sont souvent déplacées ; on peut notamment consulter Lowenberg (1972) et Eagle et Newton (1981). Kets de Vries et Miller (1984) étudient ces questions en détail. Leur ouvrage contient d'excellentes études de cas et permet de mieux comprendre comment l'influence de l'inconscient donne naissance à divers styles d'organisation, appuyant ainsi la possibilité d'élaborer une « nouvelle théorie de la contingence » fondée sur la compréhension des processus inconscients. **Théorie des objets transitionnels.** On trouvera l'exposé des travaux de Winnicott sur les objets transitionnels dans Winnicott (1958, 1964, 1971). Harold Bridger, du

Tavistock Institute, s'est intéressé aux conséquences de cette théorie sur l'analyse des organisations et sur le changement organisationnel, bien qu'il n'y ait encore rien de publié dans ce domaine. **Jung, ombre et archétypes.** Les travaux de Jung sur l'inconscient et sur la psychanalyse sont nombreux et variés, tout comme ceux de Freud. Parmi les nombreux volumes qui composent ses *Œuvres complètes*, *Types psychologiques*, *Psychologie analytique* et *Structure et dynamique de la psyché* sont les plus pertinents en ce qui concerne les idées présentées au chapitre 7. On trouvera des extraits de ces ouvrages ainsi qu'une présentation intéressante de Joseph Campbell dans Jung (1971). On aura une bonne vue d'ensemble de ses idées les plus importantes dans Jung (1964, 1967), Whitmont (1969) et Frey-Rohn (1974). Ces travaux sont particulièrement importants si l'on veut bien comprendre la position de Jung à propos des archétypes. Frey-Rohn traite de façon très claire des nombreuses définitions qui dérivent de l'emploi que Jung fait de la notion d'archétype. Neumann (1954), Maccoby (1976), Frye (1957) et Thompson (1971) donnent des exemples du rôle des archétypes dans la vie sociale. Bettelheim (1977) analyse les contes de fées. Mitroff et Kilmann se servent des types psychologiques de Jung pour analyser des modèles de raisonnement et de pensée. Denhardt (1981), Ingalls (1979), Mitroff (1984) et McSwain et White (1982) étudient la pertinence des travaux de Jung pour l'analyse des organisations. Hirsch et Andrews (1983) ont montré comment la langue des acquisitions de sociétés est souvent dominée par une vision archétypique de viol, de conquête, de rapine et d'union romanesque. Smith et Simmons (1983) ont montré comment la dynamique d'un cas de changement dans une organisation suivait de près le conte de fées de Rumplestiltskin.

Delahanty et Gemill (1982) ont eu l'idée d'envisager l'inconscient comme un trou noir.

Eric Trist (1986) présente la manière dont les travailleurs peuvent laisser « ce qu'il y a de mauvais » dans les systèmes dans lesquels ils travaillent.

La métaphore de la prison du psychisme dans la francophonie. Sous le thème de l'organisation vue comme une prison du psychisme, on utilise en français le mot « imaginaire » qui n'a pas d'équivalent en anglais, bien que ce mot renvoie au titre même du présent ouvrage, y compris dans sa version originale anglaise.

Le mot « imaginaire » a gagné beaucoup de visibilité et de crédibilité dans la langue française au cours des deux dernières décennies, conséquence de son usage dans diverses disciplines par des intellectuels de grande notoriété qui, ce faisant, ont contribué à la réhabilitation et à une acception élargie du terme. On parle volontiers aujourd'hui de l'imaginaire d'un auteur, d'un artiste, d'un chercheur, d'un gestionnaire, d'un chef de file ou même d'une collectivité. Le mot fait référence au processus et au produit de l'imagination, aussi bien dans sa dimension plus proprement cognitive (les idées, les pensées, les conceptions, la créativité, etc.) que dans sa dimension plus proprement affective (les fantasmes, les affects, les mécanismes de défense, les sublimations, les désirs, les ambitions, les convictions, etc.), les deux dimensions étant indissociablement liées.

Le terme même d'imaginaire a été utilisé par un certain nombre de théoriciens de l'organisation. Enriquez (1972) a employé l'expression « imaginaire social » pour regrouper les phénomènes de refoulement et de répression dans les organisations. Larçon et Reitter (1979) ont fait appel à l'expression « imaginaire organisationnel », désignant par là les fantasmes partagés par une équipe de gestion ou par l'ensemble des employés d'une organisation, pour montrer l'influence de cet imaginaire sur l'identité de l'entreprise. Ce concept est très proche de ce qu'on appelle aujourd'hui la culture d'entreprise. Dans les deux cas cités plus haut, les auteurs se sont servi du terme « imaginaire » dans une perspective psychologique, faisant particulièrement référence au contenu fantasmatique de l'imaginaire, mais en lui conférant surtout un contenu collectif (voir Lapierre, 1987).

Il existe à l'École des hautes études commerciales de Montréal, un groupe de recherche sur les pratiques de direction et de leadership en gestion. Ce groupe travaille sur les relations entre l'inconscient, les fantasmes et les objets intériorisés des gestionnaires et des chefs de file, d'une part, et leurs pratiques de direction et de leadership, d'autre part. En 1986, le groupe a organisé, à Montréal, un colloque international sous le thème « Imaginaire et leadership ». Lapierre prépare un ouvrage intitulé *Imaginaire et leadership*, qui prolonge certaines des questions abordées lors de ce colloque.

Les images de l'organisation évoquent nécessairement les images intériorisées que les personnes entretiennent au sujet des premiers objets d'amour et des premières figures d'autorité. Au cours des 20 dernières années, la théorie des relations objectales en psychanalyse a suscité un vif intérêt. En s'appuyant sur les travaux de Melanie Klein (voir Segal 1982 et 1983) et de l'école britannique, les chercheurs cliniciens de langue française ont montré que les fantasmes entretenus par le sujet sur ses premiers objets d'amour, qui sont aussi les premières figures d'autorité, vont constituer le scénario de base dans ses relations interpersonnelles et le fondement des images qu'ils entretiendra au sujet des organisations (voir Kets de Vries et Miller, 1985, 1988, Kets de Vries, 1989, Lapierre 1987, 1988 et 1990).

Il a été fait mention, dans les pages précédentes, des travaux du Tavistock Institute (Jaques, Menzies, Winnicott, Bridger). Plus récemment, d'autres groupes internationaux se sont formés et regroupent des chercheurs étudiant les images de l'organisation en ayant recours aux concepts de la psychanalyse : inconscient, angoisse, fantasme, projection, introjection, transfert, etc. Une société internationale regroupe maintenant les chercheurs qui étudient les phénomènes se produisant dans les organisations, selon la perspective des processus inconscients : l'International Society for the Psychoanalytic Study of Organizations, qui a son siège social à New York. Plus récemment, l'Institute for Transitional Dynamics a été fondé à Lucerne, en Suisse. Cet institut organise régulièrement des conférences et des colloques sur le thème de la transitionalité, ce qui permet d'aborder les cas où les organisations jouent le rôle d'objets transitionnels.

8. La métaphore du flux

Ce chapitre est consacré à un point de vue qui a fait l'objet de peu d'attention en théorie de l'organisation. Il commence avec les idées d'Héraclite, qui ont beaucoup en commun avec l'ancienne philosophie chinoise du taoïsme. Wheelwright (1959) en donne une excellente vue d'ensemble.

Les ordres impliqué et expliqué et la philosophie réaliste moderne. L'analyse de Bohm sur les relations entre les ordres impliqué et expliqué est présentée dans Bohm (1980a), dans un certain nombre d'articles importants, et surtout dans Bohm (1978, 1980b). Son idée que l'ordre impliqué est un domaine de potentialité dissimulé a des liens étroits avec la métaphore holographique traitée au chapitre 4. Bohm se sert de cette métaphore et d'autres pour exprimer son point de vue. Par exemple, il nous invite à considérer l'univers comme un ensemble de relations en train de se déployer, comparables à celles que l'on trouve dans une œuvre symphonique, dans laquelle diverses notes et instruments évoluent en rapport les uns avec les autres afin de créer un son qui est encodé dans l'ordre impliqué de la partition musicale.

Pour apprécier la théorie de Bohm, il est important de se rendre compte qu'il insiste fortement sur la créativité qui est inhérente à l'ordre impliqué. Il est même allé jusqu'à suggérer que ce domaine de l'ordre impliqué peut être pure créativité, un ensemble de potentialités qui se transforme de manière probabiliste en ordre expliqué. Il insiste sur le fait que les ordres impliqué et expliqué sont en interaction et peuvent produire et reproduire une forme par l'intermédiaire d'un cycle de projection, d'injection et de reprojection. Les formes déployées dans l'ordre expliqué ont ainsi droit à un certain degré d'autonomie et d'autogouvernement, mais leur existence dépend toujours de forces plus profondes intérieures à l'ordre impliqué. Dans des conditions appropriées, certains ordres expliqués deviennent vraisemblables, ou possibles, réalisant et déployant ainsi la logique du système. Cet aspect de la théorie de Bohm a beaucoup de points communs avec les travaux de Prigogine (1978), Prigogine et Stengers (1984) et de Sheldrake (1981).

L'analyse que fait Bohm des rapports entre les ordres impliqué et expliqué est parallèle à la distinction que font, en philosophie réaliste contemporaine, Bhaskar (1978) et Outhwaite (1983), entre trois domaines de réalité : l'empirique, l'actuel et le réel. La force de leur analyse « réaliste », c'est de suggérer que notre réalité est déterminée par des mécanismes générateurs qui appartiennent au domaine du réel et que les domaines de l'actuel et de l'empirique sont le lieu des tendances réalisées qui donnent une forme particulière à ce qu'engendrent les mécanismes qui constituent le domaine du réel. Cette sorte d'analyse cherche une explication de la structure profonde de la vie sociale, et donne un moyen de réinterpréter le rôle, la signification et l'importance de l'inconscient, de la culture et d'autres forces sociales génératrices de phénomènes actuels. Elle a beaucoup de similitudes avec des théories plus matérialistes qui insistent sur la façon dont la société se déploie selon une sorte de logique structurelle.

Autopoïèse. La théorie de l'autopoïèse a été élaborée d'abord au Chili dans les années 60 et au début des années 70 par Maturana et Varela. Les travaux les plus importants sont ceux de Maturana et Varela (1980), dans lesquels on trouve une vue d'ensemble excellente, bien que très difficile et hautement technique, de ces idées, et ceux de Varela (1979) qui utilise la théorie en biologie. On trouvera d'autres exposés intéressants dans Varela (1976, 1979, 1984), Varela et Johnson (1976), Harries-Jones (1983, 1984) et Ulrich et Probst (1984).

La théorie de l'autopoïèse a de nombreuses implications pour l'analyse des systèmes vivants de toutes sortes, qu'ils soient biologiques, cognitifs ou sociaux. À la façon de la théorie générale des systèmes, elle cherche à unir et à transcender les frontières entre les disciplines grâce à une notion simple, mais très forte, voulant que tous les systèmes se regardent eux-mêmes et règlent leur fonctionnement par l'entremise d'un processus analogue à la pensée. C'est dans ce sens que Maturana et Varela peuvent décrire la vie comme un processus cognitif et concevoir la cognition comme un processus biologique. Ils considèrent, comme Spencer-Brown (1969), que faire des distinctions est l'opération cognitive fondamentale. Maturana et Varela estiment qu'en faisant des distinctions, nous différencions les entités de leur fond. Puisque ce processus peut se faire dans beaucoup de directions, la notion de système complet est donc assez arbitraire. Toute unité, comme un système biologique par exemple, peut être différenciée en cellules, organes, etc., si l'on fait des distinctions à des échelles plus petites. Si, au contraire, on fait appel à des échelles plus grandes, on peut établir des distinctions entre un organisme individuel et son fond et créer des différences dans le fond lui-même. Le processus tout entier de détermination des différences (autrement dit, le processus de différenciation) repose sur ce processus cognitif tout simple, qui est le fondement de toute forme et qui spécifie l'organisation d'un système.

Les idées élaborées par Maturana et Varela ont beaucoup de ressemblances avec celles de Bateson (1972, 1979) sur la coévolution et l'idée que la nature pense et que l'esprit évolue, et avec les recherches de Touraine (1977) sur l'autoproduction de la société. Des idées similaires sur la nature des systèmes autoréférentiels ont également fait l'objet, dans des contextes différents, des travaux de la part de Gödel (1962) et de Hofstadter (1979, 1983). Mes propres travaux sur la nature de l'épistémologie (Morgan, 1983) explorent la même question. Les notions qui figurent dans le chapitre 8 sur la confusion et le mélange entre le domaine de l'organisation et celui de l'explication viennent de Harries-Jones (1984).

Il y a encore très peu d'articles ou d'ouvrages traitant des organisations envisagées du point de vue de l'autopoïèse, bien qu'Ulrich et Probst (1984) aient, de façon intéressante, ouvert la voie. L'analyse que Touraine a faite de l'autoproduction de la société est évidemment pertinente, mais son travail n'est pas particulièrement fondé sur la théorie de l'autopoïèse. L'analyse faite par Bateson (1972) de la pathologie des buts conscients montre le manque de prise de conscience récurrente dans beaucoup de prises de décision, et a de nombreux points communs avec la pathologie de l'image de soi égocentrique traitée dans ce chapitre. Mes travaux sur la stratégie d'entreprise (Morgan, 1982) offrent une approche qui s'apparente à celle de l'autopoïèse. Les recherches de Rapoport (1960) sur les luttes, les jeux et les débats sont importantes pour l'élaboration d'une stratégie de coopération (voir aussi Hofstadter, 1983).

Prigogine a travaillé sur les systèmes auto-organisateurs. À ce sujet voir Prigogine (1978), Prigogine et Stengers (1984), Jantsch (1980) et Jantsch et Waddington (1976).

Il faut remarquer que, dans une bonne partie de ce que j'ai dit sur les organisations vues comme des systèmes autopoïétiques, j'ai parlé des *organisations* qui conservent leur identité. C'est trop simplifier puisque, en réalité, les organisations ne pensent pas et n'agissent pas : ce sont les membres de l'organisation qui le font, et ce que nous reconnaissons comme une organisation est le résultat de leurs pensées et de leurs actions. Quand nous disons qu'une organisation agit, ou conserve son identité, il serait plus exact de parler des personnes clés qui sont en cause.

Causalité mutuelle : la deuxième cybernétique. Maruyama (1963) et Buckley (1967) traitent de la théorie de la causalité mutuelle. Ce que dit Maruyama de la « deuxième cybernétique » est extrêmement important, car cela permet à la théorie de la cybernétique de se libérer des modèles stationnaires qui ont dominé ses débuts. On trouvera d'utiles applications de la « deuxième cybernétique » chez Maruyama (1982). Voir également les travaux de Forrester (1961) sur la dynamique des systèmes globaux. Le rapport du Club de Rome, *Halte à la croissance ?*, a été rédigé sous la direction de Meadows (1972) ; on y trouve l'histoire du courtisan persan. L'analyse que Maruyama a faite des systèmes qui s'emballent dans la nature, comme les fentes où s'accumule l'eau et le développement urbain dans une plaine homogène, provient de Maruyama (1963).

On trouvera chez Bateson (1936, 1972) et chez Morgan (1981) une analyse des propriétés schismatiques des systèmes sociaux dans lesquels des relations de rétroaction positive transforment et souvent détruisent les rapports existants.

Sagesse systémique. Les recherches de Bateson sur l'épistémologie de la sagesse systémique se trouvent dans Bateson (1972). Vickers (1965, 1972) élabore une notion similaire avec son concept d'«appréciation». Gadalla et Cooper (1978) et Morgan (1982, 1983c) utilisent ces notions afin d'élaborer des épistémologies nouvelles pour la gestion et la stratégie d'entreprise. Wilden (1972) présente un exposé théorique difficile des questions reliées à l'épistémologie de la sagesse systémique. C'est dans ce même ouvrage qu'on trouvera son point de vue sur les causes qui causent les causes à causer des causes. Weick (1979) donne un bon exemple de la façon dont on peut gérer des systèmes sociaux en modifiant des boucles de rétroaction. **Dialectique et analyse marxiste.** La plupart des ouvrages sur la philosophie orientale contiennent de bonnes notions sur le taoïsme. Le *Yi Jing* et le *Zhuang-zi* sont intéressants à lire. Capra (1975) traite également fort bien de la philosophie orientale et de ses liens avec la science contemporaine.

Le concept de dialectique a contribué à la pensée sociale de façons très diverses. Rappelons-nous, par exemple, l'emploi que fait Jung de l'«unité des contraires» dont nous avons parlé au chapitre 7. On trouvera des exposés approfondis de la conception hégélienne de la dialectique dans Hegel (1892, 1929), Findlay (1958), Kaufman (1965), McLellan (1973) et Wetter (1958).

La description que Marx a faite de sa propre utilisation de la dialectique se trouve dans la *Postface* de la deuxième édition du *Capital*, bien qu'il ne s'attarde pas à la description de la nature de sa méthode, préférant l'illustrer par des utilisations concrètes. L'introduction d'Ernest Mandel au volume I du *Capital* (Marx, 1976) est également intéressante. Comme je l'ai indiqué au chapitre 8 à propos de la méthode dialectique de Marx, ses idées ont été interprétées de façons très différentes (voir, par exemple, Althusser, 1965 ; Colletti, 1975a, 1975b ; Engels, 1873, 1876, 1886 ; Godelier, 1966 ; Lefebvre, 1940, 1966 ; Lénine, 1958-1970 ; Plekhanov, 1961 ; Markovic, 1974 ; Meszaros, 1972 ; Novack, 1966 et Wetter, 1958). Friedrich Engels, l'ami de Marx, a été considéré pendant longtemps comme celui qui offrait la meilleure interprétation de la dialectique marxiste. À part des interprétations rivales comme celles de Lénine (1936) et Lukács (1971), qui ont cherché à faire reconnaître et à faire revivre l'importance de l'influence qu'a eue Hegel sur Marx, ce n'est que récemment que la tendance par trop déterministe amorcée par Engels a commencé à faire marche arrière. Avec Engels, la méthode dialectique de Marx prenait l'allure d'un matérialisme dialectique, au point d'être assimilée au matérialisme historique dans lequel les lois de la société sont équivalentes aux lois de la nature. De l'avis de beaucoup, les travaux d'Engels ont nui au développement de la théorie marxiste, lui donnant une teneur beaucoup plus déterministe que Marx ne l'aurait sans doute voulu.

On pourra obtenir un point de vue intéressant sur les diverses variantes du marxisme et autres théories du social radicales en se penchant sur les éléments de la dialectique qui apparaissent dans le tableau 8.1. Très souvent, ces aspects de la dialectique sont présentés sous une forme isolée et souvent extrême. Comme on le voit dans ce chapitre, Marx lui-même, dans ses œuvres, a mis en relief leurs rapports mutuels, expliquant comment la lutte entre des contraires (premier principe) fonde le changement qui, par l'intermédiaire de la négation de la négation (deuxième principe), évolue, jusqu'à ce que l'intensité du changement, ou sa quantité, amène un changement qualitatif dans le système tout entier (troisième principe). Étudiés séparément, ces trois principes donnent lieu à : a) des théories centrées sur le changement par la contradiction (premier principe ; voir Allen, 1975, par exemple) ; b) des théories anarchistes qui *mettent en valeur* l'acte de négation (deuxième principe) et son potentiel créateur (voir Bakunin, 1950, 1964 ; Stirner, 1963), et c) des théories de la révolution ou de la catastrophe qui sont centrées sur l'inévitabilité du changement révolutionnaire (troisième principe) dans le but d'indiquer le meilleur moyen d'arriver à la révolution, comme l'illustrent les diverses formes de marxisme populaire ou révolutionnaire (Bukharin, 1962, 1972). Un autre courant de la pensée radicale insiste surtout sur la démonstration de l'opposition inhérente à la dialectique, en partant du thème de la domination que nous avons étudié au chapitre 9.

Outre *Le Capital*, et en particulier le volume I, le lecteur désireux de bien comprendre les travaux de Marx en économique aurait avantage à consulter Mandel (1962) et les analyses des contradictions du capitalisme qu'on faites Godelier (1966), Baran et Sweezy (1966), Benson et Jenkins (1978), Glyn et Sutcliffe (1972), Habermas (1973), Holloway et Picciotto (1978), O'Connor (1973) et Offe (1972, 1974, 1975, 1976). Mandel (1962) contient une excellente analyse du concept de plus-value et des contradictions qu'engendre sa production.

On trouvera dans Mandel (1962 : 83-88) son exposé des liens entre la richesse et le vol. Nous voyons dans *Le Capital* (volume 1, chapitre 32) l'explication que Marx a donnée de la façon dont le capitalisme contribue à sa propre ruine en organisant la classe ouvrière comme s'il s'agissait simplement d'un aspect de l'organisation de la production.

Une évaluation de la nature dialectique des travaux de Marx montre que bien des interprétations qu'on en a faites sont beaucoup trop déterministes. L'idée que l'économie est une force *déterminante* dans la vie sociale, ou que la technique *détermine* la structure sociale ne rend pas justice au point de vue dialectique. La dialectique nous apprend qu'en traitant de ces rapports nous parlons toujours des deux côtés d'un même phénomène, l'un dépendant de l'autre. Ils sont donc plutôt coproduits qu'inscrits dans une relation causale linéaire où l'un mène à l'autre.

On trouvera de bons exemples du mode dialectique d'analyse des organisations dans les travaux d'Allen (1975), Benson (1983), Braverman (1974) et Heydebrand (1977, 1983). Ces recherches montrent comment nous pouvons commencer à comprendre la façon dont les contradictions dialectiques sont la source des crises récurrentes du monde moderne, et comment nous pouvons composer avec elles.

Mon analyse de la façon dont les contradictions entre les différentes sortes de logique du changement, professionnelle, administrative et économique, déterminent le système judiciaire des États-Unis s'inspire de Heydebrand et Seron (1981) et Heydebrand (1983).

Le point de vue d'Adam Smith sur la « main invisible » se trouve dans Smith (1776). **Renouvellement de l'étude du changement.** Il est peu de théoriciens des organisations qui se soient intéressés à la *nature* du changement. Les analyses ont tendance à être descriptives (par exemple, Burns et Stalker, 1961) ou analytiques (Lawrence et Lorsch 1967a ; Thompson, 1967 ; Aldrich, 1979), mais ne montrent pas comment ni pourquoi le changement survient. Emery et Trist (1965), dans leur analyse de la texture causale des environnements, ont commencé à se pencher sur la question, comme d'ailleurs Maruyama (1963) dans son étude des systèmes de rétroaction positive et négative et des formes d'analyse dialectique que j'ai exposée au chapitre 8. Si l'on essaie de comprendre la nature du changement, il faut déplacer l'analyse à un niveau qui met en jeu ce que Whitehead et Russell (1910-1913) ont décrit comme un « type de logique » plus élevé. Ce changement de cadre de référence apportera sans aucun doute une contribution importante en théorie de l'organisation. Comprendre la structure profonde d'une organisation et pouvoir reformuler les problèmes de façon à surmonter les contradictions existantes dépend aussi d'un tel changement de perspective. **La métaphore du flux dans la francophonie.** Du côté des auteurs d'expression française, la métaphore du flux, que l'on peut considérer comme une variante et un prolongement de la métaphore du cerveau, se structure principalement autour des théories de l'auto-organisation, théories dans lesquelles se trouvent liés les concepts d'« autonomie », de « système », de « complexité », d'« information », d'« ordre par le bruit », de « hasard organisateur », de « système autoréférentiel », d'« ordre et de désordre », d'« autopoïèse », etc.

Pour s'initier aux théories de l'auto-organisation, on lira Dupuy (1982) qui, dans ce qu'il qualifie « d'enquête sur un nouveau paradigme », en trace les contours. Il faut également lire *L'auto-organisation. De la physique au politique*, publié sous la direction de Dumouchel et Dupuy (1983). Cet ouvrage contient les actes d'un colloque sur l'auto-organisation tenu en France en 1981. Autour de cette question, ce colloque a réuni des chercheurs de différentes disciplines parmi lesquels on trouve les sommités de l'auto-organisation que sont Atlan (1972, 1979, 1983, 1986) et Varela (1983, 1989a, 1989b) en biologie, Castoriadis (1975, 1978, 1983) et Girard (1978) en philosophie, Le Moigne (1977, 1983), ingénieur, et Morin (1973, 1977, 1980, 1982, 1983, 1986), sociologue. Dans *Effets pervers et ordre social* (1977), Raymond Boudon aborde la question des relations entre l'action individuelle et l'ordre social et, dans *La place du désordre* (1984), il traite de la question du changement social.

Outre les théories de l'auto-organisation, la dialectique, qu'on l'envisage comme mouvement du réel, concept ou méthode, se trouve au cœur de la métaphore du flux. Sur la dialectique, on peut lire Lefebvre (1946), Gurvitch (1962), Althusser (1965, 1973), Apostel (1979), Foulquié (1979) et Piaget (1980). On peut également consulter le *Dictionnaire critique du marxisme* publié sous la direction de Labica (1982).

---

9. La métaphore de la domination

Dans la plupart des journaux et hebdomadaires, on trouve régulièrement des rapports concernant différentes formes de domination dans le monde des entreprises, et ils ont surtout trait à l'impact négatif des organisations sur les êtres humains et sur l'environnement. Les exemples probants qu'on peut trouver au début du chapitre 9 proviennent des sources suivantes :

Zwerdling (1971) traite de la pollution des aliments ; les données sur la pollution du bassin des Grands Lacs viennent de sources locales et de résultats présentés à des congrès ; les chiffres concernant les dangers au travail viennent de rapports annuels de l'Organisation internationale du travail ; les données concernant les rapports entre les multinationales et le Tiers Monde viennent de Hayter (1981). Dans d'autres sections du présent chapitre, je présenterai de nombreuses références concernant ces problèmes.

La métaphore de la domination met en lumière le côté sordide de la vie organisationnelle et nous invite à examiner dans quelle mesure il faut l'envisager comme un aspect intrinsèque de la façon dont nous organisons. Quand on traite de ces questions dans le cadre de la théorie de l'organisation, on a souvent tendance à les considérer comme regrettables, comme des effets secondaires, non intentionnels et, la plupart du temps, inévitables, ou comme des questions qui sont reliées à l'*ethos* des organisations et aux relations entre monde des affaires et société. En considérant la métaphore de la domination comme un cadre de référence de première importance pour l'analyse des organisations, la façon dont nous l'étudions dans ce chapitre vise à donner à ces questions la place qui leur revient. En effet, elles devraient avoir une très grande importance dans la façon dont nous considérons la nature et la réussite des organisations dans la société contemporaine. Par exemple, un grand nombre d'entreprises qui sont autrement remarquables ont un dossier assez peu brillant en ce qui a trait à leurs effets sur l'environnement ou sur leur main-d'œuvre, ou encore sur le Tiers Monde. Tout en ayant atteint un statut élevé en ce qui concerne certains aspects de leurs pratiques de gestion, ces entreprises ont souvent un côté sordide qu'on ignore complètement.

La domination, une vieille histoire.
Il est intéressant de se pencher sur les origines des organisations dans les anciennes sociétés et plus particulièrement de voir comme la montée de l'organisation accompagne la production de surplus économique et s'accompagne d'un processus plus général de stratification sociale. Depuis les temps les plus anciens, il semble y avoir une relation entre organisation et domination, celle-ci prenant la forme d'une classe dominante. Voir, par exemple, les analyses des sociétés de l'antiquité et de la préhistoire qu'ont faites Childe (1946), Kautsky (1982), Wittfogel (1957) et Sahlins (1972). J'ai puisé mes renseignements sur les pyramides de Gizeh dans l'*Encyclopaedia Britannica*. George (1972) traite également de façon intéressante des formes d'organisation que l'on trouvait dans les sociétés de

l'antiquité et donne une vue d'ensemble de l'évolution des pratiques de gestion jusqu'à nos jours.

Il est fascinant de voir comment le développement des organisations s'est produit de pair avec celui de l'esclavage ou avec le contrôle d'un groupe par un autre ou d'une classe par une autre, ainsi qu'avec le développement du pouvoir militaire. Il est également intéressant de noter comment le mode d'organisation choisi pouvait varier en fonction de la situation. Par exemple, les esclaves n'étaient pas beaucoup utilisés dans les sociétés exclusivement agricoles de l'antiquité, en raison de la nature communautaire de l'agriculture et de la difficulté de forcer les gens à accorder le soin nécessaire aux cultures. On s'en servait surtout pour le travail domestique, pour le travail dans les ateliers, dans les mines, et pour la construction, où il était plus facile de mettre en place des systèmes de surveillance. Dès les temps les plus reculés, par conséquent, on avait bien compris le principe de contingence voulant que différents types d'organisation et de gestion soient requis selon les circonstances. Comme je l'ai précisé dans le chapitre 9, l'évolution de la société moderne s'est accompagnée de changements dans le mode de domination choisi, avec le passage de l'exploitation brutale à ce que Max Weber décrirait comme des formes de domination plus subtiles. Connaître l'histoire de la façon dont tout cela est arrivé permet donc de mieux comprendre les organisations d'aujourd'hui.

Weber, Michels et Marx – fondateurs de la théorie radicale de l'organisation. L'analyse effectuée par Max Weber sur les liens entre l'organisation et la domination sociale se retrouve à travers tous ses écrits, fort nombreux, mais surtout dans Weber (1946, 1947, 1949, 1961, 1968). McNeil (1978), Mouzelis (1979) et Salaman (1978) traitent de façon fort intéressante de cet aspect des travaux de Weber en insistant sur la question de la compréhension des organisations contemporaines. Weber était très conscient des rapports étroits entre le développement de la bureaucratisation et le rôle de l'État dans la société ; de plus, il nous a donné de bons éléments pour comprendre la croissance du « corporatisme » dans les sociétés capitalistes et non capitalistes. On trouvera des exposés importants sur ces idées et sur des travaux postweberiens dans Miliband (1973) et Benson (1975). Parce qu'il considère le rôle de l'État comme un aspect d'un processus de domination plus vaste dans la société, les travaux de Weber ont beaucoup de points communs avec ceux de Marx, et nombre de théoriciens de l'organisation ont apporté des idées intéressantes en se penchant sur les rapports entre les deux œuvres. Burrell et Morgan (1979) traitent en détail de ce point dans leur analyse du « paradigme structuraliste radical ».

Les opinions de Weber sur la bureaucratie en tant que cage de fer se trouvent dans Weber (1946). Les idées de Roberto Michels sur la loi d'airain de l'oligarchie viennent de Michels (1949). Perrow (1979) fait un excellent exposé de la façon dont les organisations adoptent des stratégies de domination, à la fois au plan interne et dans leurs rapports avec leurs environnements.

Pour un exposé de l'analyse de Marx sur la façon dont la domination fait partie intégrante de la recherche de la plus-value, voir ce que j'en dis au chapitre 8, ainsi que les références afférentes qui se trouvent dans les notes bibliographiques. À propos des liens entre les travaux de Marx et de Weber, voir Burrell et Morgan (1979) et Salaman (1978).

Organisation, classe et contrôle. La plupart des travaux contemporains sur les rapports entre organisation, classe, et contrôle s'appuient d'une façon ou de l'autre sur les travaux de Weber ou de Marx (voir, par exemple, Clegg et Dunkerley, 1980 ; Clegg, 1981 ; Salaman, 1979, 1981). Mon exposé sur l'évolution de la classe ouvrière en Grande-Bretagne tire ses sources de Thompson (1968), et celui qui concerne l'évolution de la main-d'œuvre salariée aux États-Unis repose sur les travaux de Gordon *et al.* (1982). À propos du processus de déqualification et de dégradation du travail, voir Braverman (1974) et Wood (1982). Gordon, Edwards et Reich (1982) traitent de façon très intéressante de la prolétarisation de la main-d'œuvre aux États-Unis, et Blackburn et Mann (1979) font une excellente analyse du rôle de la classe ouvrière dans le marché du travail en Grande-Bretagne. Ces deux auteurs sont aussi la source des chiffres cités sur le nombre de travailleurs manuels dont le travail exige moins de compétence qu'il n'en faut pour conduire une automobile, et sur l'interchangeabilité des compétences à l'usine.

Pour ce qui est de la dualité des marchés du travail primaire et secondaire, voir Berger et Piore (1980), Piore (1979) et Gordon, Edwards et Reich (1982). À propos de la segmentation des marchés du travail, voir Gordon *et al.* (1982), Edwards *et al.* (1975), Edwards (1979), Williamson (1981) et Friedman (1977). Friedman (1977) et Edwards (1979) sont particulièrement utiles parce qu'ils montrent, exemples à l'appui, que les dirigeants et gestionnaires mettent au point différents moyens stratégiques de contrôle de leur main-d'œuvre en fonction des divers marchés du travail.

Sur le rôle des travailleurs migrants dans l'économie contemporaine, voir Castles et Kosack (1973), Piore (1979), Power et Hardman (1978) et Berger et Mohr (1975). Gordon *et al.* (1982) traite de façon intéressante du rôle des Noirs dans la main-d'œuvre des États-Unis.

Les liens entre capitalisme et domination dans le procès de travail ont également été étudiés par Goldman et Van Houten (1977), Gorz (1985), Marglin (1976) et Burawoy (1979). Les analyses de Marglin (1976) et d'O'Connor (1973) nous donnent aussi d'utiles explications d'ordre politico-économique sur la structure de l'organisation contemporaine et sur la division du travail. Salaman (1979) propose une analyse intéressante du processus de travail envisagé comme un processus de domination et s'intéresse en particulier à la résistance opposée par la main-d'œuvre. Foucault (1979a, 1979b) fait une l'histoire du contrôle, tissant des liens entre l'école, l'armée, la prison et l'usine. Perrow (1979) traite du rôle des contrôles peu apparents dans les organisations et Friedman (1977) montre la façon dont les organisations tentent souvent de dominer leurs employés appartenant au marché du travail primaire par l'intermédiaire de systèmes d'« autonomie accompagnée de responsabilités ».

Travail dangereux. La description si émouvante que fait Marx des horreurs du capitalisme à ses débuts se trouve dans *Le Capital* (chapitre 10). Toutes mes citations proviennent de cette source. Il existe de plus en plus de travaux portant sur les dangers du travail dans les entreprises d'aujourd'hui. Voir, par exemple, Ashford (1976), Berman (1978), Epstein (1978), Follman (1978), Frost *et al.* (1982), Navarro et Berman (1983), Nelkin et Brown (1984), Reasons *et al.* (1981), Sayles et Strauss (1981), Scott (1974), Tataryn (1979), Viscusi (1983) et Wright (1973). Mes données proviennent de ces sources et des rapports qu'elles citent. On pourra trouver l'histoire du « camouflage » des dommages causés par l'amiante dans Reasons *et al.* (1981), les problèmes de production de l'amiante en Ontario dans le rapport de la Commission royale d'enquête sur la santé et la sécurité (1984) et ce qui concerne le Tiers Monde dans Navarro et Berman (1983). L'article du *Washington Post* sur la byssinose est signé par Baker (1980).

Mes données sur les accidents et les maladies du travail portent exclusivement sur les États-Unis et le Canada, car les comparaisons sur le plan international peuvent être fort trompeuses. Le degré de précision et le champ d'application de ces statistiques varient considérablement d'un pays à l'autre et entre les industries d'un même pays. La définition même des blessures que l'on répertorie peut changer. Les comparaisons avec les pays du Tiers Monde sont particulièrement difficiles à établir, car les statistiques dont nous disposons ne sont pas fiables. Elles sont en général un sous-produit des règles et des procédés administratifs qui prévalent dans ces pays et ne sont que très rarement compatibles et normalisées avec les exigences de la santé et de la sécurité au travail. Ceux qui voudraient étudier davantage ces chiffres peuvent consulter l'annuaire statistique de l'Organisation internationale du travail. C'est là qu'on peut obtenir les meilleures données statistiques, et on y trouve aussi de bonnes informations sur la façon de les interpréter.

Pour une vue d'ensemble des textes concernant les sources de stress et de maladies reliées au stress dans le contexte du travail, voir Burke et Weir (1980), Cooper et Marshall (1976), et Cooper et Payne (1980). À propos des ergomanes, voir Oates (1971), Machlowitz (1978) et Feinberg et Dempewolf (1980). L'ouvrage publié sous la direction de Frost *et al.* (1982) réunit un ensemble de textes intéressants sur cette question.

Le système référentiel radical. Nous trouvons dans Fox (1974) le concept de système référentiel radical, qui sert à la fois à décrire la réalité des organisations et d'idéologie guidant leurs pratiques. Au cours des dix dernières années, beaucoup d'ouvrages et d'articles ont paru à ce propos ; leurs auteurs adhèrent fermement à ce point de vue et nous aident ainsi à comprendre comment les organisations se radicalisent et quels moyens on adopte pour mettre de l'avant des fins qui exacerbent les rapports antagonistes. Les meilleurs ouvrages sont ceux d'auteurs britanniques, car c'est là que souvent le front entre direction et travailleurs est le plus visible. Ainsi, pour des exemples concernant le point de vue des ouvriers sur la logique de la motivation du profit et les solutions de rechange possibles, et la pertinence de tout cela pour comprendre la perte d'emplois, le déclin industriel et le besoin de revitaliser l'industrie, voir Bryer, Brignall et Maunders (1982), Levie *et al.* (1984), Massey et Meegan (1982) et les résultats de l'enquête effectuée par les *Trades Councils*, sortes de conseils syndicaux locaux, de Coventry, Liverpool et Newcastle (1980). Beaucoup de syndicats ont tenté, dans le cadre d'une réaction radicale au contrôle des dirigeants, d'élaborer des plans et des systèmes de travail parallèles. Voir, par exemple, Coates (1978, 1981a, 1981b) et Wainwright et Elliott (1982). Sur les moyens stratégiques d'ordre économique qui s'y relient, voir Holland (1975) et Hughes (1981). Un grand nombre d'interprétations radicales de la nature du procès de travail existent des deux côtés de l'Atlantique. Voir, entre autres, Braverman (1974), Gorz (1985), Hyman (1975) et Levidon et Young (1981).

Les multinationales. Il existe aujourd'hui de très nombreux ouvrages sur les activités des multinationales. Les Nations Unies et Stopford *et al.* (1980) publient à intervalles réguliers de nombreuses statistiques intéressantes. Mes données sur la taille des multinationales modernes proviennent du rapport des Nations Unies (1983) sur le rôle de ces firmes dans le développement mondial.

Comme on s'en doute après avoir lu les points de vue exposés dans le chapitre 9, les opinions sur cette question tendent à varier avec les auteurs, selon qu'ils sont partisans ou critiques des multinationales. Si l'on veut une bonne vue d'ensemble sur le sujet, on aura avantage à consulter les travaux suivants : Brandt (1980), Brooke et Remmers (1970), Casson (1983), Goldberg et Negandhi (1983), Grunberg (1981), Gunnermann (1975), Kujawa (1975), Lall (1983), Medawar et Freese (1982), Mirow et Maurer (1982), Tavis (1982), Thomas (1979), Servan-Schreiber (1967) et Wilczynski (1976). Sampson (1978) fait une excellente analyse du fonctionnement d'ITT sur le plan international, et donne également d'intéressants renseignements sur d'autres organisations. Mes données sur la concentration industrielle proviennent des audiences sur les conglomérats menées par le gouvernement américain et des statistiques publiées en 1985 par le ministère du Commerce des États-Unis (voir aussi Mizruchi, 1982).

Goldberg et Negandhi (1983), Grunberg (1981) et Gunnermann (1975) nous fournissent de bonnes statistiques et études de cas sur le rôle que jouent les multinationales en tant que puissances mondiales. Mirow et Maurer (1982) présentent des études de cas sur le rôle des cartels dans l'économie mondiale. Brooke et Remmers (1970) offrent une intéressante présentation des moyens stratégiques adoptés par les multinationales pour composer avec leur environnement.

On trouvera de bonnes critiques de la façon dont les multinationales exploitent l'économie mondiale dans Hayter (1981), George (1976) et Bello *et al.* (1982). Hayter est particulièrement utile, car il présente de nombreuses données et études de cas, et j'ai puisé dans ses travaux un grand nombre de statistiques sur le fonctionnement des multinationales sur le plan international. Le rapport Brandt (1980), qui a eu un fort impact, m'a également fourni de nombreux renseignements.

Si l'on veut lire d'excellentes critiques de la façon dont les décisions prises dans les grandes entreprises peuvent avoir des conséquences négatives majeures sur des populations entières, voir l'analyse des coupures budgétaires dans l'industrie de l'acier britannique chez Bryer *et al.* (1982), et les études de cas sur les décisions de désinvestir qui sont motivées par le profit et que présente Grunberg (1981).

Chandler (1977) consacre des pages à la main visible du patronat qui remplace la main invisible évoquée par Adam Smith, main qui, selon lui, guidait une économie de marché concurrentiel.

L'étude de cas portant sur les expériences de Dow Chemical au Chili vient de Gunnermann (1975). **La métaphore de la domination dans la francophonie.** En Europe, la sociologie du travail connaît une longue tradition d'analyse critique du système des classes sociales fondé sur les rapports de travail et sur l'organisation industrielle. Parmi les ouvrages en français qui traitent de cette question, notons Weil (1951), Bourdieu et Passeron (1970), Gorz (1973, 1980), Neuville (1976, 1980) et Cessieux (1976).

Plusieurs ouvrages traitent des relations entre le système des classes sociales, l'exercice du contrôle sur la vie au travail et sur la vie hors du travail, et l'organisation des usines. Mentionnons Friedmann (1950, 1964), Weil (1951), Friedmann et Naville (1969), Bourdieu et Passeron (1970), Gorz (1973, 1980), Cessieux (1976), Neuville (1976, 1980), Linhart (1978) et Durand (1978). Aktouf (1985) analyse les formes croissantes de domination du travailleur et de contrôle du travail que les différentes théories de l'organisation soustendent. Par ailleurs, Bourdieu et Passeron (1970), Castoriadis (1975), Pagès *et al.* (1979), Bauer et Cohen (1980), Tixier (1986, 1988), Amado (1987) et Crozier (1987) abordent la question du contrôle par le biais de la manipulation de la subjectivité, du sens et du symbolisme dans les organisations. Il existe également de nombreuses publications sur l'évolution de l'exercice de la domination dans les organisations, soit par la manipulation du langage et la confiscation de la parole, comme le montrent les travaux de Chanlat (1984), Aktouf (1986c) et Vacquin (1986), soit par la manipulation de la culture et des symboles, dont ont traité Lipovesky(1983), Galambaud (1988), Symons (1988a), Smucker (1988) et Aktouf (1989b).

La dénonciation des différentes formes de violence exercées en milieu de travail est un thème classique de la sociologie européenne du travail. Les ouvrages en langue française qui traitent de l'exploitation sont Weil (1951), Durand (1978), Linhart (1978), Aktouf (1986a, 1986c) et Chanlat (1986a, 1986b). Parmi les écrits qui envisagent plutôt la question de la souffrance selon les points de vue de la santé physique ou mentale, mentionnons ceux de Laborit (1976, 1979), Dejours (1980) et Dejours *et al.* (1985).

Le thème des multinationales a, en français, été surtout étudié sous l'angle politique et économique. On peut cependant citer quelques ouvrages qui le traitent du point de vue de la société et de celui des organisations, tels que Pagès *et al.* (1979), Gendarme (1981), Parent (1983), Bourgoin (1984), Bernardin (1985) et Igalens (1985). Pour une analyse socio-économique des multinationales, on consultera Gendarme (1981), Frank (1972), Amin (1973), Jalée (1976) et Bettelheim (1976).

10. L'art d'analyser l'organisation

Du point de vue intellectuel, ce chapitre doit beaucoup aux travaux de spécialistes en sciences du social comme Gregory Bateson (1972, 1979), Thomas Kuhn (1970), Donald Schön (1963, 1979) et Geoffrey Vickers (1965, 1972), et aux principes généraux de la pensée dialectique. Je me suis servi d'une approche similaire en étudiant le problème des qualités paradoxales de la recherche sur le social (Morgan, 1983).

11. Imaginisation

La démarche générale que j'ai adoptée dans le présent ouvrage renvoie à un ensemble d'options concernant la nature de la réalité et du savoir. Le concept d'*imaginisation* symbolise ma position : je crois que nous participons à la construction de notre univers ; que nous pouvons bénéficier d'une plus grande conscience de nos processus d'intervention dans le monde ; et que nous pouvons déterminer d'une manière à la fois plus réfléchie et plus proactive la façon dont la réalité sociale se déploie. En même temps, je reconnais volontiers que les partisans de la théorie de l'enaction iraient trop loin s'ils versaient dans un subjectivisme outré. Je crois plutôt en une position qui cherche à reconnaître un paradoxe, celui d'une réalité à la fois subjective et objective. Nous *engageons* subjectivement la réalité objective en nous introduisant dans ce que nous « voyons » d'une façon qui, en même temps, influence précisément ce que nous voyons. On peut concevoir cela comme un processus d'« engagement » et de « coproduction » qui met en jeu à la fois des constructions subjectives et des interactions concrètes avec d'« autres » qui sont, eux aussi, concrets, réels. J'ai étudié plus à fond ailleurs les divers aspects de cette prise de position (Morgan, 1983a).

Mon concept d'*imaginisation* vise à développer une attitude proactive vis-à-vis de ce que sont les organisations et de ce qu'elles pourraient être. Je crois que les gens peuvent changer les organisations et la société, bien que la réalité des relations de pouvoir qui accompagnent l'histoire, et la perception qu'on en a, peuvent certainement rendre le changement difficile. D'un point de vue prescriptif, j'aimerais que tous reconnaissent le caractère construit et non donné de la réalité ; il faut aussi reconnaître que notre vision et notre compréhension du monde sont toujours un processus de *voir comme* et non pas de *voir ce qui est* ; enfin, nous devons assumer notre responsabilité morale quant aux conséquences personnelles et collectives de nos façons de voir et d'agir dans notre vie quotidienne, aussi difficile que cela puisse être.

Compte tenu de cette vision du monde, j'ai tendance à préférer certaines métaphores à d'autres (bien qu'en écrivant le présent ouvrage j'aie essayé d'en être conscient et de minimiser l'incidence de ces préférences). Je suis partisan d'un emploi fréquent de la métaphore de la prison du psychisme (qu'il faut élargir de façon à tenir compte du rôle de l'idéologie), afin de libérer les gens des pièges de leurs façons de penser favorites et de leur permettre d'exercer leur pouvoir et leur créativité. J'aime aussi la métaphore de la culture comme moyen de mettre l'accent sur l'importance du processus d'enaction, et la métaphore du politique en ce qu'elle permet de décoder les réseaux souvent enchevêtrés d'intérêts et de relations de pouvoir. La métaphore du cerveau est aussi une de celles que je préfère à cause du défi fondamental qu'elle lance au mode d'organisation bureaucratique, de même que celle du flux et de la transformation qui met en lumière les tendances et les contradictions qui imprègnent notre façon de vivre en général. J'estime que la métaphore de la domination nous aide à affronter la grossière exploitation et l'inégalité sur lesquelles reposent un grand nombre de nos organisations. J'apprécie certains aspects des métaphores de la machine et de l'organisme à cause des idées pratiques qu'elles nous offrent quand on s'en sert d'une façon contingente, et je suis partisan de la possibilité d'élaborer un cadre de référence d'inspiration écologique pour le développement interorganisationnel.

Compte tenu de mes idées, je crois fermement que nous devons nous débarrasser de la pensée bureaucratique et instaurer dans les organisations de nouveaux modes d'interaction qui seront plus égalitaires et qui contribueront à réduire les possibilités d'exploitation des uns par d'autres.

Le choix que j'ai fait des métaphores étudiées dans ces pages est évidemment incomplet. Alors que j'ai tenté de traiter de certaines des métaphores les plus importantes parmi celles qui déterminent la façon dont nous organisons aujourd'hui, il en est d'autres qui mériteraient notre attention, et quelques-unes des métaphores traitées pourraient occuper une place plus importante que celle que nous leur avons accordée. Par exemple, on pourrait me dire que j'aurais dû donner plus d'importance à la métaphore de l'armée, ou aux organisations vues comme des équipes, des anarchies, des idéologies, des prisons, des théâtres, et bien d'autres. Toutefois, il est facile d'utiliser ces métaphores ou d'autres dans une analyse concrète, en adoptant le style de pensée métaphorique que j'ai essayé de développer.

Mon analyse a déjà soulevé de nombreuses questions que les contraintes de temps et d'espace m'ont forcé à laisser de côté. Par exemple, il serait nécessaire d'expliquer le pouvoir et l'attraction des différentes métaphores en allant au-delà de ce que j'ai amorcé dans ma réflexion sur leurs forces et leurs limites. Il serait nécessaire aussi d'expliquer pourquoi certaines métaphores ont exercé une telle influence et de comprendre leur rôle en tant que constructions idéologiques. Il faudrait déterminer si certaines métaphores donnent trop d'importance au point de vue des dirigeants, ce qui aurait pour conséquence de supprimer des possibilités plus démocratiques. Il serait également nécessaire de se demander si la façon de penser la gestion que j'ai tenté d'élaborer dans le présent ouvrage servira effectivement à changer les organisations, ou si elle ne fera que renforcer les modèles de contrôle existants. Poursuivre l'étude critique de ces interrogations et d'autres que je n'ai pas abordées permettra de situer dans une perspective plus large les questions et enjeux que j'ai soulevés, ainsi que les mérites de la démarche que j'ai proposée pour les étudier.

Bibliographie

Abeglen, J. G. *The Japanese Factory*. Glencoe, IL : Free Press, 1974.

Abraham, K. *Selected Papers*. London : Hogarth Press, 1927.

* Abravanel, H. et al. *La culture organisationnelle : aspects théoriques, pratiques et méthodologiques*. Montréal : Gaëtan Morin, 1988.

Ackoff, R. L. et F. E. Emery. *On Purposeful Systems*. Chicago : Aldine, 1972.

* Actes du colloque : *Santé – sécurité et culture du travail*. Montréal : Université de Montréal, Faculté de l'éducation permanente, mai 1989.

* Actes du colloque : *Travail et pratiques langagières*. Paris : Université de Paris VII, à paraître.

* Adam, G. et J.-D. Reynaud. *Conflits de travail et changement social*. Paris : Presses universitaires de France, 1978.

Adler, A. *Understanding Human Nature*. New York : Greenburg, 1927.

* Adler, A. *Connaissance de l'homme*. Paris : Payot, 1955.

Agthe, K. E. «Mitbestimmung : Report on a Social Experiment». *Business Horizons*, 5-14, 1977.

Ahituv, N. et S. Neumann. *Principles of Information Systems for Management*. Dubuque, IA : W. C. Brown, 1982.

* Les ouvrages affectés d'un astérisque sont des ajouts à la bibliographie originale.

* Aktouf, O. « À propos du management », pp. 366-388 dans A. Chanlat et M. Dufour (dir.). *La rupture entre l'entreprise et les hommes. Le point de vue des sciences de la vie.* Montréal : Québec/Amérique; Paris : Éditions d'Organisation, 1985.

* Aktouf, O. *Le travail industriel contre l'homme ?* Alger : Entreprise nationale du livre/Office des publications universitaires, 1986a.

* Aktouf, O. « Une vision interne des rapports de travail : le cas de deux brasseries ». *Le travail humain,* 49(3) : 238-248, septembre 1986b.

* Aktouf, O. « La parole dans la vie de l'entreprise : faits et méfaits ». *Gestion. Revue internationale de gestion,* 11(4) : 31-37, novembre 1986c.

* Aktouf, O. et M. Chrétien. « Le cas Cascades. Comment se crée une culture organisationnelle ». *Revue française de gestion,* 65-66 : 156-166, novembre-décembre 1987.

* Aktouf, O. *Culture d'entreprise, éthique catholique et esprit du capitalisme : une expérience québécoise.* Montréal : École des H.É.C., 1988a (inédit).

* Aktouf, O. « La communauté de vision au sein de l'entreprise : exemples et contre-exemples », pp. 71-98 dans G. L. Symons (dir.). *La culture des organisations.* Montréal : Institut québécois de recherche sur la culture, « Questions de culture » (14), 1988b.

* Aktouf, O. « Culture organisationnelle, habiletés et tâches du gestionnaire de projet », dans M. Crener et P. Beaulieu (dir.). *Gestion de projets : concepts et pratiques.* Québec : Presses de l'Université du Québec; Paris : Hommes et techniques, à paraître.

* Aktouf, O. « Symbolisme et culture d'entreprise : des abus conceptuels aux leçons du terrain », dans J.-F. Chanlat (dir.). *Individu et organisation : les dimensions oubliées.* Québec : Presses de l'Université Laval; Paris : ESKA, à paraître.

Alderfer, C. P. « A New Theory of Human Needs ». *Organizational Behavior and Human Performance,* 4 : 142-175, 1969.

Alderfer, C. P. *Existence, Relatedness and Growth.* New York : Free Press, 1972.

Aldrich, H. *Organizations and Environments.* Englewood Cliffs, NJ : Prentice-Hall, 1979.

Alexander, C. *Notes on the Synthesis of Form.* Cambridge : Harvard University Press, 1964.

* Alexander, C. *De la synthèse de la forme.* Paris : Dunod, 1971.

Alford, L. P. *Henry Lawrence Gantt, Leader in Industry.* New York : Harper & Row, 1934.

* Allaire, Y. et M. E. Firsirotu. « Organisations, stratégies et environnements turbulents ». *Gestion. Revue internationale de gestion,* 7(2) : 20-33, avril 1982.

* Allaire, Y. et M. E. Firsirotu. « La stratégie en deux temps trois mouvements ». *Gestion.Revue internationale de gestion,* 9(2) : 13-30, avril 1984.

* Allaire, Y. et M. E. Firsirotu. « Révolutions culturelles dans les grandes organisations : la gestion des stratégies radicales », pp. 197-226 dans H. Abravanel *et al. La culture organisationnelle : aspects théoriques, pratiques et méthodologiques.* Montréal : Gaëtan Morin, 1988.

Allen, R. W. et L. W. Porter (dir.). *Organizational Influence Processes.* Glenview, IL : Scott Foresman, 1983.

Allen, V. L. *Social Analysis : A Marxist Critique and Alternative.* London : Longman, 1975.

Althusser, L. *For Marx.* London : New Left Books, 1969.

* Althusser, L. *Pour Marx*. Paris : François Maspero, 1965.
  Althusser, L. et É. Balibar. *Reading Capital*. London : New Left Books, 1970.
* Althusser, L. et É. Balibar. *Lire Le Capital*. (1ʳᵉ édition, 1965) Paris : François Maspero, 1973.
* Amado, G. et A. Guittet. *La dynamique des communications dans les groupes*. Paris : Armand Colin, 1975.
* Amado, G. « Cohésion organisationnelle et illusion collective ». *Revue française de gestion*, 69 (juin-juillet-août) : 37-43, 1988.
* Amin, S. *Le développement inégal*. Paris : Éditions de Minuit, 1973.
* Amours, M. d'. « Expro : éliminer le travailleur à la source ». *Vie ouvrière*, 33(10) : 68-70, mai-juin 1985.
* Ampère, A.-M. *Théorie mathématique des phénomènes électrodynamiques uniquement déduite de l'expérience*. Paris, 1827.
* Andler, D. « Progrès en situation d'incertitude ». *Le Débat*, 47 : 5-25, 1987.
* Anzieu, D. *et al. Le travail psychanalytique dans les groupes*. 2 vol. (1ʳᵉ édition, 1972) Paris : Dunod, 1982-1983.
* Anzieu, D. et J.-Y. Martin. *La dynamique des groupes restreints*. (1ʳᵉ édition, 1968) Paris : Presses universitaires de France, 7ᵉ édition, 1982.
* Apostel, L. *Logique et dialectique*. Gent : Communication et cognition, 1979.
* Archier, G. et H. Sérieyx. *L'entreprise du 3ᵉ type*. Paris : Éditions du Seuil, 1984.
* Archier, G. et H. Sérieyx. *Pilotes du 3ᵉ type*. Paris : Éditions du Seuil, 1986.
  Argyris, C. *Personality and Organization*. New York : Harper & Row, 1957.
  Argyris, C. *Integrating the Individual and the Organization*. New York : John Wiley, 1964.
* Argyris, C. *Participation et organisation*. Paris : Dunod, 1970.
  Argyris, C. *Reasoning, Learning and Action*. San Francisco : Jossey-Bass, 1982.
  Argyris, C. et D. A. Schön. *Theory in Practice*. San Francisco : Jossey-Bass, 1974.
  Argyris, C. et D. A. Schön. *Organizational Learning : A Theory of Action Perspective*. Reading, MA : Addison-Wesley, 1978.
  Aristotle. *On the Movement of Animals*. Cambridge, MA : Harvard University Press, 1937.
* Aristote. « Sur le mouvement des animaux », dans Aristote. *Œuvres d'Aristote*. Vol. 7. Paris : Ladrange, Durand, Alcan, Hachette, 1839-1892.
  Aristotle. *The Politics*. Oxford : Clarendon, 1946.
* Aristote. « Politique », dans Aristote. *Œuvres d'Aristote*. Vol. 1. Paris : Ladrange, Durand, Alcan, Hachette, 1839-1892.
  Aristotle. *Rhetoric*. Oxford : Oxford University Press, 1946a.
* Aristote. « Rhétorique », dans Aristote. *Œuvres d'Aristote*. Vol. 17-18. Paris : Ladrange, Durand, Alcan, Hachette, 1839-1892.
  Aristotle. *The Poetics*. Cambridge : Cambridge University Press, 1968.
* Aristote. « Poétique », dans Aristote. *Œuvres d'Aristote*. Vol. 11. Paris : Ladrange, Durand, Alcan, Hachette, 1839-1892.
  Aronowitz, S. *False Promises*. New York : McGraw-Hill, 1973.
  Ashby, W. R. *Design for a Brain*. New York : John Wiley, 1952.
  Ashby, W. R. *An Introduction to Cybernetics*. London : Chapman & Hall, 1960.
* Ashby, R. *Introduction à la cybernétique*. Paris : Dunod, 1958.
  Ashford, N. *Crisis in the Workplace : Occupational Disease and Injury*. Cambridge, MA : MIT Press, 1976.

Ashton, D. S. « U.S. Investments in Canada ». *Worldwide P&I Planning*, septembre 1968.

Astley, W. G. « Toward an Appreciation of Collective Strategy ». *Academy of Management Review*, 9 : 526-535, 1984.

Astley, W. G. et C. J. Fombrun. « Technological Innovation and Industrial Structure : The Case of Telecommunications », pp. 205-229 dans *Advances in Strategic Management*. Greenwich, CT : JAI Press, 1983.

Astley, W. G. et A. H. Van de Ven. « Central Perspectives and Debates in Organization Theory » *Administrative Science Quarterly*, 28 : 245-273, 1983.

Atkinson, A. B. *The Economics of Inequality*. New York : Oxford University Press, 1983.

* Atlan, H. *L'organisation biologique et la théorie de l'information*. Paris : Hermann, 1972.

* Atlan, H. *Entre le cristal et la fumée. Essai sur l'organisation du vivant*. Paris : Éditions du Seuil, 1979.

* Atlan, H. « L'émergence du nouveau et du sens », pp. 115-130 dans P. Dumouchel et J.-P. Dupuy (dir.). *L'auto-organisation. De la physique au politique*. Paris : Éditions du Seuil, 1983.

* Atlan, H. *À tort et à raison*. Paris : Éditions du Seuil, 1986.

* Attali, J. *L'ordre cannibale*. Paris : Fayard, 1979.

* Attali, J. *L'histoire du temps*. Paris : Fayard, 1982.

* Aubert, N. *Le pouvoir usurpé ? Femmes et hommes dans l'entreprise*. Paris : Robert Laffont, 1982.

* Aubert, N., E. Enriquez et V. de Gaulejac (dir.). *Le sexe du pouvoir*. Paris : Épi, 1986.

Austin, L. (dir.). *Japan : The Paradox of Progress*. New Haven, CT : Yale University Press, 1976.

Babbage, C. *On the Economy of Machinery and Manufactures*. London : Charles Knight, 1832.

* Babbage, C. *Traité sur l'économie des machines et des manufactures*. Paris : Bachelier, 1833.

Bacharach, S. B. et E. J. Lawler. *Power and Politics in Organizations*. San Francisco, Jossey-Bass, 1980.

* Bachelard, G. *Le nouvel esprit scientifique*. Paris : Presses universitaires de France, 1934.

* Bachelard, G. *La formation de l'esprit scientifique*. Paris : J. Vrin, 1938.

* Bachelard, G. *Le rationalisme appliqué*. Paris : Presses universitaires de France, 1949.

Bachofen, J. J. *Myth, Religion, and Mother-Right*. London : Routledge & Kegan Paul, 1968.

Bachrach, P. et M. S. Baratz. « Two Faces of Power ». *American Political Science Review*, 56 : 947-952, 1962.

* Bachrach, P. et M. S. Baratz. « Les deux faces du pouvoir », pp. 61-73 dans P. Birnbaum. *Le pouvoir politique*. Paris : Dalloz, 1975.

Bachrach, P. et M. S. Baratz (dir.). *Power and Poverty*. New York : Oxford University Press, 1970.

Bailey, A. « Coronary Disease : The Management Killer ». *Journal of General Management*, 3 : 72-80, 1973.

Baker, K. « Textile Industry vs. Brown Lung ». *The Washington Post*, 28 novembre : 19, 1980.

Bakunin, M. *Marxism, Freedom and the State*. London : Freedom Press, 1950.
Bakunin, M. *The Political Philosophy of Bakunin*. New York : Free Press, 1964.
* Bakounine, M. *Œuvres complètes de Bakounine*. Paris : Éditions Champ libre, 1982-.
* Balandier, G. *Anthropologie politique*. Paris : Presses universitaires de France, 1967.
* Balandier, G. *Sens et puissance. Les dynamiques sociales*. Paris : Presses universitaires de France, 1971.
Bales, R. F. *Interaction Process Analysis*. Cambridge, MA : Addison-Wesley, 1950.
* Balle, C. et J.-L. Peaucelle. *Le pouvoir informatique dans l'entreprise*. Paris : Éditions d'Organisation, 1972.
Baran, P. et P. M. Sweezy. *Monopoly Capital*. New York, Monthly Review Press, 1966.
* Baran, P. et P. M. Sweezy. *Le capitalisme monopoliste*. Paris : François Maspero, 1968.
Barnard, C. *The Functions of the Executive*. Cambridge, MA : Harvard University Press, 1938.
Baron, H. « The Demand for Black Labor », pp. 368-381 dans R. C. Edwards, M. Reich et D. Gordon (dir.). *Labor Market Segmentation*. Lexington, MA : D. C. Heath, 1975.
Bateson, G. *Naven*. Cambridge : Cambridge University Press, 1936.
* Bateson, G. *La cérémonie du Naven*. Paris : Éditions de Minuit, 1971.
Bateson, G. *Steps to an Ecology of Mind*. New York : Ballantine Books, 1972.
* Bateson, G. *Vers une écologie de l'esprit*. Paris : Éditions du Seuil, 1977.
Bateson, G. *Mind and Nature*. New York : Bantam Books, 1979.
* Bateson, G. *La nature et la pensée*. Paris : Éditions du Seuil, 1984.
* Bauer, M. et E. Cohen. « Les limites du pouvoir des cadres; l'organisation de la négociation comme moyen d'exercice de la domination ». *Sociologie du travail*, 22(3) : 276-299, 1980.
* Bauer, M. et E. Cohen. *Qui gouverne les groupes industriels ?* Paris : Éditions du Seuil, 1981.
Baxter, B. *Alienation and Authenticity*. London : Tavistock, 1982.
* Beaume, J.-L. *La technologie introuvable*. Paris : J. Vrin, 1980.
Becker, E. *The Denial of Death*. New York : Free Press, 1973.
Beckett, S. *Endgame*. New York : Faber, 1958.
* Beckett, S. *Fin de sortie*. Paris : Éditions de Minuit, 1957.
Beckett, S. *Waiting for Godot*. New York : Faber, 1965.
* Beckett, S. *En attendant Godot*. Paris : Éditions de Minuit, 1970.
Beer, M. *Organization Change and Development*. Santa Monica, CA : Goodyear, 1980.
Beer, S. *Cybernetics and Management*. New York : John Wiley, 1959.
Beer, S. *Brain of the Firm*. New York : Herder & Herder, 1972.
* Beer, S. *Neurologie de l'entreprise*. Paris : Presses universitaires de France, 1979.
Begley, S. J. et R. Sawhill. « How the Brain Works ». *Newsweek*, 7 février : 40-47, 1983.
Bello, W., D. Kindley et E. Elinson. *Development Debacle : The World Bank in the Philippines*. San Francisco : Institute for Food and Development Policy, 1982.
Bendix, R. *Work and Authority in Industry*. New York : John Wiley, 1956.

Bennis, W. G. *Changing Organizations.* New York : McGraw-Hill, 1966.
Bennis, W. G. et B. Nanus. *Leaders : The Strategies for Taking Charge.* New York : Harper & Row, 1985.
* Bennis, W. G. et B. Nanus. *Diriger.* Paris : InterÉditions, 1985.
Benson, J. K. «The Analysis of Bureaucratic-Professional Conflict». *Sociological Quarterly,* 14 : 376-394, 1973.
Benson, J. K. «The Interorganizational Network as a Political Economy». *Administrative Science Quarterly,* 20 : 229-249, 1975.
Benson, J. K. «A Dialectical Method for the Study of Organizations», pp. 331-346 dans Gareth Morgan (dir.). *Beyond Method :Strategies for Social Research.* Beverly Hills, CA : Sage, 1983.
Benson, J. K. et C. J. Jenkins. «Interorganizational Networks and the Theory of the State». Présenté aux American Sociological Association Meetings, San Francisco, 1978.
Bentley, A. F. *The Process of Government.* Cambridge, MA : Harvard University Press, 1908.
Bentov I. *Stalking the Wild Pendulum.* New York : Dutton, 1977.
Berger, J. et J. Mohr. *A Seventh Man.* Harmondsworth : Penguin, 1975.
* Berger, J. et J. Mohr. *Le septième homme.* Paris : François Maspero, 1976.
Berger, P. et T. Luckmann. *The Social Construction of Reality.* Garden City, NY : Anchor, 1967.
* Berger, P. et T. Luckmann. *La construction sociale de la réalité.* Paris : Méridiens-Klincksieck, 1986.
Berger, S. et M. Piore. *Dualism and Discontinuity in Industrial Societies.* New York : Cambridge University Press, 1980.
Bergmann, A. E. «Industrial Democracy in Germany — The Battle for Power». *Journal of General Management,* 20-29, 1975.
Berman, D. M. *Death on the job.* New York : Monthly Review Press, 1978.
* Bernardin, R. «Bhopal : la règle du «double standard» ». *Relations,* 508 : 62-63, mars 1985.
* Bernoux, P. *Sociologie des organisations.* Paris : Éditions du Seuil, 1985.
* Berry, M. *Une technologie invisible ? L'impact des instruments de gestion sur l'évolution des systèmes humains.* Paris : Centre de recherche en gestion, École polytechnique, juin 1983.
Bertalanffy, L. von. «The Theory of Open Systems in Physics and Biology», *Science,* 3 : 23-29, 1950.
Bertalanffy, L. von. *General Systems Theory : Foundations, Development, Applications.* New York : Braziller, 1968.
* Bertalanffy, L. von. *Théorie générale des systèmes : physique, biologie, psychologie, sociologie, philosophie.* Paris : Dunod, 1973.
Bettelheim, B. *The Uses of Enchantment : The Meaning and Importance of Fairy Tales.* New York : Vintage, 1977.
* Bettelheim, B. *Psychanalyse des contes de fée.* Paris; Robert Laffont, 1976.
* Bettelheim, C. *Calcul économique et forme de propriété.* Paris : François Maspero, 1976.
Beynon, H. *Working for Ford.* London : Allen Lane, 1973.
Bhaskar, R. *A Realist Theory of Science.* Hassocks, Sussex : Harvester Press, 1978.
Bion, W. R. *Experiences in Groups.* New York : Basic Books, 1959.
* Bion, W. R. *Recherches sur les petits groupes.* Paris : Presses universitaires de France, 1965.

Birchall, D. W. et V. J. Hammond. *Tomorrow's Office Today*. New York : John Wiley, 1981.

Bittner, E. « On the Concept of Organization ». *Social Research*, 32 : 239-255, 1965.

Black, M. *Models and Metaphors*. Ithaca, NY : Cornell University Press, 1962.

Blackburn, R. M. et M. Mann. *The Working Class in the Labor Market*. London : Macmillan, 1979.

Blake, R. et J. S. Mouton. *The Managerial Grid*. Houston : Gulf Publishing, 1964.

* Blake, R. et J. S. Mouton. *Les deux dimensions du management*. Paris : Éditions d'Organisation, 1969.

Blau, P. M. et W. R. Scott. *Formal Organizations*. San Francisco : Chandler, 1962.

Blau, P. M. *Exchange and Power in Social Life*. New York : John Wiley, 1964.

Blauner, R. *Alienation and Freedom*. Chicago : University of Chicago Press, 1964.

Bohm, D. « The Implicate Order : A New Order for Physics ». *Process Studies*, 8 : 73-102, 1978.

Bohm, D. *Wholeness and the Implicate Order*. London : Routledge & Kegan Paul, 1980a.

* Bohm, D. *La plénitude de l'univers*. Paris : Rocher, 1987.

Bohm, D. « The Enfolded Order and Consciousness », dans G. Epstein (dir.). *Studies in Non-Deterministic Psychology*. New York : Human Sciences Press, 1980b.

* Boirel, R. *Le mécanisme*. Paris : Presses universitaires de France, 1982.

* Boisvert, M. *L'approche sociotechnique*. Montréal : Agence d'Arc, 1980a.

* Boisvert, M. *Le manager et la gestion*. Montréal : Agence d'Arc, 1980b.

Boland, R. J. et R. Hoffman. « Humor in a Machine Shop », pp. 187-198 dans L. Pondy, P. Frost, G. Morgan et T. Dandridge (dir.). *Organizational Symbolism*. Greenwich, CT : JAI Press, 1983.

* Bonnet, A. *L'intelligence artificielle. Promesses et réalités*. Paris : InterÉditions, 1984.

* Bonnin, C. *Principes d'administration publique*. Paris, 1812.

* Borel, M.-J., J.-B. Grize et D. Miéville. *Essai de logique naturelle*. Berne : Peter Lang, 1983.

* Borzeix, A. « Ce que parler peut faire ». *Sociologie du travail*, 29 (2) : 157-176, 1987.

* Bosche, M. « *Corporate Culture* : la culture sans histoire ». *Revue française de gestion*, 47-48 : 29-39, septembre-octobre 1984.

Bottomore, T. B. *Elites and Society*. Harmondsworth : Penguin, 1966.

* Bouchard, G. *Le procès de la métaphore*. Montréal : Hurtubise HMH, 1984.

* Bouchard, S. « Nous autres les gars de *truck* : Essai sur la culture et l'idéologie des camionneurs de longue distance du Nord-Ouest québécois ». Thèse de Ph.D., Montréal : Université McGill, 1980.

* Bouchard, S. « Être « truckeur » (routier) », pp. 331-362 dans A. Chanlat et M. Dufour (dir.). *La rupture entre l'entreprise et les hommes. Le point de vue des sciences de la vie*. Montréal : Québec / Amérique; Paris : Éditions d'Organisation, 1985.

* Boudon, R. « Remarques sur la notion de fonction ». *Revue française de sociologie*, 8(2) : 198-206, 1967a.

* Boudon, R. *L'analyse mathématique des faits sociaux.* Paris : Plon, 1967b.
* Boudon, R. *Effets pervers et ordre social.* Paris : Presses universitaires de France, 1977.
* Boudon, R. *La place du désordre. Critique des théories du changement social.* Paris : Presses universitaires de France, 1984.
  Boulding, K. E. *The Image.* Ann Arbor : University of Michigan Press, 1956a.
  Boulding, K. E. « General Systems Theory — The Skeleton of Science ». *Management Science,* 2 : 197-208, 1956b.
  Boulding, K. E. *Evolutionary Economics.* Beverly Hills, CA : Sage, 1981.
* Bourdieu, P. *Ce que parler veut dire.* Paris : Fayard, 1984.
* Bourdieu, P. et J.-C. Passeron. *La reproduction.* Paris : Éditions de Minuit, 1970
* Bourgoin, H. *L'Afrique malade du management.* Paris : Jean Picollec (Perspective 2001), 1984.
  Bower, J. « Managing for Efficiency, Managing for Equity ». *Harvard Business Review,* 83-90, août 1983.
  Brandt, W. *North-South : A Program for Survival.* Cambridge, MA : MIT Press, 1980.
* Brandt, W. *Nord-Sud : un programme de survie.* Paris : Gallimard, 1980.
  Braverman, H. *Labor and Monopoly Capital.* New York : Monthly Review Press, 1974.
* Braverman, H. *Travail et capitalisme monopoliste.* Paris : François Maspero, 1976.
  Braybrooke, D. et C. E. Lindblom. *A Strategy of Decision.* New York : Free Press, 1963.
* Brillouin, L. *La science et la théorie de l'information.* Paris : Masson, 1956.
* Bronckart, J.-P. *Théories du langage. Une introduction critique.* Bruxelles : Pierre Mardaga, 1983.
  Brooke, M. Z. et H. L. Remmers. *The Strategy of Multi-National Enterprise.* New York : American Elsevier, 1970.
  Brown, B. *Marx, Freud, and the Critique of Everyday Life.* New York : Monthly Review Press, 1973.
  Brown, L. D. « Managing Conflict Among Groups », pp. 225-237 dans D. A. Kolb, I. M. Rubin et J. McIntyre (dir.). *Organizational Psychology.* Englewood Cliffs, NJ : Prentice-Hall, 1983.
  Brown, N. O. *Life Against Death.* Middletown, CT : Wesleyan University Press, 1959.
  Brown, R. H. *A Poetic for Sociology.* New York : Cambridge University Press, 1977.
* Brun, J. *La main et l'esprit.* Genève : Labor; Montréal : Fides, 1986.
* Bruyne, P. de. *Modèles de décision. Les rationalités de l'action.* Louvain : Centre d'études praxéologiques, 1981.
  Bryer, R., T. J. Brignall et A. R. Maunders. *Accounting for British Steel.* London : Gower Press, 1982.
  Buckley, W. *Sociology and Modern Systems Theory.* Englewood Cliffs, NJ : Prentice-Hall, 1967.
  Buckley, W. (dir.). *Modern Systems Research for the Behavioral Scientist.* Chicago : Aldine, 1968.
* Buican, D. *Darwin et le darwinisme.* Paris : Presses universitaires de France, 1987.
  Bukharin, N. *Historical Materialism : A System of Sociology.* New York : Russell & Russell, 1962.

Bukharin, N. *Imperialism and World Economy.* London : Merlin, 1972.
* Buharin, N. *L'économie mondiale et l'impérialisme.* Paris : Anthropos, 1971.
* Burdeau, G. *Traité de science politique.* 10 vol. Paris : Librairie générale de droit et de jurisprudence, 1966-1977.
Burke, K. *A Grammar of Motives and a Rhetoric of Motives.* Cleveland, OH : Meridian, 1962.
Burke, K. « Dramatism », dans D. Sills (dir.). *International Encyclopaedia of the Social Sciences.* New York : Macmillan, 1968.
Burke, R. J. et T. Weir. « Coping with the Stress of Managerial Occupations », pp. 299-335 dans C. L. Cooper et R. Payne (dir.). *Current Concerns in Occupational Stress.* London : Wiley, 1980.
Burns, J. M. *Leadership.* New York : Harper & Row, 1978.
Burns, R. D. *The Uncertain Nervous System.* London : Arnold, 1968.
Burns, T. et G. M. Stalker. *The Management of Innovation.* London : Tavistock, 1961.
Burns, T. « Micropolitics : Mechanisms of Organizational Change ». *Administrative Science Quarterly,* 6 : 257-281, 1961.
Burawoy, M. *Manufacturing Consent.* Chicago : University of Chicago Press, 1979.
Burrell, G. « Sex and Organizational Analysis ». *Organization Studies,* 5 : 97-118, 1984.
Burrell, G. et G. Morgan. *Sociological Paradigms and Organizational Analysis.* London : Heinemann Educational Books, 1979.
Business Week Reporters. « Ford After Henry II : Will He Really Leave ? ». *Business Week,* 30 avril : 62-72, 1979.
* Caillé, A. *Critique de la raison utilitaire.* Paris : La Découverte, 1989.
* Caillies, A. *France-Japon. Confrontation culturelle dans les entreprises mixtes.* Paris : Méridiens-Klincksieck, 1986.
Campbell, D. T. « Variation and Selective Retention in Socio-Cultural Evolution ». *General Systems,* 16 : 69-85, 1969.
Camus, A. *The Outsider.* London : Hamilton, 1946.
* Camus, A. « L'étranger », dans A. Camus. *Œuvres complètes.* Paris : Gallimard, 1962.
Capra, F. *The Tao of Physics.* New York : Wildwood House, 1975.
* Capra, F. *Le tao de la physique.* Paris : Tchou, 1979.
Carr, A. Z. *Business as a Game.* New York : Mentor, 1968.
Cassirer, E. *Language and Myth.* New York : Dover Publications, 1946.
* Cassirer, E. *Langage et mythe : à propos des noms des dieux.* Paris : Éditions de Minuit, 1973.
Casson, M. *The Growth of International Business.* London : Allen & Unwin, 1983.
* Cassou, B. (dir.). *Les risques du travail.* Paris : La Découverte, 1986.
Castles, S. et G. Kosack. *Immigrant Workers and Class Structures in Western Europe.* New York : Oxford University Press, 1973.
* Castoriadis, C. *L'institution imaginaire de la société.* Paris : Éditions du Seuil, 1975.
* Castoriadis, C. *Les carrefours du labyrinthe.* Paris : Éditions du Seuil, 1978.
* Castoriadis, C. « La logique des magmas et la question de l'autonomie », pp. 421-443 dans P. Dumouchel et J.-P. Dupuy (dir.). *L'auto-organisation. De la physique au politique.* Paris : Éditions du Seuil, 1983.

* Cessieux, R. *Recherches sur les processus de la division du travail.* Grenoble : Université des sciences sociales de Grenoble, Institut de recherche économique et de planification, 1976.

Chandler, A. *Strategy and Structure.* Cambridge, MA : MIT Press, 1962.

* Chandler, A. *Stratégie et structure de l'entreprise.* Paris : Éditions d'Organisation, 1972.

Chandler, A. *The Visible Hand.* Cambridge, MA : Harvard University Press, 1977.

* Changeux, J.-P. *L'homme neuronal.* Paris : Fayard, 1983.

* Chanlat, A., André Bolduc et Daniel Larouche. *Gestion et culture d'entreprise, le cheminement d'Hydro-Québec.* Montréal : Québec / Amérique, 1984.

* Chanlat, A. et M. Dufour (dir.). *La rupture entre l'entreprise et les hommes. Le point de vue des sciences de la vie.* Montréal : Québec / Amérique; Paris : Éditions d'Organisation, 1985.

* Chanlat, J.-F. « Le stress et la santé des cadres de direction masculins. I : mythes et réalités. Le mythe du prix du succès ». *Gestion. Revue internationale de gestion,* 10(4) : 5-14, novembre 1985.

* Chanlat, J.-F. « Le stress et la santé des cadres de direction masculins. II : les réalités du stress professionnel ». *Gestion. Revue internationale de gestion,* 11(3) : 44-50, septembre 1986a.

* Chanlat, J.-F. « Le stress et la santé des cadres féminins : un premier bilan ». *Gestion. Revue internationale de gestion,* 11(4) : 53-61, novembre 1986b.

* Chanlat, J.-F. et F. Séguin. *L'analyse des organisations, une anthologie sociologique.* Vol. 2 : *Les composantes de l'organisation.* Montréal : Gaëtan Morin, 1987.

* Chardon, H. *Le pouvoir administratif.* Paris : Perrin, 1911.

Chatov, R. « Cooperation Between Government and Business », pp. 487-502 dans P.C. Nystrom and W. H. Starbuck (dir.). *Handbook of Organizational Design.* New York : Oxford University Press, 1981.

* Chauchard, P. *Le langage et la pensée.* Paris : Fayard, 1979.

* Chevallier, J. et D. Loschak. *Science administrative.* 2 vol. Paris : Librairie générale de droit et de jurisprudence, 1978.

* Chevallier, J. et D. Loschak. *La science administrative.* Paris : Presses universitaires de France, 1980.

Child, J. « Culture, Contingency and Capitalism in the Cross-National Study of Organizations », pp. 303-356 dans B. Staw et L. L. Cummings (dir.). *Research in Organizational Behavior.* Greenwich, CT : JAI Press, 1981.

Childe, V. G. *Man Makes Himself.* London : Fontana, 1946.

* Cicourel, A. V. *La sociologie cognitive.* Paris : Presses universitaires de France, 1979.

* Clastre, P. *La société contre l'État.* Paris : Éditions de Minuit, 1974.

Clegg, S. *Power, Rule and Domination.* London : Routledge & Kegan Paul, 1975.

Clegg, S. *The Theory of Power and Organization.* London : Routledge & Kegan Paul, 1979.

Clegg, S. « Organization and Control ». *Administrative Science Quarterly,* 26 : 545-562, 1981.

* Clegg, S. « Organisation et contrôle du procès de travail », pp. 397-418 dans J.-F. Chanlat et F. Séguin. *L'analyse des organisations. Une anthologie sociologique.* Vol. 2 : *Les composantes de l'organisation.* Montréal : Gaëtan Morin, 1987.

Clegg, S. et D. Dunkerley. *Organization, Class and Control*. London : Routledge & Kegan Paul, 1980.

Cleugh, J. *Love Locked Out : An Examination of the Irrepressible Sexuality of the Middle Ages*. New York : Crown, 1963.

Coates, K. *The New Worker Cooperatives*. Nottingham : Spokesman Books, 1976.

Coates, K. (dir.). *The Right to Useful Work*. Nottingham : Spokesman Books, 1978.

Coates, K. *Work-Ins, Sit-Ins and Industrial Democracy*. Nottingham : Spokesman Books, 1981a.

Coates, K. *How to Win*. Nottingham : Spokesman Books, 1981b.

Coates, K. et T. Topham. *Worker Control*. London : Panther, 1970.

Cohen, M. D., J. G. March et J. P. Olsen. « A Garbage Can Model of Organizational Choice ». *Administrative Science Quarterly*, 17 : 1-25, 1972.

Cole, R. E. *Work, Mobility and Participation : A Comparative Study of American and Japanese Industry*. Berkeley : University of California Press, 1979.

Colletti, L. *From Rousseau to Lenin*. London : New Left Books, 1972.

Colletti, L. « A Political and Philosophical Interview ». *New Left Review*, 86 : 3-28, 1974.

Colletti, L. « Introduction », pp. 7-56 dans K. Marx, *Early Writings*. London : Allen Lane, 1975a.

Colletti, L. « Marxism and the Dialectic ». *New Left Review*, 93 : 3-29, 1975b.

* Comte, A. *Discours sur l'ensemble du positivisme*. Paris : L. Mathias, 1848.

* Condominas, G. « Idéologie et organisation », pp. 287-306 dans A. Chanlat et M. Dufour (dir.). *La rupture entre l'entreprise et les hommes. Le point de vue des sciences de la vie*. Montréal : Québec / Amérique; Paris : Éditions d'Organisation, 1985.

Cooper, C. L. et J. Marshall. « Occupational Sources of Stress : A Review of the Literature Relating to Coronary Heart Disease and Mental Ill-Health ». *Journal of Occupational Psychology*, 49 : 11-28, 1976.

Cooper, C. L. et R. Payne (dir.). *Current Concerns in Occupational Stress*. New York : John Wiley, 1980.

Copley, F. B. *Frederick Taylor : Father of Scientific Management*, 2 vol. New York : Harper & Row, 1923.

Corwin, R. G. *Militant Professionalism*. New York : Appleton-Century-Crofts, 1970.

Coser, L. A. *The Functions of Social Conflict*. New York : Routledge & Kegan Paul, 1956.

* Coser, L. A. *Les fonctions du conflit social*. Paris : Presses universitaires de France, 1982.

* Cossette, P. *La cartographie cognitive au service de l'étude des organisations : la vision de l'entreprise chez des propriétaires-dirigeants de PME*. Québec : Université Laval, Faculté des sciences de l'administration, Document de travail, 1988a.

* Cossette, P. *La cartographie cognitive : une introduction critique*. Québec : Université Laval, Faculté des sciences de l'administration, Document de travail, 1988b.

* Cossette, P. (dir.). *Cartographie cognitive et organisation*. Québec : Presses de l'Université Laval, à paraître.

* Cottereau, A. (dir.). « L'usure au travail ». *Le mouvement social*, 124 (numéro spécial), 1983.

* Couffignal, L. *Information et cybernétique. Les notions de base.* Paris : Gauthier-Villars, 1958.
* Couffignal, L. *La cybernétique.* Paris : Presses universitaires de France, 1963.
* Courdy, J. C. *Les Japonais : la vie de tous les jours dans l'empire du soleil levant.* Paris : Belfond, 1979.
* Cournot, A. A. *Recherches sur les principes mathématiques de la théorie des richesses.* Paris : Hachette, 1838.
  Coward, R. *Patriarchal Precedents : Sexuality and Social Relations.* London : Routledge & Kegan Paul, 1983.
* Crener, M. et B. Monteil. *Principes de management.* Montréal : Presses de l'Université du Québec, 1979.
  Crick, B. *In Defense of Politics.* Harmondsworth : Penguin, 1964.
  Crozier, M. *The Bureaucratic Phenomenon.* London : Tavistock, 1964.
* Crozier, M. *Le phénomène bureaucratique.* Paris : Éditions du Seuil, 1963.
* Crozier, M. *Le monde des employés de bureau.* Paris : Éditions du Seuil, 1965.
* Crozier, M. *La société bloquée.* Paris : Éditions du Seuil, 1970.
* Crozier, M. *et al. Où va l'administration française ?* Paris : Éditions d'Organisation, 1974.
* Crozier, M. et E. Friedberg. *L'acteur et le système.* Paris : Éditions du Seuil, 1977.
* Crozier, M. *Le mal américain.* Paris : Éditions du Seuil, 1980.
* Crozier, M. *État moderne, État modeste.* Paris : Fayard, 1987.
  Culbert, S. et J. McDonough. *The Invisible War : Pursuing Self-Interest at Work.* Toronto : John Wiley, 1980.
  Cumming, P. *The Power Handbook.* Boston : CBI Publishing, 1981.
  Cyert, R. M. et J. G. March. *A Behavioral Theory of the Firm.* Englewood Cliffs, NJ : Prentice-Hall, 1963.
* Cyert, R. M. et J. G. March. *Processus de décision dans l'entreprise.* Paris : Dunod, 1970.
  Dahl, R. A. « The Concept of Power ». *Behavioral Science,* 2 : 201-215, 1957.
  Dalton, M. *Men Who Manage.* New York : John Wiley, 1959.
* Danchin, A. « Les bases cérébrales du langage : proposition pour un modèle », *Le Débat,* 47 : 158-171, 1987.
* Danzin, A. « Technologies de l'information et évolution sociale ». *Futuribles,* 97 : 3-20, mars 1986.
* Daumas, M. (dir.). *Histoire de la science.* Paris : Gallimard, 1957.
* Daumas, M. *Histoire générale des techniques.* Paris : Presses universitaires de France, 1968.
* Daumas, M. *Les grandes étapes de la pensée technique.* Paris : Presses universitaires de France, 1981.
* Daval, R. *Logique de l'action individuelle.* Paris : Presses universitaires de France, 1981.
  Davis, S. M. et P. R. Lawrence. *Matrix.* Reading, MA : Addison-Wesley, 1977.
  Deal, T. E. et A. A. Kennedy. *Corporate Cultures.* Reading, MA : Addison-Wesley, 1982.
* Dégot, V. *La culture d'entreprise : mythe ou réalité.* Paris : École polytechnique, CNRS-CRG, Document de recherche, 1984.
* Dejours, C. *Le travail, usure mentale : essai de psychopathologie du travail.* Paris : Le Centurion, 1980.
* Dejours, C., C. Veil et A. Wisner. *Psychopathologie du travail, vieillissement et travail.* Paris : Entreprise moderne d'édition, 1985.

Delahanty, F. et G. Gemill. « The Back Hole in Group Development ». Présenté aux Academy of Management Meetings, New York, 1982.
* Demailly, A. et J.-L. Le Moigne (dir.). *Sciences de l'intelligence. Sciences de l'artificiel.* Lyon : Presses universitaires de Lyon, 1986.
Denhardt, R. B. *In the Shadow of Organization.* Lawrence, KA : Regents Press, 1981.
Descartes, R. *Discourse on Method.* London : Penguin, 1968.
* Descartes, R. « Le discours de la méthode : pour bien conduire sa raison et chercher la vérité dans les sciences », pp. 547-650 dans R. Descartes. *Œuvres philosophiques.* Vol. 1, *1618-1637.* Paris : Bordas (Classiques Garnier), 1988.
* Descartes, R. « Le monde et le traité de l'homme », pp. 305-480 dans R. Descartes. *Œuvres philosophiques.* Vol. 1, *1618-1637.* Paris : Bordas (Classiques Garnier), 1988.
* Déseurmaux, A. « À propos de la culture ou de l'amnésie... des chercheurs en gestion ». *Cahiers de recherche,* IAE de Lille, Université des sciences et techniques, 1, 1986.
Devons, E. « Statistics as a Basis for Policy », pp. 122-137 dans E. Devons. *Essays in Economics.* London : Allen & Unwin, 1961.
Dill, W. R. « Environment as an Influence on Managerial Autonomy ». *Administrative Science Quarterly,* 2 : 409-443, 1958.
* Dion, S. *La politisation des mairies.* Paris : Économica, 1986.
Dodson-Gray, E. *Patriarchy as a Conceptual Trap.* Wellesley, MA : Roundtable Press, 1982.
Donahue, T. R. « Collective Bargaining, Codetermination, and the Quality of Work ». *World of Work Report,* 1, 1976.
* Donnadieu, G. « Un nouveau regard sur l'entreprise ». *Personnel,* 286 : 14-26, mai 1987.
Dore, R. *British Factory, Japanese Factory.* London : Allen & Unwin, 1973.
Dore, R. « Introduction », pp. ix-xi dans S. Kamata (dir.). *Japan in the Passing Lane.* New York : Pantheon, 1982.
Downs, A. *Inside Bureaucracy.* Boston : Little, Brown, 1967.
Drucker, P. F. *The Practice of Management.* New York : Harper & Row, 1954.
* Drucker, P. *La pratique de direction des entreprises.* Paris : Éditions d'Organisation, 1957.
* Dubois, P. *Les ouvriers divisés.* Paris : Presses de la Fondation nationale des sciences politiques, 1981.
* Duclos, D. *La santé au travail.* Paris : La Découverte, 1986.
* Ducrot, O. et T. Todorov. *Dictionnaire encyclopédique des sciences du langage.* Paris : Éditions du Seuil, 1972.
* Dumouchel, P. et J.-P. Dupuy (dir.). *L'auto-organisation. De la physique au politique.* Paris : Éditions du Seuil, 1983.
Dunnette, M. D. (dir.). *Handbook of Industrial and Organizational Psychology.* Chicago : Rand McNally, 1976.
* Dupuy, F. et J.-C. Thoenig. *L'administration en miettes.* Paris : Fayard, 1985.
* Dupuy, J.-P. *Ordres et désordres. Enquête sur un nouveau paradigme.* Paris : Éditions du Seuil, 1982.
* Durand, C. *Le travail enchaîné.* Paris : Éditions du Seuil, 1978.
* Durand, D. *La systémique.* Paris : Presses universitaires de France, 1979.
Durkheim, É. *The Division of Labour in Society.* London : Macmillan, 1934.

* Durkheim, É. *De la division du travail social.* Paris : Alcan, 1893.
  Durkheim, É. *The Rules of Sociological Method.* New York : Free Press, 1938.
* Durkheim, É. *Les règles de la méthode sociologique.* Paris : Alcan, 1894.
  Durkheim, É. *Suicide.* New York : Free Press, 1951.
* Durkheim, É. *Le suicide : étude sociologique.* Paris : Alcan, 1897.
* Duverger, M. *Sociologie politique.* Paris : Presses universitaires de France, 1966.
  Eagle, J. et P. M. Newton. « Scapegoating in Small Groups », *Human Relations*, 34 : 283-301, 1981.
  Easton, D. A. *A Systems Analysis of Political Life.* New York : John Wiley, 1965.
* Easton, D. A. *Analyse du système politique.* Paris : Armand Colin, 1974.
  Eccles, T. *Under New Management.* London : Pan Books, 1981.
  Eco, U. *A Theory of Semiotics.* Bloomington : Indiana University Press, 1976.
  Edelman, M. *Politics as Symbolic Action.* Chicago : Markham, 1971.
  Edelman, M. *Political Language : Words That Succeed and Policies That Fail.* New York : Academic Press, 1977.
  Edwards, R. C. *Contested Terrain.* New York : Basic Books, 1979.
  Edwards, R. C., M. Reich et D. Gordon (dir.). *Labor Market Segmentation.* Lexington, MA :D.C. Heath, 1975.
  Ellul, J. *The Technological Society.* New York : Alfred A. Knopf, 1964.
* Ellul, J. *La technique ou l'enjeu du siècle.* Paris : Armand Colin, 1954.
* Ellul, J. *Le système technicien.* Paris : Calmann-Lévy, 1977.
  Emerson, R. M. « Power-Dependence Relations ». *American Sociological Review*, 27 : 31-40, 1962.
  Emery, F. E. (dir.). *Systems Thinking.* Harmondsworth : Penguin, 1969.
  Emery, F. E. et E. Thorsrud. *Form and Content in Industrial Democracy.* London : Tavistock, 1969.
  Emery, F. E. et E. L. Trist. « The Causal Texture of Organizational Environments ». *Human Relations*, 18 : 21-32, 1965.
* Emery, F. E. et E. L. Trist. « La trame causale de l'environnement des organisations ». *Sociologie du travail*, 6(4) : 337-350, 1964.
  Emery, F. E. et E. L. Trist. *Toward a Social Ecology.* London : Tavistock, 1973.
  Engels, F. *The Origins of the Family, Private Property and the State.* London : Lawrence & Wishart, 1972.
* Engels, F. *L'origine de la famille, de la propriété privée et de l'État.* Paris : Éditions sociales, 1975.
  Engels, F. *Dialectics of Nature.* London : Lawrence & Wishart, 1873.
* Engels, F. *Dialectique de la nature.* Paris : Éditions sociales, 1961.
  Engels, F. *Anti-Dühring.* London : Martin Lawrence, 1876.
* Engels, F. *Anti-Dühring.* Paris : Éditions sociales, 1973.
  Engels, F. *Ludwig Feuerbach and the Outcome of Classical German Philosophy.* London : Martin Lawrence, 1886.
* Engels, F. *Ludwig Feuerbach et la fin de la philosophie classique allemande.* Paris : Éditions sociales, 1966.
* Enrègle, Y. et R. A. Thiétart. *Précis de direction et de gestion.* Paris : Éditions d'Organisation, 1984.
* Enriquez, E. « Imaginaire social, refoulement et répression dans les organisations ». *Connexions psychologiques sciences humaines.* 3 : 65-93, 1972.
* Enriquez, F. *De la horde à l'État.* Paris : Gallimard, 1983.
  Epstein, S. S. *The Politics of Cancer.* San Francisco : Sierra Club Books, 1978.

Epstein, S. « The Unconscious, the Preconscious, and the Self-Concept », dans J. Suls et A. Greenwald (dir.). *Psychological Perspectives on the Self*. Hillsdale, NJ : Erlbaum, 1983.

* Espinas, A. *Les origines de la technologie*. Paris : Alcan, 1897.

Etzioni, A. *Comparative Analysis of Complex Organizations*. New York : Free Press, 1961.

Evered, R. « The Language of Organization : The Case of the Navy », pp. 125-143 dans L. Pondy *et al.* (dir.). *Organizational Symbolism*. Greenwich, CT : JAI Press, 1983.

* Faucheux, C., G. Amado et A. Laurent. « Organizational Development and Change ». *Annual Review of Psychology*, 33 : 343-370, 1982.

Fayol, H. *General and Industrial Management*. London : Pitman, 1949.

* Fayol, H. *Administration industrielle et générale*. (1ʳᵉ édition : *Bulletin de la Société de l'industrie minérale*, Paris, 1916) Paris : Dunod, 1970.

Feinberg, M. R. et R. F. Dempewolf. *Corporate Bigamy*. New York : William Morrow, 1980.

Ferguson, M. *The Aquarian Conspiracy*. New York : J. P. Tarcher, 1980.

* Ferguson, M. *Les enfants du Verseau : pour un nouveau paradigme*. Paris : Calmann-Lévy, 1981.

* Fichter, J.-L. « Les orientations fondamentales d'une politique du personnel basées sur une culture d'entreprise ». *Personnel*, 287 : 18-21, juin 1987.

Figgis, J. N. *Churches in the Modern State*. London : Longmans, 1913.

Filley, A. C. *Interpersonal Conflict Resolution*. Glenview, IL : Scott Foresman, 1975.

Findlay, J. N. *Hegel : A Re-Examination*. London : Allen & Unwin, 1958.

* Firsirotu, M. E. « Comment les facteurs de contingence façonnent la culture d'une organisation : le cas du Canadien National », pp. 99-140 dans G. Symons (dir.). *La culture des organisations*. Québec : Institut québécois de recherche sur la culture, « Questions de culture » (14), 1988.

* Fischer, G.-N. *Les concepts fondamentaux de la psychologie sociale*. Paris : Dunod; Montréal : Presses de l'Université de Montréal, 1987.

Foerster, H. von et G. W. Zopf (dir.). *Principles of Self-Organization*. New York : Pergamon, 1962.

Follett, M. P. *The New State*. London : Longmans, 1918.

Follman, J. F. *The Economics of Industrial Health : History, Theory, Practice*. New York : Amacom, 1978.

Fombrun, C. J. et W. G. Astley. « Strategies of Collective Action : The Case of the Financial Services Industry », pp. 125-129 dans *Advances in Strategic Management*. Greenwich, CT : JAI Press, 1983.

Forester, J. « Critical Theory and Organizational Analysis », pp. 234-246 dans G. Morgan (dir.). *Beyond Method : Strategies for Social Research*. Beverly Hills, CA : Sage, 1983.

Forrester, J. W. *Industrial Dynamics*. Cambridge, MA : MIT Press, 1961.

Foucault, M. *Discipline and Punish*. New York : Vintage, 1979a.

* Foucault, M. *Surveiller et punir : naissance de la prison*. Paris : Gallimard, 1975.

Foucault, M. *The History of Sexuality*. London : Allen Lane, 1979b.

* Foucault, M. *Histoire de la sexualité*. Paris : Gallimard, 1976.

* Foulquié, P. *La dialectique*. Paris : Presses universitaires de France, 1979.

Fox, A. « Industrial Sociology and Industrial Relations ». *Royal Commission on Trade Unions and Employers' Associations*. London : HMSO, 1966.

Fox, A. *Beyond Contract : Work, Power and Trust Relations*. London : Faber & Faber, 1974.
* Frank, A. G. *Le développement du sous-développement*. Paris : François Maspero, 1972.
Freeman, J. et M. T. Hannan. « Niche Width and the Dynamics of Organizational Populations ». *American Journal of Sociology*, 6 : 1116-1145, 1983.
Freeman, J. « Organizational Life Cycles and Natural Selection Processes », dans B. M. Staw et L. L. Cummings (dir.). *Research in Organizational Behavior*. Greenwich, CT : JAI Press, 1982.
Freire, P. *The Pedagogy of the Oppressed*. New York : Herder and Herder, 1970.
* Freire, P. *Pédagogie des opprimés*. Paris : La Découverte / François Maspero, 1974.
French, J. R. P. et B. Raven « The Bases of Social Power », dans D. Cartwright et A. Zander (dir.). *Group Dynamics*. New York : Harper & Row, 1968.
* French, J. R. P. et B. Raven. « Les bases du pouvoir social », pp. 359-375 dans A. Lévy (dir.). *Psychologie sociale. Textes fondamentaux anglais et américains*. Paris : Dunod, 1965.
Freud, S. *The Complete Psychological Works of Sigmund Freud*. London : Hogarth Press, 1953.
* Freud, S. « Sur la transformation des pulsions, particulièrement dans l'érotisme anal ». *Revue française de psychanalyse*, 2(4) : 609-616, 1928.
* Freud, S. *Totem et tabou*. Paris : Payot, 1947.
* Freud, S. « Au-delà du principe de plaisir », pp. 5-75 dans S. Freud. *Essais de psychanalyse*. Paris : Payot, 1951.
* Freud, S. « Le refoulement », pp. 67-90 dans S. Freud. *Métapsychologie*. Paris : Gallimard, 1952.
* Freud, S. « L'inconscient », pp. 91-161 dans S. Freud. *Métapsychologie*. Paris : Gallimard, 1952.
* Freud, S. *Trois essais sur la théorie de la sexualité*. Paris : Gallimard, 1962.
* Freud, S. *L'avenir d'une illusion*. Paris : Presses universitaires de France, 1971.
* Freud, S. *Malaise dans la civilisation*. Paris : Presses universitaires de France, 1971.
* Freund, J. *L'essence du politique*. Paris : Sirey, 1965.
Frey-Rohn, L. *From Freud to Jung*. New York : Putnam, 1974.
* Friedberg, E. *L'analyse sociologique des organisations*. Paris : Privat, 1988.
* Friedberg, E. et C. Musselin. *En quête d'université*. Paris : L'Harmattan, 1989.
Friedman, A. L. *Industry and Labour : Class Struggle at Work and Monopoly Capitalism*. London : Macmillan, 1977.
* Friedmann, G. *Où va le travail humain ?* Paris : Gallimard, 1950.
* Friedmann, G. *Le travail en miettes*. Paris : Gallimard, 1964.
* Friedmann, G. et P. Naville. *Traité de sociologie du travail*. Paris : Armand Colin, 1969.
Fromm, E. *Marx's Concept of Man*. New York : Ungar, 1961.
* Fromm, E. *La conception de l'homme chez Marx*. Paris : Payot, 1977.
Fromm, E. *Beyond the Chains of Illusion : My Encounter with Marx and Freud*. New York : Trident Press, 1962.
Fromm, E. *The Crisis of Psychoanalysis*. New York : Cape, 1971.
* Fromm, E. *La crise de la psychanalyse*. Paris : Anthropos, 1971.
Frost, P. J., V. F. Mitchell et W. R. Nord (dir.). *Organizational Reality*. Santa Monica, CA : Goodyear, 1982.

Frost, P. J., L. F. Moore, M. R. Louis, C. C. Lundberg et J. Martin. *Organizational Culture*. Beverly Hills, CA : Sage, 1985.

Fry, E. H. *The Politics of International Investment*. New York : McGraw-Hill, 1983.

Frye, N. *Anatomy of Criticism*. Princeton, NJ : Princeton University Press, 1957.

* Frye, N. *Anatomie de la critique*. Paris : Gallimard, 1969.

Frye, N. *The Great Code : The Bible and Literature*. Toronto : Academic Press, 1982.

* Frye, N. *Le grand code : la Bible et la psychanalyse*. Paris : Éditions du Seuil, 1984.

Gadalla, I. E. et R. C. Cooper. « Toward an Epistemology of Management ». *Social Science Information*, 17 : 349-383, 1978.

* Galambaud, B. *L'initiative contrôlée ou le nouvel art du manager*. Paris : Entreprise moderne d'édition, 1988.

Galbraith, J. K. *American Capitalism*. Boston : Houghton Mifflin, 1962.

* Galbraith, J. K. *Le capitalisme américain*. Paris : Génin, 1956.

Galbraith, J. K. *The New Industrial State*. London : Hamish Hamilton, 1967.

* Galbraith, J. K. *Le nouvel État industriel*. Paris : Gallimard, 1968.

Galbraith, J. R. « Matrix Organization Designs : How to Combine Functional and Project Forms ». *Business Horizons*, 14 : 29-40, 1971.

Galbraith, J. R. « Organization Design : An Information Processing View ». *Interfaces*, 4 : 28-36, 1974.

Galileo. *Discourses on Two New Sciences*. Evanston, IL : Northwestern University Press, 1968.

* Galilée. *Discours et démonstrations mathématiques concernant deux sciences nouvelles*. Paris : Armand Colin, 1970.

* Gaill, F. « Organisme », pp. 244-265 dans I. Stengers (dir.). *D'une science à l'autre. Des concepts nomades*. Paris : Éditions du Seuil, 1987.

Garfinkel, H. *Studies in Ethnomethodology*. Englewood Cliffs, NJ : Prentice-Hall, 1967.

* Garneau, B. « Anthropologie et management : la culture des organisations ». *Anthropologie et sociétés*, 9(1) : 150-156, 1985.

Garson, G. D. « The Codetermination Model of Worker's Participation : Where Is It Leading ? ». *Sloan Management Review*, 63-78, 1977.

* Gassendi, P. De vita et Moribus Epicuri. Lyon, 1647.

Geertz, C. *The Interpretation of Cultures*. New York : Basic Books, 1973.

* Gendarme, R. *Des sorcières dans l'économie : les multinationales*. Paris : Cujas, 1981.

George, C. S. *The History of Management Thought*. Englewood Cliffs, NJ : Prentice-Hall, 1972.

George, S. *How the Other Half Dies : The Real Reasons for World Hunger*. Harmondsworth : Penguin, 1976.

* George, S. *Comment meurt l'autre moitié du monde*. Paris : Robert Laffont, 1978.

* Germain, M. *L'intelligence artificielle*. Montréal : L'Hexagone, 1986.

* Gérome, N. « La culture d'entreprise ». *Politique aujourd'hui*, 7 : 29-35, 1984.

Gerth, H. et C. W. Mills (dir.). *From Max Weber*. New York : Oxford University Press, 1946.

Giddens, A. *Central Problems in Social Theory*. London : Macmillan, 1979.

Giddens, A. *The Constitution of Society*. Cambridge : Polity Press, 1984.

* Giddens, A. *La constitution de la société*. Paris : Presses universitaires de France, 1987.

Giedeon, S. *Mechanization Takes Command.* New York : Oxford University Press, 1948.

Gilbreth, F. B. *Motion Study.* New York : Van Nostrand, 1911.

* Gille, B. *Histoire des techniques.* Paris : Gallimard, 1978.

Gimpl, M. L. et S. Dakin. « Management and Magic ». New Zealand : University of Canterbury, 1983 (inédit).

* Girard, R. *Des choses cachées depuis la fondation du monde.* Paris : Grasset, 1978.

* Giraud, C. *Bureaucratie et changement.* Paris : L'Harmattan, 1987.

* Girin, J. « Langage en actes et organisations ». *Économies et sociétés,* Cahiers de l'Institut des sciences mathématiques et économiques appliquées, Série « Sciences de gestion » (3), 16(12) : 1559-1591, décembre 1982.

Gladwin, T. N. et I. Walter. *Multinationals Under Fire.* New York : John Wiley, 1980.

Gluckman, M. (dir.). *The Allocation of Responsibility.* Manchester : Manchester University Press, 1972.

Glyn, A. et B. Sutcliffe. *British Capitalism, Workers and the Profits Squeeze.* Harmondsworth : Penguin, 1972.

Gödel, K. *On Formally Undecidable Propositions.* New York : Basic Books, 1962.

Godelier, M. « Structure and Contradiction in Capital », pp. 334-368 dans R. Blackburn (dir.). *Ideology in Social Science.* London : Fontana/Collins, 1972.

* Godelier, M. « Système, structure et contradiction dans *Le Capital* ». *Les Temps modernes,* 246 : 828-864, novembre 1966. Repris pp. 187-221 dans M. Godelier. *Horizon, trajets marxistes en anthropologie.* Paris : François Maspero, 1973.

* Godelier, M. *L'idéel et le matériel.* Paris : Fayard, 1984.

* Goffi, J.-Y. *La philosophie de la technique.* Paris : Presses universitaires de France, 1988.

Goffman, E. *The Presentation of Self in Everyday Life.* Garden City, NY : Doubleday, 1959.

* Goffman, E. *La mise en scène de la vie quotidienne.* Vol. 1 : *La présentation de soi.* Paris : Éditions de Minuit, 1973.

Goffman, E. *Interaction Ritual.* Garden City, NY : Doubleday, 1967.

* Goffman, E. *Les rites d'interaction.* Paris : Éditions de Minuit, 1974.

Goldberg, W. H. et A. R. Negandhi (dir.). *Governments and Multinationals : The Policy of Control Versus Autonomy.* Cambridge, MA : Oelgeschlager, Gunn, & Hain, 1983.

Goldman, P. et D. Van Houten. « Managerial Strategies and the Worker ». *The Sociological Quarterly,* 18 : 108-125, 1977.

Gomez, P. et G. Probst. « Organizational Closure in Management : A Complementary View to Contingency Approaches ». Présenté à l'American Society for Cybernetics, Philadelphie, 1984.

Gordon, D. M., R. C. Edwards et M. Reich. *Segmented Work, Divided Workers.* New York : Cambridge University Press, 1982.

* Gorz, A. (dir.). *Critique de la division du travail.* Paris : Éditions du Seuil, 1973.

* Gorz, A. *Adieux au prolétariat.* Paris : Galilée, 1980.

Gorz, A. *Paths to Paradise.* London : Pluto Press, 1985.

* Gorz, A. *Les chemins du paradis : l'agonie du capital.* Paris : Galilée, 1983.

* Gorz, A. *Métamorphoses du travail. Quête du sens. Critique de la raison économique.* Paris : Galilée, 1988.

Gouldner, A. «Reciprocity and Autonomy in Functional Theory», pp. 190-225 dans A. W. Gouldner (dir.). *For Sociology*. Harmondsworth : Penguin, 1973.

Gramsci, A. *Selections from the Prison Notebooks*. London : Lawrence & Wishart, 1971.

* Gramsci, A. *Cahiers de prison*. 5 vol. Paris : Gallimard, 1978-1983.

* Grémion, C. *Profession : décideurs. Pouvoir des hauts fonctionnaires et réforme de l'État*. Paris : Gauthier-Villars, 1979.

* Grémion, P. *La structuration du pouvoir au niveau départemental*. Paris : CNRS, 1969.

* Grémion, P. *Le pouvoir périphérique*. Paris : Éditions du Seuil, 1976.

* Grize, J.-B. *De la logique à l'argumentation*. Genève : Droz, 1982.

* Grize, J.-B. et G. Piéraut-le Bonniec. *La contradiction. Essai sur les opérations de la pensée*. Paris : Presses universitaires de France, 1983.

Grunberg. L. *Failed Multinational Ventures : The Political Economy of International Divestments*. Lexington, MA : D.C. Heath, 1981.

Guillet de Monthoux, P. *Action and Existence : Anarchism for Business Administration*. New York : John Wiley, 1983.

Gulick, L. et L. Urwick (dir.) *Papers in the Science of Administration*. New York : Institute of Public Administration, Columbia University, 1937.

Guntrip, H. *Personality Structure and Human Interaction*. New York : International University Press, 1961.

Gunnermann, J. P. (dir.). *The Nation-State and Transnational Corporations in Conflict*. New York : Praeger, 1975.

* Gurvitch, G. *Dialectique et sociologie*. Paris : Flammarion, 1962.

Habermas, J. «On Systematically Distorted Communications». *Inquiry*, 13 : 205-218, 1970a.

Habermas, J. «Towards a Theory of Communicative Competence». *Inquiry*, 13 : 360-375, 1970b.

Habermas, J. *Knowledge and Human Interests*. London : Heinemann Educational Books, 1972.

* Habermas, J. *Connaissance et intérêt*. Paris : Gallimard, 1979.

Habermas, J. *Legitimation Crisis*. London : Heinemann Educational Books, 1973.

* Habermas, J. *Raison et légitimité*. Paris : Payot, 1978.

Hackman, J. R. et J. L. Suttle. *Improving Life at Work*. Santa Monica, CA : Goodyear, 1976.

* Hafsi, T. «Du management au métamanagement : les subtilités du concept de stratégie». *Gestion. Revue internationale de gestion*, 10 (1) : 6-14, février 1985.

Hailey, A. *Wheels*. Garden City, NY : Doubleday, 1971.

Hall, E. T. *The Silent Language*. Garden City, NY : Doubleday, 1959.

* Hall, E. T. *Le langage silencieux*. Paris : Éditions du Seuil, 1984.

Hall, E. T. «The Silent Language in Overseas Business». *Harvard Business Review*, 38 : 87-96, 1960.

Hall, R. H. *Organizations : Structure and Process*. Englewood Cliffs, NJ : Prentice-Hall, 1982.

Hampden-Turner, C. *Maps of the Mind*. New York : Macmillan, 1981.

Handy, C. *Gods of Management*. London : Pan Books, 1978.

* Handy, C. *L'olympe des managers : culture d'entreprise et organisation*. Paris : Éditions d'Organisation, 1986.

Hannan, M. T. et J. H. Freeman. « The Population Ecology of Organizations ». *American Journal of Sociology*, 82 : 929-964, 1977.

Harding, M. E. *The I and the Not I : A Study in the Development of Consciousness*. Princeton, NJ : Princeton University Press, 1965.

* Harlé, E. et J. D. Jouanneault. *L'entreprise en tant que système*. Lyon : Presses universitaires de Lyon, 1983.

Harris, M. L. *Cultural Materialism*. New York : Random House, 1979.

Harries-Jones, P. « Human Judgement and Conversation Theory : The Significance of Gregory Bateson's Concept of Co-Evolution ». Toronto : York University, 1983 (inédit).

Harries-Jones, P. « The Other Side of the Mirror : Communication as Presentation ». Toronto : York University, 1984 (inédit).

* Haton, J.-P. et M.-C. Haton. *L'intelligence artificielle*. Paris : Presses universitaires de France, 1989.

* Hauriou, M. *Principes de droit administratif et de droit public*. (10ᵉ édition) Paris : Sirey, 1921.

Hawley, A. H. « Human Ecology », pp. 328-337 dans D. Sills (dir.). *International Encyclopedia of the Social Sciences*. New York : Macmillan, 1968.

Hayter, T. *The Creation of World Poverty : An Alternative View to the Brandt Report*. London : Pluto Press, 1981.

Heath, T. L. *The Works of Archimedes*. Cambridge : Cambridge University Press, 1897.

Hegel, G. W. F. *The Logic of Hegel*. Oxford : Clarendon, 1892.

Hegel, G. W. F. *Science of Logic*. London, 1929.

* Hegel, G. W. F. *La science de la logique*. Paris : J. Vrin, 1986.

Heisenberg, W. *A Physicist's Conception of Nature*. London : Hutchinson, 1958.

* Heisenberg, W. *La nature dans la physique contemporaine*. Paris : Gallimard, 1962.

Held, D. *Introduction to Critical Theory*. Berkeley : University of California Press, 1980.

Herbst, P. G. *Autonomous Group Functioning*. London : Tavistock, 1962.

Herbst, P. G. *Socio-Technical Design*. London : Tavistock, 1974.

* Herland, M. et M. Gutsatz. « Sélection / concurrence », pp. 169-197 dans I. Stengers (dir.). *D'une science à l'autre. Des concepts nomades*. Paris : Éditions du Seuil, 1987.

Herzberg, F., B. Mausner et B. Snyderman. *The Motivation to Work*. New York : John Wiley, 1959.

Heydebrand, W. V. « Organizational Contradictions in Public Bureaucracies : Toward a Marxian Theory of Organizations ». *Sociological Quarterly*, 18 : 83-107, 1977.

Heydebrand, W. V. « Organization and Praxis », pp. 306-320 dans G. Morgan (dir.). *Beyond Method : Strategies for Social Research*. Beverly Hills, CA : Sage, 1983.

Heydebrand, W. V. et C. Seron. « The Double-Bind of the Capitalist Judicial System ». *International Journal of the Sociology of Law*, 9 : 407-436,1981.

Hickson, D. J., D. S. Pugh et D. C. Pheysey. « Operations Technology and Organization Structure : An Empirical Reappraisal ». *Administrative Science Quarterly*, 14 : 378-397, 1969.

Hickson, D. J., C. R. Hinings, C. A. Lee, R. E. Schneck et J. M. Pennings. « A Strategic Contingencies Theory of Intra-Organizational Power ». *Administrative Science Quarterly*, 16 : 216-229, 1971.

Hirsch, P. M. et J. Andrews. « Ambushes, Shootouts, and Knights of the Roundtable : The Language of Corporate Takeovers », pp. 145-155 dans L. R. Pondy, P. Frost, G. Morgan et T. Dandridge (dir.). *Organizational Symbolism*. Greenwich, CT : JAI Press, 1983.

Hobbes, T. *Leviathan*. London : Basil Blackwell, 1951.

* Hobbes, T. *Léviathan. Traité de la matière, de la forme et du pouvoir de la république ecclésiastique et civile*. Paris : Sirey, 1971.

Hodge, B., R. Fleck et C. B. Honess. *Management Information Systems*. Reston, VA : Reston Publishing, 1984.

Hofstadter, D. R. *Gödel, Escher, Bach*. New York : Basic Books, 1979.

* Hofstadter, D. R. *Gödel, Escher, Bach*. Paris : InterÉditions, 1985.

Hofstadter, D. R. « Metamagical Themas ». *Scientific American*, 248 : 16-26, 1983.

Hofstede, G. H. *The Game of Budget Control*. Assen, Netherlands : Van Gorcum, 1967.

* Hofstede, G. H. *Contrôle budgétaire : les règles du jeu*. Paris : Hommes et techniques, 1977.

Holland, S. *The Socialist Challenge*. London : Quartet, 1975.

Holloway, J. et S. Picciotto (dir.). *State and Capital : A Marxist Debate*. London : Arnold, 1978.

Hopkins, T. K. et I. Wallerstein. *World-System Analysis*. Beverly Hills, CA : Sage, 1982.

Horkheimer, M. *Critical Theory : Selected Essays*. New York : Herder, 1972.

* Horkheimer, M. *Théorie critique : essais*. Paris : Payot, 1978.

Horkheimer, M. et T. Adorno. *Dialectic of Enlightenment*. London : Allen Lane, 1973.

* Horkheimer, M. et T. Adorno. *La dialectique de la raison*. Paris : Gallimard, 1983.

Horney, K. *Self-Analysis*. New York : Norton, 1942.

* Horney, K. *L'auto-analyse*. Paris : Gonthier, 1953.

Horney, K. *Feminine Psychology*. New York : Norton, 1967.

* Horney, K. *La psychologie de la femme*. Paris : Payot, 1969.

Huff, A. S. « Industry Influences on Strategy Reformulation ». *Strategic Management Journal*, 3 : 119-131, 1982.

Hughes, J. *Britain in Crisis*. Nottingham : Spokesman Books, 1981.

Hummel, R. *The Bureaucratic Experience*. New York : St.Martin's, 1977.

* Hupper-Laufer, J. *La féminité neutralisée ? Les femmes cadres dans l'entreprise*. Paris : Flammarion, 1982.

Hyman, R. *Industrial Relations : A Marxist Introduction*. London : Macmillan, 1975.

Iacocca, L. A. *An Autobiography*. New York : Bantam, 1984.

* Iacocca, L. A. et W. Novak. *Iacocca*. Paris : Robert Laffont, 1985.

* Igalens, J. « Le mariage de la PME toulousaine et la multinationale ». *Revue française de gestion*, 47-48 : 104-110, septembre-octobre 1984. Repris dans *Gestion. Revue internationale de gestion*, 10(2) : 37-42, avril 1985.

* Imbert, M. « Neurosciences et sciences cognitives ». *Le Débat*, 47 : 130-144, 1987.

Ingalls, J. D. *Human Energy*. Austin, TX : Learning Concept, 1979.
* Iribarne, P. d'. « Vers une gestion culturelle des entreprises ». *Annales des mines – Gérer et comprendre*, 4 : 77-85, septembre 1986.
* Iribarne, P. d'. « Cultures nationales et gestion : ce qui est universel et ce qui ne l'est pas ». *Revue française de gestion*. (64) : 6-9, septembre-octobre 1987.
* Jacob, F. *La logique du vivant. Une histoire de l'hérédité*. Paris : Gallimard, 1970.
* Jacob, F. *Le jeu des possibles. Essai sur la diversité du vivant*. Paris : Fayard, 1981.
* Jacquard, A. *Éloge de la différence. La génétique et les hommes*. Paris : Éditions du Seuil, 1978.
Jakobson, R. *Selected Writings*. The Hague : Mouton, 1956.
Jakobson, R. et M. Halle. *Fundamentals of Language*. The Hague : Mouton, 1962.
* Jakobson, R. *Essais de linguistique générale*. 2 vol. Paris : Éditions de Minuit, 1963-1973.
* Jalée, P. *Le pillage du Tiers Monde*. Paris : François Maspero, 1976.
James, W. *The Principles of Psychology*. New York : Dover, 1950.
Janis, I. L. *Victims of Groupthink*. Boston : Houghton Mifflin, 1972.
Jantsch, E. *Design for Evolution*. New York : Braziller, 1975.
Jantsch, E. *The Self-Organizing Universe*. Oxford : Pergamon, 1980.
Jantsch, E. et C. Waddington. *Evolution and Consciousness*. Reading, MA : Addison-Wesley, 1976.
Jaques, E. « Social Systems as a Defence Against Persecutory and Depressive Anxiety », pp. 478-498 dans M. Klein (dir.). *New Directions in Psycho-Analysis*. London : Tavistock, 1955.
Jardin, A. *The First Henry Ford : A Study in Personality and Business Leadership*. Cambridge, MA : MIT Press, 1970.
* Jarniou, P. *L'entreprise comme système politique*. Paris : Presses universitaires de France, 1981.
Jay, A. *Management and Machiavelli*. London : Hodder & Stoughton, 1967.
* Jay, A. *Machiavel et les princes de l'entreprise*. Paris : Robert Laffont, 1968.
Jay, M. *The Dialectical Imagination*. London : Heinemann, 1973.
* Jay, M. *L'imagination dialectique*. Paris : Payot, 1977.
* Jeannerod, M. *Le cerveau-machine. Physiologie de la volonté*. Paris : Fayard, 1983.
Jelinek, M., L. Smircich et P. Hirsch (dir.). « Organizational Culture ». *Administrative Science Quarterly*, 28, 1983.
* Jodelet, D. (dir.). *Les représentations sociales*. Paris : Presses universitaires de France, 1989.
Jung, C. G. *Collected Works*. London : Routledge & Kegan Paul, 1953.
Jung, C. G. *Man and His Symbols*. London : Aldus Books, 1964.
* Jung, C. G. *L'homme et ses symboles*. Paris : Robert Laffont, 1964.
Jung, C. G. *Memories, Dreams, Reflections*. London : Routledge & Kegan Paul, 1967.
* Jung, C. G. *Ma vie, souvenirs, rêves et pensées*. Paris : Gallimard, 1966.
Jung, C. G. *The Portable Jung*. New York : Viking Press, 1971.
Kafka, F. *The Trial*. Harmondsworth : Penguin, 1953.
* Kafka, F. « Le procès » (1re édition française, 1933), dans F. Kafka. *Œuvres complètes*. Vol. 1. Paris : Gallimard, 1976.
Kafka, F. *The Castle*. New York : Secker, 1973.
* Kafka, F. « Le château » (1re édition française, 1938), dans F. Kafka. *Œuvres complètes*. Vol. 1. Paris : Gallimard, 1976.

Kakar, S. *Frederick Taylor : A Study in Personality and Innovation.* Cambridge, MA : MIT Press, 1970.

Kamata, S. *Japan in the Passing Lane.* New York : Pantheon, 1983.

* Kamata, S. *Toyota, l'usine du désespoir : journal d'un ouvrier saisonnier.* Paris : Les Éditions ouvrières, 1976.

* Kamdem, E. « Culture, temps et comportement au travail ». *Gestion. Revue internationale de gestion,* 11(2) : 36-43, septembre 1986.

Kanter, R. M. *Men and Women of the Corporation.* New York : Basic Books, 1977.

Kanter, R. M. *The Change Masters.* New York : Simon & Schuster, 1983.

Kast, E. et J. E. Rosenzweig. *Contingency Views of Organization and Management.* Chicago : Science Research Associates, 1973.

Katz D. et R. L. Kahn. *The Social Psychology of Organizations.* New York : John Wiley, 1978.

Kaufman, W. *Hegel.* London : Weidenfeld & Nicholson, 1965.

Kautsky, J. H. *The Politics of Aristocratic Empires.* Chapel Hill : University of North Carolina Press, 1982.

Kennedy, M. M. *Office Politics : Seizing Power and Wielding Clout.* New York : Warner Books, 1980.

* Kergoat, D. *Bulledor ou l'histoire d'une mobilisation ouvrière.* Paris : Éditions du Seuil, 1973.

* Kergoat, D. *Les ouvrières.* Paris : Le Sycomore, 1982.

Kerr, C., J. T. Dunlop, F. H. Harbison et C. A. Myers. *Industrialism and Industrial Man.* London : Oxford University Press, 1964.

Kets de Vries, M. F. R. et D. Miller. *The Neurotic Organization.* San Francisco : Jossey-Bass, 1984.

* Kets de Vries, M. F. R. et D. Miller. *L'entreprise névrosée.* Paris : McGraw-Hill, 1985.

* Kets de Vries, M. F. R. et D. Miller. « Narcissisme et leadership : une perspective de relations d'objet ». *Gestion. Revue internationale de gestion,* 13(4) : 41-50, novembre 1988.

* Kets de Vries, M. F. R. « L'envie, grande oubliée des facteurs de motivation en gestion ». *Gestion. Revue internationale de gestion,* 14(2) : 10-19, mai 1989.

Kiernans, E. *Globalism and the Nation State.* Toronto : CBC Enterprises, 1984.

Kilmann, R. H., M. J. Saxton et R. Serpa (dir.). *Gaining Control of the Corporate Culture.* San Francisco : Jossey-Bass, 1985.

Kimberley, J. R. et R. H. Miles. *The Organizational Life Cycle.* San Francisco : Jossey-Bass, 1980.

Kingdon, D. R. *Matrix Organization.* London : Tavistock, 1973.

Klein, M. *Contributions to Psycho-Analysis : 1921-1945.* London : Hogarth Press, 1965.

Klein, M. *Envy, Gratitude and Other Works.* London : Hogarth Press, 1980.

* Klein, M. *Envie, gratitude et autres essais.* Paris : Gallimard, 1968a.

Klein, M. *Love, Guilt and Reparation and Other Works.* London : Hogarth Press, 1981.

* Klein, M. *L'amour et la haine : le besoin de réparation. Étude psychanalytique.* Paris : Payot, 1968b.

Koestler, A. *The Ghost in the Machine.* London : Hutchinson, 1967.

* Koestler, A. *Le cheval dans la locomotive : le paradoxe humain.* Paris : Calmann-Lévy, 1968.

Koestler, A. *The Act of Creation.* London : Hutchinson, 1969.

* Koestler, A. *Le cri d'Archimède : l'art de la découverte et la découverte de l'art.* Paris : Calmann-Lévy, 1983.

Kolodny, H. «Managing in a Matrix». *Business Horizons,* 17-24, mars 1981.

Koontz, H. et C. O'Donnell. *Principles of Management.* New York : McGraw-Hill, 1955.

* Koontz, H. et C. O'Donnell. *Les principes du management.* Verviers : Gérard, 1973.

Korda, M. *Power : How to Get It, How to Use It.* New York : Random House, 1975.

Kornhauser, W. *Scientists in Industry.* Berkeley : University of California Press, 1963.

* Kotarbinski, T. *Les origines de la praxéologie.* Varsovie : PWN, 1965.

Kotter, J. P. «Power, Dependence and Effective Management». *Harvard Business Review,* juillet-août 1977.

* Koyré, A. *Études galiléennes.* Paris : Hermann, 1966.

* Koyré, A. *Études newtoniennes.* Paris : Gallimard, 1968.

* Koyré, A. *Études d'histoire de la pensée scientifique.* Paris : Gallimard, 1973.

Kreckel, R. «Unequal Opportunity Structure and Labor Market Segmentation». *Sociology,* 14 : 525-550, 1980.

Kroeber, A. L. et C. Kluckhohn. *Culture : A Critical Review of Concepts and Definitions.* New York : Vintage, 1952.

Kropotkin, P. A. *Mutual Aid.* New York : McLure, Phillips, 1903.

* Kropotkin, P. A. *L'entr'aide : un facteur de l'évolution.* Paris : Éditions de l'entr'aide, 1979.

Kuhn, T. S. *The Structure of Scientific Revolutions.* Chicago : University of Chicago Press, 1970.

* Kuhn, T. S. *La structure des révolutions scientifiques.* Paris : Flammarion, 1983.

Kujawa, D. (dir.). *International Labor and the Multinational Enterprise.* New York : Praeger, 1975.

* Labica, G. (dir.). *Dictionnaire critique du marxisme.* Paris : Presses universitaires de France, 1982.

* Laborit, H. *L'agressivité détournée. Introduction à une biologie du comportement social.* Paris : Union générale d'éditions/10-18, 1970.

* Laborit, H. *L'homme et la ville.* Paris : Flammarion, 1971.

* Laborit, H. *La nouvelle grille.* Paris : Robert Laffont, 1974.

* Laborit, H. *Éloge de la fuite.* Paris : Robert Laffont, 1976.

* Laborit, H. *L'inhibition de l'action.* Paris : Masson / Presses universitaires de France, 1979.

Lacan, J. *Écrits.* Paris : Seuil, 1966.

* Lacan, B. *La paix sociale : nouvelle donne.* Paris : Éditions Projets, 1986.

* Lacerf, O. «Mobiliser toutes les énergies». *Politique industrielle,* 8 : 139-152, 1987.

* Ladrière, J. *Les enjeux de la rationalité.* Paris : Aubier, 1977.

Laing, R. D. *The Divided Self.* Harmondsworth : Penguin, 1965.

* Laing, R. D. *Le moi divisé. De la santé mentale à la folie.* Paris : Stock, 1970.

Lakoff, G. et M. Johnson. *Metaphors We Live By.* Chicago : University of Chicago Press, 1980.

* Lakoff, G. et M. Johnson. *Les métaphores dans la vie quotidienne.* Paris : Éditions de Minuit, 1985.

Lall, S. (dir.). *The New Multinationals : The Spread of Third World Enterprises.* New York : John Wiley, 1983.

* Lall, S. et E. Chen. *Les multinationales originaires du Tiers Monde*. Paris : Presses universitaires de France, 1984.

La Mettrie, J. O. *L'homme machine*. London : Owen, 1748.

* La Mettrie, J. O. *L'homme machine*. Paris : Nord-Sud, 1948.

Lammers, C. J. et D. Hickson (dir.). *Organizations Alike and Unalike*. London : Routledge & Kegan Paul, 1979.

* Landry, M. « Les systèmes d'information. Quelques aspects conceptuels ». *Administration hospitalière et sociale*, 32(5) : 1-12, 1975.

* Landry, M. « Formation et résolution de problèmes en groupe dans un milieu organisationnel. Un schéma d'observation et d'analyse », *Relations industrielles*, 33(4) : 591-609, 1978.

* Landry, M. « Qu'est-ce qu'un problème ? ». *Info*, 21(1) : 31-45, février 1983.

* Landry, M. « À la recherche d'une meilleure compréhension de la nature des problèmes organisationnels », pp. 5-53 dans *Actes du colloque : Perspective de recherche pour le praticien*. Rouyn : Université du Québec en Abitibi-Témiscamingue, 1985.

* Landry, M. « Les rapports entre la complexité et la dimension cognitive de la formulation des problèmes », pp. 3-31 dans *Actes du colloque sur le développement des sciences et pratiques de l'organisation : L'aide à la décision dans l'organisation*. Paris : AFCET, 1987.

* Landry, M. « Les problèmes organisationnels complexes et le défi de leur formulation ». *Revue canadienne des sciences de l'administration*, 5(3) : 34-48, 1988.

* Landry, M., D. Pascot et D. Ridjanovic. « Complexité et développement de systèmes d'information comme cycles de représentation ». *Technologies de l'information et société*, 2(2) : 1990.

* Lapassade, G. *Groupes, organisations et institutions*. Paris : Gauthier-Villars, 1970.

* Lapierre, J.-W. *L'analyse des systèmes politiques*. Paris : Presses universitaires de France, 1973.

* Lapierre, J.-W. *Vivre sans État ? Essai sur le pouvoir politique et l'innovation sociale*. Paris : Éditions du Seuil, 1977.

* Lapierre, L. « Imaginaire, leadership et gestion ». *Gestion. Revue internationale de gestion*, 12(1) : 6-14, février 1987.

* Lapierre, L. « Puissance, leadership et gestion ». *Gestion. Revue internationale de gestion*, 13(2) : 39-49, mai 1988.

* Lapierre, L. *Imaginaire et leadership*. Québec : Presses de l'Université Laval, à paraître.

* Lapierre, L. « Mourning, Potency and Power in Management ». *Human Resource Management*, à paraître.

* Laplace, P.-S. *Œuvres complètes*. Paris : Gauthier-Villars, 1983.

* Larçon, J.-P. et R. Reitter. *Structure de pouvoir et identité d'entreprise*. Paris : Nathan, 1979.

Lasch, C. *The Culture of Narcissism*. New York : Warner Books, 1979.

* Lasch, C. *Le complexe de Narcisse*. Paris : Robert Laffont, 1981.

Laski, H. J. *Studies in the Problem of Sovereignty*. New Haven, CT : Yale University Press, 1917.

Laski, H. J. *Authority in the Modern State*. New Haven, CT : Yale University Press, 1919.

Lasswell, H. D. *Politics : Who Gets What, When, How*. New York : McGraw-Hill, 1936.

* Laufer, R. et C. Paradeise. *Le prince bureaucrate*. Paris : Flammarion, 1981.
* Laurin, P. (dir.). *Le management. Textes et cas*. Montréal : McGraw-Hill, 1973.
* Lavoisier, A.-L. *Œuvres complètes*. Paris : Gauthier-Villars, 1893.
  Lawler, E. E. *Motivation in Work Organizations*. Monterey, CA : Brooks/Cole, 1973.
  Lawrence, P. R. et D. Dyer. *Renewing American Industry*. New York : Free Press, 1982.
  Lawrence, P. R. et J. W. Lorsch. *Organization and Environment*. Cambridge, MA : Harvard Graduate School of Business Administration, 1967a.
  Lawrence, P. R. et J. W. Lorsch. « Differentiation and Integration in Complex Organizations ». *Administrative Science Quarterly*, 12 : 1-47, 1967b.
* Lawrence, P. R. et J. W. Lorsch. *Adapter les structures de l'entreprise. Intégration ou différenciation*. Paris : Éditions d'Organisation, 1973.
  Leavitt, H. J. « Applied Organizational Change in Industry : Structural, Technical and Human Approaches », dans W. W. Cooper, H. J. Leavitt et M. W. Shelly (dir.). *New Perspectives in Organization Research*. New York : John Wiley, 1964.
* Lebœuf, F. « La filière des ananas ». *Vie ouvrière*, 34(183) : 26-27, janvier-février 1985.
  Lefebvre, H. *Dialectical Materialism*. London : Jonathan Cape, 1968a.
* Lefebvre, H. *Le matérialisme dialectique*. Paris : Presses universitaires de France, 1940.
  Lefebvre, H. *The Sociology of Karl Marx*. London : Allen Lane, 1968b.
* Lefebvre, H. *Sociologie de Marx*. Paris : Presses universitaires de France, 1966.
* Lefebvre, H. *Logique formelle, logique dialectique*. Paris : Éditions sociales, 1946.
* Lefort, C. *Éléments d'une critique de la bureaucratie*. Paris : Gallimard, 1979.
* Legendre, P. *L'empire de la vérité. Introduction aux espaces dogmatiques industriels*. Paris : Fayard, 1983.
  Lemaire, A. *Jacques Lacan*. London : Routledge & Kegan Paul, 1977.
* Lemaire, A. *Jacques Lacan*. (1re édition française, 1970) Bruxelles : Pierre Mardaga, 1977.
* Lemaître, N. « La culture d'entreprise, facteur de performance ». *Revue française de gestion*, 47-48 : 153-161, septembre-octobre 1984a.
* Lemaître, N. « La culture d'entreprise : outil de gestion ». *Direction et gestion des entreprises*, 20(6) : 41-52, novembre-décembre 1984b.
* Lemaître-Rosencweig, N. *Le jeu de la décision : pouvoirs, cultures et stratégies dans l'entreprise*. Bruxelles : Université de Bruxelles, 1986.
* Lemieux, V. *Les cheminements de l'influence*. Québec : Presses de l'Université Laval, 1979.
* Lemieux, V. *La structuration du pouvoir dans les systèmes politiques*. Québec : Presses de l'Université Laval, 1989.
* Le Moigne, J.-L. *Les systèmes d'information dans les organisations*. Paris : Presses universitaires de France, 1973.
* Le Moigne, J.-L. *Les systèmes de décision dans les organisations*. Paris : Presses universitaires de France, 1974.
* Le Moigne, J.-L. *La théorie du système général. Théorie de la modélisation*. Paris : Presses universitaires de France, 1977.
* Le Moigne, J.-L. et D. Carré. *Auto-organisation de l'entreprise, 50 propositions pour l'autogestion*. Paris : Éditions d'Organisation, 1977.

* Le Moigne, J.-L. «Science de l'autonomie et autonomie de la science», pp. 521-536 dans P. Dumouchel et J.-P. Dupuy (dir.). *L'auto-organisation. De la physique au politique*. Paris: Éditions du Seuil, 1983.

Lenin, V. I. «On Dialectics», dans *Selected Works*. London: 1936.

* Lénine, V. I. *Œuvres*. 45 vol. Paris: Éditions sociales; Moscou: Éditions en langues étrangères, 1958-1970.

* Leroi-Gourhan, A. *L'homme et la matière*. Paris: Albin Michel, 1943.

* Leroi-Gourhan, A. *Milieu et techniques*. Paris: Albin Michel, 1945.

* Leroi-Gourhan, A. *Le geste et la parole*. I. *Technique et langage*. Paris: Albin Michel, 1964.

* Leroi-Gourhan, A. *Le geste et la parole*. II. *La mémoire et les rythmes*. Paris: Albin Michel, 1965.

* Leroi-Gourhan, A. *Le fil du temps*. Paris: Fayard, 1983.

Levidon, L. et B. Young (dir.). *Science, Technology and the Labour Process*. London: Blackrose Press, 1981.

Levie, H. D. et N. Lorentzen (dir.). *Fighting Closures*. Nottingham: Spokesman Books, 1984.

Levinson, H. *Organizational Diagnosis*. Cambridge, MA: Harvard University Press, 1972.

Lévi-Strauss, C. *The Scope of Anthropology*. New York: Johnathan Cape, 1967.

* Lévi-Strauss, C. *Leçon inaugurale*. Paris: Collège de France, 1960.

* Lévi-Strauss, C. *Les structures élémentaires de la parenté*. Paris: Presses universitaires de France, 1949.

* Lévi-Strauss, C. *Tristes tropiques*. Paris: Plon, 1955.

* Lévi-Strauss, C. *Anthropologie structurale*. I. Paris: Plon, 1958.

* Lévi-Strauss, C. *Anthropologie structurale*. II. Paris: Plon, 1973.

Lifton, J. et E. Olson. *Living and Dying*. New York: Bantam, 1975.

Lindblom, C. E. «The Science of «Muddling Through»». *Public Administration Review*, 19: 78-88, 1959.

Lindblom, C. E. *The Policy-Making Process*. Englewood Cliffs, NJ: Prentice-Hall, 1968.

* Linhart, R. *L'établi*. Paris: Éditions de Minuit, 1978.

* Lipovesky, G. *L'ère du vide*. Paris: Gallimard, 1983.

Lips, H. M. *Women, Men, and the Psychology of Power*. Englewood Cliffs, NJ: Prentice-Hall, 1981.

Litterer, J. A. «Conflict in Organization: A Re-Examination». *Academy of Management*, 9: 178-186, 1966.

Louis, M. R. «Organizations as Culture-Bearing Milieux», pp. 39-54 dans L. Pondy *et al*. (dir.). *Organizational Symbolism*. Greenwich, CT: JAI Press, 1983.

* Lourau, R. *L'analyse institutionnelle*. Paris: Éditions de Minuit, 1970.

Lowenberg, P. «Love and Hate in the Academy». *Centre Magazine*, 4-11, septembre 1972.

Lucas, R. «Combining Political and Cultural Analyses of Organizations». Toronto: York University, 1983 (inédit).

Lukács, G. *History and Class Consciousness*. London: Merlin, 1971.

* Lukács, G. *Histoire et conscience de classe: essai de dialectique marxiste*. Paris: Éditions de Minuit, 1960.

Lukes, S. *Power: A Radical View*. London: Macmillan, 1974.

* Lussato, B. et G. Méssadié. *Bouillon de culture*. Paris: Robert Laffont, 1986.

Maccoby, M. *The Gamesman*. New York : Simon & Schuster, 1976.
* Maccoby, M. *Le joueur : le manager d'aujourd'hui*. Paris : InterÉditions, 1980.
Machiavelli, N. *The Prince*. Harmondsworth : Penguin, 1961.
* Machiavel, N. « Le Prince », dans N. Machiavel, *Œuvres complètes*. Paris : Gallimard, 1978.
Machlowitz, M. *Workaholics*. Reading, MA : Addison-Wesley, 1978.
* Maisonneuve, J. *La dynamique des groupes*. Paris : Presses universitaires de France, 1980.
* Maisonrouge, J. *Manager international : 36 ans au cœur d'une multinationale de l'informatique*. Paris : Robert Laffont, 1985.
Maitland, F. W. *Collected Papers*. Cambridge : Cambridge University Press, 1911.
* Malebranche, N. *Recherches de la vérité*. 2 vol. (1re édition, 1674-1675) Paris : J. Vrin, 1965-1967.
Mandel, E. *Marxist Economic Theory*. London : Merlin, 1962.
* Mandel, E. *Traité d'économie marxiste*. 2 vol. Paris : Julliard, 1962.
Mangham, I. *Interactions and Interventions in Organizations*. New York : John Wiley, 1978.
Mangham, I. et M. Overington. « Dramatism and the Theatrical Metaphor », pp. 219-233 dans G. Morgan (dir.). *Beyond Method : Strategies for Social Research*. Beverly Hills, CA : Sage, 1983.
Mannheim, K. *Man and Society in an Age of Reconstruction*. London : Routledge & Kegan Paul, 1940.
Manning, P. K. « Talking and Becoming : A View of Organizational Socialization », pp. 239-256 dans J. Douglas (dir.). *Understanding Everyday Life*. Chicago : Aldine, 1970.
Manning, P. K. « Metaphors of the Field : Varieties of Organizational Discourse ». *Administrative Science Quarterly*, 24 : 660-671, 1979.
Mao Tse Tung. *On Contradiction*. Peking : Foreign Language Press, 1937.
* Mao Zedong. *De la contradiction*. Pékin : Éditions en langues étrangères, 1966.
March, J. G. « The Business Firm as a Political Coalition ». *Journal of Politics*, 24 : 662-678, 1962.
March, J. G. « Decision Making Perspective : Decisions in Organizations and Theories of Choice », pp. 205-244 dans A. Van de Ven et W. Joyce (dir.). *Perspectives on Organization Design and Behavior*. New York : John Wiley, 1981.
March, J. G. et H. A. Simon. *Organizations*. New York : John Wiley, 1958.
* March, J. G. et H. A. Simon. *Les organisations : problèmes psycho-sociologiques*. Paris : Dunod, 1964.
March, J. G. et J. P. Olsen. *Ambiguity and Choice in Organizations*. Bergen : Universitetsforlaget, 1976.
Marcuse, H. *Eros and Civilisation*. Boston : Beacon Press, 1955.
* Marcuse, H. *Eros et civilisation : contribution à Freud*. Paris : Éditions de Minuit, 1963.
Marcuse, H. *One-Dimensional Man*. Boston : Beacon Press, 1964.
* Marcuse, H. *L'homme unidimensionnel : essai sur l'idéologie de la société industrielle avancée*. Paris : Éditions de Minuit, 1968.
Marcuse, H. « Freedom and Freud's Theory of Instincts », dans H. Marcuse. *Five Lectures : Psychoanalysis, Politics and Utopia*. Boston : Beacon Press, 1970.

Marglin, S. A. « What Do Bosses Do ? », pp. 13-54 dans A. Gorz (dir.). *The Division of Labor*. Hassocks : Harvester Press, 1976.

* Marglin, S. A. « Origines et fonctions de la parcellisation des tâches », pp. 311-346 dans J.-F. Chanlat et F. Séguin (dir.). *L'analyse des organisations. Une anthologie sociologique*. Vol. 2 : *Les composantes de l'organisation*. Montréal : Gaëtan Morin, 1987.

Markovic, M. *From Affluence to Praxis*. Ann Arbor : University of Michigan Press, 1974.

Marshall, J. et A. McLean. « Exploring Organization Culture as a Route to Organizational Change », pp. 2-20 dans V. Hammond (dir.). *Current Research in Management*. London : Francis Pinter, 1985.

Martin, J. et C. Siehl. « Organizational Culture and Sub-Culture : An Uneasy Symbiosis ». *Organizational Dynamics*, 12 : 52-64, 1983.

Marx, K. *Early Writings*. Harmondsworth : Penguin, 1975.

* Marx, K. *Œuvres*. III. *Philosophie*. Paris : Gallimard, 1982.

Marx, K. *Capital*. Harmondsworth : Penguin, 1976.

* Marx, K. « Le Capital » (Livre premier), pp. 537-1406, 1629-1717 dans K. Marx. *Œuvres*. I. *Économie* I. Paris : Gallimard, 1965.

* Marx, K. « Le Capital » (Livres deuxième et troisième. Appendices), pp. 501-1488, 1493-1500, 1684-1854 dans K. Marx. *Œuvres*. II. *Économie* II. Paris : Gallimard, 1968.

Marx, K. et F. Engels. *The German Ideology*. London : Lawrence & Wishart, 1846.

* Marx, K. et F. Engels. « L'idéologie allemande », pp. 1037-1325, 1718-1805 dans K. Marx. *Œuvres*. III. *Philosophie*. Paris : Gallimard, 1982.

Marx, K. et F. Engels. « The Manifesto of the Communist Party », pp. 35-63 dans K. Marx et F. Engels. *Selected Works*. London : Lawrence & Wishart, 1848.

* Marx, K. et F. Engels. « Le manifeste communiste », pp. 157-195, 1480-1493, 1573-1591 dans K. Marx. *Œuvres*. I. *Économie* I. Paris : Gallimard, 1965.

Maruyama, M. « The Second Cybernetics : Deviation Amplifying Mutual Causal Processes ». *American Scientist*, 51 : 164-179, 1963.

Maruyama, M. « Mindscapes, Management, Business Policy, and Public Policy ». *Academy of Management Review*, 7 : 612-619, 1982.

Maslow, A. H. « Theory of Human Motivation ». *Psychological Review*, 50 : 370-396, 1943.

Maslow, A. H. *Toward a Psychology of Being*. New York : Van Nostrand, 1968.

* Maslow, A. H. *Vers une psychologie de l'être*. Paris : Fayard, 1972.

Mason, R. O. et I. Mitroff. *Challenging Strategic Planning Assumptions*. New York : John Wiley, 1981.

Massey, D. et R. Meegan. *The Anatomy of Job Loss*. London : Methuen, 1982.

Maturana, H. et F. Varela. *Autopoiesis and Cognition : The Realization of the Living*. London : Reidl, 1980.

* Maurice, M., F. Sellier et J.-J. Sylvestre. *Politique de l'éducation et organisation industrielle en France et en Allemagne*. Paris : Presses universitaires de France, 1982.

Mayo, E. *The Human Problems of an Industrial Civilization*. New York : Macmillan, 1933.

McClelland, D. *Power : The Inner-Experience*. New York : John Wiley, 1975.

McCorduck, P. *Machines Who Think*. San Francisco : Freeman, 1979.

McCulloch, W. S. «Recollections of the Many Sources of Cybernetics». *Forum*, 6, 1974.

McGregor, D. *The Human Side of Enterprise*. New York : McGraw-Hill, 1960.

* McGregor, D. *La dimension humaine de l'entreprise*. Paris : Gauthier-Villars, 1976.

McKelvey, B. «Guidelines for the Empirical Classification of Organizations». *Administrative Science Quarterly*, 20 : 509-525, 1982a.

McKelvey, B. *Organizational Systematics : Taxonomy, Evolution, Classification*. Berkeley : University of California Press, 1982b.

McKelvey, B. et H. Aldrich. «Populations, Natural Selection and Applied Organizational Science». *Administrative Science Quarterly*, 28 : 101-128, 1983.

McLellan, D. *Karl Marx : His Life and Thought*. London : Macmillan, 1973.

McMillan, C. J. *The Japanese Industrial System*. Berlin : Walter de Gruyter, 1984.

McNeil, K. «Understanding Organizational Power : Building on the Weberian Legacy». *Administrative Science Quarterly*, 23 : 65-90, 1978.

McSwain, C. J. et O. F. White, Jr. «The Case for Lying, Cheating, and Stealing : Organization Development as an Ethos Model for Management Practice». Présenté aux Academy of Management Meetings, New York City, 1982.

McWhinney, W. «Resolving Complex Issues». Los Angeles : Fielding Institute, 1982 (inédit).

Meadows, D. H., D. L. Meadows, R. Randers et W. Behrens. *The Limits to Growth*. New York : Universe Books, 1972.

* Meadows, D. H. *Rapport sur les limites de la croissance. Halte à la croissance ? Enquête sur le Club de Rome*. Paris : Fayard, 1972.

* Meccacci, L. «Le cerveau et la culture». *Le Débat*, 47 : 184-192, 1987.

Medawar, C. et B. Freese. *Drug Diplomacy*. London : Social Audit, 1982.

* Mélèse, J. *La gestion par les systèmes*. Paris : Hommes et techniques, 1968.

* Mélèse, J. *L'analyse modulaire des systèmes de gestion*. Paris : Hommes et techniques, 1972.

Menzies, I. «A Case Study in the Functioning of Social Systems as a Defence Against Anxiety». *Human Relations*, 13 : 95-121, 1960.

* Mersenne. *La vérité des sciences*. (1re édition, 1625) Stuttgart-Bad Cannstatt : F. Fromman, 1969.

Merton, R. K. *Social Theory and Social Structure*. New York : Free Press, 1968a.

Merton, R. K. «Manifest and Latent Functions», pp. 73-138 dans R. K. Merton (dir.). *Social Structure*. New York : Free Press, 1968b.

Meszaros, I. *Marx's Theory of Alienation*. London : Merlin, 1970.

Meszaros, I. *Lukács' Concept of Dialectic*. London : Merlin, 1972.

Meyer, J. W. et B. Rowan. «Institutionalized Organizations : Formal Structure as Myth and Ceremony». *American Journal of Sociology*, 83 : 340-363, 1977.

Michael, D. N. *On Learning to Plan & Planning to Learn*. San Francisco : Jossey-Bass, 1973.

Michels, R. *Political Parties*. New York : Free Press, 1949.

* Michels, R. *Les partis politiques : Essai sur les tendances oligarchiques des démocraties*. Paris : Flammarion, 1971.

Miles, R. E. et C. C. Snow. *Organizational Strategy, Structure and Process*. New York : McGraw-Hill, 1978.

Miles, R. H. *Macro Organizational Behavior*. Santa Monica, CA : Goodyear, 1980.

Miliband, R. *The State in Capitalist Society.* London: Quartet, 1973.
* Miliband, R. *L'État dans la société capitaliste : analyse du système de pouvoir occidental.* Paris: François Maspero, 1979.
Miller, A. *Death of a Salesman.* New York: Viking, 1949.
* Miller, A. «Mort d'un commis-voyageur», dans A. Miller. *Théâtre.* Vol. 1. Paris: Robert Laffont, 1967.
Miller, D. et P. H. Friesen. *Organizations : A Quantum View.* Englewood Cliffs, NJ: Prentice-Hall, 1984.
Miller, D. et P. H. Friesen. «Archetypes of Strategy Formulation». *Management Science,* 24: 921-933, 1978.
Miller, D. et H. Mintzberg. «The Case for Configuration», pp. 57-73 dans G. Morgan (dir.). *Beyond Method : Strategies for Social Research.* Beverly Hills, CA: Sage, 1983.
Miller, E. J. et A. K. Rice. *Systems of Organization.* London: Tavistock, 1967.
Miller, J. *The Body in Question.* New York: Jonathan Cape, 1978.
Miller, J. G. *Living Systems.* New York: McGraw-Hill, 1977.
* Miller, R. (dir.). *La direction des entreprises. Concepts et applications.* Montréal: McGraw-Hill, 1989.
Millett, K. *Sexual Politics.* New York: Avon, 1969.
Mills, T. «Europe's Industrial Democracy : An American Response». *Harvard Business Review,* 56, 1978.
Mintzberg, H. *The Nature of Managerial Work.* New York: Harper & Row, 1973.
* Mintzberg, H. *Le manager au quotidien : les dix rôles du cadre.* Paris: Éditions d'Organisation; Montréal: Agence d'Arc, 1984.
Mintzberg, H. «Planning on the Left Side and Managing on the Right». *Harvard Business Review,* 54: 49-58, 1976.
Mintzberg, H. *The Structuring of Organizations.* Englewood Cliffs, NJ: Prentice-Hall, 1979.
* Mintzberg, H. *Structure et dynamique des organisations.* Paris: Éditions d'Organisation; Montréal: Agence d'Arc, 1982.
Mintzberg, H. *Power In and Around Organizations.* Englewood Cliffs, NJ: Prentice-Hall, 1983.
* Mintzberg, H. *Le pouvoir dans les organisations.* Paris: Éditions d'Organisation; Montréal: Agence d'Arc, 1986.
Mirow, K. R. et H. Maurer. *Webs of Power : International Cartels and the World Economy.* Boston: Houghton Mifflin, 1982.
* Mises, L. von. *L'action humaine : traité d'économie.* Paris: Presses universitaires de France, 1985.
Mitchell, J. *Psychoanalysis and Feminism.* New York: Pantheon, 1974.
Mitroff, I. I. *Stakeholders of the Mind.* San Francisco: Jossey-Bass, 1984.
Mitroff, I. I. et R. H. Kilmann. «On Organizational Stories», dans R. H. Kilmann, L. R. Pondy et D. P. Slevin (dir.). *The Management of Organizational Design.* New York: American Elsevier, 1976.
Mitroff, I. I. et R. H. Kilmann. *Methodological Approaches to Social Science.* San Francisco: Jossey-Bass, 1978.
Mizruchi, M. *The American Corporate Network, 1904-1974.* Beverly Hills, CA: Sage, 1982.
* Monod, J. *Le hasard et la nécessité. Essai sur la philosophie naturelle de la biologie moderne.* Paris: Éditions du Seuil, 1970.
* Montmollin, G. de. *L'influence sociale. Phénomènes, facteurs et théories.* Paris: Presses universitaires de France, 1977.

* Montmollin, M. de. *Le taylorisme à visage humain*. Paris : Presses universitaires de France, 1981.
* Montmollin, M. de et O. Pastre. *Le taylorisme*. Paris : La Découverte, 1984.
  Mooney, J. C. et A. P. Reiley. *Onward Industry*. New York : Harper & Row, 1931.
  Morgan, G. « Internal Audit Role Conflict : A Pluralist View ». *Managerial Finance*, 5 : 160-170, 1979.
  Morgan, G. « Paradigms, Metaphors and Puzzle Solving in Organization Theory ». *Administrative Science Quarterly*, 25 : 605-622, 1980.
  Morgan, G. « The Schismatic Metaphor and Its Implications for Organizational Analysis ». *Organization Studies*, 2 : 23-44, 1981.
  Morgan, G. « Cybernetics and Organization Theory : Epistemology or Technique ? ». *Human Relations*, 35 : 521-538, 1982.
  Morgan, G. (dir.). *Beyond Method : Strategies for Social Research*. Beverly Hills, CA : Sage, 1983a.
  Morgan, G. « More on Metaphor : Why We Cannot Control Tropes in Administrative Science ». *Administrative Science Quarterly*, 28 : 601-607, 1983b.
  Morgan, G. « Rethinking Corporate Strategy : A Cybernetic Perspective ». *Human Relations*, 36 : 345-360, 1983c.
  Morgan, G. « Opportunities Arising from Paradigm Diversity ». *Administration and Society*, 16 :306-327, 1984.
  Morgan, G. « Organizational Choice and the New Technology », pp. 47-62 dans D. Morley et S. Wright (dir.). *Learning Works. Searching for Organizational Futures. A Tribute to Eric Trist*. Toronto : Faculty of Environmental Studies, York University, 1989.
  Morgan, G. et R. Ramirez. « Action Learning : A Holographic Metaphor for Guiding Social Change ». *Human Relations*, 37 : 1-28, 1984.
  Morgan, G., P. Frost et L. Pondy. « Organizational Symbolism », pp. 3-35 dans L. R. Pondy, P. Frost, G. Morgan et T. Dandridge (dir.). *Organizational Symbolism*. Greenwich, CT : JAI Press, 1983,
* Morin, E. *Le paradigme perdu : la nature humaine*. Paris : Éditions du Seuil, 1973.
* Morin, E. *La méthode. La nature de la nature*. Paris : Éditions du Seuil, 1977.
* Morin, E. *La méthode. La vie de la vie*. Paris : Éditions du Seuil, 1980.
* Morin, E. *Science avec conscience*. Paris : Fayard, 1982.
* Morin, E. « Peut-on concevoir une science de l'autonomie ? », pp. 317-325 dans P. Dumouchel et J.-P. Dupuy (dir.). *L'auto-organisation. De la physique au politique*. Paris : Éditions du Seuil, 1983.
* Morin, E. *La méthode. La connaissance de la connaissance*. Paris : Éditions du Seuil, 1986.
* Morin, J. « Le nouveau défi industriel ». *Direction et gestion des entreprises*, 20(3) : 7-16, mai-juin 1984.
* Mothe-Gautrat, D. *Pour une nouvelle culture d'entreprise*. Paris : La Découverte, 1986.
  Mouzelis, N. *Organization and Bureaucracy*. 2ᵉ éd. London : Routledge & Kegan Paul, 1979.
* Muller, J.-L. *Le pouvoir dans les relations quotidiennes*. Paris : Hommes et techniques, 1986.
  Mumford, L. *Technics and Civilization*. New York : Harcourt Brace Jovanovich, 1934.
  Murray, V. et J. Gandz. « Games Executives Play : Politics at Work ». *Business Horizons*, 1980, 11-23.

Myers-Briggs, I. *Manual for the Myers-Briggs Type Indicator*. Princeton, NJ : Educational Testing Service, 1962.

* Nadeau, R. et M. Landry (dir.). *L'aide à la décision. Nature, instruments et perspectives d'avenir*. Québec : Presses de l'Université Laval, 1986.

Nadler, D. A. et M. L. Tushman. « A General Diagnostic Model for Organizational Behavior : Applying a Congruence Perspective », dans J. R. Hackman, E. E. Lawler et L. W. Porter (dir.). *Perspectives on Behavior in Organizations*. New York : McGraw-Hill, 1977.

Navarro, V. et D. M. Berman (dir.). *Health and Work Under Capitalism*. New York : Baywood Publishing, 1983.

Negandhi, A. R. « External and Internal Functioning of American, German, and Japanese Multinational Corporations : Decision-Making and Policy Issues », dans W. H. Goldberg et A. R. Negandhi (dir.). *Governments and Multinationals*. Cambridge, MA : Oelgeschlager, Gunn, & Hain, 1983.

Nelkin, D. et M. S. Brown. *Workers at Risk*. Chicago : University of Chicago Press, 1984.

Neumann, E. *The Origins and History of Consciousness*. Princeton, NJ : Princeton University Press, 1954.

* Neuville, J. *La condition ouvrière au XIXe siècle. I. L'ouvrier objet*. Paris : Vie ouvrière, 1976.

* Neuville, J. *La condition ouvrière au XIXe siècle. II. L'ouvrier objet*. Paris : Vie ouvrière, 1980.

Nichols, T. *Ownership, Control and Ideology*. London : Unwin, 1980.

Nietzsche, F. *The Gay Science*. New York : Vintage, 1974.

* Nietzsche, F. « Le gai savoir ». Fragments posthumes, été 1881-été 1882, dans F. Nietzsche. *Œuvres philosophiques complètes*. Paris : Gallimard, 1982.

Nietzsche, F. *The Will to Power*. New York : Vintage, 1976.

* Nietzsche, F. « La volonté de puissance : essai d'une transmutation de toutes les valeurs ». Études et fragments, dans F. Nietzsche. *Œuvres complètes de Frédéric Nietzsche*. 2 vol. Paris : Mercure de France, 1903.

Nisbet, R. A. *Social Change and History*. London : Oxford University Press, 1969.

* Nizard, G. « Identité et culture d'entreprise ». *Harvard l'Expansion*, (31) : 90-106, hiver 1983-1984.

Nord, W. R. « Dreams of Humanization and the Realities of Power ». *Academy of Management Review*, 3 : 674-679, 1978.

* Normand, E. « Histoire et culture : les enchaînements du temps de l'entreprise ». *Revue française de gestion*, 47-48 : 40-51, septembre-octobre 1984.

Northrup, H. R. et R. L. Rowan. *Multinational Collective Bargaining Attempts*. Philadelphia : University of Pennsylvania Press, 1979.

Novack, G. *An Introduction to the Logic of Marxism*. New York : Merit, 1966.

Oates, W. *Confessions of a Workaholic*. New York : Harper & Row, 1971.

O'Connor, J. *The Fiscal Crisis of the State*. New York : St.Martin's, 1973.

Offe, C. « Class Rule and the Political System ». *German Political Studies*, 1 : 31-57, 1972.

Offe, C. « Advanced Capitalism and the Welfare State ». *Politics and Society*, 2(4) : 479-488, 1974.

Offe, C. « The Theory of the Capitalist State and the Problem of Policy Formation », dans L. N. Lindberg *et al.* (dir.). *Stress and Contradiction in Modern Capitalism*. Lexington, MA : D.C. Heath, 1975.

Offe, C. *Industry and Inequality*. London : Arnold, 1976.

Office of Management and Budget. *Standard Industrial Classification Manual*. Washington, DC : Government Printing Office, 1972.

Ollman, B. *Alienation : Marx's Conception of Man in Capitalist Society*. Cambridge : Cambridge University Press, 1976.

Ortony, A. « Why Metaphors Are Necessary and Not Just Nice ». *Educational Theory*, 25 : 45-53, 1975.

Ortony, A. (dir.). *Metaphor and Thought*. Cambridge : Cambridge University Press, 1979.

Ouchi, W. G. *Theory Z : How American Business Can Meet the Japanese Challenge*. Reading, MA : Addison-Wesley, 1981.

* Ouchi, W. G. *Théorie Z : faire face au défi japonais*. Paris : InterÉditions, 1982.

Outhwaite, W. « Toward a Realist Perspective », pp. 321-330 dans G. Morgan (dir.). *Beyond Method : Strategies for Social Research*. Beverly Hills, CA : Sage, 1983.

* Padioleau, J. G. Le Monde *et le* Washington Post. Paris : Presses universitaires de France, 1985.

* Pagès, M. *La vie affective des groupes*. Paris : Dunod, 1984.

* Pagès, M., V. Bonneti et V. de Gaulejac. *L'emprise de l'organisation*. Paris : Presses universitaires de France, 1979.

* Papert, S. « Épistémologie de la cybernétique », pp. 822-840 dans J. Piaget (dir.). *Logique et connaissance scientifique*. Paris : Gallimard, 1967.

* Parent, R. « Les multinationales québécoises de l'ingénierie ». *Recherches sociographiques*, 24(1) : 75-94, janvier-avril 1983.

Pareto, V. *The Mind and Society*. New York : Harcourt Brace Jovanovich, 1935.

* Pareto, V. *Œuvres complètes*. Genève : Droz, 1964-.

Parsons, T. *The Social System*. New York : Free Press, 1951.

Parsons, T. « Culture and Social System Revisited », dans L. Schneider et C. M. Bonjean (dir.). *The Idea of Culture in the Social Sciences*. Cambridge : Cambridge University Press, 1973.

Pascale, R. T. et A. Athos. *The Art of Japanese Management*. New York : Warner Books, 1981.

* Pascale, R. T. et A. Athos. *Le management est-il un art japonais ?* Paris : Éditions d'Organisation, 1984.

Pask, G. *An Approach to Cybernetics*. New York : Harper & Row, 1961.

Pava, C. *Managing New Office Technology*. New York : Free Press, 1983.

* Pavé, F. *L'illusion informaticienne*. Paris : L'Harmattan, 1989.

* Peaucelle, J.-L. *Les systèmes d'information. La représentation*. Paris : Presses universitaires de France, 1981.

Pennings, J. M. « Organizational Birth Frequencies : An Empirical Investigation ». *Administrative Science Quarterly*, 27 : 120-144, 1982.

Pepper, S. C. *World Hypotheses*. Berkeley : University of California Press, 1942.

Perrow, C. « A Framework for the Comparative Analysis of Organizations ». *American Sociological Review*, 32 : 194-208, 1967.

Perrow, C. *Complex Organizations : A Critical Essay*. New York : Random House, 1979.

Perrow, C. *Normal Accidents*. New York : Basic Books, 1984.

Peters, T. J. « Symbols, Patterns and Settings ». *Organizational Dynamics*, 7 : 3-22, 1978.

Peters, T. J. et R. H. Waterman. *In Search of Excellence*. New York : Harper & Row, 1982.

* Peters, T. J. et R. H. Waterman. *Le prix de l'excellence : les secrets des meilleures entreprises*. Paris : InterÉditions, 1983.
Pettigrew, A. M. *The Politics of Organizational Decision-Making*. London : Tavistock, 1973.
Pfeffer, J. *Organization Design*. Arlington Heights, IL : AHM, 1978.
Pfeffer, J. *Power in Organizations*. Marshfield, MA : Pitman, 1981.
Pfeffer, J. *Organizations and Organization Theory*. Marshfield, MA : Pitman, 1982.
Pfeffer, J. et G. R. Salancik. *The External Control of Organizations : A Resource Dependence Perspective*. New York : Harper & Row, 1978.
* Philibert, C. « Les funambules du volt ». *Géo*, 72 : 128-143, février 1985.
* Piaget, J. *La naissance de l'intelligence chez l'enfant*. Neuchâtel : Delachaux et Niestlé, 1936.
* Piaget, J. *La construction du réel chez l'enfant*. Neuchâtel : Delachaux et Niestlé, 1937.
* Piaget, J. *Introduction à l'épistémologie génétique*. 3 vol. Paris : Presses universitaires de France, 1950.
* Piaget, J. *Les mécanismes perceptifs*. Paris : Presses universitaires de France, 1961.
* Piaget, J. *Six études de psychologie*. Paris : Denoël/Gonthier, 1964.
* Piaget, J. (dir.). *Logique et connaissance scientifique*. Paris : Gallimard, 1967.
* Piaget, J. *L'épistémologie génétique*. Paris : Presses universitaires de France, 1970.
* Piaget, J. *Problèmes de psychologie génétique*. Paris : Denoël/Gonthier, 1972.
* Piaget, J. *Les formes élémentaires de la dialectique*. Paris : Gallimard, 1980.
* Piaget, J. et B. Inhelder. *La psychologie de l'enfant*. Paris : Presses universitaires de France, 1966.
* Piaget, J., Mounoud, P. et J.-P. Bronckart (dir.). *Psychologie*. Paris : Gallimard, 1987.
* Piattelli-Palmarini, M. (dir.). *Théories du langage, théories de l'apprentissage. Le débat entre Jean Piaget et Noam Chomsky*. Paris : Éditions du Seuil, 1979.
Pinder, C. et L. Moore. « The Resurrection of Taxonomy to Aid the Development of Middle-Range Theories of Organizational Behavior ». *Administrative Science Quarterly*, 24 : 99-118, 1979.
Pines, M. *Bion and Group Psychotherapy*. London : Routledge & Kegan Paul, 1985.
Piore, M. *Birds of Passage : Migrant Labor in Industrial Society*. London : Cambridge University Press, 1979.
Plato. *The Republic*. Oxford : Clarendon, 1941.
* Platon. « La République », dans Platon. *Œuvres complètes*. Paris : Gallimard, 1950.
Plato. *The Laws*. London : Heinemann, 1926.
* Platon. « Les Lois », dans Platon. *Œuvres complètes*. Paris : Gallimard, 1950.
Plekhanov, G. V. *Selected Philosophical Works*. London : Lawrence & Wishart, 1961.
Pondy, L. R. « Budgeting and Intergroup Conflict in Organizations ». *Pittsburgh Business Review*, 1964.
Pondy, L.R. « Organizational Conflict : Concepts and Models ». *Administrative Science Quarterly*, 12 : 296-320, 1967.
Pondy, L. R., P. Frost, G. Morgan et T. Dandridge (dir.). *Organizational Symbolism*. Greenwich, CT : JAI Press, 1983.

Popper, K. R. *The Open Society and Its Enemies*. London : Routledge & Kegan Paul, 1945.

* Popper, K. R. *La société ouverte et ses ennemis*. Paris : Éditions du Seuil, 1979.

* Poulantzas, N. *Pouvoir politique et classes sociales*. Paris : François Maspero, 1968.

* Poumadère, M. « Les stratégies de sécurité dans l'entreprise : concepts, outils et méthodes ». *Revue générale de sécurité*, 55-58, mai 1986.

Power, J. et A. Hardman. *Western Europe's Migrant Workers*. London : Minority Rights Group, 1978.

* Power, J. et A. Hardman. *Les travailleurs étrangers en Europe occidentale*. Londres : Minority Rights Groups, 1976.

Presthus, R. *The Organizational Society*. New York : St.Martin's, 1978.

Pribram, K. *Languages of the Brain*. Englewood Cliffs, NJ : Prentice-Hall, 1971.

Pribram, K. « Problems Concerning the Structure of Consciousness », dans G. Globus *et al*. (dir.). *Consciousness and the Brain*. New York : Plenum, 1976.

Prigogine, I. « Time, Structure and Fluctuations ». *Science*, 201 : 777-795, 1978.

Prigogine, I. et I. Stengers. *Order Out of Chaos*. New York : Random House, 1984.

* Prigogine, I. et I. Stengers. *La nouvelle alliance : métamorphose de la science*. Paris : Gallimard, 1980. Ouvrage qui a inspiré *Order Out of Chaos*.

Proudhon, P. J. *Selected Writings*. London : Macmillan, 1969.

* Proudhon, P. J. *Œuvres choisies*. Paris : Gallimard, 1967.

Pugh, D. S., D. J. Hickson et C. R. Hinings. « An Empirical Taxonomy of Work Organizations ». *Administrative Science Quarterly*, 14 : 115-126, 1969.

* Pugh, D. S., D. J. Hickson et C. R. Hinings. « Une taxonomie empirique des structures organisationnelles », pp. 193-211 dans J.-F. Chanlat et F. Séguin (dir.). *L'analyse des organisations, une anthologie sociologique*. Vol. 2 : *Les composantes de l'organisation*. Montréal : Gaëtan Morin, 1987.

Radcliffe-Brown, A. R. *Structure and Function in Primitive Society*. London : Cohen & West, 1952.

* Radcliffe-Brown, A. R. *Structure et fonction dans la société primitive*. Paris : Éditions de Minuit, 1969.

Rank, O. *Psychology and the Soul*. Philadelphia : University of Pennsylvania Press, 1950.

Rapoport, A. *Fights, Games and Debates*. Ann Arbor : University of Michigan Press, 1960.

* Rapoport, A. *Combats, débats et jeux*. Paris : Dunod, 1967.

Ravn, I. « Notes on the Emergence of Order ». Philadelphia : Wharton School, University of Pennsylvania, 1983 (inédit).

Reasons, C. E., L. L. Ross et C. Paterson. *Assault on the Worker*. Toronto : Butterworth, 1981.

Reich, M. « The Development of the Wage Labor Force », pp. 179-185 dans R. C. Edwards, M. Reich et T. Weisskopf (dir.). *The Capitalist System*. Englewood Cliffs, NJ : Prentice-Hall, 1978.

Reich, W. *The Mass Psychology of Fascism*. New York : Farrar, Straus, Giroux, 1933.

* Reich, W. *La psychologie de masse du fascisme*. Paris : Payot, 1972.

Reich, W. *The Function of the Orgasm*. New York : Panther, 1961.

* Reich, W. *La fonction de l'orgasme*. Paris : L'Arche, 1970.

Reich, W. *The Sexual Revolution*. New York : Farrar, Straus, Giroux, 1968.
* Reich, W. *La révolution sexuelle: pour une autonomie caractérielle de l'homme*. Paris : Union générale d'éditions, 1970.
Reich, W. *Character Analysis*. New York : Farrar, Straus, Giroux, 1972a.
* Reich, W. *L'analyse caractérielle*. Paris : Payot, 1971.
Reich, W. *Dialectical Materialism and Psychoanalysis*. London : Socialist Reproduction, 1972b.
* Reitter, R. et B. Ramanantsoa. *Pouvoir et politique : au-delà de la culture d'entreprise*. Paris : McGraw-Hill, 1985.
* Reynaud, C. « Identités collectives et changement social : les cultures collectives comme dynamique d'action ». *Sociologie du travail*, 24(2) : 159-177, 1982.
Rice, A. K. *Productivity and Social Organization*. London : Tavistock, 1958.
Robbins, S. P. « Conflict Management, and Conflict Resolution Are Not Synonymous Terms ». *California Management Review*, 21 : 67-75, 1978.
Roethlisberger, F. J. et W. J. Dickson. *Management and the Worker*. Cambridge, MA : Harvard University Press, 1939.
* Rosnay, J. de. *Le macroscope. Vers une vision globale*. Paris : Éditions du Seuil, 1975.
Ross, N. S. « Organized Labour and Management : The U.K. », dans E. M. Hugh-Jones (dir.). *Human Relations and Modern Management*. North Holland : Elsevier, 1958.
Ross, N. S. *Constructive Conflict*. Edinburg : Oliver & Boyd, 1969.
* Rostand, J. *La biologie et l'avenir humain*. Paris : Albin Michel, 1950.
* Rostand, J. *Peut-on modifier l'homme ?* Paris : Gallimard, 1956.
* Rostand, J. *Espoirs et inquiétudes de l'homme*. Paris : Club du meilleur livre, 1959.
* Rostand, J. *L'homme*. Paris : Gallimard, 1962.
* Roy, B. (dir.). *La décision. Ses disciples, ses acteurs*. Lyon : Presses universitaires de Lyon, 1983.
Royal Commission on Matters of Health and Safety Arising from the Use of Asbestos in Ontario. *Report*. Toronto : Ontario Government Bookstore, 1984.
* Ruffié, J. *De la biologie à la culture*. Paris : Flammarion, 1976.
* Ruffié, J. *Traité du vivant*. Paris : Fayard, 1982.
* Russo, F. *Introduction à l'histoire des techniques*. Paris : Librairie scientifique Albert Blanchard, 1986.
Sacks, S. (dir.). *On Metaphor*. Chicago : University of Chicago Press, 1979.
Sahlins, M. D. *Stone Age Economics*. London : Tavistock, 1972.
* Sahlins, M. D. *Âge de pierre, âge d'abondance : l'économie des sociétés primitives*. Paris : Gallimard, 1976.
* Sainsaulieu, R. *Les relations de travail à l'usine*. Paris : Éditions d'Organisation, 1973.
* Sainsaulieu, R. *L'identité au travail*. Paris : Presses de la Fondation nationale des sciences politiques, 1977.
* Sainsaulieu, R. « La régulation culturelle des ensembles organisés ». *L'Année sociologique*, 33(83) : 194-217, 1983a.
* Sainsaulieu, R., P.É. Tixier et M.O. Marty. *La démocratie en organisation*. Paris, Méridiens-Klincksieck, 1983b.
* Sainsaulieu, R. *Sociologie de l'organisation et de l'entreprise*. Paris : Presses de la Fondation nationale des sciences politiques/Dalloz, 1987.

* Saint-Simon, H. Œuvres de Claude-Henri de Saint-Simon. 6 vol. Paris : Éditions Anthropos, 1966. Vol. 1-2 : L'industrie (1817-1818); vol. 3-4 : Du
  système industriel (1821); vol. 5-6 : Catéchisme des industriels (1823-1824);
  vol. 6 : Introduction aux travaux scientifiques du XIXe siècle (1807-1808).

Salaman, G. « Towards a Sociology of Organizational Structure ». Sociological Quarterly, 26 : 519-554, 1978.

Salaman, G. Work Organisations : Resistance and Control. New York : Longman, 1979.

Salaman, G. Class and the Corporation. London : Fontana, 1981.

Sampson, A. The Sovereign State of ITT. New York : Stein & Day, 1978.

* Sampson, A. ITT. L'État souverain. Montréal : Québec / Amérique, 1979.

Sapir, E. Culture, Language and Personality. Berkeley : University of California Press, 1949.

Sartre, J.-P. Nausea. Harmondsworth : Penguin, 1938.

* Sartre, J.-P. La nausée. Paris : Gallimard, 1938.

Sartre, J.-P. Being and Nothingness. New York : Washington Square Press,
  1966.

* Sartre, J.-P. L'être et le néant. Paris : Gallimard, 1943.

* Savoie, A. et Y. Chagnon. « La culture organisationnelle : conceptions, composantes, contenus ». Montréal : Université de Montréal, Département
  de psychologie, 1987 (inédit).

* Savoie, A. et A. Forget. Le stress au travail : mesures et prévention. Montréal :
  Agence d'Arc, 1983.

Sayle, M. « The Yellow Peril and the Red Haired Devils ». Harper's, novembre : 23-35, 1982.

Sayles, L. R. et G. Strauss. Managing Human Resources. Englewood Cliffs,
  NJ : Prentice-Hall, 1981.

Schattschneider, E. E. The Semi-Sovereign People. New York : Holt, Rinehart
  & Winston, 1960.

Schein, E. Organizational Culture and Leadership. San Francisco : Jossey-Bass,
  1985.

* Schlanger, J. Les métaphores de l'organisme. Paris : J. Vrin, 1971.

Schön, D. A. Invention and the Evolution of Ideas. London : Tavistock, 1963.

Schön, D. A. Beyond the Stable State. New York : Random House, 1971.

Schön, D. A. « Generative Metaphor : A Perspective on Problem Setting in
  Social Policy », pp. 254-283 dans A. Ortony (dir.). Metaphor and Thought.
  Cambridge : Cambridge University Press, 1979.

Schön, D. A. The Reflective Practitioner. New York : Basic Books, 1983.

Schutz, A. Collected Papers I : The Problem of Social Reality. The Hague : Mar-
  tinus Nijhoff, 1967.

* Schuhl, P. M. Machinisme et philosophie. Paris : Presses universitaires de
  France, 1969.

Schwartz, H. S. « Job Involvement as Obsession-Compulsion ». Academy of
  Management Review, 7 : 429-432, 1982.

Schwartz, H. S. « The Usefulness of Myth and the Myth of Usefulness ».
  Journal of Management, 11 : 31-42, 1985.

Scientific American. The Brain : A Scientific American Book. San Francisco : Freeman, 1979.

Scott, R. Muscle and Blood. New York : Dutton, 1974.

Scott, W. R. Organizations : Rational, Natural and Open Systems. Englewood
  Cliffs, NJ : Prentice-Hall, 1981.

* Segal, H. *Introduction à l'œuvre de Melanie Klein*. (1re édition, 1969) Paris : Presses universitaires de France, 1983.
* Segal, H. *Melanie Klein : développement d'une pensée*. Paris : Presses universitaires de France, 1982.
* Ségrestin, D. *Le phénomène corporatiste*. Paris : Fayard, 1985.
* Séguin, F. et J.-F. Chanlat (dir.). *L'analyse des organisations, une anthologie sociologique*. Vol. 1 : *Les théories de l'organisation*. Saint-Jean-sur-le Richelieu : Préfontaine, 1983.
* Séguin-Bernard, F. et P.-J. Hamel. « Les hauts et les bas de la profession comptable ». *Gestion. Revue internationale de gestion*, 7(1) : 18-24, février 1982.
* Séguin-Bernard, F. et H. Hubert. *Milieu corporatif et profession dépendante : le génie et la comptabilité*. Montréal : École des H.É.C., Rapport de recherche 83-19, septembre 1983.
  Selznick, P. *Leadership in Administration*. New York : Harper & Row, 1957.
  Servan-Schreiber, J.-J. *The American Challenge*. New York : Atheneum, 1968.
* Servan-Schreiber, J.-J. *Le défi américain*. Paris : Denoël, 1967.
* Sfez, L. *Critique de la décision*. Paris : Presses de la Fondation nationale des sciences politiques, 1976.
* Sfez, L. *La décision*. Paris : Presses universitaires de France, 1984.
* Sfez, L. *Critique de la communication*. Paris : Éditions du Seuil, 1988.
* Shannon, C. E. et W. Weaver. *Théorie mathématique de la communication*. Paris : Retz, 1975.
  Sheldrake, R. A. *New Science of Life*. London : Bland & Briggs, 1981.
* Sheldrake, R. A. *Une nouvelle science de la vie*. Paris : Rocher, 1985.
  Sheldrake, R., R. Weber et D. Bohm. « Conversations ». *Re-Vision*, 5 : 23-48, 1982.
  Sheppard, D. « Image and Self-Image of Women in Organizations ». Présenté à l'Annual Conference of the Canadian Research Institute for the Advancement of Women, Montréal, 1984.
* Signoret, J.-L. « Entre cerveau et cognition : la neuropsychologie ». *Le Débat*, 47 : 145-157, 1987.
  Silverman, D. *The Theory of Organizations*. London : Heinemann Educational Books, 1971.
* Silverman, D. *La théorie des organisations*. Paris : Dunod, 1970.
  Silverman, D. et J. Jones. *Organizational Work*. London : Macmillan, 1976.
  Simmel, G. *The Sociology of Georg Simmel*. New York : Free Press, 1950.
  Simon, H. A. *Administrative Behavior*. New York : Macmillan, 1947.
* Simon, H. A. *Administration et processus de décision*. Paris : Économica, 1983.
  Simon, H. A. « The architecture of complexity ». *Proceedings of the American Philosophical Society*, 106 : 467-482, 1962.
* Simon, H. A. « L'architecture et la complexité », pp. 105-140 dans H. A. Simon. *La science des systèmes, science de l'artificiel*. Paris : Épi, 1974.
* Simondon, G. *Du mode d'existence des objets techniques*. Paris : Aubier, 1958.
  Sinclair, U. *The Jungle*. New York : Grosset & Dunlap, 1906.
* Sinclair, U. *La jungle*. Paris : Juven, 1906.
  Skinner, B. F. *Science and Human Behavior*. New York : Macmillan, 1953.
* Skyvington, W. *Machina sapiens. Essai sur l'intelligence artificielle*. Paris : Éditions du Seuil, 1976.
  Smircich, L. « Organizations as Shared Meanings », pp. 55-65 dans L. R. Pondy, P. Frost, G. Morgan et T. Dandridge (dir.). *Organizational Symbolism*. Greenwich, CT : JAI Press, 1983a.

Smircich, L. « Studying Organizations as Cultures », pp. 160-172 dans G. Morgan (dir.). *Beyond Method : Strategies for Social Research*. Beverly Hills, CA : Sage, 1983b.

Smircich, L. « Concepts of Culture and Organizational Analysis ». *Administrative Science Quarterly*, 28 : 339-358, 1983c.

Smircich, L. et G. Morgan. « Leadership : The Management of Meaning ». *Journal of Applied Behavioral Studies*, 18 : 257-273, 1982.

Smircich, L. et C. Stubbart. « Strategic Management in an Enacted World ». *Academy of Management Review*, 10 : 724-736, 1985.

Smith, A. *The Wealth of Nations*. London : Stratton and Cadell, 1776.

* Smith, A. *Recherche sur la nature et les causes de la richesse des nations*. Paris : Gallimard, 1976.

Smith, K. K. et V. M. Simmons. « A Rumplestiltskin Organization : Metaphors on Metaphors in Field Research ». *Administrative Science Quarterly*, 28 : 377-392, 1983.

* Smucker, J. « La culture de l'organisation comme idéologie de gestion : une analyse critique », pp. 39-68 dans G. L. Symons (dir.). *La culture des organisations*. Québec : Institut québécois de recherche sur la culture, « Questions de culture » (14), 1988.

Spencer, H. *The Study of Sociology*. London : Kegan Paul & Tench, 1873.

Spencer, H. *Principles of Sociology*. London : Williams & Norgate, 1876.

* Spencer, H. *Principes de sociologie*. 4 vol. Paris : Alcan, 1887-1891.

Spencer, H. *The Principles of Biology*. London : Williams & Norgate, 1884.

* Spencer, H. *Principes de biologie*. 2 vol. Paris : Alcan, 1910.

Spencer-Brown, G. *Laws of Form*. New York : Dutton, 1969.

Sperry, R. W. « Hemisphere Deconnection and Unity in Conscious Awareness ». *American Psychologist*, 23 : 723-733, 1968.

Sperry, R. W. « A Modified Concept of Consciousness ». *Psychological Review*, 76 : 532-536, 1969.

Steinbruner, J. *The Cybernetic Theory of Decision*. Princeton, NJ : Princeton University Press, 1974.

* Stellman, J. *Perdre sa vie à la gagner*. Montréal : Parti pris, 1979.

Stinchcombe, A. L. « Social Structure and Organizations », pp. 142-193 dans J. G. March (dir.). *Handbook of Organizations*. Chicago : Rand McNally, 1965.

Stirner, M. *The Ego and His Own*. New York : Libertarian Book Club, 1963.

* Stirner, M. *L'unique et sa propriété, et autres écrits*. Lausanne : L'Âge d'homme, 1988.

Stopford, J. M., J. H. Dunning et K. O. Itaberich. *The World Directory of Multinational Enterprises*. New York : Facts on File, 1980.

Sudnow, D. « Normal Crimes : Sociological Features of the Penal Code in a Public Defender Office ». *Social Problems*, 12 : 255-276, 1965.

Susman, G. *Autonomy at Work*. New York : Praeger, 1976.

Sward, K. *The Legend of Henry Ford*. New York : Rinehart, 1948.

* Symons, G. L. (dir.). *La culture des organisations*. Québec : Institut québécois de recherche sur la culture, « Questions de culture » (14), 1988a.

* Symons, G. L. « La culture des organisations : une nouvelle perspective ou une mode des années 1980 ? », pp. 21-38 dans G. L. Symons (dir.). *La culture des organisations*. Québec : Institut québécois de recherche sur la culture, « Questions de culture » (14), 1988b.

Taggart, W. et D. Robey. «Minds and Managers : On the Dual Nature of Human Information Processing and Management». *Academy of Management Review*, 6 : 187-196, 1981.

* Tardieu, H., D. Nanci et D. Pascot. *Conception d'un système d'information*. Paris : Éditions d'Organisation, 1979.

* Tardieu, H., A. Rochfeld et R. Colletti. *La méthode Merise. Principes et outils*. Paris : Éditions d'Organisation, 1983.

Tataryn, L. *Dying for a Living : The Politics of Industrial Death*. Ottawa : Deneau & Breenberg, 1979.

Tavis, L. A. *Multinational Managers and Poverty in the Third World*. Notre Dame, IN : University of Notre Dame Press, 1982.

Taylor, F. W. *Principles of Scientific Management*. New York : Harper & Row, 1911.

* Taylor, F. W. *La direction scientifique des entreprises*. Paris : Dunod, 1965.

Taylor, G. R. *Sex in History*. New York : Vanguard, 1954.

Taylor, G. R. *The Natural History of the Mind*. New York : Dutton, 1979.

* Thévenet, M. «La culture d'entreprise en neuf questions». *Revue française de gestion*, 47-48 : 7-21, septembre-octobre 1984.

* Thévenet, M. *Audit de la culture d'entreprise*. Paris : Éditions d'Organisation, 1986.

* Thiétart, R. A. *La stratégie d'entreprise*. Paris : McGraw-Hill, 1987.

* Thoenig, J.-C. et F. Dupuy. *La loi du marché*. Paris : L'Harmattan, 1986.

* Thoenig, J.-C. *L'ère des technocrates*. Paris : Éditions d'Organisation, 1973.

Thomas, K. W. «Conflict and Conflict Management», pp. 889-935, dans M. D. Dunnette (dir.). *Handbook of Industrial and Organizational Psychology*. Chicago : Rand McNally, 1976.

Thomas, K. W. «Toward Multi-Dimensional Values in Teaching : The Example of Conflict Behaviors». *Academy of Management Review*, 12 : 484-490, 1977.

Thomas, S. *The Multi-National Companies*. Hove : Wayland Publishers, 1979.

Thomas, W. I. *Social Behavior and Personality*. New York : Social Science Research Council, 1951.

Thompson, E. P. *The Making of the English Working Class*. London : Pelican, 1968.

Thompson, J. D. *Organizations in Action*. New York : McGraw-Hill, 1967.

Thompson, W. I. *At the Edge of History*. New York : Harper & Row, 1971.

Thorsrud, E. «Policy-Making as a Learning Process», dans A. B. Cherns *et al.* (dir.). *Social Science and Government Policies and Problems*. London : Tavistock, 1972a.

Thorsrud, E. *Workers' Participation in Management in Norway*. Geneva : Institute for Labour Studies, 1972b.

Tichy, N. M. «An Analysis of Clique Formation and Structure in Organizations». *Administrative Science Quarterly*, 18 : 194-208, 1973.

Tivey, L. *The Politics of the Firm*. New York : St.Martin's, 1978.

* Tixier, P.-É. «Management participatif et syndicalisme». *Sociologie du travail*, 28(3) : 353-372, 1986.

* Tixier, P.-É. «Légitimité et modes de domination dans les organisations». *Sociologie du travail*, 30(4) : 615-629, 1988.

Touraine, A. *The Self-Production of Society*. Chicago : University of Chicago Press, 1977.

* Touraine, A. *Production de la société*. Paris : Éditions du Seuil, 1973.
* Touraine, A. *Sociologie de l'action*. Paris : Éditions du Seuil, 1965.
Trades Councils of Coventry, Liverpool, Newcastle, and North Tyneside. *State Intervention in Industry : A Workers' Inquiry*. Coventry : Trades Council, 1980.
* Tripier, M. « Culture ouvrière et culture d'entreprise ». *Sociologie du travail*, 28(3) : 373-386, 1986.
Trist, E. L. et K. W. Bamforth. « Some Social and Psychological Consequences of the Longwall Method of Coal Getting ». *Human Relations*, 4 : 3-38, 1951.
* Trist, E. L. et K. W. Bamforth « Quelques conséquences sociales et psychologiques de la méthode des longs fronts de taille dans l'extraction du charbon », pp. 141-174 dans J.-F. Chanlat et F. Séguin (dir.). *L'analyse des organisations, une anthologie sociologique*. Vol. 2 : *Les composantes de l'organisation*. Montréal : Gaëtan Morin, 1987.
Trist, E. L. « A Concept of Organizational Ecology ». *Australian Journal of Management*, 2, 1976.
Trist, E. L. « New Directions of Hope : Recent Innovations Interconnecting Organizational, Industrial, Community and Personal Development ». *Regional Studies*, 13 : 439-451, 1979.
Trist, E. L. « The Evolution of Sociotechnical Systems as a Conceptual Framework and as an Action Research Program », pp. 19-75 dans A. H. Van de Ven et W. F. Joyce (dir.). *Perspectives on Organization Design and Behavior*. New York : John Wiley, 1982.
Trist, E. L. « Referent Organizations and the Development of Inter-Organizational Domains ». *Human Relations*, 36 : 269-284, 1983.
Trist, E. L. « Culture as a Psycho-Social Process », 1986 (inédit).
Trist, E. L., G. W. Higgin, H. Murray et A. B. Pollock. *Organizational Choice*. London : Tavistock, 1963.
Turner, B. A. *Exploring the Industrial Sub-Culture*. London : Macmillan, 1971.
Turner, S. « Studying Organization Through Lévi-Strauss's Structuralism », pp. 189-201 dans G. Morgan (dir.). *Beyond Method : Strategies for Social Research*. Beverly Hills, CA : Sage, 1983.
Tushman, M. L. et D. A. Nadler. « Implications of Political Models of Organization », pp. 177-190 dans R. Miles (dir.). *Resource Book in Macro Organizational Behavior*. Glenview, IL : Scott Foresman, 1980.
Tylor, E. B. *Primitive Culture*. London : John Murray, 1871.
Ulrich, H. et G. J. B. Probst (dir.). *Self-Organization and Management of Social Systems*. New York : Springer-Verlag, 1984.
United Nations. *Transnational Corporations in World Development : Third Survey*. New York : United Nations, Center on Transnational Corporations, 1983.
* Vacquin, H. *Paroles d'entreprises : patrons si vous saviez, syndicalistes si vous pouviez, cadres si vous vouliez...* Paris : Éditions du Seuil, 1986.
Vaill, P. B. « Process Wisdom for A New Age ». *ReVision*, 7 : 39-49, 1984.
* Vallée, L. « Représentations collectives et sociétés », pp. 195-242 dans A. Chanlat et M. Dufour (dir.). *La rupture entre l'entreprise et les hommes. Le point de vue des sciences de la vie*. Montréal : Québec / Amérique; Paris : Éditions d'Organisation, 1985.

Van de Ven, A. H. et W. G. Astley. «Mapping the Field to Create a Dynamic Perspective on Organization Design and Behavior», pp. 427-468 dans A. H. Van De Ven et W. F. Joyce (dir.). *Perspectives on Organization Design and Behavior*. New York : John Wiley, 1981.

* Vandevyver, B. «Intervention d'entreprises extérieures. La coactivité est-elle un facteur de risque dominant ?». *Le travail humain*, 49(3) : 225-235, septembre 1986.

Vanek, J. *Self Management*. Harmondsworth : Penguin, 1975.

Van Maanen, J. et S. R. Barley. «Occupational Communities : Culture and Control in Organizations», in B. Staw et L. L. Cummings (dir.). *Research in Organizational Behavior*. Greenwich, CT : JAI Press, 1984.

Varela, F. «Not One, Not Two». *Co-Evolution Quarterly*, 1976.

Varela, F. *Principles of Biological Autonomy*. Amsterdam : Elsevier, 1979.

Varela, F. «Two Principles of Self-Organization», dans H. Ulrich et G. Probst (dir.). *Self-Organization and Management of Social Systems*. New York : Springer-Verlag, 1984.

Varela, F. et D. Johnson. «On Observing Natural Systems». *Co-Evolution Quarterly*, Été : 26-31, 1976.

* Varela, F. J. «L'auto-organisation : de l'apparence au mécanisme», pp. 147-164 dans P. Dumouchel et J.-P. Dupuy (dir.). *L'auto-organisation. De la physique au politique*. Paris : Éditions du Seuil, 1983.

* Varela, F. J. *Connaître. Les sciences cognitives, tendances et perspectives*. Paris : Éditions du Seuil, 1989a.

* Varela, F. J. *Autonomie et connaissance. Essai sur le vivant*. Paris : Éditions du Seuil, 1989b.

* Veuille, M. «Sélection naturelle», pp. 198-218 dans I. Stengers (dir.). *D'une science à l'autre. Des concepts nomades*. Paris : Éditions du Seuil, 1987.

Vickers, G. *The Art of Judgement*. London : Chapman & Hall, 1965.

Vickers, G. *Value Systems and Social Process*. London : Tavistock, 1972.

Vickers, G. *Human Systems Are Different*. New York : Harper & Row, 1983.

Vico, G. *The New Science*. Ithaca, NY : Cornell University Press, 1968.

* Vico, G. *La science nouvelle* (La scienza nuova). Paris : Nagel, 1953.

Viscusi, W. K. *Risk by Choice : Regulating Health and Safety in the Workplace*. Cambridge, MA : Harvard University Press, 1983.

Vogel, Ezra. *Japan as Number One*. Cambridge, MA : Harvard University Press, 1979.

* Vogel, E. *Le Japon médaille d'or : leçons pour l'Amérique et l'Europe*. Paris : Gallimard, 1983.

Wainwright, H. et D. Elliott. *The Lucas Plan : A New Trade-Unionism in the Making ?* London : Allison & Busby, 1982.

Wall Street Journal. «Palace Revolt Forced Henry Ford to Remove Knudsen as President». *Wall Street Journal*, 17 septembre 1969.

Wallerstein, I. M. *The Modern World-System*. New York : Academic Press, 1974.

* Wallerstein, I. M. *Le système du monde du XVᵉ siècle à nos jours*. 2 vol. Paris : Flammarion, 1980-1984.

Wallerstein, I. M. *The Capitalist World Economy*. London : Cambridge University Press, 1979.

* Wallerstein, I. M. *Le système du monde du XVᵉ siècle à nos jours*. Vol. 1. *Capitalisme et économie-monde (1450-1640)*. Paris : Flammarion, 1980.

* Walliser, B. *Systèmes et modèles. Introduction critique à l'analyse de systèmes*. Paris : Éditions du Seuil, 1977.

* Walras, A. *De la nature de la richesse et de l'origine de la valeur.* Paris : Alcan, 1938.
Walter, G. A. « Psyche and Symbol«, pp. 257-271 dans L. R. Pondy, P. Frost, G. Morgan et T. Dandridge (dir.). *Organizational Symbolism.* Greenwich, CT : JAI Press, 1983.
Walton, R. E. et J. M. Dutton. « Managing Inter-Departmental Conflict : A Model and Review ». *Administrative Science Quarterly,* 14 : 73-82, 1969.
Wamsley, G. L. et M. N. Zald. *The Political Economy of Public Organizations.* Lexington, MA : D.C. Heath, 1973.
Ward, C. *Anarchy in Action.* London : Allen & Unwin, 1973.
Warrick, P. S. *The Cybernetic Imagination in Science Fiction.* Cambridge, MA : MIT Press, 1980.
Watson, L. *Lifetide.* New York : Simon & Schuster, 1979.
Webber, R. A. (dir.). *Culture and Management.* Homewood, IL : Irwin, 1969.
Weber, M. *The Theory of Social and Economic Organization.* London : Oxford University Press, 1947.
Weber, M. *The Methodology of the Social Sciences.* New York : Free Press, 1949.
Weber, M. *The Protestant Ethic and the Spirit of Capitalism.* New York : Scribners, 1958.
* Weber, M. *L'éthique protestante et l'esprit du capitalisme.* Paris : Plon, 1967.
Weber, M. *General Economic History.* New York : Collier, 1961.
Weber, M. *Economy and Society : An Outline of Interpretive Sociology.* New York : Bedminster, 1968.
* Weber, M. *Économie et société.* Paris : Plon, 1971.
* Wegnez, L. F. *Le miracle japonais.* Paris : Techniques et documentation; Bruxelles : Office international de librairie, 1984.
Weick, K. E. « Educational Organizations as Loosely Coupled Systems ». *Administrative Science Quarterly,* 21 : 1-19, 1976.
Weick, K. E. *The Social Psychology of Organizing.* Reading, MA : Addison-Wesley, 1979.
* Weil, S. *La condition ouvrière.* Paris : Gallimard, 1951.
Wetter, G. A. *Dialectical Materialism.* London : Routledge & Kegan Paul, 1958.
* Wetter, G. A. *Le matérialisme dialectique.* Tournai : Desclée de Brouwer, 1962.
Wheelwright, P. *Heraclitus.* Princeton, NJ : Princeton University Press, 1959.
White, H. *The Tropics of Discourse.* Baltimore : Johns Hopkins University Press, 1978.
White, L. *Human Debris : The Injured Worker in America.* New York : Seaview/Putnam, 1983.
White, O. F. et C. J. McSwain. « Transformational Theory and Organizational Analysis », pp. 292-305 dans G. Morgan (dir.). *Beyond Method : Strategies for Social Research.* Beverly Hills, CA : Sage, 1983.
Whitehead, A. N. et Bertrand Russell. *Principia Mathematica.* 3 vol. Cambridge : Cambridge University Press, 1910-1913.
Whitmont, E. C. *The Symbolic Quest.* New York : Putman, 1969.
Whyte, W. F. *Human Relations in the Restaurant Industry.* New York : McGraw-Hill, 1948.
Whyte, W. F. *Money and Motivation.* New York : Harper & Row, 1955.
Wiener, N. *Cybernetics.* (1re éd. New York : Wiley, 1948) Cambridge, MA : MIT Press, 1961.
Wiener, N. *The Human Use of Human Beings.* Boston, MA : Houghton Mifflin, 1967.

* Wiener, N. *Cybernétique et société : l'usage humain des êtres humains*. Paris : Union générale d'éditions, 1962.

Wilber, K. (dir.). *The Holographic Paradigm and Other Paradoxes*. Boulder, CO : Shambhala, 1982.

Wilczynski, J. *The Multinationals and East-West Relations*. London : Macmillan, 1976.

Wildavsky, A. *The Politics of the Budgetary Process*. Boston : Little, Brown, 1964.

Wilden, A. *System and Structure*. London : Tavistock, 1972.

* Wilden. A. *Système et structure. Essai sur la communication et l'échange*. Montréal : Boréal Express, 1983.

Wilensky, H. L. *Organizational Intelligence*. New York : Basic Books, 1967.

Wilkins, A. L. « Organizational Stories as Symbols Which Control the Organization », pp. 81-92 dans L. R. Pondy, P. Frost, G. Morgan et T. Dandridge (dir.). *Organizational Symbolism*. Greenwich, CT : JAI Press, 1983.

Williams, T. A. *Learning to Manage Our Futures*. New York : John Wiley, 1982.

Williamson, I. (dir.). *The Dynamics of Labor Market Segmentation*. New York : Academic Press, 1981.

Winnicott, D. W. « Transitional Objects and Transitional Phenomena », dans *Collected Papers*. London : Tavistock, 1958.

* Winnicott, D. W. « Objets transitionnels et phénomènes transitionnels », pp. 109-125 dans D. W. Winnicott. *De la pédiatrie à la psychanalyse*. Paris : Payot, 1969.

Winnicott, D. W. *Playing and Reality*. London : Tavistock, 1971.

* Winnicott, D. W. *Jeu et réalité : l'espace potentiel*. Paris : Gallimard, 1975.

Winnicott, D. W. *The Child, the Family and the Outside World*. Harmondsworth : Penguin, 1964.

* Winnicott, D. W. *L'enfant et le monde extérieur. Le développement des relations*. Paris : Payot, 1972.

Wittfogel, K. A. *Oriental Despotism*. New Haven, CT : Yale University Press, 1957.

* Wittfogel, K. A. *Le despotisme oriental. Étude comparative du pouvoir total*. Paris : Éditions de Minuit, 1964.

Wittgenstein, L. *Philosophical Investigations*. Oxford : Basil Blackwell, 1958.

Wittgenstein, L. *Tractatus Logico-Philosophicus*. London : Routledge & Kegan Paul, 1961.

* Wittgenstein, L. *Tractatus logico-philosophicus; suivi de Investigations philosophiques*. Paris : Gallimard, 1961.

Wood, S. (dir.). *The Degradation of Work ?* London : Hutchinson, 1982.

Woodward, J. *Industrial Organization : Theory and Practice*. London : Oxford University Press, 1965.

Woodworth, W., C. Meek et W. F. Whyte. *Industrial Democracy*. Beverly Hills, CA : Sage, 1985.

Worthy, J. C. *Big Business and Free Men*. New York : Harper & Row, 1959.

Wrege, C. D. et A. G. Perroni. « Taylor's Pig-Tale ». *Academy of Management Journal*, 17 : 6-27, 1974.

Wright, H. B. « Health Hazards of Managers ». *Journal of General Management*, 2 : 9-13, 1973.

Wright, J. P. *On a Clear Day You Can See General Motors*. New York : Avon, 1979.

Yoshino, M. Y. *Japan's Managerial System : Tradition and Innovation*. Cambridge, MA : MIT Press, 1968.

Yoshino, M. Y. *Japan's Multinational Enterprises.* Cambridge, MA : Harvard University Press, 1976.

Zaleznik, A. «Power and Politics in Organizational Life». *Harvard Business Review,* 48 : 47-60, 1970.

Zaleznik, A. et M. F. R. Kets de Vries. *Power and the Corporate Mind.* Boston : Houghton Mifflin, 1975.

Zeleny, M. *Autopoiesis, Dissipative Structures and Spontaneous Social Order.* Boulder, CO : Westview, 1980.

Zmud, R. W. *Information Systems in Organizations.* Glenview, IL : Scott Foresman, 1983.

Zwerdling, D. «Food Pollution». *Ramparts,* June : 35-37, 1971.

Lexique anglais-français

Accomplishment	Accomplissement
Accountability	Imputabilité
Adhocracy	Adhocratie
Advocate	Partisan
Affirmative action program	Programme d'action positive
Anxiety	Angoisse
Archetype	Archétype
Area of illusion	Espace d'illusion
Asbestosis	Amiantose
Assumed consensus	Accord tenu pour acquis
Autonomous work group	Groupe de travail autonome
Autopoiesis	Autopoïèse
Avoidance behavior	Conduite d'évitement
Avoidance ritual	Rituel d'évitement
Bad breast	Mauvais sein
Behavioral style	Style de comportement
Boundary management	Gestion des frontières
Bounded rationality	Rationalité limitée
Buffer	Tampon
Buffer stock	Stock de sécurité

Byssinosis	Byssinose
Callisthenics	Callisthénie (ou gymnastique suédoise)
Capital-intensive plant	Usine à forte intensité de capital
Cellular technology	Technique cellulaire
Charismatic domination	Domination charismatique
Chunking	Morcellement
Clan (ou clique)	Clan
Classical management theory	École classique de la gestion
Climber	Arriviste
Clique (ou clan)	Clan
Closed loop of interaction	Boucle close d'interaction
Codetermination	Cogestion
Conflict manager	Gestionnaire des conflits
Congruence	Congruence
Conserver	Conservateur
Corporate consciousness	Conscience organisationnelle
Corporate culture	Culture d'entreprise
Corporate leadership	Sens de la direction d'entreprise (ou direction d'entreprise)
Corporate policy	Politique de l'entreprise
Cottage system of production	Système de production à domicile
Countervailing power	Pouvoir compensatoire
Cultural management	Gestion du culturel
Cultural warfare	Guerre culturelle
Cut and thrust culture	Culture « d'estoc et de taille »
Death instinct	Pulsion de mort
Decision-making approach	Approche de la prise de décision
Denial	Dénégation
Department	Service
Depressive position	Position dépressive
Desire	Désir
Deskilling of work	Déqualification du travail
Direction (ou leadership)	Direction (ou sens de la direction)
Displacement	Déplacement
Dissipative structure	Structure dissipative
Distribution	Répartition
Divisionalized form	Structure décomposée en divisions
Domestic system of production	Système de production domestique
Double-loop learning	Apprentissage en « boucle double »
Drive (ou impulse)	Pulsion
Effectiveness	Efficacité
Efficiency	Efficience
Egocentric organization	Organisation égocentrique

Employee turnover	Rotation du personnel
Enactment	Enaction
Enclosure	Enclôture
Enfolded order	Ordre dissimulé
Entrepreneurship	Entrepreneuriat (ou esprit d'entreprise)
Espoused theory	Théorie adoptée
Esprit de corps	Union du personnel
Ethos	*Ethos*
Exchange value	Valeur d'échange
Expert (ou professional)	Spécialiste
Explicate aspect	Aspect expliqué
Explicate order	Ordre expliqué
Fast food	Restauration rapide
Fight-flight	Attaque-fuite
Fixation	Fixation
Frame of reference	Système référentiel
Framework	Cadre de référence (ou cadre de travail)
Gamesmanship	L'art de gagner sans enfreindre vraiment les règles du jeu
Garbage can	Poubelle
Gatekeeper	Filtreur d'information
Gender management	Gestion des rapports entre les sexes
Good breast	Bon sein
Governor	Régulateur à boules
Ground plan	Plan géométral
Group management	Gestion de groupe
Group process	Effet de groupe
Groupthink	Pensée de groupe
Guideline (ou policy)	Ligne de conduite (ou une politique)
Hidden agenda	Ordre du jour caché
Holoflux	Holoflux
Holomovement	Holomouvement
Household	Maisonnée (ou ménage)
Human gene pool	Fonds génique humain
Idealization	Idéalisation
Imaginization	Imaginisation
Implicate aspect	Aspect impliqué
Implicate order	Ordre impliqué
Impression management	Gestion de l'impression
Impulse (ou drive)	Pulsion
Incongruence	Non-congruence

Incrementalism	Incrémentalisme
Individuation	Individuation
Informal	Non formel
Injunction of metaphor	Injonction donnée par la métaphore
Integrative organization	Organisation « intégratrice »
Interpretive scheme	Schème d'interprétation
Introjection	Introjection
Jock	Mâle mâle
Jungle fighter	Combattant de la jungle
Junior staff	Personnel « ordinaire »
Just in time system of management	Système de gestion « juste à temps »
Kick	Déclic
Lawlike form of administration	Forme d'administration presque juridique
Law of the whole	Loi du tout
Leader	Chef de file (ou dirigeant, leader, meneur)
Leadership (ou direction)	Sens de la direction (ou direction)
Leadership style	Style de direction
Learning of learning	Apprentissage de l'apprentissage
Life instinct	Pulsion de vie
Line	Gestionnaire chargé de l'exploitation
Line department	Service d'exploitation
Living idea	Idée vivante
Living system	Système vivant
Long-wall method	Méthode de la paroi longue
Loose network	Réseau lâche
Loosely coupled system	Système à couplage lâche
Lucky break	Coup de pot
Machine bureaucracy	Bureaucratie mécaniste
Machinelike (ou mechanistic, mechanical)	Mécaniste
Management by objectives	Gestion par objectifs
Management killer	Tueuse de gestionnaire
Management of meaning	Gestion de la signification
Manager	Gestionnaire (ou dirigeant)
Marketing	Mercatique
Mass-production	Fabrication en série (ou production de masse)
Matrix organization	Organisation matricielle
Mechanical (ou mechanistic, machinelike)	Mécaniste
Mechanical causality	Causalité mécaniste

Mechanistic (ou mechanical, machinelike)	Mécaniste
Mechanistic organization	Organisation mécaniste
Minimum critical specification	Spécification critique minimale
Monitor	Faire le suivi
Monitoring	Suivi
Most effective story line	Scénario le plus efficace
Mutual causality	Causalité mutuelle
Nichemanship	Importance de la niche
Normative glue	Ciment normatif
Noxiant	État nuisible
Object relation	Relation objectale
Office factory	Bureau-usine
Opinion leader	Meneur d'opinion
Opportunity	Possibilité
Organic organization	Organisation organique
Organizational culture	Culture de l'organisation (ou culture organisationnelle)
Organizational demography	Démographie des organisations
Organizational ecology	Écologie des organisations
Organizationally closed system	Système organisationnellement clos
Organizational slack	Gras de l'organisation
Organizational society	Société à organisation
Organization Review Committee	Comité de révision organisationnelle
Organized anarchy	Anarchie organisée
Pairing	Couplage
Paranoid-schizoid position	Position paranoïde-schizoïde
Pattern	Modèle (ou modèle régularisé)
Pattern of authority	Modèle d'autorité
Pattern of behavior	Modèle de comportement
Pattern of dependence	Modèle régularisé de rapports de dépendance
Pattern of meaning	Modèle de signification
Persecutory anxiety	Angoisse de persécution
Planning, programming, budgeting system (PPBS)	Rationalisation des choix budgétaires
Playboy	Séducteur
Pneumoconiosis	Pneumoconiose
Policy (ou guideline)	Ligne de conduite (ou une politique)
Political rule	Gouverne politique
Politicos	Politicards
Politics	Politique (la)

Politics	Politique (le)
Power broker	Courtier de pouvoir
Practical joke	Blague concrète
Primary labor market	Marché du travail primaire
Procedure	Façon de faire (ou façon de procéder, procédé normalisé, procédure
Productivity	Rendement
Professional (ou expert)	Spécialiste
Professional bureaucracy	Bureaucratie professionnelle
Projection	Projection
Project organization	Organisation par projet
Psyche	Psyché
Psychic prison	Prison du psychisme
Pulsating universe	Univers pulsateur
Pulsating wholeness	Totalité pulsatrice
« Pushing down »	Repoussement
Radicalized organization	Organisation radicalisée
Rationalization	Rationalisation
Rational-legal domination	Domination rationnelle-légale
Reactive formation	Formation réactionnelle
Reading	Décodage
Redundancy of functions	Redondance des fonctions
Redundancy of parts	Redondance des parties
Referent organization	Organisation de référence
Regression	Régression
Regulatory sadism	Sadisme régulateur
Repressed sexuality	Refoulement de la sexualité
Repression	Refoulement
Requisite variety	Variété requise
Resource niche	Niche de ressources
Rest in	Consister en
Ringi	*Ringi*
Routinization	Routinisation
Rust belt	Zone de rouille
Scalar chain	Hiérarchie
Scientific management	Gestion scientifique
Seamy side	Côté sordide
Secondary labor market	Marché du travail secondaire
Segmentalist organization	Organisation « segmentaliste »
Self-determining pattern	Modèle autodéterminant
Self-producing system	Système autoproducteur
Self-realizing effect	Conséquence autoréalisatrice
Self-referential system (ou self-referring system)	Système autoréférentiel

Self-referring system (ou self-referential system) — Système autoréférentiel

Sense-making — Fabrication de sens (ou d'un sens)

Service orientation — Sens du service

Shadow — Ombre

Shape — Déterminer (ou déterminer en partie, façonner, marquer, modeler)

Shared meaning — Signification commune

Shared understanding — Compréhension commune

Show trial — Procès-spectacle

Simple structure — Structure simple

Single-loop learning — Apprentissage en « boucle simple »

Slack time — Temps mort

Slush fund — Ressource utilisable pour soudoyer quelqu'un

Span of control — Nombre d'employés sous le contrôle d'une même personne

Splitting — Clivage

Staff — Personnel

Staff — Gestionnaire-conseil

Staff department — Service d'état-major

Stage of action — Cadre d'action

Statesman — Homme d'État

Steady state — État stationnaire

Steermanship — Art de piloter

Stinker — Pourri

Stress — Stress

Stress compression — Effort en compression

Stress tension — Effort en tension

Style of political rule — Mode de gouverne politique (ou mode d'autorité politique)

Style of thinking — Mode de pensée

Sublimation — Sublimation

Substantial rationality — Rationalité de contenu

Sun belt — Zone de soleil

Surplus value — Plus-value

Survival of the fittest — Survivance du plus apte

Survival of the fitting — Survivance de celui qui se rend apte à survivre

Switchgear — Appareillage de commutation

Systemic wisdom — Sagesse systémique

System of loosely coupled groups — Système de groupes reliés par des liens assez lâches

Tao	*Dao*
Task environment	Environnement immédiat de la tâche
Technology	Technique
Theory-in-use	Théorie utilisée
The other within	L'autre en nous
Thinking in lines	Pensée linéaire
Totality shift	Mouvement total
Traditional domination	Domination traditionnelle
Transfer pricing	Prix de transfert
Transitional object	Objet transitionnel
Transitional phenomenon	Phénomène transitionnel
Troubleshooter	Dépanneur
Ugly face	Côté répugnant
Unfolded order	Ordre déployé
Unity of command	Unité de commandement
Use value	Valeur d'usage
Way of thinking	Façon de penser
Wheeling and dealing	Brassage d'affaires
Whiz kid	Petit génie
Winner	Gagneur
Workaholic	Ergomane
Workaholism	Ergomanie
Work in progress	Travaux en cours
Yang	*Yang*
Yin	*Yin*
Zealot	Fanatique
Zero defects	Zéro défaut
Zero inventory	Zéro stock

Lexique français-anglais

Accomplissement	Accomplishment
Accord tenu pour acquis	Assumed consensus
Adhocratie	Adhocracy
Amiantose	Asbestosis
Anarchie organisée	Organized anarchy
Angoisse	Anxiety
Angoisse de persécution	Persecutory anxiety
Appareillage de commutation	Switchgear
Apprentissage de l'apprentissage	Learning of learning
Apprentissage en « boucle double »	Double-loop learning
Apprentissage en « boucle simple »	Single-loop learning
Approche de la prise de décision	Decision-making approach
Archétype	Archetype
Arriviste	Climber
Art de gagner sans enfreindre vraiment les règles du jeu	Gamesmanship
Art de piloter	Steermanship
Aspect expliqué	Explicate aspect
Aspect impliqué	Implicate aspect
Attaque-fuite	Fight-flight

Autopoïèse	Autopoiesis
Blague concrète	Practical joke
Bon sein	Good breast
Boucle close d'interaction	Closed loop of interaction
Brassage d'affaires	Wheeling and dealing
Bureaucratie mécaniste	Machine bureaucracy
Bureaucratie professionnelle	Professional bureaucracy
Bureau-usine	Office factory
Byssinose	Byssinosis
Cadre d'action	Stage of action
Cadre de référence (ou cadre de travail)	Framework
Cadre de travail (ou cadre de référence)	Framework
Callisthénie (ou gymnastique suédoise)	Callisthenics
Causalité mécaniste	Mechanical causality
Causalité mutuelle	Mutual causality
Chef de file (ou dirigeant, leader, meneur)	Leader
Ciment normatif	Normative glue
Clan	Clan (ou clique)
Clivage	Splitting
Cogestion	Codetermination
Combattant de la jungle	Jungle fighter
Comité de révision organisationnelle	Organization Review Committee
Compréhension commune	Shared understanding
Conduite d'évitement	Avoidance behavior
Congruence	Congruence
Conscience organisationnelle	Corporate consciousness
Conséquence autoréalisatrice	Self-realizing effect
Conservateur	Conserver
Consister en	Rest in
Côté répugnant	Ugly face
Côté sordide	Seamy side
Coup de pot	Lucky break
Couplage	Pairing
Courtier de pouvoir	Power broker
Culture de l'organisation (ou culture organisationnelle)	Organizational culture
Culture d'entreprise	Corporate culture
Culture « d'estoc et de taille »	Cut and thrust culture
Culture organisationnelle (ou culture de l'organisation)	Organizational culture

Dao	*Tao*
Déclic	Kick
Décodage	Reading
Démographie des organisations	Organizational demography
Dénégation	Denial
Dépanneur	Troubleshooter
Déplacement	Displacement
Déqualification du travail	Deskilling of work
Désir	Desire
Déterminer (ou déterminer en partie, façonner, marquer, modeler)	Shape
Déterminer en partie (ou déterminer, façonner, marquer, modeler)	Shape
Direction (ou sens de la direction)	Leadership (ou direction)
Direction d'entreprise (ou sens de la direction d'entreprise)	Corporate leadership
Dirigeant (ou chef de file, leader, meneur)	Leader
Dirigeant (ou gestionnaire)	Manager
Domination charismatique	Charismatic domination
Domination rationnelle-légale	Rational-legal domination
Domination traditionnelle	Traditional domination
École classique de la gestion	Classical management theory
Écologie des organisations	Organizational ecology
Effet de groupe	Group process
Efficacité	Effectiveness
Efficience	Efficiency
Effort en compression	Stress compression
Effort en tension	Stress tension
Enaction	Enactment
Enclôture	Enclosure
Entrepreneuriat	Entrepreneurship
Environnement immédiat de la tâche	Task environment
Ergomane	Workaholic
Ergomanie	Workaholism
Espace d'illusion	Area of illusion
Esprit d'entreprise	Entrepreneurship
État nuisible	Noxiant
État stationnaire	Steady state
Ethos	*Ethos*
Fabrication de sens (ou d'un sens)	Sense-making

Fabrication en série (ou production de masse)	Mass-production
Façon de faire (ou façon de procéder, procédé normalisé, procédure)	Procedure
Façon de penser	Way of thinking
Façon de procéder (ou façon de faire, procédé normalisé, procédure)	Procedure
Façonner (ou déterminer, déterminer en partie, marquer, modeler)	Shape
Faire le suivi	Monitor
Fanatique	Zealot
Filtreur d'information	Gatekeeper
Fixation	Fixation
Fonds génique humain	Human gene pool
Formation réactionnelle	Reaction formation
Forme d'administration presque juridique	Lawlike form of administration
Gagneur	Winner
Gestion de groupe	Group management
Gestion de la signification	Management of meaning
Gestion de l'impression	Impression management
Gestion des frontières	Boundary management
Gestion des rapports entre les sexes	Gender management
Gestion du culturel	Cultural management
Gestionnaire	Manager
Gestionnaire chargé de l'exploitation	Line
Gestionnaire-conseil	Staff
Gestionnaire des conflits	Conflict manager
Gestion par objectifs	Management by objectives
Gestion scientifique	Scientific management
Gouverne politique	Political rule
Gras de l'organisation	Organizational slack
Guerre culturelle	Cultural warfare
Gymnastique suédoise (ou callisthénie)	Callisthenics
Hiérarchie	Scalar chain
Holoflux	Holoflux
Holomouvement	Holomovement
Homme d'État	Statesman

Idéalisation	Idealization
Idée vivante	Living idea
Imaginisation	Imaginization
Importance de la niche	Nichemanship
Imputabilité	Accountability
Incrémentalisme	Incrementalism
Individuation	Individuation
Injonction donnée par la métaphore	Injunction of metaphor
Introjection	Introjection
L'autre en nous	The other within
Leader (ou chef de file, dirigeant, meneur)	Leader
Ligne de conduite (ou une politique)	Policy (ou guideline)
Loi du tout	Law of the whole
Maisonnée (ou ménage)	Household
Mâle mâle	Jock
Marché du travail primaire	Primary labor market
Marché du travail secondaire	Secondary labor market
Marquer (ou déterminer en partie, façonner, modeler)	Shape
Mauvais sein	Bad breast
Mécaniste	Mechanistic (ou mechanical, machinelike)
Ménage (ou maisonnée)	Household
Meneur (ou chef de file, dirigeant, leader)	Leader
Mercatique	Marketing
Méthode de la paroi longue	Long-wall method
Mode d'autorité politique (ou mode de gouverne politique)	Style of political rule
Mode de gouverne politique (ou mode d'autorité politique)	Style of political rule
Mode de pensée	Style of thinking
Modèle (ou modèle régularisé)	Pattern
Modèle autodéterminant	Self-determining pattern
Modèle d'autorité	Pattern of authority
Modèle de comportement	Pattern of behavior
Modèle de signification	Pattern of meaning
Modeler (ou déterminer, déterminer en partie, façonner, marquer)	Shape
Modèle régularisé (ou modèle)	Pattern

Modèle régularisé de rapports de dépendance	Pattern of dependence
Morcellement	Chunking
Mouvement total	Totality shift
Niche de ressources	Resource niche
Nombre d'employés sous le contrôle d'une même personne	Span of control
Non-congruence	Incongruence
Non formel	Informal
Objet transitionnel	Transitional object
Ombre	Shadow
Ordre déployé	Unfolded order
Ordre dissimulé	Enfolded order
Ordre du jour caché	Hidden agenda
Ordre expliqué	Explicate order
Ordre impliqué	Implicate order
Organisation de référence	Referent organization
Organisation égocentrique	Egocentric organization
Organisation « intégratrice »	Integrative organization
Organisation matricielle	Matrix organization
Organisation mécaniste	Mechanistic organization
Organisation organique	Organic organization
Organisation par projet	Project organization
Organisation radicalisée	Radicalized organization
Organisation « segmentaliste »	Segmentalist organization
Partisan	Advocate
Pensée de groupe	Groupthink
Pensée linéaire	Thinking in lines
Personnel	Staff
Personnel « ordinaire »	Junior staff
Petit génie	Whiz kid
Phénomène transitionnel	Transitional phenomenon
Plan géométral	Ground plan
Plus-value	Surplus value
Pneumoconiose	Pneumoconiosis
Politicards	Politicos
Politique (la)	Politics
Politique (le)	Politics
Politique (une) (ou ligne de conduite)	Policy (ou guideline)
Politique de l'entreprise	Corporate policy
Position dépressive	Depressive position
Position paranoïde-schizoïde	Paranoid-schizoid position
Possibilité	Opportunity

Poubelle	Garbage can
Pourri	Stinker
Pouvoir compensatoire	Countervailing power
Prison du psychisme	Psychic prison
Prix de transfert	Transfer pricing
Procédé normalisé (ou façon de faire, façon de procéder, procédure)	Procedure
Procédure (ou façon de faire, façon de procéder, procédé normalisé)	Procedure
Procès-spectacle	Show trial
Production de masse (ou fabrication en série)	Mass-production
Programme d'action positive	Affirmative action program
Projection	Projection
Psyché	Psyche
Pulsion	Impulse (ou drive)
Pulsion de mort	Death instinct
Pulsion de vie	Life instinct
Rationalisation	Rationalization
Rationalisation des choix budgétaires	Planning, programming, budgeting system (PPBS)
Rationalité de contenu	Substantial rationality
Rationalité limitée	Bounded rationality
Redondance des fonctions	Redundancy of functions
Redondance des parties	Redundancy of parts
Refoulement	Repression
Refoulement de la sexualité	Repressed sexuality
Régression	Regression
Régulateur à boules	Governor
Relation objectale	Object relation
Rendement	Productivity
Répartition	Distribution
Repoussement	"Pushing down"
Réseau lâche	Loose network
Ressource utilisable pour soudoyer quelqu'un	Slush fund
Restauration rapide	Fast food
Ringi	*Ringi*
Rituel d'évitement	Avoidance ritual
Rotation du personnel	Employee turnover
Routinisation	Routinization
Sadisme régulateur	Regulatory sadism
Sagesse systémique	Systemic wisdom

Scénario le plus efficace	Most effective story line
Schème d'interprétation	Interpretive scheme
Séducteur	Playboy
Sens de la direction (ou direction)	Leadership (ou direction)
Sens de la direction d'entreprise (ou direction d'entreprise)	Corporate leadership
Sens du service	Service orientation
Service	Department
Service d'état-major	Staff department
Service d'exploitation	Line department
Signification commune	Shared meaning
Société à organisation	Organizational society
Spécialiste	Professional (ou expert)
Spécification critique minimale	Minimum critical specification
Stock de sécurité	Buffer stock of inventory
Stress	Stress
Structure décomposée en divisions	Divisionalized form
Structure dissipative	Dissipative structure
Structure simple	Simple structure
Style de comportement	Behavioral style
Style de direction	Leadership style
Sublimation	Sublimation
Suivi	Monitoring
Survivance de celui qui se rend apte à survivre	Survival of the fitting
Survivance du plus apte	Survival of the fittest
Système à couplage lâche	Loosely coupled system
Système autoproducteur	Self-producing system
Système autoréférentiel	Self-referential system (ou self-referring system)
Système de gestion « juste à temps »	"Just in time" system of management
Système de groupes reliés par des liens assez lâches	System of loosely coupled groups
Système de production à domicile	Cottage system of production
Système de production domestique	Domestic system of production
Système organisationnellement clos	Organizationally closed system
Système référentiel	Frame of reference
Système vivant	Living system
Tampon	Buffer
Technique	Technology
Technique cellulaire	Cellular technology
Temps mort	Slack time

Théorie adoptée	Espoused theory
Théorie utilisée	Theory-in-use
Totalité pulsatrice	Pulsating wholeness
Travaux en cours	Work in progress
Tueuse de gestionnaire	Management killer
Union du personnel	Esprit de corps
Unité de commandement	Unity of command
Univers pulsateur	Pulsating universe
Usine à forte intensité de capital	Capital-intensive plant
Valeur d'échange	Exchange value
Valeur d'usage	Use value
Variété requise	Requisite variety
Yang	*Yang*
Yin	*Yin*
Zéro défaut	Zero defects
Zéro stock	Zero inventory
Zone de rouille	Rust belt
Zone de soleil	Sun belt

Index des auteurs

Index des matières

Cet ouvrage a été composé
en caractères Palacio par
l'atelier Mono-Lino inc.,
de Québec, en août 1989

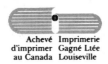

Achevé   Imprimerie
d'imprimer Gagné Ltée
au Canada Louiseville